新編諸子集成續編

淮南子校釋

二

張雙棣　撰

中華書局

淮南子校釋卷第四

地形訓〔一〕

地形之所載，六合之間，四極之内〔二〕，昭之以日月〔三〕，經之以星辰，紀之以四時，要之以太歲〔四〕。天地之間，九州八極〔五〕。土有九山，山有九塞，澤有九藪，風有八等，水有六品。

何謂九州？東南神州曰農土〔六〕，正南次州曰沃土〔七〕，西南戎州曰滔土〔八〕，正西弇州曰并土〔九〕，正中冀州曰中土〔一〇〕，西北台州曰肥土，正北濟州曰成土〔一一〕，東北薄州曰隱土〔一二〕，正東陽州曰申土〔一三〕。

何謂九山？會稽、泰山、王屋、首山、太華、岐山、太行、羊腸、孟門〔一四〕。

何謂九塞？曰大汾、澠阸、荊阮、方城、殽阪、井陘、令疵、句注、居庸〔一五〕。

何謂九藪〔一六〕？曰越之具區〔一七〕，楚之雲夢〔一八〕，秦之陽紆〔一九〕，晉之大陸〔二〇〕，鄭之圃田〔二一〕，宋之孟諸〔二二〕，齊之海隅〔二三〕，趙之鉅鹿〔二四〕，燕之昭余〔二五〕。

何謂八風？東北曰炎風〔二六〕，東方曰條風〔二七〕，東南曰景風〔二八〕，南方曰巨風〔二九〕，西南曰涼風〔三〇〕，西方曰飂風〔三一〕，西北曰麗風〔三二〕，北方曰寒風〔三三〕。

何謂六水？曰河水、赤水、遼水、黑水、江水、淮水〔三四〕。

校釋

〔一〕【高注】紀東西南北山川藪澤，地之所載，萬物形兆所化育也，故曰地形，因以題篇。

【版本】景宋本、茅本、汪本、張本、黄本、莊本、集解本「地」作「墬」。藏本注「故」下無「曰地」二字，朱本、茅本、汪本、莊本、集解本有，今據補，景宋本、葉本同藏本。正文首字「地」版本情況與此同。

〔二〕【高注】六合，已説在原道。四極，四方之極。無復有外，故謂之内也。

【版本】張本、黄本、莊本、集解本注無「六合已説在原道七字，餘本同藏本。藏本注「復」作「夏」，莊本、集解本作「復」，今據改，景宋本、王溥本、朱本、茅本、葉本同藏本。王溥本、朱本「無」作「中」。

【箋釋】王念孫云：此篇皆言地之所載，「地」下不當有「形」字，此因篇名而誤衍耳。高釋篇名云「紀東西南北山川藪澤，地之所載，萬物形兆所化育也」，則正文本作「地之所載」明矣。海外南經云「地之所載，六合之間，四海之内」云云，此即淮南所本。○陶方琦云：爾雅釋文釋地序目引許注：「地，麗也。」按：楊泉物理論：「地，著也。」易離「百穀艸木麗乎土」，王肅作「麗乎地」。地麗諧聲之訓。

〔三〕【版本】王溥本、王鎣本、葉本、吴本、莊本、集解本「昭」作「照」。

【箋釋】于大成云：説文「昭，日明也」，段注「引申爲凡明之稱」；又「照，明也」，段注「與昭音義同」。山海經海外南經、列子湯問篇並作「照」。

〔四〕【高注】要，正也。以太歲所在正天時也。

〔五〕【高注】八極，八方之極也。

【箋釋】王念孫云：「八極」當爲「八柱」，「柱」與「極」草書相似，故「柱」誤爲「極」。（玉海地理部引此已誤。）初學記地部上、太平御覽地部一及白帖一引此，並作「天有九部八紀，地有九州八柱」，又太平御覽州郡部三引，作「天地之間，九州八柱」，楚辭天問曰：「八柱何當，東南何虧？」初學記引河圖括地象曰：「地下有八柱，柱廣十萬里。」皆其證也。又案：文選張協雜詩注云：「淮南子曰：『八紘之外有八極。』高誘曰：『八極，八方之極也。』」是高注云云，本在下文「八紘之外乃有八極」下，後人不知此處「八極」爲「八柱」之譌，又移彼注於此，以曲爲附會，甚矣其謬也。○于大成云：王説大謬。下文云「九州之外，乃有八殥」，「八殥之外，而有八紘」，「八紘之外，乃有八極」，是八極在九州之外，迺天地之極遠方。此文云「天地之間，九州八極者」，謂天地之間，中則有九州，外則有八極也。文義何等明白。鹽鐵論論鄒篇述鄒子之説云：「所謂中國者，天下八十一分之一，名曰赤縣神州，而分爲九州。谷阻絶，陸不通，乃爲一州，有大瀛海圜其外，此所謂八極，而天地際焉。」（此文舊本多誤，參諸家校改。）九州八極之説，正見於此。知鄒子元有「九州八極」之説，而淮南即用其文也。至所謂八柱者，見於河圖括地象，初學記八引之云：「天有九道，地有九州；天有九部八紀，地有九州八柱。」所謂八柱者，即共工怒觸不周之山之所折，與此迺是二事，不得與九州相關聯。審乎此，不唯淮南「九州八極」之文爲不誤，並河圖之文亦當作「九州八極」也。（陳先生槃庵論早期讖緯及其與鄒衍書説之關係一文嘗言之。）至諸類書引淮南同河圖者，自是後人據河圖而妄改。選注引高注在下文，迺崇賢援此注以釋彼文，此在注家往往而有，不得執是一事便謂高氏元注在下也。

〔六〕【高注】東南辰馬農祥，后稷之所經緯也。故曰農土也。

【版本】藏本注「馬」作「焉」，王溥本作「馬」，今據改，朱本、莊本、集解本作「爲」，景宋本、茅本、葉本、汪本同藏本。汪本、張本、黄本注「祥」作「神」。茅本、汪本、莊本、集解本注末無「也」字。

【箋釋】雙棣按：國語周語下云：「月之所在，辰馬農祥，我太祖后稷之所經緯也。」此蓋高注所出。韋昭彼注云：「辰馬，謂房、心星也。心星，所在大辰之次爲天駟。駟，馬也。故曰辰馬。言月在房，合於農祥。祥，象也。房星晨正，而農事起焉，故謂之農祥。稷播百穀，故農祥，后稷之所經緯也。」朱本、莊本等不知藏本「焉」爲「馬」字之誤而改作「爲」，謬。

〔七〕【高注】沃，盛也。五月建午，稼穡盛張，故曰沃土也。

【箋釋】吴承仕云：御覽百十七引注作「稼穡長」。案：文當作「稼穡盛長」。各本「長」誤爲「張」，失之。○于省吾云：吴説非是。「張、長」古字通。莊子山木「而王長其間」，釋文：「長本作張。」是其證。漢人注書，多用借字，未可輒改也。

〔八〕【高注】滔，大也。七月建申，五穀成大，故曰滔土也。

【箋釋】吴承仕云：御覽百十七引注，作「萬物壯大，故曰滔土」。案：御覽引注近之。壯大與成熟異義，亦有時節先後之分。下文注云「成熟」，則此注不得復言「成大」矣。

〔九〕【高注】并，猶成也。八月建酉，百穀成熟，故曰并土也。

〔一〇〕【高注】冀，大也。四方之主，故曰中土也。

〔一一〕【高注】未聞。

【版本】莊本、集解本「濟」作「泲」，餘本同藏本。

〔一二〕【高注】薄，猶平也。隱，氣所隱藏。故曰隱土也。

【版本】張本、黄本、莊本、集解本注「氣」上無「隱」字，餘本同藏本。

【箋釋】吕傳元云：注文「隱氣」，「隱」疑「陰」之譌。○于大成云：御覽百五十七引此注正作「陰氣」。

〔一三〕【高注】申，復也。陰氣盡於北，陽氣復起東北，故曰申土。

【版本】藏本注「氣復」倒作「復氣」，王溥本、莊本、集解本作「氣復」，（蔣刊道藏輯要本亦作「氣復」。）今據正，餘本同藏本。

【箋釋】楊樹達云：此文九州自冀州與禹貢九州偶同外，餘皆與禹貢違異，蓋即鄒衍所謂大九州也。首舉東南神州，即史記孟荀傳所謂中國名曰赤縣神州者也。論衡難歲篇云：「鄒衍論之，以爲九州之内五千里竟合爲一州，在東南位，名曰赤縣州。」以赤縣州在東南，與此文合，亦足爲證。○于大成云：楊説淮南所謂九州，是鄒衍大九州，是也。周禮夏官職方氏疏曰「自神農已上，有大九州，桂州、神州、迎州之等。至黄帝以來，德不及遠，惟於神州之内分爲九州。故括地象云『崑崙東南萬五千里，名曰神州』是也。」論衡談天篇曰：「鄒衍之言『天地之間，有若天下者九』，案周時九州，東西五千里，南北亦五千里。」後漢書張衡傳注引河圖曰：「天有九部八紀，地有九州八柱，東南神州曰晨土，正南邛州曰深土，西南戎州曰滔土，正西弇州曰开土，正中冀州曰白土，西北柱州曰肥土，北方玄州曰成土，東北咸州曰隱土，正東揚州曰信土。」賈疏「桂州」當爲「柱州」。淮南九州即鄒子大九州，信然矣。又：注「陰氣盡於北」，御覽百五十七引「北」上有「東」字，是也。

〔一四〕【高注】會稽山在會稽郡。泰山今在泰山郡，是爲東岳。王屋山在今河東垣縣東北，濟水所出也。首山在蒲坂縣南河曲之中，伯夷所隱。太華，今弘農華陰山也，是爲西岳。岐山，今扶風美陽縣北，周家所邑也。太行，在今上党太行關，直河内野王縣是也。羊腸，山名也。説苑曰：「桀之居，左河、濟，右太華，伊闕在其南，羊腸在其北。」今太原晉陽西北九十里，通河西上郡關曰羊腸坂是。孟門，太行之限也。

【版本】茅本、汪本、張本、黄本、莊本、集解本注兩「岳」字作「嶽」，餘本同藏本。藏本注「垣」作「恒」，莊本、集解本作「垣」，今據改，餘本同藏本。藏本注「所出」上無「濟水」二字，王溥本有，今據補，莊本、集解本作「沇水」，景宋本、朱本、茅本、葉本、汪本同藏本。藏本注「河曲」作「阿曲」，王溥本、莊本、集解本作「河曲」，今據改，餘本同藏本。藏本注「弘農」下無「華」字，王溥本、莊本、集解本有，今據補，餘本同藏本。藏本注「美陽」作「漢陽」，莊本、集解本作「美陽」，今據改，餘本同藏本。莊本、集解本注「濟」作「泲」。

【箋釋】吴承仕云：吕氏春秋有始覽注云：「太華，在弘農華陰縣，是爲西嶽。」與郡國志相應，是也。此文稍譌，應據彼文正。○鄭良樹云：吕氏春秋有始覽高注：「在河東東垣縣東北，濟水所出也。」「所出」上有「濟水」二字，當據補。○于大成云：注「泰山今在泰山郡」，「今在」二字誤倒。吕氏春秋有始篇作「在今」。以下文王屋、太行諸注例之，作「在今」是。○何寧云：「何謂九山」下當有「曰」字。上文「何謂九州」，明其所屬方位，「曰」在句中，下文「八風」同例。九塞、九藪、六水，直數地名，「曰」在句首，「九山」應與同例。又「岐山今扶風美陽縣北」，今亦當依吕氏春秋作「在」。○雙棣按：藏本注「垣縣」誤作「恒縣」，漢書地理志河東郡有垣縣無恒縣，垣縣下，班固自注云：「禹貢王屋山在東北。」藏本注「所出」上無水名，漢書地理志云「沇水所出」，本書後文云「濟出王屋」，地理志又云「道沇水，東流爲泲，入于河」，顏師古注：「泉出王屋山，名爲沇，流去乃爲泲也。」泲即濟，沇與濟實爲一水。藏本「弘農」下無「華」字，脱，地理志京兆尹有「華陰縣」，班固自注：「高帝八年更名華陰，太華山在南。」今據補。「華陰」下「山」字亦當作「縣」。藏本「美陽」作「漢陽」，誤，地理志右扶風有美陽縣，班固自注：「禹貢岐山在西北，周大王所邑。」

〔一五〕【高注】大汾，在晉。澠阸，今弘農澠池是也。荊阮、方城，皆在楚。殽阪，弘農郡澠池殽欽吟是也。井陘，在常山，通太原關是也。令疵，在遼西。句注，在鴈門，陰館句注是也。居庸，在上谷沮陽之東，通運都關是也。

【版本】王溥本、王鎣本、朱本、茅本、汪本、張本、吴本、黄本、莊本、集解本「大汾」作「太汾」，景宋本、葉本同藏本。藏本注「大汾」作「太汾」，景宋本、王溥本作「大汾」，（蔣刊道藏輯要本亦作「大」。）今據改，餘本同藏本。王溥本注「欽吟」作「嶔唫」。藏本注「沮陽」作「阻陽」，王溥本、莊本、集解本作「沮陽」，今據改，餘本同藏本。莊本、集解本注「運都」作「渾都」，餘本同藏本。

【箋釋】孫詒讓云：注「欽」當作「嶔」。鹽鐵論險固篇云：「敗秦師崤嶔崟。」公羊傳作「嶔巖」，穀梁作「巖唫」。釋文云：「唫，本作崟。」「吟、唫」字同，「欽吟」即「嶔崟」也。○于鬯云：大汾、澠阸，此並楚塞也。吕氏春秋有始覽高注：「冥阸在楚。」蓋即戰國策韓策所謂澠隘之塞也。彼策云：「觀鞅謂春申曰：『人皆以楚爲强，而君用之弱，其於鞅也不然。先君者二十餘年未嘗見攻。今秦欲踰兵於澠隘之塞，不使；假道兩周倍韓以攻之，不可。』」據此，澠隘明在楚，則冥阨之在楚亦明甚。由是大汾亦可知。蓋即楚策所謂汾陘之塞也。彼云：「蘇秦説楚威王曰：『楚地北有汾陘之塞。』」是汾陘亦楚塞。則大汾亦楚塞矣。楚固有汾。左襄十八年傳「子庚帥師治兵於汾」是也。高注謂太汾在晉；澠阨，今弘農澠池；非也。且使「澠阨」爲「澠池」，與下文「殽阪」複矣。○劉文典云：初學記州郡部引，作「大汾、冥阨、荊苑、方城、豪阪、井陘、令疵、句注、居庸也」。○吴承仕云：有始覽「澠阨」作「冥阨」，餘文並同。高注云：「大汾，處則未聞。冥阨、荊阮、方城，皆在楚。魯定四年，吴伐楚，楚左司馬請塞直轅、冥阨以擊吴人者也。令疵，處則未聞。」餘説並同。畢沅曰：「淮南注，大汾在晉，此云未聞。澠阨説亦不同。豈彼乃許慎注歟？」按：畢説非也。地形篇九山九藪八風六水之文，皆爲高注，已有明徵，無緣於此九塞之文，羼入許説。尋吕氏春秋高誘序目曰：「誘正孟子章句，作淮南、孝經解畢訖，家有此書，輒爲之解焉。」是則先説淮南，後解吕氏。淮南注以澠阨、殽阪同在澠池，是一縣有二塞矣。即實言之，「澠、冥」本一聲之轉，「澠阨」即「冥阨」。有始覽注以左氏證之是也。可知舊説偶疏，後則棄而不用。言「大汾、令疵」未聞者，亦其慎耳。不得以兩注有異，遂定爲許説也。○于大成云：吕覽注「阻陽」作「沮陽」，「運都」作「軍都」，皆是也。○雙棣按：漢書地理志上谷郡有沮陽，吕覽高注亦作「沮陽」，知藏本注「阻陽」之「阻」當爲「沮」之誤，藏本注「運都關」，「運」字當爲「軍」字誤。地理志作「軍都」。

〔一六〕【高注】藪，澤。

【版本】茅本、汪本、張本、黄本、莊本、集解本注「澤」下有「也」字。

【箋釋】馬宗霍云：「九藪」亦見吕氏春秋有始覽。爾雅釋地作「十藪」。説文艸部云：「藪，大澤也。」李巡爾雅注云：「藪，澤之别名也。」（左傳襄公二十五年孔穎達疏引。）高氏於本文訓藪爲澤，於吕覽注則分訓「有水曰澤，無水曰藪。」鄭玄注周禮地官序官「澤虞」亦云：「澤，水所鍾也，水希曰藪。」蓋藪、澤對言有别，散言可通。周禮夏官職方氏則澤藪兩字連文合稱。又案穆天子傳二「珠澤之藪」，郭璞注云：「澤中有草者爲藪。」以藪字從艸也。邢昺爾雅疏引風俗通云：「藪，厚也。有草木魚鼈，所以厚養人也。」「藪」與「厚」爲疊韻字，則又以聲相訓也。邵晉涵云：「澤爲大壑，衆流所歸。藪則卑墊之地，廣大之墟，潦盡水涸，草木禽獸叢集其間，至於水潦既降，彌望皆成巨浸，則藪與澤無别矣。」此説得之。至於藪之名數，淮南雖本於吕覽，而亦微有異同。爾雅以九爲十者，彼有魯之「大野」，周之「焦穫」，二書所無；二書有趙之「鉅鹿」，彼則合鉅鹿於晉之「大陸」耳。鄭注「澤虞」又云「爾雅有八藪」者，賈公彦疏以爲周、秦同在雍州，除畿内一州而言也。説文所舉九州之藪，全據職方氏而言，並可互參。

〔一七〕【高注】具區，在吴、越之間也。

【箋釋】馬宗霍云：吕氏春秋有始篇「越」作「吴」。爾雅釋地作「吴、越之間有具區」。高氏於吕覽、淮南兩注皆云「具區在吴、越之間」。即本爾雅爲説也。

〔一八〕【高注】雲夢，在南郡華容也。

【箋釋】馬宗霍云：漢書地理志「南郡華容，雲夢澤在南，荆州藪」，爲高注所本。

〔一九〕【高注】陽紆，蓋在馮翊池陽，一名具圃。

【箋釋】莊逵吉云：具圃，左傳作「具囿」，疑字誤。○馬宗霍云：陽紆，吕氏春秋有始篇作「陽華」。爾雅釋地作「楊陓」。陽、楊同音。紆、華、陓三字雙聲。高氏於本文注云：「陽紆蓋在馮翊池陽，一名具圃。」於吕覽注云：「陽華在鳳翔，或曰在華陰西。」兩注不同。郭璞爾雅注云：「楊陓，今在扶風汧縣西。」其説又殊。錢坫謂「今池陽爲西安府涇陽縣地，並無高原大澤。」郝懿行謂：「鳳翔之名，非高所得聞，錢氏所謂後人附入者，不足依據。高引或説以爲在華陰西，亦無的指，難以取證。」余案高氏本注於「池陽」之説下一「蓋」字。「蓋」者，本疑而未定之辭。錢氏又以今地擬之，似未可以相難也。又案周禮夏官職方冀州藪曰「楊紆」，雍州藪曰「弦蒲」，鄭玄於楊紆注云「所在未聞」，於弦蒲注云「在汧」。漢書地理志「右扶風汧北有蒲谷鄉弦中谷，雍州弦蒲藪」，即鄭注所本。據此，則郭注爾雅「楊陓」所在之地，實即職方之「弦蒲」。職方既別有「楊紆」之名，依郭説是彼與爾雅之「楊陓」非一地矣。劉昭注續漢郡國志，於弘農郡華陰下引吕氏春秋及高注，於右扶風汧下引爾雅及郭注。依劉説，是吕覽之「陽華」與爾雅之「楊陓」（劉昭引作楊紆。）又非一地矣。但爾雅、吕覽、淮南三書同系之「秦」，名又相近，似不應各異其地，諸説參差，殊無以定之。

〔二〇〕【高注】大陸，魏獻子所游，焚焉而死者是也。

【版本】朱本「焉」作「馬」，餘本同藏本。

【箋釋】梁履繩云：魏獻子所畋者，乃汲郡吴澤荒蕪之地，非禹貢大陸也。○馬宗霍云：左氏定公元年傳「魏獻子田於大陸，焚焉。還卒於甯」，蓋高注所本。杜預曰：「禹貢大陸在鉅鹿北，嫌絶遠。疑此田在汲郡吴澤荒蕪之地。甯，今脩武縣，近吴澤。」是吴澤即本文大陸之所在矣。

〔二一〕【高注】圃田，在今河南中牟。傳曰「鄭有原圃，猶秦之具圃也」。吾子取其麋鹿以閑弊邑」是也。

【版本】莊本、集解本注「閑」作「閒」，「弊」作「敝」，餘本同藏本。

【箋釋】劉家立云：高引傳曰「鄭有原圃，猶秦之具圃也」，今本左傳作「具囿」。盧氏鍾山劄記云：「左氏僖三十三年傳：『皇武子曰：鄭之有原圃，猶秦之有具圃也。』宋時本作『具圃』，今本作『具囿』。」案：初學記河南道所引是「具圃」，水經濟水下所引本是「具圃」，新校本乃改作「具囿」。今以杜預注考之云：原圃、具圃，皆囿名。若是「具囿」，杜必不如是下注，即注，亦當止云「原圃亦囿名」可矣。以此知「具圃」爲是，高誘注吕覽，凡所引皆作「具圃」矣。○馬宗霍云：漢書地理志「河南郡中牟，圃田澤在西，豫州藪」，續漢郡國志亦云「河南尹中牟有圃田澤」，並與高注合。西周時，圃田在東都畿内，故小雅車攻云「東有甫草」，鄭箋以爲圃田之草也。東遷後屬於鄭。吕氏春秋有始篇「鄭」作「梁」。蓋自魏、趙、韓列爲諸侯，韓哀侯滅鄭并其國，其後圃田又爲魏有。史記魏世家索隱謂「圃田，鄭藪，屬魏」。魏即梁也。○陳奇猷云：韓非子内儲說上曰：「魏王謂鄭王曰：『始鄭、梁一國也，已而別，今願復得鄭而合之梁。』」據此，梁、鄭本是一國，故稱「梁之圃田」或「鄭之圃田」均可。

〔二二〕【高注】孟諸，在今梁園睢陽東北澤是也。

【箋釋】錢坫云：孟諸，菏澤水所被也，在今歸德府虞城縣西北。禹貢作「孟諸」，周禮作「望諸」，史記作「明都」，漢書作「盟諸」。澤周回五十里。元時河水衝決，遂廢。○馬宗霍云：注文「梁園」之「園」當作「國」，蓋形近傳寫之誤。漢書地理志：「梁國睢陽，故宋國，微子所封。禹貢盟諸澤在東北。」是高注所本也。「盟諸」即「孟諸」，「盟、孟」雙聲字。呂氏春秋注作「孟諸在梁國之東南」，「國」字不誤，但「東北」又誤作「東南」。郭璞爾雅釋地注與高注本文合。

〔二三〕【高注】隅，猶崖。蓋近海濱是也。

【版本】藏本注「隅」上有「海」字，張本、黃本無，今據刪，餘本同藏本。

【箋釋】馬宗霍云：九藪之名，八藪皆實指其地，惟此泛舉海濱者，司馬相如子虛賦言齊王畋於海濱，與楚之雲夢對舉，雲夢爲楚藪，故高注釋海隅爲海濱以當齊藪。郭璞爾雅釋地注亦訓海隅爲「海濱廣斥」，與高注合。邵晉涵謂「海濱魚鹽之地，有草木禽獸之藪，不專屬一地而言」，是也。○雙棣按：呂氏春秋有始篇高誘注亦作「隅，猶崖也」，無「海」字，是也。崖爲隅之釋，非海隅之釋。

〔二四〕【高注】今鉅鹿廣阿澤是也。

【版本】茅本、汪本、張本、黃本、莊本、集解本「廣」作「黃」，餘本同藏本。

【箋釋】莊逵吉云：黃阿澤即廣阿，古字「黃、廣」通用。○馬宗霍云：呂氏春秋注「黃阿」作「廣阿」。「黃、廣」古通用。易説卦「巽爲廣顙」，陸德明釋文云：「廣，鄭作黃。」即其證。説文廣從黃聲。以黃爲廣，聲借字也。爾雅釋地有「大陸」而無「鉅鹿」，郭璞注云：「大陸，今鉅鹿北廣河澤是也。」「廣河」蓋「廣阿」之誤，是合晉、趙兩藪爲一矣。郭注又本於孫炎，緣禹貢大陸澤在鉅鹿之北。（見漢書地理志。）與左傳之大陸異地而同名。故遂掍而不分耳。

〔二五〕【高注】昭余，今太原郡是，古者屬燕也。

【箋釋】馬宗霍云：昭余，呂氏春秋有始篇作「大昭」，爾雅釋地作「昭余祁」。郝懿行謂「呂覽、淮南無祁字者，省文耳」。漢書地理志「太原郡鄔縣，九澤在北，是爲昭余祁，并州藪。」即高注所本。

【用韻】「區、紆、諸、隅、余」侯魚合韻。

〔二六〕【高注】艮氣所生，一曰融風也。

【版本】藏本注「曰」上無「一」字，景宋本、王溥本、朱本、茅本、汪本、莊本、集解本有，今據補，葉本同藏本。

〔二七〕【高注】震氣所生也，一曰明庶風。

【版本】藏本「方」作「風」，王溥本、王鎣本、茅本、汪本、張本、吴本、黃本、莊本、集解本作「方」，今據改，朱本、葉本同藏本，景宋本作「玄」。

【箋釋】于大成云：「條風」呂覽作「滔風」，考天文篇曰「何謂八風？距日冬至四十五日，條風至」，高注云「艮卦之風，一名融風」；本篇下文曰「諸稽攝提，條風之所生也」，高注云「艮爲條風也」，是條風爲艮氣之所生也。天文篇又曰「條風至四十五日，明庶風至」，高注云「震卦之風也」；本篇下文曰「通視，明庶風之所生也」，高注云「明庶風，震卦之所生也」，高於呂覽滔風亦注云「震氣所生，一曰明庶風」，是震氣所生之風爲明庶風。天文篇注條風既一名融風，此文炎風注一曰融風，則條也、融也、炎也，蓋一物而三名，皆東北主立春之風也。故天文篇謂距日冬至四十五日而至。明庶風者，東方主春分之風，故天文篇謂條風至四十五日而至。然則條風之不得爲明庶風也審矣。此文「條風」當依呂覽作「滔風」。○何寧云：史記律書云「條風居東北」，廣雅釋天「東北條風」，周禮保章氏疏引春秋考異郵曰「艮爲條風」，山海經南山經郭注「東北風爲條風」，是條風固東北風也，不得出東方。呂氏春秋云「東方曰滔風」，此「條風」疑「滔風」之誤。○雙棣按：條定母幽部，滔透母幽部。條、滔幽部疊韻，定透旁紐，故可通用。

〔二八〕【高注】巽氣所生也，一曰清明風。

〔二九〕【高注】離氣所生也，一曰凱風也。

【版本】莊本、集解本注「凱」作「愷」，景宋本、王溥本、朱本、茅本、葉本、汪本同藏本。

【箋釋】俞樾云：「巨」乃「豈」字之誤，「豈」讀爲「愷」。高注云「一曰愷風」，「愷」正字，「豈」借字，

「巨」誤字耳。○于省吾云：俞氏以「巨」爲誤字，非是。「巨、豈」形殊，無由致誤。「巨、豈」雙聲，如詎古訓豈，詎從巨聲，乃音訓字也。「巨」乃「愷」之音假。○雙棣按：吕氏春秋注「凱風」亦作「凱」，與今藏本同，莊本作「愷」，又與藏本異。

〔三〇〕【高注】坤氣所生也。

【版本】藏本注「所」下有「以」字，王溥本、朱本、茅本、汪本、張本、黄本、莊本、集解本無，今據删，景宋本、葉本同藏本。

【箋釋】雙棣按：吕氏春秋作淒風，注「一曰涼風」。淒、涼義同。

〔三一〕【高注】兑氣所生也。

【箋釋】劉文典云：北堂書鈔一百五十一引，「飂」作「飈」，又有注云「一曰閶闔風」。○吴承仕云：有始覽注云「兑氣所生，一曰閶闔風」是也。各本誤奪，應據補。○楊樹達云：書鈔引注有「一曰閶闔風」五字，是也。諸風皆舉一名，不應「飂風」之下略而不舉，一也。又高注所稱「一曰」者，皆據本篇下文爲説。下文云：「諸稽攝提，融風之所生也。（今本「融」誤作「條」，説見下。）通視，明庶風之所生也。赤奮若，清明風之所生也。共工，愷風之所生也。（今本「愷」誤作「景」，説見下。）諸比，涼風之所生也。皐稽，閶闔風之所生也。隅强，不周風之所生也。窮奇，廣莫風之所生也。」蓋炎風、融風同是艮卦之風，條風、明庶風同是震卦之風，景風、清明風同是巽卦之風，巨風、愷風同是離卦之風，麗風、不周風同是乾卦之風，寒風、廣莫風同是坎卦之風，故高注炎風「一曰融風」，條風「一曰明庶風」，景風「一曰清明風」，巨風「一曰愷風」，麗風「一曰不周風」，寒風「一曰廣莫風」，惟西南曰涼風，注不舉一名者，以下文「諸比，涼風之所生也」亦稱涼風，與此文無異，故無可舉也。據注，飂風爲兑氣所生。下文云：「皐稽，閶闔風之所生也。」注云：「兑爲閶闔風。」是兑卦之風明有二名，與坤卦之涼風止有一名者不同，注自不得漏舉，二也。下文云：「西方曰閶闔之門。」飂風既爲西方之風，則其風一名閶闔風，與閶闔之門義正相合，三也。○于大成云：三説皆是。天文篇「涼風至四十五日，閶闔風至」，高注云「兑卦之風也」，亦兑氣所生爲閶闔風之明證。「飂」字呂覽同，書鈔作「颷」，恐因形近致誤。

〔三二〕【高注】乾氣所生也，一曰閶闔風。

【箋釋】劉文典云：書鈔引注「閶闔」作「不周」。○陶鴻慶云：天文訓：「涼風至四十五日，閶闔風至。」彼注云：「兑卦之風也。」此云「一曰閶闔風」，當在上文「西方曰飂風」注「兑氣所生也」下，此注當云「一曰不周風」方合。○吴承仕云：有始覽：「西北曰厲風。」注云「乾氣所生，一曰不周風」是也。此注「一曰閶闔風」，乃「飂風」之注文誤植於此，皆傳寫之譌也，應據書鈔校補。○楊樹達與陶、吴説同。○王叔岷云：吴説是也。上文「西方曰飂風」，説文作「閶闔風」；此文「西北曰麗風」，説文作「不周風」。可爲旁證。

〔三三〕【高注】坎氣所生也，一曰廣莫風。

〔三四〕【高注】河水出崑崙東北陬。赤水出其東南陬。遼水出碣石山，自塞北東流，直遼東之西南入海。黑水在雝州。江水出岷山，在蜀西徼外。淮水出桐栢山南陽平氏也。

【版本】莊本、集解本注「崑崙」作「昆侖」。藏本注「徼」下無「外」字，莊本、集解本有，今據補，餘本同藏本。藏本注「南陽平氏」作「南平陽」，朱本、莊本作「南陽平氏」，今據改，餘本同藏本。

【箋釋】吳承仕云：注「碣石」當作「砥石」。下文「遼出砥石」。水經大遼水注云：「遼水亦言出砥石山，自塞外東流。」即本淮南説也。有始覽注亦作「砥石」，應據正。碣石臨海，非其地。又案：地理志：「南陽平氏，禹貢桐柏大復山在東南，淮水所出。」（郡國志、水經注等説並同。）莊本、朱本並作「南陽平氏」，是也。下文「淮出桐柏山」注云：「桐柏山在南陽。」則省文耳。唯景宋本作「南平陽」，此乃傳寫之譌。劉文典集解獨依誤本作「南平陽」，愚所未諭。○雙棣按：吳説是。呂氏春秋注亦作「遼水出砥石山」，「淮水出桐柏山，在南陽平氏縣」。又呂覽注「直至遼東之西南入海」，「直」下有「至」字。

闔四海之内，東西二萬八千里，南北二萬六千里〔一〕。水道八千里，通谷其，名川六百〔二〕，陸徑三千里〔三〕。禹乃使太章步自東極，至于西極，二億三萬三千五百里七十五步，使豎亥步自北極，至于南極，二億三萬三千五百里七十五步〔四〕。

凡鴻水淵藪，自三百仞以上，二億三萬三千五百五十里，有九淵〔五〕。禹乃以息土填洪水，以爲名山〔六〕；掘崑崙虛以下地〔七〕，中有增城九重，其高萬一千里百一十四步二尺六寸〔八〕。上有木禾，其脩五尋〔九〕，珠樹、玉樹、璇樹、不死樹在其西〔一〇〕，沙棠、琅玕在其東〔一一〕，絳樹在其南〔一二〕，碧樹、瑶樹在其北〔一三〕。旁有四百四十門〔一四〕，門間四里，里間九純，純丈五尺〔一五〕。旁有九井玉横，維其西北之隅〔一六〕，北門開以内不周之風。傾宫、旋室〔一七〕、縣圃、涼風、樊桐在崑崙閶闔之中〔一八〕，是其疏圃。疏圃之池，浸之黄水，黄水三周復其原〔一九〕，是謂丹水，飲之不死〔二〇〕。

河水出崑崙東北陬，貫渤海，入禹所導積石山〔二一〕。赤水出其東南陬，西南注南海丹澤之東。赤水之東，弱水出自窮石〔二二〕，至于合黎，餘波入于流沙，絶流沙，南至南海〔二三〕。洋水出其西北陬，入于南海羽民之南〔二四〕。凡四水者，帝之神泉，以和百藥，以潤萬物。

崑崙之丘，或上倍之〔二五〕，是謂涼風之山，登之而不死〔二六〕。或上倍之，是謂懸圃〔二七〕，登之乃靈，能使風雨〔二八〕。或上倍之，乃維上天，登之乃神〔二九〕，是謂太帝之居〔三〇〕。

扶木在陽州，日之所曊〔三一〕。建木在都廣〔三二〕，衆帝所自上下，日中無景，呼而無響，蓋天地之中也〔三三〕。若木在建木西〔三四〕，末有十日，其華照下地〔三五〕。

校釋

〔一〕【高注】子午爲經，卯酉爲緯，言經短緯長也。

〔二〕【箋釋】陳昌齊云：呂氏春秋有始篇作「通谷六，名川六百」，此「其」字當爲「六」字之譌。○于省吾云：陳説是也。古文「其」字作「丌」，故易譌也。

〔三〕【高注】陸徑，邪徑也。陸，地也。

【箋釋】陳昌齊云：陸徑，呂覽作「陸注」，彼注云：「陸無水，水盛内乃注之也。」

〔四〕【高注】太章、豎亥，善行人，皆禹臣也。海内東西長，南北短，極内等也。

【版本】藏本注作「東西短，南北長」，莊本、集解本作「東西長，南北短」，今據改，景宋本、王溥本、朱本、茅本、葉本、汪本同藏本。

【箋釋】楊樹達云：説文步部云：「步，行也。」○馬宗霍云：劉昭注續漢郡國志云：「山海經稱禹使太章步自東極至於西垂，二億三萬三千五百里七十一步。又使豎亥步自南極盡於北垂，二億三萬三千五百里七十五步。」據此，是淮南本文蓋出於山海經。惟淮南東西極與南北極步數相同，故高注謂極内等。劉引山海經則東西極少於南北極四步，爲小異耳。廣雅釋天云：「天圜廣南北二億三萬三千五百里七十五步。東西短，減四步。」正與山海經合。且知四極步數乃天圜之數。而太章、豎亥則推步天象之人。文選陸機演連珠注引鄭玄注尚書大傳云：「步，推也。」本文「步」字正當訓推。推謂推算，非步行也。高氏以太章、豎亥爲善行人，似失其義。又案今本山海經海外東經稱「帝命豎亥步自東極至于西極，五億十選九千八百步」，郭璞注云：「選，萬也。」其數與劉昭所引不符，又無禹使太章云云之語，未知劉引所據爲何本。畢沅疑「或俗本脱之」，亦無以明也。郭注又云「豎亥健行人」，「健行」猶「善行」，其失與高同。本經下文明言「豎亥右手把筭」，筭爲計數之器，亦步爲推算之旁證也。

〔五〕【箋釋】王念孫云：三百仞之「百」，五十里之「里」，九淵之「淵」，皆衍文。此言鴻水淵藪，自三仞以上者，共有二億三萬三千五百五十九也。廣雅曰：「瀇、潭，淵也。自三仞以上，二億三萬三千五百五十有九。」即用淮南之文。

〔六〕【高注】息土不耗減，掘之益多，故以填洪水也。名山，大山也。

【版本】茅本、汪本、張本、黄本、莊本、集解本注「洪水」下無「也」字，餘本同藏本。

〔七〕【高注】掘，猶平也。地或作池。

【版本】莊本、集解本「崑崙」作「昆侖」，餘本同藏本。（下文莊本、集解本「崑崙」均作「昆侖」，不另出校語。）

【箋釋】于鬯云：據此，古人亦有掘地事。即今西地學家所謂地下有城廓宫室萬物各類者，蓋上古淪没者也。〇吴承仕云：水經河水注引此文，並引高誘注曰：「地，或作池。」然則注中「某或作某」云者，皆舊注文，非後人校語。〇于大成云：水經河水注、御覽八百三、事類賦注九、天中記八、淵鑑類函二十七引「以」下並有「爲」字，是也。「禹乃以息土填洪水以爲名山，掘崑崙虚以爲下地」，二句相對，謂填水以爲山，平山以爲地也。下句云「中有增城九重」，謂崑崙丘中有之耳，非謂掘地而見之于地下也。禹治水治民之不暇，何暇掘地爲哉！家香草以考古家所爲釋此文，疏矣。○雙棣按：説文云：「虚，大丘也。昆侖丘謂之昆侖虚。」

〔八〕【高注】中，崑崙虚中也。增，重也。有五城十二樓，見括地象。此蓋誕，實未聞也。

【版本】藏本注「象」作「像」，莊本、集解本作「象」，今據改，景宋本、王溥本、茅本、葉本、汪本同藏本。莊本、集解本注「蓋」作「乃」，景宋本、王溥本、朱本、茅本、葉本、汪本同藏本。

【箋釋】俞樾云：萬一千里言城之高，則百一十四步二尺六寸當言城之厚，然其數奇零，疑有脱誤。○于鬯云：「增」當讀爲「層」。○劉文典云：文選遊天台山賦注、前緩聲歌注引，「增」並作「層」。藝文類聚八十三引同。惟六十五引作「曾」，「曾」亦即「層」也。「增、層」古通用。○吕傳元云：俞説非也。百十四步二尺六寸乃其高萬一千里之零數，猶上文「禹乃使大章步自東極至于西極，二億三萬三千五百里七十五步」，七十五步爲三萬三千之零數也。俞氏謂當爲城之厚，既無明文可證，不可從也。○吴承仕云：朱本注「乃」作「蓋」，作「蓋」是也。蓋，疑詞。乃，難詞。文氣有異。洪興祖楚辭補注引正作「蓋」，此類異同，不關弘旨，要亦有古近之分焉。○王叔岷云：穆天子傳注、藝文類聚六三引「增」並作「曾」；文選張平子思玄賦注、草堂詩箋十六引並作「增」。○于大成云：水經河水注、文選前緩聲歌注、初學記二十四、楚辭天問補注、廣博物志五引此皆有奇零數，廣雅釋山亦有，特彼此多寡微有出入耳。知古本猶今本也。其穆天子傳注、文選思玄賦注、藝文類聚六十五、後漢書張衡傳注、御覽八百三、事類賦七、九、柳宗元天對音義引止作「萬一千里」者，乃舉大數言之耳，非所見本然也。水經河水亦作「其高萬一千里」，而注乃引淮南有奇零數，尤足爲吾說佐證。

〔九〕【高注】上，崑崙虛上也。五尋，長三十五尺。

【箋釋】劉文典云：文選思玄賦注引作「其穗長五尋」，海內西經：「海內崑崙之墟在西北，帝之下都。崑崙之墟方八百里，高萬仞，上有木禾，長五尋，大五圍。」郭璞曰：「木禾，穀類也。生黑水之阿，可食。」○雙棣按：高注「五尋，長三十五尺」，是高氏謂「尋、仞」同爲七尺，與許慎謂「尋、仞」皆爲八尺者不同。

〔一〇〕【高注】在木禾之西也。

【版本】茅本、汪本、張本、黄本、莊本、集解本「璇」作「琁」，餘本同藏本。

【箋釋】雙棣按：山海經海內西經郭璞注云：「淮南作『璇樹』。璇，玉類也。」蓋古本淮南作「璇」。郝懿行云：「璇當爲琁。」

〔一一〕【高注】皆玉名也。在木禾之東也。一說沙棠，木名也。吕氏春秋曰：「果之美者，沙棠之實也。」

【箋釋】劉績云：山海經「服常樹，其上有三頭人，伺琅玕樹」，注：「琅玕子似珠，爾雅曰：『西北之美者，有昆侖瑯玕焉。』莊周曰：『有三頭人，遞臥遞起，以伺琅玕與玗琪子。』謂此人也。」則「沙棠」疑「服常」之誤。○吴任臣云：淮南子（地形篇）沙棠琅玕在崑崙東，「服常」疑是「沙棠」。○吴承仕云：御覽八百三引此文有注云：「沙棠琅玕，珠類也。」案：説文：「琅玕，似珠者。」鄭注尚書云：「琅玕，珠也。」此以琅玕爲珠類，與說文相應，則許說也。今本注文「皆玉名也」，與許異義。而一說云云，與呂氏春秋本味篇注同。然則今本注文，皆高誘說矣。不得以一說別異許、高，此亦一證也。○于大成云：山海經西山經「崑崙之丘，是實惟帝之下都，有木焉，其狀如棠，黄華赤實，其味如李而無核，名曰沙棠，可以禦水，食之使人不溺」，淮南地形一篇，多采山海經之文，此文「沙棠」，自當依彼爲木名。○雙棣按：海内西經「服常樹」、「琅玕樹」云云，則「沙棠、琅玕」似皆當爲樹名，且前文「珠樹、玉樹、璇樹、不死樹」，後文「絳樹、碧樹、瑶樹」，此亦當指爲樹。又案：吴以珠玉辨許、高，其說非是。段玉裁說文注「琅」字下云：「出於蚌者爲珠，則出於地中者爲似珠。」所謂出於地中者蓋玉石也，說文曰「琅玕，似珠者」，許亦謂琅玕爲玉石也，非謂爲蚌珠也，與今注義同。段玉裁又曰：「某氏注尚書，郭注爾雅、山海經皆曰『琅玕，石似珠』。」論衡率性篇云：「禹貢曰璆琳琅玕者，此則土地所生真玉珠也。」亦謂玉珠，非蚌珠也。

〔一二〕【高注】絳，赤色。

【版本】藏本注「色」作「也」，茅本、汪本、莊本、集解本作「色」，今據改，景宋本、王溥本、朱本、葉本同藏本。

〔一三〕【高注】碧，青玉也。木禾之北。

【箋釋】吴承仕云：文選西都賦注引高誘曰：「碧，青石也。」是也。（後漢書李賢注引同。）說文：

「碧，石之青美者。」蓋碧石類玉，不得質言玉也。各本誤作「青玉」，失之。○王叔岷云：文選司馬長卿子虛賦注引高誘注亦作「碧，青石也」。

〔一四〕【高注】面有十門也。

【版本】張本、黄本、莊本、集解本無此注，餘本同藏本。

【箋釋】于大成云：依高注「面有十門」，即四面止得四十門，安得有四百四十門乎？疑「四百」二字衍文。然自水經注以下，若御覽一百八十三、楚辭天問補注、柳宗元天對音義、廣博物志五引並如今本，則疑不能明也。

〔一五〕【高注】純，量名也。

【版本】藏本注「量」作「星」，王溥本、汪本、張本、黄本、莊本、集解本作「量」，今據改，朱本、葉本同藏本，景宋本、茅本作「里」。

【箋釋】俞樾云：「門間四里」，言每門相距之數也。「里間九純」，義不可通，疑本作「門九純」，言門之廣也。「門」誤爲「間」，後人遂妄加「里」字耳。

【用韻】「門、純」文部。

〔一六〕【高注】横，猶光也。横或作彭。彭，受不死藥器也。

【箋釋】劉績云：山海經海内西經云「崑崙之墟……面有九井，以玉爲檻。面有九門，門有開明獸守之」，則「横」乃「檻」字之誤。○劉文典云：御覽七百五十六引，作「旁有九井玉横受不死藥」，又引注云「横或作彭，器名也」，今高注亦云「彭，受不死藥器也」。疑「玉横」下舊有「受不死藥」四字，而今本脱之。○王叔岷云：御覽引「受不死藥」是注文誤入正文者。正文如有此四字，則與下文「維其西北之隅」，語意隔絶。今本注脱「名」字。○雙棣按：吕氏春秋本味篇云「水之美者，三危之露，崑崙之井」，高誘注：「井，泉。」此井亦泉也。

〔一七〕【高注】傾宫，宫滿一頃田中也。旋室，以旋玉飾室也。一説：室旋機關，可轉旋，故曰旋室。

【版本】藏本注「頃田」作「須曰」，景宋本、茅本、汪本作「頃田」，今據改，朱本、葉本同藏本，張本、黄本、莊本、集解本無「田中也」三字。藏本注「旋機」作「璇璣」，王溥本、莊本、集解本作「旋機」，今據改，景宋本、朱本、茅本、葉本、汪本同藏本。

【箋釋】高亨云：「頃」疑借爲「璥」。説文：「璥，玉也。」「璥宫」謂以玉飾其宫也。淮南子本經篇：「晚世之時，而有桀、紂，爲琁室、瓊臺。」琁室與瓊臺同意，猶云瓊宫耳。「頃、璥」古通用。左氏宣公六年經「葬我小君敬嬴」，公羊、穀梁經「敬嬴」作「頃熊」，昭公七年傳「南宫敬叔」，説苑雜言篇引作「頃叔」，並其佐證。蓋「頃」之通「璥」，猶「頃」之通「敬」也。○于大成云：注「室璇璣關」當作「室施機關」，本經篇「帝有桀、紂，爲璇室瑶臺」，高注云「璇或作旋，言室施機關，可轉旋也」，可證也。○雙棣按：吕氏春秋過理篇作「頃宫」，高誘注：「頃宫，築作宫牆，滿一頃田中，言博大也。」與此注同。文選宋玉高唐賦注引：「淮南子曰：『崑崙之山，有傾宫、琁室。』高誘曰：『以玉飾宫也。』」此謂以玉飾宫爲傾宫，猶以琁玉飾室爲琁室也。陳奇猷謂「傾」爲

「瓊」一聲之轉，與高亨謂借爲「璥」，字異而義同。

〔一八〕【高注】閶闔，崑崙虛門名也。縣圃、涼風、樊桐，皆崑崙之山名也。樊，讀如麥飰之飰。

【版本】景宋本、王溥本、莊本、集解本注「飰」作「飯」，朱本、葉本同藏本。

【箋釋】于省吾云：水經河水注引崑崙説，崑崙之山三級，下曰樊桐，一名板桐；二曰玄圃，一名閬風；上曰層城，一名天庭。板、飯並諧反聲，玄圃即縣圃，涼風即閬風；惟此書以縣圃、涼風並列，所記各異。○王叔岷云：文選思玄賦注、楚辭離騷補注、草堂詩箋十八引「涼風」並作「閬風」，同。思玄賦注引「樊桐」作「桐版」，蓋「版桐」之誤倒。楚辭哀時命注、廣雅釋山、水經河水注並作「板桐」，「版、板」古今字。○雙棣按：玉篇食部：「飰，同飯。」飰爲飯之異體。

〔一九〕【高注】原，本。

〔二〇〕【箋釋】王念孫云：「丹水」本作「白水」，此後人妄改之也。水經河水注引此作「丹水」，亦後人依俗本改之。楚辭離騷「朝吾將濟於白水兮」，王注曰：「淮南言白水出崑崙之原，飲之不死。」文選思玄賦「斞白水以爲漿」，李善即引王注。太平御覽地部二十四亦云：淮南子曰「白水出崑崙之原，飲之不死」。則舊本皆作「白水」明矣。又案：楚辭惜誓「涉丹水而馳騁兮」，王注曰：「丹水，猶赤水也，淮南言赤水出崑崙也。」此是引下文「赤水出東南陬」之語，若此文本作「丹水」，則王注當引以爲證。何置此不引，而別指「赤水」以當之乎？○于大成云：楚辭集注、離騷集傳亦引作「白水」，文選離騷注引王注同。

【用韻】「水、死」微脂合韻。

〔二二〕【高注】⿰氵㪍海，大海也。河水自崑崙由地中行，禹導而通之，至積石山。書曰：「道河積石。」入，猶出也。

【版本】王鎣本、朱本、葉本、吴本、莊本、集解本正文及注「⿰氵㪍」作「渤」，王溥本正文作「⿰氵㪍」，注作「渤」，餘本同藏本。藏本注「道河積石」作「河出積石」，莊本、集解本作「道河積石」，今據改，景宋本、王溥本、朱本、茅本、葉本、汪本同藏本。

【箋釋】雙棣按：山海經海内西經云：「河水出東北隅，以行其北，西南又入渤海，又出海外，即西而北，入禹所導積石之山。」郭璞注：「禹治水復決疏之，故云『導河積石』。」又海外北經云：「禹所導積石之山在其東，河水所入。」郭璞注：「河出崑崙而潛行地下，至葱嶺復出，注鹽澤，從鹽澤復行南，出於此山，而爲中國河，遂注海也。書曰：『導河積石。』言時有壅塞，故導利以通之。」高注引書見禹貢篇，郭注兩處均作「導河積石」，今本書亦如之。集韻没韻：「渤，或從教。」「⿰氵㪍」爲「渤」之異體。

〔二三〕【高注】窮石，山名也，在張掖北塞外也。

【版本】藏本注「外」作「水」，王溥本作「外」，今據改，餘本同藏本。

【箋釋】吴承仕云：在張掖北塞水，文不成義。疑「水」當作「外」，草書「水、外」形近，故譌。西域傳：「安息長老傳聞條支有弱水，西王母亦未嘗至也。」弱水原出外國荒遠之地，未能的指，故云塞外。（邵説同。）

〔三〕【高注】絶，猶過也。流沙，流行也。

【箋釋】王引之云：崑崙四隅，爲四水所出，説本海内西經。上文言東北陬、東南陬，下文又言西北陬，無獨缺西南陬之理。此處原文當作「弱水出其西南陬，絶流沙，南至南海」。其「弱水出窮石，入於流沙」及注「窮石山名」云云，則當在下文「江出岷山」諸條閒。王逸注離騷，引淮南子「弱水出於窮石，入於流沙」，郭璞注海内西經，引淮南子「弱水出窮石」，正與「江出岷山」諸條文義相同也。蓋弱水本出窮石，而海内西經言出崑崙西南陬，故兩存其説。（此文言河出崑崙東北陬，下文又言河出積石，亦是兩存其説。）後人病其不合，則從而合併之。於是取下文之「弱水出窮石，入於流沙」及注文，皆移置於此處，而删去「弱水出其西南陬」七字，又妄加「赤水之東」四字、（「弱水出」下又加一「自」字。）「至於合黎餘波」六字，而淮南原文遂錯亂不可復識矣。今案：上文赤水次於河水，而不言在河水之某方，下文洋水次於弱水，而不言在弱水之某方，則「弱水」二字前，安得有「赤水之東」四字乎？括地志曰：「蘭門山，一名合黎，一名窮石山。」引淮南子「弱水源出窮石山」。（見史記夏本紀正義。）使淮南原文「弱水出窮石」下有「至於合黎」之文，則合黎非窮石矣，志何得言合黎一名窮石山乎？其爲後人取禹貢之文附入，較然甚明。況既言「絶流沙」，則弱水入其中可知，何必又言「入於流沙」？區區餘波，又安能絶流沙而過乎？後人但知取下文「入於流沙」句增入「餘波」二字，而不知其與本文相抵牾也。高注

「絶流沙」曰：「絶，猶過也。流沙，流行也。」（流行下當有「之沙」二字。）如有「餘波入於流沙」句在前，則注當先釋「流沙」，後釋「絶」字，不當先釋「絶」字，後釋「流沙」也。然則「絶流沙」前本無「餘波入於流沙」句，而「弱水出窮石，入於流沙」，當在「江出岷山」諸條間，明矣。○吴承仕云：注文當云：「流沙，沙流行也。」舊籍重文作「〃」，傳寫每奪一，此其例也。呂氏春秋本味篇注云：「流沙，沙自流行。」與此注略同。

〔二四〕【高注】洋水經隴西氐道，東至武都爲漢。陽，或作養也。

【版本】莊本、集解本注「養」下有「水」字，景宋本、王溥本、朱本、葉本同藏本。

【箋釋】莊逵吉云：「洋」或作「養」，「養」當作「瀁」，亦作「漾」，即漢水也。「東至武都爲漢陽」，「陽」字疑衍。○郝懿行云：水經注漾水引闞駰云：「漢或爲漾，漾水出昆侖西北隅，至氐道，重源顯發而爲漾水。」是「洋水」即「漾水」，字之異也。○劉家立云：「陽」乃「洋」之誤字。此注應作「東至武都爲漢。洋，或作瀁也」。

〔二五〕【高注】假令高萬里，倍之二萬里。

【箋釋】孫詒讓云：「倍」之爲言乘也，登也。「或」者，又也。「或上倍之」，謂又登其上也。莊子逍遥遊云：「故九萬里，則風斯在下矣，而後乃今培風。」此「倍」與莊子之「培」義正同。莊子釋文云：「培，重也。本或作陪。」「倍、培、陪」字並通。高訓倍爲加倍，陸訓培爲重，皆未得其義。

【用韻】「丘、之」之部。

〔二六〕【箋釋】馬宗霍云：登之而不死，「而」猶「乃」也。下文「登之乃靈」，「登之乃神」，句例正同。字皆作「乃」，可證也。

〔二七〕【箋釋】王念孫云：上文「縣圃、涼風、樊桐」，高注云「皆崑崙之山名」，上文又云「崑崙之丘，或上倍之，是謂涼風之山」，則此「縣圃」下亦當有「之山」二字，水經河水注引此，作「是謂玄圃之山」，是其證。（洪興祖楚辭補注引此，亦有「之山」二字。）○孫詒讓云：涼風，穆天子傳郭注引作「閬風」。「閬、涼」一聲之轉。○于大成云：離騷集傳引此，亦有「之山」二字。

〔二八〕【用韻】「圃、雨」魚部。

〔二九〕【版本】王溥本、王鎣本、吴本「天」作「帝」，餘本同藏本。

【用韻】「天、神」真部。

〔三〇〕【高注】太帝，天帝。

〔三一〕【高注】扶木，扶桑也，在湯谷之南。曊，猶照也。陽州，東方也。曊，讀無枝攢之攢也。

【版本】藏本正文及注「曊」作「瞶」，王鎣本、吴本、莊本、集解本作「曊」，今據改，餘本同藏本。藏本注「陽州」上有「過」字，張本、黄本、莊本、集解本無，今據刪，景宋本、朱本、茅本、葉本同藏本，王溥本作「是」。

【箋釋】李哲明云：廣雅釋詁：「曊，曝也。」廣韻：「昲，日光。」「曊」與「昲」音義同，「昲」之爲「曊」，猶「拂」之爲「攢」也。高讀「無枝攢」，「枝」當作「拔」，「無」蓋「如」字之誤，「拔攢」即「拔拂」也。

〔三二〕【高注】建木，其狀如牛，引之有皮，若瓔黄蛇，葉若羅。都廣，南方山名也。

【版本】藏本注「牛」作「生」，景宋本、王溥本、茅本、汪本、張本、黄本、莊本、集解本作「牛」，今據改，朱本、葉本同藏本。

【箋釋】劉文典云：御覽四「都廣」下引注云「南方山名」，與今本合。九百六十一引注云「廣都，方都南山也」，疑是許注。○于大成云：文選張平子思玄賦「躔建木於廣都兮」，注引淮南子曰「建木在廣都」。又孫興公遊天台山賦注、後漢書張衡傳注、御覽九百六十一引淮南子並同，天中記一引亦作「廣都」。考吕氏春秋有始覽「建木之下，日中無影，呼而無響，蓋天地之中也」，高注云「建木在廣都南方」，然則一本作「廣都」者，高本也。劉氏但疑御覽引注文是許，不知二家正文亦異也。又都廣見於山海經海内經，其文曰「西南黑水之間，有都廣之野，后稷葬焉」，而史記周本紀於「后稷卒」下集解引之作「廣都之野」，是知山海經古亦當有異本，許氏本所據，今本山海經也；高氏本所據，則史記集解所引山海經也。御覽九六一引注疑有譌誤，恐非許本。○雙棣按：山海經海内南經云：「有木，其狀如牛，引之有皮，若纓黄蛇，其葉如羅，其實如欒，其木若蓲，其名曰建木。」此爲高注所出。

〔三三〕【高注】衆帝之從都廣山上天還下，故曰上下。日中時，日直人上，無有晷，故曰蓋天地之中。

【版本】藏本「響」作「嚮」，王鎣本、吴本、張本、黄本、莊本、集解本作「響」，今據改，餘本同藏本。

莊本、集解本注「有」作「景」，餘本同藏本。

【箋釋】雙棣按：呂氏春秋有始篇云：「建木之下，日中無影，呼而無響，蓋天地之中也。」高誘注：「建木在廣都南方，衆帝所從上下也。」

【用韻】「廣、下、景、響」陽魚通韻。

〔三四〕【箋釋】莊逵吉云：御覽引作「弱水在東，建木在西」。○于大成云：建木雖在弱水之西，但上文説水，弱水已在其中，此章説木，無緣忽闌入「弱水在東」一句，此御覽三十六所引非也。御覽三所引則與今本同。水經注、思玄賦注、北堂書鈔百四十九、藝文類聚一、八十九、後漢書張衡傳注、初學記一等所引並同，是也。

〔三五〕【高注】末，端也。若木端有十日，狀如蓮華，華，猶光也。光照其下也。

【版本】藏本注「末」作「木」，王溥本、朱本、茅本、汪本、張本、黄本、莊本、集解本作「末」，今據改，景宋本、葉本同藏本。

【箋釋】莊逵吉云：蓮華，御覽作「連珠」。○劉文典云：北堂書鈔百四十九，及初學記天部上引注，「蓮花」亦並作「連珠」。○吴承仕云：「連珠」是也。洪興祖楚辭補注引此注云：「若木端有十日，狀如連珠。華，光也。光照其下也。一云狀如蓮華。」（洪引止此。）證知唐、宋人所見本，皆作連珠。洪説一云蓮華者，蓋指當時誤本言之，非注家異義也。十日連貫如珠，故曰連珠。今本誤爲蓮華，於義無取。○于大成云：初學記一、御覽三、天中記一引注「下也」作「下地」，作

「下地」與正文相應，是也。○雙棣按：吴謂「唐、宋人所見本皆作連珠」及「洪説一云蓮華者，蓋指當時誤本言之，非注家異義也」，未免過於武斷。文選謝莊月賦注引高誘曰：「若木端有十日，狀如蓮華。」與藏本全同。蓋唐、宋之際，自有作「蓮華、連珠」二本並存，不宜擅謂其一必爲誤本也。且作「蓮華」者於義更長。正文「其華照下地」，蓋正因其狀若蓮華，方有此言。狀若蓮華，實仍日也。其華照下地者，乃蓮華狀之日所放之光照下地也。故高注云「華，猶光也」。

【用韻】「西、地」脂歌合韻。

九州之大，純方千里〔一〕。九州之外，乃有八殥，亦方千里〔二〕。自東北方曰大澤，曰無通〔三〕；東方曰大渚，曰少海〔四〕；東南方曰具區，曰元澤〔五〕；南方曰大夢，曰浩澤〔六〕；西南方曰渚資，曰丹澤〔七〕；西方曰九區，曰泉澤；西北方曰大夏，曰海澤；北方曰大冥，曰寒澤〔八〕。凡八殥八澤之雲，是雨九州。

八殥之外，而有八紘〔九〕，亦方千里〔一〇〕。自東北方曰和丘，曰荒土〔一一〕；東方曰棘林，曰桑野；東南方曰大窮，曰衆女〔一二〕；南方曰都廣，曰反户〔一三〕；西南方曰焦僥，曰炎土〔一四〕；西方曰金丘，曰沃野〔一五〕；西北方曰一目，曰沙所〔一六〕；北方曰積冰，曰委羽〔一七〕。凡八紘之氣，是出寒暑，以合八正，必以風雨〔一八〕。

八紘之外，乃有八極。自東北方曰方土之山，曰蒼門〔一九〕；東方曰東極之山，曰開明之門〔二〇〕；東南方曰波母之山，曰陽門〔二一〕；南方曰南極之山，曰暑門〔二二〕；西南方曰編駒之山，曰白門〔二三〕；西方曰西極之山，曰閶闔之門〔二四〕；西北方曰不周之山，曰幽都之門〔二五〕；北方曰北極之山，曰寒門〔二六〕。凡八極之雲，是雨天下；八門之風，是節寒暑。八紘、八殥、八澤之雲，以雨九州而和中土〔二七〕。

東方之美者，有醫毋閭之珣玗琪焉〔二八〕；東南方之美者，有會稽之竹箭焉〔二九〕；南方之美者，有梁山之犀象焉〔三〇〕；西南方之美者，有華山之金石焉〔三一〕；西方之美者，有霍山之珠玉焉〔三二〕；西北方之美者，有崑崙之球琳琅玕焉〔三三〕；北方之美者，有幽都之筋角焉〔三四〕；東北方之美者，有斥山之文皮焉〔三五〕；中央之美者，有岱岳以生五穀桑麻，魚鹽出焉〔三六〕。

校釋

〔一〕【高注】純，緣也。亦曰量名也。

〔二〕【高注】殥，猶遠也。殥，讀胤嗣之胤。

【箋釋】劉文典云：初學記地理部上引，「殥」作「埏」，下同。○吴承仕云：御覽三十六引此文並有注云：「一曰不温曰寅澤。」按：「殥」即「衍」也。大司徒：「辨其山林川澤丘陵墳衍原隰之名物。」鄭注：「下平曰衍。」小爾雅云：「澤之廣者謂之衍。」「衍、澤」義近，御覽引注，當作「下濕曰寅」，亦舊義也。「不温」即「下濕」之譌，「澤」字誤剩。○于省吾云：殥，景宋本作「殯」，說文有

「𦝫」字，皆誤字也。秦公毁：「嚴龍龏𦝫天命。」「𦝫」字從肉，不從夕，乃形近而譌。易艮九三：「列其𦝫。」釋文：「𦝫，鄭本作䐜。」「䐜」即「𦝫」字。○于大成云：文選張平子思玄賦舊注、御覽三十六、鶡冠子天則篇注引「殥」亦作「埏」。説文「𦝫」字段注「八𦝫者，即八埏，雙聲叚借也」。漢書司馬相如傳「上暢九垓，下泝八埏」，師古曰「淮南子作八𦝫也」，是小顔所見本與今本同。各家所引多有異同。亦當是許、高二家之異。説文有「𦝫」字，則作「𦝫」者是許本；而「埏」不見説文，則作「埏」者當是高本。

〔三〕【高注】大澤、無通，皆藪名也。

【箋釋】俞樾云：此當作「自東北方曰無通，曰大澤」，方與下文「東方曰大渚，曰少海」，「東南方曰具區，曰元澤」，「南方曰大夢，曰浩澤」，「西南方曰渚資，曰丹澤」，「西方曰九區，曰泉澤」，「西北方曰大夏，曰海澤」，「北方曰大冥，曰寒澤」，文義一律。蓋無通也，大渚也，具區也，大夢也，渚資也，九區也，大夏也，大冥也，所謂八殥也；大澤也，少海也，元澤也，浩澤也，丹澤也，泉澤也，海澤也，寒澤也，所謂八澤也。故下文總之曰「凡八殥八澤之雲，是雨九州」。今「無通、大澤」傳寫誤倒，則先澤而後殥，與下不一律矣。高注「大澤、無通，皆藪名也」，本作「無通，藪名也」，蓋無通是藪，大澤是澤，澤名已顯，故不必注；藪名未顯，故必注之。因「無通、大澤」傳寫誤倒，遂增「大澤」於「無通」之上，而以爲皆澤名也。其注少海曰：「東方多水，故曰少海，亦澤名也。」上注無「澤名」之文，而此云「亦」者，亦大澤也。大澤是澤名，少海亦是澤名，特因東方多水，故從大稱而曰「海」耳。實亦澤也，故言「亦」也。即此可見「大澤」與「少海」同在八澤之數。然則「大澤」不應在「無通」之上，其證一矣。下文浩澤注曰：「浩亦大也。」上注無「大」文，而此云「亦」者，亦大澤也。大澤以大得名，浩澤亦以大得名，故言「亦」也。即此可見「大澤」與「浩澤」同在八澤之數。然則「大澤」不應在「無通」之上，其證二矣。○陶鴻慶云：俞氏訂正文之誤，其説是也。其訂注文之誤，則未然。疑高注本云：「無通以下，皆藪名也。」云皆者，包下文大渚、具區、大夢、渚資、九區、大夏、大冥而言，故下文七藪，高氏不復作注，正以「無通」之下，已舉其凡，不必更注也。自正文「無通、大澤」傳寫誤倒，則注文難通，校者因改「無通」以下爲「大澤、無通」，以合於「皆」字之義耳。○劉文典云：文選吴都賦注引淮南子曰：「九州外有八澤，方千里；八澤之外有八紘，亦方千里。」兩見八澤二字，今本唯下文「凡八殥八澤之雲，是雨九州」句，疑古有而今敚之也。選注所引，亦足與俞説互相參證。○吴承仕云：御覽二十六引此文，並有注云：「無漸洳曰澤也。」案：公羊僖四年傳：「大陷于沛澤之中。」何注：「漸洳曰澤。」御覽引注誤衍一「無」字。

〔四〕【高注】水中可居者曰渚。東方多水，故曰少海，亦澤名也。

【箋釋】劉文典云：初學記地理部上引，「少」作「沙」。○于大成云：此仍當作「少海」。山海經東山經「又南水行五百里，流沙三百里，至于無皋之山，南望幼海」，郭璞注云：「即少海也。淮南子曰：東方大渚曰少海。」郭注云云，即據淮南此文爲説，所引正作「少海」。少海即小海也。

〔五〕【高注】元，讀常山人謂伯爲穴之穴也。

【箋釋】莊逵吉云：古讀「元」爲「兀」，故說文解字元從一，從兀爲聲，又髡一作髡，其從兀、從元皆爲聲，是此讀元爲穴之證。古聲「兀、穴」相同也。○王念孫云：莊說非也。「元澤」當爲「亢澤」，字之誤也。「亢」與「沆」同。（水經巨馬河注曰：「督亢溝水東逕督亢澤。」風俗通曰：「沆，漭也，言平望漭漭，無崖際也。」是「沆、亢」古字通。）爾雅：「沄，沆也。」郭璞曰：「水流漭沆。」說文曰：「沆，莽沆，大水，一曰大澤。」風俗通義引傳曰：「沆者，莽也。言其平望莽莽無涯際也。」（舊本「沆」譌作「沉」，今據水經注改。）此言亢澤，亦取大澤之義。初學記地部上、太平御覽地部一引此，並作「沆澤」，是其證也。高注「常山人讀伯爲宂」，「宂」亦「亢」字之誤。伯，古阡陌字也。（管子四時篇曰：「脩封疆，正千伯。」史記酷吏傳「置伯格長」，徐廣曰：「街陌屯落，皆設督長也。」又漢書食貨志、地理志「阡陌」字並作「仟伯」。）「亢」與「畂」同。（廣雅曰：「畂，陌道也。」釋名曰：「鹿兔之道曰亢，行不由正，亢陌山谷草野而過也。」是「畂、亢」古字通。）說文曰：「趙、魏謂伯爲畂。」漢之常山郡，戰國時趙地也。此云常山人謂伯爲亢，正與說文相合。「沆、畂」古同聲，而並通作「亢」，故曰「亢讀常山人謂伯爲亢之亢」。

〔六〕【高注】夢，雲夢也。浩亦大也。

〔七〕【高注】蓋近丹水，因其名，故曰丹澤也。

〔八〕【高注】北方多寒水，故曰寒澤也。

〔九〕【版本】景宋本注「水」作「也」，餘本同藏本。

【高注】紘，維也。維落天地而爲之表，故曰紘也。

【版本】王溥本、王鎣本、朱本、吴本「而」作「迺」，葉本作「乃」，餘本同藏本。

【箋釋】陶方琦云：文選歐陽堅石臨終詩注、班固答賓戲注引許注：「紘，維也。」按：此許、高並用舊訓，故同。或即羼入之許説。説文：「紘，冠卷維也。」説正合。原道訓「紘宇宙而章三光」，高注：「紘，綱也。若小車蓋四維謂之紘繩之類也。」○易順鼎云：一切經音義卷八十八引許注：「八紘，謂之八方。」按：此篇乃高注本，故與許異。列子湯問篇注：「八紘，八極也。」○王叔岷云：舊鈔本文選左太沖吴都賦注引許注亦云：「紘，維也。」○鄭良樹云：記纂淵海六、洪武正韻六、天中記七引「而」並作「乃」。○于大成云：文選魏都賦李善注、上林賦張揖注、與楊德祖書注、漢書司馬相如傳注、御覽二十六、事類賦注引「而」亦並作「乃」。

〔一〇〕【箋釋】于鬯云：此「亦方千里」四字疑涉上文而衍。上文云「九州之大，純方千里」，是九州統方千里也。故又云「九州之外乃有八殥，亦方千里」，是八殥各方千里也，然則統方三千里矣。此云「八殥之外而有八紘」，是八紘又在統方三千里之外，則安得亦方千里乎？據下文「八紘之外乃有八極」，下不言方里，故疑此「亦方千里」四字涉上而衍，若必言其數，則八紘當各方三千里也。

〔一一〕【高注】鳳所自歌，鸞所自舞，名曰和丘，曰荒土也。

【版本】莊本正文及注「丘」作「邱」。

【箋釋】莊逵吉云：「鳳所自歌，鸞所自舞」八字出山海經。○雙棣按：山海經海外西經、大荒南經、大荒西經、海内經並作「鸞鳥自歌，鳳鳥自舞」。

〔一二〕【箋釋】莊逵吉云：御覽下有注云：「民少男多女。」

〔一三〕【高注】都廣，國名也，山在此國，因復曰都廣山。言其在鄉日之南，皆爲北鄉户，故反其户也。

【箋釋】于大成云：御覽三十六引此文，注止得八字曰「在日之南，爲北嚮户」，當是許本。此文「其在鄉日」，「鄉」字衍。

〔一四〕【高注】焦僥，短人之國也，長不滿三尺。

【箋釋】莊逵吉云：御覽注作「焦僥人長三尺，衣冠帶劍」。○雙棣按：山海經海外南經云：「周饒國在其東，其爲人短小，冠帶，一曰焦僥國，在三首東。」郭璞注曰：「外傳云：『焦僥民長三尺，短之至也。』詩含神霧曰：『從中州以東四十萬里，得焦僥國人，長尺五寸也。』」袁珂云：「周饒、焦僥，並侏儒之聲轉。侏儒，短小人。周饒國、焦僥國，即所謂小人國也。」國語魯語云：「焦僥氏長三尺，短之至也。」即郭璞注所云外傳也。

〔一五〕【高注】西方，金位也，因爲金丘。沃，猶白也。西方白，故曰沃野也。

【箋釋】楊樹達云：説文金部云：「鋈，白金也。從金，渶省聲。」可證高注沃白之訓。

〔一六〕【高注】國人一目，在面中央。沙所，蓋流沙所出也。一曰澤名也。

【箋釋】雙棣按：山海經海外北經云：「一目國在其東，一目中其面而居。」大荒北經云：「有人一目，當面中生。」此即高注所本。

〔一七〕【高注】北方寒冰所積，因以爲名積冰也。委羽，山名也，在北極之陰，不見日也。

【版本】張本、黄本、莊本、集解本注「爲名」下無「積冰也」三字，餘本同藏本。

〔一八〕【高注】八正，八風之正也。以風雨八紘之内。

【用韻】「土、野、女、户、土、野、所、羽、暑、雨」魚部。

〔一九〕【高注】東北木將用事，青之始也，故曰蒼門。

【版本】藏本「蒼」上無「曰」字，各本均有，今據補。

【箋釋】于大成云：注文「青」字，五行大義論八卦八風篇引作「春」。爾雅釋天云「春爲蒼天」，則作「春」字是也。

〔二〇〕【高注】明者，陽也。日之所出也，故曰開明之門。

〔二一〕【高注】東南月建在巳，純陽用事，故曰陽門。據天下諸城，東南角門皆陽門，其是類也。

【版本】茅本、汪本、莊本、集解本注「其是」作「是其」，景宋本、王溥本、朱本、葉本同藏本。

〔二二〕【高注】南方盛陽，積温所在，故曰暑門。

〔二三〕【高注】西南月建在申，金氣之始也，金氣白，故曰白門。

【箋釋】顧廣圻云：文選思玄賦李注引，「編」作「偏」。〇于大成云：「偏」字是也。山海經大荒西經「西南大荒之中隅，有偏句、常羊之山」，「偏句」即此「偏駒」也。此文自後漢書、初學記以下，諸書所引並作「編」字，惟選注作「偏」，乃古本之僅存者。

〔二四〕閶闔之門也。

【高注】西方八月建酉，萬物成濟，將可及收斂。閶，大也。闔，閉也。大聚萬物而閉之。故曰閶闔之門也。

【版本】景宋本、莊本、集解本注「歛」作「斂」，餘本同藏本。

【箋釋】馬宗霍云：此門之名與閶闔之風相應，閶闔風所從入也。○于大成云：五行大義引此注「建」下有「在」字，是也。上文「東南方曰波母之山，曰陽門」，注云「東南月建在巳」；又「西南方曰偏駒之山，曰白門」，注曰「西南月建在申」，「建」下並有「在」字。又注文「八月」，「八」字衍，上文兩注可證。

〔二五〕【高注】幽，闇也。都，聚也。玄冥將始用事，順陰而聚，故曰幽都之門。

【箋釋】馬宗霍云：此山之名與不周之風相應，不周風所從出也。○于大成云：注文「闇」字誤，字當作「闇」。五行大義引作「暗」。

〔二六〕【高注】積寒所在，故曰寒門。

【版本】王溥本注「積寒」作「積雪」。

【箋釋】馬宗霍云：此門之名與寒風相應，寒風所從入也。

〔二七〕【高注】中土，冀州。

【用韻】「下、暑、土」魚部。

〔二八〕【高注】醫毋閭，山名，在遼東屬國。珣玗琪，玉名也。

【箋釋】于大成云：御覽三十六引注作「醫無閭」，與周禮夏官職方氏、爾雅釋地、漢書地理志序合，當是許本。又引注云：「醫無閭，東夷之山也。」亦當是許本。

〔二九〕【高注】會稽山在今會稽山陰縣之南，禹所葬。竹箭，今會稽郡出好竹箭是也。

【箋釋】顧廣圻云：注文疑衍下「箭」字。○于大成云：郭璞注爾雅云「竹箭，篠也」，審高注之意，似亦以竹箭爲一名，則下「箭」字當衍。然考之爾雅釋草云「篠，箭」，是篠一名箭，不名竹箭也。鄭注職方氏亦云「箭，篠也」，蓋本爾雅爲説是也。沈括云「東南之美，有會稽之竹箭。竹爲竹，箭爲箭，蓋二物也」是也。高注似未憭。○雙棣按：竹箭即箭也。箭爲竹之一種。廣韻：「箭，箭竹，高一丈，節間三尺，可爲矢。」希麟音義引考聲云：「箭本竹名，此竹葉似葦，叢生高五六尺，莖實可以爲矢笴。」沈括謂爲二物，非是。

〔三〇〕【高注】梁山在會稽長沙湘南，有犀角象牙，皆物之珍也。

【箋釋】顧廣圻云：注「會稽」二字衍。○于大成云：顧説是也。上文「東南之美者，有會稽之竹箭焉」，會稽既在東南，不當更隸南方。觀高注「湘南」云云，則不當有「會稽」二字也。梁山即衡山。○何寧云：顧説是也。職方：「荆州，其山鎮曰衡山，其利丹銀齒革。」鄭注：「衡山在湘南。齒，象齒也。革，犀兕革也。」郝懿行云：「高據職方，以梁山即衡山。」

〔三一〕【高注】金，美金也。石，含玉之石也。華山，今弘農華陰山南是也。

〔三二〕【版本】莊本、集解本注「山南」作「南山」。

〔三二〕【高注】出夜光之珠，五色之玉也。今河東永安縣也。

〔三三〕【高注】球琳琅玕，皆美玉也。

【版本】王溥本、王鎣本「崑崙」下有「虚」字。

【箋釋】吴承仕云：御覽三十六引「球」作「璆」，又引注云：「璆琳琅玕，珠名也。」案：上文沙棠琅玕，高訓玉，許訓珠。此注兩義與彼相應，則亦高、許異説也。然球琳爲珠，古所未聞，疑有譌誤。○鄭良樹云：「崑崙」下疑當有「虚」字，爾雅釋地曰「西北之美者，有崑崙虚之璆琳琅玕焉」，「崑崙」下正有「虚」字。○于大成云：御覽三十六所引爲許本，上已屢言之。郭注爾雅云「琅玕狀似珠也」，亦用許義也。鄭君謂「崑崙」下當有「虚」字，是也，御覽引正有「虚」字。

〔三四〕【高注】古之幽都在鴈門以北，其畜宜牛羊馬，出好筋角，可以爲弓弩。

〔三五〕【高注】斥，讀斥丘之斥。文皮，豹虎之皮也。傳曰「無終子使孟樂因魏莊子納豹虎之皮也，以請和諸戎」是也。

【版本】藏本注「丘」作「立」，景宋本、集解本作「丘」，今據改，王溥本、朱本同藏本，莊本作「邱」。莊本、集解本注兩「豹虎」均作「虎豹」，葉本前作「虎豹」，後作「豹虎」，景宋本、王溥本、朱本同藏本。茅本、汪本、張本、黄本前作「豹虎」，無「傳曰」之文。莊本注無「以」字，景宋本、朱本、集解本同藏本。

【箋釋】吴承仕云：納虎豹之皮也，朱本「也」作「以」。案：作「以」是也。左氏襄四年傳：「無終子嘉父，使孟樂如晉，因魏莊子納虎豹之皮，以請和諸戎。」○馬宗霍謂注「也」當作「以」，與吴説同。又案：郭璞注爾雅釋地云：「虎豹之屬皮有縟綵者。」縟綵即文也。○雙棣按：道藏本注引左傳有「以」字，朱本與藏本同，莊本誤脱「以」字。

〔三六〕【高注】岱岳，泰山也。王者禪代所祠，因曰岱岳也。五穀、桑麻、魚鹽，所養人者。出，猶生也。

【版本】茅本、汪本、張本、黄本、莊本、集解本正文及注「岳」作「嶽」，景宋本、王溥本、王鎣本（無注）、朱本、葉本、吴本同藏本。

【箋釋】馬宗霍云：説文出部云：「出，進也。象艸木益滋上出達也。」生部云：「生，進也。象艸木生出土上。」二字義同，取象又同，故高注「出猶生」矣。○于大成云：注文下「所」下當有「以」字。

凡地形，東西爲緯，南北爲經；山爲積德，川爲積刑〔一〕；高者爲生，下者爲死〔二〕；丘陵爲牡，谿谷爲牝〔三〕；水圓折者有珠，方折者有玉〔四〕；清水有黄金，龍淵有玉英〔五〕。土地各以其類生〔六〕，是故山氣多男，澤氣多女，障氣多喑，風氣多聾〔七〕，林氣多癃，木氣多傴〔八〕，岸下氣多腫〔九〕，石氣多力〔一〇〕，險阻氣多癭〔一一〕，暑氣多夭〔一二〕，寒氣多壽，谷氣多痺，丘氣多狂〔一三〕，衍氣多仁〔一四〕，陵氣多貪，輕土多利，重土多遲〔一五〕，清水音小，濁水音大〔一六〕，湍水人輕，遲水人重〔一七〕，中土多聖人〔一八〕。皆象其氣，皆應其類〔一九〕。

故南方有不死之草，北方有不釋之冰〔二〇〕，東方有君子之國〔二一〕，西方有形殘之尸。寢居直夢，人死爲鬼〔二二〕，磁石上飛，雲母來水〔二三〕，土龍致雨，燕鴈代飛〔二四〕，蛤蟹珠龜，與月盛衰〔二五〕。

是故堅土人剛，弱土人肥〔二六〕，壚土人大，沙土人細〔二七〕，息土人美，秏土人醜〔二八〕。食水者善游能寒〔二九〕，食土者無心而慧〔三〇〕，食木者多力而奰〔三一〕，食草者善走而愚〔三二〕，食葉者有絲而蛾〔三三〕，食肉者勇敢而捍〔三四〕，食氣者神明而壽〔三五〕，食穀者知慧而夭〔三六〕，不食者不死而神。

凡人民禽獸萬物貞蟲，各有以生〔三七〕。或奇或偶，或飛或走〔三八〕，莫知其情，唯知通道者能原本之〔三九〕。

校釋

〔一〕【高注】山仁，萬物生焉，故爲積德。川水智，智制斷，故爲積刑也。論語曰「仁者樂山，智者樂水」是也。

【箋釋】雙棣按：注引論語，見雍也篇。論語作「知者樂水，仁者樂山」。

〔二〕【高注】高者陽，主生；下者陰，主死。

【用韻】「經、刑」耕部。

〔三〕【高注】丘陵高敞，陽也，故爲牡；谿谷污下，陰也，故爲牝。

【用韻】「死、牝」脂部。

〔四〕【高注】圓折者，陽也。珠，陰中之陽。方折者，陰也。玉，陽中之陰也。皆以其類也。

【箋釋】于大成云：藝文類聚八十三引注無二「折者」，「陰中之陽」下有「也」字，「類」下有「生」字。

〔五〕【高注】清水澄，故黄金出焉。龍淵，龍所出游淵也。玉英，轉化有精光也。

【用韻】「珠、玉」侯屋通韻。

【版本】莊本、集解本注「澄」作「澂」，景宋本、王溥本、朱本、葉本等同藏本。茅本、汪本注「游」下有「之」字。

【箋釋】雙棣按：玉英謂玉之精華。楚辭屈原涉江「登崑崙兮食玉英」，洪興祖補注引援神契曰：「玉英，玉有英華之色。」

〔六〕【箋釋】王念孫云：此本作「土地各以類生人」，今本衍「其」字，脱「人」字。（陳祥道禮書引此已誤。）史記天官書正義、藝文類聚水部上、白帖六、太平御覽天部十五、地部二十三、疾病部一、疾病部三引此，並無「其」字，有「人」字。○鄭良樹云：事文類聚前集十七引此亦作「土地各以類生人」。○于大成云：本草綱目五「井泉」下引此亦作「土地各以類生人」。

〔七〕【箋釋】王念孫云：「障氣」本作「水氣」。後人以水與澤相複，故妄改爲「障」耳。（禮書引此已誤。）不知凡水皆謂之水，而水鍾乃謂之澤，（見周禮大司徒注。）且澤氣與山氣相對，水氣與風氣相對，義各有取。改「水」爲「障」，則義不可通矣。太平御覽天部十五、疾病部一、疾病部三（此篇内兩引）引此，並作「水氣」。酉陽雜俎廣知篇同。○梁履繩云：障即瘴也。後漢書楊終傳：「障毒互生。」文選鮑明遠苦熱行「鄣氣晝熏體」注引吳志華覈表曰：「蒼梧、南海，歲有癘風鄣氣。」宋永初山川記曰：「寧州鄣氣菌露，四時不絶。」蓋謂嵐鄣之氣也。皆不作「瘴」字。○于大成云：御覽十五引此「喑」作「瘖」，「瘖」是本字。

〔八〕【高注】自此上至「山氣多男」，皆生子多有此病也。

【箋釋】于鬯云：木氣即林氣也。上文既言林氣多癃，此又言木氣多傴，義殊複疊。疑「木」乃「水」字之誤。王雜志據太平御覽諸引及酉陽雜俎廣知篇，以上文「障氣」爲「水氣」之誤。鬯竊謂此如作「水氣多傴」，則上文「障氣多喑」不誤。若上文作「水氣多喑」，則此合作「障氣多傴」，要「水、障」二字互誤有之。若王氏以「障」字爲後人妄改，是直謂憑空改出一「障」字，後人雖妄，未至此也。「木」與「水」形近，故知「木」字爲必誤耳。○于大成云：史記天官書正義引此，正作「水氣多傴」，可以證成于説。

〔九〕【箋釋】王念孫云：「腫」本作「尰」，此亦後人妄改之也。（禮書引此已誤。）腫音諸勇反，尰音市勇反。凡腫疾皆謂之腫，而腫足則謂之尰。尰字從尣，尣讀若汪，跛曲脛也，（見下條。）故尰字從之。岸下氣下濕，故有腫足之疾。小雅巧言篇「居河之麋，既微且尰」，鄭箋曰：「居下濕之地，故生微尰之疾。」爾雅曰「既微且尰，骭瘍爲微，腫足爲尰」，是也。若作「腫」則非其指矣。太平御覽天部十五，引此正作「尰」，又引高注云：「岸下下濕，腫足曰尰。」（今脱此注。）又疾病部一、疾病部三，引此並同。〇吴承仕云：御覽十五引注云：「岸下下濕，腫足曰尰。」又七百三十六引注云：「温氣所生。」案：「温」當作「濕」，形近之譌也。兩引不同，當是許、高異説。〇于大成云：本草綱目引此亦作「尰」。又吴氏引御覽七百三十六，當作七百三十八。引許注「温氣」謂「温」當作「濕」，檢御覽此引本作「濕氣」不作「温氣」也。吴氏所云，其文雖非，其説甚是。

〔一〇〕【高注】象石堅也。

〔一一〕【高注】上下險阻，氣衝喉而結多。瘿，咽也。

【版本】藏本注「衝」作「嗆」，景宋本、茅本、汪本、張本、黄本、莊本、集解本作「衝」，今據改。

【箋釋】吴承仕云：吕氏春秋盡數篇：「輕水所多秃與瘿人。」注云：「瘿，咽疾也。」此注咽下亦合有「疾」字。〇于大成云：文選嵇叔夜養生論云「頸處險而瘿」，李善注即引淮南此文，下接云「謂人居於山險，樹木瘿臨其水上，飲此水則患瘿」。博物志一云「山居之民多瘿腫疾，瘿由於飲泉之不流者，今荆南諸山郡東多此疾。瘇由於踐土之無鹵者，今江外諸山縣偏多此病也」。並可補高注之未備。○雙棣按：吳説是。瘿，非咽，乃咽之疾。説文：「瘿，頸瘤也。」

〔一二〕【高注】夭折不終也。

〔一三〕【箋釋】王念孫云：「狂」當爲「尪」。説文：「尢，跛，曲脛也。從大，象偏曲之形。」古文作「尪」。一切經音義十八引蒼頡篇曰：「痺，手足不仁也。」痺與尪皆體之疾，故連類而及之，若狂則非其類矣。篆書「尪、狂」二字相似，隸書亦相似，故「尪」誤爲「狂」。天官書正義、太平御覽引此作狂，亦傳寫之誤。酉陽雜俎正作「尪」。呂氏春秋盡數篇：「輕水所多秃與瘿人，重水所多尰與躄人，苦水所多尪與傴人。」瘿尰尪傴四字，皆與此篇同。○于大成云：御覽七三八引「夭」作「殘」，下引注云「殘折不終」，當是許本作「殘」。

〔一四〕【高注】下而污者爲衍也。

【箋釋】莊逵吉云：御覽「衍」作「廣」，注云：「下而平者爲廣也。」○于大成云：莊氏所引，乃御覽卷十五，此是高誘本，字作「廣」，本草綱目同。談選亦同，當本於高本也。御覽七百三十八引作「衍」，與今本同，下引注云：「下而平也」，當是許本。博物志一、酉陽雜俎、稗史彙編並同。廣博物志、喻林引此亦同。二家文異而義同。今本是高注而字同許，二本相亂所致。注文「污」字當爲「平」也。

〔一五〕【高注】利，疾。

【版本】王鎣本、茅本、莊本、集解本注「疾」下有「也」字，餘本同藏本。

〔一六〕【高注】音，聲。

〔一七〕【高注】湍，急流悍水也。

【版本】藏本注「悍」作「得」，景宋本、茅本、汪本、莊本、集解本作「悍」，今據改，朱本、葉本同藏本。

〔一八〕【用韻】「男、暗」侵部，「聾、癃、腫、瘿」冬東耕合韻，「夭、壽」宵幽合韻，「利、遲」質脂通韻，「輕、人」耕真合韻。

〔一九〕【用韻】「氣、類」物部。

〔二〇〕【高注】南方温，故草有不死者。北方寒，故冰有不泮釋者。

【版本】藏本正文及注「冰」作「水」，各本均作「冰」，今據改。藏本注「釋」下「者」字作「也」，茅本、汪本、張本、莊本、集解本作「者」，今據改，景宋本、王溥本、朱本、葉本同藏本。

【箋釋】劉文典云：御覽六十八引，「南方」作「淮海」。意林引注云：「寒温異也。」疑皆據許本也。〇于大成云：此文以四方言之，「南方」不得作「淮海」也。疑「淮海」是許注之誤入正文者。

〔二一〕【高注】東方木德仁，故有君子之國也。其人衣冠帶劍，食獸，使二文虎也。

【版本】藏本注無「衣」字，王溥本、朱本、莊本、集解本有，今據補，景宋本、茅本、葉本、汪本、張本、黄本同藏本。藏本注「文」作「大」，景宋本、茅本、汪本、張本、黄本、莊本、集解本作「文」，今據改，王溥本、朱本同藏本。

【箋釋】莊逵吉云：說文解字曰：「東夷從大，大，人也。夷俗仁，仁者壽，有君子不死之國。」即與此解同。○雙棣按：山海經海外東經云：「君子國在其北，衣冠帶劍，食獸，使二大虎在旁，其人好讓不爭。」郝懿行注云：「後漢書東夷傳注引此經『大虎』作『文虎』，高誘注淮南子地形訓亦作『文虎』，今此本作『大』字，形之譌也。」大荒東經亦有「有君子之國，其人衣冠帶劍」。高注即本之山海經。又：莊引說文見羊部「羌」字下。

〔三〕【高注】西方金，金斷割，攻戰之事，有形殘之尸也。寢，寐也。居，處也。金氣方剛，故其寢寐處夢，悟如其夢，故曰直夢。不終其命，死而爲鬼，能爲祆怪病人也。一說曰：形殘之尸於是以兩乳爲目，肥齊爲口，操干戚以舞，無夢天神斷其手，後天帝斷其首也。故曰寢居直夢。

【版本】景宋本、王溥本、王鎣本（無注）、朱本、吴本（無注）正文及注「形」作「刑」，餘本同藏本。王溥本、朱本、莊本、集解本注「肥齊」作「腹臍」，景宋本、茅本、汪本「齊」作「臍」，葉本同藏本。景宋本、茅本、汪本注「無夢」上有「以」字，莊本、集解本注「天神」上無「無夢」二字，「故曰」上有「以無夢」三字，王溥本、朱本、葉本同藏本。藏本注「故」下無「曰」字，景宋本、莊本、集解本有，今據補。

【箋釋】莊逵吉云：一說即山海經之形天也。古聲「天、殘」相近。○劉家立云：桂氏未谷曰：「形天」當作「形夭」，唐等慈寺碑作「形夭」。蓋「形夭」即形殘也。○吴承仕云：朱本作「操干戚以舞，無夢天神斷其手，後天帝斷其首也，故曰寢居直夢」。案：朱本近之。疑此文當作「操干戚以舞，夢天神斷其首，後天帝斷其首也」。朱本「舞」下多「無」字，即「舞」字形近而衍。「手」，則「首」字聲近而誤也。注謂夢斷其首，其後即有天帝斷首之應，故曰直夢。論衡紀妖篇：「人有直夢，夢見甲，明日則見甲。夢見君，明日則見君。」潛夫論夢列篇亦有直夢。此直夢之説也。然此注終有譌亂，又與山海經「形天」説異，未聞其審。○于省吾云：注讀「尸」如字，非是。「尸、夷」古字通。金文凡言蠻夷之夷均作「尸」，易豐九四：「遇其夷主。」即遇其尸主。周禮凌人「大喪共夷槃冰」，注：「夷之言尸也。」是經傳亦「尸、夷」互通。西方有形殘之夷，與上句東方有君子之國對文，淮南書雜采古籍，此猶存古字，可寶也。○袁珂云：依義「刑天」長於「形夭」。天，甲骨文作「[glyph]」，金文作「[glyph]」，□與「·」均象人首，義爲顛爲頂，「刑天」蓋即斷首之意。或作「形夭」，義爲形體夭殘，亦通。惟作形天、刑夭則不可通。○雙棣按：「齊」爲「臍」之古字，「臍」爲後起分别字。

〔二三〕【箋釋】馬宗霍云：此文高氏無注。太平御覽八百八引此文，又引注云：「雲母石可致水。」疑即許慎注也。陶方琦、葉德輝所輯淮南許注皆未之及。

〔二四〕【高注】湯遭旱，作土龍以像龍，雲從龍，故致雨也。燕，玄鳥也，春分而來。鴈春分而北詣漠中也。燕秋分而去，鴈秋分而南詣彭蠡，故曰「代飛」也。代，更也。

【版本】茅本、汪本、莊本、集解本注「蠡」下有「也」字，「飛」下無「也」字，景宋本、王溥本、朱本、葉本同藏本。

【箋釋】莊逵吉云：太平御覽引許昚注：「湯遭旱，作土龍以象雲龍。」即此注而小異。○陶方琦云：初學記一、白帖二、御覽十一、歲華紀麗二注引許注「湯遭旱，作土龍以象雲從龍也」。按：此亦疑許説羼入高注本，故同。桓子新論（劉昭續漢志引）：「問求雨所以爲土龍者何也？曰：龍見者，輒有風雨興起以送迎之，故緣其象類而爲之。」論衡亂龍篇：「董仲舒申春秋之雩，謂土龍以招雨，其意以雲龍相致。易曰：『雲從龍。』以類求之，故設土龍。」許注謂湯時事，必係古説。又御覽九百四十二引許注：「燕春南而雁秋北。」文選江淹雜體詩注引敚一「秋」字，義固未足，御覽加一「雁」字，又未安。當是「燕春南而秋北，雁春北而秋南」。（管子：「桓公曰：鴻雁春北而秋南，不失其時。」文亦相類。）○于大成云：山海經大荒東經曰「大荒東北隅中，有山，名曰凶犂土丘，應龍處南極，殺蚩尤與夸父，不得復上，故下數旱，旱而爲應龍之狀，乃得大雨」，郭注云「今之土龍本此。氣應自然冥感，非人所能爲也」。土龍致雨之説本此。郭注山海經又云「應龍，龍有翼者也」。

〔二五〕【高注】與，猶隨也。

【版本】藏本「蛤」作「蛉」，各本均作「蛤」，今據改。

【箋釋】劉績云：大戴禮記作「蚌蛤龜珠，與月盛虚」。○馬宗霍云：太平御覽九百四十二引此文「蟹」字作「跳」。「蛤跳」無義，疑當作「珧」。爾雅釋魚「蜃小者珧」，郭璞注云：「珧，玉珧。即小蚌。」（御覽九百四十三引臨海水土物志云：「玉珧似蚌，長二寸，廣五寸，上大下小。」字作

「蛛」。説文蟲部無「蛛」字，古蓋假珧爲之，珧字從玉，因有玉珧之名。）蛤爲蜃屬，蜃者，大蛤也。蛤珧連文，猶「蛤蚌」也，蓋爲同類。作蛤珧似較蛤蠏爲長。御覽又引呂氏春秋曰：「月者羣陰之本。月望則蚌蛤實，羣陰盈。月晦則蚌蛤虛，羣陰湫。夫月形於天而羣陰化于淵。」又引左思賦曰：「蚌蛤珠胎，與月虧全。」又案：大戴禮記易本命篇云：「蚌蛤龜珠，與月盛虛。」並可與本文「與月盛衰」一語相參。彼皆蚌蛤連言而不及「蠏」，亦其旁證也。○于大成云：「珠龜」當作「珠鼈」，御覽十引淮南萬畢術：「朱鼈浮於波上必大雨。」呂氏春秋本味篇：「醴水之魚，名爲朱鼈，六足有珠百碧。」東次二經亦曰：「葛山之首，無草木，澧水出焉，東流注于余澤，其中多珠蟞魚，其狀如胏而有目，六足有珠。」「朱鼈」即「珠蟞」，文選郭璞江賦：「䞓蟞胏躍吐璣。」善注引南越志曰：「珠鼈吐珠。」本草綱目引淮南正作「珠鼈」。蛤珧、珠鼈皆能孕珠璣，故以類相從。

【用韻】「鬼、水、飛、衰」微部。

〔二六〕【箋釋】俞樾云：下文「墟土人大，沙土人細，息土人美，秏土人醜」，大與細對，美與醜對。剛與肥則不對矣。「肥」當作「脃」。廣雅釋詁：「脃，弱也。」「脆」即「脃」之俗體。堅土人剛，弱土人脃，正相對成義。家語執轡篇作「堅土之人剛，弱土之人柔」，柔亦脃也。○于大成云：本草綱目五井泉水條引「肥」作「懦」，懦亦柔也。是李時珍所見本，當是古本。

〔二七〕【高注】壚，讀纑繩之纑也。細，小也。

【箋釋】雙棣按：説文：「壚，黑剛土也。」漢書地理志上：「下土墳壚。」顔師古注：「壚，謂土之黑剛者也。」而周禮草人：「埴壚用豕。」鄭玄注：「埴壚，黏疏者。」蓋以黏注埴，以疏注壚。禮書三十四引書禹貢鄭玄注：「壚，疏也。」然則壚有剛疏二義。大戴禮易本命篇云：「虚土之人大。」與淮南此文不同。郝懿行山海經箋疏據大戴禮改下文「大人國」高注之「壚」爲「墟」，非是。

〔二八〕【版本】莊本、集解本「秏」作「耗」，餘本同藏本。

【箋釋】楊樹達云：大戴禮易本命篇注云：「息土謂衍沃之田，秏土謂疏薄之田。」

〔二九〕【高注】魚鼈鷩鷩之屬是也。

【用韻】「細、美、醜」脂幽合韻。

【箋釋】陶方琦云：意林引淮南作「食水者善浮而耐寒」，引許注：「魚是也。」當是高承許注。○劉文典云：能，讀曰耐。吕氏春秋審時篇高注：「能，耐也。」漢書趙充國傳：「漢馬不能冬。」師古曰：「能，讀曰耐。」正與此文一例。家語執轡篇「食水者善遊而耐寒」，是其證矣。「游、遊」古通用。○馬宗霍與劉説同。○王叔岷云：意林、家語引「耐寒」上皆有「而」字，今本脱，與下文句法不一律。○于大成云：作「能」、作「耐」，乃高、許所據本異，「而」字之有無，亦二家之異也。意林、御覽三九五引有「而」字，「能」作「耐」，是許本；御覽九四四、事類賦三十引作「能」，無「而」字，與今本同，是高本。

〔三〇〕【高注】丘蚓之屬是也。

【版本】景宋本、王溥本、茅本、汪本、張本、黄本、莊本、集解本注「丘」作「蚯」，朱本、葉本同藏本。

【箋釋】劉績云：大戴禮「慧」作「不息」。○俞樾云：蚯蚓之屬，何慧之有？大戴禮易本命篇作「無心而不息」，盧辯注曰：「蚯蚓之屬不氣息也。」此文「慧」字疑亦「不息」二字之誤。○陶方琦云：意林引許注：「蚯蚓是也。」此高承用許注。○劉文典云：家語執轡篇作「食土者無心而不息」。王肅注：「蟦屬不氣息也。」與大戴禮正同。御覽九百四十四引此文作「食土者無心不惠」，惠上亦有「不」字，「而慧」二字當爲「不息」之譌。高注「蚯蚓之屬是也」，不釋慧字之義，即所見本不作「慧」之證。○于大成云：事類賦三十引作「食土者無心不惠」，與御覽同，「不」字是也，「惠」即「息」之誤。酉陽雜俎廣動植篇亦作「不息」。

〔三一〕【高注】熊羆之屬是也。贔，煩腸黄理也。贔，讀「内贔於中國」之贔，近鼻也。

【箋釋】陶方琦云：意林引許注：「熊羆是也。」此亦高承用許注。○劉文典云：御覽九百五十二引「贔」作「惡」，引注「羆」作「犀」。○雙棣按：説文：「贔，壯大也。」此即爲壯大義。高引「内贔於中國」，見詩大雅蕩。贔古音並母質部，與「鼻」同。故高注「近鼻」也。

〔三二〕【高注】麇鹿之屬是也。

【箋釋】陶方琦云：意林引許注：「麇鹿是也。」按，亦是高承用許注。

〔三三〕【高注】蠶是也。

【箋釋】王念孫云："「食葉」本作「食桑」，後人以蟲之食葉者多化爲蛾，故改「食桑」爲「食葉」。不知正文本作「食桑」，故高注專訓爲蠶。若作「食葉」，則與高注不合矣。爾雅「蛓羅」，郭璞曰："「蠶蛾。」"説文："「蝨，蠶化飛蟲。或作蛓。」"是古人言蛾者，多專指蠶蛾言之，故曰食桑者有絲而蛾。故高注專訓爲蠶也。大戴禮易本命篇、家語執轡篇，並作「食桑」，太平御覽資産部五蠶下引淮南亦作「食桑」，意林及藝文類聚蟲豸部並同。"○劉文典云："上文「食木者」、「食草者」，下文「食肉者」、「食穀者」，木也，草也，肉也，穀也，皆共名也，此似不應獨舉專名曰「食桑者」。蟲之食葉者多化爲蛾，此生民之所共見，且據藝文類聚高注實作「蠶屬是也」，此「蠶是也」乃許注也。既曰蠶屬，則非專訓爲蠶可知，王説泥矣。"○胡懷琛云："王念孫謂「食葉」應作「食桑」，其意是也，而未知其詳。陸游詩云「滿箔春蠶待葉歸」，自注："「吴人直謂桑曰葉。」"淮南用吴、楚方言，所云食葉即食桑也，不必謂本作「桑」而被後人改作「葉」。陸游時雖晚，然此種方言大抵相傳甚久，可謂在漢代已如此。至如劉文典謂上下文「木也，草也，肉也，穀也，皆共名也，此似不應獨舉專名」，亦未必然。蓋如劉氏説，謂葉爲共名，然草木穀皆有葉，葉不能與草木穀對舉也。藝文類聚引高注「蠶屬是也」，或高誘亦不知葉即是桑云。又按：稱桑爲葉在唐詩中已有之，「提籠忘採葉，昨夜夢漁陽」是也。又吾鄉至今養蠶者亦稱桑曰葉。"○雙棣按：高注前後各條均有「之屬」之字，此亦當一律，作「蠶之屬是也」。

〔三四〕【高注】虎豹鷹鸇之屬是也。

【版本】景宋本、茅本、庄本、集解本「捍」作「悍」。

【箋釋】陶方琦云：意林引許注：「虎豹是也。」按：二注詳略不同，亦是高承許注。

〔三五〕【高注】仙人松、喬之屬是也。

【箋釋】陶方琦云：意林引許注：「龜蛇之類，王喬、赤松是也。」

〔三六〕【箋釋】劉績云：大戴禮「夭」作「巧」。○陶方琦云：意林引許注：「人是也。」按：高無注，乃敚文也。○雙棣按：疑「食氣者神明而壽，食穀者知慧而夭」二句誤倒，上文「食肉者勇敢而捍」，應接「食穀者知慧而夭」，下文「不食者不死而神」，應與「食氣者神明而壽」相接，語勢方順。此當作「食肉者勇敢而捍，食穀者知慧而夭，食氣者神明而壽，不食者不死而神」。大戴禮記易本命篇正作「食肉者勇敢而捍，食穀者智惠而巧，食氣者神明而壽，不食者不死而神」。

〔三七〕【高注】貞蟲，諸細要之屬也。

【版本】王溥本注「要」作「腰」，餘本同藏本。

【箋釋】于鬯云：貞，大戴禮本命記、家語執轡篇並作昆。高注云「貞蟲，諸細要之屬也」，細要之屬而謂之貞蟲，實無義。○孫詒讓云：「貞」當爲「征」之叚字，乃動物之通稱，高説未晐。

〔三八〕【用韻】「蟲、生」冬耕合韻。

【用韻】「偶、走」侯部。

〔三九〕【箋釋】馬宗霍云：大戴禮記易本命篇云：「夫易之生人，禽獸萬物昆蟲各有以生，或奇或偶，或飛或行，而莫知其情，惟達道德者能原本之矣。」即本文所出。又案：山海經海外南經云：「神靈所生，其物異形，或夭或壽，唯聖人能通其道。」意與此亦略同。郭璞彼注云：「言自非窮理盡性者，則不能原極其情。」案「能原極其情」，即本文所謂「能原本之」也。○于大成云：「知」字衍，既言通於道矣，即無待再贅此「知」字也。大戴、家語並無。○何寧云：「知、通」二字義複，疑衍「知」字。齊俗訓：「故通於道者，如車軸不運於己。」又：「不通於道者若迷惑。」詮言訓：「通於道者，物莫不足滑其調。」皆但言「通」而不言「知通」。氾論訓：「今不知道者，見柔懦者侵則矜爲剛毅。」詮言訓：「不知道者，釋其所已有而求其所未得。」又：「知道者不惑。」此皆言「知」而不言「知通」。又詮言訓「知道者不惑」，文子符言作「通道者不惑」。是「知」猶「通」也。蓋「知」字涉上句「莫知其情」而衍。

天一地二人三〔一〕，三三而九，九九八十一，一主日，日數十〔二〕，日主人，人故十月而生。八九七十二，二主偶，偶以承奇，奇主辰〔三〕，辰主月，月主馬，馬故十二月而生。七九六十三，三主斗，斗主犬，犬故三月而生。六九五十四，四主時，時主彘，彘故四月而生。五九四十五，五主音，音主猨，猨故五月而生。四九三十六，六主律，律主麋鹿〔四〕，麋鹿故六月而生。三九二十七，七主星，星主虎，虎故七月而生。二九十八，八主風，風主蟲，蟲故八月而化〔五〕。

鳥魚皆生於陰，陰屬於陽〔六〕，故鳥魚皆卵生。魚游於水，鳥飛於雲，故立冬燕雀入海化爲蛤〔七〕。萬物之生而各異類。蠶食而不飲，蟬飲而不食，蜉蝣不飲不食〔八〕。介鱗者夏食而冬蟄〔九〕，齕吞者八竅而卵生〔一〇〕，嚼咽者九竅而胎生，四足者無羽翼，戴角者無上齒〔一一〕，無角者膏而無前〔一二〕，有角者脂而無後〔一三〕。晝生者類父，夜生者似母，至陰生牝，至陽生牡〔一四〕。夫熊羆蟄藏，飛鳥時移。是故白水宜玉，黑水宜砥〔一五〕，青水宜碧，赤水宜丹，黄水宜金，清水宜龜，汾水濛濁而宜麻，濟水通和而宜麥〔一六〕，河水中濁而宜菽〔一七〕，雒水輕利而宜禾，渭水多力而宜黍，漢水重安而宜竹〔一八〕，江水肥仁而宜稻，平土之人慧而宜五穀。

校釋

〔一〕【高注】一，陽；二，陰也。人生於天地故曰三也。

〔二〕【高注】十，從甲至癸也。

〔三〕【箋釋】陶鴻慶云：「奇主辰」之「奇」，蓋誤重也。上言一主日，下言三主斗，四主時，五主音，六主律，七主星，八主風，一至八皆單數，故直言某主某。此言十二辰，故云二主偶，偶以承奇主辰。偶者二也，奇者一也。以二承一，則爲十二，故主十二辰，重奇字，則不可通矣。

〔四〕【箋釋】莊逵吉云：大戴禮記作「禽鹿」。

〔五〕【箋釋】楊樹達云：「月」字集證本作「日」，是也。說文風部云：「風動蟲生，故蟲八日而化。」論衡商蟲篇亦云：「蟲八日而化。」並其證。大戴禮易本命篇亦誤作「月」。〇雙棣按：段玉裁説文注引大戴禮及淮南此文亦作「日」。

〔六〕【箋釋】王念孫云：下「陰」字蒙上而衍，此謂鳥魚皆屬於陽，非謂陰屬於陽也。大戴禮、家語並作「鳥魚皆生於陰而屬於陽」，盧辯曰：「生於陰者，謂卵生也。屬於陽者，謂飛游於虛也。」則無下「陰」字明矣。文選辯命論注、太平御覽羽族部一，引淮南皆無下「陰」字。

〔七〕【箋釋】莊逵吉云：大戴禮記「蛤」作「蚧」。〇雙棣按：作「蚧」當是誤字，吕氏春秋季秋、禮記月令及本書時則皆作「入大水爲蛤」，大戴禮夏小正亦作「蛤」，惟易本命作「蚧」，實乃誤字。王聘珍大戴禮記解詁亦謂易本命之「蚧」當爲「蛤」。

〔八〕【箋釋】莊逵吉云：盧辯注大戴禮記引本書云：「蠶食而不飲，三十二日而化。蟬飲而不食，三十日而死。蜉蝣不飲不食，三日而終。」〇王叔岷云：盧辯注所引，乃説林篇之文。

〔九〕【高注】介，甲，龜鼈之屬也。鱗，魚龍之屬。

〔一〇〕【高注】鳥魚之屬。

〔一一〕【用韻】「翼、齒」職之通韻。

〔一二〕【高注】膏，豕也，熊猨之屬。無前，肥從前起也。

〔一三〕【版本】藏本注「熊猨」作「態授」，景宋本、王溥本作「熊猨」，今據改，餘本作「熊猿」。（猿同猨。）道藏輯要本亦作「熊猨」。

〔一三〕【高注】脂，牛羊麋之屬也。無後，肥從後起也。

【版本】藏本正文及注「脂」作「指」，王溥本、王鎣本（無注）、朱本作「脂」，今據改，餘本同藏本。王溥本注「麋」下有「鹿」字，餘本同藏本。茅本、汪本、張本、黄本、莊本、集解本注「屬」下無「也」字。

【箋釋】莊逵吉云：「指」應作「脂」，見周禮注，所謂「戴角者脂，無角者膏」是也。又王肅家語注引本書，正作「脂」。○劉文典云：莊謂「指」應作「脂」，是也。説文肉部「脂」字下云：「戴角者脂，無角者膏。」家語執轡篇：「四足者無羽翼，戴角者無上齒，無角無前齒者膏，有角無後齒者脂。」御覽八百六十四脂膏條、八百九十九牛條，兩引此文，「指」並作「脂」。又案：「無前」、「無後」義不可通，「無」當爲「兑」，即古「鋭」字。「兑」始譌「无」，傳寫又改爲「無」，義遂不可通矣。御覽八百九十九引此文正作「兑前」、「兑後」。又引注：「豕馬之屬前小，牛羊後小。」前小即鋭前，後小即鋭後矣。○吴承仕云：劉説近之而未盡也。此文蓋有二本，許本作「兑前兑後」，高本作「先前先後」。王肅家語執轡篇注，述淮南説曰：「無角者膏而無前，有角者脂而無後。膏豕屬而脂羊屬。無前後，皆謂鋭小也。」（王肅以鋭小釋兑，可知王所見本亦作「兑」，今作「無」者，疑後人據誤本淮南改之。）及御覽引注作「前小後小」者，皆許慎義也。今注本爲高誘義，高本自作「先前先後」。酉陽雜俎引淮南子曰：「無角者膏而先前，有角者脂而先後。」先前，故注云肥從前起。先後，故注云肥從後起。緯書稱堯兑上豐下。豐兑對文，如謂高亦作「兑」，則與注義正相反矣。且此文「無角、有角」二語，與上文四足戴角二語，説義正同。蓋言天道惡盈，物力有極，予奪殊致，虧盈互乘，此儒家舊義也。（大戴記、春秋繁露、太玄、家語，並有此説。）今謂無角兑前，有角兑後，不獨與高注義不相應，亦與淮南本文義不相應也。然則高説視許爲優，從可知矣。先、无形近，故今本亦譌爲無耳。又案：注「膏，豕也，熊猿之屬」，疑當作「膏，豕熊猿之屬」，與「脂，牛羊麋之屬」文正相對，「也」字衍。（爾雅翼引此注云：「無角者，熊豕之屬。有角者，麋羊之屬。」亦可證「也」爲衍文。）○金其源云：大戴禮易本命、家語執轡，與此三書所載略同，注亦辭異而意同。然各注俱但明無前後齒之爲有脂膏，而未明斷以言因脂膏而無前後齒之故。禮内則注云：「肥凝者爲脂，釋者爲膏。」是膏脂皆肥也。漢書鄒陽傳「而後楚王、胡亥之聽」，師古注：「後猶下也。」是前後即上下也。膏無前、脂無後者，皆所以明惟戴角者乃真無上齒，謂無角者或亦無上齒，非無上齒，牙車上肥故也。有角者或似並無下齒，非無下齒，牙車下肥故也。○于大成云：事類賦注二十二、爾雅翼十九引亦並作「脂」。又前列諸説，以吴説最精覈，「兑」字自是許本，事類賦注引二「無」字亦並作「兑」，引注亦同御覽，「兑」字必非誤字。

〔一四〕【箋釋】王叔岷云：意林引「夜」作「莫」。

【用韻】「母、牡」之幽合韻。

〔一五〕【高注】砥則皁石也。

【版本】莊本注「則」作「者」，餘本同藏本。藏本注「皁」作「阜」，景宋本、莊本、集解本作「皁」，今據改，王溥本、朱本、茅本、汪本、張本、黄本同藏本，葉本作「草」。

【箋釋】馬宗霍云：說文無「皁」字。艸部云：「草，草斗櫟實也。一曰象斗子，從艸，早聲。」徐鉉曰：「今俗以此爲艸木之艸，别作皁字爲黑色之皁。案櫟實可以染帛爲黑色，故曰草。今書或從白從十，或從白從七，皆無意義，無以下筆。」據此，則「皁石」猶言「黑石」也。又案：說文厂部云：「厎，柔石也。」砥即厎之重文，柔石即磨石之細者。高氏不依本義訓「柔石」而訓「皁石」者，案上文云「白水宜玉」，下文云「青水宜碧，赤水宜丹，黄水宜金」。玉色白，碧色青，丹色赤，金色黄，各以類從。本文言黑水，故高氏以「皁石」訓之矣。論其本字，則當作「草石」。今作皁者，後人從俗易之也。又案：說文厂部云：「厲，旱石也。」段玉裁曰：「柔石，石之精細者；旱石者，剛於柔石者也。」書禹貢篇「礪砥砮丹」，僞孔傳云：「砥細於礪，皆磨石也。」孔穎達疏引鄭玄云：「礪，磨刀刃石也，精者曰砥。」礪即厲之隸增。是砥與厲同物，但有精粗之異。對言有别，散亦可通。故「砥」亦可訓爲「旱石」。「皁」與「旱」形近，高氏原注或本作「旱石」，後人不解旱石之義，改「旱」爲「皁」而取黑石之義，亦未可知。姑存兩説以待攷定。

〔一六〕【版本】莊本、集解本「濟」作「泲」，餘本同藏本。

〔一七〕【箋釋】王念孫云：「中濁」二字，義不相屬，「濁」本作「調」。中調猶中和也。上文曰「濟水通和而宜麥」，義與此相近。今作「中濁」者，涉上文「汾水濛濁」而誤。（禮書引此已誤。）後漢書馮衍傳注引此作「河水調宜菽」，太平御覽百穀部五引此作「河水中調而宜菽」。○鄭良樹云：王校是也。天中記四五引此作「河水中調而宜菽」。（天中記「水中」誤倒作「中水」。）○于大成云：海録碎事三上、小學紺珠十動植類引，「濁」亦並作「調」。

〔一八〕【箋釋】王念孫云：太平御覽地部二十三、二十七引此，「竹」下皆有「箭」字，今本脱之。（禮書引此已無「箭」字。）古人言物産者多並稱竹箭，故曰「漢水重安而宜竹箭」。周官職方氏曰：「其利金錫竹箭。」楚語曰：「楚有藪曰雲連、徒洲，金木竹箭之所生。」皆是也。○楊樹達云：王校非也。此文記諸水所宜之物皆一字，如漢水所宜獨作竹箭，則與上下文不類矣。説文竹部云：「箭，矢竹也。」則竹爲大名而箭爲小名，言竹而箭自在其中，必云「竹箭」，於辭爲複累矣。且此文以「菽、竹、穀」爲韻，（菽、竹，覺部。穀，屋部。合韻。）若作「竹箭」，則又失其韻矣。王氏以周禮、楚語連言「竹箭」，遂欲改此文爲「竹箭」，然則古書單言竹者多矣。豈當一一加之耶？此皆過信類書，遂致爲其所蔽，類書實未可盡信也。

東方川谷之所注，日月之所出，其人兑形小頭，隆鼻大口，鳶肩企行〔一〕，竅通於目，筋氣屬焉，蒼色主肝，長大早知而不壽〔二〕，其地宜麥，多虎豹。南方陽氣之所積，暑濕居之，其人脩形兑上，大口決眦〔三〕，竅通於耳，血脉屬焉，赤色主心，早壯而夭，其地宜稻，多兕象。西方高土，川谷出焉，日月入焉，其人面末僂，脩頸卬行，竅通於鼻〔四〕，皮革屬焉，白色主肺，勇敢不仁，其地宜黍，多旄犀〔五〕。北方幽晦不明，天之所閉也，寒冰之所積也〔六〕，蟄蟲之所伏也，其人翕形短頸〔七〕，大肩下尻〔八〕，竅通於陰，骨幹屬焉，黑色主腎，其人惷愚，禽獸而壽〔九〕，其地宜菽〔一〇〕，多犬馬〔一一〕。中央四達，風氣之所通，雨露之所會也，其人大面短頤，美鬚惡肥〔一二〕，竅通於口，膚肉屬焉，黄色主胃，慧聖而好治，其地宜禾，多牛羊及六畜。

木勝土，土勝水，水勝火，火勝金，金勝木，故禾春生秋死〔一三〕，菽夏生冬死〔一四〕，麥秋生夏死〔一五〕，薺冬生中夏死〔一六〕。木壯水老火生金囚土死，火壯木老土生水囚金死，土壯火老金生木囚水死，金壯土老水生火囚木死，水壯金老木生土囚火死。音有五聲，宫其主也〔一七〕。色有五章，黄其主也〔一八〕。味有五變，甘其主也。位有五材，土其主也。是故鍊土生木，鍊木生火，鍊火生雲〔一九〕，鍊雲生水，鍊水反土〔二〇〕。鍊甘生酸，鍊酸生辛，鍊辛生苦，鍊苦生鹹，鍊鹹反甘〔二一〕。變宫生徵，變徵生商，變商生羽，變羽生角，變角生宫〔二二〕。是故以水和土，以土和火，以火化金，以金治木，木復反土，五行相治，所以成器用〔二三〕。

校釋

〔一〕【箋釋】雙棣按：國語晉語韋注：「鳶肩，肩井升出。」

【用韻】「注、頭、口」侯部。

〔二〕【箋釋】馬宗霍云：本文「知」讀爲「智」。

〔三〕【版本】藏本「眦」作「胔」，景宋本作「眦」，（二十二子浙局刻莊本亦作「眦」。）今據改，餘本同藏本。

【箋釋】王念孫云：「胔」當爲「眦」，字之誤也。説文：「眥，目厓也。」鄭注鄉射禮曰：「決，猶開也。」開眦謂大目也。大口、決眦意相近。（曹植鼙舞歌曰：「張目決眥。」）太平御覽人事部四引此，正作「眦」。

〔四〕【高注】末，猶脊也。

【版本】藏本「末」作「未」，景宋本、王鎣本、朱本、茅本、汪本、張本、吴本、黄本、莊本、集解本作「末」，今據改，王溥本、葉本同藏本。

【箋釋】俞樾云：高注曰：「末，猶脊也。」然則末僂者，謂其脊句僂也。「末」上不當有「面」字，疑是衍文。又按莊子外物篇「末僂而後耳」，釋文引李云：「末，上，謂頭前也。」蓋訓末爲上，又以上爲頭，故以末僂爲頭前。此説末字之義較合。説文木部「木上爲末」，故人亦以上爲末矣。○楊樹達云：莊子外物篇釋文引李頤二説，前説釋末僂爲頭前，後説訓末爲背膂。今按説文人部云：「僂，尪也。周公韈僂，或言背僂。」按古「末、蔑」音同字通，越語「姑蔑」，吴越春秋作「姑末」。説文鬲部「鬻或作粖」。韋部韈訓足衣，本書説林篇字作「絉」，皆其證也。然則本文之「末僂」即説文之「軄僂」。許又云「或言背僂」者，白虎通聖人篇「周公背僂」是也。據此許以軄僂、背僂爲一，高訓末爲脊，李後説訓末爲背膂，三説義同。是也。至李前説以末爲頭，説固有徵。左傳昭公元年云：「風淫末疾。」賈逵釋末疾爲首疾，服虔釋爲頭眩。周書武順解稱元首曰末。皆與李説相合。惟人首不得言僂，李釋爲頭前，説殊牽强。俞氏以説文木部之説申李此説，不悟高誘及李頤後説固與説文僂字下説相符契也。又按：「面末僂」文義不完，以上下文「其人兑形小頭」諸句衡之，疑此句脱去一字，俞氏疑「面」爲衍文，亦非也。○王叔岷云：俞説非也。以下文「其人大面，短頤，美鬚，惡肥」證之，此文「面」上疑脱「小」字。○于大成云：俞説「面」是衍文，非也。御覽三六三引此「面」上有「方」字，則楊氏疑有奪文，是也。集證不知俞説之非，據以删去「面」字，大謬。○雙棣按：末，成玄英外物疏亦訓肩背，末僂訓肩背傴僂。楊謂「面末僂」脱一字，是。

〔五〕【高注】庬，讀近綢繆之繆，急氣言乃得之。

【箋釋】莊逵吉云：何休注公羊傳、劉熙釋名並有急氣籠口讀字之説，蓋當時有其法，即開魏音反語，周、沈切韻之漸矣。

〔六〕【版本】藏本「冰」作「水」，景宋本、朱本作「冰」，（浙局莊本亦作「冰」。）今據改，餘本同藏本。

【箋釋】王念孫云：「寒水」當爲「寒冰」，字之誤也。上文「北方曰積冰」，高注曰：「北方寒冰所積，因名爲積冰。」是也。太平御覽引此，正作「寒冰」。

〔七〕【高注】翕，讀脅幹之脅。

【版本】莊本、集解本注在上文「翕形」下。

〔八〕【版本】藏本「尻」作「凥」，王溥本、王鎣本、朱本、茅本、汪本、張本、吴本、黄本、莊本、集解本作「尻」，今據改，景宋本、葉本同藏本。

〔九〕【高注】憃，讀人謂憃然無知之憃也，籠口言乃得。

【版本】莊本、集解本注在上文「愚」字下，景宋本、王溥本、朱本、葉本同藏本。王溥本、王鎣本、朱本、葉本、茅本、汪本、張本、吴本、黄本「憃」作「惷」，景宋本、莊本、集解本同藏本。

【箋釋】王念孫云：自「翕形短頸」以下六句皆承上「其人」二字言之，則「憃愚」上不當更有「其人」二字。上文東方、南方、西方皆無此二字，此即因上文「其人翕形」而誤衍也。（太平御覽引此已誤。）又按：「禽獸」二字，妄人所加也。憃愚而壽，與上文早知而不壽，文正相對，加入「禽獸」二字，則文不成義矣。太平御覽引無此二字。（「憃」，各本皆誤作「惷」，唯道藏本不誤。説文：「惷，亂也。從心，春聲。」引昭二十四年左傳：「王室日惷惷焉。」玉篇音充允切。今左傳「惷」作「蠢」，杜注曰：「蠢蠢，動擾貌。」又説文：「憃，愚也。從心，舂聲。」玉篇音丑江、舒容二切。是惷亂之惷字從春，憃愚之憃字從舂，聲義絶不相同。周官司刺「三赦曰憃愚」，鄭注曰：「憃愚生而癡騃童昏者。」士昏禮記曰：「某之子憃愚。」哀公問曰：「寡人憃愚冥煩。」表記曰：「其民之敝憃而愚。」其字皆從舂不從春，音丑江、舒容二反，不音充允反。此言憃愚而壽，則其字亦從憃。故高注曰：「憃讀人謂憃然無知之憃也。」又本經、氾論二篇，皆言「愚夫憃婦」，義亦與此同。又道應篇「憃乎若新生之犢」，其字亦從舂，故莊子知北遊篇作「瞳焉如新生之犢」，而藏本及各本，「憃」字皆誤作「惷」。蓋俗讀憃愚之憃聲如蠢，故其字遂誤爲「惷」。他書且有誤爲「蠢」者。今人動言愚蠢，其誤實由於此，唯三禮憃愚字皆不誤，則賴有經典釋文、唐石經故也。）

〔一〇〕【高注】菽，豆也。

〔一一〕【高注】傳曰：「冀之北土，馬之所生。」言燕、代出馬也。

【箋釋】雙棣按：注引傳見左傳昭公四年。

〔一二〕【版本】景宋本「頤」作「頸」，餘本同藏本。莊本、集解本「鬚」作「須」，餘本同藏本。

【箋釋】馬宗霍云：説文須部云：「須，面毛也。」段玉裁訂正作「頤下毛也」。俗假「須」爲「需」，别製「鬚、鬚」字，而須之本義幾晦矣。説文肉部云：「肥，多肉也。」又云：「膏，肥也。」「肪，肥也。」是則多肉謂之膏肪也。惡猶甚也、過也。惡肥，謂體中膏肪過多也。

〔一三〕【高注】禾者木，春木王而生，秋金王而死。

【版本】王溥本注「禾者木」下有「也」字，景宋本、朱本、茅本、張本、莊本、集解本同藏本。藏本注「春」下「木」字在「生」下，王溥本、朱本、茅本、汪本、張本、黄本、莊本、集解本「木」在「春」下，今據改，景宋本、葉本同藏本。

【箋釋】于大成云：注「禾者木」，御覽八三七、爾雅翼四、說文繫傳「禾」字注引此並作「禾，木也」，與下三句注文一例。

〔一四〕【高注】菽，火也。夏火王而生，冬水王而死。

【版本】藏本注「菽」作「豆」，朱本作「菽」，今據改，餘本同藏本。

【箋釋】于大成云：繫傳、御覽、爾雅翼注文「豆」字並作「菽」。○雙棣按：正文作「菽」，注文乃解釋正文，不當逕改正文「菽」爲「豆」而再釋之，此蓋因上文「菽，豆也」之注而妄改。今據朱本正之。菽、豆之辨，詳拙著呂氏春秋詞彙研究。

〔一五〕【高注】麥，金也。金王而生，火王而死也。

〔一六〕【高注】薺，水也。水王而生，土王而死也。

【箋釋】王念孫云：此本作「薺冬生而夏死」，後人以薺死於中夏，因改爲「中夏」，不知上文「禾春生秋死」，「菽夏生冬死」，「麥秋生夏死」，皆但言其時，而不言其月，薺亦然也。藝文類聚草部下、太平御覽百穀部一、菜部五，引此並作「薺冬生而夏死」。○鄭良樹云：王氏以爲「薺冬生中夏死」當作「薺冬生而夏死」，其說是也。說文繫傳十三引此亦作「薺冬生夏死」，是其證。○于大成云：此當作「薺冬生夏死」，離騷草木疏四引正如此作，與說文繫傳同。脩務篇「薺麥夏死」，亦可證也。藝文類聚引「薺」下尚有菱字，御覽百穀部一引有麥字，「菱」是「麥」之誤字，麥則又涉上句而誤衍也。「而」字亦不當有，方與上三句一例，說文繫傳、離騷草木疏引可證。王說本有「而」字，而鄭君是之，非。○何寧云：王念孫氏改「中」爲「而」，謬矣。上文「木勝土，土勝水，水勝火，火勝金，金勝木，故禾春生秋死」云云，是「禾春生秋死」承「金勝木」言之，「菽夏生冬死」承「水勝火」言之，「麥秋生夏死」承「火勝金」言之，「薺冬生中夏死」承「土勝水」言之。時則訓曰：「季夏之月，招搖指未，昏心中，旦奎中，其位中央，其日戊己，盛德在土。」故曰「中夏」。故高注云：「薺，水也。水王而生，土王而死也。」若作「冬生而夏死」，則是水王而生，火王而死，是火勝水也，豈五行生克之義乎？王氏以爲上三者皆但言時而不言月，以中夏爲言月，失其義矣。藝文類聚、太平御覽亦後人泥於句法一律所改。○雙棣按：何說是。呂氏春秋於季夏末言中央土者，即此所謂「中夏」也。中夏非仲夏。

〔一七〕【高注】五聲，宮、商、角、徵、羽也。宮在中央，故爲主也。

【版本】張本、黄本、莊本、集解本注「在」上無「宮」字，「主」下無「也」字，景宋本、王溥本、葉本同藏本。

〔一八〕【箋釋】馬宗霍云：書皋陶謨云：「以五采彰施於五色。」「彰」通作「章」，故本文云「色有五章」。僞孔傳云：「以五采明施於五色。」是訓章爲明也。考工記畫繢之事「雜四時五色之位以章之」，鄭玄注亦云：「章，明也。」本文「章」字義同。

〔一九〕【高注】雲，金氣所生也。

〔二〇〕【箋釋】劉文典云：御覽八百六十九引，作「錬水生土」。

〔二〕【高注】鍊，猶治也。

【版本】王溥本、王鎣本、朱本、吴本「反」作「生」，餘本同藏本。浙局刻二十二子莊本注「治」作「冶」，餘本均作「治」。

【箋釋】雙棣按：浙局本改「治」爲「冶」，非。説文「鍊，冶金也」，段玉裁改冶爲治，是。段注云：「鍊，引申之，凡治之使精曰鍊。」本處正用此義。

〔二〕【高注】變，猶化也。

〔三〕【高注】土，本也。故曰五行相生，所以成器用。

【版本】莊本、集解本注「以」上脱「所」字，景宋本、王溥本、朱本、茅本、葉本、汪本同藏本。

【箋釋】楊樹達云：高注「生」字誤，當從正文作「治」。五行火克金，金克木，故文云「以火化金，以金治木」，而云「五行相治以成器用」，不謂其相生也。注家故曰云云皆複舉正文之辭。正文作「治」，注不當改云「生」也。

凡海外三十六國〔一〕，自西北至西南方有脩股民、天民、肅慎民〔二〕、白民、沃民、女子民、丈夫民〔三〕、奇股民、一臂民、三身民〔四〕。自西南至東南方有結胷民〔五〕、羽民〔六〕、讙頭國民〔七〕、裸國民〔八〕、三苗民、交股民、不死民、穿胷民、反舌民〔九〕、豕喙民、鑿齒民、三頭民、脩臂民〔一〇〕。自東南至東北方有大人國、君子國〔一一〕、黑齒民、玄股民〔一二〕、毛民、勞民〔一三〕。

自東北至西北方有跂踵民、句嬰民〔一四〕、深目民、無腸民、柔利民〔一五〕、一目民、無繼民〔一六〕。雒棠、武人在西北陬〔一七〕，硥魚在其南〔一八〕，有神二人，連臂爲帝候夜，在其西南方〔一九〕。三株樹在其東北方〔二〇〕，有玉樹在赤水之上。崑崙、華丘在其東南方〔二一〕，爰有遺玉〔二二〕、青馬〔二三〕、視肉〔二四〕、楊桃、甘樝、甘華，百果所生〔二五〕。和丘在其東北陬〔二六〕，三桑無枝在其西〔二七〕，夸父、耽耳在其北方〔二八〕。夸父棄其策，是爲鄧林〔二九〕。昆吾丘在南方〔三〇〕，軒轅丘在西方〔三一〕。巫咸在其北方〔三二〕，立登保之山〔三三〕。暘谷、榑桑在東方〔三四〕。有娀在不周之北，長女簡翟，少女建疵〔三五〕。西王母在流沙之瀕〔三六〕。樂民、拏閭在崑崙弱水之洲〔三七〕。三危在樂民西〔三八〕。宵明、燭光在河洲，所照方千里〔三九〕。龍門在河淵。湍池在崑崙〔四〇〕。玄燿、不周〔四一〕、申池在海隅〔四二〕。孟諸在沛〔四三〕。少室、太室在冀州〔四四〕。燭龍在鴈門北，蔽于委羽之山，不見日，其神人面龍身而無足〔四五〕。后稷壠在建木西〔四六〕，其人死復蘇，其半魚，在其間〔四七〕。流黄沃民在其北，方三百里〔四八〕。狗國在其東。雷澤有神，龍身人頭，鼓其腹而熙〔四九〕。

江出岷山，東流絶漢入海，左還北流，至于開母之北，右還東流，至于東極〔五〇〕。河出積石。睢出荊山〔五一〕。淮出桐栢山。睢出羽山〔五二〕。清漳出楬戾。濁漳出發包〔五三〕。濟出王屋。時、泗、沂出臺、台、術〔五四〕。洛出獵山〔五五〕。汶出弗其，流合於濟〔五六〕。漢出嶓冢。涇出薄落之山〔五七〕。渭出鳥鼠同穴。伊出上魏〔五八〕。雒出熊耳〔五九〕。浚出華竅。維出覆舟〔六〇〕。汾出燕京〔六一〕。衽出濆熊。淄出目飴〔六二〕。丹水出高褚〔六三〕。股出嶕山〔六四〕。鎬出鮮于。涼出茅盧、石梁〔六五〕。汝出猛山。淇出大號〔六六〕。晉出龍山結給。合出封羊〔六七〕。遼出砥石。釜出景〔六八〕。岐出石橋。呼池出魯平〔六九〕。泥塗淵出樠山〔七〇〕。維濕北流出於燕〔七一〕。

校釋

〔一〕【箋釋】王引之云：論衡無形、談天二篇並作「三十五國」，今歷數下文自脩股民至無繼民，實止三十五國，「六」字誤也。○楊樹達云：王氏誤數，其説非也。今按，下文自西北至西南方凡十國，自西南至東南方凡十三國，自東南至東北方凡六國，自東北至西北方凡七國。合計之，實三十六國。集證本不知王説之誤，改本文「三十六」爲「三十五」，謬矣。○馬宗霍與楊説同。○王叔岷云：宋本、茅本、漢魏叢書本、莊本下文結胸民下並多羽民一國，則與三十六國之數合。○劉殿爵云：道藏本無「羽民」，王引之乃據道藏本立説。楊氏謂誤數，固屬不允；而劉氏集解既從莊本之文，多「羽民」一國，又引王氏之説，竟不知兩者之不合，疏矣。○于大成云：論衡談天篇曰：「淮南王劉安召術士伍被、左吴之輩，充滿宮殿，作道術之書，論天下之事。地形之篇，道異類之物，外國之怪，列三十五國之異。」明謂淮南地形篇是三十五國，則仲任所見淮南書必不作三十六國。談天篇又曰：「禹之治洪水，以益爲佐。禹主治水，益主記物（今本此句

「主」誤作「之」，從孫人和校改）。極天之廣，窮地之長，辨四海之外，竟四山之表，三十五國之地，鳥獸草木，金石水土，莫不畢載。」則仲任所見山海經，似亦止得三十五國，與淮南同。論衡無形篇曰：「海外三十五國，有毛民、羽民。」羽民國見於山海經海外南經，又大荒南經、呂氏春秋求人篇、博物志及郭璞注海外南經引啟筮，則羽民一國，必在仲任所見三十五國之內。今藏本、劉績本、王鎣本、朱東光本無羽民國，迺誤奪。至羽民之外，餘三十五國之中，何者爲仲任所見本所無，則莫可考定矣。○雙棣按：景宋本、茅本、汪本、張本、吴本、黄本、莊本、集解本有「羽民」一國，正與三十六國之數合。藏本、王溥本、王鎣本、朱本、葉本奪「羽民」國，爲三十五國。當依景宋本等補「羽民」。論衡所載與今本異，不得據改本書。論衡載山海經亦爲三十五國，與今本四十國（郝懿行謂雨師妾亦爲國名，若此則四十一國。）亦異。淮南與山海經相較，自西北至西南方，多「天民」，無「巫咸國、軒轅國」；自西南至東南方，多「裸國民、豕喙民、鑿齒民」，無「厭火國、载國、周饒國」；自東南至東北方，無「青丘國」；自東北至西北方，無「聶耳國、博父國」。

〔二〕【高注】脩，長也。股，腳也。天民、肅慎，皆其國名也。傳曰：「肅慎、燕、亳，吾北土。」是云西方，黨獨西方之國自復有之邪？一曰：肅，敬也。慎，畏也。

【版本】藏本注「皆」下「其」作「有」，王溥本作「其」，今據改，景宋本、朱本、葉本、莊本、集解本同藏本。藏本注「亳」作「毫」，葉本、莊本、集解本作「亳」，今據改，景宋本、王溥本、朱本同藏本。

【箋釋】馬宗霍云：脩股民，海外西經作「長股之國，一曰長腳」，爲高注所本。郭璞彼注云：「長臂人身如中人而臂長二丈。以類推之，則人腳過三丈矣。黄帝時至。或曰，長腳人常負長臂人入海中捕魚也。」又：山海經無天民。大荒西經云：「有先民之國。」郝懿行山海經箋疏謂「先當爲天，字之譌也」，引淮南本文爲證。又謂「天古作兲，或作兲，字形相近，以此致譌」。案此可備一説。「兲」、「兲」爲「天」之古文，見玉篇。又海外西經「肅慎之國，在白民北」，郭璞無注。大荒北經又云「有肅慎氏之國」，郭注云：「今肅慎國去遼東三千餘里。」高氏所引傳文見左傳昭公九年。杜預彼注云：「肅慎，北夷，在玄菟北三千餘里。」孔穎達疏云：「書序云：『成王既伐東夷，肅慎來賀。』魯語云：『武王克商，肅慎氏貢楛矢。』韋昭云：『肅慎，東北夷之國，去扶餘千里。』晉之玄菟，即在遼東北。杜言玄菟北三千里，是北夷之近東者。故杜言北夷，韋言東北夷。」又案：後漢書東夷傳云：「古肅慎之國，在夫餘東北千餘里，東濱大海。」史記司馬相如傳張守節正義引括地志云：「靺鞨國，古肅慎也，在京東北八千四百里，南去扶餘千五百里。」據此，是諸書皆言肅慎在東北，與淮南本文言西北異。故高注亦爲疑詞。

〔三〕【高注】白民，白身民，被髮，髮亦白。女子民，其貌無有鬚，皆如女子也。丈夫民，其狀皆如丈夫，衣黄衣冠，帶劍。皆西方之國也。

【版本】王溥本、王鎣本、朱本、葉本「沃」作「決」，餘本同藏本。莊本、集解本注「鬚」作「須」，餘本同藏本。

【箋釋】劉績云：「決」疑「沃」之誤。○馬宗霍云：海外西經作「白民之國，白身被髮」，爲高注所本。郭璞彼注云：「言其人體洞白。」洞白猶通白也。大荒東經云：「有白民之國，白民銷姓，黍食。」又：海外西經有「渚夭之野」，郭璞注云：「夭音妖。」博物志作「渚沃之野」，疑即淮南此文所謂「沃民」也。然則郭音「夭」爲「妖」者非，當云音「沃」。大荒西經云：「有沃之國，沃民是處。」郭注云：「言其土饒沃也。」海外西經「女子國」郭璞注云：「有黄池，婦人入浴，出即懷妊矣。若生男子，三歲輒死。」三國志魏志東夷東沃沮傳云：「耆老言有一國在海中，純女無男。」據此，則高氏以爲貌如女子者非也。大荒西經云：「有女子之國。」郭注與魏志所記略同。又：海外西經「丈夫國，其爲人衣冠帶劍」，爲高注所本。郭璞彼注云：「殷帝太戊使王孟採藥，從西王母至此，絶糧不能進。食木實，衣木皮。終身無妻，而生二子，從形中出，其父即死。是爲丈夫民。」此則不經之談，但足資異聞耳。大荒西經云：「有丈夫之國。」郭注云：「其國無婦人也。」○于大成與馬説同。○雙棣按：海外西經「諸夭之野」，郝懿行謂「夭」乃「沃」之省文。而宋本、道藏本山海經郭注妖正作沃。大荒西經：「有沃之國，沃民是處，沃之野，鳳鳥之卵是食。」與海外西經「鳳皇卵，民食之」正同，與吕氏春秋本味篇「流沙之西，丹山之南，有鳳之丸，沃民所食」亦同。本味篇高注「沃之國在西方」，亦即淮南之「沃民」，山海經之「有沃之國」。

〔四〕【高注】奇，隻也。股，腳也。一臂，言其人一臂一目一鼻孔也。三身民，蓋一頭有三身。皆西方之國也。

【版本】藏本注無上「一臂」二字，王溥本有，今據補，餘本同藏本。藏本注「目」作「手」，王溥本作「目」，今據改，餘本同藏本。藏本注無「孔」字，王溥本、莊本、集解本有，今據補，餘本同藏本。

【箋釋】馬宗霍云：海外西經：「奇肱之國，其人一臂三目，有陰有陽。」「股」與「肱」異義。未審孰是。又：注文「言」字上當有「一臂民」三字，疑傳寫奪之。海外西經作「一臂國，一臂一目一鼻孔」，爲高注所本。惟高作「一手」彼作「一目」爲異。然言臂自可以晐手，則似以作「一目」爲是。「手、目」二字形近，或高注傳寫之誤。蓋臂目鼻孔皆單，猶爾雅釋地郭注所謂半體之人耳。又：海外西經「三身國，一首而三身」，爲高注所本。大荒西經云：「有人三身，姚姓，黍食。」○于大成云：「奇」借爲「踦」，説文足部「踦，一足也」，段注曰「引申之，凡物單曰踦」。海外西經作「奇肱民」，吕氏求人篇作「其肱」，「其」亦當作「奇」。高此注曰「股，脚也」，是所據本已作「奇股」，與山海經異。

〔五〕【版本】藏本「方」下無「有」字，王鎣本、朱本有（挖補），今據補，餘本同藏本。王溥本、王鎣本「胷」作「胸」，景宋本、朱本、茅本、汪本、張本、吴本、黄本、莊本、集解本作「㣟」，葉本同藏本。

【箋釋】楊樹達云：「結㣟民」上集證本有「有」字，是也。上文云：「自西北至西南方有修股民」，下文云「自東南至東北方有大人國」，「自東北至西北方有跂踵民」，並有「有」字，是其證。○馬宗霍云：海外南經「結匈國，其爲人結匈」，郭璞注云：「臆前胅出如人結喉也。」「匈」即「㣟」之本字，或體從肉作「肙」，「胷」則俗體也。説文肉部云：「肊，匈骨也。」「肊」或從意作「臆」。又云：「胅，骨差也。讀與跌同。」是郭云「臆前胅出」，蓋謂匈骨凸起。

〔六〕【版本】藏本無「有」字，朱本有（挖補），今據補，餘本同藏本。藏本無「羽民」，景宋本、茅本、汪本、張本、吴本、黄本、莊本、集解本有，今據補，餘本同藏本。

【箋釋】馬宗霍云：海外南經云：「羽民國，其爲人長頭，身生羽。」郭璞注：「能飛不能遠。」大荒南經云：「有羽民之國，其民皆生毛羽。」吕氏春秋求人篇作「羽人」。○雙棣按：前後文三方向言及國、民者，皆有「有」字，此處脱，當補，方一致。吕氏春秋求人篇「羽人」高誘注：「羽人，鳥喙，背上有羽翼。」博物志外國云：「羽民國，民有翼，飛不遠，多鸞鳥，民食其卵。去九嶷四萬三千里。」

〔七〕【箋釋】楊樹達云：書堯典云：「放驩兜于崇山，竄三苗于三危。」下文有三苗民，知此「讙頭」即「驩兜」也。古「頭、兜」二字音同字通。史記宋世家云：「宋景公頭曼。」漢書古今人表作「宋景公兜欒」。是其證也。史記五帝紀云：「放驩兜於崇山以變南蠻。」集解引馬融注云：「崇山，南裔也。」太平御覽四十九盛弘之荊州記云：「崇山在澧陽縣南七十里。」與此文云西南地望正合。○馬宗霍云：海外南經「讙頭國，其爲人人面有翼，鳥喙」，郭璞注云：「讙兜，堯臣，有罪，自投南海而死。帝憐之，使其子居南海而祠之。」如郭説，則讙頭國民蓋驩兜之苗裔也。「兜、頭」雙聲字。大荒南經云：「有驩頭之國。」驩與讙同。○雙棣按：楊、馬説是。博物志云：「驩兜國，帝堯司徒驩兜之後，民常捕魚海島中，人面鳥口，去南國萬六千里。」所記與山海經及郭璞注同。鄒漢勳讀書偶識二云：「驩兜、驩頭、驩朱、鵃吺、丹朱，五者一也。古字通用。」

〔八〕【箋釋】楊樹達云：原道篇云：「禹之裸國，解衣而入，衣帶而出。」即此國也。○馬宗霍云：海外南經無「裸國」。吕氏春秋求人篇有「裸民」，高注云：「裸民，不衣衣裳也。」可移以注本文。上「衣」字讀去聲。文選木玄虚海賦「或掣掣洩洩於裸人之國」，李善注引淮南子曰：「自西南有裸人國。」即指此。又引許慎曰：「其民不衣也。」即許氏淮南注也。本書齊俗篇「雖之夷狄徒倮之國」，許君彼注云：「徒倮，不衣也。」亦與此同。○雙棣按：吕氏春秋貴因篇云：「禹入裸國，裸入衣出。」亦即此裸國民。

〔九〕【高注】三苗，國名也，在豫章之彭蠡。交股民，腳相交切。不死民，不食也。穿胷，胷前穿孔達背。反舌民，語不可知而自相曉。一説：舌本在前，不向喉，故曰反舌也。南方之國名也。

【版本】王溥本、王鎣本「胷」作「胸」，葉本同藏本，餘本作「胷」。藏本注「反舌民」下無「語」字，茅本、汪本、張本、黄本、莊本、集解本有，今據補，餘本同藏本。莊本、集解本注「向喉」上「不」字作「反」，景宋本、王溥本、朱本、茅本、葉本、汪本同藏本。

【箋釋】馬宗霍云：史記吴起列傳云：「昔三苗氏左洞庭，右彭蠡。」蓋高注所本。海外南經「三苗民，其爲人相隨」，郭璞注云：「昔堯以天下讓舜，三苗之君非之，帝殺之。有苗之民叛入南海，爲三苗民。」此説史不經見，蓋非實録。本書脩務篇高注：「三苗蓋謂帝鴻氏之裔子渾敦，少昊氏之裔子窮奇，縉雲氏之裔子饕餮，三族之苗裔，故謂之三苗。」與本注不同。亦異説也。又：海外南經「交脛國，其爲人交脛」，郭璞注云：「言腳脛曲戾相交。所謂雕題、交趾者也。」又：大戴禮記易本命篇云：「食氣者神明而壽，不食者不死而神。」本書本篇上文同，蓋高此注所本。海外南經作「不死民，其爲人黑色，壽不死。」郭璞注云：「有員邱山，上有不死樹，食之乃壽。亦有赤泉，飲之不老。」如郭説，則其人非不飲食，特不食五穀耳。與高説異。又大荒南經云：「有不死之國，甘木是食。」郭注云：「甘木即不死樹，食之不老。」又：海外南經云：「貫匈國，其爲人匈有竅。」貫從毌聲，兼取毌義，説文毌部云：「毌，穿物持之也。」是「貫」與「穿」義同。「貫匈」猶「穿匈」也。又：吕氏春秋功名篇「蠻夷反舌」，高氏注云：「一説南方有反舌國，舌本在前，末倒向喉，故曰反舌。」與本注所稱一説合。兩注互校，本注「反向喉」之「反」字蓋「末」字之誤。舌本舌末相對爲義也，作「反」義不可通。海外南經作岐舌國，郭璞注云：「其人舌皆岐，或云支舌也。」支與反相近，淮南所據山海經當爲古本，疑山海經原作「反舌」，一誤爲「支」，再誤爲「岐」，郭氏遂就「岐」字爲釋耳。○雙棣按：吕氏春秋功名篇高誘注：「戎狄言語與中國相反，因謂反舌。」爲欲篇注同。與本注前一説正合，藏本等注「不可知」上無「語」字，則義不明確，蓋傳寫誤奪，今補。

〔一〇〕【高注】豕喙民，其喙如豕。鑿齒民，吐一齒出口下，長三尺也。三頭民，身有三頭也。脩臂民，一國民皆長臂，臂長於身也。皆南方之國也。

【版本】茅本、莊本、集解本注「身」下無「也」字。

【箋釋】馬宗霍云：海外南經云：「羿與鑿齒戰於壽華之野，羿射殺之。」又大荒南經云：「有人曰鑿齒，羿殺之。」並淮南所本。郭璞彼注云：「鑿齒亦人也。齒如鑿，長五六尺，因以名云。」與高此注可相參。文選楊子雲長楊賦「鑿齒之徒相與摩牙而争之」，李善注引服虔曰：「鑿齒，齒長五尺，似鑿。亦食人。」服言食人，則似以爲獸類矣。本書本經篇高注亦謂「鑿齒，獸名，齒長三尺，其狀如鑿，下徹頷下，而持戈盾」，與本注異，未知其審。又：海外南經云：「三首國，其爲人一身三首。」又：海外南經「長臂國」，郭璞注云：「舊説云，其人手下垂至地。魏黄初中，玄菟太守王頎討高句麗王宫，窮追之。過沃沮國，其東界臨大海，近日之所出。問其耆老，海東復有人否？云嘗在海中得一布褶，身如中人，衣兩袖長三丈，即此長臂人衣也。」穆天子傳云：「乃封長肱于黑水之西河。」郭璞注云：「即長臂人也，身如中國，臂長三丈。魏時在赤海中得此人裾也。」兩注略同，並可與高注互足。

〔一一〕【高注】東方墟土，故人大也。君子國已説在上章也。

【版本】莊本注「人大」作「大人」，無「章也」二字，景宋本、王溥本、朱本、葉本、集解本同藏本。

【箋釋】馬宗霍云：本篇上文云「墟土人大」，即此注所本。海外東經：「大人國，爲人大。」大荒東經、大荒北經並云：「有大人之國。」可與此互證。○雙棣按：博物志外國云：「大人國，其人孕三十六年，生白頭，其兒則長大，能乘雲而不能走，蓋龍類。去會稽四萬六千里。」異人云：

「東海之外，大荒之中，有大人國，僬僥民，長三丈，時含神霧。」

〔一二〕【高注】其人黑齒，食稻，啖蛇，在湯谷上。玄股民，其股黑，兩鳥夾之，見山海經也。

【版本】藏本注「蛇」作「地」，王溥本、莊本、集解本作蛇（虵），今據改，餘本同藏本。藏本注「谷上」倒作「上谷」，王溥本、莊本、集解本作「谷上」，今據乙，餘本同藏本。

【箋釋】陶方琦云：文選木玄虚海賦引許注云：「其民黑齒也。」此許注與高同本海外東經之説，或許注羼入高注中者。海外東經「黑齒國」郭注引東夷傳曰：「倭國東四十（今魏志引十作千）餘里有裸國，裸國東南有黑齒國。船行一年可至。」王逸楚辭招魂注：「黑齒，齒牙盡黑。」○楊樹達云：昔年寓居日本國東京，見年長婦人往往染其齒如漆，云古時人以爲美。今法禁之，不可得見矣。○馬宗霍云：海外東經云：「黑齒國，爲人黑齒，食稻，啖蛇，下有湯谷。」爲高注所本。大荒東經云：「有黑齒之國。」郭璞注云：「齒如漆也。」又：海外東經：「玄股之國，其爲人衣魚，食鷗，使兩鳥夾之。」爲高注所本。郭璞彼注云：「髀以下盡黑，故云。以魚皮爲衣。鷗，水鳥也，音憂。」説文「黑而有赤色者爲玄」，故高、郭兩注並釋玄爲黑。大荒東經云：「有國曰玄股。」郭注云：「自髀以下如漆。」漆亦黑也。○雙棣按：高注「其人黑齒」云云，是注「黑齒民」，其上當有此三字。下文「其人體半生毛」云云，是注「毛民」，其上亦當有此二字。

〔一三〕【高注】其人體半生毛，若矢鏃也。勞民，正理躁擾不定也。皆東方國也。

【版本】蜀刊道藏輯要本注「正」作「生」。

【箋釋】馬宗霍云：海外東經：「毛民之國，爲人身生毛。」爲高注所本。高云「若矢鏃也」者，蓋言其毛剛。郭璞彼注云：「今去臨海郡東南二千里，有毛民，在大海洲島上，爲人短小，面體盡有毛如豬。能穴居，無衣服。」案禮記曲禮下「豕曰剛鬣」，則郭云「毛如豬」，正高氏所謂若矢鏃也。大荒北經云：「有毛民之國。」郭注云：「其人面體皆生毛也。」又：海外東經：「勞民國，其爲人黑，或曰教民。」郭璞注云：「食果草實也。」今案高注「躁擾不定」，所以釋勞。郭注「食果草實」，所以釋黑。草實即櫟實，可染爲皂黑。故人食之則膚色黑。惟高注「正理」二字各本皆同，義不可說。蜀刊道藏輯要本作「生理」，是也。「生」與「正」形近，傳寫致捝。生理猶天生如此，故曰勞民。

〔一四〕【高注】跂踵民，踵不至地，以五指行也。句嬰，讀爲九嬰，北方之國也。

【箋釋】莊逵吉云：古「句、九」同聲，故齊桓公「九合」即「糾合」，此讀句爲九之證。○馬宗霍云：海外北經「跂踵國，其爲人大，兩足亦大。一曰大踵」，郭璞注云：「其人行，腳跟不著地也。」與高注合。文選王元長三月三日曲水詩序注引高誘淮南子注曰：「反踵，國名，其人南行，跡北嚮也。」據此，疑今本高注下當有「一曰反踵，其人南行，跡北嚮也」十二字，傳寫奪之。而山海經「一曰大踵」，「大」與「反」形近，或亦「反踵」之譌，即李引高注之所本耳。又：海外北經「拘纓之國，一手把纓」，郭璞注云：「言其人常以一手持冠纓也。或曰纓宜作癭。」今案如郭注所稱或說作「癭」，說文疒部云：「癭，頸瘤也。」則淮南本文之句當取句曲之義，不得訓把持。

嬰蓋癭之聲借字，「句嬰」言其人頸曲而腫也。高注讀句爲九。九之言糾，糾亦有繚曲之義。○雙棣按：袁珂謂海外北經「其爲人大，兩足亦大」，御覽引作「其爲人兩足皆大」，知上「大」字爲衍文，而下「大」字當爲「支」字，形近而譌也。袁説是。言「大」與「跂踵」無涉，「支」與「跂」古通用。

〔一五〕【高注】皆北方之國也。

【箋釋】馬宗霍云：海外北經有「深目國」，大荒北經有「深目民之國」，郭璞注云：「亦胡類，但眼絶深。」可補此注。又：海外北經「無腸之國，其爲人長而無腸」，郭璞注云：「爲人長大，腹内無腸，所食之物直通過。」可補此注。又：海外北經「柔利國，爲人一手一足，反膝，曲足居上」，郭璞注云：「一腳一手反卷曲也。」可補此注。大荒北經云：「有牛黎之國，其人無骨。」畢沅謂「牛黎國即柔利國也。聲皆相近。」郝懿行謂「其人無骨，故稱柔利與。」可與此相參。

〔一六〕【高注】一目民，目在面中央。無繼民，其人蓋無嗣也。北方之國也。

【箋釋】莊逵吉云：「無繼」即「無䏿」，「䏿」與「繼」通用字。○馬宗霍云：海外北經云：「一目民，一目中其面而居。」爲高注所本。大荒北經云：「有人一目。」郭璞注云：「當面中生。」又：海外北經「無䏿之國，爲人無䏿」，郭璞注云：「䏿音啟，或作綮。䏿，肥腸也。其人穴居食土，無男女，死即貍之，其心不朽。死百廿歲乃復更生。」此與淮南高注字異義亦異。大荒北經云：「無繼子食魚。」郭注云：「繼亦當作䏿，謂膊腸也。」是郭氏蓋以作「繼」爲「䏿」之别本，而以作

「脅」爲正也。余謂「脅」當作「胤」，説文肉部云：「胤，子孫相承續也。」是無胤即無繼嗣也。「胤」之古文作「㣧」，與「脅」、「絫」形皆相近，傳寫遂譌作「脅」，或作「絫」，而郭氏乃緣之以生訓耳。此可據淮南以校山海經，據高注以正郭注者也。

〔一七〕【高注】皆日所入之山名也。

【箋釋】于大成云：覽冥篇「日入落棠」，高注云「落棠，山名，日所入也」。高此注云云，是讀「雒棠」爲「落棠」也。○雙棣按：海外西經云：「肅慎之國有樹曰雄常。」郭璞注：「雄或作雒。」袁珂曰：高注疑非，淮南子地形篇之「雒棠」當即海外西經之「雄常」，木名也。

〔一八〕【高注】硥魚如鯉魚也。有神聖者乘行九野，在無繼民之南。硥，讀如蚌也。

【版本】藏本注「蚌」作「蛘」，景宋本、王溥本、莊本、集解本作「蚌」，今據改，朱本、葉本同藏本。

【箋釋】雙棣按：海外西經云：「龍魚陵居在其北，狀如貍。（郝懿行謂當作「鯉」字之誤。）一曰鰕。即有神聖乘此以行九野。一曰鼈魚，在夭野北，其爲魚也如鯉。」與高注所云極似。郝懿行云：「龍魚，郭氏江賦作龍鯉，張衡思玄賦仍作龍魚，淮南地形訓作硥魚。」郝氏以「硥」作「䃧」，與今各本不同。然其謂淮南之「硥魚」即海外西經之「龍魚」則近是。海外西經謂龍魚在沃野之北，高注謂硥魚在無繼民之南，大體方向亦合。然依淮南文意，「其」字似不當指無繼民，而當謂雒棠、武人。如此則與海外西經完全吻合矣。

〔一九〕【高注】連臂大呼夜行。

【箋釋】蔣禮鴻云：「二人」當作「二八」。山海經海外南經：「有神人二八，連臂爲帝司夜於此野，在羽民東，晝十六人。」晝十六人乃後人釋二八之文。山海經文即淮南所本。○袁珂云：「人」當是「八」之譌，「大呼」則異聞也。○于大成與蔣、袁説同。

〔二〇〕【箋釋】馬宗霍云：海外南經云：「三珠樹，其爲樹如柏，葉皆爲珠，一曰其爲樹若彗。」郭璞注云：「如彗星狀。」可補此注。

〔二一〕【高注】在無繼民之東南也。

【箋釋】劉績云：「華」疑「蹉」字之誤，蹉音嗟。山海經：「蹉丘，爰有遺玉、青鳥、視肉、楊柳、甘柤、甘華，百果所生。」○王念孫云：劉引山海經乃海外東經文也。「蹉」與「華」，形聲皆不相近，若本是「蹉」字，無緣誤爲「華」。今案：「華」字當是「苹」字之誤，「苹」與「平」古字通。（堯典「平秩東作」，馬融本「平」作「苹」。周官車僕「苹車之萃」，故書「苹」作「平」。説文「蓱，蒲子，可以爲平席」，王肅注顧命作苹席。）海外北經曰：「平丘在三桑東，爰有遺玉、青鳥、視肉、楊柳、甘柤、甘華，百果所生。」此淮南所本也。隸書「華」字作「華」，（見漢北海相景君碑陰。）又作「華」，（見桐柏淮源廟碑。）並與「苹」相似，故「苹」誤爲「華」矣。（説文「蓱，蒲子，可以爲平席」，文選秋興賦注引作「華席」，亦是「平」通作「苹」，因誤爲「華」也。史記禮書「大路越席」，正義：「越席謂蒲爲華席。」亦是「苹席」之誤。）○雙棣按：劉績説是而王念孫説非也。「華丘」當即海外東經之「蹉丘」，海外東經自東南方述及東北方，始述即此「蹉丘」，正與本文「在其東南方」相應。

瑳，郭璞「音嗟，或作髮」，嗟（或瑳。）古音在歌部，華在魚部，先秦時代魚歌兩部主要母音相同，可以通轉，漢代魚歌兩部更相近，（參王力漢語語音史。）音近故可通用。海外東經郭注或作「髮」。作「髮」，作「瑳」，亦是音近通用。（「髮」古音在月部，與「瑳」可對轉。）下文「和丘在其東北陬」之「和丘」，當即海外北經之「平丘」也。海外北經自西北述及東北方，亦即從「無肾之國」（即淮南之無繼民。）述至跂踵國，而平丘在跂踵國東，此正與本文方向相合。且「和」、「平」義同，古多通用，此作「和」，海外北經作「平」者，乃以義相通耳。又按：高誘於此注「在無繼民之東南也」，於下文「和丘」注「在無繼民東北陬也」，是將「其」注爲「無繼民」，非是。此「其」字當無義，不得指「無繼民」。從淮南所述三十六國之外者，亦就海外方位言之，武人在西北方，有神二八在西南方，崑崙、華丘在東南方，和丘在東北方，此四方位，與山海經正合。

〔二二〕【箋釋】莊逵吉云：遺玉，說文解字作「𤪌玉」。◯雙棣按：郭璞海外北經注：「遺玉，玉石。」說文解字玉部：「𤪌，遺玉也。」段玉裁注云：「謂贈遺之玉也。蒙上送死言之。何休曰：『知死者贈襚。』襚猶遺也。大宰、典瑞皆言『大喪贈玉』，注云『蓋璧也。』鍇說以山海經『遺玉』。儻是玉名，則當廁於瑧已下十六字間。」吴任臣云：「遺玉即瑿玉，琥珀千年爲瑿。字書云：瑿，遺玉也。」段氏以贈死之玉釋遺玉，於說文或是，然於此處難通。郭璞、徐鍇解以玉名當於此處相合。吴任臣則又别一説也。

〔二三〕【版本】王溥本、王鎣本、吴本「馬」作「鳥」，餘本（除葉本缺文外。）同藏本。

【箋釋】雙棣按：王念孫淮南雜志據劉績（王溥本）改「馬」爲「鳥」，非是。山海經海外東經作「青馬」，海外北經道藏本亦作「青馬」，正與本文合，不應改作「青鳥」。

〔二四〕【高注】其人不知言也。

【箋釋】馬宗霍云：視肉之名，海內、外經、大荒經皆有之。高氏本文注云：「其人不知言也。」郭璞海外南經注云：「聚肉，形如牛肝，有兩目也，食之無盡，尋復更生如故。」兩注不同，當各有所據。然視肉爲異物之一種，高以爲人，恐未必然。○雙棣按：山海經「視肉」之名共出現十三次，多與虎豹熊羆等並列，恐爲異獸之一種。博物志異獸云：「越嶲國有牛，稍割取肉，牛不死。經日肉生如故。」與郭注「尋復更生如故」相合。

〔二五〕【高注】皆異物也。在木曰果，在地曰蓏也。

【版本】藏本「華」作「革」，各本均作「華」，今據改。茅本、莊本、集解本注末無「也」字。

【箋釋】陶方琦云：此許注羼入高注中者，時則訓「果實蚤成」高注：「有覈曰果，無覈曰蓏。」其注呂覽本味篇說亦同。說文蓏字下云：「在木曰果，在地曰蓏。」說正同。幸有佐證，方能別而出之。（餘見下「果實蚤成」注。）○雙棣按：「楊桃」山海經作「楊柳」。「甘櫨」山海經作「甘柤」。郭璞注引呂氏春秋本味篇亦作「甘柤」。今本呂氏春秋作「甘櫨」。櫨、柤則同。大荒南經云：「有蓋猶之山者，其上有甘柤，枝幹皆赤，黄葉，白華，黑實。」然則甘柤（或甘櫨。）乃黑色之果，盧乃黑色之稱，顔師古漢書注云：「盧，黑色也。」字當本作「櫨」，如今本之呂覽者。「柤、櫨、櫨」古音皆屬魚部，疊韻相通。

〔二六〕【高注】四方而高曰丘。鸞所自歌，鳳所自舞，故曰和丘，在無繼民東北陬也。

【箋釋】雙棣按：和丘即山海經之「平丘」，已見上注〔二一〕。高注「鸞所自歌，鳳所自舞」，屢見於山海經，（山海經兩「所」字皆作「鳥」。）海内經云：「有鸞鳥自歌，鳳鳥自舞。鳳鳥見則天下和。」高注據此以釋「和」字。

〔二七〕【箋釋】馬宗霍云：海外北經云：「三桑無枝，其木長百仞，無枝。」郭璞注云：「言皆長百仞也。」可補此注。又北山經北次二經云：「洹山，三桑生之，其樹皆無枝，其高百仞。」可與此互證。

〔二八〕【高注】耽耳，耳垂在肩上。耽，讀褶衣之褶。或作攝。以兩手攝耳，居海中。

【版本】藏本注無「衣」上之「褶」字，莊本、集解本有，今據補，景宋本、王溥本、朱本同藏本。藏本注「攝」下「耳」字作「其」，莊本、集解本作「耳」，今據改，景宋本、王溥本、朱本、葉本同藏本。藏本注「海」作「之」，景宋本、莊本、集解本作「海」，今據改，葉本同藏本。王溥本、朱本注作「以兩手攝其肩之耳」。

【箋釋】王念孫云：「褶、攝」二字，聲與「耽」不相近，「耽」字無緣讀如「褶」，亦無緣通作「攝」也。「耽」皆當爲「耴」。今作「耽」者，後人以意改之耳。說文：「耴，耳垂也。從耳下垂，象形。春秋傳曰秦公子耴。耴者，其耳下垂，故以爲名。」玉篇豬涉切，是耳下垂謂之耴。故高注云「耴耳，耳垂在肩上」。廣韻「耴耳，國名」，正謂此也。（春秋鄭公子輒，字子耳，義與耴字相近。）字或作「聶」，海外北經云：「聶耳之國，在無腸國東，爲人兩手聶其耳，縣居海水中。」即高注所云「以兩手聶耳，居海中」者也。「耴」與「聶」聲相近，故海外北經作「聶」。「耴」與「褶、攝」聲亦相近，故高讀「耴」如「褶」，而字或作「攝」。後人多見「耽」，少見「耴」，又以説文云「耽，耳大垂也」，故改「耴」爲「耽」，而不知其與高注大相抵牾也。○吴承仕云：王説近之。然「耽」在談韻，「耴、聶」同在盍韻，「褶」在緝韻，部居至近。玉篇、廣韻耽音丁含切，褶音徒協切，即聲紐亦無大殊，則正文作「耽」，高注音耽爲褶，音義並相應也，如字自通，不煩輒改。○雙棣按：大荒北經云：「有儋耳之國，任姓。」郭璞注：「其人耳大下儋，垂在肩上。」與高注相合。博物志異人亦作「儋耳」。説文：「儋，何也。」即肩擔之擔，擔爲俗字。然則儋耳之儋，説文作聸，説文云：「聸，垂耳也。南方有聸耳國。」段玉裁云：「古祇作耽，一變爲聸耳，再變則爲儋耳矣。」又云：「許書本無聸字，耽即聸也。」「耽、聸、儋、聶、攝」，段氏均在八部，音近相通，不必如王氏改「耴」。

〔二九〕【高注】夸父，神獸也。飲河、渭不足，將飲西海，未至，道渴死。見山海經。策，杖也。其杖生木而成林。鄧，猶木也。一曰仙人也。

【箋釋】陶方琦云：文選潘岳西征賦注引許注：「策，杖也。」按：此亦許注羼入高注中者，莊子齊物論司馬注：「策，杖也。」○馬宗霍云：海外北經云：「夸父與日逐走，入日，渴欲得飲，飲于河、渭，河、渭不足，北飲大澤。未至，道渴而死。棄其杖，化爲鄧林。」此高注所本也。畢沅山海經校釋謂「大澤」即「西海」，又本之高注也。○于大成云：大荒北經曰「大荒之中，有山名曰成都載天，有仙珥兩黄蛇，把兩黄蛇，名曰夸父。后土生信，信生夸父」，則夸父是人，非神獸也。高注無據。能及日景而傾河、渭，謂之仙人也尚可。郭注海外北經云「夸父者，蓋神人之名也」，與此注一曰義合。○雙棣按：山海經、列子湯問作「棄其杖」，淮南作「棄其策」，博物志作「棄其策杖」。策、杖同義，古之常訓，不必以爲注文爲許注之羼入者。又：畢沅云：「鄧林即桃林也。鄧、桃音相近。」中山經中次六經云：「夸父之山，其北有林焉，名曰桃林。」蓋即此鄧林也。

〔三〇〕【高注】昆吾，楚之祖祝融之孫，陸終之子，爲夏伯也。詩云「昆吾夏桀」也。

【箋釋】雙棣按：高注引詩見商頌長發。

〔三一〕【高注】軒轅，黄帝有天下之號也。

〔三二〕【高注】巫咸，知天道，明吉凶。

【箋釋】雙棣按：吕氏春秋勿躬云：「巫咸作筮。」故高注云然。

〔三三〕【箋釋】李哲明云：海外西經作「登葆山」，無「立」字，一作「登備之山」，「保、備」雙聲，故得通用。觀注「榑桑在登保山之東北」，則正文「立」字當衍。○雙棣按：海外西經云：「巫咸國在女丑北，右手操青蛇，左手操赤蛇，在登葆山，羣巫所從上下也。」「在」依例當作「有」字，謂巫咸國有登葆山，爲羣巫上下天庭之處。此文「立」字，或亦爲「有」，或爲存有義，不得謂爲衍文，此儻無「立」字，於文義不備，句法亦不通矣。

〔三四〕【高注】暘谷，日之所出也。榑桑，在登保之山東北方也。

〔三五〕【高注】有娀，國名也。不周，山名也。娀，讀如嵩高之嵩。姊妹二人在瑶臺也，帝嚳之妃也。天使玄鳥降卵，簡翟吞之，以生契，是爲玄王，殷之祖也。詩云「天命玄鳥，降而生商」也。

【版本】茅本、汪本、張本、黄本、莊本、集解本注「姊妹」上有「簡翟建疵」四字，景宋本、王溥本、朱本、葉本同藏本。

【箋釋】雙棣按：注引詩見商頌玄鳥。

〔三六〕【高注】地理志曰：西王母石室，在金城臨羌西北塞外也。

【版本】藏本注「理」作「里」，景宋本、莊本、集解本作「理」，今據改，餘本同藏本。藏本注無「母」字，王溥本、朱本、莊本、集解本有，今據補，餘本同藏本。

【箋釋】雙棣按：山海經大荒西經云：「西海之南，流沙之濱，有人，戴勝，虎齒，有尾，穴處，名曰西王母。」又云：「有西王母之山。」此蓋淮南所本。今本漢書地理志下「金城郡臨羌縣」班固自注云：「西北至塞外，有西王母石室。」藏本「母」字脱。

〔三七〕【高注】水中可居曰洲。

【版本】藏本注「洲」作「州」，各本皆作「洲」，今據改。

【箋釋】雙棣按：説文「洲」作「州」，云：「水中可居者曰州。」段玉裁注云：「釋水、毛傳皆曰：『水中可居者曰州。』」今本爾雅、詩經及毛傳皆作「洲」字。「洲」乃「州」之後起字。此處淮南正文作「洲」，高注自當爲「洲」，故依各本改之。

〔三八〕【高注】三危，西極之山名也。

〔三九〕【高注】洲，水中所居者。燭光所照者方千里。

【箋釋】吴承仕云：「所居」當作「可居」。上文「崑崙弱水之洲」，注云：「水中可居曰洲。」○雙棣按：海内北經云：「舜妻登比氏生宵明、燭光，處河大澤，二女之靈能照此所方百里。」乃淮南所本。惟「百、千」字異。路史後紀十一亦云：「宵明、燭光，處河大澤，靈照百里，是爲湘之神。」又：淮南正文云「宵明、燭光所照方千里」，而高注獨謂「燭光所照者方千里」，或脱「宵明」二字，或如山海經及路史所云，「燭光」當作「靈光」，「燭」涉正文而誤。

〔四〇〕【高注】龍門在河中馮翊夏陽界也。

〔四一〕【高注】玄燿，水名，一曰山名。

〔四二〕【高注】海隅，藪也。

【箋釋】吴承仕云：上文「九藪，齊曰海隅」，則此注當云：「海隅，齊藪也。」下文「孟諸在沛」，注：「孟諸，宋澤也。」是其比。

〔四三〕【高注】孟諸，宋澤也，在睢陽東北。

〔四四〕【高注】少室、太室在陽城，嵩高山之别名。冀，堯都冀州，冀爲天下之號也。

【版本】藏本注「山」作「下」，朱本、莊本、集解本作「山」，今據改，餘本同藏本。

【箋釋】雙棣按：山海經中山經中次七經云：「又東五十里曰少室之山。」「又東三十里曰泰室之山。」郭璞注云：「即中嶽嵩高山也，今在陽城縣西。」郭注與高注合，藏本高注「下」乃「山」之誤無疑，今改。

〔四五〕**【高注】**蔽，至也。委羽，北方山名也。一曰：龍銜燭以照太陰，蓋長千里，視爲晝，瞑爲夜，吹爲冬，呼爲夏。

【版本】莊本注無「一曰」二字。

【箋釋】陶方琦云：初學記三、御覽九百二十九引許注：「不見日，故龍以目照之，蓋長千里。開爲晝，（御覽引「開」仍作「視」字。）瞑爲夜，吹爲冬，呼爲夏。」高注中一曰多爲許説，故與初學記引許注同，然許注亦本海外北經説也。海外北經作：「鍾山之神名燭陰，視爲晝，瞑爲夜，吹爲冬，呼爲夏。」（御覽引括地志亦同。）又大荒北經章尾山「是燭九陰，是謂燭龍」，郭注引「詩含神霧：『天不足西北，無有陰陽消息，故有龍銜（文選雪賦注引銜下有火字。）精以照天門中。』淮南子曰『蔽于委羽之山，不見天日』也。」○劉文典云：文選謝靈運擬魏太子鄴中集詩注引，「蔽」作「第」，注同。○王叔岷謂錦繡萬花谷別集引許注與御覽同。○于大成云：初學記三、御覽九百二十九引許注，是許本作「蔽」字，選注引高注，是高本作「第」字。今本地形篇是高注，而字作「蔽」者，是二本相混之故。

〔四六〕**【高注】**建木在都廣。都廣，南方澤名。説其山，説其澤。壠，冢也。

【版本】藏本注「冡」作「家」，朱本、莊本、集解本作「冢」，今據改，景宋本、王溥本同藏本。

【箋釋】雙棣按：山海經海内西經云：「后稷之葬，山水環之，在氐國西。」又海内經云：「西南黑水之間，有都廣之野，后稷葬焉。」蓋淮南及高注所本。

〔四七〕【高注】南方人死復生，或化爲魚，在都廣、建木間。

【箋釋】雙棣按：山海經海内南經云：「氐人國在建木西，其爲人，人面而魚身，無足。」郭璞注云：「盡胷以上人，胷以下魚也。」又大荒西經云：「有魚偏枯，名曰魚婦。顓頊死即復蘇。」郭璞注云：「淮南子曰：『后稷龍在建木西，其人死復蘇，其半爲魚。』蓋謂此也。」郭璞引淮南文與今本稍有不合。今本「半」下似亦當有「爲」字。

〔四八〕【箋釋】雙棣按：山海經海内西經云：「流黄酆氏之國，中方三百里。在后稷葬西。」海内經云：「有國名流黄辛氏，其域中方三百里。」郭璞注：「即酆氏也。」此流黄沃民即山海經之流黄酆氏之國。

〔四九〕【高注】雷澤，大澤也。鼓，擊也。熙，戲也。地理志曰：禹貢雷澤在濟陰城陽西北，城陽有堯冢。

【版本】藏本注「禹貢」上有「於」字，張本、黄本、莊本、集解本無，今據刪，餘本同藏本。

【箋釋】雙棣按：漢書地理志濟陰郡成陽縣，班固云：「有堯冢靈臺。禹貢雷澤在西北。」「禹貢」上亦無「於」字。

〔五〇〕【高注】岷山在蜀西徼外。絶，猶過也。開母，山名也，在東海中。

【版本】藏本注「徼外」作「激水」，王溥本、朱本、莊本、集解本作「徼外」，今據改，景宋本、茅本、葉本、汪本同藏本。茅本、莊本、集解本注「名」下無「也」字。

【用韻】「海、北、極」之職通韻。

〔五一〕【高注】河源出崑崙，伏流地中方三千里，禹導而通之，故出積石。積石山在金城郡河關縣西南。荊山，禹貢北條荊山，在左馮翊懷德縣之南，下有荊漂原，雝州浸也。

【版本】莊本、集解本注「源」作「原」，餘本同藏本。張本、黄本、莊本、集解本注無「荊山禹貢北條」六字，餘本同藏本。藏本注「德」作「得」，除葉本同藏本外，餘本均作「德」，今據改。

【箋釋】莊逵吉云：睢出荊山，「睢」字誤，當爲「洛」，古字作「雒」，故誤爲「睢」也。「荊漂原」當即「疆梁原」，古字「荊、疆」相通，「漂、梁」則字之誤也。孫編修謂：「梁」古文作「漆」，形與「漂」近，後人多見「漂」，少見「漆」，因之而亂耳。○王念孫云：「睢」當爲「雎」。（「雎」音雎鳩之雎，字從隹，且聲，舊本作「睢」，非。「睢」音雖，字從目，隹聲，今改正。地理志、水經、説文皆作「沮」。）水經沮水注曰：「沮水出東汶陽郡沮陽縣西北景山，即荊山首也。（中山經：「荊山之首曰景山，雎水出焉，東南流注于江。」）故淮南子曰：沮出荊山。高誘云：荊山在左馮翊懷德縣。蓋以洛水有漆、沮之名故也。斯謬證耳。」案：此所謂「沮水」，乃「江、漢、沮、漳」之「沮」，非「漆、沮」之「沮」；所謂「荊山」，乃禹貢「南條荊山」，非「北條荊山」，故酈氏以高注爲謬證。莊伯鴻欲改「睢」爲「洛」，以合高注，不知洛水過荊山入渭，（地理志左馮翊褱德，禹貢北條荊山在南，下有彊梁原，洛水東南入渭。）則不得言「洛出荊山」，且下文明言「洛出獵山」，何不察之甚也。○吴承仕云：方三千里，當作「萬三千里」，「萬」俗書作「万」，故譌爲「方」。水經河水注曰：「高誘稱河出崑崙，伏流地中萬三千里，禹導而通之，出積石山。」正用此文。又：朱本、景宋本注文「荊山」下，並有「禹貢北條荊山」六字。地理志：「左馮翊懷德，禹貢北條荊山在南，下有彊梁原。」此注正用地理志。莊本誤奪，應據補。○于省吾云：吴謂「万」譌爲「方」是也。以「万」爲俗書，非也。晚周鉨文，「萬」字已作「万」，乃古文也。

〔五二〕【高注】桐栢山在南陽。

【版本】藏本注「南陽」作「上黨」，朱本、莊本、集解本作「南陽」，今據改，景宋本、茅本、葉本、汪本、張本、黄本同藏本，王溥本無此注。

【箋釋】雙棣按：地理志：「南陽郡平氏縣，禹貢桐柏大復山在東南，淮水所出。」藏本注「上黨」涉下注而誤。今改。

〔五三〕【高注】楬戾山在上黨治。發包山，一名鹿苦山，亦在上黨長子。二漳合流，經魏郡入清河也。

【箋釋】莊逵吉云：錢別駕云：鹿苦，地理志作「鹿谷」，「苦」字誤，應作「谷」。清漳，説文解字以爲出沾山大要谷，地理志以爲出大黽谷，「要、黽」亦形近亂也。山海經云：「謁戾之山，沁水出焉。」水經同。蓋沁、漳下流互受，故以沁水所出之山爲清漳所出耳。發包，水經作「發鳩」，古字「鳩」或作「勼」，「勼」與「包」形近，亦聲同，因字因聲，故亦通用。「楬、謁」亦同。○吴承仕云：注「治」當作「沾」。地理志：「上黨沾大黽谷，清漳水所出。」水經：「清漳水出上黨沾縣。」注引高誘淮南子注曰：「謁戾山，在沾縣。」各本並誤「沾」爲「治」，失之。

〔五四〕【高注】王屋山在河東垣縣東北。時、泗、沂皆水名，臺、台、術皆山名。處則未聞也。

【箋釋】于鬯云：考水經當篇有泗水、沂水，無時水。時水見瓠子河、淄水兩篇中，酈道元注云：「時即耏水也。音而。」京相璠曰：「今臨淄唯有澅水，即地理志如水。耏、如聲相似。」然則「如、時」又一聲之轉，而亦稱時水。○雙棣按：漢書地理志云：「東北曰幽州，川曰河、泲，浸曰菑、時。」顔師古注：「時水出般陽。」

〔五五〕【高注】獵山在北地西北夷中，洛東南流入渭，詩云「瞻彼洛矣，惟水泱泱」是也。

【版本】莊本、集解本注無「云」字，「惟」作「維」，景宋本、王溥本、朱本、葉本同藏本。

【箋釋】雙棣按：注引詩見小雅瞻彼洛矣。今本詩經「惟」作「維」，與莊本同。

〔五六〕【高注】弗其山在北海朱虚縣東也。

【版本】集解本「流」上有「西」字，餘本同藏本。

【箋釋】莊逵吉云：弗其，地理志作「不其」，「弗、不」通用。○王引之云：各本「流」上脱「西」字，當據水經注引補。水經汶水注曰：「誘説是乃東汶，非經所謂入濟者也。蓋其誤證爾。」案：漢書地理志琅邪郡朱虚有「東泰山，汶水所出，東至安邱入維」。此高注所本也。其水入維不入濟，故酈氏以爲誤證。地理志又曰：「泰山郡萊蕪有原山，禹貢汶水出西南，入泲。（古濟字。）」此則淮南之汶矣。汶出原山，而此云出弗其者，弗其蓋原山之別名。淮南與地理志似異而實同也。禹貢錐指因高注誤證，而並以淮南爲誤，則過矣。弗其即是原山，在萊蕪縣，與不其縣之不其山，名相似而地則不同。（漢萊蕪故城，在今淄川縣東南，不其故城在今即墨縣西南，二縣相去甚遠。）莊氏伯鴻以爲即「不其山」，謬矣。○俞樾云：說文水部汶水出琅琊朱虛東泰山，東入濰。又曰：「桑欽説，汶水出泰山萊蕪，西南入泲。」是汶水有二，一入濰，一入泲，泲即濟也。高注曰：「弗其山在北海朱虛縣東。」是誤以入濰之汶説入濟之汶，王氏讀書雜志已辯正矣。惟弗其之名，未能塙指。漢書地理志曰：「泰山郡萊蕪有原山，禹貢汶水出西南入泲。」今原山在山東泰安府萊蕪縣東北七十里，亦名馬耳山。「弗其」二字，疑即「馬耳」之誤。「弗」與「馬」，「其」與「耳」，字形皆相似。○吴承仕云：水經汶水注引淮南子汶出弗其，高誘云：山名也。又引高誘云：「弗其，山名，在朱虛縣東。」兩引皆作山名，疑今本奪「名」字。

【用韻】「其、濟」之脂合韻。

〔五七〕【高注】嶓冢山，漢陽縣西界，漢水所出，南入廣漢，東南至雎州入江。薄落之山，一名笄頭山，安定臨涇縣西，禹貢涇水所出，東南至陽陵入渭。

【版本】藏本注「陽」字缺，景宋本、茅本、汪本、莊本、集解本不缺，今據補，王溥本、朱本同藏本。藏本注「落」作「洛」，今據各本改。藏本注「陽陵入渭」作「陽渡大滑」，王溥本、朱本、莊本、集解本作「陽陵入渭」，今據改，景宋本、茅本、葉本、汪本同藏本。

【箋釋】劉家立云：今本作溥落之山，「之山」二字涉注文而衍也。此節言山凡雙名者無「山」字，單名者有「山」字，下文釜出景，則又脱去「山」字。○于大成云：注「縣西」二字當倒。續漢郡國志漢陽郡「西，故屬隴西。有嶓冢山，西漢水」，蓋漢陽是郡名，西是縣名。後人不知是縣名，妄乙其文，遂致不可通矣。○雙棣按：漢書地理志下：「隴西郡，西，禹貢嶓冢山，西漢所出，南入廣漢白水，東南至江州入江。」此作雝州與志異。地理志下又曰：「安定郡，涇陽，幵頭山在西，禹貢涇水所出，東南至陽陵入渭。」足證藏本注之誤，今改。

〔五八〕【高注】鳥鼠同穴山在隴西首陽西南，渭水所出，東會于灃，又入河，雝州川也。上魏，山名也，處則未聞。

【版本】藏本注「渭水」上有「直」字，王溥本、張本、黄本、莊本、集解本無，今據刪，餘本同藏本。藏本注「渭水」下無「所」字，景宋本、茅本、汪本、張本、黄本、莊本、集解本有，今據補，餘本同藏本。藏本注「灃」作「澧」，張本、黄本、莊本、集解本作「灃」，今據改，餘本同藏本。

【箋釋】莊逵吉云：渭水，諸書皆作「雍州浸」，唯此書和周書作「川」。○雙棣按：漢書地理志下云：「隴西郡，首陽，禹貢鳥鼠同穴山在西南，渭水所出，東至船司空入河。」高注既本之地理志，則藏本之誤明矣。地理志上云：「右扶風郡，鄠，酆水出東南，北過上林苑入渭。」「酆」與「灃」通，藏本注「澧」當是「灃」字，今改。禹貢及孔穎達疏引地理志字亦作「灃」。地理志上「南陽郡雉縣衡山，澧水所出，東至鄖入汝」，當是另一澧水，在今河南省。又：水經伊水注云：「伊水出南陽魯陽縣西蔓渠山。」

〔五九〕【高注】熊耳山在京師上雒之西北也。

【版本】藏本注「上」作「止」，王溥本、朱本、茅本、張本、黄本、莊本、集解本作「上」，今據改，景宋本同藏本。張本、黄本、汪本、集解本注無「之」字。

【箋釋】于省吾云：上雒，金文作「上洛」，敔毁：「王命敔追遯於上洛熜谷。」左哀四年傳：「楚司馬起豐、析與狄戎，以臨上雒。」秦策：「楚、魏戰於陘山，魏許秦以上洛。」「雒、洛」字通。○于大成云：水經洛水「洛水出京兆上洛縣灌舉山」，山海經中次三經「又西二百里曰熊耳之山」，郭注云「今在上洛縣南」。

〔六〇〕【版本】王鎣本、葉本、吴本「維」作「濰」，餘本同藏本。

【箋釋】吴承仕云：御覽三十六引淮南子曰：「濰出覆舟山，蓋廣異名也。」案：御覽所引，當是許注。説文：「濰，水出琅邪箕屋山。」此云「覆舟」即「箕屋」異名，疑許意如是。○劉文典云：「維」當爲「濰」字之壞也。御覽三十六所引淮南，文雖有異，「維」字正作「濰」。○于大成云：水經「濰水出琅邪箕縣濰山」，注云：「濰水導源濰山，許慎、吕忱云：『濰水出箕屋山。』淮南子曰：『濰水出覆舟山。』蓋廣異名也。」御覽所引明是水經注之文，吴氏以爲許意，非也。水經注引作「濰」，與説文合。但「維」亦非誤字。禹貢青州「濰、淄其道」，釋文「本亦作惟，又作維」。

漢志琅邪郡箕縣「禹貢維水北至昌都入海」，是陸元朗所見有作「維」者，與班氏所據本正合，與今本淮南亦合也。

〔六一〕【高注】燕京，山名也，在太原汾陽，汾水所出，西南至汾陰入河，冀州浸。

【版本】藏本注「至汾陰入河」作「至汾陽」，王溥本作「至汾陰入河」，今據改，餘本同藏本。

【箋釋】莊逵吉云：山海經、水經皆云「汾出管涔山」，古字「燕、管」、「京、涔」聲近通用。○雙棣按：漢書地理志上云：「太原郡，汾陽，北山，汾水所出，西南至汾陰入河，冀州浸。」高注本之地理志，藏本之誤顯然。

〔六二〕【高注】目飴，山名。

【箋釋】李哲明云：目飴山未知所在。元和郡縣志淄川縣云：「淄水出縣治東南原山，去縣六十里。」與淮南所說不同。又志云：「宋置貝丘縣，隋開皇十八年改爲淄川。」竊疑淮南本文作「淄出原山」，讀者以山在貝丘境，因記「貝丘」二字於「原山」旁，傳寫訛捝，「貝丘」並入正文，「貝」誤「目」，「原」與「食」旁形近，合「丘」字爲一，遂誤作「飴」。後人又省「山」字以適句耳，其竄誤之跡，可鉤考而知也。○吴承仕云：本文疑當作「淄出鉛」。注當作「鉛，山名」。今本「目」字誤衍，「飴」則「鉛」字形近之譌也。地理志：「泰山萊蕪縣原山，甾水所出。」水經注引淮南子曰：「水出自飴山。蓋山別名也。」寰宇記曰：「淄水出泰山萊蕪縣，淮南子謂之水出鉛山，蓋原山別名也。」（記文止此。）今謂「鉛、原」皆寒部字，聲紐亦近，明是一文。寰宇記引作「鉛」，是也。

水經注稱水出自鉛，校淮南者，或增「自」字於「鉛」字上，輾轉傳寫，遂譌「自」爲「目」，譌「鉛」爲「飴」矣。注文「目飴」字，又據誤本改之耳。（邵瑞彭曰：「左襄四年傳：『敗於狐駘。』杜注：『魯國番縣東南有目台亭。』目台即目飴也。然地望不近，淄水所出，舊來亦無異説，疑其非是。」）

〔六三〕【高注】高褚，一名冢領山，在京兆上雒，丹水所出，東至均入沔也。

【版本】王溥本、葉本、莊本、集解本注「領」作「嶺」，餘本同藏本。藏本注「沔」作「汚」，張本、黄本、莊本、集解本作「沔」，今據改，景宋本、王溥本、朱本、葉本、汪本同藏本。

【箋釋】劉績云：冢嶺山在陝西西安府商縣南，丹水出於此，東流至河南内鄉縣，與淅水合流入漢江，非此所謂丹水也。「高褚」恐「高都」之譌，漢上黨高都縣莞谷，丹水所出，東南入絶水。（見地理志。）今山西澤州高平即高都，有丹水源出仙公山，南流合白水入沁河，此丹水是。○王念孫云：劉説是也。北山經：「沁水之東有林焉，名曰丹林，丹水出焉。（舊本作「丹林之水」，衍「林之」二字，今依水經注删。）南流注於沁。（舊本作「注於河」，涉上文「沁注於河」而誤，今依水經注改。）」水經沁水注曰：「丹水出上黨高都縣故城東北阜下，東會絶水，又東南流，白水注之，又東南流注於沁。」竹書紀年「晉出公五年，丹水三日絶不流」，皆謂此丹水也。漢高都故城在今澤州府鳳臺縣東北，此作高褚，豈「都」字古通作「諸」，因誤爲「褚」與？○于鬯云：「都、諸、褚」皆諧者聲，通在假例，何必「都」字可通「諸」，獨不可通「褚」，而謂之誤？王氏精於音學，於此猶不能無拘，惜矣。戰國秦策「五都」，史記蘇代傳作「五渚」，亦其比也。

〔六四〕【箋釋】王引之云：偏考地理書，無「股水」之名。「股」疑當爲「般」，隸書「舟」字作「月」，故「般」誤爲「股」。（漢巴郡太守張納功德敘「般桓弗就」，司隸校尉魯峻碑陰「平原般」，並作「股」，與「股」相似。爾雅釋水「鉤般」，釋文：「般，李本作股。」）漢書地理志濟南郡般陽，應劭曰：「在般水之陽。」水經濟水注曰：「般水出般陽縣東南龍山，俗亦謂之爲左阜。」龍山，蓋嶕山也，古今異名耳。○雙棣按：北山經云：「沂山，般水出焉，而東流注於河。」

〔六五〕【高注】鮮于、茅盧、石梁，皆山名也。

【箋釋】莊逵吉云：郭璞山海經注引此，作「薄出鮮于」。○王引之云：北山經薄水注引此文，則「薄」非誤字可知。「鎬」與「薄」形聲皆不相似，「薄」字亦無緣誤爲「鎬」。蓋「鎬」字下有出某山之文，而今脱之。「薄出鮮于」又脱「薄」字，故混爲一條耳。○雙棣按：山海經北山經云：「虫尾之山，薄水出焉，而東南流注于黄澤。」郭璞並未注，莊、王何據，再考。

〔六六〕【高注】猛山一名高陵山，在汝南定陵縣，汝水所出，東南至新蔡入淮。大號山在河内共縣北，或曰在臨慮西也。

【版本】藏本注「汝南」無「汝」字，莊本、集解本有，今據補，餘本同藏本。藏本注「共」作「卬」，莊本、集解本作「共」，今據改，餘本同藏本。

【箋釋】莊逵吉云：河内共縣，諸本及藏本皆作「卬」，考河内無卬縣，當作「共」，故改之。○雙棣按：漢書地理志上云：「汝南郡，定陵，高陵山，汝水出，東南至新蔡入淮。」高注「南」上脱「汝」字，今補。又志云：「河内郡共縣北山，淇水所出，東至黎陽入河。」藏本「卭」爲「邛」之譌，「邛」又與「共」音近而誤。高注「臨慮」，志作「隆慮」，應劭曰：「隆慮山在北，避殤帝名改曰林慮也。」顔師古云：「慮音廬。」林、臨音同。

〔六七〕【高注】結給合一名也龍山，在晉陽之西北，晉水所出，東入汾。封羊，山名也。

【版本】王溥本、王鎣本「合」作「台」，餘本同藏本。王溥本、朱本注「一」作「水」，餘本同藏本。

【箋釋】王引之云：晉出龍山結給，當作「晉出結紬」。「龍山」二字，因注而衍。「紬」字右畔作「合」，則因下句「合出封羊」而誤。注當作「結紬山，一名龍山。」今本作「結給」，亦隨正文而誤，又脱「山」字，衍「合」字、「也」字耳。水經晉水注曰：「晉書地道記及十三州志並言晉水出龍山，一云出結紬山，在晉陽縣西北。」太平御覽地部十引郡國志曰：「懸甕山一名龍山，亦名結紬山，晉水出焉。」是結紬山乃晉水所出，故曰「晉出結紬」，結紬疊韻字，（結，古讀若吉。）若作結給，則失其韻矣。且龍山即是結紬，不得並言「龍山結紬」也。注言「結紬山一名龍山」者，猶上注言發包山一名鹿谷山，薄落之山一名笄頭山，猛山一名高陵山。其云一名某山，乃高以當時山名釋之，不得闌入正文。○雙棣按：王説是。山海經北山經云：「縣雍之山，晉水出焉，而東南流注于汾水。」郡國志懸甕山蓋即此縣雍之山。又中山經云：「半石之山，合水出于其陰，而北流注于洛。」

〔六八〕【高注】砥石，山名，在塞外，遼水所出，南入海。景山在邯鄲西南，釜水所出，南流入漳，其原浪沸湧，正勢如釜中湯，故曰釜，今謂之釜口。

【版本】藏本注「流」作「澤」，王溥本、朱本作「流」，今據改，餘本同藏本。

【箋釋】吴承仕云：御覽六十四引水經注曰：「滏水又東流注于漳。」此文「澤」即「流」字之譌。

〔六九〕【高注】魯平，山名也。呼池，并州之浸也。今中山漢昌呼沲河是也。

【版本】王鎣本、莊本、集解本「池」作「沱」，餘本同藏本。葉本、莊本、集解本注「沲」作「沱」，景宋本、朱本、茅本、汪本、張本、黄本同藏本，王溥本作「池」。

【箋釋】莊逵吉云：孫編修云：「『魯平』疑當作『魯乎』，此山亦名『武夫』，古聲武魯、乎夫相近。又考山海經名之爲泰戲，戲聲亦與乎夫近，皆通用字。」○雙棣按：漢書地理志上云：「正北曰并州，川曰虖池、嘔夷。」顔師古注：「虖池出鹵城。」志又云：「代郡鹵城，虖池河東至參户入虖池别，并州川。」魯平、鹵城音相近。

〔七〇〕【高注】樠，讀人姓樠氏之樠。

〔七一〕【高注】流於北燕，北塞外也。

【箋釋】莊逵吉云：錢别駕云：維濕，「濕」字當作「㶟」。㶟水出右北平浚靡縣，東南至無終入庚，庚水至雍奴入海，出地理志。即經流燕京之水也。若濕出平原、高唐，與此不涉，非是。

【用韻】「山、燕」元部。

諸稽攝提，條風之所生也〔一〕；通視，明庶風之所生也〔二〕；赤奮若，清明風之所生也〔三〕；共工，景風之所生也〔四〕；諸比，涼風之所生也〔五〕；皐稽，閶闔風之所生也〔六〕；隅强，不周風之所生也〔七〕；窮奇，廣莫風之所生也〔八〕。

窔生海人〔九〕，海人生若菌〔一〇〕，若菌生聖人，聖人生庶人，凡窔者生於庶人〔一一〕。羽嘉生飛龍〔一二〕，飛龍生鳳凰，鳳凰生鸞鳥，鸞鳥生庶鳥，凡羽者生於庶鳥。毛犢生應龍，應龍生建馬，建馬生麒麟，麒麟生庶獸，凡毛者生於庶獸。介鱗生蛟龍〔一三〕，蛟龍生鯤鯁，鯤鯁生建邪，建邪生庶魚，凡鱗者生於庶魚。介潭生先龍〔一四〕，先龍生玄黿，玄黿生靈龜，靈龜生庶龜，凡介者生於庶龜〔一五〕。煖濕生容〔一六〕，煖濕生於毛風，毛風生於濕玄，濕玄生羽風，羽風生煗介，煗介生鱗薄，鱗薄生煖介。五類雜種興乎外，肖形而蕃〔一七〕。日馮生陽閼〔一八〕，陽閼生喬如，喬如生幹木，幹木生庶木，凡根拔木者生於庶木〔一九〕。根拔生程若〔二〇〕，程若生玄玉，玄玉生醴泉，醴泉生皇辜〔二一〕，皇辜生庶草，凡根茇草者生於庶草。

海閭生屈龍〔二二〕，屈龍生容華〔二三〕，容華生蔈〔二四〕，蔈生萍藻，萍藻生浮草，凡浮生不根茇者生於萍藻〔二五〕。

校釋

〔一〕【高注】諸稽攝提，天神之名也。艮爲條風也。

【箋釋】楊樹達云：「條」當爲「融」，字之誤也。上文云：「東北曰炎風。」高注云：「艮風所生，一曰融風也。」凡高注彼文所舉一曰云云，皆據此文爲言。（詳見上。）彼文炎風爲「艮氣所生」。高注云：「一曰融風。」則此文當作「融風」明矣。説文風部云：「風，八風也。東方曰明庶風，東南曰清明風，南方曰景風，西南曰涼風，西方曰閶闔風，西北曰不周風，北方曰廣莫風，東北曰融風。」其文即本之淮南此文。明庶以下七風，皆與本文相合。彼文云「東北曰融風」，則此文當作「融風」明矣。上文云：「東方曰條風。」高注云：「震氣所生也。」然則條風自爲東方震氣所生之風，此爲東北方艮氣所生之風，不得爲條風也。○于大成云：楊説此文「條風」當作「融風」，可也。謂此「條風」爲誤，且援上文「東方曰條風」，高注云「震氣所生也」爲證則大謬。上文「東方曰條風」，「條」是誤字。參天文篇及吕覽有始篇。

〔二〕【高注】通視，天神也。明庶風，震卦之所生也。

〔三〕【高注】赤奮若，天神也。巽爲清明風也。

〔四〕【高注】共工，天神也，人面蛇身。離爲景風也。

〔五〕【高注】諸比，天神也。坤爲涼風也。

〔六〕【高注】皐稽，天神也。兑爲閶闔風。

〔七〕【高注】隅强，天神也。乾爲不周風。

〔八〕【高注】窮奇，天神也。在北方道，足乘兩龍，其形如虎。坎爲廣莫風也。

【版本】莊本、集解本注「乘」作「桀」，景宋本、王溥本、朱本、茅本、葉本、汪本同藏本。藏本注「兩」作「雨」，王溥本、朱本、莊本、集解本作「兩」，今據改，景宋本、茅本、汪本同藏本。

【箋釋】胡懷琛云：諸稽攝提、通視、赤奮若、共工、諸比、皐稽、强隅、窮奇，高注皆曰天神也，竊謂諸稽攝提即爾雅之攝提格，强隅即爾雅之强圉，赤奮若亦見於爾雅。此上名詞舊解穿鑿可笑。今人多謂爲好來語之譯音。余以爲觀淮南此文而益信。蓋諸稽攝提即攝提格，然或上多二字，或下多一字，其爲好來語之譯音分明可見矣。○雙棣按：山海經海内北經云：「窮奇狀如虎，有翼。」則爲高注所本之一。又説文「私，禾也。北道名禾主人爲私主人」，段注「北道蓋許時語，立乎南以言北之辭」。高誘「北方道」蓋亦即許氏之「北道」也。

〔九〕【高注】窫，人之先人。

【箋釋】俞樾云：下文又曰「凡窫者生於庶人」，兩「窫」字皆「胈」字之誤。史記司馬相如傳「躬腠胝無胈」，韋昭曰：「胈，戚中小毛也。」漢書相如傳注引孟康曰：「胈，毳膚毛也。」然則「凡胈者生於庶人」與下「凡羽者生於庶鳥」、「凡毛者生於庶獸」、「凡鱗者生於庶魚」、「凡介者生於庶龜」一律。人以胈言，猶鳥獸魚龜以羽毛鱗介言也。其字本從肉，傳寫誤從穴，後人以從穴之字多上形下聲，因變爲「窆」矣。管子侈靡篇有「鵩」字，即「鴍」字之誤。墨子備城門篇有「臏」字，即「賓」字之誤。説見該書。彼蓋先誤穴爲肉，後人以從肉之字多左形右聲，因變爲「鵩」、爲「臏」，與此正可互證也。道藏本作「凡容者生於庶人」，則與「窆生海人」不相應，即與下文羽毛鱗介不一律矣。又：「窆生海人」，「窆」下脱一字，説詳下條。○于大成云：以下文「羽嘉生飛龍」御覽引注「羽嘉，羽蟲之先也」例之，此注下「人」字當作「也」，集證本改爲「也」字，是也。

〔一〇〕【高注】菌，讀下群之群。

【版本】莊本、集解本注「下群」作「群下」，景宋本、王溥本、朱本、葉本同藏本。

〔一一〕【版本】藏本「窆」作「容」，王溥本、王鎣本、朱本、葉本、汪本、張本、黄本、莊本、集解本作「窆」，今據改，餘本同藏本。

【箋釋】莊逵吉云：「窆」字藏本作「容」，恐非。是故從各本仍作「窆」。

〔一二〕【高注】飛龍，羽嘉，飛蟲之先。飛龍有翼。

【箋釋】劉文典云：御覽九百十四引注「飛龍有翼」作「蜚龍，龍之有羽者」。○吴承仕云：御覽九百十四引注云：「羽嘉，飛蟲之先。飛龍，龍之有羽者。」案：今本注首「飛龍」二字，誤衍。○于大成云：御覽引作「羽加，羽蟲之先也」，此注「飛龍」亦當从御覽作「羽蟲」，「先」下亦當補「也」字。

〔一三〕【高注】介鱗，鱗蟲之先。蛟龍，有鱗甲之龍也。

【箋釋】俞樾云：蛟龍乃鱗蟲，非介蟲也，不當兼言「介」。上文羽嘉生飛龍，毛犢生應龍，下文介潭生先龍，曰羽嘉、曰毛犢、曰介潭，是「羽、毛、介」各守一字以配之，使成二名，則此文「鱗」下亦當有一字，傳寫脱去，又涉下文「介潭」而誤衍「介」字耳。以此推之，上文「窔生海人」，「窔」下亦必脱一字矣。

〔一四〕【高注】介，甲也，龜之先。潭，讀譚國之譚。

【版本】藏本注「甲」作「國」，王溥本、朱本作「甲」，今據改，景宋本、茅本、葉本、汪本、莊本、集解本同藏本。

【箋釋】吴承仕云：介，甲，經籍常詁。莊本作「國」者，涉下文「譚國」字而誤。

〔一五〕【版本】藏本「於庶」倒作「庶於」，除景宋本同藏本外，各本均作「於庶」，今據改。

〔一六〕【高注】煖，一讀暵，當風乾燥之貌也。

【版本】王溥本、王鎣本、朱本、葉本、吴本「容」作「窔」，餘本同藏本。

【箋釋】劉績云：舊本「窔」作「容」。

〔一七〕【高注】肖，像也。言相代象而蕃多也。

【箋釋】雙棣按：此段文有錯亂，然無以據正。

〔一八〕【高注】日馮，木之先也。

〔一九〕【箋釋】王念孫云：「根拔」二字，涉下文「根茇草」而誤衍也。下文言「根茇草」者，對後「浮生不根茇者」而言，若木則皆根茇，不必别言之曰根拔木也。凡木者生於庶木，與上文凡羽者生於庶鳥，凡毛者生於庶獸，凡鱗者生於庶魚，凡介者生於庶龜，文同一例，不當有「根茇」二字也。○陶鴻慶云：「凡木者生於庶木」，殊爲不辭，果如其説，則鳥獸之類當云：凡鳥者生於庶鳥，凡獸者生於庶獸，其文豈可通乎？以上文例之，此文當云：「凡根者生於庶木。」下文當云：「凡茇者生於庶草。」若浮生之物，與草木殊科，故云浮生不根茇者，正對草木而言也。且萍藻但言浮生，不言浮生草，則此二句「根茇」下不當有「草木」字，更可推矣。今本作「根拔木」、「根茇草」，同爲不辭。蓋出後人輾轉增益，非淮南之舊也。

〔二〇〕【高注】根拔，根生之草先也。

【箋釋】王念孫云：「之草」二字誤倒，當據下注「浮生草之先」改。又：「根拔」皆當作「招摇」。今作「根拔」者，亦因下文「根茇草」而誤。根茇草生於庶草。由庶草而上溯之，至於程若，是程若是根茇草之先，不得言根拔生程若也。酉陽雜俎廣動植篇作「招摇生程若」，以下六句皆本淮南，則「根拔」爲「招摇」之誤明矣。

〔二一〕【版本】藏本「辜」作「辜」，莊本、集解本作「辜」，今據改，餘本同藏本。下「辜」字同。

【箋釋】雙棣按：「辜」是「辜」的俗字，今依莊本改用正字。

〔二二〕【高注】海閭，浮草之先也。屈龍，游龍，鴻也。詩云「隰有游龍」。言屈，字之誤。

【版本】藏本注「先」下「也」字作「生」，景宋本、茅本、汪本、張本、黄本、莊本、集解本作「也」，今據改，朱本、葉本同藏本。

〔二三〕【箋釋】雙棣按：注引詩見鄭風山有扶蘇。

〔二四〕【高注】容華，芙蓉，草花。

〔二五〕【高注】蕈，流也，無根，水中草也。

【箋釋】王念孫云：三「萍」字皆後人所加。（埤雅引此已誤。）「蕈」一作「薸」，「萍」一作「蓱」。呂氏春秋季春篇注曰：「萍，水薸也。」（今本「薸」誤作「藻」。）爾雅釋草注曰：「水中浮蓱，江東謂之薸。」則蕈即是萍，不得言「蕈生萍藻」。且萍、藻爲二物，又不得言「萍藻生浮草」也。酉陽雜俎正作「蕈生藻，藻生浮草」。

正土之氣也御乎埃天〔一〕，埃天五百歲生缺〔二〕，缺五百歲生黄埃，黄埃五百歲生黄澒〔三〕，黄澒五百歲生黄金〔四〕，黄金千歲生黄龍〔五〕，黄龍入藏生黄泉〔六〕，黄泉之埃上爲黄雲〔七〕，陰陽相薄爲雷，激揚爲電〔八〕，上者就下〔九〕，流水就通，而合于黄海〔一〇〕。

偏土之氣御乎清天〔一一〕，清天八百歲生青曾〔一二〕，青曾八百歲生青澒，青澒八百歲生青金，青金八百歲生青龍〔一三〕，青龍入藏生青泉〔一四〕，青泉之埃上爲青雲，陰陽相薄爲雷〔一五〕，激揚爲電，上者就下，流水就通，而合于青海〔一六〕。

牡土之氣御于赤天〔一七〕，赤天七百歲生赤丹〔一八〕，赤丹七百歲生赤澒，赤澒七百歲生赤金〔一九〕，赤金千歲生赤龍，赤龍入藏生赤泉，赤泉之埃上爲赤雲，陰陽相薄爲雷，激揚爲電，上者就下，流水就通，而合于赤海〔二〇〕。

弱土之氣御于白天〔二一〕，白天九百歲生白礜，白礜九百歲生白澒，白澒九百歲生白金〔二二〕，白金千歲生白龍，白龍入藏生白泉，白泉之埃上爲白雲，陰陽相薄爲雷，激揚爲電，上者就下，流水就通，而合于白海〔二三〕。

牝土之氣御于玄天〔二四〕，玄天六百歲生玄砥〔二五〕，玄砥六百歲生玄澒，玄澒六百歲生玄金〔二六〕，玄金千歲生玄龍，玄龍入藏生玄泉，玄泉之埃上爲玄雲，陰陽相薄爲雷，激揚爲電，上者就下，流水就通，而合于玄海〔二七〕。

校釋

〔一〕【箋釋】莊逵吉云：御覽「御」作「仰」，下同。下有注云：「正土，中土也。其氣上曰埃。央，中天也。」○王念孫云：「也」字衍，下文「偏土之氣」四段，「氣」下皆無「也」字，太平御覽地部三十五引此亦無。

〔二〕【箋釋】莊逵吉云：御覽作「硤」，注云：「硤，石名也。中央數五，故五百歲而一化。」似與「黃金」下注語相亂。○鄭良樹云：兩「缺」字並當作「玦」，玦，玉石也。初學記寶器部，太平御覽珍寶部九引「缺」並作「玦」，是其明證。太平御覽地部三五引作「硤」，「硤」亦「玦」也。玉篇曰「硤，石也」。○于大成云：「玦」字是也。事類賦九、萬卷精華十三引此亦作「玦」。萬卷精華引注作「玦，石也」，與初學記、御覽合。

〔三〕【箋釋】王念孫云：此本作「埃天五百歲生缺，缺五百歲生黄澒」，其「生黄埃黄埃五百歲」八字，皆因上下文而誤衍也。（上文有「埃天」，下文有「黄泉之埃」。）下文「青天八百歲生青曾，青曾八百歲生青澒」，與此文同一例，（後二段並同。）則不當有「生黄埃」以下八字明矣。初學記寶器部、太平御覽珍寶部九引此，並云「玦五百歲生黄澒」。（又引注云：「玦，石也。」）御覽地部二十五引此云「埃天五百歲生砄，（又引注云：「砄，石名也。」玉篇：「砄音決，石也。」）砄五百歲生黄澒」，是其證。

〔四〕【高注】黄金，惟石名也。中央數五，故五百歲而一化。澒，水銀也。

【版本】張本、黄本、莊本、集解本注無「惟」字，景宋本作「唯」，朱本作「雌」，葉本作「怪」，王溥本、茅本、汪本同藏本。

〔五〕【箋釋】王叔岷云：御覽七十引此有注云：「黄金之精爲黄龍也。」

〔六〕【版本】藏本「黄龍」二字脱，王溥本、王鎣本、吴本、張本、黄本、莊本、集解本有，今據補，餘本同藏本。

【箋釋】莊逵吉云：御覽下有注云：「黄泉，黄龍之精汋也。」

〔七〕【箋釋】王叔岷云：御覽引此有注云：「其氣上至天也。」

〔八〕【箋釋】王叔岷云：御覽引此有注云：「言黄氣之相激薄也。」

〔九〕【箋釋】王叔岷云：御覽引此有注云：「其氣傷，復於天下也。」

〔一〇〕【高注】黄海，中央之海。

〔一一〕【箋釋】王叔岷云：御覽引此有注云：「言水從天下，則通流入於海也。」

〔一二〕【箋釋】莊逵吉云：御覽下有注云：「偏土，方土也。」○王念孫云：「清天」當爲「青天」，（下同。）謂東方天也。下「清泉」同。太平御覽地部引此正作「青天」、「青泉」。○于大成云：御覽引注「方」上當奪「東」字。青，東方色也。上文「正土」，下文「壯土」、「弱土」、「牝土」，御覽引注云「中央土」、「南方土」、「西方土」、「北方土」，可證。

〔一三〕【箋釋】莊逵吉云：御覽下有注云：「青曾，青石也。東方數八，故八百歲爲一化。」亦與下注語相亂。

〔一三〕【高注】東方木，色青，其數八，故八百歲而一化也。

【箋釋】王念孫云：「八百歲」當爲「千歲」，上文「黄金千歲生黄龍」，即其證也。（後二段並同。）高注云「東方木色青，其數八，故八百歲而一化」，此注本在上文「青澒八百歲生青金」下，後誤入此句下，讀者因改「千」爲「八百」耳。太平御覽引此，正作「青金千歲生青龍」。○于大成云：王説是也。天中記五十六引河圖亦云：「青金千歲生青龍。」

〔一四〕【版本】藏本「青」作「清」，葉本作「青」，今據改，餘本同藏本。下句同。

〔一五〕【版本】藏本「雷」上有「雲」字，王溥本、王鎣本、朱本、葉本、吴本、莊本、集解本無，今據删，餘本同藏本。

〔一六〕【高注】東方之海。

〔一七〕【版本】藏本「牡」作「壯」，景宋本作「牡」，今據改，餘本同藏本。

【箋釋】莊逵吉云：御覽引此，下有注云：「壯土，南方之土。」○王念孫云：「壯土」當爲「牡土」。此對下文「北方土爲牝土」而言。「壯」字俗書作「壯」，與「牡」相似而誤。

〔一八〕【箋釋】莊逵吉云：御覽注云：「赤丹，砂也。南方數七，故七百歲而一化。」

〔一九〕【高注】南方火，其色赤，其數七，故七百歲而一化也。

〔二〇〕【高注】南方之海。

〔二一〕【箋釋】莊逵吉云：御覽下有注云：「弱土，西方土也。」

〔二二〕【高注】白礜，礜石也。白澒，水銀也。西方金，色白，其數九，故九百歲而一化也。

【版本】藏本注「白礜」上有「白金」二字，王溥本、朱本、張本、黄本、莊本、集解本無，今據删，景宋本、茅本、葉本、汪本同藏本。

〔二三〕【高注】西方之海。

〔二四〕【箋釋】莊逵吉云：御覽下有注云：「牝土，北方土也。」

〔二五〕【高注】玄砥，黑石。

〔二六〕【高注】北方水，其色黑，其數六，故六百歲而一化也。

〔二七〕【高注】北方之海。上者就下，天氣復從天流下也。其通流之水皆入于海也。

【版本】藏本注「通」作「道」，景宋本、茅本、汪本、莊本、集解本作「通」，今據改，王溥本、朱本、葉本同藏本。

淮南子校釋卷第五

時則訓〔一〕

孟春之月，招搖指寅〔二〕，昏參中，旦尾中〔三〕。其位東方，其日甲乙，盛德在木〔四〕，其蟲鱗，其音角〔五〕，律中太蔟，其數八〔六〕，其味酸，其臭羶〔七〕，其祀户，祭先脾〔八〕。東風解凍，蟄蟲始振穌〔九〕，魚上負冰，獺祭魚〔一〇〕，候鴈北〔一一〕。天子衣青衣，乘蒼龍〔一二〕，服蒼玉，建青旗〔一三〕，食麥與羊〔一四〕，服八風水，爨萁燧火〔一五〕，東宫御女青色，衣青采，鼓琴瑟〔一六〕，其兵矛〔一七〕，其畜羊〔一八〕，朝于青陽左个，以出春令〔一九〕，布德施惠，行慶賞，省傜賦〔二〇〕。立春之日，天子親率三公九卿大夫，以迎歲于東郊〔二一〕。修除祠位，幣禱鬼神，犧牲用牡〔二二〕。禁伐木〔二三〕，毋覆巢、殺胎夭，毋麛毋卵〔二四〕，毋聚衆、置城郭，掩骼薶骴〔二五〕。

孟春行夏令，則風雨不時〔二六〕，草木早落，國乃有恐〔二七〕；行秋令，則其民大疫，飄風暴雨總至，黎莠蓬蒿並興〔二八〕；行冬令，則水潦爲敗，雨霜大雹，首稼不入〔二九〕。

正月官司空，其樹楊〔三〇〕。

校釋

〔一〕【高注】則，法也。四時、寒暑、十二月之常法，故曰時則，因以題篇也。【箋釋】于大成云：淮南之時則，即禮記之月令，呂氏春秋之十二紀。月令疏引鄭玄目録云：「名曰月令者，以其紀十二月之所行也。」是令者，政令之誼。月令季冬：「天子乃與公卿大夫共飭國典，論時令。」可爲鄭説注脚。高注訓「則」爲「法」，與鄭義同。周書月令篇今不可見，管子幼官篇所記，或者即其遺制。馬融又嘗取周書月令之文以注論語陽貨篇，則其時令雖與禮記、呂覽、淮南有異，而形制不甚相遠。周書別有時訓篇，記二十四氣順逆之象，亦所以昭認人君者。廣雅釋詁四：「訓，教也。」「教」與「法」，與「令」義亦相近，時訓亦時令也。明堂大道録曰：「夏有大正，有小正。大正者，即周語所稱之夏令，小正者，大戴記所載是也。」大正設果即夏令，亦當與月令、呂覽、淮南之書同類。……至呂氏則以書名「春秋」，故但稱「紀」，不稱「令」或「則」爾。

〔二〕【高注】招搖，斗建。【版本】茅本、汪本、張本、黃本注作「招搖北斗第七星」，餘本同藏本。

〔三〕【高注】參，西方白虎之宿也，是月昏時中於南方。尾，東方蒼龍之宿也，是月將旦時中於南方。

【版本】藏本注兩「也是」作「是也」，莊本、集解本作「也是」，今據改，景宋本、朱本、葉本同藏本，王溥本「是也」同藏本，「月」上又有一「是」字。茅本、汪本、張本、黄本無「也是月」三字。

〔四〕【高注】太皞之神治東方也。甲乙，木日也。盛德在木，木王東方也。

【箋釋】莊逵吉云：「太皞之神治東方也」八字，藏本無之，明葉近山本有。據下孟夏、孟秋、孟冬注語，則有者是也，因從之。○雙棣按：莊氏謂藏本無「太皞之神治東方也」八字，實爲失考，藏本及景宋本、王溥本、朱本、茅本、汪本等均有此八字，不唯葉本有。集解本採莊氏之説而不予駁正，亦失之。

〔五〕【高注】東方少陽，物去太陰。甲散爲鱗，鱗蟲，龍爲之長。角，木也，位在東方也。

【版本】藏本注「散」字重，王溥本不重，今據删，景宋本、朱本、茅本、葉本、汪本、莊本、集解本同藏本。

【箋釋】陶方琦云：文選宋玉對楚王問注引許注：「鱗，龍之屬也。」按：周禮大司徒「其動物宜鱗物」，鄭注：「鱗物，魚龍之屬。」○吴承仕云：注文當作「甲散爲鱗」，各本並誤衍一「散」字。吕氏春秋孟春紀注正作「甲散爲鱗」，應據正。

〔六〕【高注】律，管音也。陰衰陽發，萬物太蔟地而生，故曰太蔟。其數八，五行數五，木第三，故曰八也。

【箋釋】劉文典云：注「萬物太蔟地而生」義不可通，「太」當爲衍文。天文篇「音比太蔟」，高彼注言「陰衰陽發，萬物蔟地而生，故曰太蔟」也。吕氏春秋孟春紀「律中太蔟」注：「太陰氣衰，少陽氣發，萬物動生，蔟地而出，故曰律中太蔟。」二注與此注並同。禮月令注「太蔟，言陽氣大蔟，達於上也」，「蔟」上雖有「大」字，然非指萬物生出，言不與高氏淮南、吕氏春秋注一例。

〔七〕【高注】木味酸，酸之言鑽也，萬物鑽地而生。羶，木香羶。

【箋釋】陶方琦云：五行大義三引許注：「羶者，羊臭。春物氣與羊相類。木所以酸者，象東方萬物之生，酸者，鑽也，言萬物鑽地而出生。五味得酸乃達也。」按：「酸之言鑽」十二字，疑許注羼入高注中者，觀下數則知之。説文：「羴，羊臭也。或作羶。」〇雙棣按：陶説未必是。吕氏春秋孟春紀高注云「酸者，鑽也，萬物應陽鑽地而生」，與注淮南同，非許注羼入明矣。陶引高注「言」上有「爲」字，故云「十二」字。又按，注「香」似當爲「臭」字之誤，孟夏亦誤作「香」，依文例及吕覽注，以作「臭」爲是。

【用韻】「酸、羶」元部。

〔八〕【高注】蟄伏之類始動生，出由户，故祀户也。脾屬土，陳設俎豆，脾在前也。春木勝土，言常食所勝也。一曰：脾屬木，自用其藏也。

【版本】藏本注「故」下有「曰」字，茅本、汪本、莊本、集解本無，今據删，景宋本、王溥本、朱本、葉本同藏本。王溥本注「前」作「先」，「常」作「嘗」。

【箋釋】莊逵吉云：錢别駕云：説文解字肉部曰：「腎，水藏也。肺，金藏也。脾，土藏也。肝，木藏也。」皆無異義。唯心部曰：「人心，土藏，在身之中。博士説以爲火藏。」考五經異義曰：「今尚書歐陽説：肝，木也；心，火也；脾，土也；肺，金也；腎，水也。古尚書説：脾，木也；肺，火也；心，土也；肝，金也；腎，水也。」案：月令春祭脾，夏祭肺，季夏祭心，秋祭肝，冬祭腎，與古尚書説同。鄭康成駁之曰：「月令祭四時之位與五藏上下之次，冬位在後腎在下，夏位在前而肺在上，春位小前故祭先脾，秋位小却故祭先肝。腎也，脾也，俱在鬲下，肺也、心也、肝也，俱在鬲上。祭者必三，故有先後焉，不與五行之氣同也。今醫病之法，以肝爲木，心爲火，脾爲土，肺爲金，則有瘳也。若反其説，不死爲劇。」鄭説與素問合，與古尚書異。説文解字既以心爲土藏，而與肉部不侔者，疑後人以博士説改之。博士者，漢之醫官也。誘注此訓一説，即許君之義也。知未必是許注矣。○雙棣按：下文孟夏之月、孟秋之月、孟冬之月注其祀某，皆云故祀某也，「故」下無「曰」字，吕氏春秋孟春紀等同，此注「曰」字當衍，故删之。又「常」與「嘗」通。

〔九〕【高注】東方木，火母也，氣温，故東風解冰凍也。振，動。穌，生也。

【版本】王溥本、王鎣本（無注）、朱本、茅本、汪本、張本、吴本（無注）、黄本、莊本、集解本正文及注「穌」均作「蘇」，景宋本、葉本同藏本。

【箋釋】馬宗霍云：吕氏春秋孟春紀、禮記月令皆作「蟄蟲始振」，無「蘇」字。高氏吕覽注云：「蟄伏之蟲，乘陽始振動蘇生也。」與本文注同。彼文既無「蘇」字，則「蘇，生」之訓，即兼采本文也。下文仲春之月「蟄蟲咸動蘇」，呂覽、月令亦無蘇字。○于大成云：呂覽注「氣温」上有「火」字，是也。奪此字則文意不完。○雙棣按：玉篇云：「穌，息也，死而更生也。」段玉裁説文注云：「樂記『蟄蟲昭蘇』，注云：『更息曰蘇。』據玉篇云『穌，息也，死而更生也』，然則希馮所據樂記作穌。」邵瑛群經正字云：「穌轉義爲死而更生曰穌，今經典統用蘇字。」

〔一〇〕【高注】是月之時，鯉魚應陽而動，上負冰也。獺，猵也。是月之時，獺祭鯉魚於水邊，四面陳之，世謂之祭魚也。

【版本】張本、黄本、莊本、集解本注「鯉魚應陽」無「鯉」字，景宋本、王溥本、朱本、葉本同藏本。茅本、汪本「是月之時鯉魚」作「魚鯉鮒之屬内」。藏本注「謂之祭魚也」上無「世」字，茅本、汪本有，今據補，景宋本、王溥本、朱本、莊本、集解本同藏本。

【箋釋】吴承仕云：吕氏春秋孟春紀注云：「魚，鯉鮒之屬也，應陽而動，上負冰。」此注當與彼同。爾雅翼云：「時則訓『魚上負冰，獺祭魚』，許慎皆曰鯉也。」可證莊本無鯉字者，乃傳寫失之。○沈兼士云：蓋古代血食，祭之事必資於殺，故祭之語亦當於殺。卜辭、説文祭字均從又持肉，即告殺之義。祭魚、祭鳥、祭獸之祭有殺肆之義。○馬宗霍云：吕氏春秋、禮記月令皆作「魚上冰」，無「負」字，高氏吕覽注與本注同。鄭玄月令注云：「夏小正正月啟蟄，魚陟負冰。」知淮南本文「負」字蓋本之夏小正。説文𨸏部云：「陟，登也。」與「上」義同。「陟負」猶「上負」也。○高亨云：舊儒解「祭」字，恐不可從。「祭」當讀爲「殺」。獺祭魚者，獺殺魚也。孟春冰始開，故獺殺魚也。「祭、殺」古通用。〇于大成云：茅本注文「謂」上有「世」字，與呂覽合，是也。主術篇「獺未祭魚」高注正作「世謂之祭魚」。下孟秋月「鷹乃祭鳥」，高注云「世謂之祭鳥」；季秋月「豺乃祭獸戮禽」，高注云「世謂之祭獸」；主術篇「豺未祭獸」，高注云「世謂之祭獸也」，亦並有「世」字，其比也。〇雙棣按：沈、高讀「祭」爲「殺」，甚是。

〔一一〕【高注】是月之時，應候之鴈從彭蠡來，北過周、雒，至漢中孕卵鷇也。

【版本】藏本注「是月之時應候之鴈」八字作「是月時候之應鴈」，今據王溥本改，景宋本、朱本、莊本、集解本同藏本，茅本、汪本、張本、黄本作「候時之鴈」。王溥本、莊本、集解本注「雒」作「洛」，景宋本、朱本、葉本同藏本。

【箋釋】蔡雲云：説文：「雁，雁鳥也。」「鴈，鵝也。」此當從雁鳥之雁。戴記、呂覽、淮南皆作「鴈」，體備而物名混矣。〇吴承仕云：是月時候之應雁，文不成義，當作「是月候時之雁」。下文「仲秋之月，候雁來」，注云：「候時之雁，從北漠來。」孟春紀注亦作「候時之雁」，皆其明證。此文「候時」倒作「時候」，「應」字即「雁」字，形誤而衍也。下文「季秋之月」注，「候時」亦倒作「時候」，誤與此同。〇馬宗霍云：呂氏春秋與本文同。禮記月令作「鴻鴈來」，鄭玄注云：「鴈自南方來，將北反其居。今月令鴻皆作候。」孔穎達疏云：「月令出有先後，入禮記者爲古，不入禮記者爲今。則呂氏春秋是也。」至「北」字與「來」字之異，盧文弨云：「案仲秋鴈自北徼外而入中國，可以言來。若自南往北，非由南徼外也，似不可以言來。呂氏作候鴈北，當矣。」此説得之。夏小正亦作「鴈北鄉」，又其證也。○于大成云：注文「漢」字誤，字當作「漠」。呂覽注云「至北極之沙漠也」，可證。下仲秋月「候鴈來」高注云「候時之鴈從北漠中來，過周、雒，南至彭蠡也」，季秋月「候鴈來」高注云「是月候時之鴈從北漠中來，南之彭蠡」，季冬月「鴈北鄉」高注云「鴈在彭蠡之水，皆北鄉，將至北漠中也」，亦字當爲「漠」之證也。

〔二〕【高注】周禮：馬八尺已上曰龍也。

【版本】藏本注「八」作「七」，莊本、集解本作「八」，今據改，餘本同藏本。

【箋釋】王引之云：高注失之，「龍」當讀爲「駹」，下文「赤騮」、「白駱」，下一字皆馬色名，蒼龍不應獨異。説卦傳「震爲龍」，虞翻「龍」作「駹」，云：「駹，蒼色，震，東方，故爲駹。」○馬宗霍云：呂氏春秋、禮記月令「乘」並作「駕」，「乘」猶「駕」也。鄭玄月令注釋「龍」字與高氏同。○雙棣按：注引周禮見夏官廋人。周禮作「八尺」，高注呂覽亦作「八尺」，藏本等「七尺」爲「八尺」之誤，今正。

〔三〕【高注】服，佩也。熊虎曰旗也。

【版本】藏本「曰」作「也」，景宋本、茅本、汪本、張本、黄本、莊本、集解本作「曰」，今據改，王溥本作「爲」，葉本同藏本。

【箋釋】馬宗霍云：呂氏春秋、禮記月令並作「載青旂」。高氏本文注云「熊虎曰旗」，呂覽注云「交龍爲旂」，兩注皆本之周禮春官司常職文，蓋析言之。説文㫃部云：「旂，旗有衆鈴以令衆也。」是旗爲大名，渾言固不別也。又案孟夏「建赤旗」下注云「順火德也」，孟秋「建白旗」下注云「順金德也」，孟冬「建玄旗」下注云「順水德也」。以彼三注例之，則「建青旗」下注文亦當云「順木德也」，今本奪去。○雙棣按：玉篇云：「建，豎立也。」詩小雅出車「建彼旄矣」，孔穎達疏：「乃建立彼旄於戎車之上矣。」此建亦謂豎立或樹立。

〔一四〕【高注】麥，金穀也。羊，土畜也。是月金土以老，食所勝。先食麥，以麥爲主也。

【版本】藏本注「主」誤作「王」，各本均作「主」，今據改。

【箋釋】雙棣按：注上「以」與「已」通。食所勝，與「祭先脾」注前説同。

〔一五〕【高注】取銅槃中露水服之，八方風所吹也。取萁木燧之火炊之。萁，讀該備之該也。

【箋釋】莊逵吉云：易「箕子之明夷」，劉向曰：「今易箕子作荄茲。」是「箕」有「荄」音，因之「萁」亦有「該」音耳。○雙棣按：説文：「萁，豆莖也。」高注云萁木，不知指何物。朱駿聲謂此「萁」字，義亦爲豆莖。

【用韻】「水、火」微部。

〔一六〕【高注】春王東方，故處東宮也。琴瑟，木也。春木王，故鼓之也。

【箋釋】馬宗霍云：孟夏南宮注云：「火王南方，故處南宮也。」孟秋西宮注云：「金王西方，故處西宮也。」孟冬北宮注云：「水王北方，故處北宮。」以彼三注例之，則此注「春王東方」疑當作「木王東方」。○于大成云：御覽十九引此注作「春木生」，事類賦注四引作「木春生」，然則「王」是誤字。涉上注「春王東方」而誤。○雙棣按：吕氏春秋十二月紀、禮記月令均無「東宮御女青色，衣青采，鼓琴瑟」之内容，下文夏、季夏、秋、冬亦無相類内容，此爲淮南新增。此文何義？何寧集釋將此斷爲「東宮御女青色衣，青采，鼓琴瑟」，一二今譯者因之，解爲「侍女穿着青色衣服」云云。吕覽月紀、禮記月令所記均與天子相關之事，淮南時則亦然。此文主語乃天子，依何斷，則轉爲東宮之御女，若御女即侍女，何爲此單表侍女？於理未合。禮記昏義：「古者天子后立六宮，三夫人，九嬪，二十七世婦，八十一御妻，以應天下之内治。」周禮天官序官有「九嬪、世婦、女御」鄭注謂即昏義之「御妻」，後漢書亦作「女御」，皇后紀序：「周禮王者立后，三夫人，九嬪，二十七世婦，八十一女御，以備内職焉。」隋書、舊唐書等后妃傳皆謂之「御女」，謂周官亦云「御女」。周禮女御云：「女御掌御敘于王之燕寢。」「女御」即掌管王何時燕寢於何宮之次敘。此「御女」抑或周禮之「女御」乎？漢以前無稱女御、御妻爲御女者。又檢文選張衡思玄賦注引高誘淮南子注曰：「素女，黄帝時方術之女也。」今本淮南無「素女」，亦無高誘此注，當爲逸文，然則古本淮南當有之。雲笈七籤卷一百軒轅本紀云：「黄帝于玄女素女受房中之術，能御三百女。」御女養生之術，馬王堆漢墓帛書已見，此亦天子之事，故淮南王記之。此言「東宮御女」，下言「朝于青陽左个，以出春令」，「東宮」當爲天子居處之所，「青陽左个」則是發布政令之地，故御女乃後宮之事。「御女」當爲動賓式，主體乃天子。「青色」云者，乃順應五行時令也。

【用韻】「色、采」職之通韻。

〔一七〕【高注】矛有鋒鋭，似萬物鑽地生。

【箋釋】何寧云：玉燭寶典正月引，注「生」上有「而」字，今本脱。宋本御覽十九引作「以萬物鑽地如生也」。「以」即「似」之形殘，而、如古通。上文「其味酸」注亦云「萬物鑽地而生」，皆其證。○雙棣按：何説是，事類賦注歲時部一引作「似萬物鑽地而生」，亦有「而」字。

〔一八〕【高注】羊土，木之母，故畜之也。

〔一九〕【高注】是月之朔，天子朝日于青陽左个。東向堂，故曰青陽。北頭室，故曰左个。个，猶隔也。春令，寬和之令也。

【版本】茅本、汪本、張本、黄本注作「青陽者，明堂也，中方外圜，通達四出，各有左右房，謂之个，猶隔也。東出謂之青陽，南出謂之明堂，西出謂之總章，北出謂之玄堂。是月天子朝日告朔，行令於左个之房，東向堂，北頭室也」，餘本同藏本。

【箋釋】莊逵吉云：各本此下雜用吕氏春秋注語，唯藏本如是，知藏本爲準。○雙棣按：茅本等全用吕氏春秋注，非高氏淮南注原文。高氏先注淮南，後注吕覽，故不盡相同。

〔二〇〕【高注】布陽德，施柔惠也。慶，善。賞，賜予也。省減徭役之勞，輕其賦斂也。

【箋釋】雙棣按：「慶賞」連文，慶與賞義近，説文：「慶，行賀人也。」「賞，賜有功也。」高氏注「善」，於此文不合。詩楚茨、甫田箋並曰：「慶，賜也。」孟子告子下注：「慶，賞也。」本文亦當爲賞、賜之義。

【用韻】「賞、賦」陽魚通韻。

〔三〕【高注】率，使也。迎歲，迎春也。東郊，郭外八里之郊也。

【版本】藏本注「春」上無「迎」字，據下文「迎夏」補，莊本、集解本作「逆」，景宋本、王溥本、朱本、茅本、葉本、汪本同藏本。

【箋釋】陶方琦云：魏書五十五劉芳傳、北史四十二引許注：「東郊，八里郊也。」按：劉芳傳引賈逵曰：「東郊，木帝太昊八里。」盧植：「東郊，八里郊也。」賈爲許之師，盧爲高之師，並用先師訓，故自同。○馬宗霍云：呂氏春秋、禮記月令「迎歲」並作「迎春」，高注所本也。淮南正文作「歲」者，鄭玄月令注引王居明堂禮曰：「出十五里迎歲。」是正文作「歲」，又本之王居明堂禮也。下文立夏之日、立冬之日本書皆作「迎歲」，與此同。惟於立秋之日作「迎秋」，王念孫謂亦當作「迎歲」，是也。又案：鄭君以出十五里迎歲爲殷禮。周近郊五十里。然則高注郭外八里之郊，與殷、周禮皆不合。尋魏書及北史劉芳傳引盧植、賈逵、許慎及鄭玄別注並云「東郊八里」。高氏受學於盧，蓋即用其師說，其說亦即漢代之制也。下文高注「南郊，七里之郊也。西郊，九里之郊也」，其里數皆用師說，北郊當同，今本北郊無注，可據劉芳傳所引高說「北郊，六里之郊也」補之。○雙棣按：高注「率，使也」非是，陳奇猷云：「率當訓爲率領。呂氏春秋『率三公九卿諸侯大夫躬耕帝藉田，天子三推』云云，『率』字必當解爲率領，若釋爲『使』則不可通，蓋天子既三推，則天子必在場也。彼句法與此同，明此『率』字亦當訓爲率領也。」陳説是。説文有「達」字，訓爲先導也，朱駿聲謂經傳達領義則以「率」以「帥」爲之。然則「率」爲古字，「達」爲後起之區別字，「帥」與「率」相通，詩噫嘻「率時農夫」，韓詩作「帥時農夫」。又案：藏本等各本注「春」上均脱「迎」字，莊本以意補「逆」字，下文孟夏之月「迎歲」高注爲「迎夏」，然則此亦當爲「迎春」，故補「迎」字。

〔二二〕【高注】祠位，壇場屏攝之位也。幣，圭璧也。禱鬼神，求福祥也。人神曰鬼，天神曰神。犧牲用牡，尚蠲潔也。

【箋釋】宋慈褒云：鄭注月令「毋用牝」云：「爲傷妊生之類。」與下文相應，高注非也。○雙棣按：宋説是，春主生養，故祭祀禁用母牲，與蠲潔無涉。若尚蠲潔則全年祭祀皆不可用牝，既皆不可用牝，何必單言之？可知高注非而鄭注月令是。孟春紀高注誤同。

〔二三〕【高注】春木王，當長養，故禁之也。

【箋釋】馬宗霍云：吕氏春秋、禮記月令並作「禁止伐木」，多一「止」字。吕覽高注與本文注略同，月令鄭玄注云：「盛德所在。」蓋謂盛德在木也。○雙棣按：「當」與「尚」通，吕氏春秋注「尚長養」，即用「尚」字，是其證。

〔二四〕【高注】胎，獸胎，懷妊未育者也。麛子曰夭，鹿子曰麛。卵未𣪊者，皆禁民不得取，蕃庶物也。

【箋釋】馬宗霍云：禮記月令孔穎達疏云：「胎謂在腹中未出，夭爲生而已出者。」孔釋「胎」與高注合，釋「夭」不合。爾雅釋獸「麋，其子䴠」，邢昺疏云：「其所生之子名䴠。」陸德明釋文云：「䴠，於兆反。」是「䴠」之音義與「夭」同，知高氏解「夭」本爾雅也。然「夭」本可泛指，高專指麋者，因下文「毋麛」，高以鹿子曰麛釋之。彼亦本之爾雅。麋鹿同類，故遂以「夭」爲「䴠」耳。○雙棣按：此「夭」當以泛指爲是，非專指麋子也。又按，麛、卵此用作動詞，謂獵麛取卵也。

〔二五〕【高注】毋聚合大衆、建置城郭，以妨害農功也。骼，骨有肉。掩，覆。薶，藏之。慎生氣也。

【版本】王溥本注「毋聚合大衆」上，有「毋聚衆」三字。

【箋釋】陶鴻慶云：高注云「骼，骨有肉」，當作「骼，骨；胔，肉。」呂氏春秋孟春紀「胔」作「髊」，高彼注云：「髊讀水漬物之漬，白骨曰骼，有肉曰胔。」禮記月令作胔，鄭注云：「骨枯曰骼，肉腐曰胔。」此注簡言之耳。○吴承仕云：陳世宜曰：此注當作「骼，骨無肉；胔，骨有肉」。案：陳説近之。呂氏春秋異用篇注：「骨有肉曰髊，無曰枯。」義並同。此注有奪文。

〔二六〕【箋釋】俞樾云：月令作「雨水不時」，是也。仲春之月始雨水，則孟春之月而雨水，即爲雨水不時矣。漢太初以後，更改氣名，以「雨水」爲正月中，則正月雨水不復爲異，於是改「雨水不時」爲「風雨不時」，非淮南之舊矣。呂氏春秋孟春紀亦作「風雨不時」，並太初以後人所追改。○向承周云：俞説誤。禮記孔疏詳言風少雨少，則記文本作「風雨」；今本月令作「雨水」非也。（王氏述聞已訂正。）淮南、呂覽並不誤，且足證今本月令之譌。○馬宗霍云：俞氏此説雖近似，但孔穎達月令正義前釋經文云：「孟春行夏令，雨水不時，天也。」後釋注文云：「此風雨不時者，謂風雨少，不得應時。所以風雨不應時者，以孟春建寅，其宿直箕星，箕星好風。孟春行夏令，寅氣不足，故風少。巳來乘之，四月純陽用事，純陽來乘，故雨少。」據此，則月令古本當亦有作「風雨不時」者，故孔疏前後歧出也。禮記疏義，唐初尚有皇侃、熊安生二家，修正義者雖孔穎達主名，實不止孔氏一人。其前後歧出，自不足異。後漢書張敏傳李賢注、開元占經七十二候占，引月令並作「風雨不時」，與呂氏春秋、淮南同。然則淮南本文未必後人所改，而孔氏「風雨不時」之解，正可援之以補高氏所未注矣。

〔二七〕【高注】孟春木德用事，法當寬仁，而用火氣動於上，故草木早落，國惶恐也。

【版本】莊本、集解本正文及注「早」作「旱」，餘本同藏本。

【箋釋】俞樾云：月令作「草木蚤落」，呂氏春秋作「草木早槁」，此「旱」字即「早」字之誤。○吴承仕云：朱本、景宋本文注並作「早」，是也。又案：孟春紀注云：「法當寬仁，而行火令，火性炎上，故使草木槁落。」此注義與彼同，亦當作「法當寬仁，而用火令」。各本並奪「令」字，文不成義。○雙棣按：藏本、景宋本及王溥本等諸明刻本均作「早」，莊逵吉始改「早」爲「旱」。呂氏春秋李翰本、許宗魯本、姜璧本、劉如寵本、汪一鸞本、淩稚隆本、黄之寀本「早」作「旱」，抑莊氏據以改之歟？李翰本等呂覽作「旱」亦非。

〔二八〕【高注】孟春温仁，而行秋正金殺之令，氣不和，故民疫疾，風雨猥至，故黎莠蓬蒿並興盛也。

【版本】莊本、集解本注「温」作「寬」，景宋本、王溥本、朱本、葉本、茅本、汪本同藏本。藏本注「秋」上無「行」字，王溥本、朱本有，今據補，景宋本、茅本、葉本、汪本、莊本、集解本同藏本。藏本注「殺」作「鉄」，王溥本作「殺」，今據改，餘本同藏本（或作「鐵」）。藏本注「猥」作「隈」，王溥本、莊本、集解本作「猥」，今據改，朱本、茅本、葉本、汪本同藏本。莊本、集解本注「穢」作「薉」。

【箋釋】吴承仕云：「疏薉之草」，「疏、薉」異義，不得連文。疑「疏」當爲「巟」，「巟」即「荒」也，孟春紀注云「荒穢滋生」，荒穢、巟薉字同，後人寫書者，不識「巟」字，以爲「疏」字之殘，遂改爲「疏」矣。○馬宗霍云：飄風，吕氏春秋作「疾風」，禮記月令作「猋風」。陸德明釋文云：「猋，本作飄。」是淮南與月令又作本正同。爾雅釋天云：「扶摇謂之猋，迴風爲飄。」邢昺疏引孫炎曰「迴風從下上曰猋」，鄭玄月令注亦云「回風爲猋」，則「飄風」猶「猋風」矣。又莊子齊物論「飄風則大和」，釋文引司馬彪注云：「飄風，疾風也。」漢書刑法志「猋起雲合」，顔師古注云：「猋，疾風也。」知吕覽作「疾風」，與「飄」、「猋」字雖異而義不殊也。○雙棣按：藏本注「金鉄之令」，王溥本「鉄」作「殺」是，吕覽注「木仁，金殺，而行其令」，是其證。又高氏以「猥至」釋「總至」，猶「猝至」也。詳仲春「寒氣總至」。

〔二九〕【高注】冬，陰也，水泉湧起，而春行之，故爲敗。氣不和，故雨霜大雹，植稼不熟也。

【版本】集解本注「湧」作「涌」。茅本、汪本注「植稼不熟也」五字作「百穀惟稷先種，故曰首種。不入，不熟也」，張本、黄本注只「百穀」等十五字，餘本同藏本。

【箋釋】馬宗霍云：首稼，呂氏春秋、禮記月令並作「首種」。詩魏風伐檀「不稼不穡」，毛傳云：「種之曰稼。」周禮地官序官「司稼」，鄭玄注云：「種穀曰稼。如嫁女，以有所生。」齊民要術一引楊泉物理論云：「種作曰稼，稼猶種也。」則「稼」與「種」同義，「首稼」猶「首種」也。淮南本文高注以「植稼」釋「稼」字，不釋「首」字。鄭玄月令注云：「舊説首種謂稷。」孔穎達疏中注曰：「案考靈耀云：『日中星鳥，可以種稷。』則百穀之内稷先種，故云首種。首即先也，種在百穀之先也。」可補高注。「不入」二字，高以「不熟」釋之，尋舊唐書王方慶傳，方慶上疏引蔡邕月令章句云：「首種謂宿麥也。麥以秋種，故謂之首種。入，收也。春爲沍寒所傷，故至夏麥不成長也。」案此説與鄭、高並異，亦可相參。〇何寧云：雨霜大雹，文不成義。以下十一月皆無此句式。月令作「雪霜大摯」。呂氏春秋孟春紀作「霜雪大摯」。玉燭寶典正月作「雪霜大摯」。摯亦擊也。疑當從玉燭寶典。

〔三〇〕【高注】司空主土，春土受稼穡，故官司空也。爾雅曰：「楊，蒲柳也。」楊木春光，故其樹楊也。

【版本】藏本注「稼」作「嘉」，王溥本、朱本作「稼」，今據改，茅本、葉本、汪本、張本、黄本、莊本、集解本同藏本。

【箋釋】于鬯云：上文既出「孟春之月」，至此又出「正月」，以下十二月，皆同一例。此時則一篇採取各書而成之跡。〇吴承仕云：「春光」當作「春先」。三月樹李，四月樹桃，注並以先後言之。夏小正：「正月柳稊。」古人楊柳通名。玉燭寶典引此注云：「楊春木，先春生，故其樹楊。」

爾雅翼引此注，正作「楊木春先」，是也。應據正。

【用韻】「空、楊」東陽合韻。

仲春之月，招摇指卯，昏弧中，旦建星中〔一〕。其位東方，其日甲乙，其蟲鱗，其音角，律中夾鍾〔二〕，其數八，其味酸，其臭羶，其祀户，祭先脾。始雨水，桃李始華〔三〕，蒼庚鳴，鷹化爲鳩〔四〕。天子衣青衣，乘蒼龍，服蒼玉，建青旗，食麥與羊，服八風水，爨萁燧火，東宫御女青色，衣青采，鼓琴瑟，其兵矛，其畜羊，朝于青陽太廟〔五〕。

命有司，省囹圄，去桎梏，毋笞掠，止獄訟〔六〕，養幼小，存孤獨，以通句萌〔七〕。擇元日，令民社〔八〕。是月也，日夜分，雷始發聲，蟄蟲咸動穌〔九〕。先雷三日，振鐸以令於兆民曰：雷且發聲〔一〇〕，有不戒其容止者，生子不備，必有凶災〔一一〕。令官市，同度量，鈞衡石，角斗桶〔一二〕，端權槩〔一三〕。毋竭川澤，毋漉陂池，毋焚山林〔一四〕，毋作大事，以妨農功〔一五〕。祭不用犧牲，用圭璧，更皮幣〔一六〕。

仲春行秋令，則其國大水，寒氣總至，寇戎來征〔一七〕；行冬令，則陽氣不勝，麥乃不熟，民多相殘〔一八〕；行夏令，則其國大旱，煗氣早來，蟲螟爲害〔一九〕。

二月官倉，其樹杏〔二〇〕。

校釋

〔一〕【高注】弧星在輿鬼南，是月昏時中於南方。建星在斗上，是月平旦時中於南方也。

〔二〕【高注】是月，萬物去陰夾陽，聚地而生，故曰夾鍾也。

〔三〕【高注】自冬冰雪至此春分穀雨，故曰始雨水。桃李於是皆秀華也。

【箋釋】王引之云：次句内本無「始」字，今本有者，後人據月令旁記「始」字，因誤入正文也。高注曰「自冬冰雪至此春分穀雨」，案：「春分穀雨」四字乃後人所改。逸周書時訓篇「雨水之日桃始華」，則非春分穀雨時也。吕氏春秋注作「自冬冰雪至此土發而耕，故曰始雨水」，是首句有「始」字也。又曰「桃李於是皆秀華」，是次句無「始」字也。月令「桃始華，倉庚鳴」，皆三字爲句，若無「始」字，則句法參差矣。此文「桃李華，倉庚鳴」，亦三字爲句，若加一「始」字，則句法又參差矣。故「桃李華」不言「始」，而「桃華」則言「始」；「倉庚鳴」不言「始」，而「蟬鳴」則言「始」；「蟬鳴」言「始」，而「寒蟬鳴」則不言「始」；皆變文協句也。吕氏春秋仲春篇正作「桃李華」。

〔四〕【高注】蒼庚，爾雅曰：「商庚、黎黄，楚雀也。」齊人謂之摶黍，秦人謂之黄流離，幽、冀謂之黄鳥。一説：鸖木也。至此月而鳴。鷹化爲鳩，喙正直，不鷙搏也。鳩謂布穀也。

【版本】景宋本注「謂布穀也」上有「蓋」字，餘本同藏本。

【箋釋】馬宗霍云：陸佃埤雅釋鳥引蔡邕月令章句云：「鷹，鳩屬也。鳩凡五種，鷹爲鶆鳩，應陽而變則喙柔，仁而不鷙。」可與高注互證。

〔五〕【高注】太廟，東向堂中央室。

【用韻】「酸、羶」元部，「水、火」微部，「色、采」職之通韻，「矛、廟」幽宵合韻。

〔六〕【高注】囹圄，法室也。省之，赦輕微也。在足曰桎，在手曰梏。毋笞掠，言不用也。止，猶禁也。

【箋釋】雙棣按：吕氏春秋、月令「笞」均作「肆」，高彼注爲「極」，鄭注爲「死刑暴屍也」。于省吾謂肆義爲殺，肆掠即殺掠也。陳奇猷謂高注「極」通「殛」，亦誅戮之義。仲秋紀云「申嚴百刑，斬殺必當」，笞掠之刑，殺戮之事不用於春，待秋而行也。又按：注「省之」下應有「者」字，仲春紀注「省之者，赦輕微也」，與此同，亦有「者」字。

〔七〕【高注】順春陽，長養幼小，使繁茂也。無父曰孤，無子曰獨。皆存之，所以慎陽氣也。故草木不句萌者，以通達也。

【版本】茅本、汪本、張本注「順春陽」至「皆存之」作「句，屈生者；萌，直生者。長養幼小，存恤孤獨」，黄本與之略同，餘本同藏本。

【箋釋】雙棣按：説文：「存，恤問也。」此高無注，仲春紀注曰「存恤孤寡」，以「存恤」注「存」。

〔八〕【高注】元者，善之長也。日，從甲至癸也。社，所以爲民祈穀。嫌日不吉，故言擇元也。

【版本】茅本、汪本、張本、黄本注「元」下無「者」字，「善」下無「之長」二字，「社」下有「祭后土」三字，「不吉故言擇元也」作「有吉否重農事故卜擇之」。藏本注「穀」作「也」，茅本、張本、黄本、莊本、集解本作「穀」，今據改，餘本同藏本。

【箋釋】雙棣按：茅本等注全依呂氏春秋注，非淮南之舊。

〔九〕【高注】分，等也。冬陰閉固，雷伏不發，是月陽升，雷始發聲也。咸，皆；動穌，生也。

【版本】景宋本正文及注「穌」同藏本，餘本皆作「蘇」。

【箋釋】馬宗霍云：雷始發聲，呂氏春秋、禮記月令「始」並作「乃」。大戴禮記保傅篇曰：「太子乃生，固舉之禮。」賈子新書保傅篇「乃」作「初」，「初」與「始」同義，則「始」猶「乃」也。

〔一〇〕【高注】鐸，木鈴也。金口木舌爲鐸，所以振告萬民也。兆，大數。且，猶將也。

【箋釋】孫詒讓云：注「木鈴」當作「大鈴」，説文：「鐸，大鈴也。」是其證。◯馬宗霍云：振鐸，呂氏春秋作「奮鐸」，月令作「奮木鐸」，陸德明釋文但出「奮鐸」二字，亦無「木」字。是月令古本與呂覽同。淮南本文作「振鐸」者，「振」猶「奮」也。文選楊雄甘泉賦「振殷轔而軍裝」，李善注引薛君韓詩章句曰：「振，奮也。」是其證。雷且發聲，月令作「雷將發聲」，高注云：「且猶將也。」蓋即本之月令。◯雙棣按：注「金口木舌爲鐸」，「鐸」上似脱「木」字。呂氏春秋注云：「金口木舌爲木鐸，金舌爲金鐸。」是其證。

〔一一〕【高注】以雷電合房室者，生子必有瘖聾、通精、癡狂之疾，故曰「不備，必有凶災」也。

【箋釋】梁玉繩云：釋名釋疾病云：「眸子明而不正曰通視。」蓋即「通精」之謂。後漢書梁冀傳：「洞精矘眄。」章懷注：「洞猶通也。」○譚戒甫云：注「房室」疑爲「房事」，音近之誤。又：南史陳宗室傳：「新安王伯固生而龜胸，目通精揚白。」似即今俗所謂白眼，亦目疾之一。○雙棣按：通精，精即睛字。正字通云：「目中黑粒有光者亦曰精，今通作睛。」精即今之瞳孔。通精蓋即瞳孔通洞而無視之疾。

【用韻】「止、備、災」之職通韻。

〔二三〕【高注】度，丈尺也。量，釜鍾也。鈞，等也。衡石，稱也。百二十斤爲石。角，平也。斗桶，量器也。

【版本】藏本正文及注「斗桶」作「斗稱」，茅本、汪本作「斗桶」，今據改，景宋本、王溥本、王鎣本、朱本、莊本、集解本同藏本。

【箋釋】王念孫云：「稱」皆當爲「桶」。「桶、稱」字相近，又涉注内「衡石，稱也」而誤。説文：「桶，木方受六升。」廣雅曰：「方斛謂之桶。」斗、桶爲一類。故高注以桶爲量器，若作「稱」，則非量器矣。月令作「角斗甬」，鄭注曰：「甬，今斛也。」吕氏春秋作「角斗桶」，高彼注與此注同。史記商君傳「平斗桶」，義亦同也。下文仲秋之月「角斗桶」，「桶」字亦誤作「稱」。○畢沅、陳昌齊、沈濤與王説同。○馬宗霍云：廣雅釋詁一云：「量、稱，度也。」量與稱同訓，則稱亦得訓量，未必定是誤字也。○雙棣按：王、畢、陳、沈説是，馬説非，廣雅「量、稱」皆動詞，與量器無涉，不得以此爲説。

〔一三〕【高注】端，正也。槩，平也。

【版本】茅本、汪本、張本、黄本、張本、莊本、集解本注「槩」上有「稱錘曰權」四字，「槩」下有「平斗斛者」，茅本、汪本下又有「令鈞等也」四字，餘本同藏本。

【箋釋】馬宗霍云：吕氏春秋、禮記月令並作「正權概」，爲高注所本。○雙棣按：茅本、汪本、張本、黄本據吕覽注改，而張本、黄本、莊本、集解本又删吕注「令鈞等也」四字。

〔一四〕【高注】皆爲夭物盡類。

【版本】茅本、汪本、張本、黄本、莊本、集解本無此注，餘本同藏本。

【箋釋】雙棣按：吕覽仲春紀注作「皆爲盡類夭物」，與此大同。月令釋文云：「漉，竭也。」

〔一五〕【高注】大事，戎旅征伐之事，故害農民之功也。

【版本】莊本、集解本注「故」作「妨」，景宋本、王溥本、朱本、葉本同藏本。

【箋釋】馬宗霍云：吕氏春秋與本文同，禮記月令作「毋作大事以妨農之事」。「功」猶「事」也，見詩毛傳。鄭玄注月令云：「大事，兵役之屬。」

〔一六〕【高注】是月尚生育，故不用犧牲也。更，代也。以圭璧皮幣代犧牲也。皮，謂鹿皮也。幣，謂玄纁束帛也。禮記曰「幣帛圭皮告於祖禰」者也。

【箋釋】于省吾云：吕氏春秋仲春紀祭作祀。高注亦訓更爲代，如注説則本文應作「更用圭璧皮幣」，不應曰「用圭璧，更皮幣」。晉語「姓利相更」注：「更，續也。」此言用圭璧又續之以皮幣也。○雙棣按：注引禮記見曾子問。

〔一七〕【高注】仲春，陽中也。陽氣長養，而行秋節殺戮之令，故寒氣猥至，寇兵來征伐其國也。

【箋釋】雙棣按：總至，淮南本篇三見，孟春「飄風暴雨總至」，仲春「寒氣總至」，季秋「寒氣總至」。高誘於前二處均以「猥至」釋之，後例未注。吕氏春秋孟春作「數至」，仲春、季春作「總至」，仲春注「猥至」，季春未注。月令三處均作「總至」，孟春、仲春未注，季秋注爲「總猶猥卒」。綜觀文意，皆爲秋令突發之現象，秋令不當有飄風暴雨，而寒氣本該漸漸而至，今突然湊至，故爲災象，民力不能承受。

〔一八〕【高注】仲春行冬陰之令，陰氣勝陽，故陽不勝，則麥不升熟，民相殘賊也。

【箋釋】馬宗霍云：吕氏春秋、月令「殘」並作「掠」，高注吕覽云「劫掠」，蓋就字生訓，義亦不遠。○于大成云：吕覽注「陰氣勝陽」，「勝」作「乘」，是也。月令鄭注云「子之氣乘之也，十一月爲大陰」，亦足證字當爲「乘」。如今本，既云「陰氣勝陽」矣，何煩更云「故陽不勝」？知高注本是「乘」字。

〔一九〕【高注】仲春行夏太陽之令，故大旱。陽氣熱，故煖極；陽生陰，故蟲螟作害也。食心曰螟。

【箋釋】馬宗霍云：吕氏春秋、月令「煗」並作「煖」。説文火部云：「煖，温也。」「煗，温也。」二字義同。唐韻煖，況袁切；煗，乃管切；則音有喉舌之異。陸德明釋文云：「煖，乃緩反。」蓋讀「煖」如「煗」，非「煖」之本音也。今通用「煖」爲「煗」。○鄭良樹云：注文疑當作「仲春行夏炎陽之令」。○于大成云：鄭説是。呂覽注云「夏氣炎陽，而行其令，故大旱」，字正作「炎陽」。

【用韻】「旱、害」元月通韻。

〔二〇〕【高注】二月興農播穀，故官倉也。杏有竅在中，竅在中像陰布散在上，故其樹杏。

【箋釋】莊逵吉云：御覽注云：「杏有核在中，象陰在内，陽在外也，故其樹杏。」此稍異。○孫詒讓云：杏不可言有竅，「竅」當作「覈」，「覈、核」古今字。後三月「其樹李」，注云「李亦有核」，説與杏同，正蒙此注而言。御覽是也。○李哲明云：玉燭寶典引注亦作「杏有覈在中，像陰在内，陽在外也」。○雙棣按：「竅」蓋「覈」字之誤。且「竅在中」三字不當重，衍文也。寶典引亦誤作「竅」。

季春之月，招摇指辰，昬七星中，旦牽牛中〔一〕。其位東方，其日甲乙，其蟲鱗，其音角，律中姑洗〔二〕，其數八，其味酸，其臭羶，其祀户，祭先脾。桐始華，田鼠化爲鴽〔三〕，虹始見，蓱始生〔四〕。天子衣青衣，乘蒼龍，服蒼玉，建青旗，食麥與羊，服八風水，爨萁燧火，東宫御女青色，衣青采，鼓琴瑟，其兵矛，其畜羊，朝于青陽右个〔五〕。舟牧覆舟，五覆五反，乃言具于天子〔六〕。天子烏始乘舟，薦鮪於寢廟，乃爲麥祈實〔七〕。

是月也，生氣方盛，陽氣發泄〔八〕，句者畢出，萌者盡達，不可以内〔九〕。天子命有司，發困倉〔一〇〕，助貧窮，振乏絶〔一一〕，開府庫，出幣帛，使諸侯〔一二〕，聘名士，禮賢者〔一三〕。命司空，時雨將降，下水上騰，循行國邑，周視原野〔一四〕，修利隄防〔一五〕，導通溝瀆，達路除道，從國始，至境止〔一六〕。田獵罼弋罝罘羅罔，餧（毒）〔獸〕之藥，毋出九門〔一七〕。乃禁野虞，毋伐桑柘〔一八〕。鳴鳩奮其羽，戴鵀降于桑〔一九〕。具撲曲筥筐〔二〇〕，后妃齋戒，東鄉親桑，省婦使，勸蠶事〔二一〕。命五庫，令百工審金鐵皮革、筋角箭榦、脂膠丹漆，無有不良〔二二〕。擇下旬吉日，大合樂，致歡欣〔二三〕。乃合犦牛騰馬游牝于牧〔二四〕。令國儺，九門磔攘，以畢春氣〔二五〕。

行是月令，甘雨至三旬。

季春行冬令，則寒氣時發，草木皆肅，國有大恐〔二六〕；行夏令，則民多疾疫，時雨不降，山陵不登〔二七〕；行秋令，則天多沈陰，淫雨早降，兵革並起〔二八〕。

三月官鄉，其樹李〔二九〕。

校釋

〔一〕【高注】七星，南方朱鳥之宿，是月昏時中於南方。牽牛，北方玄武之宿，是月平旦時中於南方也。

〔二〕【高注】姑，故也。洗，新也。是月陽氣養生，去故就新，故曰姑洗。

【版本】藏本注無「氣」字，茅本、汪本、莊本、集解本有，今據補，景宋本、王溥本、朱本同藏本，葉本「養」作「氣」。

【箋釋】劉文典云：注「陽氣養生」，初學記歲時部引作「陽氣發生」。呂氏春秋季春紀高注與此注同。畢沅依初學記改「養」爲「發」，畢校未審，不可從也。○何寧云：玉燭寶典引與今注同，初學記引非是。

〔三〕【高注】桐，梧桐也，是月生華。田鼠，鼢鼸鼠也。鴽，鶉也。青、徐謂之鴾，幽、冀謂之鶉。

【版本】藏本注「鴾」作「鴹」，莊本、集解本作「鴾」，今據改，景宋本同藏本。

【箋釋】郝懿行云：鶉、鴽二鳥本非同類，故公食大夫以鶉、鴽並列，內則鶉羹與鴽釀異名，是皆以爲二物也。○劉家立云：高注「鴽，鶉也」，「鶉」當爲「䳺」。爾雅釋鳥：「鴽，鴾母。」郭注：「䳺也。青州人呼鴾母。」又呂覽此節高注有「周、雒謂之鴽」五字。○馬宗霍云：陸佃埤雅釋木引蔡邕月令章句云：「桐，木名。木之後華者也。稚之，故曰始。」可與高注相參。○向承周云：注兩「鶉」字皆「鶕」字之譌。玉燭寶典三云：「鵪，古䳺字。高誘淮南子注又作鳥旁音字。詁云：鶕，今䳺。注：鴽也。然則鵪、䳺、鶕三字同音一物，唯字有今古耳。」高注呂紀云：「鴽，鶕。青州謂之鴾鴾，周、雒謂之鴽，幽州謂之鶕。」亦其證。校者不識鶕字，臆改爲「鶉」，意則是，文則非也。

〔四〕【高注】虹，螮蝀也。詩云：「螮蝀在東，莫之敢指。」萍，水藻也，是月始生也。

【箋釋】馬宗霍云：螮蝀爲虹，見爾雅釋天。高所引詩見鄘風。毛詩「螮蝀」作「蝃蝀」，字異音同，高蓋據魯詩也。藝文類聚二引蔡邕月令章句云：「虹，螮蝀也，陰陽交接之氣著於形色者也。常依陰雲而晝見於日衝。無雲不見，大陰亦不見，率以日西見於東方，故詩云『螮蝀在東』。」此較高注爲詳，可以相足。○于大成云：注文「藻」字誤，字當作「薸」。爾雅釋草「苹，蓱」，郭注云「水中浮蓱，江東謂之薸」，是也。○雙棣按：于説是。呂覽注同，王念孫校本已改「藻」爲「薸」。

〔五〕【高注】東向堂，南頭室，故曰右个。

【用韻】「酸、羶」元部，「水、火」微部，「色、采」職之通韻。

〔六〕【高注】舟牧，主舟之官也。是月天子將乘舟而漁，故反覆而視之，恐有穿漏也。五覆五反，慎之至也。

【箋釋】馬宗霍云：呂氏春秋、月令並作「乃告舟備具于天子焉」。高氏不釋「具」字。單言之，「具」猶「備」也。「備具」連言，則「具」爲供應之具。太平御覽七百六十八引蔡邕月令章句云「備謂檝櫂紼纚維引之具」，是其義也。○王叔岷云：「舟牧」上當有「命」字，上下文例可證。呂氏春秋季春紀、月令並作「命舟牧覆舟」。

〔七〕【高注】烏，猶安也。自冬至此而安乘舟，故曰始乘也。薦，進也。鮪魚似鯉而大。進此魚於寢廟，祈於宗祖，求麥實。前曰廟，後曰寢。詩云「寢廟奕奕」，言相連。

【版本】王鎣本、茅本、汪本、吴本、張本、黄本正文及注「烏」作「焉」，注「安」作「於」，景宋本、朱本、莊本、集解本同藏本，王溥本、葉本「烏」誤作「鳥」。

【箋釋】劉績云：烏，當依吕氏春秋作「焉」，語辭也。○莊逵吉云：「烏始乘舟」，各本「烏」皆作「焉」，注「烏猶安也」，各本皆作「焉猶於也」。○吴承仕云：御覽九百三十六引此注云：「鮪，豆鰽魚也。天子乘舟捕魚者，以薦進廟也。」案：豆鰽魚者，「豆」當爲「䱍」。說文：「䱍鯍，鮪也。」「䱍鯍」亦作「鮔鰽」。上林賦：「鮔鰽螹離。」郭璞注：「鮔鰽，鮪也。」「䱍」省作「鮔」，又省作「亙」，隸變作「亘」。故傳寫又譌爲「豆」矣。今本注文與吕氏春秋季春紀注相應，爲高誘說。御覽引注，與說文相應，則許慎說也。又：御覽引注「薦進廟」，「廟」上奪「寢」字。○沈延國云：高注「鮪魚似鯉而大」，疑有譌字。明張登雲本吕氏春秋季春紀高誘彼注云：「鮪魚似鱣而小。」（今本吕氏春秋亦誤作「似鯉而小」，惟張本不誤，當校正。）朱彬禮記訓纂引同，作「似鱣而小」是也。淮南作「似鯉而大」，乃後人竄改。考本草圖經三十六鱗之鯉爲鯉，大者爲鱣，崔豹「鯉之大者爲鱣」，似與此合。此蓋舍人注爾雅及詩碩人篇毛傳以鯉鱣互訓，許氏說文從之，遂誤爲一物。實鱣與鯉不同形，要各有其類也。此注「鯉」字乃「鱣」字之誤。讀淮南者既以「鱣」誤「鯉」，見不可合，遂改「小」爲「大」耳。爾雅釋魚云：「鮥，鮛鮪。」郭璞注云：「有一魚狀似鱣而小，建平人呼鮥子，即此魚也。」可證鮪與鱣同類，與鯉則甚不似。且吕氏春秋高彼注引詩云「鱣鮪潑潑」，蓋可證也。鱣之大者有一二丈，鮪之大者，亦可一丈，鯉則僅二三尺耳。山海經東山經郭注云：「鮪即鱏也，似鱣而長鼻，體無鱗甲。」詩疏引陸璣亦云：「鮪魚似鱣而青色，頭小而尖。」可證鮪鱣同類。且鮪小於鱣，故高注云「似鱣而小」。淮南誤作「似鯉而大」，悖於義矣。當從吕氏春秋高注訂正。○許維遹與沈説同。○金其源云：吕覽季春紀作「天子焉始乘舟」，禮月令但云「天子始乘舟」，高於吕覽注：「焉猶於也。自冬至此，於是始乘舟。」按公羊隱公二年傳「紀始焉爾」注：「焉爾，猶於是也。」禮檀弓「爾毋從從爾」注：「爾，語助。」又宣公六年傳「則無人閨焉者」注：「焉者，於也。」禮三年問「焉使倍之」注：「焉猶然也。」太玄務「厥道然」注：「然猶是也。」則焉即於是，故注謂「於是始乘舟」也。司馬相如難蜀父老「又烏能已」注：「烏猶焉也。」是「烏始、焉始」皆謂「於是始」也。「於是始乘舟」者，非承隔年天子親往言，乃承告舟具備言，不當以「自冬至此」爲釋。○馬宗霍云：吕氏春秋亦作「天子焉始乘舟」，淮南本篇多本吕覽，以彼證此，則各本作「焉」未必誤。又案文選張衡思玄賦「匪仁里其焉宅兮」，舊注云：「焉猶安也。」廣雅釋詁一云：「焉，安也。」則以訓「安」而論，作「焉」亦無不可。莊氏刊本自謂依道藏。「烏、焉」形近，竊疑作「烏」爲傳寫之異。○雙棣按：當依道藏本作「烏」，景宋本亦作「烏」，王溥本等誤作「鳥」，亦由「烏」而致誤。作「焉」者蓋據吕覽改之，「烏、焉」古相通，不必改字。又注引詩見魯頌閟宮。

〔八〕【高注】發泄，猶布散也。

〔九〕【版本】茅本、汪本、張本、黄本有注云：「言當施散恩惠，以順生道之宣泄，不宜吝嗇閉藏也。」

【箋釋】王念孫云："內"即"納"字。○馬宗霍云：禮記月令鄭玄注云："句，屈生者。芒而直曰萌。"可補高注。

【用韻】"泄、出、達、內"月物合韻。

〔一〇〕【箋釋】馬宗霍云："發囷倉"，高氏無注。呂氏春秋作"發倉窌"，高彼注云："方者曰倉，穿地曰窌。"禮記月令作"發倉廩"，孔穎達疏引蔡邕月令章句云："穀藏曰倉，米藏曰廩。"並可補此文之注。又説文口部云："囷，廩之圜者。從禾在口中。圜謂之囷，方謂之京。"是"囷倉"猶"廩倉"矣。

〔一一〕【高注】無財曰貧，鰥寡孤獨曰窮也。振，救也。

【箋釋】馬宗霍云：助貧窮，呂氏春秋、月令"助"並作"賜"。高氏本文未釋"乏絶"，其注呂覽云："行而無資曰乏，居而無食曰絶。"可以補此。月令孔穎達疏引蔡邕云："無財曰貧，無親曰窮，暫無曰乏，不續曰絶。"又引皇侃云："長無謂之貧窮，暫無謂之乏絶。"語雖各別，並可互參。

〔一二〕【高注】府庫，幣帛之藏也。使人聘問諸侯。

【版本】藏本注"帛"下"之"字作"乏"，景宋本、朱本、茅本、葉本、汪本、張本、莊本、集解本作"之"，今據改，王溥本同藏本。王溥本、朱本注"使"字重。藏本注"人"下有"之"字，王溥本、朱本、張本、黃本、莊本、集解本無，今據删，餘本同藏本。

【箋釋】馬宗霍云：呂氏春秋、月令"使"並作"勉"。高氏本文注云"使人聘問諸侯"，其注呂覽云

「勉進」，字異義亦異。鄭玄月令注云：「勉猶勸也。」孔穎達疏云：「謂王者勉勸此諸侯，令聘問有名之士，禮接德行之賢。」則以此語義與下文相屬，非高氏本注之意。

〔一三〕【高注】有名德之士，大賢之人，聘問禮之，將與爲治也。

【箋釋】馬宗霍云：孔穎達禮記月令疏引蔡邕云：「名士者，謂其德行貞絶，道術通明，王者不得臣，而隱居不在位者也。賢者，名士之次，亦隱者也。名士優，故加束帛。賢者禮之而已。」可與高注相參。

【用韻】「庫、侯、者」魚侯合韻。

〔一四〕【高注】司空，主水土之官也。是月下水上騰，恐有浸漬，傷害五穀，故循行徧視之也。廣平曰原，郊外曰野也。

【版本】藏本注「漬」誤作「清」，除葉本同藏本外，餘本皆作「漬」，今據改。

【箋釋】陳昌齊云：「司空」下，據呂覽季春紀及月令並有「曰」字。○雙棣按：朱駿聲謂「循」假作「巡」，是。華嚴經音義引珠叢云：「循，巡也。」漢書東方朔傳注：「循，行視也。」説文：「巡，視行也。」

【用韻】「降、騰」冬蒸合韻。

〔一五〕【箋釋】易順鼎云：一切經音義卷六十七引許注：「隄，隯限也。」按，此篇乃高注本，故無注。説文𨸏部：「隄，唐也。」與此正同。隯即唐。廣雅釋宮：「隯，隄也。」蓋亦東漢時字。

〔一六〕【箋釋】馬宗霍云：國謂國都，境謂邊境也。此言達路除道，起自國都訖於四境也。下文季秋「通路除道，從境始，至國而後已」，「已」猶「止」也。彼言起自四境止於國都也。此由内而及外，彼由外而及内，前後相照。

【用韻】「始、止」之部。

〔一七〕【高注】畢，掩網也。弋，繳射也。詩曰：「弋鳧與鴈。」罝，兔罟也。詩曰：「肅肅兔罝。」罼羅，鳥罟也。詩曰：「鴛鴦于飛，罼之羅之。」罘，麋鹿罟。網，其總名也。天子城門十二，東方三門，生氣所在門，餧獸之毒藥所不得出，尚生育也。嫌餘九門得出，故特戒之如言「毋出」。

【版本】王溥本、王鎣本、吴本、莊本、集解本「罼」作「畢」，餘本同藏本。藏本正文及注「餧」作「餒」，莊本、集解本作「餧」，今據改，景宋本、王溥本、朱本、葉本同藏本。各本「獸」作「毒」，據蔣禮鴻、王叔岷校改。葉本、汪本、張本、黄本注首字「畢」作「罼」，餘本同藏本。景宋本、莊本、集解本注兩「網」字作「罔」，餘本同藏本。藏本注「繳射」下無「也」字，茅本、汪本、張本、黄本、莊本、集解本有，今據補，餘本同藏本。莊本、集解本注兩「罼」字作「畢」。藏本注「鴛鴦于飛」作「鴛鴦在罘」，王溥本、朱本、莊本、集解本作「鴛鴦于飛」，今據改，葉本同藏本。藏本注「鹿」誤作「度」，景宋本、王溥本、朱本、莊本、集解本作「鹿」，今據改，葉本同藏本。藏本注「生」作「王」，王溥本、朱本作「生」，（蜀刊道藏輯要本亦作「生」。）今據改，景宋本、葉本、莊本、集解本同藏本。莊本、集解本注「所在」下無「門」字，景宋本、王溥本、朱本、葉本同藏本。藏本注「嫌」

作「兼」，王溥本、莊本作「嫌」，今據改，景宋本、葉本、集解本同藏本，朱本作「其」。藏本注「言」作「其」，王溥本作「言」，今據改，景宋本、朱本、葉本、莊本、集解本同藏本。王溥本注末「出」作「也」，景宋本、朱本、葉本、莊本、集解本同藏本。茅本、汪本、張本、黄本注「繳射也」下作「罝罘，皆捕獸之罟；羅網皆捕鳥之罟；小網長柄謂之罼，用以掩兔也。餒，餡之也。藥，毒藥也。七物皆不得施用於外，以其逆生道也。九門：路門、應門、雉門、庫門、臯門、城門、近郊門、遠郊門、關門」。

【箋釋】于鬯云：高注云「畢，掩罔也」，又云「畢羅，鳥罟也」。既釋「畢」字，則「畢羅」之「畢」，蓋因下引詩「畢之羅之」而衍也。吕氏春秋季春紀高解云「羅，鳥網也」，無「畢」字，可證。○馬宗霍云：本文所謂「毋出九門」者，蓋兼諸罟罔及毒藥言之，高專係之毒藥，似未周。又高注「王氣」二字，蜀刊道藏輯要二十八卷本注作「生氣」。「王」讀去聲于放切，義亦可通。然注文下云「尚生育也」，則似以作「生氣」爲正相應。○蔣禮鴻云：餧毒，禮記月令、吕氏春秋季春紀並作「餧獸」是也。當據改。此涉高注「餧獸之毒藥」而誤。○王叔岷與蔣説同。○于大成云：風俗通云：「蓋天子之城十有二門，東方三門，生氣之門也。」作「生氣」是也。○雙棣按：于説是，爾雅釋鳥云：「鳥罟謂之羅。」爲高注所本，「畢」涉下而衍。蔣説亦是，「餧毒」不辭，當是「餧獸」之誤。又按：「畢、罼」同，本文多作「罼」，吕覽亦作「罼」。馬謂「毋出九門」者，蓋兼諸罟及毒藥言之，甚是。「罼弋罝罘羅罔」亦傷生之具，亦必不可出於九門也。高注「尚生育也」，自當兼而言之。「兼」呂覽亦作「嫌」，故從之。嫌餘，陳奇猷云：「嫌餘猶言其餘、剩餘。」朱本「嫌」作「其」，恐以意徑改。然「嫌」無「其」義，亦無「餘」義，疑爲「羨」之假，詩十月之交「四方有羨」，毛傳：「羨，餘也。」周禮地官大司徒：「凡起徒役，毋過家一人，以其餘爲羨。」管子國畜：「鈞羨不足，分并財利而調民事也。」尹注：「羨，餘也。」又按：呂覽畢本引謝云：「如，而也。」是。又：呂覽注「其」亦作「言」，故改正，若作「其」則文不成義。又按：注引詩見鄭風女曰雞鳴、周南兔罝、小雅鴛鴦。又按：茅本等注蓋據月令注改之，非淮南高注之舊。

〔一八〕【高注】桑、柘皆可養蠶，故禁民伐之也。

【版本】藏本注「故」殘缺作「文」，除葉本同藏本外，餘本均作「故」，今據改。

【箋釋】馬宗霍云：呂氏春秋、月令「禁」並作「命」。高於本文「野虞」無注，其注呂覽云：「野虞，主材官。」鄭玄注月令云：「野虞，謂主田及山林之官。」皆可補此注。

【用韻】「虞、柘」魚鐸通韻。

〔一九〕【高注】鳴鳩，奮迅其羽，直刺上飛入雲中者是也。載鵀，載勝鳥也。詩曰「尸鳩在桑，其子在梅」是也。

【版本】景宋本、王鎣本、朱本、茅本、汪本、張本、黃本、莊本、集解本正文及注「載」作「戴」，王溥本、葉本同藏本。莊本注「尸」作「鳲」，葉本、集解本作「鳴」，景宋本、王溥本、朱本同藏本。

【箋釋】馬宗霍云：呂氏春秋作「戴任」，說文鳥部無「鵀」字，古蓋假「任」爲之。後人以其爲鳥名，乃從鳥作「鵀」以爲專字耳。月令作「戴勝」，即高注所本也。鄭玄月令注云：「戴勝，織紝之鳥，是時恒在桑。言降者，若時始自天來，重之也。」陸佃埤雅釋鳥引蔡邕月令章句云：「戴鵀降于桑，以勸民事也。」並可參補高注。○雙棣按：「載、戴」古通用，藏本用「載」，借字。注引詩見曹風鳲鳩。集解本「尸鳩」作「鳴鳩」誤，「尸、鳲」古通。然鳲鳩與戴鵀非一物，高引失之。爾雅釋鳥云：「鳲鳩，鴶鵴。」郭注：「今之布穀也。江東呼爲穫穀。」釋鳥又云：「鵖鴔，戴鵀。」郭注：「鵀即頭上勝，今亦呼爲戴勝。」郝懿行云：「月令疏引孫炎云『鳲鳩，自關而東謂之戴鵀』，皆本方言爲説也。然鳲鳩巢居，戴勝乃生樹穴中，本非同物，方言失之。戴鵀即今之樓樓穀，小於鵓鳩，黃白斑文，頭上毛冠如戴華勝。戴勝之名以此。常以三月中鳴，鳴自呼也。」高注呂覽引爾雅「鵖鴔」，（今本誤作「鶝鳩」，依郝懿行説改。）而不引鳲鳩，或高氏已覺「鳲鳩」與「戴鵀」非一而易之歟？

〔二〇〕【高注】撲，持也，三輔謂之撲。撲讀南陽人言山陵同。曲，薄也，青、徐謂之曲。員底曰筥，方底曰筐，皆受桑器也。

【版本】王溥本注「持」作「槌」。藏本注「輔」作「轉」，王溥本作「輔」，今據改，餘本同藏本。

【箋釋】莊逵吉云：「三轉謂之撲」，錢別駕云：當作「三輔謂之撲」。孫編修云：撲即曲簿。説文解字曰：「專，六寸簿也。」「三轉」或當作「三專」，三專者，一尺有八寸。兩説無可定從，姑附之俟考。○王念孫云：呂氏春秋季春篇作「挾曲」，高注曰：「挾，讀曰朕，三輔謂之挾，關東謂之得。」月令作「曲植」，鄭注曰：「植，槌也。」案：「撲」與「挾」，皆「栚」字之誤。（「栚」字本作「栚」，形與「樸」相近。「挾」字隸書作「挾」，形與「栚」亦相近。）栚，讀若「朕」，架蠶薄之木也。㭙，陟革反，呂氏春秋注「關東謂之得」，乃「㝵」字之誤，「㝵」與「㭙」同。（見玉篇、廣韻。）説文：「栚，槌之橫者也。」方言作「㭼」，云：「槌，宋、魏、陳、楚、江、淮之間謂之植，自關而西謂之槌；其橫，關西曰㭼，齊部謂之㭙。」郭璞曰：「槌，縣蠶薄柱也。」朕字古音本在蒸部，讀若澄清之澄。（説文「謄、滕、賸、幐、騰、縢、⿸朕廾、⿸朕桼、螣、塍、勝」十一字，並從朕聲，淮南要略「形埒之朕」與「應」爲韻，又兵略篇「凡物有朕，唯道無朕」，文子自然篇「朕」作「勝」。）説文𠗲字從仌，朕聲；或作凌，從仌，夌聲，是朕、夌古同聲。故呂氏春秋注云「栚讀曰朕」，此注云「栚讀南陽人言山陵同」。○陳昌齊與王説同。○陶方琦云：史記索隱十六、漢書周勃傳注引許注：「曲，葦薄也。」按：説文「曲」作「𠙹」，「象器曲受物之形，或曰：曲，蠶薄也。」又「苗」字下云：「苗，蠶薄也。從艸𠙹聲。」蓋以萑葦爲之，故字從艸。莊子大宗師「或編曲」，釋文引李注：「曲，蠶薄也。」方言：「薄，宋、魏、陳、楚、江、淮之間謂之苗，或謂之麴，自關而西謂之薄，南楚謂之蓬薄。」蓬薄即葦薄。詩「八月萑葦」，毛傳：「豫畜萑葦，可以爲曲也。」○雙棣按：呂覽注亦作「三輔謂之栚」，「轉」字當是「輔」字之誤，錢説是。「持」當爲「㭙」之誤，淮南注扌旁、木旁多相混。

〔二一〕【箋釋】劉績云：后妃親採桑，示帥先天下也。東鄉者，迎時氣也。且明不常留養蠶也。婦使，縫線相糾之事。○于省吾云：省謂視察。使、事金文同字。省婦事，謂省視婦人之職事也。此就普遍之職務言之，下云「勸蠶事」，係就其專職言之，二事字各有所指，古人文字不避複也。○雙棣按：于釋「使」爲「事」，甚是。仲冬云「省婦事」，與此同。然釋「省」爲視察，似欠妥。高氏呂氏春秋注「省其他使，勸其趨蠶事」，拙者呂氏春秋譯注解作「減少他們的雜役」。「省」義當以「減少」爲長。劉績補注乃鄭注月令之文。

【用韻】「桑、筐、桑」陽部，「戒、使、事」職之通韻。

〔二二〕【箋釋】桂馥云：榦，借字，正作「稈」。長笛賦作「箭稾」是也。周禮夏官有稾人，掌弓弩之事。考工記「矢人爲矢，以其笴厚，爲之羽深」，鄭注：「笴，讀爲稾，謂矢幹。」

〔二三〕【高注】樂，所以移風易俗也。故擇吉日大合之，以致歡和也。

【版本】王溥本、王鎣本、吴本「欣」作「忻」，餘本同藏本。

【箋釋】于大成云：注文「和」是「欣」字之誤。

〔二四〕【高注】㹎牛，特牛也。騰馬，騰駒蹏躍，善將群者也。游從牝於所牧之地風合之。㹎，讀葛藟之藟也。

【箋釋】王引之云：累牛、騰馬皆牡也，與游牝正相對。「乃合累牛騰馬游牝於牧」十字當作一句讀，謂合牛馬之牡者牝者於牧耳，皆在牧不在廄也。騰馬即騰駒。仲夏言游牝別羣，則縶騰駒，尤見騰馬與累牛皆指牡言之。謂之游牝者，以時方通淫，聽其游行，因以名焉。而高誘曰「游從牝於所牧之地風合之」，則與「游牝別羣」之文不合，疏矣。○雙棣按：㹎，呂氏春秋作

「纍」，月令作「累」，高氏彼注：「纍牛，父牛也。騰馬，父馬也。」

〔二五〕【高注】儺，散宮室中區隅幽闇之處，擊鼓大呼，以逐不祥之氣，如今驅疫逐除是也。九門，三方九門也。磔犬，陽氣盡之，故曰畢春之氣也。

【版本】王溥本注「散」作「於」，餘本同藏本。景宋本、葉本、莊本注「犬」作「大」，王溥本、朱本、集解本同藏本。茅本、汪本、張本、黄本注「是也」下作「裂牲謂之磔，除禍謂之攘。春者陰氣之終，故磔攘以終畢厲氣也」，餘本同藏本。

【箋釋】徐鼒云：説文「難、儺」皆無逐疫之訓，「魌，見鬼驚詞」。高云「擊鼓大呼」，有驚詞意，則玉篇以「魌」爲「驚毆疫癘之鬼」者，正説文之意。是「魌」爲本字，「難、儺」皆假借字矣。○吴承仕云：散宮室中區隅幽闇之處，文不成義。「散」下當沾「索」字，「散索」猶「徧索」矣。「磔大陽氣盡之」，朱本「大」作「犬」，是也。季春紀注云：「磔犬羊以攘陽氣盡之。」義與此同，應據正。○于又：注云「故曰畢春之氣也」，「之」字疑衍，凡注言「故曰」者，皆復述本文，不當有「之」字。○于省吾云：吴説非也。方言三：「散，殺也。東齊曰散。」禮記鄉飲酒義「愁之以時察」，注：「察或爲殺。」是「散、殺、察」一聲之轉，散宮室中區隅幽闇之處，謂察宮室中區隅幽闇之處也。○于大成云：此注文不成義。吕覽注云「九門，三方九門也。嫌非王氣，（「王」當作「生」。）故磔犬羊以禳。木氣盡之，故曰以盡春氣也」，是磔犬以禳者，嫌九門非生氣所在故也。此注「三方九門」下，即蒙之以「磔犬」，使無吕覽注文相對勘，則「磔犬」二字，直不能知其意之所在。此亦當從呂覽注上下補「嫌非生氣所在，故」、「羊以禳」十字。風俗通八：「月令『九門磔禳，以畢春氣』，蓋天子之城，十有二門，東方三門，生氣之門也，不欲使死物見於生門，故獨於九門殺犬磔禳。犬者，金畜。禳者，却也。抑金使不害春之時所生，令萬物遂成其性，火當受而長之，故曰以畢春氣。功成而退，木行終也。」與高義微異。吳氏謂注文「畢春之氣」衍「之」字，是也。呂覽正無「之」字。「攘」字，月令、呂覽皆作「禳」，説文示部「禳，磔禳，祀除厲殃也」，正足説此「磔禳」之義。段注引「周禮注曰『却變異曰禳』。禳，攘也」，故淮南作「攘」也。○雙棣按：呂氏春秋注作「索宮中區隅幽闇之處」，「散」字作「索」。王溥本作「於」，乃以意改之。

〔二六〕【高注】季春行冬寒殺之氣也，故寒氣時起。草木上竦曰肅也。

【箋釋】雙棣按：注「行冬寒殺之氣」，「氣」當作「令」，蓋涉下文而誤。呂氏春秋高注作「行冬寒殺氣之令」，是其證，然似衍「氣」字。

〔二七〕【高注】季春行夏亢陽之令，氣不和，故民疾疫；雨澤不降，故草木不登成也。

【版本】藏本注「亢」作「元」，莊本、集解本作「亢」，今據改，王溥本注「亢」作「炎」，餘本同藏本。

〔二八〕【高注】秋，金氣用事，水之母也。季春行之，故多沈陰，爲淫雨也。金爲兵革，故並起也。

【版本】藏本注「沈陰」作「陰沈」，莊本、集解本作「沈陰」，今據改，景宋本、王溥本、朱本、茅本、葉本、汪本同藏本。藏本注「雨」上無「淫」字，王溥本有，今據補，景宋本、朱本、茅本、葉本、汪本、莊本、集解本同藏本。

【箋釋】馬宗霍云：文選江文通詣建平王上書「月迫季秋，天光沈陰」，李善注引蔡邕月令章句云：「陰者，密雲也；沈者，雲之重也。」又太平御覽三百五十七引月令章句曰：「洪範云：『兵革並起。』兵謂金刃，革謂甲楯。」此「沈陰兵革」四字分訓，可與高注相參。◯雙棣按：呂氏春秋季春紀高誘注作「故多沈陰，爲淫雨也」，亦作「沈陰」，「雨」上有「淫」字。錢坫曰「淫」假爲「䨶」，是也。

〔二九〕【高注】三月料民户口，故官鄉也。李亦有核，説與杏同，李後杏熟，故三月李也。

【版本】藏本注「料」作「科」，王溥本、朱本作「料」，今據改，餘本同藏本。

【箋釋】孫詒讓云：注「科」當作「料」，形近而誤。料民，見國語周語。◯吴承仕云：孫説是也，朱本正作「料」。◯雙棣按：孫、吴説是。周語上云：「乃料民於太原。」韋昭注：「料，數也。」

孟夏之月，招搖指巳，昏翼中，旦婺女中〔一〕。其位南方，其日丙丁，盛德在火〔二〕。其蟲羽，其音徵〔三〕，律中仲吕，其數七〔四〕，其味苦，其臭焦〔五〕，其祀竈，祭先肺〔六〕。螻蟈鳴，丘螾出〔七〕，王瓜生，苦菜秀〔八〕。天子衣赤衣，乘赤騮，服赤玉，建赤旗〔九〕，食菽與雞〔一〇〕，服八風水，爨柘燧火，南宫御女赤色，衣赤采，吹竽笙〔一一〕，其兵戟〔一二〕，其畜雞，朝于明堂左个，以出夏令〔一三〕。

立夏之日，天子親率三公九卿大夫，以迎歲於南郊〔一四〕。還，乃賞賜，封諸侯，脩禮樂，饗左右〔一五〕。命太尉，贊傑俊，選賢良，舉孝悌〔一六〕，行爵出禄，佐天長養，繼修增高，無有隳壞，毋興土功，毋伐大樹。令野虞，行田原，勸農事，驅獸畜，勿令害穀。天子以彘嘗麥，先薦寢廟〔一七〕。聚畜百藥，靡草死〔一八〕，麥秋至，決小罪，斷薄刑〔一九〕。

孟夏行秋令，則苦雨數來，五穀不滋，四鄰入保〔二〇〕；行冬令，則草木早枯，後乃大水，敗壞城郭〔二一〕；行春令，則螽蝗爲敗，暴風來格，秀草不實〔二二〕。

四月官田，其樹桃〔二三〕。

校　釋

〔一〕【高注】翼，南方朱鳥之宿，是月昏時中於南方。婺女，一曰須女，北方玄武之宿，是月平旦中於南方也。

〔二〕【版本】王溥本注「平旦」下有「時」字，景宋本、朱本、茅本、葉本、汪本、莊本、集解本同藏本。

〔三〕【高注】炎帝之神，治南方也。丙丁，火日也。盛德在火，火王南方也。

〔四〕【高注】盛陽用事，鱗散而羽。羽蟲，鳳爲之長。徵，火也。

【版本】藏本注「散」下無「而」字，王溥本有，今據補，景宋本、朱本、茅本、葉本、汪本、莊本、集解本同藏本。藏本注「鳳」下無「爲」字，王溥本、朱本有，今據補，景宋本、茅本、葉本、汪本同藏本，張本、黄本、莊本、集解本「之」作「爲」。藏本注「徵」下有「音」字，張本、黄本、莊本、集解本無，今據删，餘本同藏本。

【箋釋】吴承仕云：吕氏春秋孟夏紀注云「鱗散而羽」是也。此奪一字，文句不完。〇雙棣按：吴説是，王溥本有「而」字，今補。吕氏春秋注「羽蟲，鳳爲之長」，藏本奪「爲」字，句義不完，今亦據王溥本補。藏本注「音」字爲衍文，孟春、孟秋皆無「音」字可證，今據删。

〔四〕【高注】是月陽散在外，陰實在中，所以旅陽成功，故曰仲吕。其數七，五行數五，火第二，故曰七也。

【版本】藏本注「五行」二字作「生」，莊本、集解本作「五行」，今據改，景宋本、王溥本、朱本、茅本、葉本、汪本同藏本。莊本注「仲吕」作「中吕」，餘本同藏本。藏本注「二」誤作「三」，景宋本、朱本、茅本、葉本、汪本、莊本、集解本作「二」，今據改，王溥本同藏本。

【箋釋】雙棣按：前後文例俱作「五行數五」，吕氏春秋注亦作「五行數五」，今改。

〔五〕【高注】火味苦也。焦，火香焦。

【箋釋】陶方琦云：五行大義三引許注：「焦者，火燒物有焦燃之氣，夏氣同也。」按：説文：「𤍽，火所傷也。」〇雙棣按：注「香」當爲「臭」字之誤。參見本篇七〇二頁注〔七〕。

〔六〕【高注】祝融吴回爲高辛氏火正，死爲火神，託祀於竈。是月火王，故祀竈。肺，金也，祭祀之肉，先用所勝也。一曰：肺火，自用其藏也。

【版本】藏本正文及注「肺」作「胇」，除景宋本同藏本外，餘本均作「肺」，今據改。藏本注「肺金」

肺字重，葉本、張本、黄本、莊本、集解本不重，今據删，景宋本、朱本、茅本、汪本同藏本。

【箋釋】陳奇猷云：史記楚世家云：「重黎爲帝嚳高辛居火正，共工氏作亂，帝嚳使重黎誅之而不盡，帝乃以庚寅日誅重黎，而以其弟吴回爲重黎後，復居火正爲祝融。」即高注所本。

〔七〕【高注】螻，螻蛄也。蟈，蝦蟇也。四月陰氣始動於下，故類應鳴也。丘螾，蠢蝡也。

【版本】莊本「丘」作「邱」，餘本同藏本。張本、黄本、莊本注無「類應也丘螾蠢蝡也」八字，餘本同藏本。

【箋釋】雙棣按：注「故類應鳴」似有脱誤，吕氏春秋注作「故陰類鳴」，義較完整。又案吕氏春秋注「螻蟈，蝦蟇也」，與此注不同。月令鄭注「螻蟈，蛙也」，與吕覽注同，月令釋文引蔡邕月令章句云「螻，螻蛄；蟈，蛙也」，與淮南注同。然淮南、吕覽注同出一人，不應各異，或高注吕覽改從鄭玄，或淮南注爲許注羼入。

〔八〕【高注】王瓜，括樓也。爾雅曰「不榮而實曰秀」，苦菜宜言榮也。

【箋釋】于大成云：吕氏春秋注「爾雅云：『不榮而實曰秀，榮而不實曰英。』苦菜當言英者也」，與此不同。考爾雅釋草云：「木謂之華，草謂之榮，不榮而實者謂之秀，榮而不實者謂之英。」本草綱目二十七「苦菜」云：「開黄花如初綻野菊，一花結子一叢，如桐蒿子及鶴虱子，花罷則收斂，子上有白毛茸茸。」是苦菜有花亦有實。吕氏春秋注謂當言英，自是誤訓。此注謂宜言榮，似高氏之意，蓋謂不榮而實者乃得曰秀，苦菜既榮且有實，則不當言秀。苦菜當言榮也。

【用韻】「鳴、生」耕部。

〔九〕【高注】順火德也。

【版本】藏本注「順」誤作「煩」，景宋本、王溥本、朱本、莊本、集解本作「順」，今據改，葉本同藏本。莊本、集解本注「德」作「色」，景宋本、王溥本、朱本、葉本同藏本。

【箋釋】吴承仕云：朱本、景宋本注並作「順火德」。案：「火德」是也。上言盛德在火，此云火德，正承上文言之。下文孟冬月注，文亦云「順水德也」，是其比。又案：「乘赤騮」下，御覽八百四十一引注云：「騮，赤馬黑髮也。」「髮」當爲「髦」。髦，謂鬣也。下文「乘白駱」，注云：「白馬黑毛曰駱。」文例同。此亦舊注，各本並誤奪。○于大成云：御覽引淮南注，字亦作「髦」不作「髮」，吴氏失檢。又注「火德」當作「火色」，下文季夏月注「順土色」、孟秋月注「白，順金色也」，吕覽孟春注「順木色也」、孟冬注「順水色」，皆作「色」字。

〔一〇〕【高注】菽，豆連皮也。雞、豆皆屬火之所養也。

【用韻】「旗、雞」之支合韻。

〔一一〕【高注】火王南方，故處南宫也。竽笙空中，像陽，故吹之。

〔一二〕【高注】戟有枝榦，象陽布散也。戟或作弩也。

【箋釋】于大成云：事類賦注四引注「陽」下有「氣」字。

〔一三〕【高注】南向堂，當盛陽，故曰明堂也。東頭室，故曰左个。居是室，行是月之令也。雞，羽蟲，陽也，故畜也。

【箋釋】何寧云：注「雞，羽蟲，陽也，故畜也」八字，當在「其畜雞」下。下文孟秋注「狗金畜也」，誤與此同。孟春「其畜羊」，孟冬「其畜彘」，注皆分置，是其證。

【用韻】「水、火」微部，「色、采」職之通韻，「笙、令」耕部。

〔一四〕【高注】迎歲，迎夏也。南郊，七里之郊也。

【箋釋】陶方琦云：魏書五十五劉芳傳、北史四十二引許注：「南郊，七里郊也。」按劉芳傳引賈逵云「南郊火帝七里」，（疑敚祝融二字。）盧植云「南郊，七里郊」，並用先師舊訓，故同。

〔一五〕【高注】還，從南郊還也。賞賜有功，割土封爵。傳曰「賞以春夏，刑以秋冬」也。修治禮樂，所以安上治民，移風易俗。左右，近臣也。

【箋釋】于大成云：疑「賞賜」上奪「行」。○雙棣按：注引傳見左傳襄公二十六年。

〔一六〕【高注】太尉，卿官也。命，使也。贊，白也。才過千人爲傑。選擇賢良、孝悌，舉而用之，蓋非太尉之職，故特命之也。

【版本】王溥本注「爲」下有「俊智過萬人爲」六字，朱本注「才過千人爲傑」作「才過人爲傑俊」。

【箋釋】楊樹達云：「傑俊」連文，不宜單釋「傑」而舍「俊」不言，明此有奪文。孟夏紀注云：「千人爲俊，萬人爲傑。」則此注「千人」下奪「爲俊萬人」四字明矣。○吳承仕云：楊説是也。脩務篇注亦云「才千人爲俊」，與孟夏紀注同。朱本作「才智過人爲傑」，則後人所臆改。○馬宗霍、王叔岷與楊、吴説同。○雙棣按：楊、吴、馬、王説是。然淮南與此説異。泰族篇云：「知過萬人者謂之英，千人者謂之俊，百人者謂之豪，十人者謂之傑。」又高注「贊白」之訓，「白」乃「告白」之義。書咸有一德「壹陟贊于巫咸」，僞孔傳：「贊，告也。」義與高同。即向天子稟告之義。

〔一七〕【高注】是月麥始升，故以豕嘗麥。豕，水畜，宜麥。先薦寢廟，孝之至也。

【版本】藏本注「宜」下無「麥」字，景宋本、茅本、汪本、集解本有，今據補，朱本、葉本、莊本同藏本。王溥本注「宜」上有「夏所」，下有「食」字。

【箋釋】吴承仕云：景宋本注作「豕水畜宜麥」。案：有「麥」字是也。豕水畜，麥金穀，金生水，故曰宜。各本誤奪「麥」字，文不成義。○雙棣按：吕氏春秋注云：「豕，水畜，夏所宜食也。」王溥本蓋據吕覽注改。

〔一八〕【高注】是月陽氣極，藥草成，故聚積之也。靡草，薺、亭歷之屬。

【版本】藏本注「薺」作「則」，王溥本作「薺」，今據改，景宋本、朱本、葉本、莊本、集解本同藏本。茅本、汪本、張本、黄本注「靡草」下作「草之枝葉靡細者」。

【箋釋】吴承仕云：天文篇云：「五月爲小刑，薺麥亭歷枯。」吕氏春秋孟夏紀「靡草死」，注云：「靡草，薺、亭歷之類。」任地篇「孟夏之昔，殺三葉」，注云：「三葉，薺、亭歷、菥蓂也。」諸説並同。此注亦當云「薺、亭歷」。今本作「則」者，字之誤也。本草圖經云：「孟夏之月，靡草死。許慎、鄭康成注皆云：『薺、亭歷之屬。』」（政和本草十。）其云許注，即本篇高注文，引者誤高爲許耳。

邵瑞彭曰：「『則』當作『萴』，即奚毒也。似非靡草之類。」邵説未諦。○雙棣按：吴説是。王溥本「則」正作「薺」，今據改。

〔一九〕【高注】四月陽氣盛於上，及五月陰氣作於下，故曰麥秋至，決小罪，斷薄刑，順殺氣也。

【版本】藏本注「及」作「乃」，朱本、莊本、集解本作「及」，今據改，景宋本、王溥本、葉本同藏本。茅本、汪本、張本、黄本此注作「刑者，上之所施。罪者，下之所犯。斷者，定其輕重而施刑也。決謂人以小罪相告者，即決遣之不收繫也」。黄本又無「人以小罪相告者即」八字。

【箋釋】宋慈裦云：初學記三、御覽二十一、事文類聚前集九引蔡氏月令章句云：「百穀各以初生爲春，熟爲秋，故麥以孟夏爲秋。」陳元靚歲時廣記二引同。○馬宗霍與宋説同。

〔二〇〕【高注】孟夏盛陽，當助長養，而行金氣殺戮之令，故苦雨殺穀，不得滋長也。四方之民來入城郭自保守也。

【箋釋】于鬯云：小戴月令記、吕氏春秋孟夏紀「鄙」並作「鄙」，此下文季夏、季冬亦並言「四鄙入保」，疑「鄰」字非。○劉文典云：吕氏春秋孟夏紀：「四鄙入保。」高彼注云：「四境之民畏寇賊來，入城郭以自保守也。」禮月令鄭注：「小城曰保。」即此保守之義。莊子盜跖篇：「所過之邑，大國守城，小國入保。」城、保對文，可證。高氏此注與吕氏春秋注並以「自保守」釋之，非是。下文兩「四鄙入保」，注：「四界之民皆入城郭自保守也。」誤與此同。○馬宗霍與于説同。又云：鄙乃邊鄙之泛稱，非周禮地官遂人職所謂鄰鄙之鄙也。

【用韻】「來、滋」之部。

〔二一〕【高注】行冬寒閉固之令，故草木早枯，大水敗壞其城郭。奸時違行之應也。

【版本】王溥本注「大水」上有「後乃」二字，「違」作「逆」。

【箋釋】吴承仕云：孟夏紀注作「姦時逆行之徵」。此作「違」者，「逆」字形近而譌。○馬宗霍云：「敗壞城郭」，呂氏春秋、禮記月令「壞」並作「其」。高氏本文注云：「大水敗壞其城郭。」疑淮南本作「敗其城郭」，與呂覽、月令同。而高注以壞字釋「敗」字，傳寫遂誤以注文入正文，又删去「其」字耳。呂覽注但作「大水壞其城郭」，正高釋「敗」爲「壞」之切證也。

【用韻】「枯、郭」魚鐸通韻。

〔二二〕【高注】孟夏當繼修增高，助陽長養，而行春時啟蟄之令，故致蠭蝗之敗。春木氣，多風，故言暴風來至，使當秀之草不長茂也。

【箋釋】于大成云：注文「言」字不當有，呂覽注無。○何寧云：「蠭蝗」疑當作「蟲蝗」，注同。説文蠭、蝗互訓，實爲一物。且行春時啟蟄之令，不得獨蠭蝗爲敗也。蓋蠭、蟲形近而誤。呂氏春秋正作「蟲蝗」，是其證。○雙棣按：月令鄭注：「格，至也。」與高注同，爾雅亦云：「格，至也，來也。」

【用韻】「敗、實」月質合韻。

〔二三〕【高注】四月勉農事，故官田也。桃，説與杏同。後李熟，故曰四月桃也。

【版本】莊本注無「曰」字，餘本同藏本。

【箋釋】王叔岷云：注「曰」字衍，「故四月桃」，與上文注「故三月李也」句法同。玉燭寶典四引此正無「曰」字。○于大成云：「曰」字即涉「四」字而誤衍。

仲夏之月，招摇指午，昏亢中，旦危中〔一〕。其位南方，其日丙丁，其蟲羽，其音徵，律中蕤賓，其數七〔二〕，其味苦，其臭焦，其祀竈，祭先肺。小暑至，螳蜋生〔三〕，鵙始鳴，反舌無聲〔四〕。天子衣赤衣，乘赤騮，服赤玉，載赤旗，食菽與雞，服八風水，爨柘燧火，南宫御女赤色，衣赤采，吹竽笙，其兵戟，其畜雞，朝于明堂太廟〔五〕。

命樂師，修鞀鼙琴瑟管簫，調竽篪，飾鍾磬〔六〕，執干戚戈羽〔七〕。命有司，爲民祈祀山川百原，大雩帝，用盛樂〔八〕。天子以雛嘗黍〔九〕，羞以含桃，先薦寢廟〔一〇〕。禁民無刈藍以染〔一一〕，毋燒灰〔一二〕，毋暴布〔一三〕，門閭無閉，關市無索〔一四〕。挺重囚，益其食〔一五〕，存鰥寡，振死事〔一六〕。游牝别其羣，執騰駒，班馬政〔一七〕。日(短)[脩]至〔一八〕，陰陽争，死生分，君子齋戒，慎身無躁，節聲色，薄滋味，百官静，事無徑，以定晏陰之所成〔一九〕。鹿角解，蟬始鳴〔二〇〕，半夏生，木堇榮〔二一〕。禁民無發火〔二二〕，可以居高明，遠眺望，登丘陵，處臺榭〔二三〕。

仲夏行冬令，則雹霰傷穀，道路不通，暴兵來至〔二四〕；行春令，則五穀不熟，百螣時起，其國乃饑〔二五〕；行秋令，則草木零落，果實蚤成，民殃於疫〔二六〕。

五月官相，其樹榆〔二七〕。

校　釋

〔一〕【高注】亢，東方蒼龍之宿，是月昬時中於南方。危，北方玄武之宿，是月平旦時中於南方也。

〔二〕【高注】是月陰氣萎蕤在下，像主人也，陽氣在上，像賓客也，故曰蕤賓。

【版本】莊本此注在上文「蕤賓」下。莊本、集解本注兩「像」字作「象」。

〔三〕【高注】螳蜋，世謂之天馬，一名齒肬，兖、豫謂之巨斧也。

【版本】朱本注「齒肬」作「齕疣」，景宋本、王溥本、茅本、葉本、汪本、莊本、集解本同藏本。莊本、集解本注「兖」作「沇」，景宋本、王溥本、朱本、葉本同藏本。

【箋釋】畢沅云：吕氏春秋注「一曰齕疣」，淮南注作「齒肬」，當是脱其半耳。初學記引此注正作「齕疣」，又云「兖、豫謂之巨斧」。○劉文典云：吕氏春秋注「巨斧」作「拒斧」。○吴承仕云：畢説近之，朱本正作齕疣，玉燭寶典引此注，亦作「齕疣」。與仲夏紀注同。莊本作「齒」者，殘形；作「肬」者，異文。○鄭良樹云：天中記五七引「巨斧」亦作「拒斧」。○于大成云：廣博物志五十引亦作「拒斧」。○雙棣按：「沇、兖」異形同字，段玉裁云：「古文作台，小篆作沇，隸變作兖，此同義而古今異形也。」

〔四〕【高注】鵙，百勞鳥也。五月陰氣生於下，伯勞夏至應陰而鳴，殺蛇於木。傳曰：「伯趙氏司至者。」反舌，百舌鳥也。能辨變其舌，反易其聲，以効百鳥之鳴，故謂百舌。無聲者，五月陽氣極於上，微陰起於下，百舌無陰，故無聲也。

【版本】茅本、汪本、張本、黄本注「百勞」「伯勞」並作「博勞」，莊本、集解本注「百勞」作「伯勞」，餘本同藏本。藏本注「陰氣」下無「生」字，王溥本、莊本、集解本有，今據補，餘本同藏本。

【箋釋】劉文典云：鵙，吕氏春秋仲夏紀作「鶪」。○于大成云：依説文，字當作「鶪」。鳥部云「鶪，伯勞也」是也。周書時訓篇亦作「鶪」。「鵙」字説文不收。朱駿聲謂「鵙」是「鶪」之誤字。今案「鶪」從狊聲，「鵙」从貝聲，「狊」之與「貝」，不惟形近，聲亦不甚遠，「狊」在古韻支部，「貝」在脂部，二部可以旁轉而通也。月令今本作「鵙」，校勘記云「惠棟校宋本作『鶪』，岳本同，石經同，釋文同」，爾雅釋鳥「鵙，伯勞也」，唐石經「鵙」作「鶪」。劉謂吕氏作「鶪」，當據畢校本爲説，宋邦乂本作「鵙」，與本書同。又注「百勞」下「伯勞夏至應陰而鳴」，字作「伯」，與吕覽注合，知此處高氏本亦是「伯」字也。又云：注「百舌無陰」，「無」字誤，吕覽注作「應」，是也。○雙棣按：月令同淮南，鶪、鵙同字異體。博、百、伯亦音近相通，月令注作「博」，吕覽作「伯」。又：注引傳見左傳昭公十七年。

【用韻】「生、鳴、聲」耕部。

〔五〕【高注】太廟，南向堂中央室也。

【箋釋】雙棣按：呂氏春秋高注云：「明堂，南向堂也。太廟，中央室也。」此注各本均脱「太」字，據呂覽注補。

【用韻】「旗、雞」之支合韻，「水、火」微部，「色、采」職之通韻。

〔六〕

【高注】管，一孔，似篴。簫，今之歌簫是也。箎，讀如池澤之池也。

【版本】莊本、集解本正文及注「箎」作「篪」，餘本同藏本。莊本、集解本注「篴」作「笛」，無「如」字，景宋本、王溥本、朱本、葉本同藏本。

【箋釋】于鬯云：「飾當作飭，禮月令『飭鐘磬柷敔』，鄭注云：『飭者，治其器物習其事之言。』案：呂氏春秋仲夏紀亦同月令作飭。」「飭、飾」字通，讀「飾」爲「飭」，不必改字。○馬宗霍云：高注「一孔」之「一」當作「六」，字之誤也。周禮春官小師「掌教簫管」，鄭司農注云：「管如篪，六孔。」爾雅釋樂郭璞注引賈逵周官解詁同。風俗通義引樂記：「管，漆竹，長一尺，六孔。」太平御覽五百八十引廣雅曰：「管象篪，長尺，圍寸，有六孔，無底。」皆管有六孔之證。諸書無言管爲一孔者。則本文高注「一」爲「六」之誤字無疑。○雙棣按：畢沅改呂氏春秋注「管一孔似籧（篴字之誤）」爲「六孔似箎」，云：「舊本作『管一孔似籧』，譌，今據廣雅改正。」孫詒讓謂時則訓注亦云『管一孔似篴』，畢校非是。」詩周頌有瞽鄭箋云：「管，如篴，併而吹之。」周禮春官小師鄭注：「鄭司農云：『管，如篪，六孔。』玄謂管如篴而小，併兩而吹之，今大予樂官有焉。」孔穎達疏云：「觀後鄭意，以不與諸家同，故引漢法大予樂官爲況也。」觀此，則「管」制有二說，「似篪，六孔」爲常説，説文亦謂「管，如篪，六孔」。鄭玄謂管似篴，與高注同，但未云幾孔也。鄭、高説爲另一説。

〔七〕【高注】干，盾也。戚，斧也。戈，戟屬也。羽，舞者所持翿也。

【版本】藏本注「戚」作「戈」，莊本、集解本作「戚」，今據改；藏本注「戟」上脱「戈」字，莊本、集解本有，今據補，景宋本、王溥本、朱本、葉本、汪本皆同藏本。藏本注「舞者」作「武也」，張本、黄本、莊本、集解本作「舞者」，今據改，景宋本、茅本、葉本、汪本同藏本。

【箋釋】陳奇猷云：執，同縶，謂繫以繩也。執干戚戈羽，謂繫干戚戈羽之飾。繫之者，使牢固也。○雙棣按：月令注云：「脩，均，執，調，飾者，治其器物，習其事之言。」

〔八〕【高注】國之山川百原，能興雲雨者，皆祈祀之也。雩，旱祭也。帝，上帝也。爲民祈雨，故用盛樂。盛樂，六代之樂也。

【版本】茅本、汪本、張本、黄本、莊本、集解本「原」作「源」，莊本、集解本注亦作「源」，餘本同藏本。藏本注「祭也」作「也祭」，莊本、集解本作「祭也」，今據乙正，景宋本、王溥本、朱本、葉本同藏本。藏本注缺上「帝」字。

【箋釋】馬宗霍云：説文灥部云：「厵，水泉本也。从灥出厂下。」篆文从泉作「原」。徐鉉曰：「今別作源，非是。」據此，則本文當以作「原」爲正字。「原」又「厡」之隸變也。蓋後人以「原」代「高平曰邍」之「邍」，而别製「源」字爲水原之「原」，積非成是久矣。○于大成云：「上帝」當从吕覽注作「五帝」。月令鄭注云「雩帝，謂爲壇南郊之旁，雩五精之帝，配以先帝也」是也。

〔九〕【高注】雉，新雞也。不言嘗雞而言嘗黍者，以穀爲主也。

【版本】茅本、黄本、莊本正文及注「雉」作「雛」，餘本同藏本。藏本注「新」作「雜」，景宋本、茅本、汪本、張本、黄本、莊本、集解本作「新」，今據改，葉本同藏本，王溥本、朱本作「雛」。

【箋釋】王念孫云：古無謂新雞爲雉者，「雉」皆當爲「難」，字之誤也。廣雅釋言云：「難，雡也。」（曹憲音而絹、而緣二反。）郭注爾雅釋言云：「今呼少雞爲鷚。」（鷚與雡同。）少雞即新雞，故高注云：「難，新雞也。」月令謂「以雛嘗黍」，其義一也。左思蜀都賦「巖穴無豜豵，翳薈無鷹鷚」，鷹，鹿子也，義與難亦相近，茅一桂不知「雉」爲「難」之誤，而改「雉」爲「雛」。（莊本同。）義則是而文則非矣。○馬宗霍云：「雉」字吕氏春秋、禮記月令並作「雛」，爲茅、莊改字所本。高注吕覽云：「雛，春鷚也。」「鷚」與「雡」同。説文隹部云：「雡，鳥大雛也。一曰雉之莫子爲雡。」爾雅釋鳥「雉之暮子爲鷚」，郭璞注云：「晚生者。」暮即莫之隸增，知説文「雡」下一曰之訓正本之爾雅。「莫子」猶「稚子」也。然則淮南本文作「雉」不誤。高注「新雞」當作「雡」，蓋嘗黍之雉乃雉之稚子。故高以「新雡」釋之也。此與吕覽注可以互證。「雡、雞」形近，世人少見「雡」，多見「雞」，傳寫遂誤爲「新雞」耳。茅、莊改「雉」爲「雛」固非，王氏以爲「雉」當爲「難」，亦未必是。○雙棣按：雉爲山雞，與雞異，馬謂「雉」字不誤，然則高注下文「不言嘗雞而言嘗黍」，云「雞」而不云「雉」，知所嘗當爲「雞」而非「雉」。若如王説作「難」，與高注意合，然爾雅、説文均無此字，字始見於廣雅、玉篇，淮南未必用此字。呂覽、月令字均作「雛」，時則之文多取呂覽，何爲此處必改字耶？「雉」與「雛」，形亦近，高以「新雛」釋「雛」，意正合，亦如呂覽以「春鶵」釋「雛」，茅本改「雉」作「雛」，未必非，今暫存藏本之舊，以待明者。

〔一〇〕【高注】羞，進也。含桃，鶯所含食，故言含桃。是月而熟，故進之。

【版本】藏本「廟」上脱「寢」字，除葉本同藏本外，餘本均有「寢」字，今據補。茅本、汪本、張本、黄本注「含桃」下有「鶯桃」二字，餘本同藏本。景宋本注「鶯」作「鸎」，餘本同藏本。

【箋釋】于大成云：月令注云：「含桃，櫻桃也。」呂氏春秋注云：「含桃，鸎，鸎所含食，故言含桃。」揆之訓解常例，此注「含桃」下，亦當先注「鶯桃」二字，然後乃釋鶯桃所以爲含桃得名之繇，乃合。茅本正有此二字，與呂書注合。○雙棣按：茅本等「鶯桃」二字，蓋據呂覽補，呂覽作「鸎桃」，「鶯」爲「鸎」之古字。

【用韻】「桃、廟」宵部。

〔一一〕【高注】爲藍青未成故。

【箋釋】馬宗霍云：月令「刈」作「艾」，説文「刈」爲「乂」之重文，「乂，芟艸也」。月令作「艾」，假借字也。

〔一二〕【高注】是月草木未成，不夭物也。

【箋釋】梁玉繩云：此與月令均作「毋燒灰」，彼注云：「爲傷火氣。」然則當如寒食不舉火耶？呂氏春秋作「無燒炭」，高彼注與此同，「灰」字必「炭」之譌。季秋之月「伐薪爲炭」，可互證。○顧廣圻云：「灰」疑當作「炭」。呂氏春秋作「炭」，（其注與此略同，季秋「草木黄落，乃伐薪爲炭」，高意蓋據之而言也。）是其證也。「灰」字蓋依月令改耳。○馬宗霍云：不夭物即不燒草木之意。説文火部云：「炭，燒木未灰也。」「灰，死火餘妻也。」然則本文亦似作「炭」爲是。○陳奇猷謂呂覽「炭」當作「灰」云：上農「四時之禁」有「澤人不敢灰僇」之語。古者火耕水耨，燒灰者，火耕也。季夏云：「燒薙行水。」是火耕於季夏行之，故是月禁燒灰，明以作「灰」爲是。淮南時則訓正作「灰」。○何寧云：顧、馬説非也。本文「灰」字不誤。説文：「炭，燒木餘也。」此高注云：「是月草木未成。」木可以成灰，而草則不可以成炭。故本經篇云：「燎木以爲炭，燔草而爲灰。」若作「毋燒炭」，則注不得言「草」也。下文季夏之月云：「土潤溽暑，大雨時行，利以殺草，糞田疇，以肥土疆。」呂氏季夏紀云：「是月也，土潤溽暑，大雨時行，燒薙行水，以利殺草，如以熱湯，可以糞田疇，可以美土疆。」即淮南文所本。下文之「殺草」即呂紀之「燒薙行水，利以殺草」。是燒灰乃六月事。是月草木未成，不能收糞田美土之效，故曰毋燒灰也。○雙棣按：此似以作「炭」爲是。月令即呂氏春秋十二月紀之文，鄭、孔早已言之，月令襲呂覽而誤，淮南襲月令再誤。此處非謂燒薙肥田，高注「不夭物」之訓，正得其解。又高注「草木」爲偏義複詞，「草」乃連類而及，僅謂「木」也。

〔一三〕【高注】火盛日猛，暴布則脆傷也。

〔一四〕【高注】門，城門也。閭，里門也。民順陽氣，散布在外，當出入，故不閉也。關，要塞也；市，人聚也。無索，不征税也。

【版本】藏本注「關」作「門」，王溥本、朱本、茅本、汪本、莊本、集解本作「關」，今據改，景宋本、葉本同藏本。

〔一五〕【用韻】「布、索」魚鐸通韻。

【高注】挺，緩。

【箋釋】楊樹達云：「挺」字本作「綎」。説文糸部云：「綎，緩也。或作緂。」「挺」與「緂」並由壬聲孳乳，故「挺」得假爲「綎」。下文「挺羣禁」同。○雙棣按：呂氏春秋仲夏高注與此同。月令「挺重囚」鄭玄注：「挺，猶寬也。」國語吴語「王安挺志」韋昭注：「挺，寬也。」寬、緩義同。説文「綎，讀與聽同。」段注：「綎之言挺也，挺有緩意。」

〔一六〕【高注】老無妻曰鰥，老無夫曰寡也，皆存之。有先人爲死難，振起其子孫也。

【用韻】「囚、寡」幽魚合韻，「食、事」職之通韻。

〔一七〕【高注】是月牝馬懷胎已定，故别其羣。不欲騰駒蹏傷其胎育，故執之。班，告也。馬政，掌馬官也。騰駒，騰馬也。周禮「馬五尺以下曰駒」也。

【版本】王溥本注無「懷」字，景宋本注「懷胎」作「懷妊」，餘本同藏本。藏本注「之」作「也」，茅本、汪本、張本、黄本、莊本、集解本作「之」，今據改，景宋本、朱本、葉本同藏本，王溥本「之」下有「也」字。張本、黄本、莊本、集解本注無「周禮」二字，餘本同藏本。

【箋釋】王念孫云：「馬政」本作「馬正」，（注同。）故高以爲掌馬官。吕氏春秋仲夏篇「班馬正」，高彼注亦云「馬正，掌馬之官」，是其證。月令作「馬政」，鄭注云：「馬政，謂養馬之政教。」引周官廋人職曰：「掌十有二閑之政教。」鄭説是也。高不知「正」爲「政」之借字，故訓爲掌馬之官，若字本作「政」，則亦當訓爲政教矣。後人依月令改「正」爲「政」，而不知其戾於高注也。○馬宗霍云：執騰駒，吕氏春秋、禮記月令「執」並作「縶」。陸德明釋文「出則執」云：「執如字，蔡本作縶。」是陸氏所據月令古本與淮南本文合。○雙棣按：朱駿聲謂「執」與「縶」通，是。又按：高注「周禮『馬五尺以下曰駒』」，今周禮未見，（詩漢廣毛傳云「馬五尺以上曰駒」。）張本等蓋因此而删「周禮」二字。然吕氏春秋仲夏高注仍謂「周禮『五尺曰駒』」，抑高氏所見周禮有此説耶？

〔一八〕【版本】藏本「脩」作「短」，今據後文「仲夏至脩」改，茅本、汪本、張本、吴本、黄本、莊本、集解本作「長」，餘本同藏本。

〔一九〕【高注】事無徑，詳而後行，當先請也。晏陰，微陰也。

【版本】藏本注無「而」字，王溥本有，今據補。朱本注「詳而後行當先請也」作「謂所當先請也」，景宋本「請」作「謂」，莊本、集解本作「當先請詳而後行也」，王溥本、葉本同藏本。

【箋釋】于鬯云：高注「晏陰，微陰也」，非也。吕氏春秋誣徒云：「取捨數變，固無恒心。若晏陰。」則晏陰之義可會，説已具彼校。上文云：「陰陽争。」明晏陰即陰陽，惟其争，故定之也。又案：小戴月令記、吕氏仲夏紀皆有。高吕紀解云：「晏，安；陰，微陰。」則此注「晏」下恐脱一「安」字，然義仍非也。○吴承仕云：月令注：「晏，安也。」仲夏紀注：「晏，安；陰，微陰。」此注亦當云：「晏，安。陰，微陰也。」與吕氏注同。「晏安」本爲通詁，不與「陰」字連文。陰訓微陰者，仲夏之月，陰氣始起於下，故曰微陰。今本誤奪「安」字，義不可通。○于省吾與于鬯説同，謂晏陰即陽陰。○馬宗霍云：吕氏春秋、月令「徑」並作「刑」，鄭玄月令注云：「今月令刑爲徑。」是淮南本文與今月令合。王念孫謂吕氏春秋本亦作「徑」，今本作「刑」，後人以月令改之也，與高注不合。其説殊確。○于大成云：此注當作「當先精詳而後行也」，「當先精」三字誤錯在下，「精」又誤爲「請」，「詳」下奪「而」字，遂致不可通矣。月令作「事無刑」，「刑」當讀爲「徑」，徑，疾也，速也，故高注云云。此文上下皆説養身之事，與刑罰之事無關。○雙棣按：王念孫校月令云：「晏者，陽也。」晏陰即陽陰也。此承上『陰陽争』爲義，言陰陽方争，未知所定，故君子安静無爲以定陽與陰之所成也。吕氏春秋、淮南子並注曰『晏陰，微陰也』，望文生義，其説亦非。」王説、于説是。

【用韻】「戒、色」職部。

〔二〇〕【高注】夏至鹿角解墮也，蜩鼓翼始鳴也。

〔二一〕【高注】半夏，藥草也。木堇，朝榮暮落，樹高五六尺，其葉與安石榴相似也。是月生榮華，可用作烝也。雒家謂之朝生，一名蕣，詩云「顔如蕣華」是也。

【版本】藏本注「藥草」作「草藥」，莊本、集解本作「藥草」，今據乙，景宋本、王溥本、朱本、葉本同藏本。莊本、集解本注「暮」作「莫」。藏本注「烝」作「丞」，景宋本、茅本、汪本、集解本作「烝」，今據改，王溥本、莊本作「蒸」，葉本同藏本。朱本、莊本注「雒」作「雜」，景宋本、王溥本、葉本、集解本同藏本。藏本注「謂」下無「之」字，莊本、集解本有，今據補，景宋本、王溥本、朱本、葉本同藏本。藏本注無「一名蕣」三字，莊本（蕣作舜）、集解本有，今據補，景宋本等同藏本。藏本注「蕣華」下無「是」字，王溥本有，今據補，景宋本、朱本、葉本、莊本、集解本同藏本。

【箋釋】孫詒讓云：「雒家」謂雒陽也。〇吴承仕云：景宋本注「雜家」作「雒家」。「雒家」是也。各本並作「雜家」。仲夏紀注亦同。「雜」即「雒」字形近之譌。雒家者，方土之名。高注每稱雒家。修務篇：「吾必悲哭社。」注云：「社讀雒家謂公爲阿社之社。」（「吾必悲哭社」及注語見説山訓。）又「弔死問疾，以養孤孀」，注云：「雒家謂寡婦曰孀。」皆高注稱雒家之證。高注又言胡家，氾論篇：「古者有鍪而綣領。」注云：「綣領，皮衣，屈而紩之如今胡家韋襲，反褶以爲領也。」胡家亦方土之稱，與雒家同比。

【用韻】「静、徑、成、鳴、生、榮」耕部。

〔三〕【高注】發，起。

【版本】藏本注「發」作「役」，王溥本、朱本、莊本、集解本作「發」，今據改，景宋本、葉本同藏本。

〔二三〕【高注】積土四方而高曰臺也。臺有屋曰榭也。順陽宣明也。一曰：望雲物，占氛祥也。

【版本】藏本注「屋」作「室」，莊本、集解本作「屋」，今據改，景宋本、王溥本、朱本、葉本同藏本。藏本注「宣」作「宜」，景宋本、茅本、汪本、張本、黄本、莊本、集解本作「宣」，今據改，餘本同藏本。藏本注「氛」作「氣」，朱本、莊本、集解本作「氛」，今據改，景宋本、王溥本、葉本、茅本、汪本同藏本。

【箋釋】何寧云：作「室」非也。爾雅釋宮：「有木者謂之榭。」郭注：「臺上起屋。」書泰誓正義引李巡曰：「臺上有屋謂之榭。」與今本高注合。○雙棣按：何説是也。本書精神篇「今高臺層榭」高注：「四方而高曰臺，加木曰榭。」本經篇「崇臺榭之隆」高注：「積土高丈曰臺，加木曰榭也。」吕氏春秋重己篇「其爲宫室臺榭也」高注：「有屋曰榭。」仲夏篇「可以處臺榭」高注：「臺加木爲榭。」觀高氏各注，均無作「室」者，「室」當是誤字。漢書五行志上「飾臺榭」顔師古注：「臺有室曰榭。」誤與此同。屋、室之别，屋爲室之覆，即屋頂。室則謂正堂後中間之房舍，榭則僅有頂而無四壁，故屋是而室非。

【用韻】「明、望、榭」陽鐸通韻。

〔二四〕【高注】冬冰凍，故雹霰傷害五穀也。冬氣閉藏，又多雨水，故道陷壞，不通利。暴害之兵横來至也。

【版本】藏本注「冰」作「水」，景宋本、茅本、汪本作「冰」，今據改，王溥本、朱本、葉本、莊本、集解本同藏本。藏本注「雨水」作「水雨」，王溥本、朱本、莊本、集解本作「雨水」，今據乙，景宋本、茅本、葉本同藏本。

〔二五〕【高注】行春木王好生育之令，故五穀晚熟。百螣，動股蝗屬也，時起害穀，故國飢也。

【版本】莊本、集解本「熟」作「孰」，餘本同藏本。朱本、茅本、莊本、集解本注「飢」作「饑」，景宋本、王溥本、葉本、汪本同藏本。

【箋釋】馬宗霍云：正文「不熟」當作「晚熟」，方與注相應。呂氏春秋、禮記月令並作「晚熟」，亦其證也。○王叔岷與馬説同。○雙棣按：藏本注「飢」乃「饑」之借字。

〔二六〕【高注】有覈曰果，無覈曰蓏。仲夏行秋成熟之令，故草木零落，果實早成。非其時氣，故民有疾疫也。

【版本】王溥本、朱本、莊本、集解本注兩「覈」字作「核」，景宋本、葉本同藏本。

【箋釋】陶方琦云：齊民要術收種篇引許注：「在樹曰果，在地曰蓏。」按：説文「蓏」字下云：「在木曰果，在地曰蓏。」與注淮南説同。地形訓「百果所生」下注：「在木曰果，在地曰蓏。」當是許注羼入高注中。不然高注地形與注時則，一人之注何先後歧説也？呂氏春秋仲夏紀、本味篇高注並云「有覈曰果，無覈曰蓏」。○于大成云：齊民要術收種篇未引此文。種穀篇引之。

〔二七〕【高注】是月陽氣長養，故官相。相，佐也。榆説未聞也。

【版本】藏本脱「其」字，王溥本、王鎣本、朱本、茅本、汪本、張本、黄本、莊本、集解本有，今據補，景宋本同藏本。

季夏之月，招摇指未，昏心中，旦奎中〔一〕。其位中央，其日戊己，盛德在土〔二〕。其蟲蠃，其音宫〔三〕，律中百鍾，其數五〔四〕，其味甘，其臭香〔五〕，其祀中霤，祭先心〔六〕。涼風始至，蟋蟀居奥〔七〕，鷹乃學習，腐草化爲蚈〔八〕。天子衣苑黄，乘黄騮，服黄玉，建黄旗〔九〕，食稷與牛〔一〇〕，服八風水，爨柘燧火，中宫御女黄色，衣黄采，其兵劍〔一一〕，其畜牛，朝于中宫〔一二〕。

乃命漁人，伐蛟取鼉，登龜取黿〔一三〕。令滂人入材葦〔一四〕。命四監大夫，(令)[合]百縣之秩芻，以養犧牲〔一五〕，以共皇天上帝〔一六〕、名山大川、四方之神、宗廟社稷，爲民祈福行惠。令弔死問疾，存視長老，行稃鬻〔一七〕，厚席蓐〔一八〕，以送萬物歸也。命婦官染采，黼黻文章，青黄白黑，莫不質良〔一九〕，以給宗廟之服，必宣以明〔二〇〕。是月也，樹木方盛，勿敢斬伐；不可以合諸侯、起土功；動衆興兵，必有天殃〔二一〕。土潤溽暑，大雨時行，利以殺草，糞田疇，以肥土疆〔二二〕。

季夏行春令，則穀實解落，[國]多風欬，民乃遷徙〔二三〕；行秋令，則丘隰水潦，稼穡不熟，乃多女災〔二四〕；行冬令，則風寒不時，鷹隼蚤摯，四鄙入保〔二五〕。

六月官少内，其樹梓〔二六〕。

校釋

〔一〕【高注】心，東方蒼龍之宿也，是月昏時中於南方。奎，西方白虎之宿也，是月平旦時中於南方也。

【版本】藏本注「平」作「中」，王溥本、朱本、葉本、莊本、集解作「平」，今據改，景宋本、茅本、汪本同藏本。

〔二〕【高注】黄帝之神治中央也。戊己，土日也。盛德在土，土王中央也。

【版本】藏本注「王」作「正」，茅本、汪本、張本、黄本、莊本、集解本作「王」，今據改，王溥本、朱本、葉本同藏本，景宋本「土王」顛倒爲「王土」。

〔三〕【高注】羽落而贏，贏蟲，麟爲之長。宫，土也，位中央，五音之主也。

【版本】藏本注「贏」字不重，王溥本重，今據補，景宋本、朱本、茅本、葉本、汪本同藏本，莊本、集解本上「贏」字上有「爲」字。藏本注「麟」作「鱗」，莊本、集解本作「麟」，今據改，餘本同藏本。

【箋釋】于大成云：孟春之月既言「其蟲鱗」矣，則此處不得復言「鱗」，且亦不得言鱗爲贏蟲之長也。「鱗」當爲「麟」，字之誤也。吕覽注作「麒麟爲之長」，可證也。

〔四〕【高注】百鍾，林鍾也。是月陽盛陰起，生養萬物，故曰百鍾。其數五，五行數，土第五也。

【箋釋】蔡雲云：高注雖未引國語「和展百事」爲據，實以「百」有「衆」義定之。但彼於季夏月首，全用中央文竄易，而此句獨用本律，則土王律中之文缺矣。且林鍾屢見天文篇，「百鍾」只此一見，意淮南賓客，自嫌兩文羼廁，特改「百」字以迷惑後人歟？然有「朝於中宮」句在，終缺「明堂右个」之文，不能掩其跡也。○于鬯云：林鍾稱百鍾，惟見於此，周禮大司樂職「歌函鍾」鄭注云：「函鍾一名林鍾。」則林鍾又稱函鍾，竊疑此「百」字爲「函」字之誤，高本已誤爲「百」，故附會説之。○于大成云：呂氏春秋注作「陽氣衰，陰氣起」，是也。六月陽氣盛極而衰，故陰氣以起。此注「盛」字，當從呂氏春秋注作「衰」。

〔五〕【高注】土味甘也，土臭香也。

【箋釋】陶方琦云：五行大義三引許注：「土得中和之氣，故香也。」按：聖證論：「孔鼂云：能吐生百穀謂之土。」故云「得中和之氣」。

〔六〕【高注】土用事，故祀中霤。中霤，室中之祭，祀后土也。心，火也，用所勝也。一曰：心，土也，自用其藏也。

〔七〕【高注】蟋蟀，蜻蛩，趣織也。詩云：「七月在野。」此曰居奥，不與經合。奥或作壁也。

【版本】藏本注「蛩」作「烈」，景宋本、茅本、汪本作「蛩」，今據改，莊本、集解本作「蛚」，王溥本、朱本、葉本同藏本。王溥本注「趣」作「促」。莊本、集解本注「詩云」作「詩曰」。藏本注「此曰」之「曰」誤作「日」，葉本、茅本、莊本、集解本作「曰」，今據改，景宋本、王溥本、朱本、汪本同藏本。

【箋釋】馬宗霍云：呂氏春秋「奥」作「宇」，月令作「壁」，則高似以從月令爲是也。孔穎達月令疏云：「蟋蟀居壁者，此物生於土中，至季夏羽翼稍成，未能遠飛，但居其壁。至七月則能遠飛在野。」案孔疏正本詩爲説，知作「壁」斯與經合矣。

〔八〕【高注】秋節將至，鷹自習擊也。蚈，馬蚿也。幽、冀謂之秦渠。蚈，讀蹊徑之徑也。

【版本】藏本注「蹊」作「奚」，王溥本作「蹊」，今據改，景宋本、葉本、莊本、集解本同藏本。

【箋釋】陶方琦云：御覽九百四十八引許注：「草得陰而死，極陰中反陽，故化爲蚈。蚈，馬蠸也。」按：兵略訓「若蚈之足」，許注：「蚈，馬蠸也。」正與此同。説文：「蠲，馬蠲也。」引明堂月令「腐艸爲蠲」。（郭璞注爾雅「馬蛓」云：「馬蠲，蚼也。」廣雅釋蟲：「蛆蟝、馬䗃，馬蚿也。」又曰：「馬蛓，蠽蛆也。」「蚈、蠸、蚿、蠲、蛓」皆一聲之轉。高注呂覽及説林訓皆作「蚈，馬蚿」。）○吴承仕云：注文應云「蚈讀蹊徑之蹊」，今作「奚徑之徑」者，傳寫之譌也。蓋「蚈」在清部，旁轉真，廣韻音苦堅切；對轉支，則音蹊徑之蹊。精神訓「素題不枅」、主術訓「朱儒枅櫨」，高注並讀「枅」爲「雞」。説文：「盽，蔽人視也。從目，幵聲。讀若攜手。」是其比。説林訓「善用人者，若蚈之足衆而不相害」，高注云：「蚈讀蹊徑之蹊。」呂氏春秋季夏紀高注亦讀如「蹊徑之蹊」，是其證。而後來韻書並失收此音。○楊樹達云：「蚈」讀如「徑」，猶「宋銒」或作「宋牼」也。「奚」集證本作「蹊」是也。孟子云：「山徑之蹊。」○于省吾云：荀子非十二子「是墨翟、宋銒也」注：

「孟子作宋牼。」牼與鈃同音，口莖反。急就篇：「銅鍾鼎鋞鋗鉇銚。」顔注：「鋞字或作鈃」，是「蚈」字可讀「徑」之證。○馬宗霍云：「腐草化爲蚈」，吕氏春秋同。禮記月令作「腐草爲螢」，無化字。孔穎達疏引蔡邕月令章句云：「鳩化爲鷹，鷹還化爲鳩，故稱化。今腐草爲螢，螢不復爲腐草，故不稱化。」據此，則吕覽、淮南亦不當有化字。説文「蠲」字下引「明堂月令曰腐草爲蠲」。「蠲」與「蚈」，一聲之轉，「蠲」即「蚈」也。亦不言化，又其旁證也。○何寧云：馬説是也。玉燭寶典六引吕氏春秋、淮南子時則並云「腐草爲蚈」，無「化」字。

〔九〕【高注】黄，順土色也。菀，謂豋飴之豋也。

【版本】葉本、莊本、集解本「菀黄」作「黄衣」，餘本同藏本。藏本注「菀謂豋飴之豋」作「黄謂登飴之登」，王溥本、朱本作「菀謂宛飴之宛」，景宋本、莊本、集解本同藏本。王念孫校「宛」作「豋」，今並據之改。

【箋釋】李哲明云：衣黄衣，宋本作「衣菀黄」。注「黄謂登飴之登」當作「菀讀豋飴之豋」。「黄衣」原作「菀黄」，故高注如此。菀與宛同字。俶真篇「形菀而神壯」，高注：「菀，枯病也，菀讀南陽宛之宛。」是「菀、宛」古字通。春秋繁露「民病心腹宛黄」，尤此文菀黄之確義。説文豆部：「豋，豆飴也。」後人不知「菀黄」之義，依月令、吕覽改作「黄衣」，遂並注「菀」字改「黄」，又以形近誤「豋」爲「登」，漫不推求，乃譌謬至不可讀矣。○吴承仕云：各本並作「天子衣菀黄」，朱本注作「菀，讀宛飴之宛也。」王念孫曰：「高讀菀爲豋飴之豋。」案：説文：「豋，豆飴也。」「黦，黑有文也。讀若飴盌字。」此苑黃之苑，以同音假爲「黦」。高注讀苑爲盌飴之盌，正與説文讀黦同。朱本誤「盌」爲「宛」，莊本、景宋本誤「盌」爲「登」，皆形近致譌，未足駭異。而莊本「苑黃」誤爲「黃衣」，則注中讀音，雖閉户十年思之，不能得也。（坊間通行漢魏叢書本，亦作「苑黃」。此世所公見也。劉文典集解本，獨據誤本作「黃衣」，於音讀亦無訓説，愚所未諭。）○黄侃云：説文黑部作「黦」，云「黑有文，讀若飴盌字。」周禮染人「夏纁玄」，注：「故書纁作⿱穴熏，鄭司農云：⿱穴熏讀當爲纁，纁謂絳也。玄謂玄纁者，天地之色以爲祭服。」如此義，則周禮作「⿱穴熏」，淮南作「苑」，皆「纁」之假借。高誘云「順土色」，亦與鄭義相符。纁黃亦曰黃纁，楚辭九歎「遠逝建黃纁之總旄」，注：「黃纁，赤黃也。」又九章思美人「與纁黃以爲期」，雖别一義，亦纁黃連言也。○雙棣按：李、吴説是，注「黃謂登飴之登」，當如王念孫説作「苑讀盌飴之盌」。

〔一〇〕【高注】稷、牛皆屬土也。

【用韻】「旗、牛」之部。

〔一一〕【高注】季夏，中央也。劍有兩刃，諭無所生也，一曰：諭無所主，皆主之也。

【箋釋】莊逵吉云：御覽引作「無所不主」。○吴承仕云：此注作「無所生」也，「生」即「主」字之譌，又奪一「不」字，應據御覽校補。「一曰」以下，則後人校釋之詞，非原注所宜有。○雙棣按：玉燭寶典六引高注：「劍有兩刃，喻無所主。一曰喻無所不主，皆主人。」寶典引是，當據改。

〔一二〕【高注】是月天子朝于中宫。中宫，大室。

【版本】王溥本注「大」作「太」，景宋本、朱本、葉本、集解本同藏本。莊本注無「中宮太室」四字。

【用韻】「水、火」微部，「色、采」職之通韻。

〔一三〕【高注】漁人，掌漁官也。漁，讀相語之語也。蛟、鼉、黿皆魚屬也。鼉皮可以作鼓，詩曰：「鼉鼓逢逢。」黿，可以作羹也。傳曰「楚人獻黿於鄭靈公，靈公不與公子宋黿羹，公子怒，染指於鼎，嘗之而出」是也。皆不害人，易得，故言取。蛟有鱗甲，能害人，難得，故言伐。龜神，可決吉凶，入宗廟，尊之，故言登也。

【版本】藏本注「可以作鼓」上無「皮」字，茅本、汪本、張本、黄本有，今據改，餘本同藏本。莊本、集解本注無兩「可」下「以」字。藏本注「逢逢」作「洋洋」，朱本作「逢逢」，今據改，景宋本、王溥本、葉本、莊本、集解本同藏本。藏本注「言伐」上無「故」字，王溥本、茅本、汪本、張本、吴本、黄本、莊本、集解本有，今據補，餘本同藏本。

【箋釋】莊逵吉云：「鼉鼓洋洋」，詩異本也。古登有升義，三字疏解爲精。○吴承仕云：段玉裁曰：「洋洋當爲韸韸，吕覽注正作韸韸。詩釋文：逢逢，亦作韸韸。」案：朱本正作「逢逢」。本作「洋洋」者，傳寫之譌，莊氏以爲異文，失之。○楊樹達與吴説同，又云：詩大雅靈臺篇云：「鼉鼓逢逢。」作「韸」者，三家詩異文。○于大成云：注「鼉可以作鼓」「鼉」下當有「皮」字。吕覽諭大篇高注云「鼉魚皮可作鼓」，鄭注月令亦云「鼉皮又可以冒鼓」，並有「皮」字。○雙棣按：顧炎武日知録云：「高誘淮南子注引詩鼉鼓逢逢，誤作鼉鼓洋洋。」謂「洋洋」爲誤文而非異文，與吴説同。又注引傳見左傳宣公四年。

〔一四〕【高注】滂人，掌池澤官也。入材葦，供國用也。

【箋釋】俞樾云：池澤之官，不聞謂之滂人，高注非也。「滂人」當作「榜人」。月令「命漁師伐蛟」鄭注曰：「今月令漁師爲榜人。」文選司馬相如子虚賦榜人歌，張揖曰：「榜，船也。月令曰『命榜人』，榜人，船長也。」張所據月令，即鄭君所謂今月令；船長之義，亦必月令舊説也。淮南書用「榜人」字，正本月令。高氏以爲掌池澤官，蓋據月令作「命澤人納材葦」，故云然耳，非「榜人」之本義也。後人因高注「池澤」之文，疑「榜」字從木無義，改「榜」爲「滂」，而古義湮矣。○楊樹達云：俞校改「滂」爲「榜」，與鄭君所稱今月令合，似得其實矣，然「滂、榜」皆非正字也。説文舟部：「舫，船師也。」船師即張揖所謂船長。然則月令假「榜」爲「舫」，淮南書假「滂」爲「舫」，同一假字也，安所見從木者爲合於古義乎？○蔣禮鴻云：此文「漁人」當月令「漁師」，「滂人」當月令「澤人」。今月令漁師作榜人，非澤人作榜人。俞氏乃據與此文上句相當之月令異文以改下句，殊爲鹵莽。今案：吕氏春秋季夏紀作「乃命虞人入材葦」，高氏於彼注云：「虞人，掌山澤之官。材葦，供國用也。」與此文注同，但「山澤、池澤」小異耳。然則「滂人」亦當作「虞人」，「滂、虞」二字形略相似，故轉寫錯誤耳。又材者山之所出，葦者澤之所出，吕覽注作「掌山澤之官」，其義爲長。○雙棣按：月令注「材葦」云：「蒲葦之屬，此時柔刃，可取作器物也。」吕覽、月令下文並云：「乃命虞人入山行木，無或斬伐。」本書亦云：「是月也，樹木方盛，勿敢斬伐。」此月不得斬伐樹木，明「材」字非謂木材明矣，蔣説「材者山之所出」，非是。此注「池澤」是，呂覽注「山」當爲「池」字之誤，許維遹已有説，蔣仍謂「山澤」爲長，尤謬。

〔一五〕【高注】周制，天子地方千里，分爲百縣，縣有四郡，郡有四鄙。故春秋傳言「上大夫受縣，下大夫受郡」。秦初置三十六郡，以監縣耳。此云百縣者，謂周制畿内之縣也。四監，監四郡大夫也。秩，常也，常所當出芻，故聚之用養犧牲也。

【版本】藏本「合」作「令」，茅本作「合」，今據改，各本同藏本。莊本、集解本注無「郡有四鄙」四字，景宋本、王溥本、朱本、茅本、葉本、汪本同藏本。藏本注「上」作「下」，「下」作「上」，莊本、集解本如是，今據改，景宋本、王溥本、朱本、茅本、葉本、汪本同藏本。藏本注「秩常」下無「也常」二字，王溥本、茅本、汪本、張本、黄本、莊本、集解本有，今據補，餘本同藏本。藏本注「出」下無「芻」字，景宋本、茅本、汪本、張本、黄本、莊本、集解本有，今據補，餘本同藏本。張本、黄本、莊本、集解本注無「故」字，餘本同藏本。茅本、汪本、張本、黄本、莊本、集解本注「用」作「以」，餘本同藏本。

【箋釋】楊樹達云：「令」字無義，集證本作「合」，與禮記月令合，是也。高注「聚」字正訓「合」字。○馬宗霍云：呂氏春秋「令」作「合」，月令連上文作「大合」，無「夫」字。依高本注「令」字似當依呂覽作「合」。○于大成云：「大」下「夫」字當衍。高注「四監，監四郡大夫也」，則四監即是大夫，「四監」下不必有「大夫」二字也。注引春秋傳云云，是説郡縣，非説大夫。明高氏所據本無「大夫」二字也。下季冬「乃命四監收秩薪，以供寢廟及百祀之薪燎」，正無「大夫」二字，月令、呂覽同。○雙棣按：注引春秋傳見左傳哀公二年。

〔一六〕【版本】茅本、葉本、莊本、集解本「共」作「供」，餘本同藏本。

〔一七〕【版本】葉本、張本、黄本、莊本「稃」作「桴」，餘本同藏本。

【箋釋】馬宗霍云：説文禾部云：「稃，穭也。」「穭，穅也。」「穅，穀皮也。」此處與「鬻」連文，字當作「粰」，從米不從禾。説文米部雖無「粰」字，廣雅釋器云：「粰，饘也。」則「粰鬻」猶「饘鬻」矣。下文仲秋「行稃鬻飲食」與此同。

〔一八〕【箋釋】莊逵吉云：説文解字「葬」字「從死在茻中。一其中，所以薦之」，此云「厚席蓐」者，蓋言葬義，故下云「以送萬物歸也」。

〔一九〕【高注】婦人能别五色，故染采。白與黑爲黼，青與黑爲黻，黑與赤爲文，赤與白爲章。質，美也。良，善也。

【版本】藏本注「青與黑爲黻」「黑」作「赤」，浙局莊本作「黑」，今據改，餘本同藏本。

【箋釋】于大成云：呂氏春秋注作「婦人善别五色，故命其官，使染采也」。「使」字正釋正文「命」字。此注「故」下疑亦當有「使」字。○何寧云：注當作「青與赤爲文」。周禮考工記畫繢：「青與赤謂之文，赤與白謂之章，白與黑謂之黼，黑與青謂之黻」。此高注所本。又周禮天官典絲鄭注：「青與赤謂之文。」皆其證。○雙棣按：説文：「黻，黑與青相次文。」詩秦風終南毛傳、周禮天官縫人鄭箋並云：「黑與青謂之黻。」高注「青與赤爲黻」，「赤」當爲「黑」字之誤。説林篇「黼黻之美」高注誤與此同。

〔二〇〕【高注】宣，徧也。明，鮮明也。

【用韻】「采、黑、服」之職通韻，「章、良、明」陽部。

〔二一〕【高注】殃，罰。

【用韻】「兵、殃」陽部。

〔二二〕【高注】是月大暑，土潤溽，濕重也。又有時雨，可以殺草爲糞，美土疆。疆，土分畔者也。

【版本】藏本「疆」作「壃」，景宋本、張本、莊本、集解本作「疆」，今據改，餘本同藏本。藏本注「溽」下有「暑」字，景宋本無，今據刪，餘本同藏本。藏本注無「雨」字，王溥本、朱本（「時雨」倒作「雨時」）、莊本、集解本有，今據補，景宋本、葉本同藏本。藏本注「疆」字不重，景宋本、王溥本、朱本、集解本重，今據補，葉本、莊本同藏本。

【箋釋】馬宗霍云：呂氏春秋、月令「肥」並作「美」，高注本文訓「肥」爲「美」，本彼文也。孔穎達月令疏引蔡邕月令章句云：「穀田曰田，麻田曰疇。」可補高所未注。○于大成云：注「暑」當爲「而」，涉正文而衍也。呂覽注正作「而」。正文「暑」字亦是衍文，月令、呂覽並衍。孫希旦、俞樾有説。○何寧云：注「疆」下衍「土」字，説文：「畺，界也。或从彊土。」界通介。「介」以形似誤爲「分」。楚辭哀郢「悲江介之遺風」，王注：「介，一作界。」補注：「薛君韓詩章句曰：介，皆也。」呂氏春秋季夏紀正作「界畔」。

〔二三〕【高注】春木王，木性墮落，陽發多風，而行其令，故穀實解落，民疾病風，欬嗽上氣，像春陽布散，民遷徙者也。

【用韻】「行、疆」陽部。

【版本】藏本脱「國」字，今據呂覽、月令補，各本同藏本。莊本、集解本注「像」作「象」，景宋本、王溥本、朱本、葉本同藏本。

【箋釋】陳昌齊云：「多」上據呂覽及月令並有「國」字。○雙棣按：陳説是，上下文皆四字爲句，此獨三字，明是脱去一字。

〔二四〕【高注】丘，高也。隰，卑也。言高下皆有水潦，故殺稼令不熟也。陰氣過差，故多女災。女災，生子不育也。

【版本】集解本「穡」誤爲「牆」。莊本、集解本「熟」作「孰」。

【箋釋】莊逵吉云：女災，鄭康成以爲「敗任」，是即生子不育之義也。

〔二五〕【高注】冬陰肅殺而行其令，故寒風不節，鷹隼蚤摯擊，四界之民皆入城郭自保守也。

【版本】莊本注「自保守」作「保聚」。

【箋釋】吴承仕云：記月令字作「鷙」。釋文云：「音至，亦作鷙，擊也。」詩常武「如飛如翰」，傳曰：「摯如翰。」正義曰：「摯，擊也。」此注亦訓摯爲擊。文當作「摯，擊也」，傳寫誤奪一「摯」字。

○馬宗霍云：吕氏春秋、月令「摯」並作「鷙」。高注訓本文「摯」爲「擊」。案説文手部云：「摯，握持也。」無擊義。鳥部云：「鷙，擊殺鳥也。」則本文當依吕覽、月令作「鷙」爲正，作「摯」，假借字也。禮記儒行篇「鷙蟲攫搏不程勇者」，陸德明釋文云：「鷙與摯同。」左傳僖公二十六年「熊摯」，史記三代世家作「熊鷙」，皆二字通用之證。

〔二六〕【高注】六月植稼成熟，故官少内也。梓説未聞也。

孟秋之月，招摇指申，昏斗中，旦畢中〔一〕。其位西方，其日庚辛，盛德在金〔二〕，其蟲毛，其音商〔三〕，律中夷則，其數九〔四〕，其味辛，其臭腥〔五〕，其祀門，祭先肝〔六〕。涼風至，白露降，寒蟬鳴〔七〕，鷹乃祭鳥，用始行戮〔八〕。天子衣白衣，乘白駱，服白玉，建白旗〔九〕，食麻與犬，服八風水，爨柘燧火，西宮御女白色，衣白采，撞白鍾〔一〇〕，其兵戈〔一一〕，其畜狗，朝于總章左个，以出秋令〔一二〕。求不孝不悌，戮暴傲悍而罰之，以助損氣〔一三〕。

立秋之日，天子親率三公九卿大夫，以迎歲于西郊〔一四〕，還，乃賞軍率武人於朝〔一五〕。命將率，選卒厲兵，簡練桀俊，專任有功，以征不義，詰誅暴慢，順彼四方〔一六〕。命有司，修法制，繕囹圄，禁姦塞邪，審決獄，平詞訟〔一七〕。天地始肅，不可以贏〔一八〕。是月農始升穀，天子嘗新，先薦寢廟〔一九〕。命百官，始收斂〔二〇〕，完隄防，謹障塞，以備水潦，修城郭，繕宮室〔二一〕，毋以封侯、立大官、行重幣、出大使〔二二〕。

行是月令，涼風至三旬。

孟秋行冬令，則陰氣大勝，介蟲敗穀，戎兵乃來〔二三〕；行春令，則其國乃旱，陽氣復還，五穀無實〔二四〕；行夏令，則冬多火災，寒暑不節，民多瘧疾〔二五〕。

七月官庫，其樹楝〔二六〕。

校釋

〔一〕【高注】斗，北方玄武之宿，是月昏時中於南方。畢，西方白虎之宿，是月平旦時中於南方也。

〔二〕【高注】少皞之神治西方也。庚辛，金日也。盛德在金，金王西方也。【版本】藏本注脱「日」字，集解本有，今據補，景宋本、王溥本、朱本、茅本、葉本、汪本、張本、莊本同藏本。

〔三〕【高注】金氣寒，蠃者衣毛。毛蟲，虎爲之長。商，金也，位在西方。【版本】莊本、集解本注「蠃」作「倮」，景宋本、朱本、茅本、葉本、汪本同藏本。

〔四〕【高注】夷，傷也。則，法也。是月陽衰陰盛，萬物凋傷，應法成性，故曰夷則也。其數九，五行數五，金第四，故曰九也。

〔五〕【高注】金味辛也，金臭腥也。

【箋釋】陶方琦云：五行大義三引許注：「未熟之氣腥也，西方金之氣象此。味辛者，味得辛乃萎殺也。」按：元命苞云：「陰害，故辛；殺義，故辛。刺陰氣使然也。」

〔六〕【高注】孟秋始内，入由門，故祀門也。肝，木也。祭祀之，用所勝也。一曰：肝金，自用其藏也。

【版本】莊本、集解本注「祭」下「祀」字作「先」，景宋本、王溥本、朱本、茅本、葉本、汪本同藏本。藏本注「金」上有「沈」字，茅本、汪本無，今據删，景宋本、王溥本、朱本、葉本、莊本、集解本同藏本。

【箋釋】雙棣按：吕氏春秋注：「肝，木也，祭祀之肉用其勝。」據彼則此注「祭祀之」下亦當有「肉」字。

〔七〕【箋釋】吴承仕云：御覽九百四十四引有注云：「寒蟬，青蟬也。蟲，陰類，感氣鳴也。」案：吕氏春秋孟秋紀注云：「寒蟬得寒氣，鼓翼而鳴，時候應也。」義與此同。疑御覽所引，乃高注之佚文。

〔八〕【高注】是月鷹搏鷙，殺鳥於大澤之中，四面陳之，世謂之祭鳥。用是時，乃始行殺戮刑罰，順秋氣也。

【箋釋】雙棣按：用，猶以也；以，而也。用始行戮，而始行殺戮刑罰之事也。月令同此，鄭注云「若人君行刑，戮之而已」。吕氏春秋作「始用刑戮」，「始用」誤倒，「行」又誤作「刑」。

〔九〕【高注】白，順金色也。白馬黑毛曰駱也。

【箋釋】莊逵吉云：黑毛之毛讀曰旄，謂尾及鬛也。爾雅曰：「白馬黑鬛，駱。」

〔一〇〕【高注】金王西，故處西宮也。

【箋釋】王念孫云：「白鍾」之「白」，因上文而衍。春鼓琴瑟，夏吹竽笙，秋撞鍾，冬擊磬石，「鍾」上不宜有「白」字。而北堂書鈔歲時部二、藝文類聚歲時部上、太平御覽時序部九，引此皆有「白」字，則其誤久矣。○王紹蘭云：「白鐘」之「白」非衍文。春言鼓琴瑟，夏言吹竽笙，冬言擊磬石，皆三字爲句。若此文無「白」字，但言撞鐘，則句法參差，非其例矣。且石即磬也，「磬」下加「石」以足句，猶「鐘」上加「白」以足句耳。管子五行篇：「昔者黃帝以其緩急作五聲，以政五鐘。令其五鐘，一曰青鐘大音，二曰赤鐘大心，三曰黃鐘灑光，四曰景鐘昧未明，五曰黑鐘隱其常。」「景鐘」與「青鐘、赤鐘、黃鐘、黑鐘」並列，則「白鐘」即「景鐘」也。說文：「顥，白貌。從頁，從景。」是景爲白之證。○劉文典云：王紹蘭說是也。本篇「撞白鍾」句凡三見，豈得盡爲衍文？○吳承仕云：注文當作「金王西方」，孟春月注：「春王東方，故處東宮。」孟冬月注：「水王北方，故處北宮。」文例正同。○王叔岷云：吳說是也。玉燭寶典七引正作「金王西方」。○于大成云：類書引此，自雜志所引外，別見書鈔禮儀部七（卷八十六）、御覽皇親部十一（卷一百四十五）、樂部十三（卷五百七十五）及事類賦注五，並有「白」字，「白」字不當盡爲衍文，雜志說非是。

〔一一〕【箋釋】王念孫云：「戈」當爲「戉」，字之誤也。說文：「戉，大斧也。從戈，乚聲。（乚音厥。）司馬法曰：『夏執玄戉，殷執白戚，周左杖黄戉，右把白髦。』」徐鍇曰：「今作鉞。」（説文：「鉞，車鑾聲也。從金，戉聲。詩曰：『鑾聲鉞鉞。』」今詩作噦。）藝文類聚、太平御覽引此，並作「其兵鉞」，是其證也。四時之兵，春用矛，夏用戟，季夏用劍，秋用戉，冬用鎩。五者皆不同類。戈與戟同類，夏用戟，則秋不用戈矣。莊二十五年穀梁傳：「天子救日，陳五兵。」徐邈曰：「矛在東，戟在南，鉞在西，楯在北，弓矢在中央。」彼言「鉞在西」，正與此「秋用戉」同義。又案：説文引司馬法作「戉」，今經傳皆作「鉞」，未必非後人所改，此「戉」字若不誤爲「戈」，則後人亦必改爲「鉞」矣。（史記周本紀「斬此玄鉞」，太平御覽皇親部一引作「玄戈」，「戈」亦「戉」之誤。）○陳昌齊與王説同。○劉文典云：顔師古匡謬正俗云：「黄帝素問及淮南子等諸書説五方之兵，東方其兵矛，南方其兵弩，中央其兵劍，西方其兵戈，北方其兵鎩。」是小顔所見本正作「其兵戈」。御覽引作「鉞」，蓋襲藝文類聚耳。○于大成云：王説是矣而未盡，劉説非也。「戈」之與「戉」，乃高、許二本之不同也。藝文類聚、太平御覽引作「鉞」，事類賦五引同，知「鉞」必非誤字。匡謬正俗引此文作「戈」，「戈」字亦非誤字。考上孟夏月「其兵戟」高注云：「戟或作弩也。」永樂大典八二七五引彼文正作「弩」，是南方一本作「弩」，與小顔所見本合也。南方用弩，故此西方用戈，二者不同類。今本南方用戟，則此西方必不得用同類之戈，自當從藝文類聚、太平御覽、事類賦注引作「用戉」。周禮鞮鞻氏疏引孝經鉤命決云：「東夷之樂曰靺，持矛，助時成；南夷之樂曰任，持弓，助時養；西夷之樂曰侏離，持鉞，助時殺；北夷之樂曰禁，持楯，助時藏。」其「西方鉞」之文正與藝文類聚諸書所引淮南合。今本既爲高注，則高本當作「東方矛、南方戟、中央劍、西方戉、北方鎩」。高氏所謂或本，即是許本，則許本自作「東方矛，南方弩，中央劍，西方戈、北方鎩」。二本不同，而各有當。王氏校今高本，今本此文自當作「其兵戉」。劉氏執顔引許本以校高本，而不悟彼「南方用弩」之與此「用戟」不同，則西方之「用戉」、「用戈」亦當有不同。

〔二〕【高注】總章，西向堂也。西方總成萬物而章明之，故曰總章。左个，南頭室也。居是室，行是月之令。狗，金畜也。

【用韻】「水、火」微部，「色、采」職之通韻。

〔三〕【高注】損氣，陰氣。

【箋釋】易順鼎云：一切經音義卷六十七引許注：「傲，慢也。」○馬宗霍云：「戮暴」連文，戮猶暴也。吕氏春秋貴因篇「讒慝勝良命曰戮」，高誘彼注云：「戮，暴也。」是其證。「戮」通作「勠」，説文力部云：「勠，并力也。」由并力之義引申之，故得訓暴。

【用韻】「罰、氣」月物合韻。

〔四〕【高注】西郊，九里之外郊也。

【版本】藏本「歲」作「秋」，王鎣本作「歲」，今據改，餘本同藏本。藏本注「九」誤作「也」，景宋本、莊本、集解本作「九」，今據改，葉本同藏本。

【箋釋】王念孫云：「迎秋」本作「迎歲」，後人依月令改之耳。上文孟春、孟夏及下文孟冬並作

「迎歲」，高注曰：「迎歲，迎春也。」又曰：「迎歲，迎夏也。」則此亦當云：「迎歲，迎秋也。」後人既改「迎歲」爲「迎秋」，又删去高注，斯爲妄矣。○陶方琦云：魏書五十五劉芳傳、北史四十二引許注：「西郊，九里郊也。」按：劉芳傳引賈逵曰：「西郊，金帝少昊，九里。」盧植云：「西郊，九里。」許、高並用先師舊訓，故同。○鄭良樹云：劉本「迎秋」正作「迎歲」。○于大成云：王鎣本亦作「迎歲」，王本出於劉績本。○何寧云：注「九里之外郊」，呂氏春秋高注及魏書、北史劉芳傳引無「外」字。○雙棣按：王溥刻劉績補注本作「秋」不作「歲」，鄭氏失檢。王鎣本作「歲」，今改。

〔一五〕【高注】軍率，軍將也。武人，武勇立功名者也。

【版本】藏本注「武人武勇立功名者也」作「武勇者功名也」，今據王溥本改，景宋本作「武勇有功名也」，朱本作「武勇立功名者也」，茅本、葉本、汪本、莊本、集解本同藏本。

【箋釋】吴承仕云：朱本注作「武勇立功名者也」。案：文當作「武人，武勇立功名者也」。朱本有奪文，莊本尤非。○楊樹達云：説文行部云：「衛，將衛也。從行，率聲。」率乃衛之省字。○雙棣按：吴説是，王溥本正作「武人，武勇立功名者也」，今改正。月令「賞軍帥武人於朝」鄭玄注：「武人，謂環人之屬，有勇力者。」又按：涵芬樓影印道藏本注「軍將也」之「也」字作「邑」，白雲觀所藏道藏本作「也」不誤。涵芬樓云影印白雲觀道藏，如何有異？

【用韻】「郊、朝」宵部。

〔一六〕【高注】順，循也。四方，天下也。

【箋釋】于鬯云：高注「順，循也」，月令鄭注云：「順，猶服也。」竊謂皆未是也。呂氏春秋孟秋紀作「巡彼遠方」，「順」即當讀爲「巡」，「巡、順」並諧川聲，假借之通例也。○馬宗霍云：呂覽、月令「四方」並作「遠方」。説文彳部循訓「行順」，白虎通巡狩篇「巡者循也」，則知「順」猶「巡」也。

【用韻】「兵、功、方」陽東合韻。

〔一七〕【高注】決，斷也。平，治也。

【用韻】「圄、邪」魚部。

〔一八〕【高注】肅，殺也。殺氣始行也。贏，盛也。故曰不可也。

【用韻】「訟、贏」東耕合韻。

〔一九〕【高注】升，成。薦，進也。

〔二〇〕【高注】孟秋始内也。

【版本】景宋本、莊本、集解本「歛」作「斂」，餘本同藏本。

【箋釋】雙棣按：「内、納」古今字。

〔二一〕【高注】是月「月麗于畢，俾滂沱矣」，故備水潦也。

【箋釋】雙棣按：注引詩見小雅漸漸之石。今本詩「麗」作「離」。

〔二二〕【高注】封侯，列土封邑也。大官，九命之爵也。重幣，金帛之幣也。大使，命卿使之。金氣收斂，皆所不宜行也。故言毋也。

【版本】藏本「大」作「太」，景宋本、茅本、張本、黄本、莊本、集解本作「大」，今據改，餘本同藏本。景宋本、莊本、集解本注「斂」作「歛」，王溥本、朱本、茅本同藏本。藏本注「所」作「近」，景宋本、莊本、集解本作「所」，今據改，王溥本、朱本作「禁」，茅本、葉本、汪本同藏本。茅本、莊本注無「故言毋也」四字。

【箋釋】雙棣按：此注原在下文「涼風至三旬」下，據注義及注例移至此。吕覽注亦在「出大使」下。

〔二三〕【高注】孟秋，陰也。復行冬水王之令，故陰氣勝也，其介蟲敗穀也。陰氣并，故戎兵來也。

〔二四〕【高注】春陽亢燥而行其令，故旱也。陽氣還者，此月涼風，而反行温風之令，故敗穀，令無實也。

〔二五〕【高注】夏火王而行其令，故多火災。寒暑相干，故不節，使瘧疾。瘧疾，寒暑所生也。

【版本】茅本、汪本、張本、莊本、集解本注「使」作「多」，景宋本、王溥本、朱本、葉本同藏本。

【箋釋】陶鴻慶云：高注云「夏火王而行其令，故多火災」，似高所見本無「冬」字，吕氏春秋孟秋紀作「則多水災」，禮記月令作「國多火災」，皆不言「冬」。○吴承仕云：朱本注「多瘧疾」作「使瘧疾」。案：文當作「使民多瘧疾」。孟秋紀注云：「使民病瘧疾。」文異而意略同。○馬宗霍與陶説同。

【用韻】「實、節、疾」質部。

〔二六〕【高注】庫，兵府也。秋節整兵，故官庫也。其樹楝，楝實，鳳凰所食也。今雒城旁有樹，楝實秋熟，故其樹楝也。楝讀練染之練也。

【版本】藏本正文及注「楝」作「棟」，茅本、莊本、集解本作「楝」，今據改，景宋本、王溥本、朱本、吴本同藏本。

【箋釋】吴承仕云：玉燭寶典引此注云：「今雒城旁有楝樹，實秋熟，故其樹楝。」文句比順，今本誤倒，應據正。

仲秋之月，招摇指酉，昏牽牛中，旦觜巂中〔一〕。其位西方，其日庚辛，其蟲毛，其音商，律中南吕，其數九〔二〕，其味辛，其臭腥，其祀門，祭先肝。涼風至〔三〕，候鴈來，玄鳥歸，群鳥翔〔四〕。天子衣白衣，乘白駱，服白玉，建白旗，食麻與犬，服八風水，爨柘燧火，西宫御女白色，衣白采，撞白鍾，其兵戈，其畜犬，朝于總章太廟〔五〕。

命有司，申嚴百刑，斬殺必當，無或枉撓〔六〕，決獄不當，反受其殃〔七〕。是月也，養長老〔八〕，授几杖，行稃鬻飲食。乃命宰祝，行犧牲，案芻豢〔九〕，視肥臞全粹〔一〇〕，察物色，課比類〔一一〕，量小大，視少長，莫不中度。天子乃儺，以御秋氣〔一二〕。以犬嘗麻，先薦寢廟〔一三〕。是月可以築城郭，建都邑〔一四〕，穿竇窖，修囷倉〔一五〕。乃命有司，趣民收斂畜采〔一六〕，多積聚，勸種宿麥，若或失時，行罪無疑〔一七〕。是月也，雷乃始收〔一八〕，蟄蟲培戶〔一九〕，殺氣浸盛，陽氣日衰，水始涸〔二〇〕。日夜分，一度量，平權衡，正鈞石，角斗稱，理關市，來商旅〔二一〕，入貨財，以便民事〔二二〕。四方來集，遠鄉皆至〔二三〕，財物不匱，上無乏用，百事乃遂〔二四〕。

仲秋行春令，則秋雨不降，草木生榮，國有大恐〔二五〕；行夏令，則其國乃旱，蟄蟲不藏，五穀皆復生〔二六〕；行冬令，則風災數起，收雷先行，草木早死〔二七〕。

八月官尉，其樹柘〔二八〕。

校　釋

〔一〕【高注】牽牛，北方玄武之宿也，是月昏時中於南方。觜巂，西方白虎之宿也，是月平旦時中於南方也。

【版本】藏本注前「也是」倒，今據景宋本乙正，王溥本、朱本、葉本同藏本，莊本、集解本無「也」字。

〔二〕【高注】南，任也。言陽氣呂旅而志助陰，陰任成萬物也。

【版本】藏本注有「庚辛金日也」五字，莊本、集解本無，今據刪，景宋本、王溥本、朱本、茅本、葉本、汪本同藏本。

【箋釋】雙棣按：高誘於「其日某某」，僅於孟月作注，唯此仲秋有注「庚辛，金日也」，恐爲傳刻誤衍。呂氏春秋十二月紀亦僅於孟月作注，當與淮南注同。

〔三〕【箋釋】馬宗霍云：涼風至，呂氏春秋仲秋紀「至」作「生」，月令作「盲風至」。鄭玄注云：「盲風，疾風也。」孫星衍呂氏春秋校記云：「孟秋已云涼風至，此何又云涼風生，應從記。」依孫説，則淮南本文亦當同。初學記三引蔡邕月令章句云：「仲秋白露節，盲風至，秦人謂蓼風爲盲風。」此又足廣鄭義。○金其源云：竊謂不必從記，蓋周禮太卜「七日至」注：「至謂至否也。」莊子外物篇「跈則衆害生」注：「生，起也。」左傳昭二十六年「王起師於滑」注：「起，發也。」則「至」謂至否未然之詞，「生」謂起發已然之詞，「生」與「至」有别故也。記文「盲風至」者，盲風，疾風，甚於涼風。盲風之於仲秋，猶涼風之於孟秋，皆在未必之列，故亦以至否言之也。○雙棣按：淮南孟秋、仲秋皆言「涼風至」，定有譌字，呂覽仲秋紀作「生」，金氏已辯「至、生」之别；淮南多據呂覽，似此「至」亦當作「生」，「生、至」形近易誤。

〔四〕【高注】候時之鴈從北漠中來，過周、雒，南至彭蠡也。玄鳥歸，秋分後歸蟄所也。群鳥翔，寒氣至，群鳥肥盛，試其羽翼而高翔。翔者，六翮不動也。或作養，養育其羽毛也。

【版本】藏本注「候時」作「時候」，張本、黄本、莊本、集解本作「候時」，今據乙，餘本同藏本。

【箋釋】莊逵吉云：諸家釋翔，皆曰「回飛」，唯高氏以爲「大飛不動」，亦曰「六翮不動」，又曰「翼一上一下曰翔」，義更精。○沈濤云：呂氏春秋紀作「羣鳥養羞」，高氏彼注曰：「寒氣將至，羣鳥養進其毛羽御寒也。」雖訓「羞」爲「進」，與禮記鄭注訓爲「所食者」不同，而其爲「養羞」則同，疑淮南注本作「或作養羞，養進其羽毛也」，淺人不知羞有「進」義，遂刪去「羞」字，改「進」爲「育」耳。又淮南注許、高二家每相亂，恐作「翔」者爲許慎本。○于省吾云：禮注「養，食」既不詞，吕注「養，進」亦不詞，且於「養進」下必須增「羽毛」二字，尤爲望文演訓。疑淮南所據本是也。「養」與「翔」並諧羊聲，（説文養從食羊聲。）作「養」者「翔」之假字耳。秋高鳥飛，故曰群鳥翔。月令、吕氏春秋作「養羞」者，「養」與「羞」古文相似，説文古文「養」作「𢼊」，金文「羞」字作「𢼊」，「羞」字涉旁注而誤入正文耳。○沈延國云：沈説是也。逸周書、吕氏春秋、禮記月令並作「羣鳥養羞」。淮南或本亦當作「羣鳥養羞」。○雙棣按：莊謂「高氏又曰翼一上一下曰翔，義更精」。尋高氏吕覽、淮南注，無謂「翼一上一下曰翔」者。高注原道篇曰「大飛不動曰翔」，注俶真篇曰「直刺不動曰翔」，注覽冥篇曰「翼不搖曰翔」，此注「翔者，六翮不動也」。翔之特點在於翼不動。莊所謂翼一上一下之義，當屬之翱。高注俶真篇曰「翼上下曰翱」，注覽冥篇曰「翼一上一下曰翱」。莊氏誤將「翱」義屬之「翔」，失之。

〔五〕【高注】總章，西向堂也。太廟，中央室也。

【用韻】「水、火」微部，「色、采」職之通韻。

〔六〕【高注】枉，曲也。撓，弱也。言平直也。

【版本】王溥本「撓」作「橈」，餘本同藏本。

【箋釋】于大成云：説文木部「橈，曲木也。从木，堯聲」，又説文「枉、橈」二篆相連，許君並用淮南文也。劉本正作「橈」，與説文合。月令、吕覽並作「橈」。○雙棣按：橈、撓字通，不必改字。

〔七〕【高注】反，還。

【用韻】「當、當、殃」陽部。

〔八〕【箋釋】馬宗霍云：養長老，吕氏春秋、禮記月令並作「養衰老」。高氏本文無注。吕覽注云：「陰氣發，老年衰，故共養之。」似作「衰老」爲是。「衰」、「長」二字形近，疑傳寫之異。

〔九〕【高注】草養曰芻，穀養曰豢。案其簿書閲視之。豢，讀宦學之宦。

【版本】藏本注「視」作「租」，朱本作「視」，今據改，餘本同藏本。

【箋釋】吴承仕云：朱本注「閲租」作「閲視」，案：閲視是也，「租」即「視」字之壞。下文「案度程」，注云：「案，視也。」是其證。

〔一〇〕【高注】全，無虧缺也。粹，毛色純也。粹，讀禍祟之祟也。

〔一一〕【箋釋】馬宗霍云：吕氏春秋、月令「課」並作「必」。高氏於「比類」二字無注，孔穎達月令疏云：「已行故事曰比，品物相隨曰類。」可補高注。○雙棣按：高氏注吕覽云：「物，毛也。」可補此注。

〔一二〕【高注】儺，猶除也。御，止也。止秋氣不使爲害也。儺，讀躁難之難。氣或作兵也。

【箋釋】雙棣按：吕氏春秋仲秋作「天子乃儺，禦佐疾，以通秋氣」。陳奇猷謂「禦」上脱「以」字，文氣不貫。又云：「淮南時則訓作『以御秋氣』，注云：『御，止也。』本月係仲秋，正爲秋氣方盛之時，豈有止秋氣之理？明淮南當作『以御佐疾，以通秋氣』，中脱『佐疾以通』四字。淮南『御』上有『以』字，又可證吕氏此文之脱。」按：陳説是，當據以訂本文。

〔一三〕【版本】藏本缺「嘗」字，景宋本、王溥本、王鎣本、朱本、吴本、莊本、集解本不缺，今據補，餘本同藏本。

〔一四〕【高注】國有先君之宗廟曰都，無曰邑。都曰城，邑曰築。

【箋釋】陳昌齊云：「是月」下，據吕覽仲秋紀有「也」字。

〔一五〕【高注】穿竇，所以通水，不欲地濕也。穿窖，可以盛穀也。窖，讀窖藏人物之窖也。

【版本】莊本、集解本注「可」作「所」，景宋本、王溥本、朱本、茅本、葉本、汪本同藏本。

【箋釋】吴承仕云：「窖藏人物」，語不可通。疑當作「窖，讀人窖藏物之窖」。○黄侃云：「窖藏人物」當是律文，與「入人室宅廬舍」、「上人車船」立文同。○于大成云：「可以盛穀」，「可」當爲「所」，以與上句「所以通水」一律。吕覽注正作「所」。

〔一六〕【箋釋】雙棣按：「畜采」，吕氏春秋作「蓄菜」，月令作「畜菜」。高氏彼注云：「蓄菜，乾苴之屬也。」「畜」與「蓄」通，「采」與「菜」通。睡虎地秦墓竹簡秦律傳食律云：「御使卒人使者，食粺米半斗，醬駟（四）分升之，采羹，給之韭葱。」亦以「采」通「菜」。

〔一七〕【箋釋】王叔岷云：吕氏春秋仲秋紀作「無或失時，行罪無疑」，月令作「毋或失時，其有失時，行罪無疑」。此文「若或失時」疑本作「無或失時」，「時」下更有「其有失時」四字。蓋由後人不知

「時」下有脱文，乃妄改「無」爲「若」耳。吕氏春秋「無」字不誤，亦脱「其有失時」四字。○于大成云：「宿麥」之名，早見於淮南，而高氏無注。漢書武帝紀元狩三年云「遣謁者勸有水災郡種宿麥」，師古注「秋冬種之，經歲乃熟，故云宿麥」，後漢書孝安帝紀延平元年「冬十月，四州大水雨雹，詔以宿麥不下，賑賜貧人」，章懷注「宿，舊也。麥必經年而熟，故稱宿」。

【用韻】「司、采、麥、時、疑」之職通韻。

〔一八〕【箋釋】馬宗霍云：雷乃始收，吕氏春秋「收」下有「聲」字，月令「始」上無「乃」字，「收」下亦有「聲」字。王引之謂「古文多以『乃始』二字連文」。初學記歲時部及周官韗人疏引月令皆作「雷乃始收」。則與淮南本文正合。

〔一九〕【箋釋】于省吾云：「培」應讀作「附」。「培、附」音近相假。左襄二十四年傳「部婁無松柏」，風俗通山澤篇作「培塿無松柏」，説文𨸏部：「附婁，小土山也。」「部、培、附」一聲之轉。「培户」即「附户」。吕氏春秋仲秋紀作「蟄蟲俯户」，「俯」亦「附」之借字。彼注云「俯近其所蟄之户」，「俯近」即「附近」，尤其明證矣。○雙棣按：「培」不必讀如「附」。培即今培土之義。禮記中庸：「故栽者培之。」鄭注：「培，益也。」喪服四制：「墳墓不培。」吕氏春秋辯土：「穫有熟也，必務其培。」此「培户」之「户」謂蟄蟲洞穴之開口。禮記月令作「坏户」，鄭注：「坏，益也。蟄蟲益户，謂稍小之也。」「坏」與「培」音近義通。

〔二〇〕【高注】涸，凝竭。涸或作盛。盛言陰勝也。

【用韻】「户、涸」魚鐸通韻。

〔二一〕【高注】理，通也。

【箋釋】馬宗霍云：「理關市」，吕氏春秋、月令「理」並作「易」，孔穎達月令疏云：「關市之處，輕其賦税，不爲節礙，是易關市也。」不爲節礙即通也，則「理」猶「易」也。○陳奇猷云：孟子盡心「易其田疇」，趙注：「易，治也。」廣雅釋詁：「理，治也。」則易與理同義。吕覽作「易」，淮南作「理」，其義一也。

〔二二〕【用韻】「量、衡、稱」陽蒸合韻，「市、財、事」之部。

〔二三〕【版本】藏本「鄉」作「方」，景宋本作「鄉」，今據改，餘本同藏本。

【箋釋】馬宗霍云：「來集」，月令同，吕氏春秋作「來褋」，「集、褋」二字古通用。「遠方」，吕氏春秋、月令並作「遠鄉」。上文既言「四方」，則下文不當重出「方」字，似以作「遠鄉」爲是。○王叔岷、何寧與馬説同，謂作「鄉」爲是。

〔二四〕【高注】遂，成也。

【用韻】「匱、遂」物部。

〔二五〕【高注】春陽氣，而行其令，故雨不降。又温煦之仁，故草木生榮華也。氣相干，必有災咎，故國大惶恐。

【用韻】「降、恐」冬東合韻。

〔二六〕【高注】行炎陽之令，故旱涸。氣熱，故蟄蟲不藏，使五穀復生。

【箋釋】雙棣按：「皆」字疑衍，上下文四字爲句，此不得獨爲五字。高注「使五穀復生」亦不言「皆」字。吕氏春秋、月令均無「皆」字。

【用韻】「藏、生」陽耕合韻。

〔二七〕【高注】行冬寒氣激之令，故有風災。又冬閉藏，故收雷先行，草木早死也。

【版本】汪本、張本、黄本、莊本、集解本「早」作「蚤」，莊本、集解本注亦作「蚤」。藏本注「行冬」誤「冬行」，莊本、集解本作「行冬」，今據乙，景宋本、王溥本、朱本、茅本、葉本、汪本同藏本。

【用韻】「起、死」之脂合韻。

〔二八〕【高注】尉，戎官也。是月治兵，故官尉。傳曰：「羊舌大夫爲中軍尉。」柘説未聞也。

【版本】藏本注「戎」誤「成」，王溥本、朱本、張本、黄本、莊本、集解本作「戎」，今據改，餘本同藏本。

【箋釋】雙棣按：注引傳曰見左傳閔公二年。今本作「羊舌大夫爲尉」。

季秋之月，招摇指戌，昬虚中，旦柳中〔一〕。其位西方，其日庚辛，其蟲毛，其音商，律中無射〔二〕，其數九，其味辛，其臭腥，其祀門，祭先肝。候鴈來，賓雀入大水爲蛤〔三〕，菊有黄華，豺乃祭獸戮禽〔四〕。天子衣白衣，乘白駱，服白玉，建白旗，食麻與犬，服八風水，爨柘燧火，西宫御女白色，衣白采，撞白鍾，其兵戈，其畜犬，朝于總章右个〔五〕。

命有司，申嚴號令，百官貴賤，無不務入〔六〕，以會天地之藏，無有宣出。乃命冢宰，農事備收，舉五穀之要〔七〕，藏帝籍之收於神倉〔八〕。是月也，霜始降，百工休〔九〕，乃命有司曰：寒氣總至，民力不堪，其皆入室〔一〇〕。上丁，入學習吹，大饗帝，嘗犧牲，合諸侯，制百縣〔一一〕，爲來歲受朔日，與諸侯所税於民，輕重之法，貢職之數，以遠近土地所宜爲度〔一二〕。乃教於田獵，以習五戎〔一三〕。命太僕及七騶咸駕，戴荏〔一四〕，授車以級，皆正設于屏外〔一五〕。司徒搢朴，北嚮以贊之〔一六〕。天子乃厲服廣飾，執弓操矢以獵〔一七〕。命主祠，祭禽四方〔一八〕。是月草木黄落，乃伐薪爲炭。蟄蟲咸俛，乃趨獄刑，無留有罪〔一九〕。收禄秩之不當、供養之不宜者〔二〇〕。通路除道，從境始，至國而后已〔二一〕。是月天子乃以犬嘗麻，先薦寢廟〔二二〕。

季秋行夏令，則其國大水，冬藏殃敗，民多鼽窒〔二三〕；行冬令，則國多盜賊，邊境不寧，土地分裂〔二四〕；行春令，則煖風來至，民氣解隋，師旅並興〔二五〕。

九月官候，其樹槐〔二六〕。

校釋

〔一〕【高注】虚，北方玄武之宿，是月昏時中於南方。柳，南方朱雀之宿也，是月平旦中於南方也。

〔二〕【高注】陰氣上升，陽氣下降，萬物隨陽而藏，無射出見也。

〔三〕【高注】是月候時之鴈從北漠中來，南之彭蠡。蓋以爲八月來者，其父母也；是月來者，蓋其子也。羽翼稚弱，故在後耳。賓雀者，老雀也，栖宿人家堂宇之間，如賓客者也，故謂之賓。大水，海水也。傳曰「雀入海爲蛤」也。

【版本】藏本注「候時」作「時候」，景宋本、王溥本、朱本、莊本、集解本同藏本，茅本、張本、黄本注文有删節。此據吕氏春秋季秋高誘注作「候時」改。藏本注「八月」下無「來」字，莊本、集解本有，今據補，景宋本、王溥本、朱本、葉本同藏本。莊本、集解本注「稚」作「穉」，「耳」作「爾」，「人」下無「家」字，景宋本、王溥本、朱本、葉本同藏本。

【箋釋】陶方琦云：御覽九百四十一引許注：「雀，依屋之雀，本飛鳥也。隨陽下臧，故爲蛤。」按：二注文義俱異。高作「賓雀」，與注吕覽同。（禮記釋文言，高誘注吕氏春秋作「賓雀」，與月令異。）今月令鄭注：「來賓，言其客止未去。」屬上鴻雁解，與許合也。説文：「雀，依人小鳥也。」故注淮南亦曰「依屋之雀，本飛鳥」。（「本」疑是「小」字。）○金其源云：高注以「來」字爲句，賓雀爲老雀，吕覽季秋紀同。禮月令鄭注則以「賓」字爲句，謂仲秋先至者爲主，季秋後至者爲賓。説有不同。依汲塚周書時訓解云「寒露之日鴻雁來賓」，又「五日爵入大水化爲蛤」，則鄭説爲有據。○吕傳元云：宋本、藏本「人」下有「家」是，如此語義方足。○于大成云：國語十五晉語趙簡子歎曰「雀入于海爲蛤，雉入于淮爲蜃」，列子天瑞「雀之爲蛤」，搜神記「千歲之雉入海爲蜃，百年之雀入江爲蛤」，本書地形篇「立冬鷰雀入海化爲蛤」並止作「雀」，參以孟冬「雉入大水爲蜃」之文，則「賓」字合依周書、鄭注月令屬上，以「候鴈來賓」爲句也。御覽引許本及注不以「賓雀」連文，是許義與鄭玄同也。今本淮南注，與吕覽注大同，知皆出於高氏，了無疑義。○雙棣按：注引傳見國語晉語九，今本國語「入」下有「於」字。

〔四〕【高注】豺似狗而長尾，其色黄。是月時，豺殺獸，四面陳之，世謂之祭獸。戮，猶殺也。

〔五〕【高注】西向堂北頭室，故謂右个也。

〔六〕【用韻】「水、火」微部，「色、采」職之通韻，「犬、个」元歌通韻。

【箋釋】馬宗霍云：「無不務入」，吕氏春秋同。禮記月令「入」作「内」。高氏本文無注。吕覽注云：「季秋畢内，故務入也。」訓入爲内。鄭玄注月令：「内，謂收斂入之也。」訓内爲入。知「入、内」二字古通用。

〔七〕【高注】冢，大也。宰，治也。卿官也。要，簿書也。

〔八〕【高注】天子籍田千畝，故曰帝籍之收，籍田所收之穀也。神倉，倉也。

【箋釋】于大成云：注「帝籍」二字疑當重，作「天子籍田千畝，故曰帝籍。帝籍之收，籍田所收之穀也」。○雙棣按：吕覽注謂「於倉受穀，以供上帝神祇之祀，故謂之神倉」，較此注爲明晰。

〔九〕【高注】霜降天寒，朱漆難成，故百工休止，不復作器也。

〔一〇〕【高注】詩曰「入此室處」是也。

【箋釋】雙棣按：注引詩見豳風七月。

【用韻】「至、室」質部。

〔一一〕【高注】是月上旬丁日，入學官吹笙竽，習禮樂，饗上帝，用犧牲。合諸侯之制，度車服之差，各如其命數也。百縣，畿内之縣，言百，舉全數耳。五家爲鄰，五鄰爲里，四里爲酇，五酇爲鄙，五鄙爲縣，然則縣二千五百家也。

【版本】張本、黄本、莊本、集解本注「官」作「宫」，餘本同藏本。藏本注「如」作「兩」，王溥本、朱本作「如」，今據改，景宋本、茅本、葉本、汪本同藏本，張本、黄本、莊本、集解本作「以」。藏本注「五酇」、「五鄙」誤作「四」，莊本、集解本作「五」，今據改，景宋本、王溥本、朱本、茅本、葉本、汪本同藏本。王溥本、莊本、集解本注「畿」作「圻」。莊本、集解本注「耳」作「爾」。

【箋釋】莊逵吉云：「學宫」本或作「學官」。○孫詒讓云：百縣爲一圻之地，縣乃一國之地，非六遂二千五百家之縣也。○馬宗霍云：孔穎達禮記月令疏云：「必用丁者，取其丁壯成就之義，欲使學者藝業成故也。」又初學記十六引蔡邕月令章句云：「入學習吹，所以通氣也。管簫笙竽塤篪皆以吹鳴者也。」並可參補高注。○呂傳元云：宋本、藏本、汪本、茅本皆作「學官」，「宫」字誤，當作「官」。○王叔岷云：注兩「四」字皆當爲「五」，乃合下文「二千五百家」之數。周禮地官遂人正作「五酇爲鄙，五鄙爲縣」。莊本改兩「四」爲「五」，是也。

〔一二〕【高注】來歲，明年。受朔日，如今計吏朝賀，豫明年之歷日也。度者，職貢多少有常也。

【版本】藏本「職」作「歲」，王溥本、王鎣本作「職」，今據改，吴本作「賦」，餘本同藏本。

【箋釋】顧廣圻云：歲，呂覽作「職」，月令同。○馬宗霍云：貢歲之數，呂氏春秋、禮記月令「歲」並作「職」。高氏本注亦云：「度者，職貢多少有常也。」疑本文「貢歲」亦當作「貢職」，方與注相應。「歲」字蓋涉上文「爲來歲受朔日」之「歲」而誤。○雙棣按：馬説是，王溥本、王鎣本「歲」正作「職」，今改。

〔一三〕【高注】戎，兵也。刀劍矛戟矢，故曰五戎也。

【版本】茅本、汪本、張本、黄本、莊本、集解本注無「故」字，張本、黄本、莊本、集解本並無注末「也」字，餘本同藏本。

〔一四〕【箋釋】劉績云：戴荏，記作「載旌旐」，疑「荏」乃「旌」字誤也。○王念孫云：劉説是也。隸書「旌」字或作「⿰木⿱𠂉生」，與「荏」相似而誤。「載、戴」古字通。○劉文典云：御覽八百九十六引，「戴荏」作「載旗」。○金其源云：戴荏，禮月令則曰「載旌旐」。呂覽則曰「載旍旐」。按：釋名釋姿容：「戴，載也。載之於頭也。」爾雅釋草：「蘇，荏也。」方言：「蘇亦荏也，關之東西或謂之蘇，或謂之荏。」司馬長卿子虛賦「蒙鶡蘇」，索隱云：「蘇，折羽也。」周禮春官司常：「折羽爲旌。」是「戴」即「載」也，「荏」即「旌」也。廣韻「旍同旌」，五經文字「旌從生，作旍譌」，則三書同物而異名。○于大成云：事類賦注二十一引「戴荏」亦作「載旗」。姑不論荏之爲旌，是詎得相通，抑或形似而誤，其爲「旌旗」字則無疑也。又云：月令、呂覽「僕」上並無「太」字，考周禮夏官太僕職云「掌正王之服位，出入王之大命，掌諸侯之服逆」，與田獵、教戰之事咸無關涉，其於田役之事，惟贊王鼓而已。「僕」上不當有「太」字。御覽、事類賦注引此文，「僕」上並無「太」字。

〔一五〕【高注】級，等也。授當車者以高下，各隨其等級。正，立。設，陳也。天子外屏。屏，樹垣也。爾雅曰「門内之垣謂之樹垣」者也。

【箋釋】劉績云：「正」，記作「整」。○于大成云：「授當車者」，吕覽注作「當受田車者」是也。此誤倒。吕覽「授」作「受」，觀高氏之注，則淮南亦本當是「受」字，故高注云云。古「受、授」同字，特吕覽、淮南作「受」，故高氏就「受」字立訓。又「正」字吕覽作「整」，此「正」字亦假爲「整」。高氏就「正」字立訓，未達假借之指。又注引爾雅曰者，今本爾雅無此文。吕覽注引爾雅作「屏謂之樹」，見釋宫。○何寧云：注當作「天子外屏，屏，樹垣也，門内之垣。爾雅曰『屏謂之樹』是也」。今本「爾雅曰」三字誤在「門内之垣」上，下脱「屏」字，衍「垣」字。「者」乃「是」之誤。

〔一六〕【高注】搢，插也。朴，以教導也，插置帶間。贊，相威儀也。司徒主衆，教導之也。

【箋釋】馬宗霍云：「贊之」，吕氏春秋、月令並作「誓之」，高氏本文注云：「贊，相威儀也。」吕覽注云：「誓告其衆。」兩字義别。尋尚書咸乂篇序「伊陟贊于巫咸」，僞孔傳云：「贊，告也。」則贊亦有告義。又國語周語「内史贊之」，韋昭注云：「贊，道也。」道猶告也。

〔一七〕【高注】是月天子尚武，乃服猛厲之服，廣其所佩之飾，以取禽也。

【箋釋】顧廣圻云：「獵」疑當作「射」，注「取」亦疑當作「射」，吕氏春秋作「射」，注作「以射禽也」，是其證也。月令作「獵」，鄭注云：「今月令『獵』爲『射』。」考淮南子及吕氏春秋，每有與今月令同者，然則改「射」爲「獵」，誤。○于鬯云：姚藝諳廣文云：「廣」當作「厲」。禮月令「天子乃厲飾」，無「厲服」二字。然不作「廣飾」。案：吕氏季秋紀正作「天子乃厲服厲飭（飾通）」，然俞平議又據此「廣」字以訂彼「厲」字之誤，蓋因高此注言廣其所佩之飾，「廣」字似是也。鬯妄謂「厲服厲飾」下「厲」字，即涉上「厲」字而衍。厲服廣飾，既衍而又誤其字。天子乃厲服飾，義自見。（今案：姚説當是。厲服厲飾，句法猶青色衣青采，赤色衣赤采之類。）○馬宗霍云：「以獵」，月令同，鄭玄注云：「今月令獵爲射。」吕氏春秋正作「以射」。顧廣圻因謂淮南本文「獵」疑亦當作「射」。又案：續漢書禮儀志劉昭注引蔡邕月令章句云：「親執弓以射禽，所以教兆民載戰事也。四時閑習，以救無辜，以伐有罪，所以强兵保民，安不忘危也。」此義可補高注所未及。○何寧云：陳奇猷校吕氏春秋云：「厲飭不誤，謂佩猛厲之飾物，備取禽也；若作廣飭，殊非其旨，蓋增廣其飾物，何所用之？徒增罣礙而已。淮南當依此訂正。『射』字月令、淮南作『獵』亦誤。蓋此所言乃行獵之禮，並非行獵。故執弓操矢射以若干發，以示行獵之形式，如孟春所言天子耕籍田三推，以示耕田之形式，正可爲比。後人不知此是形式，誤以此爲行獵，因改『射』爲『獵』耳。」陳氏校「獵」爲「射」，是也，謂「廣」當爲「厲」，似未必然也。高注云：「廣其所佩之飾。」則淮南自作廣飾。惟其乃行獵之禮，並非行獵，已厲其服，復廣其飾，隆禮也，夫何礙？使如陳説，不識何以改高注也。

〔一八〕【高注】命，教也。主祠，典祀之官也。祭禽四方，祀始設禽獸者於四方，報其功；不知其神所在，故博求之於四方也。

【箋釋】雙棣按：注「者」字疑衍。「功」下又脱「也」字，呂覽注有「也」字，當據補。無「也」字則句義不完。此義謂祭禮之初於四方陳設禽獸，是爲報神之功。因不知神在何方，故陳於四方。上句意在設禽獸以報功，下句意在於四方以求神。

〔一九〕【高注】俛，伏也。青州謂伏爲俛也。無留，言當斷也。

【版本】藏本「無」作「毋」，景宋本作「無」，今據改，餘本同藏本。藏本注「謂」作「爲」，王溥本、朱本、莊本、集解本作「謂」，今據改，景宋本、葉本同藏本。

【箋釋】雙棣按：藏本注作「無留」，而正文作「毋留」，景宋本正文及注均作「無留」，呂覽亦作「無留」，今據統一爲「無留」。又「爲」古與「謂」通，然此處恐涉下「爲」字而誤，今改。

〔二〇〕【高注】不當，謂無德受禄也。不宜，謂不孝也。一曰：所養者無勳於國，其先人又無賢德，所不宜養，故收也。

〔二一〕【箋釋】王念孫云：「后」字後人所加，季春言「從國始，至境止」，季秋言「從境始，至國而已」，已亦止也，無庸加「后」字。

【用韻】「始、已」之部。

〔二二〕【高注】孝之至也。

【箋釋】陶鴻慶云：以犬嘗麻，已見仲秋，此不當復出。呂氏春秋季秋紀、禮記月令皆作「以犬嘗稻」，此文亦當作「稻」，涉仲秋之文而誤。○馬宗霍云：呂覽、月令「麻」並作「稻」。呂覽注云：「稻始升，故嘗之。」鄭玄月令注云：「稻始孰也。」與高説合。然則「嘗麻」疑亦當作「嘗稻」。且嘗麻仲秋已見，不得又見於季秋也。初學記二十七引蔡邕月令章句云：「十月穫稻，人君嘗其先熟。故在季秋九月熟者，謂之半夏稻。」此説可互證。○雙棣按：陶、馬説是，當據改。

【用韻】「稻、廟」幽宵合韻。

〔二三〕【高注】季秋陰氣，而行夏月霖雨之令，故大水。火氣熱，故冬藏殃敗也。火金相干，故民鼽窒，鼻不通利也。鼽，讀怨仇之仇也。

【版本】藏本注無「熱」字，王溥本、莊本、集解本有，今據補，景宋本、朱本、茅本、葉本、汪本同藏本。

〔二四〕【高注】冬水純陰，姦謀所生，故多盗賊，使邊境之民不安寧也，則土地見侵削，爲鄰國所分裂也。

【版本】莊本、集解本正文及注「境」作「竟」，餘本同藏本（張本、黄本無注）。王溥本、葉本、莊本、集解本注「姦」作「奸」，景宋本、朱本、茅本、汪本同藏本。

〔二五〕【高注】春氣陽温，故煗風至，民氣解墮也。木干金，故師旅並興也。二千五百人爲師，五百人爲旅也。

〔二六〕【高注】候，望也。是月繕修守備，故曰官候也。槐，懷也，可以懷來遠人也。

【箋釋】于大成云：注文「故」下「曰」字衍，餘十一月並無，御覽九五四引此正無「曰」字。

孟冬之月，招搖指亥，昏危中，旦七星中〔一〕。其位北方，其日壬癸，盛德在水〔二〕，其蟲介，其音羽〔三〕，律中應鍾，其數六〔四〕，其味鹹，其臭腐〔五〕，其祀井，祭先腎〔六〕。水始冰，地始凍，雉入大水爲蜃，虹藏不見〔七〕。天子衣黑衣，乘玄驪，服玄玉，建玄旗〔八〕，食黍與彘〔九〕，服八風水，爨松燧火〔一〇〕，北宮御女黑色，衣黑采，擊磬石〔一一〕，其兵鎩，其畜彘〔一二〕，朝于玄堂左个，以出冬令〔一三〕。

命有司，修群禁〔一四〕，禁外徙，閉門閭，大搜客〔一五〕，斷罰刑，殺當罪〔一六〕，阿上亂法者誅〔一七〕。立冬之日，天子親率三公九卿大夫以迎歲于北郊〔一八〕，還，乃賞死事，存孤寡〔一九〕。是月，命太祝，禱祀神位，占龜策，審卦兆，以察吉凶〔二〇〕。於是天子始裘。命百官，謹蓋藏。命司徒，行積聚，修城郭，警門閭，修楗閉，慎管籥，固封璽〔二一〕，修邊境〔二二〕，完要塞，絶蹊徑〔二三〕，飾喪紀，審棺槨衣衾之薄厚〔二四〕，營丘壠之小大高庳，使貴賤卑尊各有等級〔二五〕。是月也，工師效功，陳祭器，案度程，堅致爲上〔二六〕。工事苦慢，作爲淫巧，必行其罪〔二七〕。是月也，大飲蒸，天子祈來年於天宗〔二八〕。大禱，祭于公社，畢饗先祖〔二九〕。勞農夫以休息之。命將率講武，肄射御，角力勁〔三〇〕。乃命水虞漁師，收水泉池澤之賦〔三一〕，毋或侵牟〔三二〕。

孟冬行春令，則凍閉不密，地氣發泄，民多流亡〔三三〕；行夏令，則多暴風，方冬不寒，蟄蟲復出〔三四〕；行秋令，則雪霜不時，小兵時起，土地侵削〔三五〕。

十月官司馬，其樹檀〔三六〕。

校釋

〔一〕【高注】危，北方玄武之宿也，是月昏時中於南方。七星，南方朱鳥之宿也，是月平旦時中於南方者也。

【版本】茅本、葉本、汪本、張本、黄本、莊本、集解本注「鳥」作「雀」，餘本同藏本。茅本、汪本、莊本、集解本注末無「者也」二字。

〔二〕【高注】顓頊之神治北方也。壬癸，水日也。盛德在水，水王北方也。

【版本】藏本注「王」上缺「水」字，張本、黄本、莊本、集解本有，今據補，餘本同藏本。

〔三〕【高注】介，甲也，像冬閉固，皮漫胡也。甲蟲，龜爲之長。羽，屬水也。

【版本】藏本注「羽」誤「明」，王溥本、朱本、莊本、集解本作「羽」，今據改，景宋本、茅本、葉本、汪本同藏本。

【箋釋】畢沅云：注「漫」與「曼、鬗」音義同。皮漫胡，謂長而下垂，亦似閉固之象。○盧文弨云：周禮天官：「鼈人掌取互物。」鄭司農云：「互物，謂有甲𦨭胡，龜鼈之屬。」按「𦨭」與「漫」音義同。甲周其外，皮亦周其内，今人謂鼈有裙。五代史補言僧謙光「但願鵝生四掌，鼈留兩裙」，裙即所謂皮漫胡也。廣雅釋詁三：「𦨭，當也。」蓋如器之有當。莊子說劍篇「曼胡之纓」，此當與古系冠者殊，必擁其頸與頷下而爲之，故亦取名於此耳。○陳奇猷云：漫胡，亦作「鏝胡」。方言九：「凡戟而無刃，東齊、秦、晉之間謂其大者曰鏝胡。」無刃即刀口不鋒利而刀口之金向旁被下者。由此可知，皆可謂之漫胡。龜甲向旁被，又有裙連甲下，正如戟之無刃，纓之被垂，故曰漫胡也。○雙棣按：「漫胡」爲聯緜字，又作「𦨭胡、縵胡、鏝胡、曼胡、漫沍」等。說文繫傳胡字注：「人言漫胡者，謂漫裹其宛曲無稜利也。」朱起鳳謂「𦨭胡」猶俗言模糊，無稜角之義。亦是。

〔四〕【高注】陰應於陽，轉成其功，萬物聚成，故曰應鍾。其數六，五行數五，水第一，故曰六也。

【箋釋】王叔岷云：吕氏春秋孟冬紀注「聚成」作「聚藏」，是也。「成」字涉上句「轉成其功」而誤。○鄭良樹、于大成與王說同。

〔五〕【高注】水味鹹也，水臭腐也。

【箋釋】陶方琦云：五行大義引淮南作「其臭朽」，引許注云：「朽爛之氣，北方氣同此。其味鹹者，北方物鹹，所以堅之也，猶五味得鹹乃堅也。」五行大義此下又引許君云：「鹹者，銜也。」即說文。說文：「鹹，銜也，北方味也。」

〔六〕【高注】井水給人，故祀也。井或作行，行，門内地，冬守在内，故祀也。腎，水，自用其藏也。

【版本】藏本注「用」誤作「開」，王溥本、朱本、茅本、汪本、張本、黄本、莊本、集解本作「用」，今據改，餘本同藏本。

【箋釋】楊昭儁云：行，道也。詩曰：「行有死人。」商、周彝器文中之「行」字作「[illegible]」，正象十字道形。高氏解「行」爲門内地，即從道路字引申之説也。作「井」者即「[illegible]」之譌。〇王叔岷云：吕氏春秋、月令「井」並作「行」。

〔七〕【高注】蜃，蛤也。大水，淮也。傳曰：「雉入于淮爲蜃。」虹，陰中之陽也。是月陰盛，故不見也。

【版本】藏本注「入」字誤「大」，各本均作「入」（張本、黄本無注），今據改。

【箋釋】于大成云：御覽九四一引此文並引注云「雉，陽鳥也。三歲而死。極陽切陰，故隨陰氣入水爲蜃。蜃，大蛤也」，與今本不同。説文虫部「蜃，大蛤，雉入水所化」，「蜃」字之訓與此同，則御覽所引乃許注也。〇雙棣按：注引傳見國語晉語九。

〔八〕【高注】順水德也，熊與虎曰旗也。

〔九〕【箋釋】吴承仕云：御覽八百四十二引注曰：「黍彘，小類，時宜也。」案：文疑當作「黍，火類，時宜也」。「彘」字衍，「小」爲「火」之譌。記月令鄭注云：「黍秀舒散屬火，寒時食之，亦以安性也。」此注義與許同，疑是許氏舊説。〇馬宗霍云：「水、小」形近，「小類」疑是「水類」之誤，「彘」字亦非衍。説文引孔子説禾入水爲黍。本篇下文「其畜彘」高注云：「彘，水畜。」故此注以黍、毚爲水類也。孟冬盛德在水，故又曰時宜也。若如吴説作火類，則不與時宜也。○于大成與馬説同。

〔一〇〕【箋釋】劉文典云：御覽二十七引注云：「改火也。」

〔一一〕【高注】水王北方，故處北宫也。

【用韻】「水、火」微部。

〔一二〕【用韻】「色、采」職之通韻。

〔一三〕【高注】鍛者却内，象陰閉。毚，水畜。

〔一四〕【高注】北向堂西頭室，故曰左个。居是室，行此月令也。

〔一五〕【高注】順陰閉，諸所當禁，皆使有司禁也。

〔一六〕【高注】傳曰：「禁舊客，爲露情也。有新客，搜出之，爲覿釁也。」門，城門也。閭，里門也。嚴閉之，守備也。

【版本】藏本注「城門」下「也」字作「之」，王溥本、朱本、莊本、集解本作「也」，今據改，景宋本、茅本、葉本、汪本同藏本。

【箋釋】雙棣按：左傳昭公十八年云：「使司寇出新客，禁舊客，勿出於宫。」

〔一七〕【高注】諸罰刑當決也。當罰正罪，故殺之也。

【版本】茅本、汪本注「諸」作「斷」。

〔一七〕【高注】阿意曲從，取容於上，以亂法度也。誅，治也。

〔一八〕【箋釋】陶方琦云：魏書五十五劉芳傳、北史四十二引許注：「北郊，六里郊也。」又引高注：「北郊，六里之郊也。」按：劉芳傳引賈逵曰：「北郊水帝顓頊，六里。」盧植云：「北郊，六里郊也。」許、高並用先師舊訓，故同。

〔一九〕【高注】有忠節蹈義死王事者，賞其子孫也。幼無父曰孤，無夫曰寡，皆存慰矜恤之。

〔二〇〕【箋釋】顧廣圻云：「神位占」三字疑衍。呂氏春秋「祝」作「卜」，「祀」作「祠」，無「神位占」三字。注云：「故命太卜禱祠龜策。」月令作「命太史釁龜策」，鄭注云：「今月令曰釁祠，祠衍字。」皆可證無此三字。○馬宗霍云：太祝，呂氏春秋作「太卜」，禮記月令作「太史」，考之周禮，龜策卦兆之事掌之太卜，禱祠之事掌之太祝；太史所掌，此皆不與。惟大祭祀，太史與執事卜日。所謂執事，亦太卜之屬。太史但參與視墨而已。高氏本文無注，其注呂覽即用周禮太卜職文。鄭玄月令注則謂「秦以其歲首使太史釁筴，與周異矣」，蓋以月令爲秦世之書。秦以建亥之月爲歲首，其時正值孟冬也，但鄭注周禮又別解其義，未有定説。初學記三十引蔡邕月令章句曰：「孟冬之月，命太卜釁龜筴。以牲祠龜筴，塗以牲血，謂之釁。龜者，龜甲，所以卜也。筴者，蓍草，所以筮也。」是蔡所據月令亦作「太卜」，與呂氏春秋合。然則三書異同之故，蓋各有所本耳。

〔二一〕【高注】封，門也。璽，印也。

【版本】莊本、集解本注作「封璽，印封也」，景宋本、王溥本、朱本、葉本同藏本。茅本、汪本、張本、黃本改注爲：「城郭欲其厚實，故言修。門閭備禦非常，故曰警。楗，鎖須也。閉，鎖筒也。管籥，鎖匙也。楗閉或有破壞，故言修。管籥不可妄開，故言慎。璽，印也」。

【箋釋】劉文典云：禮記月令「璽」作「疆」，鄭注：「今月令疆或作璽。」說文土部：「璽，王者之印也，以主土。（據玉篇引。）從土，爾聲。」璽字從土，以主土者，故「封疆」或作「封璽」。應劭漢官儀、蔡邕獨斷引月令並作「固封璽」，皆據今月令。北堂書鈔百五十六引淮南此文作「固封疆」，與古月令合，疑是許、高二家之異。〇于省吾云：印封即近所發之封泥也。〇馬宗霍云：周禮地官司市：「凡通貨賄，以璽節出入之。」鄭君彼注云：「璽節，印章，如今斗檢封矣。」本文之「封璽」，與「楗閉」、「管籥」連類，事皆關乎啟閉，正司市所謂「璽節」也。〇雙棣按：莊本與道藏、景宋等舊本皆不同，又未言所據。藏本「封，門也」，疑「門」爲「閉」字之殘，史記秦始皇本紀：「沛公遂入咸陽，封宮室府庫。」白虎通封禪：「或曰石泥金繩封以印璽。」封均爲封閉義。白虎通「印璽」連文，謂印璽同義。廣雅釋器：「印謂之璽。」左傳襄公二十九年「璽書追而與之」，杜預注：「璽，印也。」皆與高注同。說文曰：「璽，王者印也。」衛宏云：「秦以前民皆以金玉爲印。秦以來，天子獨以印爲璽。」孔穎達左傳疏亦云：「周時印已稱璽，但上下通用。」淮南書多用呂覽，呂氏成書，秦政尚未稱帝，故璽亦印也，故高注云然。

【用韻】「聚、閭」侯魚合韻，「閉、璽」質脂通韻。

〔二二〕【箋釋】劉文典云：書鈔引「脩」作「備」。○王叔岷云：呂氏春秋、月令「修」並作「備」，是也。

〔二三〕【箋釋】馬宗霍云：絶蹊徑，呂氏春秋、月令「絶」並作「塞」，月令「蹊」作「徯」。説文「蹊」即「徯」之或體。呂覽注云：「塞絶蹊徑，爲其敗田。」以「絶」字足「塞」，即兼用淮南文也。鄭玄月令注云：「徯徑，禽獸之道也。」得鄭注而後高氏敗田之説乃可證。並可補注本文。○雙棣按：范耕研呂氏春秋補注云：「備邊境等皆斷絶交通之意，蹊徑小路亦必塞之，以塞人往來，與前三句相承。注謂其敗田，雖古謠有『邪徑敗良田』之説，然此處恐非其義。」范氏説有理，本文不必依呂覽、月令注。

【用韻】「境、徑」陽耕合韻。

〔二四〕【高注】飾，治也。紀，數也，二十五月之數也。棺槨衣衾薄厚，各有差等，故審之。

【箋釋】雙棣按：禮文王世子云：「喪紀以服之，輕重爲序。」蓋高注本之。

【用韻】「塞、紀」職之通韻。

〔二五〕【高注】營，度也。丘壟，冢也。小大高下，各有度量也。

【版本】藏本注「丘」作「北」，除景宋本同藏本外，各本均作「丘」（莊本作「邱」），今據改。莊本、集解本「庳」作「痺」，餘本同藏本。

〔二六〕【高注】案，視也。度，法也。堅致，功牢也。爲，故也。上，盛也。

【版本】藏本「程」作「呈」，汪本、張本、黄本、莊本、集解本作「程」，今據改，餘本同藏本。王溥本注「爲故也」作「故爲上」，景宋本、朱本、葉本、莊本、集解本同藏本。

【箋釋】莊逵吉云：堅致，禮記作「功致」，故注云「功牢也」。「致」即密致之「緻」，古無「緻」字。○馬宗霍云：吕氏春秋「堅」亦作「功」。高注以「功」字釋「堅」，即本之吕覽、月令。以「故」字釋「爲」者，説文攴部云：「故，使爲之也。」蓋用許君之義。○雙棣按：高注「度，法也」，「程」亦法也。吕氏春秋孟冬「按度程」高注：「程，法也。」

【用韻】「功、程」東耕合韻。

〔二七〕【高注】苦，惡也。慢，不牢也。淫巧，非常之巧也，故行其罪。苦，讀鹽會之鹽也。

【版本】藏本注「讀」作「謂」，王溥本、朱本、莊本、集解本作「讀」，今據改，景宋本、茅本、葉本、汪本同藏本。藏本注「鹽」作「監」，王溥本、朱本、汪本、莊本、集解本作「鹽」，今據改，茅本、葉本同藏本，景宋本作「監」。朱本注「會」作「鹵」，餘本同藏本。

【箋釋】于大成云：「鹽會」未詳，竊疑「會」是「惡」字之誤。漢書息夫躬傳「器用鹽惡」。「鹽惡」亦作「苦惡」，史記平準書「見郡國多不便縣官作鹽鐵，鐵器苦惡」，管子度地「去苦惡」，鹽鐵論水旱「令縣官作鐵器，多苦惡」。「惡、會」二字，草書不甚相遠，故「惡」誤爲「會」與。又「苦慢」即苟且，見王念孫荀子雜志。

〔二八〕【高注】蒸，冬祭也。於是時，大飲酒而祭，求明年之福祥也。凡屬天上之神，日月星辰皆爲天宗也。

【版本】藏本注「上」作「子」，莊本、集解本作「上」，今據改，景宋本、王溥本、朱本、茅本、葉本、汪本同藏本。

【用韻】「蒸、宗」蒸冬合韻。

〔二九〕【高注】禱，求也。公社，國社也，后土之祭也。生爲上公，死爲貴神，故曰公也。畢饗先祖，先公後私之義也。

【版本】藏本注「公社」下脱「國社」二字，景宋本有，今據補，朱本同藏本，餘本並脱「社」下「也」字。

【箋釋】吴承仕云：景宋本注作「公社，國社也，后土之祭也」。景宋本是也。白虎通曰：「王者二社：爲天下立社，曰太社。自爲立社，曰王社。諸侯爲百姓立社，曰國社。自爲立社，曰侯社。」注釋公社爲國社者，示別於他社也。○馬宗霍云：吕氏春秋、月令「禱祭」二字並作「割祠」，吕覽注云：「大割，殺牲也。」月令注云：「大割，大殺羣牲，割之也。」「禱」與「割」字異義別。○雙棣按：吴説是，吕覽注亦有「國社」二字。

【用韻】「社、祖」魚部。

〔三〇〕【高注】肄，習也。角，平地也。勁，强貌也。

【版本】藏本正文及注「肄」作「律」，汪本、張本、莊本、集解本作「肄」，今據改，餘本同藏本。王溥本、朱本注「角平地也」作「角猶試也」，景宋本、茅本、葉本、汪本同藏本，莊本、集解本無此四字。

【箋釋】吴承仕云：朱本注「肄習也」下有「角猶試也」四字。呂氏春秋孟冬紀注亦有此語，應據補。○馬宗霍云：禮記月令「肄」作「習」，爲高注所本。又呂氏春秋、月令「角力」下無「勁」字。○雙棣按：呂氏春秋孟冬作「肄射御，角力」。陳奇猷云：「角力即角抵，爲古校力之戲。高注『角猶試』，非。淮南作『角力勁』，衍『勁』字。」何寧云：「漢書武帝紀『元封三年春，作角抵戲』，師古曰：『抵，當也。』又引文穎曰：『名此樂爲角抵者，兩兩相當角力，角技藝射御，故名角抵。』」陳、何説可補高注之缺。

【用韻】「武、御」魚部。

〔三一〕【高注】虞，掌水官也。師，長也。賦，税也。

【箋釋】王叔岷云：注「虞」上當據正文補「水」字，單言「虞」，則不得釋爲「掌水官也」。

〔三二〕【高注】牟，多。

【箋釋】于省吾云：注説非是。「牟」與「蟊蝥蛑」音近字通。説文：「蟊，蟲食草根者。」重文作「蝥」，古文作「蛑」。漢書景帝紀：「侵牟萬民。」李奇曰：「牟，食苗根蟲也。侵牟食民，比之蛑賊也。」東海廟碑「收責侵侔」，以侔爲之。詩桑柔「降此蝥賊」，箋：「蟲食苗根曰蟊，食節曰賊。」是「侵蛑」乃古人成語。注訓「牟」爲多，於義未符。○雙棣按：于説是。漢書李廣利傳：「將吏貪，不愛卒，侵牟之，以此物故者衆。」顔師古注：「侵牟，言如牟賊之食苗也。」説文「食草根者」，段玉裁謂「草」當作「苗」，是。

〔三三〕【高注】春陽氣散越，故凍閉不密，地氣發泄也。民多流亡，象陽氣布散。

【用韻】「密、泄」質月合韻。

〔三四〕【高注】冬當閉藏，反行夏盛陽之令，故多暴疾。陽氣温，故盛冬不寒，令蟄伏之蟲復出也。

【箋釋】王叔岷云：呂氏春秋注作「故多暴疾之風」，是也。「多暴疾之風」正以釋正文「多暴風」。今本此文脱「之風」二字，文意不完，當據補。○何寧與王説同。○雙棣按：王、何説是，注當補「之風」二字方與正文相應。又正文「多」上，呂氏春秋有「國」字，此疑誤脱。

〔三五〕【高注】秋氣干冬，大寒，不當雪而雪，不當霜而霜，故曰不時也。小兵數起，鄰國來伐，侵削其土地。

【用韻】「時、起」之部。

〔三六〕【高注】冬閒講武，故官司馬也。檀，陰木也。

仲冬之月，招摇指子，昏壁中，旦軫中〔一〕。其位北方，其日壬癸，其蟲介，其音羽，律中黄鍾，其數六〔二〕，其味鹹，其臭腐，其祀井，祭先腎。冰益壯，地始坼，鴇鳴不鳴，虎始交〔三〕。天子衣黑衣，乘鐵驪，服玄玉，建玄旗，食黍與彘，服八風水，爨松燧火，北宫御女黑色，衣黑采，擊磬石，其兵鎩，其畜彘，朝于玄堂太廟〔四〕。

命有司曰：土事無作，無發室居，及起大衆，是謂發天地之藏，諸蟄則死，民必疾疫，有隨以喪〔五〕。急捕盜賊，誅淫泆詐僞之人，命曰暢月〔六〕。命奄尹，申宫令〔七〕，審門閭，謹房室，必重閉〔八〕，省婦事〔九〕。乃命大酋，秫稻必齊，麴蘖必時〔一〇〕，湛熺必潔，水泉必香〔一一〕，陶器必良，火齊必得，無有差忒〔一二〕。天子乃命有司，祀四海、大川、名澤〔一三〕。是月也，農有不收藏積聚，牛馬畜獸有放失者，取之不詰〔一四〕。山林藪澤，有能取疏食、田獵禽獸者，野虞教導之。其有相侵奪，罪之不赦〔一五〕。是月也，日短至，陰陽争，君子齋戒，處必掩〔一六〕，身欲静，去聲色，禁嗜欲〔一七〕，寧身體，安形性〔一八〕。是月也，荔挺出，芸始生，丘螾結，麋角解〔一九〕，水泉動，則伐樹木〔二〇〕，取竹箭，罷官之無事、器之無用者〔二一〕，涂闕庭門閭，築囹圄〔二二〕，所以助天地之閉。

仲冬行夏令，則其國乃旱，氛霧冥冥，雷乃發聲〔二三〕；行秋令，則其時雨水，瓜瓠不成，國有大兵〔二四〕；行春令，則蟲螟爲敗，水泉咸竭，民多疾癘〔二五〕。

十一月官都尉，其樹棗〔二六〕。

校釋

〔一〕【高注】東壁，北方玄武之宿，是月昏時中於南方。軫，南方朱鳥之宿，是月平旦時中於南方也。

【版本】景宋本正文及注「壁」作「璧」，餘本曰藏本。

【箋釋】雙棣按：正文「昬壁中」，「壁」上脱「東」字，高注云「東壁」，正文不當無「東」字，吕覽、月令皆作「東壁」，是其證。淮南「東壁」出現七次，惟此次脱「東」字，上古「東壁」無簡稱「壁」者。（孫子火攻篇單言「壁」，亦當作「東壁」，「東」字誤敓。通典卷一六〇引正作「東壁」。御覽卷三二一引亦作「東壁」。）王引之於天文篇「二十八宿」條謂：「牽牛、須女、營室、東壁、觜嶲、東井、與鬼、七星，皆省一字稱之，文義苟簡，决非漢人所爲。」其説至碻。

〔二〕【高注】黄鍾者，陽氣聚於下，陰氣盛於上，萬物黄，萌於地中，故曰黄鍾也。

【版本】朱本注「萌」上「黄」作「皆」，王溥本無此字，景宋本、茅本、葉本、汪本、莊本、集解本同藏本。

〔三〕【高注】鳱鳴，山鳥，陽物也。是月陰盛，故不鳴也。虎，陽中之陰也，陰氣盛，以類發也。交，讀將校之校也。

【版本】藏本注「陽」下無「物也」二字，王溥本、朱本有，今據補，景宋本、葉本同藏本。莊本、集解本「陽物也」三字皆無。

【箋釋】吴承仕云：朱本注「山鳥」下有「陽物也」三字，景宋本上有一「陽」字。案：吕氏春秋仲冬紀注亦云「陽物也」，莊本誤奪。○馬宗霍云：鳱鳴，吕氏春秋作「鶡鳴」，月令作「鶡旦」。陸德明釋文出「曷旦」，云「曷，本亦作鶡」。「曷旦」與考文引月令古本正合。唐開成石經作「鶡鳥」。高氏本文注云：「鳱鴠，山鳥。」月令注云：「鶡旦，求旦之鳥也。」案：説文：「鴠，渴鴠也。」「鶡，似雉，出上黨。」然則「鶡鴠」連文爲一鳥之名，不得取鶡之本義，實即「鴠」之複名。故字或作「鳱」，或作「曷」，或作「渴」耳。○雙棣按：文選劉孝標廣絶交論注引許慎淮南子注曰：「虎，陰中陽獸。」與高此注異。

〔四〕【高注】北向堂中央室，故曰太廟也。

【用韻】「水、火」微部，「色、采」職之通韻。

〔五〕【版本】張本、黄本「有」作「又」，餘本同藏本。

【箋釋】莊逵吉云：有，諸本皆作「又」。○馬宗霍云：「有」古與「又」通，吕氏春秋、月令亦並作「又」。吕覽注云「民疾以喪亡也」。以喪爲死喪。孔穎達月令疏引皇侃云：「又隨以喪者，謂逃亡。人爲疾疫皆逃亡，故云又隨以喪。」此與高異，亦可備一解。○何寧云：「是謂發天地之藏」與上文不屬。月令上有「地氣沮泄」四字，仲冬紀則云「發蓋藏，起大衆，地氣且泄」。疑此亦當作「發室居，起大衆，地氣且泄，是謂發天地之藏」。○雙棣按：景宋本、王溥本、朱本等各本均作「有」，不作「又」，莊氏失考。

【用韻】「作、居」鐸魚通韻，「藏、喪」陽部。

〔六〕【高注】陰氣在上，民人空閒，故命曰暢月。

【箋釋】馬宗霍云：説文田部云：「暘，不生也。」「暢」即「暘」之隸變，仲冬陰盛，萬物蟄藏，地氣凝固。名之曰「暘月」者，當取不生之義，亦即「暘」之本義也。○陳奇猷與馬說同。○雙棣按：淮南各本均作「暘」，馬氏引作「暢」，失之。吕覽作「暢」。馬氏説「暢月」之義是也。

〔七〕【高注】奄，官也。尹，正也。申宫令，重戒敕也。

【箋釋】吴承仕云：注文當作「奄，宫官也」。仲冬紀注云：「奄，宫官也。」是其證。「宫、官」形近，傳寫誤奪「宫」字。

〔八〕【高注】助陰氣也。

【版本】藏本「閭」字誤作「門」，除葉本同藏本外，餘本皆作「閭」，今據改。

〔九〕【用韻】「室、閉」質部，「閭、事」魚之合韻。

〔一〇〕【高注】酋，主沽酒官也。醞釀米麴，使化熟，故謂之酋。酋，讀酋豪之酋。齊，讀齊和之齊也。作麴蘖當得其時，不時則不成也。

【版本】莊本、集解本注「沽」作「酤」。

【箋釋】雙棣按：「蘖」當作「糵」，廣韻：「糵，麴糵」。吕氏春秋正作「糵」。

〔一一〕【高注】湛，漬也。熺炊必令圭潔也。水泉香則酒善也。湛，讀審釜之審。熺，炊熾火之熾也。

【版本】藏本注「香」誤作「者」，莊本、集解本作「香」，今據改，景宋本、朱本、葉本同藏本。

【箋釋】桂馥云：熺，借字，當爲「饎」。特牲饋食禮「主婦視饎，爨於西堂下」，鄭注：「炊黍稷曰饎。」○吴承仕云：吕氏春秋仲冬紀「湛饎必潔」，高注云「讀瀋釜之瀋」，是也。此作「審」者，

「瀋」形之殘，應據正。「熺，炊熾火之熾」，「炊」上誤奪一「讀」字。〇于省吾云：「圭潔」即「蠲潔」，「熺」亦作「饎、糦、䭜、喜」。詩天正「吉蠲爲饎」傳：「饎，酒食也。」玄鳥「大糦是承」箋：「糦，黍稷也。」說文「饎」之重文作「䭜」，大豐𣪘：「事喜上帝。」詩七月「田畯至喜」箋：「喜讀爲饎。」均其證也。〇馬宗霍云：熺，呂覽作「饎」，月令作「熾」，三書均訓爲炊，三字義同。但本文所言爲炊漬米麴之事，則以作「饎」爲正字。「熺」與「熾」皆借字也。周禮地官有「饎人」，鄭司農云：「饎人，主炊官也。」儀禮特牲饋食禮「主婦視饎爨」，鄭注云「炊黍稷曰饎」，是其證。又注「熾」上「炊」字當作「讀」，呂覽注作「讀」，可證。〇王叔岷與馬說同。

〔一二〕【高注】陶器，瓦器也。炊亨必得其適，故曰無有差忒也。

【版本】藏本注「亨」作「享」，景宋本、王溥本、莊本、集解本作「亨」，今據改，餘本同藏本。

【箋釋】于省吾云：「火齊必得」，「齊」當讀作「劑」。漢書藝文志「調百藥齊和之所宜」，「齊和」即「劑和」。火劑必得，言火之調劑必得其宜。「火劑」猶今俗言「火候」。上文「秫稻必齊，麴蘗必時，湛熺必潔，水泉必香，陶器必良」，此言「火劑必得」，均就釀酒之次序言之也。

【用韻】「齊、潔」脂質通韻，「香、良」陽部，「得、忒」職部。

〔一三〕【高注】能興雲雨，故祀之也。

〔一四〕【高注】詰，呵問也。

【用韻】「失、詰」質部。

〔一五〕【高注】必加刑也。

【版本】藏本注「必」作「大」，王溥本作「必」，今據改，景宋本、朱本、莊本、集解本同藏本。

【箋釋】吴承仕云：「大加刑也」，「大」字無義，仲冬紀注云：「必罰之也。」蓋以「必罰」釋「不赦」也。此文「大」亦當作「必」，義與彼同。○雙棣按：吴説是，王溥本正作「必」，今據改正。又此「疏實」無注，吕覽注云：「草實曰疏實。」月令鄭注與吕覽注同，可參考。又「其有相侵奪」下當有「者」字，吕氏春秋仲冬、禮記月令皆有「者」字。

〔一六〕【箋釋】盧文弨云：吕氏春秋仲冬紀云：「君子齋戒，處必弇。」高注：「弇，深邃也。」即堯典所謂「厥民隩」也。冬氣寒，故豳民是時皆入室處。楚辭招魂云：「冬有突廈。」王注：「突，複室也。」突亦訓爲深，然則「必弇」正以居處言之。今淮南「弇」作「掩」，仲冬人莫不畏寒，必無有褻露者，而尚沾沾然，戒以必掩，不太無謂乎？當從吕氏作「弇」爲是。○雙棣按：盧説是。畢沅校吕覽仲夏紀曰：「蓋夏避暑氣，冬避寒氣，皆以居處言之。今人多讀『處必掩身』爲句，考月令正義引正文已如此，但其所釋亦是以居處言。」校仲冬紀亦云：「處必弇，以其所居言之。」仲冬紀高注「弇，深邃也。」仲夏紀高注：「揜，深也。」「掩、揜」音同義通，此處「掩」，亦當訓「深也」。

〔一七〕【高注】聲，絲竹金石之聲也。色，美色也。有貪欲濫求者禁之。

〔一八〕【高注】閉情欲也。

【用韻】「争、静、性」耕部。

〔一九〕【高注】荔，馬荔草也。芸，芸蒿，菜名也。丘蝡，蟲名也。結，屈結也。麋角解墮，皆應微陽氣也。

【版本】莊本、集解本注「蟲」下無「名」字。

【箋釋】陶方琦云：説文艸部芸字下、爾雅釋艸疏、御覽九百八十二引許注：「芸草可以死復生。」按：説文云「淮南子説」，乃後人引許君説淮南之文於其旁也，因沿爲淮南子説，（史記集解徐廣引許君淮南注皆稱許氏淮南説也。）與「蜩蟩」下引淮南子説同。説文：「芸，艸也。似苜蓿。」與鄭君月令注「芸，香草」説亦合。高注吕覽皆訓作「菜」，芸生於冬至一陽初生之月，故云死復生。〇范耕研云：許、鄭皆以芸爲草，此獨謂之爲菜者。吕氏春秋本味篇云：「菜之美者，陽華之芸。」賈思勰引蒼頡解詁曰：「芸蒿，似斜蒿，可食。」似草名芸，菜名芸蒿，特未知仲冬始生者是草是菜耳。〇沈祖緜云：顔氏家訓書證篇：「月令『荔挺出』，鄭玄注云：『荔挺，馬薤也。』説文云：『荔，似蒲而小，根可爲刷。』廣雅：『馬薤，荔也。』通俗文亦云馬藺。易統通卦驗玄圖云：『荔挺不出，則國多火災』。蔡邕月令章句云：『荔似挺。』高誘注吕氏春秋云：『荔，草。挺，出也。』然則月令注荔挺爲草名，誤矣。河北平澤率生之。江東頗有此物，人或種於階庭，但呼爲旱蒲，故不識馬薤。講禮者乃以爲馬莧，堪食，亦名豚耳，俗名馬齒。」顔説是也。後漢書陳寵傳：「寵奏曰：『夫冬至之節，陽氣始萌，故十一月有蘭、射干、芸、荔之應。』」注：「易通卦驗：『十一月廣莫風至，則蘭、夜干生。』月令：『仲冬日短至，則陰陽争，諸生蕩，芸始生，荔挺出。』射音夜，即今烏扇也。芸，香草。荔，馬薤。」亦不以「荔挺」連讀，與高注同。説文：「荔，草也，似蒲而小，根可作刷。」徐鍇繫傳云：「本草『馬藺』。」又説文：「藺，莞屬。」繫傳：「劦，一名馬藺。」以説文荔、莞二字求之，作「荔挺」非也。王念孫廣雅疏證改「荔挺」爲「荔莛」，屈護鄭氏，陋矣。○馬宗霍云：丘螾，呂覽、月令並作「蚯蚓」，説文蟲部無「蚯」字，「蚓」即「螾」之或體。當從淮南作「丘螾」爲正。「結」者高訓「屈結也」，孔穎達月令疏引蔡邕月令章句云：「結猶屈也。蚯蚓在穴，屈首下嚮陽氣。氣動而宛而上首，故其結而屈也。」此説申屈結之義，可補高注所未及。○雙棣按：陶氏引説文「芸」字、「蝒」字下「淮南子説」，誤。許氏作説文時，淮南書無稱淮南子者，淮南王亦不可稱淮南子。説文「芸」下、「蝒」下許氏皆云「淮南王説」。段玉裁皆注曰：「淮南王劉安也。」陶氏將淮南王誤爲淮南子，故以爲後人旁注而攙入，亦非。段玉裁謂「芸」字所引「芸草可以死復生」蓋出萬畢術、鴻寶之類。

〔二〇〕【箋釋】劉績云：記「則伐樹木」上有「日短至」三字。○雙棣按：呂覽「則伐樹木」作「則伐林木」，其上亦有「日短至」三字。呂覽、月令是也。呂覽高注在「水泉動」下，云：「麋角解墮，水泉湧動，皆應微陽氣也。」淮南脱「日短至」三字，後人則移注於「麋角解」下，又删「水泉湧動」四字。然不知脱「日短至」三字，文義不貫，尤以「水泉動」連「則伐樹木」，更謬。當據呂覽、月令補。

〔二一〕【高注】罷，省。

〔二二〕【用韻】「閭、圄」魚部。

〔二三〕【高注】夏氣炎陽，故其國旱也。清濁相干，故氛霧冥冥也。十一月雷發聲，非其時也，故言乃也。

【用韻】「冥、聲」耕部。

〔二四〕【高注】秋，金氣，水之母也。故雨水。金用事，故有大兵也。

【版本】藏本注「金用事」上有「水」字，景宋本無，今據删，王溥本、朱本、茅本、葉本、汪本、莊本、集解本同藏本。

【箋釋】李哲明云：其時雨水，文義太空，月令、吕覽並作「天時雨汁」，當從之。〇吴承仕云：景宋本注「金用事」上無「水」字。案：行秋令，故云金用事。誤衍水字，文不成義。〇雙棣按：吴説是。吕覽注作：「金用事以干水，故瓜瓠不成，有大兵來伐之也。」「金用事」上亦無「水」字，金用事謂行秋令也，冬行秋令，故言干水。若作「水金用事」則不成義。

【用韻】「成、兵」耕陽合韻。

〔二五〕【高注】春陽氣，蟄伏生，故蟲螟敗穀，水泉竭也。陽干陰，氣不和，故多疾癘也。

【版本】藏本注「不」誤作「木」，王溥本、朱本、莊本、集解本作「不」，今據改，景宋本、葉本同藏本，茅本、汪本作「未」。

【箋釋】畢沅校吕氏春秋云：月令「滅」作「咸」，古通用。左傳「咸黜不端」，正義云：「諸本或作減。」又「不爲末減」，王肅注家語云：「左傳作咸。」梁仲子云：「羣經音辨咸有胡斬切，一音消也。」史記索隱司馬相如傳「上減五，下登三」，韋昭説作咸。又疾癘，月令作「疥癘」。○馬宗霍與畢説同。又云：説文：「癘，惡疾也。」又云：「疥，搔也。」段玉裁謂「疥急於搔，因謂之搔」。惡疾蓋包内外言之。疥既須搔，則創瘍之類耳。○何寧云：注「蟄伏生」，「生」疑「出」之形誤。蟄伏之蟲可言出，不可言生也。上文「孟冬行夏令則蟄蟲復出」，注云：「蟄伏之蟲復出也。」是也。

【用韻】「敗、竭、癘」月部。

〔二六〕【高注】冬成軍師，故官都尉。棗，取其赤心也。

【版本】王溥本、朱本注「成」作「戍」，餘本同藏本。

季冬之月，招摇指丑，昏婁中，旦氐中〔一〕。其位北方，其日壬癸，其蟲介，其音羽，律中大吕〔二〕，其數六，其味鹹，其臭腐，其祀井，祭先腎。鴈北鄉，鵲加巢〔三〕，雉雊，雞呼卵〔四〕。天子衣黑衣，乘鐵驪，服玄玉，建玄旗，食（麥）[黍]與彘〔五〕，服八風水，爨松燧火，北宮御女黑色，衣黑采，擊磬石，其兵鎩，其畜彘，朝于玄堂右个〔六〕。

命有司大儺，旁磔，出土牛〔七〕。命漁師始漁〔八〕。天子親往射漁，先薦寢廟。令民出五種，令農計耦耕事，修耒耜，具田器〔九〕。命樂師大合吹而罷。乃命四監收秩薪，以供寢廟及百祀之薪燎〔一〇〕。是月也，日窮于次，月窮于紀，星周于天〔一一〕，歲將更始，令静農民，無有所使〔一二〕。天子乃與公卿大夫飭國典，論時令，以待嗣歲之宜。乃命太史，次諸侯之列，賦之犧牲〔一三〕，以供皇天上帝社稷之芻享〔一四〕。乃命同姓之國，供寢廟之芻豢〔一五〕；卿士大夫至于庶民，供山林名川之祀〔一六〕。

季冬行秋令，則白露早降，介蟲爲祆，四鄙入保〔一七〕；行春令，則胎夭傷，國多痼疾，命之曰逆〔一八〕；行夏令，則水潦敗國，時雪不降，冰凍消釋〔一九〕。

十二月官獄，其樹櫟〔二〇〕。

校釋

〔一〕【高注】婁，西方白虎之宿，是月昏時中於南方。氐，東方蒼龍之宿，是月平旦時中於南方也。

〔二〕【高注】吕，旅也。萬物萌動於黄泉，未能達見，所以旅旅去陰即陽，助其成功，故曰大吕。

〔三〕【高注】鴈在彭蠡之水，皆北鄉，將至北漠中也。鵲感陽而動，上加巢也。

【箋釋】王念孫云：「加」讀爲「架」，謂構架之也。召南鵲巢箋曰：「鵲之作巢，冬至架之，至春乃成。」釋文：「架之，俗本或作加功。」（案：「之」作「功」者，非。「架」作「加」，則古字通用。劉昌宗讀「加」爲「架」是也。匡謬正俗謂加功力作巢，非是。）本經篇「大夏曾加」，高注謂「以材木相乘架」，是「加、架」古字通。此言鵲加巢，即鄭箋所謂冬至架之者，非謂增加其巢也。天文篇曰：「日冬至，鵲始加巢。」月令曰：「季冬之日，鵲始巢。」義並與此同。召南正義引推度災云：「鵲以復至之月，始作室家。」是也。○鄭良樹云：「鵲」下當有「始」字，月令、呂覽並作「鵲始巢」。○于大成云：鄭説是。御覽九百二十一、又九百二十八引「鵲」下並有「始」字，周書時訓篇亦云「鵲始巢」。

〔四〕【高注】詩云「雉之朝雊，尚求其雌」是也。雞呼鳴求卵也。

【箋釋】馬宗霍云：高引詩見小雅小弁篇，鄭玄月令注引詩同。陸佃埤雅釋鳥引蔡邕月令章句云：「雷在地中，雉性精剛，故獨知之，應而鳴也。」此釋雉所以鳴於季冬之故，足補鄭、高所未詳。又「雞呼卵」，呂氏春秋、月令並作「雞乳」，高氏呂覽注云：「乳，卵也。」即本之淮南。然考説文乙部乳下云：「人及鳥生子曰乳。」卵部卵下云：「凡物無乳者卵生。」則高氏逕訓「乳」爲「卵」，似尚未諦。今案「鳥生子曰乳」，此「乳」字義猶「抱」也。方言八云：「北燕、朝鮮、洌水之閒謂伏雞曰抱。」蓋雞之將乳，必先以體伏於卵，今俗猶謂之抱雞。伏之既孚而後雛生。然則雞乳之乳當訓爲孚卵。説文爪部云：「孚，卵孚也。」玄應一切經音義二孚乳條引通俗文「卵生曰孚」，是其證也。凡雞欲伏卵必先鳴，故淮南云雞呼卵也。今俗於雞呼卵時謂之雞來抱，亦與方言合。

〔五〕【版本】藏本「黍」作「麥」，今據于大成説改，各本均同藏本。

【箋釋】于大成云：「麥」當爲「黍」。春三月「食麥與羊」，孟夏、仲夏「食菽與雞」，季夏「食稷與牛」，秋三月「食麻與犬」，冬三月不得復食麥。孟冬、仲冬並作「食黍與彘」，此亦當然也。月令、呂覽此文並作「黍」。○雙棣按：于説是，今據改。

〔六〕【高注】右个，東頭室也。

【用韻】「水、火」微部，「色、采」職之通韻，「鎩、个」月歌通韻。

〔七〕【高注】大儺，今之逐陰驅疫爲陽導也。旁磔，四面皆磔犬羊，以禳四方之疾疫也。出土牛，今鄉縣出勸農耕之土牛於外是也。

【箋釋】何寧云：「出土牛」下脱「以送寒氣」四字。上文「季春之月，令國人儺，九門磔攘，以畢春氣」，月令亦云「以畢春氣」，呂氏春秋同。上文「仲秋之月，天子乃儺，以御秋氣」，月令作「以達秋氣」，呂氏春秋作「以通秋氣」。則春、秋皆明其所以儺，而此季冬獨不及，非其例也。季冬月令作「大儺旁磔，出土牛，以送寒氣」，呂氏春秋同，則此當有「以送寒氣」四字明矣。

〔八〕【高注】是月將捕魚，故命其長也。漁讀論語之語。

〔九〕【高注】耦，合。

【用韻】「事、耜」之部。

〔一〇〕【箋釋】劉績云：四監，主山林川澤之官也。○雙棣按：劉補注乃月令鄭注之文也。呂覽注云：「四監者，周制，天子畿方千里之内，分爲百縣，縣有四郡，郡有一大夫監之，故命四監使收掌薪柴也。」與鄭注異。

匝也。

〔一二〕【高注】十二次窮于牽牛中也。紀道窮於故宿也。星周于天，謂二十八舍更見南方，至是月周改。

【版本】藏本「次月窮于紀星周于」八字誤爲注文，除葉本誤同藏本，餘本此八字均爲正文，今據改。莊本、集解本此注在下文「歲將更始」下。莊本、集解本注「星周于天」下有「者」字。

【箋釋】馬宗霍云：吕氏春秋「周」作「迴」，月令作「回」。說文有「回」無「迴」，「迴」蓋「回」之後起字。高氏本文注訓曰「周匝」，「匝」即「帀」之俗。說文帀部云：「帀，周也，從反㞢而帀也。」是高訓與許義合。鄭玄月令注亦云「周匝」，蓋即用淮南「周」字以釋「回」字也。○雙棣按：本注於吕覽注爲「一說」，高誘前注云：「次，宿也。是月，日周於牽牛，故曰日窮于次也。月遇日相合曰紀。月終紀，光盡而復生曰朔，故曰月窮于紀。日有常行，行於中道，五星隨之，故曰星迴于天也。」

〔一三〕【用韻】「紀、始、使」之部。

〔一三〕【高注】賦，布。

〔一四〕【箋釋】于鬯云：「芻」字涉下文「芻豢」而衍。小戴月令記、吕氏季冬紀並無「芻」字。○馬宗霍、王叔岷與于説同。

【用韻】「牲、享」耕陽合韻。

〔一五〕【版本】藏本「同姓之國」，「之」作「女」，王溥本、王鎣本、朱本、汪本、吴本、張本、黄本、莊本、集解本作「之」，今據改，餘本同藏本。

〔一六〕【用韻】「國、祀」職之通韻，「豢、民」元真合韻。

〔一七〕【高注】秋節白露，故白露早降，介甲之蟲爲祅災。金氣爲兵，故四境之民入城郭自保守也。

〔一八〕【高注】季冬大寒而行春温之令，氣不和調，故胎養夭傷，國多篤疾，逆風氣之由也。故命之曰逆也。

【版本】藏本注「調」作「謂」，王溥本、朱本作「調」，今據改，景宋本、茅本、葉本同藏本，莊本、集解本缺。藏本注「胎養」上無「故」字，莊本、集解本有，今據補，景宋本、王溥本、朱本、茅本、葉本、汪本同藏本。藏本注「曰逆」下有「故」字，王溥本、莊本、集解本無，今據删，景宋本、朱本、葉本同藏本。

【箋釋】顧廣圻云：吕覽「胎夭」下有「多」字，月令同。詳注意，似正文當作「胎養夭傷」，今本吕覽與月令同，疑用月令所改。○于大成云：顧説疑是。淮南、吕覽此文蓋當從注作「胎養夭傷」，淮南傳寫誤奪「養」字，後人遂據月令與吕覽補「多」字，幸淮南未補「多」字，尚得考見其致誤之由也。○雙棣按：「胎夭傷」，當作「胎夭多傷」，上下文皆四字爲句，此處不得獨以三字，吕覽、月令皆作「胎夭多傷」，有「多」字。吕覽高注「季冬大寒而行春温之令，氣不和調，故胎養夭傷」，與此注同，可知藏本「謂」乃「調」字之誤，又脱「故」字。又：注「胎養夭傷」不成義，「胎夭」連文，皆爲名詞，高於孟春注云「麛子曰夭」，吕覽孟春紀注亦同。月令季冬鄭注：「夭，少長也。」孟春孔疏：「胎謂在腹中者，夭謂生而已出者。」漢書禮樂志顔師古注：「少長曰夭，在孕曰胎。」蓋胎夭泛指未成熟之生物，高注「胎養夭傷」，「養」字實非此處之義，定有譌誤。呂覽注誤同。

〔一九〕【高注】夏氣炎陽，有多霖雨，故水潦敗國也。時雪當降而不降，冰凍不當消釋而消釋，皆干時之徵也。

【版本】王溥本、朱本、莊本、集解本注「有」作「又」，茅本、葉本、汪本同藏本。

【用韻】「逆、釋」鐸部。

〔二〇〕【高注】十二月歲盡刑斷，故官獄也。櫟可以爲車轂，木不出火，唯櫟爲然，亦應陰氣也。

【版本】藏本注「官獄」作「獄官」，王溥本、朱本、集解本作「官獄」，今據乙正，景宋本、茅本、葉本、汪本、莊本同藏本。藏本注「陰」作「除」，朱本作「陰」，今據改，餘本同藏本。

【箋釋】顧廣圻云：「除」當爲「陰」。○吴承仕云：注「故獄官」當作「故官獄」，文例可知。玉燭寶典引注作「故官獄」是也。各本並誤倒，唯朱本與寶典同。○王叔岷云：玉燭寶典十二引高注「車轂」上有「小」字，「除氣」作「陰氣」。

五位：東方之極，自碣石山過朝鮮，貫大人之國〔一〕，東至日出之次，榑木之地，青土樹木之野〔二〕，太皡、句芒之所司者，萬二千里〔三〕。其令曰：挺羣禁，開閉闔，通窮窒，達障塞，行優游，棄怨惡，解役罪，免憂患，休罰刑〔四〕，開關梁，宣出財〔五〕，和外怨，撫四方，行柔惠，止剛强〔六〕。

南方之極，自北户孫之外〔七〕，貫顓頊之國，南至委火炎風之野，赤帝、祝融之所司者，萬二千里〔八〕。其令曰：爵有德，賞有功，惠賢良，救飢渴，舉力農，振貧窮〔九〕，惠孤寡，憂罷疾，出大禄，行大賞，起毁宗，立無後，封建侯，立賢輔〔一〇〕。

中央之極，自崑崙東絶兩恒山〔一一〕，日月之所道，江、漢之所出〔一二〕，衆民之野，五穀之所宜，龍門、河、濟相貫，以息壤堙洪水之州〔一三〕，東至於碣石，黄帝、后土之所司者，萬二千里〔一四〕。其令曰：平而不阿，明而不苛，包裹覆露〔一五〕，無不囊懷，溥氾無私，正静以和，行稃鬻，養老衰，弔死問疾，以送萬物之歸〔一六〕。

西方之極，自崑崙絶流沙、沈羽，西至三危之國〔一七〕，石城金室，飲氣之民，不死之野，少皞、蓐收之所司者，萬二千里〔一八〕。其令曰：審用法，誅必辜，備盗賊，禁姦邪，飾群牧，謹著聚〔一九〕，修城郭，補決竇，塞蹊徑，遏溝瀆，止流水，雝谿谷，守門閭，陳兵甲，選百官，誅不法〔二〇〕。

北方之極，自九澤窮夏晦之極，北至令正之谷〔二一〕，有凍寒積冰、雪雹霜霰、漂潤群水之野，顓頊、玄冥之所司者，萬二千里〔二二〕。其令曰：申群禁，固閉藏，脩障塞，繕關梁〔二三〕，禁外徙，斷罰刑，殺當罪，閉關閭，大搜客〔二四〕，止交游，禁夜樂，蚤閉晏開，以索姦人，已德，執之必固〔二五〕。天節已幾〔二六〕，刑殺無赦，雖有盛尊之親，斷以法度〔二七〕。毋行水，毋發藏，毋釋罪〔二八〕。

校釋

〔一〕【高注】竭石，在遼西界海水西畔。朝鮮，樂浪之縣也。貫，通也。大人國在其東也。

【版本】王溥本、朱本、張本、黄本、莊本、集解本正文及注「竭」作「碣」，景宋本正文同藏本，注作「碣」，餘本同藏本。

【箋釋】莊逵吉云：太平御覽引無「山」字，注云：「碣石在東北海中。朝鮮，東夷。東方有大人之國也。」○王念孫云：各本石下有「山」字，後人所加也。太平御覽地部二引此無「山」字，尚書大傳亦無，應據删。「碣、竭」古字通，道藏本、茅本並作「竭石」，史記貨殖傳「龍門竭石」，字亦如此，劉本改「竭」爲「碣」，而莊本從之，皆未達假借之旨。○楊樹達云：五方之極，文本尚書大傳洪範傳。○于大成云：廣博物志五引此亦無「山」字。高注云「竭石在遼西界海水西畔」，是本亦無「山」字也。御覽引注云「碣石山在東北海中」，當是許注。説文石部「碣，特立之石也。東海有碣石山」，即用淮南此文爲説，則御覽所引「東北海」「北」字是衍文，而許本自作「碣石」，與高本作「竭石」不同。○雙棣按：莊、王、于説是。據高注「竭石」下亦無「山」字，當删。

〔二〕【高注】榑木，榑桑。

【版本】藏本「榑木」上衍「扶」字，王溥本、王鎣本、朱本、汪本、張本、吴本、黄本、莊本、集解本無，今據删，景宋本、葉本同藏本。

【箋釋】莊逵吉云：太平御覽此下有注云：「皆日所出之地也。」○王引之云：「青土」當爲「青丘」，字之誤也。（御覽引此已誤。）本經篇「繳大風於青丘之野」，（今本「野」誤作「澤」，辯見本經。）高注曰：「青丘，東方之丘名。」即此所云「東至青丘之野」也。吕氏春秋求人篇亦云：「禹東至榑木之地，日出之野，青丘之鄉。」海外東經云：「青丘國在朝陽北。」逸周書王會篇「青丘狐九尾」，孔晁曰：「青丘，海東地名。」服虔注漢書司馬相如傳云：「青丘國在海東三百里。」○于大成云：「青土」當作「青丘」，王校是。魏徵撰九成宫醴泉銘云「東越青丘」，亦可證也。路史後紀四蚩尤傳注引啟筮云：「蚩尤出自羊水，八肱八趾疏首，登九淖以伐空桑，黄帝殺之于青丘。」此青丘亦在東方。

〔三〕【高注】太皞，庖犧氏，東方木德之帝也。句芒，木神。司，主也。

【版本】莊本、集解本注「庖犧」作「伏羲」。

【用韻】「極、國」職部，「野、司、里」魚之合韻。

〔四〕【版本】藏本「憂患休罰」四字誤爲注文，景宋本、王溥本、王鎣本、朱本、汪本、張本、黄本、莊本、集解本爲正文，今據改，葉本同藏本，茅本缺。

〔五〕【箋釋】楊樹達云：「宣出財」義不可通，尚書大傳「出」作「庫」是也，當據改。○何寧云：出、庫形不相似，無緣致誤，疑當作「出庫財」。

〔六〕【高注】剛强，侵陵人不循軌度者，禁止之也。

【用韻】「梁、方、强」陽部。

〔七〕【高注】北户孫，國名也，日在其北，皆爲北向户，以日故北户。

【版本】王溥本注「以日故北户」作「故曰北方」，莊本、集解本作「故曰北户孫」，景宋本、茅本、葉本、汪本同藏本，朱本「以」作「向」。

【箋釋】莊逵吉云：太平御覽作「北户烏孫」，注云：「北户，日在其北，向以爲户。」○李哲明云：藝文類聚引此文無「孫」字，爾雅、吕覽但作「北户」，注亦僅及「北户」，知今本正文誤衍「孫」字。後人乃於「孫」上加「烏」字耳。○劉文典云：文選思玄賦注引高注作「北户，孤竹國名也」。○于大成云：此文無「孫」字是也。高注當如選注所引作「北户，孤竹國名也」，傳寫誤奪「竹」字，「孤」又誤爲「孫」，後人遂於正文「北户」下加「孫」字，校者以「北户孫」無其國，又於「孫」上妄加「烏」字。不知「烏孫」見於西域傳，安得爲南方之極乎！選注、藝文類聚五、後漢書張衡傳注、天中記引此文，並止作「北户」。

〔八〕【高注】赤帝，炎帝，少典之子，號爲神農，南方火德之帝也。祝融，顓頊之孫，老童之子吴回也。一名黎，爲高辛氏火正，號爲祝融，死爲火神也。

【箋釋】劉績云：別本注：「帝者，明審語也。祝，屬也；融，上也。萬物盛長，屬續而上也。」按：國語「以淳耀敦大，天明地光，照海，故命曰祝融」，則祝，大也；融，明也。○莊逵吉云：太平御覽此下有注云：「赤帝，著明審諟也。祝，屬；融，工也。萬物盛長，屬而工也。」程文學云：「此亦古注，宜存，然未定即是高、許二家耳。」○于大成云：注「神農」下當有「氏」字。○雙棣按：劉績引別本注當即莊引御覽注也。（莊敚「續」字。）下同。

【用韻】「極、國」職部，「野、司、里」魚之合韻。

〔九〕【版本】藏本「振」作「賑」，景宋本、莊本、集解本作「振」，今據改，餘本同藏本。

【用韻】「農、窮」冬部。

〔一〇〕【高注】應陽施也。

【箋釋】劉績云：憂罷疾，別本作「養老疾」。○王叔岷云：御覽引作「養老疾」。○于大成云：此亦許、高之異同。「養老疾」是許本。御覽二十三引仍作「憂罷疾」，與今高注同，知高本自作「憂罷疾」也。

【用韻】「後、侯、輔」侯魚合韻。

〔一一〕【高注】自，從也。絶，猶過也。恒山，常山，言「兩」未聞也。

【版本】藏本注「常山」作「常也」，莊本、集解本作「常山」，今據改，景宋本、王溥本、朱本、茅本、葉本、汪本同藏本。

【箋釋】莊逵吉云：御覽無「兩」字，注云：「恒山，北嶽。」○梁履繩云：江都劉師峻北嶽考曰：「曲陽在隋爲恒陽縣，恒山距縣西北百四十里，若渾源州在元初爲恒陰縣，恒山在州南二十里。山南曰陽，山北曰陰，此兩恒山，蓋指山南山北而言，猶上黨郡，戰國西周策稱兩上黨也。」

〔一二〕【高注】日月照其所經過之道，江出岷山，漢出嶓冢山。

【版本】莊本、集解本注「嶓」作「番」，「冢」下「山」字作「也」。景宋本注亦作「番」。

【箋釋】何寧云：御覽三十七引注云：「謂二十八宿舍在地之分野。」蓋許注。

〔一三〕【箋釋】劉績云：別本注：「禹以息土湮洪水，以爲中國九州。州，水中可居者。」○雙棣按：劉引別本注見御覽卷三十七地部二。

〔一四〕【高注】黄帝，少典之子，以土德王天下，號爲軒轅氏，死爲中央土德之帝。后土者，句龍氏之子，名曰后土，能平九土，死祀爲土神也。

【版本】藏本注「王」作「正」，張本、黄本無注，餘本均作「王」，今據改。

【箋釋】劉績云：黄，中色，地道載物，故稱后也。○莊逵吉引御覽注與劉補同，惟「后」作「名」。

【用韻】「司、里」之部。

〔一五〕【高注】露，潤。

〔一六〕【高注】土，四方之主也，故曰萬物之所歸也。

【版本】張本、黄本、莊本、集解本注無「所」字、「歸」下「也」字，餘本同藏本。

【箋釋】楊樹達云：「溥氾無私，正靜以和」，二句文例，當作「正靜以和，溥氾無私」。知者，此文首二句以「阿、苛」爲韻，下八句以「懷、私、哀、歸」爲韻。若如今本，則失其韻矣。此蓋由淺人不知古音者欲以「和」字與上文「阿、苛」爲韻，故妄乙之，而不知其不可通也。○王叔岷云：「歸」上本有「所」字，注文可證。

【用韻】「阿、苛」歌部，「懷、私」微脂合韻，「哀、歸」微部。

〔一七〕【高注】流沙，蓋在崑崙之西南耳。

【版本】莊本、集解本注「耳」作「爾」。

【箋釋】劉績云：別本注：「沈羽，弱水也。其弱至沈羽毛也。」○雙棣按：劉引別本注見御覽卷三十七地部二。

【用韻】「極、國」職部。

〔一八〕【高注】少皞，黃帝之子青陽也，名摯，以金德王天下，號爲金天氏，死爲西方金德之帝也。蓐收，金天氏之裔子曰修禮，死爲金神也。

【版本】莊本注「修」下無「禮」字，莊本、集解本注「死爲金神」作「死祀爲金神」，有「祀」字。

【箋釋】劉績云：別本注：「少皞，白帝之號，少皞陰用事，物浩盛也。蓐，茂也，萬物茂可收用之。」按：蓐收者，言秋時萬物摧辱而收斂也。○何寧云：注「金天氏之裔子曰脩，死祀爲金神也」，「脩」字當爲「該」，乃後人妄改。左傳昭公二十九年：「少皞氏有四叔：曰重，曰該，曰脩，曰熙。實能金木及水。使重爲句芒，該爲蓐收，脩及熙爲玄冥。」此高注所本。今本作「脩」者，蓋該、脩二字相亂而後人改之也。呂覽、淮南皆高注，高氏不得「該」於彼而「脩」於此。道藏本、景宋本作「金天氏之裔子曰脩禮，死爲金神」，則「禮」乃「祀」字之誤，（景宋本「禮」作「礼」與「祀」形近。）死、祀二字又誤倒。集解本又於「死」下加一「祀」字，繆矣。○雙棣按：劉引別本注見御覽卷三十七地部二。「盛」作「成」。

【用韻】「野、司、里」魚之合韻。

〔一九〕【版本】王溥本、王鎣本、朱本、汪本、張本、黄本「辜」作「辠」，吴本作「罪」，景宋本、茅本、莊本、集解本同藏本，葉本作「辜」。王溥本、王鎣本「牧」作「收」，餘本同藏本。王溥本、王鎣本、朱本、吴本「著」作「貯」，餘本同藏本。

【箋釋】李哲明云：「謹著聚」者，蓋言土著聚居，必致其謹也。○楊樹達云：李釋「著」爲土著，殊爲淺陋。「著」當讀爲「貯」。古「者、宁」二字音同，説文木部「楮」或作「柠」，是其證也。「貯聚」義近，故二字連用，謂所積聚之物也。尚書大傳作「貯聚」，其明證也。○王叔岷云：「飭」借爲「敕」，御覽引「飭」作「勑」，「勑」是俗「敕」字。「著」借作「貯」，御覽引「著」正作「貯」。

【用韻】「賊、牧」職部，「辜、邪、聚」魚侯合韻。

〔二〇〕【高注】應金斷也。

【用韻】「竇、瀆、谷」屋部，「甲、法」盍部。

〔二一〕【高注】九澤，北方之澤。夏，大也。晦，暝也。

【箋釋】莊逵吉云：太平御覽「令正」作「令止」，注云：「令止，丁令，北海胡地。」○于大成云：御覽三十七引「夏晦」作「夏海」，引注作「夏海，大海也」，乃許注本也。御覽二十七引與今本同，乃高注本。後漢書張衡傳注、廣博物志五引「晦」亦作「海」。

〔二二〕【高注】顓頊，黄帝之孫也，以水德王天下，號高陽氏，死爲北方水德之帝也。其神玄冥者，金天氏有適子曰昧，爲玄冥師，死而祀爲主水之神也。

【版本】藏本注下「冥」字作「暝」，王溥本、莊本、集解本作「冥」，今據改，景宋本、朱本、茅本、汪本同藏本。

【箋釋】劉績云：別本注：「顓頊，黑帝之號。頊，大。言大陰用事，振翕而寒也。陰閉不見，故神爲玄冥也。」○于大成云：御覽二十七引注「號」下有「爲」字，是也。上「赤帝」注、「黄帝」注、「少皞」注並有「爲」字，此「號」下亦當有「爲」字。又注「爲玄暝師」「暝」當作「冥」，正文及注上文並作「冥」。

〔二三〕【用韻】「野、司、里」魚之合韻。

【用韻】「藏、梁」陽部。

〔二四〕【箋釋】王念孫云：古書無以「關閭」二字連文者，「關」當爲「門」。此涉上文「關梁」而誤也。上文及天文篇並云：「閉門閭，大搜客。」春秋繁露五行順逆篇云：「閉門閭，大搜客。」太平御覽時序部十二，引此作「守門閭」。

〔二五〕【版本】藏本「索」作「塞」，景宋本作「索」，今據改，餘本同藏本。茅本、汪本、張本、黄本、莊本「德」作「得」，餘本同藏本。

【箋釋】王念孫云：「塞」本作「索」，此後人以意改之也。蚤閉晏開，以索姦人，即上文所謂「閉門閭，大搜客」也。下句「姦人已得」，正謂索而得之，若改「索」爲「塞」，則與下句義不相屬矣。「姦人」下當更有「姦人」二字，「德」讀爲「得」。蚤閉晏開，以索姦人，姦人已得，執之必固，皆以四字爲句，若弟三句無「姦人」二字，則文不成義矣。太平御覽時序部十二、地部二引此，「塞」作「索」，「德」作「得」，是也。但無「姦人」二字，則所見本已誤。○楊樹達云：王校改「塞」爲「索」，讀「德」爲「得」，是也。謂「姦人」二字當重，則非是。此當以「索」字爲句。此文句法長短本不一律。「蚤閉晏開以索」六字爲句，與下文「雖有盛尊之親」六字爲句者正同。且文以「客、索、固、赦、度」爲韻，若作「以索姦人」，則失其韻矣。「執」當讀爲「縶」。○王叔岷云：王説是也。御覽三七引此正作「蚤閉晏開，以索姦人。姦人已得，執之必固」。

〔二六〕【箋釋】劉績云：别本注：「幾，終也。」

〔二七〕【用韻】「赦、度」鐸部。

〔二八〕【高注】應陰殺也。

【箋釋】莊逵吉云：太平御覽作「毋釋刑罪」。○于鬯云：莊校引太平御覽作「毋釋刑罪」，見御覽地部，多一「刑」字。其冬覽引此，亦無「刑」字，此當無者是。

【用韻】「水、罪」微部。

六合：孟春與孟秋爲合，仲春與仲秋爲合，季春與季秋爲合，孟夏與孟冬爲合，仲夏與仲冬爲合，季夏與季冬爲合。

孟春始贏，孟秋始縮〔一〕，仲春始出，仲秋始内〔二〕，季春大出，季秋大内〔三〕，孟夏始緩，孟冬始急〔四〕，仲夏至脩，仲冬至短〔五〕，季夏德畢，季冬刑畢〔六〕。

故正月失政，七月涼風不至；二月失政，八月雷不藏；三月失政，九月不下霜〔七〕；四月失政，十月不凍；五月失政，十一月蟄蟲冬出其鄉〔八〕；六月失政，十二月草木不脱〔九〕；七月失政，正月大寒不解〔一〇〕；八月失政，二月雷不發〔一一〕；九月失政，三月春風不濟〔一二〕；十月失政，四月草木不實〔一三〕；十一月失政，五月下雹霜；十二月失政，六月五穀疾狂〔一四〕。

春行夏令泄〔一五〕，行秋令水〔一六〕，行冬令肅〔一七〕；夏行春令風〔一八〕，行秋令蕪〔一九〕，行冬令格〔二〇〕；秋行夏令華〔二一〕，行春令榮〔二二〕，行冬令耗〔二三〕；冬行春令泄〔二四〕，行夏令旱〔二五〕，行秋令霧〔二六〕。

校釋

〔一〕【高注】贏，長也。縮，短也。

〔二〕【高注】出，二月播種；内，八月收歛。

【箋釋】劉文典云：御覽十七引，「播種」作「播植」；十九引，與今本合。○王叔岷云：御覽二四引注「播種」亦作「播植」。○何寧云：御覽四引「贏」皆作「盈」，古通。

【用韻】「出、内」物部。

〔三〕【用韻】「出、内」物部。

〔四〕【高注】緩，四月陽安；急，十月寒肅。

【箋釋】劉文典云：御覽十七引注，作「緩，四月陽炎也。急，十月寒肅也」。二十四引同。

〔五〕【高注】夏至北極，冬至南極，短、脩皆在至前也。

〔六〕【高注】德畢，陽施結。刑畢，刑獄盡。

【箋釋】莊逵吉云：太平御覽引注作「德畢，陽始窮也。刑畢，陰殺盡也」。

〔七〕【版本】王溥本、王鎣本、吴本「不下霜」作「霜不降」，餘本同藏本。

〔八〕【箋釋】楊樹達云：冬字無義，疑「各」之誤。

【用韻】「藏、霜、鄉」陽部。

〔九〕【高注】不脱，葉槁著樹不零落也。

〔一〇〕【高注】東風不解凍也。

〔一一〕【高注】不發聲也。

【用韻】「脱、發」月部。

〔一二〕【高注】濟，止。

〔一三〕【高注】實，長。

【用韻】「濟、實」脂質通韻。

〔一四〕【高注】疾狂，不華而實也。

【箋釋】雙棣按：疑注「而」字衍。「五穀疾狂」謂五穀徒長莖葉，不開花結實也。「不華實」正其義，「不華而實」，非其義也。

【用韻】「霜、狂」陽部。

〔一五〕【高注】象盛陽發泄也。

【箋釋】俞樾云：下云「冬行春令泄」，不當重複。且上文云「仲春始出」，「季春大出」，則春日發泄，不足爲咎也。管子幼官篇作「春行夏政閹」，當從之。蓋發泄太過，故奄然而息也。方言及廣雅並曰：「奄，息也。」「閹」與「奄」通，因脱「閹」字，而寫者以「泄」字補之，殊非其義。高注曰「象盛陽發泄也」，是其所據本已誤。夫下文「冬行春令泄」，高注曰：「象春氣布散發泄也。」然則布散發泄，自是春氣所固然，豈行夏令所致乎？即此可知其非也。

〔一六〕【高注】水生於申，故水也。

【版本】藏本注「申」作「中」，景宋本、莊本、集解本作「申」，今據改，王溥本、朱本、茅本、葉本、汪本同藏本。

〔一七〕【高注】象氣肅急。

〔一八〕【高注】象春木氣多風。

【版本】藏本注「風」作「也」，景宋本、集解本作「風」，今據改，王溥本、朱本、葉本、莊本同藏本。

〔一九〕【高注】象秋氣蕪穢生。

〔二〇〕【高注】格，攱也。象冬斷刑，恩澤致格不流下。

【版本】王溥本、朱本注「攱」作「致」，景宋本、葉本、莊本、集解本同藏本。

【箋釋】王引之云：高説非也。「格」讀爲「落」，謂夏行冬令，則草木零落也。「格」字從木各聲，古讀如「各」。（説見唐韻正。）「格」與「落」聲相近，而字相通。史記酷吏傳「置伯格長」，徐廣曰：「古村落字亦作格。」村落之「落」通作「格」，猶零落之「落」通作「格」也。月令云：「仲夏行秋令，則草木零落。」管子幼官篇「夏行冬政落」，（四時篇同。）尹知章曰：「寒氣肅殺，故凋落也。」春秋繁露五行五事篇云：「秋行冬政則落。」又云：「夏行冬政則落。」皆其明證也。○吴承仕云：注讀格與閣同，故訓爲攱。恩澤致格，「致」亦「攱」字形近之譌。

〔二一〕【高注】象夏氣樹華茂。

〔二二〕【高注】象春氣生榮華。

〔二三〕【高注】耗，零落也。

〔二四〕【高注】象春氣布散發泄也。

〔二五〕【高注】旱象陽炎。

【版本】莊本注「陽炎」作「炎陽」。

〔二六〕【高注】秋氣陰亂，故霧。

【版本】藏本注「亂」在「故」下，莊本、集解本「亂」在「故」上，今據乙正，景宋本、王溥本、朱本、茅本、葉本、汪本同藏本。

制度〔一〕：

陰陽大制有六度：天爲繩，地爲準，春爲規，夏爲衡，秋爲矩，冬爲權。繩者，所以繩萬物也〔二〕。準者，所以準萬物也。規者，所以員萬物也。衡者，所以平萬物也。矩者，所以方萬物也。權者，所以權萬物也。

繩之爲度也，直而不爭〔三〕，修而不窮，久而不弊，遠而不忘；與天合德，與神合明；所欲則得，所惡則亡；自古及今，不可移匡〔四〕。厥德孔密，廣大以容衆〔五〕，是故上帝以爲物宗〔六〕。

準之爲度也，平而不險，均而不阿；廣大以容，寬裕以和；柔而不剛，鋭而不挫〔七〕；流而不滯〔八〕，易而不穢〔九〕；發通而有紀〔一〇〕，周密而不泄〔一一〕。準平而不失，萬物皆平；民無險謀，怨惡不生，是故上帝以爲物平〔一二〕。

規之爲度也，轉而不復，員而不垸〔一三〕；優而不縱，廣大以寬〔一四〕。感動有理，發通有紀；優優簡簡，百怨不起〔一五〕；規度不失，生氣乃理〔一六〕。

衡之爲度也，緩而不後，平而不怨，施而不德，弔而不責〔一七〕。常平民禄，以繼不足〔一八〕。敎敎陽陽，唯德是行；養長化育，萬物蕃昌；以成五穀，以實封疆；其政不失，天地乃明〔一九〕。

矩之爲度也，肅而不悖，剛而不憒〔二〇〕。取而無怨，内而無害；威厲而不慴，令行而不廢〔二一〕。殺伐既得，仇敵乃克，矩正不失，百誅乃服〔二二〕。

權之爲度也，急而不贏，殺而不割；充滿以實，周密而不泄〔二三〕。敗物而弗取，罪殺而不赦；誠信以必，堅慤以固；糞除苛慝，不可以曲故〔二四〕。冬正將行，必弱以强，必柔以剛，權正而不失，萬物乃藏〔二五〕。

明堂之制〔二六〕，静而法準，動而法繩，春治以規，秋治以矩，冬治以權，夏治以衡，是故燥涇寒暑以節至，甘雨膏露以時降。

校　釋

〔一〕【版本】藏本「制」作「製」，汪本、張本、黄本、莊本、集解本作「制」，今據改，餘本同藏本。

〔二〕【高注】繩，正。

〔三〕【箋釋】俞樾云：「争」讀爲「竫」。儀禮士喪禮鄭注曰：「竫，屈也。江、沔之間謂縈收繩索爲竫。」故此曰「繩之爲度也，直而不竫」。○馬宗霍云：俞氏釋争爲屈，是也。其破字爲「竫」，非也。説文𠬪部云：「争，引也，從𠬪𠂆。」徐鉉曰：「𠂆音曳。𠬪，二手也，而曳之，争之道也。」𠂆有屈曲之象，其訓爲引。引者牽引，亦有收斂之義。素問四時刺逆從論「皮膚引急」，王冰注云：「引謂牽引。」又五常政大論「是謂收引」，王注云：「引，斂也。」即其證，收斂即含曲屈之意，蟲有蚯蚓，一名曲蟮，又其旁證。然則由争引之義引申之，「争」亦自可訓屈，不必破字爲「竫」也。

〔四〕【箋釋】俞樾云：「移」之言「迆」也。説文辵部：「迆，衺行也。」移亦有衺義。禮記玉藻篇「手足毋移」，正義曰：「移，謂靡迆摇動也。」是其證也。「匡」與「軖」通。説文車部：「軖，車戾也。」考工記「輪雖敝不匡」，匡即軖字。不移匡，言不衺曲也。○于省吾云：俞説非是。「匡」應讀作「枉」。周禮考工記輪人「則輪雖敝不匡」，鄭司農注：「匡，枉也。」越語「月盈而匡」注：「匡，虧也。」匡訓虧，是亦讀「匡」爲「枉」。氾論「小枉而大直」注：「枉，曲也。」不可移枉，言不可移動枉曲，存其本真也。○馬宗霍云：俞説雖若有據，但上文「直而不争」，争亦爲屈曲。此文又云衺曲，於義爲複。今案禮記郊特牲篇「以移民也」，鄭玄注云：「移之言羡也。」國語越語「月盈而匡」，韋昭注云：「匡，虧也。」本文「移匡」疑當以「羡虧」爲訓。「羡」謂有餘，「虧」謂不足。「移匡」連文，亦即增減之意。此蓋言繩之爲度，不可增，不可減，適如其度。故下文云「厥德孔密」，無羡無虧，正所謂密也。○于大成云：易乾文言「夫大人者，與天地合其德，與日月合其明」，乃此文「與天合德，與神合明」所本。

〔五〕【用韻】「忘、明、亡、匡」陽部。

【版本】王溥本、王鎣本、茅本、汪本、張本、吴本、黄本、莊本、集解本無「衆」字，餘本同藏本。

【箋釋】莊逵吉云：廣大以容，明本作「廣下以容衆」，非。○何寧與莊説同。○雙棣按：莊云明本作「廣下以容衆」，明本無作「下」者，莊失考。

〔六〕【高注】宗，本。

【用韻】「衆、宗」冬部。

〔七〕【高注】鋭，利也。挫，折也。

【用韻】「阿、和、挫」歌部。

〔八〕【高注】流，行也。滯，止也。

〔九〕【箋釋】馬宗霍云：「穢」通作「劌」，説文刀部云：「劌，利傷也。」利傷者，謂以芒刃傷物，引申爲凡傷之稱。禮記聘義篇「廉而不劌」，鄭玄注云：「劌，傷也。」本文亦謂易而不傷，猶上文「鋭而不挫」也。若從本字以「蕪穢」、「濁穢」訓之，則非其義矣。

〔一〇〕【高注】紀，道。

〔一一〕【用韻】「滯、穢、泄」月部。

〔一二〕【高注】平，正，讀評議之評也。

【版本】藏本注下「評」字作「平」，葉本、莊本、集解本作「評」，今據改，景宋本、王溥本、朱本同藏本。

〔一三〕【用韻】「平、生、平」耕部。

〔一三〕【高注】復，遏也。垸，轉也。

【箋釋】雙棣按：説文：「垸，以桼和灰丸而髤之。」（依段注本。）方言卷十二：「逭，轉也。」錢繹箋疏云：「逭、斡、垸聲義並同。」

〔一四〕【用韻】「垸、寬」元部。

〔一五〕【高注】優簡，寬舒之貌。

【箋釋】吴承仕云：御覽十九引注作「優優簡簡」是也。當據補。

〔一六〕【高注】氣，類。理，達。

【用韻】「理、紀、起、理」之部。

〔一七〕【箋釋】莊逵吉云：太平御覽引作「匜而不責」。○馬宗霍云：「弔而不責」與上文「施而不德」爲平行句。弔猶恤也，問也。彼謂施予而不自爲德，此謂恤問而不責難人也。左氏襄公十四年傳「有君不弔」，杜預注云：「弔，恤也。」史記宋微子世家「魯使臧文仲弔水」，裴駰集解引賈逵云：「問凶曰弔。」是弔有恤問之義也。莊逵吉謂御覽引作「匜而不責」，「匜」蓋「弔」字形近之誤，不足據。

〔一八〕【版本】莊本、集解本「常」作「當」，餘本同藏本。

【用韻】「禄、足」屋部。

〔一九〕【高注】明，理。

【用韻】「陽、行、昌、疆、明」陽部。

〔二〇〕【箋釋】于大成云：原道篇「堅强而不轒」，本經篇「剛而不轒」，字均作「轒」，此文「憒」字，亦當作「轒」。高彼二注云「轒，折也」。

【用韻】「悖、憒」物部。

〔二一〕【用韻】「害、廢」月部。

〔二二〕【用韻】「得、克、服」職部。

〔二三〕【用韻】「割、泄」月部。

〔二四〕【版本】藏本「糞」作「冀」，王溥本、王鎣本、汪本、張本、吴本、黄本、莊本、集解本作「糞」，今據改，餘本同藏本。

【箋釋】劉家立云：堅慤以固，當作「堅固以慤」。此四句以「必、慤、慝、曲」爲韻，若作固，則失其韻矣。此寫者之誤倒。○雙棣按：劉説非是。此文乃「赦、固、故」爲韻，鐸魚通韻。

〔二五〕【用韻】「赦、固、故」鐸魚通韻。

〔二六〕【用韻】「行、强、剛、藏」陽部。

【箋釋】馬宗霍云：此以下爲本篇總結之文。本篇敘四時大抵與吕氏春秋、禮記月令同。鄭玄目録謂月令於别録屬明堂陰陽記，蓋古之王者聽政施教皆在明堂，隨時易居，不出明堂之外，故曰明堂之制也。

淮南子校釋卷第六

覽冥訓〔一〕

昔者，師曠奏白雪之音，而神物爲之下降，風雨暴至，平公癃病，晉國赤地〔二〕。庶女叫天，雷電下擊，景公臺隕，支體傷折，海水大出〔三〕。夫瞽師、庶女，位賤尚葈，權輕飛羽〔四〕，然而專精厲意，委務積神，上通九天，激厲至精〔五〕。由此觀之，上天之誅也，雖在壙虚幽閒，遼遠隱匿，重襲石室，界障險阻，其無所逃之亦明矣〔六〕。

武王伐紂，渡于孟津，陽侯之波，逆流而擊〔七〕，疾風晦冥，人馬不相見。於是武王左操黄鉞，右秉白旄，瞋目而撝之曰：「余任，天下誰敢害吾意者！」於是風濟而波罷〔八〕。魯陽公與韓搆難，戰酣日暮，援戈而撝之，日爲之反三舍〔九〕。夫全性保真，不虧其身，遭急迫難，精通于天〔一〇〕。若乃未始出其宗者，何爲而不成〔一一〕！夫死生同域，不可脅凌；勇武一人，爲三軍雄〔一二〕。彼直求名耳，而能自要者尚猶若此〔一三〕，又況夫宫天地、懷萬物〔一四〕，而友造化〔一五〕，含至和，直偶于人形〔一六〕，觀九鑽一，知之所不知〔一七〕，而心未嘗死者乎〔一八〕！

昔雍門子以哭見於孟嘗君〔一九〕，已而陳辭通意，撫心發聲，孟嘗君爲之增欷歍唈，流涕狼戾不可止〔二〇〕。精神形於内，而外諭哀於人心，此不傳之道〔二一〕。使俗人不得其君形者而效其容，必爲人笑〔二二〕。故蒲且子之連鳥於百仞之上〔二三〕，而詹何之鶩魚於大淵之中，此皆得清浄之道、太浩之和也〔二四〕。

校釋

〔一〕【高注】覽觀幽冥變化之端，至精感天，通達無極，故曰「覽冥」，因以題篇。

〔二〕【高注】白雪，太一五十弦琴瑟樂名也。神物即神化之物，謂玄鶴之屬來至，無頭鬼類操戈以舞也。平公，晉悼公之子彪也。瘙病，篤疾。赤地，旱也。唯聖君能御此異，使無災耳。平公德薄，不能堪，故篤病而大旱也。

【版本】王溥本、王鎣本、葉本、茅本、汪本、張本、黄本、吴本、莊本、集解本正文及注「瘙」作「癃」，景宋本同藏本。汪本、張本、黄本、莊本、集解本注「一」作「乙」，餘本同藏本。藏本注「無災」上「使」字錯在「薄」字上，今據景宋本、王溥本、茅本、汪本、莊本、集解本乙正，葉本同藏本。

【箋釋】陶方琦云：大藏音義卷二、七十七、七十八引許注：「瘙，癘疾也。」「癘」爲惡疾，當讀爲「蠚」，周禮疾醫「四時皆有癘疾」，注：「氣不和之疾。」説文：「癃，罷病也。」蒼頡篇（大藏音義引）：「瘽，固疾也。」○易順鼎云：説文：「癃，罷病也。」許注不云罷病而云癘疾者，癘疾，一時所遭罷病，歷時必久，平公因師曠奏白雪之樂，德薄不能堪，驟然遘疾，實非罷病，故以癘釋之。高云篤疾，義亦乖也。○吴承仕云：注文「琴」字誤衍，當删。通典百四十四引世本：「瑟，庖羲作，五十弦，黄帝使素女鼓瑟，哀不自勝，乃破爲二十五弦。」（爾雅邢疏引同。）封禪書：「太帝使素女鼓五十弦瑟，悲，帝禁不止，故破爲二十五弦。於是禱祀太一后土，始用樂舞。」此注稱太乙五十弦瑟，正與世本、封禪書相應，是其切證。又案：此文述晉平公事，始見於韓非子。史記、説苑、論衡因之，並云：師涓援琴而寫之。而風俗通説之以瑟，初學記引韓非子亦作「瑟」。疑韓子舊本自作「瑟」，不作「琴」也。氾論篇曰：「師曠之施瑟柱，無不中音。」亦此注文當作「瑟」之旁證。○楊樹達云：事詳韓非子十過篇及史記樂書、論衡紀妖篇。惟諸書作「清角」，不作「白雪」耳。○王叔岷云：文選嵇叔夜琴賦注引無「琴」字，與吴説合。○于大成云：論衡感虚篇曰：「白雪與清角，或同曲而異名。」○何寧云：吴謂注「琴」字誤衍，是也。又「樂」下當沾「曲」字。樂府詩集：「琴集曰：白雪，師曠所作商調曲也。」張華博物志曰：「白雪者，太帝使素女鼓五十弦瑟曲名也。」是白雪當是曲名。文選陸士衡文賦：「綴下里于白雪。」李善注引淮南子高注：「白雪，五十弦瑟樂曲名。」是其明證。○雙棣按：「癃」爲正字，「瘽」爲異體。文選琴賦注曰：「白雪，五十弦瑟樂曲。」

〔三〕【高注】庶賤之女，齊之寡婦，無子不嫁，事姑謹敬。姑無男有女，女利母財，令母嫁婦。婦終不肯，女殺母以誣寡婦。婦不能自明，冤結叫天，天爲作雷電下擊景公之臺。隕，壞也。毀景公之支體，海水爲之大溢出也。

【版本】茅本、汪本、莊本、集解本注「終」作「益」，景宋本、王溥本、朱本、葉本同藏本。藏本注下「景公」之「景」作「是」，景宋本、王溥本、朱本、茅本、莊本、集解本作「景」，今據改。

【箋釋】陶方琦云：文選注引淮南作「庶女告天，雷電下擊」。江淹詣建平王上書注引許注：「庶女，齊之少寡，無子，養姑，姑無男有女，女利母財而殺母，以誣告寡婦。婦不能自解，故冤告天。」二注文微異，高承用許注，特其説小詳。又：御覽六十引許注：「景公，齊景公也。雷擊景公臺，隕壞之也。傷景公之支體。」二注亦微異，並是高承用許説。○劉文典云：「叫天」下敓「而」字，與上文「師曠奏白雪之音，而神物爲之下降」句不一律。北堂書鈔百五十二、初學記一、藝文類聚二引並有「而」字，當據增。又案：「叫天」，御覽六十引作「告天」。「雷電」，白帖二、御覽六十引並作「雷霆」。事類賦天部引説苑云：「庶女者，齊之寡婦，養姑。姑女利母財，而殺母以告寡婦。婦不能自解，以冤告天，而大風襲於齊殿。」「叫」亦作「告」，與御覽六十引文合。○于大成云：作「叫」、作「告」，乃高、許之異也。

〔四〕【高注】尚，主也。葈者，葈耳，菜名也。幽冀謂之檀菜，雒下謂之胡葈。主是官者，至微賤也。瞽師庶女之位，復賤於主葈之官。故曰「權輕飛羽」也。

【版本】張本、莊本、集解本注「庶女」下無「之位」二字。

【箋釋】洪頤煊云：周禮天官「典枲掌布緦縷紵之麻草之物」，是庶女爲之。賈疏：「枲，麻也。」「葈」即「枲」字。○王引之云：主枲耳之官，書傳未聞。尚枲，蓋即周官「典枲下士二人」者，典亦主也。（見周官典婦功注。）言典枲本賤官，瞽師、庶女則又賤於典枲。枲謂麻枲，非謂枲耳也。○于鬯云：「尚」蓋「㡀」字形近之誤。「㡀」即「敝」也。説文㡀部云：「㡀，敗衣也。」又云：「敝，一曰敗衣。」明二字同。「葈」即「枲」字，謂枲著也。論語子罕篇「衣敝緼袍」，何集解引孔曰：「緼，枲著。」陸釋文引鄭注：「緼，枲也。」是鄭即謂枲著爲枲。盧文弨校釋文本，據藝文類聚，改鄭注「枲也」作「絮也」，「絮、枲」一聲之轉。然謂枲著爲枲之古義滅矣。知枲著之曰枲，不由絮音轉也。盧氏之改「枲」爲「絮」，實大不可。㡀葈者，敝枲著也。即所謂敝緼也。故下文云：「權輕飛羽。」㡀葈，物之至賤者也。飛羽，物之至輕者也。謂瞽師庶女，位賤如敝枲，權輕如飛羽也。以飛羽偶㡀葈，其義尤明。高注不知「尚」字之誤，以「尚葈」爲官名。夫官雖小，焉可以喻賤，又何以與「飛羽」對乎？

〔五〕【高注】九天，八方中央也。以精誠感之。

【箋釋】雙棣按：專精厲意，專與厲相對，專謂專一，厲亦當與之相近。張烒如本有注曰「猛也」，非是。廣雅釋詁云：「厲，合也。」方言亦云：「厲，合也。」此厲當即聚合之意。

【用韻】「女、羽」魚部，「神、天、精」真耕合韻。

〔六〕【高注】上天，上帝也。上帝神明。言人有罪惡，雖自隱蔽竄藏，猶見誅害也。故曰「無所逃」也。

【版本】藏本注「竄」作「寛」，景宋本、茅本、汪本、張本、莊本、集解本作「竄」，今據改，葉本同藏本，王溥本作「窺」，朱本作「密」。茅本、汪本、張本、莊本注無「故曰無所逃也」六字，餘本同藏本。

〔七〕【高注】陽侯，陵陽國侯也。其國近水，溺死於水。其神能爲大波，有所傷害，因謂之陽侯之波也。

【版本】茅本、汪本、張本、莊本、集解本此注在下文「不相見」下。莊本、集解本注「溺死於水」作「休水而死」，景宋本、王溥本、朱本、葉本、茅本、汪本同藏本。

【箋釋】梁玉繩云：漢書楊雄傳注應劭曰：「陽侯有罪，自投江，其神爲大波。」此當別有所據。然陶潛四八目本論語摘輔象以陽侯爲伏羲六佐之一，主江海。路史所云「陽侯，司海也」。淮南子所稱當指此陽侯，周方叔卮林亦依斯説。○俞樾云：陽侯自是漢侯國，史記高祖功臣侯表有陽陵侯傅寬是也。高注以説古之陽侯，殆失之矣。春秋閔二年「齊人遷陽」，杜注曰「國名」。正義曰：「世本無陽國，不知何姓。杜世族譜土地名，闕不知所在。」古之陽侯當即此陽國之侯。水經「沂水南逕陽都縣故城東，縣故陽國城」，是其所在矣。○于鬯云：氾論訓注「陵陽」作「陽陵」。然文選南都賦李注引此注無「陵」字，竊謂無「陵」字是。○劉文典云：北堂書鈔二一、御覽八十四、博物志異聞篇引，「孟津」皆作「盟津」。○吴承仕云：陵陽國侯，「陵」字疑衍。文選南都賦、江賦注引高注，並作「陽國侯」，是也。楚辭、漢賦、博物志、聖賢羣輔録等述此事，皆云陽侯，無稱陵陽侯者，是其證。○于大成云：無「陵」字是也。事類賦注六、海録碎事三上引高注並作「陽國侯」。國策韓策二、論衡書虚篇、漢書楊雄傳注引應劭、通志三下説此事，亦無「陵」字，知「陵」字是衍文也。

〔八〕【高注】濟，止。

【版本】茅本、汪本、張本、黄本、莊本、集解本無此注，景宋本、王溥本、朱本、葉本同藏本。

【箋釋】王念孫云：「右秉白旄」，「秉」本作「執」，此後人依牧誓改之也。論衡感虚篇引此，正作「執」。（論衡稱「傳書言武王伐紂，渡孟津」云云，共十二句，皆與此同，是所引即淮南之文也。）太平御覽地部二十六、三十六，皇王部九引此，亦作「執」。泰族篇亦云：「武王左操黄鉞，右執白旄。」執與秉同義，無煩據彼以改此也。「任」當爲「在」，字之誤也。（道應篇「本在於身」，「在」字亦誤作「任」。）「余在」爲句，「天下誰敢害吾意者」爲句。孟子引書曰：「四方有罪無罪，惟我在，天下曷敢有越厥志！」句法與此相似。論衡感虚篇，藝文類聚儀飾部，太平御覽地部二十六、三十六，皇王部九、儀式部一引此，並作「余在」。「害」讀爲「曷」。（古字以「害」爲「曷」，通見詩、書。）曷，止也。言誰敢止吾意也。爾雅：「曷、遏，止也。」商頌長發篇「則莫我敢曷」，荀子議兵篇引作「則莫我敢遏」。○楊樹達云：説文𣎵部云：「𣎵，止也。」此假「濟」爲「𣎵」。「𣎵、齊」古音同相通。猶「泲水」通作「濟水」矣。○馬宗霍云：訓「濟」爲「止」，見詩鄘風載馳篇。又莊子齊物論「厲風濟則衆竅爲虚」，陸德明釋文引向秀云：「濟，止也。」亦本文風濟爲風止之一證。罷者息也，波由風起，風止則波自息。論語子罕「欲罷不能」，皇侃疏云：「罷猶息也。」是「罷」得訓「息」之證也。○于大成云：王校是也。事類賦注引此，「秉」亦作「執」，「任」亦作「在」。百子全書本搜神記卷八：「武王曰：『余在，天下誰敢干余者！』」字亦作「在」。○雙棣按：王校是。本書及注「在」與「任」多相混。如精神篇高注「任，讀任俠之任」，藏本「任俠」誤作「在俠」，即其例。

【用韻】「在、意」之職通韻。

〔九〕【高注】魯陽，楚之縣公也，楚平王之孫，司馬子期之子，國語所謂魯陽文子。楚僭號稱王，其守縣大夫皆稱公，故曰魯陽公。今南陽魯陽是也。酣，對戰合樂時也。撝日令反，却行三舍。舍，次宿也。

【版本】汪本、張本、黄本「反」作「退」。莊本、集解本注「謂」作「稱」，景宋本、王溥本、朱本、葉本同藏本。藏本注「僭」作「替」，景宋本、王溥本、朱本、茅本、汪本、莊本、集解本作「僭」，今據改，葉本同藏本。

【箋釋】朱亦棟云：南陽魯陽有魯山，其地在魯山之陽。○陶方琦云：文選郭璞遊仙詩注引許注：「二十八宿，一宿爲一舍也。」二注文異。論衡感虚篇：「星之在天也，爲日月舍，猶地有郵亭爲長吏廨也。」二十八宿有分度，一舍十度，或增或減。言日反三舍，乃三十度也。廣雅釋詁：「宿，舍也。」○劉文典云：文選吴都賦注、郭璞遊仙詩注、弔魏武帝文注引，「搆」並作「遘」，疑是許本。又吴都賦注引，「魯陽公」下有「楚將也」三字，疑亦許注之羼入正文者也。○馬宗霍云：周禮夏官大司馬「中春教振旅，司馬以旗致民，平列陳如戰之陳，辨鼓鐸鐲鐃之用。王執路鼓，諸侯執賁鼓，軍將執晉鼓，師帥執提，旅帥執鼙，卒長執鐃，兩司馬執鐸，公司馬執鐲，以教坐作進退疾徐疏數之節。」鄭玄注云：「凡師出曰治兵，入曰振旅，皆習戰也。」又案宋書樂志引「蔡邕敘漢樂，四曰短簫鐃歌，軍樂也。黄帝、岐伯所作。以揚德建武勸士諷敵也」。又玉海一百四十引「文選注，黄帝出軍訣，金鐸之聲揚以清，鼓鞞之聲婉而鳴。是謂堂堂之陣，整整之旗。」據此，是軍中有樂。蓋古之制，平時習戰如此，故臨陳對敵，亦必以鼓作士衆之氣，而以金佐之，鐲以節鼓，鐃以止鼓，鐸以通鼓。並見周禮地官鼓人職。賈公彦周禮夏官疏引「春秋左氏曹劌云：『一鼓作氣，再而衰，三而竭。』」以爲鼓作士氣之證。又偁：「左氏成二年傳，晉與齊戰於鞌：『郤克傷於矢，曰：「余病矣。」張侯曰：「師之耳目，在吾旗鼓，進退從之。」於是右援枹而鼓之。』時郤克擊鼓。哀二年左傳鐵之戰，趙簡子云：『伏弢嘔血，鼓音不衰。』」以爲將居鼓下之證。然則當兩軍戰酣之時，彼此皆欲殺敵致果，勢必金鼓争鳴。高注以對戰合樂時釋「酣」字，蓋謂是也。

【用韻】「難、撝」元歌通韻，「暮、舍」鐸魚通韻。

〔一〇〕【用韻】「真、身、天」真部。

〔一一〕【高注】精通于天者，謂聖人質成上通，爲天所助。宗者，道之本也。謂性不外逸，生與道同也。【版本】王溥本注「成」作「誠」，景宋本、葉本、茅本、汪本、莊本、集解本同藏本。【箋釋】吴承仕云：「質成」當爲「質誠」，蓋以「質誠」釋精也。主術篇：「抱質效誠，感動天地。」此「質誠」連文之證。〇于省吾云：「成、誠」古字通，不煩改字。詩我行其野「成不以富」，論語顔淵作「誠不以富」。禮記經解「繩墨誠陳」，注：「誠猶審也。或作成。」是其證。

〔一二〕【高注】武，士也。江淮間謂士曰武。【版本】景宋本、葉本、吴本「淩」作「凌」，茅本、汪本、張本、黄本、莊本、集解本作「陵」，王溥本、王鎣本同藏本。藏本注「曰」作「白」，景宋本、王溥本、葉本、茅本、汪本作「曰」，今據改，莊本、集解本作「爲」。【箋釋】莊逵吉云：意林引作「勇士一人」，是竟改「武」爲「士」，非異本也。〇雙棣按：淩爲淩越之意，吕氏春秋論威：「雖有江河之險則淩之。」高誘注：「淩，越也。」「淩、凌、陵」音同義通。【用韻】「域、淩、雄」職蒸通韻。

〔一三〕【箋釋】馬宗霍云：直猶但也，特也。要謂要結。「自要」，有取必於己之意。詩小雅小弁篇鄭箋云：「尚，猶也。」禮記檀弓篇鄭注云：「猶，尚也。」「尚猶」連文，其義不異，然語勢以之加重。

〔一四〕【高注】以天地爲宫室。懷猶囊也。【箋釋】陳季皋云：「宫」當作「官」，形近而誤。莊子德充符作「官」，即淮南所本。文子精誠篇亦作「官」，又本淮南也。則「宫」爲「官」之誤明矣。〇馬宗霍云：「宫」當讀如爾雅釋山「大山宫，小山霍」之「宫」。郭璞注云：「宫謂圍繞之。禮記曰君爲廬宫之是也。」郭引禮記見喪服大記，鄭玄彼注云：「宫謂圍障之也。」郭即用鄭義注爾雅。本文「宫天地」，猶原道篇所謂「包裹天地」，非以天地爲宫室也。「懷」當讀如書堯典「懷山襄陵」之「懷」。僞孔傳訓「懷」爲「包」，孔穎達疏申傳云：「懷藏包裹之義，故懷爲包也。」天地且在所包裹，萬物更無論矣。故本文「懷萬物」，又猶原道篇所謂「呴諭覆育萬物羣生」也。蓋本文雖託言於寓形之人，而實以言道。高氏釋懷爲囊，其義尚近，釋宫爲宫室，似失之矣。〇何寧云：「宫」當作「官」，陳説是也。管子宙合篇房注云：「官，主也。」此官天地，謂主宰天地也。〇雙棣按：馬説宫義爲圍繞，是。清人劉玉麐爾雅補注殘本已用説此義。莊子作「官」，乃與「府」相對，此處作「宫」，是與「懷」相對，淮南不必如莊子也。

〔一五〕【高注】造化，陰陽也。與之相朋友。

〔一六〕【高注】外直偶與人同形，而内有大道也。

【箋釋】俞樾云：偶與寓通，言特寄寓於人之形耳。高注曰「外直偶與人同形」，則增出「同」字矣。

〔一七〕【高注】九謂九天。一，鼂也。觀九天之變，鑽鼂占兆，所不知事亦云然也。

【箋釋】俞樾云：高説迂曲。九、一皆以數言也。數始於一而極於九，至十則復爲一矣。素問三部九候論曰：「天地之至數，始於一，終於九焉。」是其義也。故古人之言，凡至少者，以一言之，如孟子「一杯水」，「一鉤金」是也。至多者，以九言之，如公羊傳「叛者九國」是也。觀九鑽一，言所觀覽者多，而所鑽擘者少也。精神篇曰：「能知一，則無一之不知也。不能知一，則無一之能知也。」是其義。○馬宗霍云：知之所不知，上「知」字當讀爲「智」。○蔣禮鴻云：高注非是，此當讀「觀九鑽」句，「一知之所不知」句。此云直偶於人形，即莊子德充符之「寓六骸」；觀九鑽，即莊子之「象耳目」。觀者，形觀，九鑽即九竅，精神篇所謂「人亦四支五藏九竅三百六十節」（今本作三百六十六節，依王念孫説删六字）是也。觀九鑽者，言以九竅爲形觀耳。友人任善銘曰：觀即五官之官。大戴記文王官人即觀人，「官、觀」互通。○雙棣按：諸説難通。此「一」謂「道」。觀九鑽一者，猶觀九天之變入于道中也。「之」猶「其」也，知之所不知，猶知其所不知也。

〔一八〕【高注】心未嘗死者，謂心生與道同者也，不與觀九鑽一等也。

【箋釋】楊樹達云：莊子德充符篇云：「夫保始之徵，不懼之實，勇士一人，雄入於九軍，將求名而能自要者尚猶若是，而況官天地，府萬物，直寓六骸，象耳目，一知之所知，而心未嘗死者乎？」此淮南文所本。○雙棣按：自「又況夫」至「而心未嘗死者乎」爲一句，語意一以貫之，不得以「心未嘗死者」與「觀九鑽一」相比，高注之謬顯然。

【用韻】「地、化、和」歌部，「一、死」質脂通韻。

〔一九〕【高注】雍門子，名周，善彈琴，又善哭。雍門，齊西門也。居近之，因以爲氏。哭，猶歌也。見，猶感。孟嘗君，齊相田文。

【版本】茅本、汪本、張本、黄本注「周」作「固」，餘本同藏本。王溥本、茅本、汪本、莊本、集解本注「感」下有「也」字，景宋本、朱本、葉本同藏本。

【箋釋】于大成云：竊謂「見」之訓「感」，它書無所見，高氏此注，推其文意而爲此説耳。此「見」字當讀賢遍反。

〔二〇〕【高注】增，重也。歍唈，失聲也。狼戾，猶交横也。歍，讀鴛鴦之鴦也。唈，讀左傳嬖人婤始之始。

【版本】王溥本（並注）、王鎣本、葉本（並注）、吴本「歍」作「歍」。藏本注「嬖」下有「女」字，「婤」作「姻」，莊本、集解本無「女」字，作「婤」，今據删改，景宋本、王溥本、朱本、葉本同藏本。

【箋釋】楊樹達云：事詳説苑善説篇。孟子滕文公上篇云：「樂歲粒米狼戾。」趙注云：「狼戾，猶狼藉也。」〇雙棣按：左傳昭公七年：「嬖人婤始生孟縶。」莊本據左傳删「女」字，改「姻」爲「婤」，今從之。

〔二一〕【高注】言能以精誠哀悲感傷人心，不可學而得之，故曰不傳之道也。

【版本】葉本注「誠」作「成」，莊本、集解本作「神」，景宋本、王溥本、朱本、茅本、汪本同藏本。

【箋釋】鄭良樹云：此言至誠之感哀人心，然則此「精神」疑當作「精誠」，故高注云「言能以精誠哀悲感傷人心」，字正作「精誠」，可證。○于大成云：鄭説是也。文子精誠篇襲此文，正作「精誠形乎内，而外喻於人心」。又高注復舉正文，「不傳之道」下有「也」字，則正文亦當有「也」字。文子精誠篇襲此文，正有「也」字，此誤奪。

〔二二〕【高注】君形者，言至精爲形也。

【版本】張本、黄本注作「君形者，精神也」。

【箋釋】顧廣圻云：注「爲形」下當補「君」字。○曾國藩云：君形者，主宰乎形骸者也。○馬宗霍云：高氏此注未了。余謂君形者猶言爲形之君。君者何，即上文所謂「不傳之道」也。道者内也，形者外也。道不可見，俗人僅見其外形而欲效之，即所謂效其容也。上文又云「直偶於人形」，高注「外直偶與人同形而内有大道也」。又云「而心未嘗死者乎」，高注「心未嘗死者，謂心生與道同者也」。彼兩注可與此互證。○何寧云：顧説是也。説山篇「君形者亡焉」，高注：「生氣者，人形之君。」彼言生氣爲形君，此言至精爲形君。下文高注：「君，主。」

【用韻】「道、笑」幽宵合韻。

〔二三〕【高注】蒲且子，楚人善弋射者。七尺曰仞也。

【箋釋】桂馥云：連，以孅繳牽連之也。文選子虚賦：「微矰出，孅繳施，弋白鵠，連駕鵝。」李善云：「言既弋白鵠，而因連駕鵝也。」李以爲連及，非是。○雙棣按：説文謂八尺曰仞，此云七尺爲仞，各自爲説，蓋自古不同耳。參原道篇六三頁注〔一九〕。

〔二四〕【高注】詹何，楚人知道術者也。言其善鉤，令魚馳騖來趨鉤餌，故曰騖魚。得其精微，故曰太浩之和也。

【版本】景宋本、茅本、汪本、張本、黄本、莊本、集解本注「善鉤」作「善釣」，王溥本、朱本、葉本同藏本。

【箋釋】于大成云：注文上「鉤」字當作「釣」，涉下「鉤」字而誤也。

【用韻】「上、中」陽冬合韻。

夫物類之相應，玄妙深微，知不能論〔一〕，辯不能解，故東風至而酒湛溢〔二〕，蠶咡絲而商弦絶，或感之也〔三〕。畫隨灰而月運闕，鯨魚死而彗星出，或動之也〔四〕。故聖人在位，懷道而不言，澤及萬民〔五〕。君臣乖心，則背譎見於天，神氣相應徵矣〔六〕。故山雲草莽，水雲魚鱗〔七〕，旱雲煙火，涔雲波水，各像其形類，所以感之〔八〕。夫陽燧取火於日，方諸取露於月〔九〕，天地之間，巧歷不能舉其數〔一〇〕，手徵忽怳，不能覽其光〔一一〕。然以掌握之中，引類於太極之上〔一二〕，而水火可立致者，陰陽同氣相動也〔一三〕。此傅説之所以騎辰尾也〔一四〕。

故至陰飂飂，至陽赫赫，兩者交接成和而萬物生焉。衆雄而無雌，又何化之所能造乎？所謂不言之辯、不道之道也〔一五〕。故召遠者使無爲焉〔一六〕，親近者使無事焉〔一七〕。惟夜行者爲能有之〔一八〕。故却走馬以糞，而車軌不接於遠方之外〔一九〕。是謂坐馳陸沈，晝冥宵明〔二〇〕，以冬鑠膠，以夏造冰〔二一〕。

天道者，無私就也，無私去也，能者有餘，拙者不足〔二二〕，順之者利，逆之者凶〔二三〕。譬如隋侯之珠，和氏之璧，得之者富，失之者貧〔二四〕。得失之度，深微窈冥，難以知論，不可以辯說也。

何以知其然？今夫地黄主屬骨，而甘草主生肉之藥也。以其屬骨，責其生肉；以其生肉，論其屬骨；是猶王孫綽之欲倍偏枯之藥，而欲以生殊死之人，亦可謂失論矣〔二五〕。若夫以火能焦木也，因使銷金，則道行矣。若以磁石之能連鐵也，而求其引瓦，則難矣〔二六〕。物固不可以輕重論也。夫燧之取火於日〔二七〕，磁石之引鐵，蟹之敗漆〔二八〕，葵之鄉日，雖有明智弗能然也〔二九〕。故耳目之察，不足以分物理；心意之論，不足以定是非〔三〇〕。故以智爲治者，難以持國，唯通于太和而持自然之應者，爲能有之〔三一〕。故嶢山崩而薄落之水涸〔三二〕，區治生而淳鈞之劍成〔三三〕；紂爲無道，左强在側〔三四〕；太公並世，故武王之功立〔三五〕。由是觀之，利害之路，禍福之門，不可求而得也〔三六〕。

校釋

〔一〕【箋釋】俞樾云：論者，知也。說山篇「以小明大，以近論遠」，高注曰：「論，知也。」此「論」字不訓爲「知」，蓋以正文已有「知」字故耳。不知正文「知」字當讀爲「智」，「知不能論」，謂智者不能知也。説文心部：「惀，欲知之皃。」「論」與「惀」通。○劉文典云：下文「得失之度，深微窈冥，難以知論，不可以辯説也」，與此文義正同，而「論」字與「説」字對文，則此文之「論」亦不當訓「知」。俞説未安，不可從也。○向承周云：俞説自通。下文「知論」連文，「辯説」連文，猶云難以智知，不可以辯解也。

〔二〕【高注】東風，木風也。酒湛，清酒也。米物下湛，故曰湛，木味酸，酸風入酒，故酒酢而湛者沸溢，物類相感也。

【版本】藏本注「酢」作「醉」，景宋本、集解本作「酢」，今據改，王溥本、朱本、茅本、葉本、汪本、莊本同藏本。

【箋釋】王念孫云：如高説以酒湛爲清酒，則當言「湛酒溢」，不當言「酒湛溢」，故又申之曰「酒酢而湛者沸溢」，（酢即酸也，今本作「醉」，乃後人所改，文選七啟注、太平御覽天部九引此，並作「酢」，今據改。）殆失之迂矣。今案：「湛溢」二字當連讀，湛與淫同。（爾雅「久雨謂之淫」，論衡明雩篇「久雨爲湛」，湛即淫也。「湛」字或作「沈」，微子「我用沈酗於酒」，沈酗即淫酗。史記宋世家「紂沈湎於酒」，太史公自序「帝辛湛湎」，楊雄光禄勳箴「桀紂淫湎」，淫湎即湛湎。樂書「流沔沈佚」，沈佚即淫佚。「淫」與「湛、沈」義同而字相通。考工記㡛氏「淫之以蜃」，杜子春云：「淫當爲湛。」齊語「擇其淫亂者而先征之」，管子小匡篇「淫」作「沈」。莊子天下篇「禹沐甚雨」，崔譔本「甚」作「湛」，音淫。淮南脩務篇作「禹沐淫雨」。）淫溢猶衍溢也。酒性溫，故東風至而酒爲之加長，春秋繁露同類相動篇曰：「水得夜益長數分，東風而酒湛溢，故陽益陽而陰益陰。」義與此同也。○李哲明云：王氏不從高説，亦甚覈辨。竊尋下文商弦絶以次，句法相配，當作「湛酒」，文乃匀稱，蓋誤倒耳。「湛酒」即周禮天官之「沈齊」，注云「沈者，成而滓沈，如今造清矣」是也。「湛」借爲「沉」，音近，故古書往往通假。漢書禮樂、郊祀、五行等注，並云「湛，讀曰沈」，是其例也。○陶方琦云：太平廣記引淮南正文作「酒汎溢」。太平廣記一百九十一、御覽九、事類賦風部引許注：「東方，震方也。酒汎，清酒也。（御覽引作「清酌酒也」。）木味酸，相感故也。」按：二注文同，小有詳略，然皆許也。（廣記乃約文。）太平廣記引許注後又引高誘注云：「酒汎爲米麪麴之汎者，風至而沸動。」此乃高注，故與許注文異，益知今高注本中羼入許注不少，惜無明證釐出之也。「汎」字今高本作「湛」，（論衡亂龍篇引作「湛」。）蓋「汎」字乃「沉」字之誤文，「沈、湛」古通。○劉文典云：文選七啟注引此文及高注「湛」亦作「汎」。

〔三〕【高注】老蠶上下絲於口，故曰咡絲。新絲出，故絲脆。商於五音最細而急，故絶也。咡或作珥。蠶老時，絲在身中正黄，達見于外如珥也。商，西方金音也。蠶，午火也。火壯金囚，應商而已，或有新故相感者也。

【版本】莊本、集解本注「金囚」作「金困」，景宋本「囚」作「因」，王溥本、朱本、茅本、葉本同藏本。汪本注「而已」作「而絶」。

【箋釋】吴承仕云：景宋本「金困」作「金囚」，朱本作「金囚」。案：「金囚」是也。地形篇：「木壯、水老、火生、金囚、土死。」緯書説五行更王，壯作王，老作休，生作相。名異而實同。注依淮南地形説，故云「火壯金囚」，此五行相勝之舊義也。形近誤作「困」，失之遠矣。又案：應商而已，「已」當作「絶」，謂火壯金囚，故商金應之而絶也。「已」即「絶」字之壞。爾雅翼引注「困」正作「囚」，「已」正作「絶」。○馬宗霍云：天文篇亦有此語，字正作「珥」。高氏彼注先就從玉之珥爲説，又云「一曰弄絲於口」。案：「弄絲於口」，即此注所謂「上下絲於口」也。「珥」、「咡」字異義别。但彼注僅以一曰别其義，而不云「珥或作咡」，得此可以互照。○雙棣按：天文篇之「一曰」與此正同，又可見「一曰」非必許注也。

【用韻】「微、論」微文通韻，「溢、絶」錫月合韻。

〔四〕【高注】運，讀運圍之圍也。運者，軍也。將有軍事相圍守，則月運出也。以蘆草灰隨牖下月光中令圜畫，缺其一面，則月運亦缺於上也。鯨魚，大魚，蓋長數里，死於海邊。魚之身賤也。彗星爲變異，人之害也。類相動也。

【版本】藏本注「運圍」作「連圍」，朱本作「運圍」，今據改，餘本同藏本。茅本、汪本、張本、莊本注無「蓋」字。

【箋釋】莊逵吉云：太平御覽引許慎注云：「有軍事相圍守，則月暈。以蘆灰環，闕其一面，則月暈亦闕於上。」○陶方琦云：初學記一，御覽四、八百七十一，事類賦月部，歲華記麗注三，藝文類聚月類，白帖引許注：「有軍事相圍守，則月暈，以蘆灰隨暈環，闕其一面，則月暈亦闕於上。」按：「運者，軍也」以下，或即許注羼入高注中者。許作暈，説文：「暈，日月氣也。」漢書天文志如淳曰：「暈，讀曰運。」則高本作「運」亦合也。呂覽明理篇「有暈珥」，高注「氣圍繞日周帀，有似軍營相圍守，故曰暈也。」運作圍解，與此注同。博物志引：「凡月暈隨灰畫之，隨所畫而闕，淮南子云，未詳其法。」○易順鼎云：一切經音義卷八十一引許注：「鯨魚，海中最大魚也。」按：今注乃高注，實本許義，互見天文篇。○劉文典云：「暈」，説文新附古作「煇」，作「運」。則高本作「運」是也。北堂書鈔百五十引作「暈」。○陶鴻慶云：「隨」當作「墮」，本作「陸」。方言：「陸，壞也。」高注云：「以蘆草灰隨牖下月光中，令圜畫，缺其一面，則月運亦缺於上也。」謂先成圜畫，復毀壞之令缺也。今本作「隨」，即涉注文而誤。○吴承仕云：注當云「運讀運圍之運」。漢書天文志：「兩軍相當，日暈圍在中中勝，在外外勝。」注意蓋謂此之「月運」字讀與天文志「暈圍」之「暈」同，（暈、運音同。）作音兼釋義也。脂、諄對轉，運、圍雖可相通，然天文志「暈圍」列爲二名，名實並殊，即不得讀運爲圍矣。史記天官書集解引如淳曰：「暈讀曰運。」此舊來「運」無「圍」音之證。○王叔岷云：北山録八論業理第十三注、事文類聚前集二、天中記以引「運」並作「暈」，又引許注云：「有軍事相圍守，則月暈。以蘆灰爲環，闕其一面則月暈亦闕於上。」

【用韻】「闕、出」月物合韻。

〔五〕【高注】聖人行自然無爲之道，故澤及萬民也。

【版本】王溥本、王鎣本、吴本無「而」字，餘本同藏本。

【箋釋】陶鴻慶云：「而」字當在「澤及萬民」句上。懷道不言而澤及萬民，與管子形勢篇「抱蜀不言而廟堂既修」，文同一例。

〔六〕【高注】日旁五色氣，在兩邊外出爲背，外向爲譎，内向爲珥，在上外出爲冠也。

【版本】王溥本、王鎣本無「相」字，餘本同藏本。

【箋釋】雙棣按：吕氏春秋明理篇作「倍僪」，高注云：「倍僪、暈珥，皆日旁之危氣也；在兩旁反出爲倍，在上反出爲僪，在上内向爲冠，兩旁内向爲珥。」與此注小異。

〔七〕【高注】山中氣出，雲似草莽；水氣出，雲似魚鱗。

【版本】藏本注「莽」作「木」，景宋本、茅本、張本、莊本、集解本作「莽」，今據改，王溥本、朱本、葉本同藏本。

〔八〕【高注】旱雲，亢陽氣，似煙火。涔，大濇水也。雲出於涔，似波水也。

【版本】茅本、汪本、張本、黄本、莊本、集解本「像」作「象」，景宋本、王溥本、王鎣本、朱本、葉本、吴本同藏本。

【箋釋】王引之云：「煙」當爲「熛」，字之誤也。（高注同。）説文：「熛，火飛也。讀若標。」一切經音義十四引三蒼曰：「熛，迸火也。」「旱雲熛火，涔雲波水」，猶言旱雲如火，涔雲如水耳。「熛火」與「波水」對文，若作「煙火」，則與下句不類矣。○楊樹達云：「煙」字不誤，王校非也。說文火部云：「煙，火氣也。」煙爲火氣，故云煙火，猶波爲水文，下句云波水也。煙火與波水文正相對，王云與下句不類，非也。主術篇云：「飛鳥之歸若雲煙。」惟煙與雲類，故彼文以雲煙連言，而此文以煙擬雲。若熛爲迸火，豈有雲而類火之迸散者乎？王氏亦知其義難通也，則云：「旱雲煙火，涔雲波水，猶言旱雲如火，涔雲如水」，果如其說，則上文「山雲草莽，水雲魚鱗」，亦可云山雲如莽，水雲如鱗乎？且此文本之呂氏春秋應同篇，彼文亦云煙火，尤其明證。王氏既校改此文，又欲改呂氏春秋之文，必欲盡滅其跡而後已，可謂蔽之甚者矣。○劉文典與楊說同。○于省吾云：說林篇「宮池涔則溢」注：「涔，多水也。」莊子大宗師「滀乎進我色也」，釋文引簡文注：「滀，聚也。」達生「忿滀之氣」，釋文引李注：「滀，結聚也。」涔雲謂含雨醲厚之雲也。注謂雲出於涔，似於本義未符。涔雲與上句旱雲對文，以是明之。○雙棣按：于說是，呂氏春秋應同篇「涔雲」作「雨雲」，可證于說。

【用韻】「火、水、類」微物通韻。

〔九〕【高注】夫讀大夫之夫，已說在上。一說水火從太極來，在人手中，非所能說知。

【版本】景宋本、集解本注「非」下有「人」字，王溥本、朱本、葉本、莊本同藏本。

【箋釋】王念孫云：「夫陽隧」本作「夫隧」，今本有「陽」字者，後人所加也。彼蓋誤以夫爲語詞，又以天文篇「陽隧見日則然而爲火，方諸見月則津而爲水」，故加入「陽」字。不知夫隧即陽隧也。「夫隧」與「方諸」相對爲文，周官司烜氏「掌以夫遂取明火於日」，（遂與隧同。）鄭注曰：「夫遂，陽遂也。」下文云「夫隧之取火，慈石之引鐵」，並以「夫隧」二字連文，故高注云「夫讀大夫之夫」，則「夫」非語詞明矣。○楊樹達云：説文金部云：「鐩，陽鐩也。從金，隊聲。」「燧」乃「鐩」之或字。

【用韻】「日、月」質月合韻。

〔一〇〕【高注】巧，工也。天地之間，物類相感者衆多，雖工爲歷數者，不能悉舉其數也。

【版本】莊本、集解本正文及注「歷」作「曆」。

〔一一〕【高注】言手雖覽得微物，不能得其光。一説，天道廣大，手雖能徵其忽怳無形者，不能覽得日月之光也。

【箋釋】陳昌齊云：「手徵」，據文選陸機擬古詩注引作「手微」。○于鬯云：「覽」讀爲「擥」，説文手部云：「擥，撮持也。」故高注云：「言手雖覽得微物，不能得其光。」注中「覽」亦「擥」字。或體作「擥、攬」。○吴承仕云：文選陸士衡擬古詩注引「天道廣遠」以下二十三字，題爲高誘注。然則一説以上十二字，乃許慎注也。義同而文句繁簡異耳。○楊樹達謂「覽」讀爲「擥」，與于鬯説同，又云：注云「手雖覽得微物，不能得其光」，是正文當作「手微」。一説云「手雖能徵其忽怳」，則又自作「徵」。文選陸士衡擬古詩注引「天道廣遠」以下云云，題爲高誘注，然則前説乃許慎注，許本作「微」也。友人吴君檢齋著淮南舊注校理，謂二説義同而文句繁簡異。愚謂二說「微、徵」文異，說自不同，吴君偶失之。○于省吾云：徵謂驗也。「覽」應讀作「攬」，廣雅釋詁：「攬，持也。」注謂不能覽得日月之光，是亦讀「覽」爲「攬」。言以手驗之，則忽怳莫測，不能覽得日月之光也。○蔣禮鴻云：注二説皆晦曲難解。惟據前説，則淮南本作「微」。蓋作「微」者是也。「手徵」二字當爲「玄微」之誤。「玄」字隸書作「[illegible]」，與手形近，因誤爲手。覽其光者，覽即覽冥之覽，謂觀覽也。「光」當爲「兆」或「兂」之形誤。篆文「光」作「灮」，與「兆兂」皆相近。説文「朕」字從舟兂聲，兂即朕之省形存聲字也。玄微忽怳不能覽其兆或朕者，即上文所云物類之相應，玄妙深微，知不能論，辯不能解也。○雙棣按：文選擬古詩注引淮南正文及高誘注「覽」作「攬」。

【用韻】「怳、光」陽部。

〔二二〕【高注】太極，天地始形之時也。上猶初也。

〔二三〕【高注】動，猶化也。

【箋釋】劉績云：自「陽燧」至此，言取火水於日月者，天地玄遠難測，人手不能探，然以掌握，而即取水火於天上者，氣相引動也。○俞樾云：高氏注「太極之上」曰：「太極，天地始形之時也。上猶初也。」此説殊失其義。周易繫辭傳「易有太極」，釋文曰：「太極，天也。」然則「太極之上」，言天之上也。上文曰「夫陽燧取火於日，方諸取露於月」，此云取類於太極之上，而水火可立致，即以取火於日，取露於月而言。日月麗乎天，故曰「太極之上」也。注以爲天地始形之初，則與上義不相屬矣。○何寧云：周易繫辭傳「易有太極，是生兩儀」，正義曰：「太極謂天地未分之前，元氣混而爲一，即是太初太一也。故老子云道生一，即此太極是也。又謂混元既分，即有天地，故曰太極生兩儀。」又「大衍之數五十」，正義引馬季長曰：「易有太極，謂北辰也。太極生兩儀，兩儀生日月。」據此，天地乃兩儀，非太極也。繫辭傳注云：「夫有必始於無，故太極生兩儀也。太極者，無稱之稱，不可得而名也。」故陸德明釋文云：「太極，无也。」俞謂釋文云「太極，天也」，「天」字當是「无」字之誤。俞氏據誤本爲説，亦疏矣。竊謂此「太極之上」即由無生有之義，與上文「玄妙深微」相應，不當以日月實之。

【用韻】「上、動」陽東合韻。

〔一四〕【高注】言殷王武丁夢得賢人，使工寫其像，旁求之，得傅説於傅巖，遂以爲相。爲高宗成八十一符，致中興也。死託精於辰尾之星。一名天策也。

【版本】茅本、汪本、莊本、集解本注「像」作「象」。茅本、汪本、張本、黄本、莊本、集解本注「辰尾之星」無「之」字，餘本同藏本。藏本注「策」上無「天」字，景宋本、茅本、汪本、莊本、集解本有，今據補，王溥本、朱本、葉本同藏本。

【箋釋】楊樹達云：莊子大宗師篇云：「傅説得之以相武丁，奄有天下，乘東維騎箕尾而比於列星。」此淮南所本。

〔一五〕【用韻】「造、道」幽部。

〔一六〕【高注】遠者，四夷也。欲致化四夷者，當以無爲。無爲，則夷荒自至也。

【版本】王溥本注無下「無爲」二字，「自」下有「遠而」二字，餘本（除張本、黄本有删節外）同藏本。

〔一七〕【高注】近者，諸夏也。欲親近者，當以無事。無事，則近人自親附之。

【箋釋】王念孫云：高説非也。「親近者使無事焉」，「使」當作「言」，無爲、無事，猶今人言「無用」也。此言使不足以召遠，言不足以親近，惟誠足以動之耳。今本「言」作「使」者，涉上句「使」字而誤，高云「欲親近者當以無事」，「以」字正釋「使」字，則所見本已誤作「使」。管子形勢篇曰：「召遠者使無爲焉，親近者言無事焉。唯夜行者獨有之也。」（形勢解曰：「民利之則來，害之則去，故欲民者，先起其利，雖不召而民自至。設其所惡，雖召之而民不來也。故曰『召遠者使無爲焉』。道之純厚，遇之有實，雖不言曰吾親民，而民親矣。道之不厚，遇之無實，雖言曰吾親民，民不親也。故曰『親近者言無事焉』。所謂夜行者，心行也。能心行，行德天下，莫能與之争矣。故曰『唯夜行者獨有之』也。」）此即淮南所本。文子精誠篇曰：「夫召遠者使無爲焉，親近者言無事焉，唯夜行者能有之。」又本於淮南也。（或謂文子所用乃管子之文，非淮南之文。今知不然者，淮南唯此五句與管子同，其上下文皆管子所無也。文子上下文皆與淮南同，則皆本於淮南明矣。又管子「唯夜行者獨有之」，淮南作「惟夜行者爲能有之」，文子與淮南同。是此五句亦本於淮南，非本於管子也。）○陶鴻慶謂「使無事焉」之「使」當作「言」，與王説同。○

雙棣按：王説是，下「使」字涉上而誤。上「使」字乃「使者」之義。召四夷以使者而無用也，猶親近以言語而無用。「使」、「言」皆名詞。

〔一八〕【高注】夜行，諭陰行也。陰行神化，故能有天下也。一説：言入道者，如夜行幽冥之中，爲能有召遠親近之道也。

【箋釋】徐時棟云：蓋高氏亦不深達「夜行」之語，故存兩説。按：「夜行」二字甚奇，而於上文義不貫通。所注别説，固是妄語。即高自注亦復難通。蓋「夜行」者，古論道書名也。鶡冠子有夜行篇，蓋闡發是書之義，即以名篇。篇末曰：「故聖人貴夜行。」又其武靈王篇曰：「昔夏廣而湯狹，殷大而周小，越弱而吴强，此所謂不戰而勝，善之善者也。此陰經之法，夜行之道，天武之類也。」其云不戰而勝，與淮南子説「無爲無事」絶相類，而同稱夜行。其稱夜行，與陰經連類並舉，是「夜行」之爲古論道書無疑也。陸佃注鶡冠子云：「陰經，黄帝之書也。」「夜行」無注，亦不知「夜行」爲古書名耳。愚讀鶡冠子亦未敢定其爲書名，至讀淮南子始決。○于省吾云：上文「故召遠者使無爲焉，親近者使無事焉」，如以陰行爲言，不知陰行亦須行也。與無爲、無事之義不相應。「夜」應讀作「舍」，説文：「夜，舍也。」天下休舍也，「夜、舍」疊韻。墨子非儒下「隱知豫力」，孫詒讓讀「豫」爲「舍」，「豫、夜」古字通。易「豫卦」歸藏作「夜卦」，（詳易經新證。）「豫」可讀爲「舍」，則「夜」可讀作「舍」明矣。惟舍行者爲能有之，言惟釋去其行者爲能有之也，舍行與無爲、無事之義，正相涵也。○何寧云：上句「親近者使無事焉」，王念孫云「使當作言，無爲無事，猶今人言無用也」，王校甚塙。于謂「陰行」與「無爲」、「無事」義不相應，而「夜」應讀作「舍」，似未讀王氏襍志。管子形勢篇房注，「夜行」亦訓陰行，即本高注。○雙棣按：管子形勢解謂「夜行者，心行也」，其説是。心行即内心行道而非用「使」、用「言」，而能召遠親近。參看李學勤論先秦道家的夜行。

【用韻】「事、有」之部。

〔一九〕【高注】却走馬以糞，老子辭也。止馬不以走，但以糞。糞田也。行至德之効也。一説：國君無道，則戎馬生於郊；無事，止走馬以糞田也，故兵車之軌不接遠方之外。兩輪之間爲軌也。

【版本】莊本、集解本注「辭」作「詞」。藏本注上「田」字作「曰」，各本均作「田」，今據改。

【箋釋】雙棣按：注上「糞田」上當有「糞」字。此句爲：「止馬不以走，但以糞。糞，糞田也。」先釋「却走馬以糞」，再解糞字之義。文選張景陽七命注引王弼曰：「天下有道，修於田而已，故却走馬以糞田。」却走馬以糞，正釋夜行以召遠親近之義。此見老子第四十六章。

〔二〇〕【高注】言坐行神化，疾於馳傳，沈浮冥明，與道合也。

【箋釋】劉績云：「坐馳」謂坐本非馳行也，而爲馳行，言其反也。下皆仿此。

〔二一〕【高注】言以非時鑠膠造冰，難成之也。

【版本】藏本此注在下文「不足」下，據文義移此。

【箋釋】陶鴻慶云：四句與上下文義不相屬。高注云：「言坐行神化，疾於馳傳，沈浮冥明，與道合也。」是以上二句屬上爲義也，然泰族訓以「晝暝宵光」爲反常逆理之徵，而莊子人間世云：「瞻彼闋者，虚室生白，吉祥止止。夫且不止，是之謂坐馳。」論衡謝短篇云：「知古而不知今，謂之陸沉。」是二句皆無勝義。注説殊爲不倫。疑「是謂坐馳陸沉，晝冥宵明」十字，當在「以冬鑠膠，以夏造冰」之下。上文云：「故却走馬以糞，而車軌不接於遠方之外。」言行道者之有功也。此云：「以冬鑠膠，以夏造冰，是謂坐馳陸沈，晝冥宵明。」言失時者之無成也。下文云：「夫道者，無私就也，無私去也，能者有餘，拙者不足，順之者利，逆之者凶。」正申説此義。文子精誠篇引上下文與淮南同，惟無「晝冥宵明」以下十二字，疑亦有脱誤。○楊樹達云：「是謂」以下與上文語意不貫，疑上當有脱文。

【用韻】「明、冰」陽蒸合韻。

〔二二〕【高注】天道無私就去，能行道，功有餘也。

【版本】藏本「天」作「夫」，王溥本、王鎣本、朱本、吴本作「天」，今據改，餘本同藏本。

【箋釋】劉文典云：「夫」當爲「天」，字之誤也。文子精誠篇、御覽二十七引此文並作「天道」，是其證也。高注「天道無私就去」，是所見本正作「天道」。主術篇：「天道玄默，無容無則。」是「天道」二字見於本書者。又御覽引注作「能行道者有餘，不能者不足」。○王叔岷云：御覽二七引作「天道無私就，無私去」。○鄭良樹云：喻林一引此亦作「天道」。

〔二三〕【用韻】「道、就、去」幽魚合韻，「足、凶」屋東通韻。

〔二四〕【高注】隋侯，漢東之國，姬姓諸侯也。隋侯見大蛇傷斷，以藥傅之，後蛇於江中銜大珠以報之，因曰隋侯之珠，蓋明月珠也。楚人卞和得美玉璞於荊山之下，以獻武王，王以示玉人，玉人以爲石，刖其左足。文王即位，復獻之，以爲石，刖其右足。抱璞不釋而泣血。及成王即位，又獻之。成王曰：「先君輕刖而重剖石。」遂剖視之，果得美玉，以爲璧，蓋純白夜光。文王在春秋前，成王不以告，故不書也。

【版本】茅本、汪本注無「文王」至「不書」十四字（張本、黄本全注無），景宋本、王溥本、朱本、葉本、莊本、集解本同藏本。

【箋釋】莊逵吉云：「文王」至「不書」十四字，葉近山、茅一桂二本皆有，藏本無，今增入。○劉文典云：文選西都賦注、南都賦注、劉超石答盧諶詩注、夏侯常侍誄注引，並作「得之而富，失之而貧」。又按：西都賦注、南都賦注引高注，「漢東」皆作「漢中」，「以藥傅」下有「而塗」二字，（夏侯常侍誄注同。）「江中」作「夜中」。惟夏侯常侍誄注作「大江中」，與今注合，疑後人所改也。○王叔岷云：文選劉超石答盧諶詩注引「隋侯」作「隨侯」，引注「以藥傅」下有「而塗」二字，「江中」作「夜中」。○于大成云：文選班孟堅西都賦注、張平子南都賦注、四愁詩注、曹子建與楊德祖書注、潘安仁夏侯常侍誄注、後漢書班固傳注、御覽四百七十二引「隋侯」並作「隨侯」，注同。此即左氏桓六年傳鬬伯比所謂「漢東之國隨爲大」者。古隨國皆作「隨」，至隋文帝始改作「隋」。此文作「隋」，作「漢中」，皆後人妄改。又御覽四百七十二引亦作「得之而富，失之而貧」。○雙棣按：韓非子和氏篇謂和氏獻玉璞於楚厲王、武王、文王，論衡變動篇與之不同。漢書鄒陽傳及後漢書孔融傳、陳元傳注無厲王而有成王，與此注相合。脩務篇注則只云武王、文王。又：莊謂藏本注無「文王」至「不書」十四字，非是，藏本實有此十四字；莊謂茅本有此十四字，亦非是，茅本確無此十四字，莊氏校之疏矣。

〔二五〕【高注】王孫綽，蓋周人也。一曰：衛人王孫賈之後也。言一劑藥愈偏枯之病，欲倍其劑，以生已死之人也。

【版本】藏本注無「一曰」之「一」字，景宋本、莊本、集解本有，今據補，王溥本作「或」，朱本、葉本同藏本。茅本、汪本、張本、黄本、莊本、集解本注末無「也」字，餘本同藏本。

【箋釋】王念孫云：下「欲」字因上「欲」字而衍。「欲倍偏枯之藥而以生殊死之人」作一句讀，不當更有「欲」字。高注曰「欲倍其劑，以生已死之人」，則無下「欲」字明矣。○劉文典云：御覽九百八十四引注云：「王孫綽，魯人也。」疑許君注也。○楊樹達云：吕氏春秋别類篇云：「魯人有公孫綽者，告人曰：『我能起死人。』人問其故，對曰：『我固能治偏枯，今吾倍吾所以爲偏枯之藥，則可以起死人矣。』」此淮南所本。按吕氏春秋明云魯人，而注云周人，又云衛人，蓋高氏先訓淮南，後釋吕覽，（見高氏吕氏春秋序。）故彼注引淮南記，而此與吕覽不合也。○馬宗霍云：本文高注不解「失論」，余謂「論」通作「倫」。禮記王制篇「必即天論」鄭玄注、荀子性惡篇「少言則徑而省論而法」楊倞注，並云：「論或爲倫。」儀禮公食大夫禮「倫膚七」，鄭玄注云：「今文倫或作論。」莊子齊物論「有倫有義」，陸德明釋文云：「倫，崔譔本作論。」皆「論」與「倫」相通之證。倫者，說文訓「輩也，一曰道也」。由道之一義引申則有理。論語微子篇「言中倫」何晏集解引包咸注、國語晉語「而以國倫數而遣之」韋昭注，皆云：「倫，理也。」本書精神篇「莫得其倫」，高氏彼注亦訓「倫」爲「理」。劉熙釋名釋典藝：「論，倫也。有倫理也。」案論、倫俱從侖聲。說文龠部云：「龠從品侖。侖，理也。」故「論」通作「倫」之訓爲「理」，實自侖聲而來。然則本文之「失論」，蓋言如上文王孫綽云云，亦可謂失其理。「論」非「論說」之「論」也。○向承周云：吕氏春秋别類篇云「魯人有公孫綽者」，御覽引注與吕氏合。高於吕注引「淮南記曰王孫綽」，是高非不知文出吕氏，而又以爲周人，蓋非其舊矣。○雙棣按：「以其屬骨，責其生肉；以其生肉，論其屬骨」，「責、論」對文，則「論」亦當與「責」義近。

〔二六〕【版本】莊本、集解本「磁」作「慈」，餘本同藏本。

【箋釋】劉文典云：連鐵，御覽七百六十七引作「運鐵」。○于省吾云：作「連」者是也。孟子梁惠王「從流下而忘反謂之連」注：「連，引也。」連鐵即引鐵也。下云「而求其引瓦則難矣」，引與連互文耳。○于大成云：于說是也。御覽引亦作「連鐵」，不作「運鐵」，劉氏失檢。喻林二十引亦作「連鐵」。

〔二七〕【版本】王溥本「燧」作「遂」，餘本同藏本。

【箋釋】王念孫云：「於日」二字，因上文「取火於日」而衍。夫燧之取火，慈石之引鐵，蟹之敗漆，葵之鄉日，各相對爲文，則此處不當有「於日」二字。○楊樹達云：夫燧必置於日下始能取火，故必云「取火於日」而其義始完。周禮秋官司烜氏云：「掌以夫遂取明火於日。」本篇上文云：「夫燧取火於日。」皆其證也。此與下文之引鐵、敗漆、鄉日事有不同，故立文亦不同。若删「於日」二字，則於義不備。又此文以「日、鐵、漆、日」爲韻，若無「於日」二字，則下三句皆有韻，而首句無韻矣。至「日」字再見者，古人不避重韻，詩經以下皆然，説詳余著古書疑義舉例續補。劉家立集證不知王校之誤，删去「於日」二字以從之，斯爲大謬矣。○雙棣按：王説是。「於日」二字當爲衍文，楊謂無「於日」二字則於義不備，未盡然。左傳文公十年：「命夙駕載燧。」杜預注：「燧，取火者。」即未注取火於日者。此儻有「於日」二字，則文句參差不齊，非淮南之風格。

〔二八〕【高注】以蟹置漆中，則敗壞不燥，不任用也。

【版本】莊本、集解本「磁」作「慈」。

【箋釋】于大成云：御覽九百四十二引注作「置蟹漆中，則漆敗也」，與今本高注意同而繁簡異，當是許注。

〔二九〕【高注】然，猶明也。

【箋釋】劉文典云：御覽九百四十二引，「雖有明智」，作「雖在明知」。○楊樹達云：「然」義不明，高説亦未諦。竊疑當讀爲「難」。文謂夫燧取火四事，證驗顯明，雖明智之士，不能駁難也。

說文火部：「然或作蘸，從艸，難聲。」「然、難」古音同，故得通用也。○王叔岷云：御覽引「在」乃「有」之誤。有、在形近易溷。○何寧云：「弗能然」，謂弗能明其所以然，故曰「然猶明也」。

〔三〇〕【用韻】「鐵、漆、日」質部，「理、非」之微合韻。

〔三一〕【高注】能有持國之術。

【用韻】「治、國、應、有」之職蒸通韻。

〔三二〕【高注】嶢山在雍州也，薄落水在馮翊臨晉，臨晉山窮相通也。一曰：薄落，涇水也。

【版本】藏本「落」下無「之」字，景宋本、汪本、吴本、張本、黄本、莊本、集解本有「之」字，今據補，王溥本、王鎣本、朱本、葉本同藏本。莊本、集解本注「臨晉」二字不重，景宋本、王溥本、朱本、葉本同藏本。王溥本、朱本注「窮」作「窟」。

【箋釋】于鬯云：「薄落之水」或即戰國策武靈王所謂「吾國東有河薄洛之水」者，則在齊趙之間。策亦高所注，顧不援以證此，而列在馮翊與涇水兩説爲解，儻以嶢山爲在雍州，取相近與，然玩文意，即隔東西遥相感應，亦似無害，要可備存。○劉文典云：初學記地部中引，「嶢」作「硝」。

〔三三〕【高注】區，讀歌謳之謳也。區，越人，善治劍工也。淳鈞，古大鋭劍也。

【版本】莊本、集解本正文及注「鈞」作「鉤」，餘本同藏本。

【箋釋】雙棣按：莊本改「鈞」爲「鉤」，非。王念孫有説，參脩務篇二一六五三頁注〔五四〕。

〔三四〕【高注】左强，紂之諛臣也，教紂無道，勸以貪淫也。

【箋釋】楊樹達云：史記龜策傳云：「紂有諛臣，名爲左彊，誇而目巧，教爲象郎。」「强、彊」字通。

〔三五〕【高注】立，成。

【用韻】「側、立」職緝合韻。

〔三六〕【高注】言其門户不可豫求而得知也，忽然來至，無形迹也。

【版本】藏本注「迹」作「逃」，王溥本作「迹」，今據改，景宋本、莊本、集解本作「兆」，朱本（「形逃」作「所逃」）、茅本、葉本、汪本同藏本。

【用韻】「路、得」鐸職合韻。

夫道之與德，若韋之與革，遠之則邇，近之則遠〔一〕，不得其道，若觀儵魚〔二〕。故聖若鏡，不將不迎〔三〕，應而不藏〔四〕，故萬化而無傷〔五〕。其得之乃失之，其失之，非乃得之也〔六〕。

今夫調弦者，叩宫宫應，彈角角動，此同聲相和者也〔七〕。夫有改調一弦，其於五音無所比，鼓之而二十五弦皆應，此未始異於聲，而音之君已形矣〔八〕。故通於太和者，惛若純醉而甘卧，以游其中，而不知其所由至也〔九〕。純温以淪，鈍悶以終，若未始出其宗〔一〇〕，是謂大通〔一一〕。

今夫赤螭、青虯之游冀州也〔一二〕，天清地定〔一三〕，毒獸不作，飛鳥不駭，入榛薄，食薦梅〔一四〕，噆味含甘，步不出頃畝之區，而蛇鱓輕之，以爲不能與之争於江海之中〔一五〕。若乃至於玄雲之素朝〔一六〕，陰陽交争，降扶風，雜凍雨，扶摇而登之〔一七〕，威動天地，聲震海内〔一八〕，蛇鱓著泥百仞之中〔一九〕，熊羆匍匐丘山磛巖〔二〇〕，虎豹襲穴而不敢咆〔二一〕，猨狖顛蹶而失木枝〔二二〕，又況直蛇鱓之類乎？鳳凰之翔至德也〔二三〕，雷霆不作，風雨不興，川谷不澹〔二四〕，草木不摇，而燕雀佼之，以爲不能與之争於宇宙之間〔二五〕。還至其曾逝萬仞之上，翺翔四海之外〔二六〕，過崑崙之疏圃，飲砥柱之湍瀨〔二七〕，邅回蒙汜之渚〔二八〕，尚佯冀州之際，徑躡都廣，入日抑節〔二九〕，羽翼弱水，暮宿風穴〔三〇〕。當此之時，鴻鵠鶬鸖莫不憚驚伏竄，注喙江裔〔三一〕，又況直燕雀之類乎？此明於小動之迹，而不知大節之所由者也。

校釋

〔一〕【高注】革之質象道，韋之質象德。欲遠去之，道反在人側；欲以事求之，去人已遠也。無事者近人，有事者遠人。

【版本】茅本、汪本、莊本、集解本注「遠去」作「去遠」，景宋本、王溥本、朱本、葉本同藏本。

【箋釋】劉績云：文子作「遠之則近，近之則疏，稽之不得，察之不虚」。○王念孫云：「近之則遠」，「遠」當作「疏」，此涉上句「遠」字而誤也。「德、革」爲韻，「疏、魚」爲韻，若作「遠」則失其韻矣。泰族篇「遠之則邇，延之則疏」，亦與「除、虛、餘」爲韻。泰族篇之「延」字當作「近」，今據泰族之「疏」字，以正此篇「遠」字之誤，並據此篇之「近」字，以正泰族「延」字之誤。文子精誠篇正作「近之即疏」。

〔二〕【高注】儵魚，小魚也。在水中可觀見。見而不可得，道亦如之。

【版本】景宋本、莊本、集解本「儵」作「鯈」，餘本同藏本。

【箋釋】雙棣按：莊子秋水曰：「儵魚出遊從容。」盧文弨云：「儵當作鯈。此書（指莊子）内多混用。」山海經北山經曰：「其中多箴魚，其狀如儵。」郝懿行云：「儵即鯈字。」北山經又曰：「其中多鮆魚，其狀如儵而赤麟。」郭璞注云：「小魚曰儵。」袁珂曰：「經文儵，宋本作鯈，儵、鯈字通。」鯈本魚名，説文：「鯈，魚名。從魚，攸聲。」儵本青黑色，説文：「儵，青黑繒縫白色也。從黑，攸聲。」二字同爲攸聲，故相通用。鯈，説文訓爲魚名。莊子秋水釋文云：「李音由，白魚也。一音篠，謂白鯈魚也。」成疏云：「儵魚，白儵也。」高此注爲小魚，與説文不同。郭璞北山經注蓋本之高注，廣韻尤韻「鯈，魚子」，蓋亦本之高注矣。

【用韻】「德、革」職部。

〔三〕【高注】將，送。

【版本】朱本「聖」下有「心」字（挖補）。

【箋釋】王念孫云：「聖」下脱「人」字，意林及太平御覽人事部四十二、服用部十九引此，並有「人」字。莊子應帝王篇「至人之用心若鏡」，文子精誠篇「是故聖人若鏡」，亦皆有「人」字。○王叔岷云：王校是也。天中記二四引此亦有「人」字。

〔四〕【高注】應猶隨也。謂鏡隨人形好醜，不有藏匿者也。

【版本】莊本、集解本注「有」作「自」，景宋本、王溥本、朱本、茅本、葉本、汪本同藏本。

【箋釋】楊樹達云：此文本莊子應帝王篇。郭注云：「來即應，去即止。」其説是也。不藏謂不藏物，非謂不自藏匿，高注説非。○雙棣按：藏本等「自」作「有」，正謂鏡不藏匿人形，莊本改爲「自」，義則非矣。

〔五〕【用韻】「鏡、迎、藏、傷」陽部。

〔六〕【高注】自謂得道，是乃失道者也；自謂失道，未必不得道也。

【版本】王溥本、王鎣本、朱本、吴本「其得之」、「其失之」下均有「也」字，下「乃」字上無「非」字，餘本同藏本。藏本注上「道」字缺，朱本不缺，今據補。朱本、張本、黄本、莊本、集解本注無「是」字，餘本同藏本。

【箋釋】王念孫云：「非」字義不可通，衍文也。高注云：「自謂失道，未必不得道也。」則無「非」字明矣。劉本作「其失之也，乃得之也」，此依文子精誠篇改。○俞樾云：「非」上脱「未始」二字，「非」下衍「乃」字，本作「其失之，未始非得之也」，故高注云：「自謂得道，乃失道者也。自謂失道，未必不得道也。」各依正文爲説耳。文子精誠篇曰：「其得之也，乃失之也。其失之也，乃得之也。」雖用淮南文，然意同而字句固小異矣。不得據彼改此，而轉與高注不合也。○于鬯云：「非乃得之也」，「也」讀「邪」。○吴承仕云：朱本注「自謂得」作「自謂得道」，有「道」字是也。自謂失道，與自謂得道對文成義。又案：本文「也」字，疑當讀爲「邪」。○楊樹達云：王、俞二説皆非也。「也」與「邪」同。「其失之非乃得之邪」，乃反問之辭。僞撰文子者不知淮南之「也」字當讀爲「邪」，故去「非」字，不可從也，乃王氏據以衍「非」字，俞氏又據注文校增「未始」二字，皆未免庸人自擾，而俞氏尤謬。果本文作「其失之未始非得之也」，則文義已明，高氏不必設注矣。○于省吾、蔣禮鴻與于鬯、吴、楊説同。

（七）【高注】叩大宮則少宮應，彈大角則少角動，故曰同音相和。

【箋釋】楊樹達云：「弦」當作「瑟」，此因下文「改調一弦」弦字而誤。惟瑟二十五弦，故下文云：「改調一弦，鼓之二十五弦皆應。」若但云「調弦」，則既不知所調者何器，而下文「二十五弦」之語亦無所承矣。莊子徐無鬼篇云：「於是爲之調瑟，廢一於堂，廢一於室，鼓宮宮動，鼓角角動，音律同矣。夫或改調一弦，於五音無當也，鼓之二十五弦皆動，未始異於聲，而音之君已，且若是者邪？」此淮南文所本。彼文作「調瑟」，其明證也。春秋繁露同類相動篇云：「試調琴瑟而錯之，鼓其宮則他宮應之，鼓其商則他商應之，五音比而自鳴，非有神，其數然也。」與此文義相類，而文亦云「調琴瑟」，又其證也。○王叔岷與楊説同。又云：「同聲」本作「同音」，注文可證。齊俗篇亦作「同音」。○何寧亦謂「同聲」當作「同音」。

【用韻】「應、動」蒸東合韻。

【高注】一弦，宫音也，音之君也。故二十五弦皆和也。一説：改調一弦，不比五音，謂一聲宫音也。故曰「未始異於聲」也。五主於一聲，故曰「音之君已形」。君，主。形，見也。

【版本】藏本注「謂」作「調」，景宋本、茅本、葉本、莊本、集解本作「謂」，今據改，王溥本、朱本、汪本同藏本。

〔八〕【箋釋】楊樹達云：二説皆謂「一弦」爲「宫音」、（蓋許、高二説。）其説殊不可通。若果爲宫音，則叩宫宫應而已，焉能「鼓之而二十五弦皆應」乎！且既爲宫音矣，安能云「於五音無所比」乎！竊謂「改調一弦」者，指道言之，此譬喻之辭，非實謂弦也。下文云「鉗且、大丙之御，除轡舍銜，去鞭棄策，車莫動而自舉，馬莫使而自走」，以弗御御之，與此文意正同。郭象解莊，亦未了此義，亦當正之。○何寧云：楊説是也。齊俗篇云：「故叩宫而宫應，彈角而角動，此同音之相應也。其於五音無所比而二十五弦皆應，此不傳之道也。」文與此同，惟無「改調一弦」句。彼下文云：「故蕭條者形之君，而寂寞者音之主也。」其以「其於五音無所比」喻道，文意甚明。於五音無所比者，寂寞、蕭條是也。泰族篇亦云：「琴不鳴而二十五弦各以其聲應。」則此「一弦」非謂宫音審矣。

【用韻】「聲、形」耕部。

〔九〕【高注】太和謂等死生之和，齊窮達之端。其中，道之中也，不自知所至此也。

【版本】茅本、汪本、張本、黄本無「至」字，餘本同藏本。

【箋釋】劉績云：純，文子作「醇」。○呂傳元云：文子用正字，淮南用假借字也。○于大成云：注文「所」下當有「由」字，或有「以」字，方與正文相應。

【用韻】「和、臥」歌部。

〔一〇〕【高注】純，一也。温，和也。淪，没也，諭潛伏也。鈍悶，無情也。欲終始於道。宗，本也。若未有其形。

【版本】藏本注「諭」作「淪」，景宋本、茅本、葉本、汪本、張本、黄本作「諭」，今據改，莊本、集解本作「喻」，王溥本、朱本同藏本。

【箋釋】陶方琦云：大藏音義三十、三十三引許注：「鈍，識見闇濁也。」按，闇濁之訓，當讀如「黗」，説文：「黗，黄濁黑也。」

〔一一〕【用韻】「終、宗、通」冬東合韻。

〔一二〕【高注】赤螭、青虬，皆龍屬也。

〔一三〕【箋釋】馬宗霍云：定與清對，定猶寧也。易屯卦辭「利建侯」，王弼注云：「得主則定。」陸德明釋文云：「定，本亦作寧。」孔穎達疏云：「宜建侯以寧之。」亦就「寧」字爲釋。左氏定公五年傳「及寧」，杜預注云：「寧，安定也。」是又訓寧爲定。即「定」與「寧」得通之證。

〔一四〕【高注】薦梅，草實也，狀如桑椹，其色赤，生江濱也。

【版本】藏本「榛」作「榛」，景宋本、茅本、汪本、張本、吴本、黄本、莊本、集解本作「榛」，今據改，餘本同藏本。集解本「入」誤作「人」。

【箋釋】陶方琦云：大藏音義九十九引許注：「苺，實似桑葚，生江濱，可食也。」按：今注乃許注羼入高注中，大藏音義引乃約文，「薦梅」應作「藨苺」，爾雅釋草：「藨，麃。」郭注：「麃即苺也。今江東呼爲藨苺，子似覆盆而大赤，酢甜可啖。」許注作「苺」不誤，字本作「苺」，說文：「莓，山苺也。」○易順鼎云：今注即許注，或高用許舊說。說文木部：「梅，枏也。可食。」字或作「𣙣」，故又省作「苺」。色赤而狀如桑椹，殆即楊梅矣。蓋梅杏之梅作「某」，楊梅之梅作「梅」，二物皆可食。或以枏子不可食，謂許君爲誤，不知其即楊梅也。○楊樹達云：主術篇亦云「入榛薄」，高注云：「聚木爲榛，深艸爲薄。」「榛薄」爲二事，則「薦梅」亦當爲二事。高以「薦梅」爲一物，殆非也。說文廌部云：「薦，獸之所食草。從艸，從廌。古者神人以廌遺黄帝。帝曰：『何食？』曰：『食薦。』」赤螭、青虯蓋亦廌之類，故亦食薦耳。○于大成云：莊初刻本亦是「入」字，浙局刻本以下始誤作「人」耳。○何寧與陶說同。

【用韻】「作、薄」鐸部，「駭、梅」之部。

〔一五〕【高注】噆味，長美也。蛇鱓自以爲能勝赤螭、青虯。

【箋釋】馬宗霍云：高氏釋「噆味」爲長美，謂味長而美也。然說文口部云：「噆，嗛也。」「嗛，口有所銜也。」無長義。惟「嘾」下云：「含深也。」含之深者其味長。嘾從覃聲。覃部云：「覃，長味也。」是其義也。依高訓，「嘾」蓋通作「嘾」。嘾從朁聲，覃聲、朁聲古音同在侵部也。又就聲類言，廣韻「嘾，七感切」，屬清母爲齒音。「嘾，徒感切」，屬定母爲舌音。「嘾」得通「嘾」，蓋爲齒舌相轉，亦猶儀禮士虞禮鄭玄注「齊魯之間謂祭爲墮」也，方音自有此例。〇雙棣按：説文：「嘾，嗛也。」嘾當訓含，王力古漢語字典「口含」義下即引此例，甚是。「嘾味含甘」，「嘾」與「含」對文，義同。

〔一六〕【高注】玄，黑也。素，白也。黑雲升合於明朝也。

【箋釋】王念孫云：「玄雲之素朝」，衍「之」字。高注曰：「玄，黑。素，白也。」是玄雲、素朝相對爲文，「雲」下不當有「之」字，且兩句皆以四字爲句，加一「之」字，則句法參差矣。文選南都賦、魏都賦注引此皆無「之」字。

〔一七〕【高注】降，下也。扶風，疾風也。涷雨，暴雨也。扶揺，發動也。登，上，上風雨而去。

【版本】景宋本注「涷」作「東」，餘本同藏本。

【箋釋】王念孫云：高注：「涷雨，暴雨也。」字從氵，不從冫。各本皆誤作「涷」。爾雅：「暴雨謂之涷。」郭璞曰：「今江東呼夏月暴雨爲涷雨。離騷云『使涷雨兮灑塵』是也。涷音東西之東。」〇于省吾云：「降、隆」古字通，隆應讀作臨。禮記喪服小記注「不貳降」，釋文：「降本作隆。」詩都人士箋「無隆殺也」，疏：「定本隆作降。」皇矣「與爾臨衝」，韓詩「臨」作「隆」。然則「隆扶風」

即「臨扶風」。上言赤螭青虯之游冀州也，入榛薄，食薦梅，是就地言。自「若乃至於玄雲之素朝，陰陽交争」以下，始言由下而上，故曰「臨扶風，雜凍雨，扶摇而登之」。扶摇而登之，即承「臨扶風，雜凍雨」言，若作下扶風則不詞矣。且與上下文義不符。○雙棣按：王説是。「凍」當爲「涷」之誤。「凍」義爲凍結，涷義爲夏日之暴雨，二字決無混。因形近，「涷」時有誤爲「凍」者。楚辭九歌大司命：「令飄風兮先驅，使涷雨兮灑塵。」郭璞注：「今江東呼夏月暴雨爲涷雨。」張衡思玄賦云：「雲師䨴以交集兮，涷雨沛其灑塗。」注：「涷雨，暴雨也。」巴郡謂暴雨爲涷雨。」皆爲「涷雨」，古作「凍雨」者，皆「涷雨」之誤。

〔一八〕【高注】四海之内悉畏之也。

〔一九〕【高注】百仞，七百尺也。渡深曰仞，傳曰「仞溝洫」也。

【版本】王溥本、莊本、集解本注「渡」作「度」，景宋本、朱本、葉本同藏本。王溥本注「洫」下有「是」字。

【箋釋】王念孫云：下言「又況直蛇鱓之類」，則上文「著泥百仞之中」者，非謂蛇鱓也。且蛇鱓在淺水之中，亦不得言百仞。「蛇」當作「蚖」，「蚖」與「黿」同，（史記太史公自序「黿鱓與處」，索隱本作「蚖鱓」，即「黿鼉」字也。書大傳「河魭江鱓」，亦與黿鼉同。）「鱓」與「鼉」同。（説文：「鱓，魚也，皮可以爲鼓。」夏小正傳：「剥鱓以爲鼓也。」吕氏春秋古樂篇：「鱓乃偃寢，以其尾鼓其腹。」）言蚖鱓（徒何反）且伏於深淵而不敢出，況蛇鱓（音善）之類乎？今本「蚖」作「蛇」者，涉上下文「蛇鱓」而誤。○雙棣按：注引傳曰見左傳昭公三十二年。杜預注「度深曰仞」，與高此注同。

〔三〇〕【箋釋】王引之云：磛巖乃高峻貌，龍乘風雨，而熊羆畏避則當伏於幽隱之地，山顛高峻，非所以藏身也。「磛巖」當作「之巖」。王逸注七諫曰：「巖，穴也。」（莊子山木篇：「豐狐文豹，伏於巖穴。」）言熊羆匍匐於邱山之穴，而不敢出也。下文虎豹襲穴而不敢咆，正與此同義。且蚖鱓著泥百仞之中，熊羆匍匐邱山之巖，二句相對爲文，若作「磛巖」，則義不明，而句亦不協矣。「磛」字蓋出後人所改。（後人誤讀巖爲磛巖之巖，故以意改之。）○楊樹達云：王校誤也。説文石部云：「磛，礹石也。」「礹，石山也。」玉篇云：「磛礹，山石貌也。」淮南之「磛巖」即説文、玉篇之「磛礹」。蓋丘山爲土山，而磛巖爲石山，故以丘山磛巖連言之，非謂高峻貌也。上林賦云：「磛巖參嵯。」高唐賦云：「登巉巖而下望。」西都賦云：「蹶嶃巖。」「嶃巖、巉巖」並與説文「磛巖」同。王氏不知「巖」爲「礹」之假字，誤釋磛巖爲高峻貌，遂欲改「磛」爲「之」以與上文相配，不知此二句意偶而文不偶，亦猶下文「虎豹襲穴而不敢咆，猨狖顛蹶而失木枝」，意偶而文亦不偶也。王氏第求文句之整齊，憑臆改字，可謂武斷。○蔣禮鴻云：王氏據「百仞之中」句例改「磛」作「之」。「磛、之」二字，形聲縣殊，無由致誤，王改殊爲專輒。今案：莊子在宥篇曰「賢者伏處大山嵁巖之下」，俞樾曰：「嵁當爲湛。文選封禪文李注：『湛，深也。』湛巖猶深巖。因其以山巖言，故變從水者而從山耳。山言其大，巖言其深，義正相應。」俞説是也。此文磛巖，磛字義與漸同。荀子修身篇曰：「知慮漸深。」是漸亦深也。暫之爲漸，與嵁之爲湛，變從水之字而從山從石，其比正同。荀子勸學篇：「蘭槐之根是爲芷，其漸之滫，君子不近，小人不服。」大略篇：「蘭茝稾本，漸於密醴，一佩易之。」晏子春秋雜上篇：「蘭本三年而成，湛之苦酒，則君子不近，庶人不佩，湛之麋（蓋當作麋）醢，而賈匹馬矣。」漸湛之同有深義，猶其同有浸漬之義也。丘山暫巖，即莊子之大山嵁巖，丘亦大也。漢書楚元王傳「丘嫂」，張晏曰：「丘，大也。」本書精神篇曰「禍福之至雖如丘山」，高注：「丘山，諭大。」莊子外物篇曰：「大林丘山之善於人也亦神者不勝。」丘山與大林爲對，則丘山亦即大山。此云匍匐丘山暫巖，莊子云「伏處大山嵁巖之下」，義正一律。然則「暫」字不當作「之」，「巖」字亦不當訓「穴」。古人文字不皆對切，王氏必謂改字而句始協，亦其固矣。

〔二二〕【高注】襲，入。咆，嘷。

【版本】茅本、張本、汪本注「嘷」下有「也」字，餘本同藏本。

〔二三〕【高注】狖，讀中山人相遺物之遺也。狖，猨屬也。長尾而昂鼻也。

【版本】莊本、集解本注「昂」作「卬」，景宋本、王溥本、朱本、茅本、汪本同藏本。

【箋釋】趙曦明云：「狖」誤，當作「貁」。說文豸部：「貁，從豸，穴聲。」辵部：「遺，從辵，貴聲。」音不相近，而高讀如遺音。一切經音義六：「貁，古文蜼。」段氏說文注云：「周禮、爾雅、山海經有蜼字，許無蜼，貁即蜼。廣雅曰『貁，蜼也』是也。釋獸曰：「蜼，卬鼻而長尾。」周禮注曰：

「蜼，禺屬，卬鼻而長尾。」郭景純曰：『蜼，似獼猴而大，尾長數尺。零陵南康人呼之爲餘，建平人呼之音相贈遺之遺。』」又爾雅釋文：「蜼音誄。字林：余繡反，或餘季、餘水二反。」余繡之音，正與「貁」同。餘季之音，又與「遺」相合。「蜼」有「遺」音，則「貁」亦有「遺」音矣。○雙棣按：趙氏引説文段注説「貁、蜼」爲古今字是。然謂「狖」字誤則非。廣雅「狖，蜼也」字作「狖」，段注引亦作「狖」，趙轉引則改爲「貁」。文選吴都賦劉逵注引異物志「狖，猿類」，字亦作「狖」。段玉裁説文注云：「狖省，貁之俗者。」段説是。豸旁，犬旁，後世多有相通者，「狖」不得謂爲誤字。

【用韻】「咆、枝」幽支合韻。

〔二三〕【高注】雄曰鳳，雌曰凰。爲至德之君而來翔也。

【版本】莊本、集解本正文及注「凰」作「皇」，餘本同藏本。

〔二四〕【高注】澮，溢。

【箋釋】楊樹達云：説文水部云：「澮，水搖也。」淮南正用此字本義，與下「搖」字爲對文。高訓溢，非是。○馬宗霍云：説文水部云：「澮，水搖也。」高氏不從本義訓搖，而訓爲溢者，蓋以下句「草木不搖」已見搖字，故以溢字易之耳。不溢謂川谷之水不爲之泛溢也。澮得訓溢，蓋讀「澮」爲「贍」。漢書食貨志上顔師古注云：「澮，古贍字。」小爾雅廣言云：「贍，足也。」禮記大傅篇「無不贍者」，孔穎達疏云：「贍是優足之餘也。」優足有餘與「溢」義正合。

〔二五〕【高注】燕雀自以爲能佼健於鳳凰也。佼或作詨。詨，哭也。宇，屋簷也。宙，棟梁也。易曰「上棟下宇」也。

【版本】莊本、集解本注「凰」作「皇」。茅本、汪本、莊本、集解本注無「詨哭也」三字，景宋本、葉本同藏本，朱本作「詨呼也」。

【箋釋】莊逵吉云：説文解字：「宇，屋邊也。」義與此同。○王念孫云：高説非也，「佼」讀爲「姣」。廣雅曰：「姣，侮也。」言燕雀輕侮凰皇也。上文云：「赤螭、青虯之游冀州也，蛇鱓輕之，以爲不能與之争於江海之中。」是其證也。作「佼」者，假字耳。（姣侮之「姣」通作「佼」，猶姣好之「姣」通作「佼」。陳風月出篇「佼人僚兮」是也。）○王叔岷云：「宇宙」當作「宇棟」，高注本作「宇，屋檐也；棟，梁也。易曰「上棟下宇」也」。釋「宇棟」之義後，又引易以證之也。世人習見「宇宙」連文，罕見「宇棟」連文，傳寫遂誤爲「宇宙」，又於注文「棟」上妄加「宙」字耳。燕雀所適，在於宇棟，故輕侮鳳凰，以爲不能與之争於宇棟之間也。若作「宇宙」則不倫矣。孔叢子論勢篇：「燕雀處屋，子母相哺，煦煦焉其相樂也，自以爲安矣。竈突炎上，棟宇將焚，燕雀顔色不變，不知禍之將及己也。」彼以「棟宇」連文，猶此以「宇棟」連文，亦可證今本作「宇宙」之誤也。○王利器云：説文宀部：「宙，舟輿所極覆也。」宙没有棟樑意義。從高注引易「上棟下宇」這句話來看，知道淮南原文作「宇棟」，不作「宇宙」。傳寫誤「宇棟」爲「宇宙」，又因於注文「棟，樑也」上補「宙」字。古書凡以「宇宙」連文的，都是説上下四方的意思，從没有把它當作「屋簷棟櫟」看待的。鹽鐵論復古篇誤與淮南同。○蕭旭云：王説是也。鄭良樹謂「古無訓詨爲哭者。哭，疑當作笑，形近而譌也」，得之。

【用韻】「摇、佼」宵部。

〔二六〕【高注】曾，猶高也。逝，猶飛也。一曰：回也。翼一上一下曰翺，不摇曰翔。外，猶表也。

【版本】朱本「還」作「逮」，餘本同藏本。王溥本、王鎣本、吴本「翔」下有「於」字。

【箋釋】莊逵吉云：古「曾」與「層」通，此「曾」即「層」字。○孫詒讓云：「還」字無義，當爲「遝」之誤。「遝」與「逮」同。墨子兼愛下篇「遝至乎夏王桀」，今本「遝」亦誤「還」，是其證。○吴承仕云：洪興祖楚辭補注引淮南此文，並引注云：「翼一上一下曰翺，直刺不動曰翔。」與俶真篇注文同，是也。今本誤奪「直刺」二字，文義不具。○馬宗霍云：本文「還」字不誤。説文辵部云：「還，復也。」穀梁襄公十九年傳云：「還者，事未畢之辭也。」引申之與及同意，還至猶及至也。漢書地理志下「飲食還給」，顔師古注云：「還，及也。」是「還」得訓「及」之證。墨子非攻下篇作「還」亦不誤。孫氏以爲「還」字無義，非也。劉家立淮南集證本改「還至」爲「逮至」，蓋即襲孫説。○王叔岷云：「還」乃「逮」字之誤。下文「逮至夏桀之時」、「逮至當今之時」，字並作「逮」，與此一律。○于大成云：喻林三十一引「還」亦作「逮」。○何寧與馬説同。

〔二七〕【高注】疏圃，在崑崙之上。過，猶歷也。砥柱，河之隘也，在河東大陽之東。湍，浬水，至疾。瀨，清。皆激浬急流。

【版本】藏本注「涆」上「湍」字作「湍」，景宋本、王溥本、朱本、茅本、汪本、莊本、集解本作「湍」，今據改，葉本同藏本。王溥本注「至疾」作「行疾也」。

【箋釋】雙棣按：湍、瀨同義，楚辭湘君王逸注：「瀨，湍也」，文選洛神賦注引漢書注引臣瓚曰、漢書武帝紀注引臣瓚曰：「瀨，湍也。」湍、瀨皆爲急流，漢書楊雄傳注、司馬相如傳注或曰「急流也」，或曰「疾流也」。本書本經篇高注：「瀨，急流也。」高此注亦云皆激涆急流。然此注以「清」注「瀨」似爲蛇足，説文「瀨，水流沙上也」，似有清義，然清義與此湍瀨無涉，疑注「清」字或爲「湍」字之誤，先釋「湍」爲涆水，再以湍釋瀨，然後總而言之曰「皆激涆急流」。

〔二八〕【高注】邅回，猶尚佯也。蒙汜，日所出之地也。池決復入爲渚。渚，小洲也。

【版本】張本、黄本、莊本、集解本注「尚佯」作「倘佯」，王溥本、朱本作「徜徉」，景宋本作「尚洋」，葉本等同藏本。

【箋釋】吴承仕云：爾雅：「水決之澤爲汧，決復入爲汜，水中可居者曰洲，小洲曰渚。」此注當作「池決復入爲汜。渚，小洲也。」上句釋汜，下句釋渚，與雅訓合。各本並誤「汜」爲「渚」，義不可通。○于省吾云：下句「尚佯冀州之際」，「邅回」與「尚佯」義雖相近，然究有別也。原道「邅迴川谷之間」，注：「邅迴猶委曲也。」本經「曲拂邅迴」，注：「邅迴，轉流也。」楚辭離世「下江湘以邅迴」注：「邅迴，運轉而行也。」「回、迴」古字通，是邅回謂轉回也。楚辭涉江「入漵浦余儃佪兮，迷不知吾所如」，儃佪即邅回也。○何寧云：「下江湘以邅迴」，見楚辭九歎怨思，非離世。

〔二九〕【高注】躡，至也。都廣，東南之山名也，衆帝所自上下也。言鳳凰過都廣之野，送日入於抑節之地，言其翔之廣也。躡或作絶也。徑，過。絶，歷也。

【箋釋】于省吾云：抑節即弭節，「抑、弭」同訓。精神「捧心抑腹」注：「抑，按也。」楚辭惜誦「情沈抑而不達兮」注：「抑，按也。」本經「抑減怒瀨以揚激波」注：「抑，止也。」按與止義相因。離騷「吾令羲和弭節兮」注：「弭，按也。」湘君「夕弭節兮北渚」注：「弭，按也。」詩沔水「不可弭忘」注：「弭，止也。」○馬宗霍云：説文印部云：「[篆]，按也，從反印。」俗從手作「抑」，是抑節猶按節也。文選司馬相如子虚賦「案節未舒」，注引司馬彪曰：「案節，行得節。」李善曰：「天文志曰：『案節徐行。』服虔曰：『謂行遲也。』」亦與「弭節」同意，楚辭離騷「吾令羲和弭節兮」，王逸注云：「弭，按也，按節徐步也。」然則本文「入日抑節」，蓋謂鳳凰行及日之所入，而爰止爰行，行爲之遲，少作裴回也。高注「抑節」二字似未了。

〔三〇〕【高注】濯羽翼於弱水之上。風穴，北方寒風從地出也。

【箋釋】王念孫云：「羽翼弱水」四字，文不成義。「羽翼」當爲「濯羽」，故高注云「濯羽翼於弱水之上」。今本作「羽翼」，即涉注内「羽翼」而誤也。舊本北堂書鈔地部二穴下引此，正作「濯羽弱水，暮宿風穴」。（陳禹謨本删去。）文選辯命論注、白帖九十四並同。説文「鳳濯羽弱水，莫宿風穴」，即用淮南之文。○陶方琦云：文選劉孝標辯命論注引許注：「風穴，風所從出。」按：二注文略異。博物志雜篇云：「風山之首方高三百里，風穴如電突，深三十里。」文選風賦注引十洲記曰：「玄洲在北海上，有風聲，響如雷，上對天之西北門也。」説文鳳字下云「濯羽弱水，莫宿風穴」，即淮南文。○于大成云：王説是也。事類賦注十八引此亦作「濯羽弱水」，其鳳賦云：「濯羽翰於弱水。」亦用淮南文也。全唐詩二十三張祜司馬相如琴歌：「鳳兮鳳兮非無凰，山重水闊不可量。梧桐結陰在朝陽，濯羽弱水鳴高翔。」亦作「濯羽」。

【用韻】「圃、渚」魚部，「瀨、際」月部，「節、穴」質部。

〔三一〕【高注】注喙，喙注地不敢動也。裔，邊也。

【版本】景宋本「鸖」作「鶴」。餘本同藏本。

【箋釋】劉文典云：鶬鸖，藝文類聚九十、御覽九百十五引，並作「蒼鶴」。江裔，御覽作「江介」。○于省吾云：注説非是。上云「鴻鵠鶬鸖，莫不憚驚伏竄」，此言「注喙江裔」，注喙即柱喙，謂喙不動也。文選七發：「蚑蟜螻蟻聞之，拄喙而不能前。」「拄、注」字通，拄喙謂其喙之不動，非謂其注地也。○雙棣按：干禄字書謂「鸖」爲「鶴」之俗字，龍龕手鑑謂「鸖」同「鶴」。

昔者，王良、造父之御也〔一〕，上車攝轡，馬爲整齊而斂諧〔二〕，投足調均，勞逸若一〔三〕，心怡氣和，體便輕畢〔四〕，安勞樂進，馳騖若滅〔五〕，左右若鞭，周旋若環〔六〕，世皆以爲巧，然未見其貴者也〔七〕。

若夫鉗且、大丙之御〔八〕，除轡銜，去鞭棄策〔九〕，車莫動而自舉，馬莫使而自走也〔一〇〕。

日行月動〔一一〕，星燿而玄運〔一二〕，（電）〔神〕奔而鬼騰，進退屈伸，不見朕垠〔一三〕，故不招指，不咄叱〔一四〕，過歸鴈於碣石〔一五〕，軼鶤鷄於姑餘〔一六〕，騁若飛，騖若絶，縱矢躡風，追猋歸忽〔一七〕，朝發榑桑，日入落棠〔一八〕。此假弗用而能以成其用者也〔一九〕，非慮思之察、手爪之巧也；嗜欲形於胷中，而精神踰於六馬，此以弗御御之者也〔二〇〕。

校釋

〔一〕【高注】王良，晉大夫郵無恤子良也，所謂郵良是也。一名孫無政，爲趙簡子御，死而託精於天駟星，天文有王良星是也。造父，嬴姓，伯翳之後，飛廉之子，爲周穆王御。

【版本】藏本注兩「郵」字作「御」，王溥本、朱本作「郵」，今據改，景宋本、茅本、葉本同藏本，莊本、集解本上作「郵」，下作「御」。

【箋釋】雙棣按：左傳哀公二年：「郵無恤御簡子。」下文又稱爲子良，蓋子良爲郵無恤之字。杜預注：「郵無恤，王良也。」藏本注「御」字爲「郵」字之誤，劉改爲「郵」，是，今從之。郵無恤，左傳又稱郵良，藏本注作「御」亦誤，今亦從王溥本改。漢書王褒傳顏師古注云：「參驗左氏傳及國語、孟子，郵無恤、郵良、劉無止、王良，總一人也。」莊本、集解本前改而後不改，不知何故。

〔二〕【高注】整齊，不差。歛諧，馬容體足調諧也。

【箋釋】劉文典云：初學記武部、御覽三百五十八引，並作「上車攝轡，馬爲齊整」。

〔三〕【高注】一，同也。

【版本】藏本注「也」作「心」，景宋本、朱本、莊本、集解本作「也」，今據改，王溥本、茅本、汪本「心」下有「也」字。

【用韻】「轡、諧、均、一」質脂真通韻。

〔四〕【高注】畢，疾也。

【箋釋】裘錫圭云：「輕畢」二字不可解，高注訓「畢」爲「疾」，這在古書中是没有根據的。銀雀山竹書中有一篇題爲「唐革（勒）」的佚賦，通篇談御馬之術，其中有「馬心愈（愉）而安勞，輕車樂進」，由此可知「畢」字是「車」的形近誤字，高注確爲臆説。「輕車」就是不覺得所拉的車子沉重的意思。

〔五〕【高注】滅，没也。言疾也。

〔六〕【高注】左右，謂騑驂也。步趨之力，若被鞭矣。一説：言掉鞭，教諭其易也。周旋若環，如人志也。

【箋釋】俞樾云：「鞭」當讀爲「緶」。説文糸部：「緶，交枲也。」段氏玉裁曰：「謂以枲二股交辮之也。」交絲爲辮，交枲爲緶。此云「左右若緶」，言如枲之交辮也。「左右若緶」，「周旋若環」，兩句一律。高以本字讀之，故所列二説皆非。○楊樹達云：緶爲交組不解之物，馬果如緶，其動作之貌當何如乎？俞氏第求文詞之對偶，而不顧文義之難通，可謂謬矣。「鞭」當從高前説，釋爲「若被鞭」爲是。惟高釋左右爲騑驂，的爲誤解。今按左右、周旋皆據馬之動作言之。左右若鞭，謂馬或左或右，無不中節，有如被鞭也。○于大成云：注文「教」字不當有，衍文也。○雙棣按：楊説是也。吕氏春秋適威篇：「夫進退中繩，左右旋中規，造父之御，無以過焉。」與此義相近。

〔七〕【用韻】「滅、鞭、環」月元通韻。

【版本】王溥本、王鎣本、吴本「貴」下無「者」字。

【箋釋】劉文典云：御覽八百九十六引，作「世皆以爲工，然而未甚貴也」。○何寧云：御覽三百五十九引與今本同，惟脱「者」字。

〔八〕【高注】此二人，太一之御也。一説，古得道之人，以神氣御陰陽也。

【版本】集解本「御」下有「也」字，餘本同藏本。莊本、集解本注「一」作「乙」，餘本同藏本。

【箋釋】劉文典據文選東京賦注、御覽三百五十九、七百四十六、八百九十六引，「御」下補「也」字。○王叔岷云：列子周穆王篇注引「御」下有「也」字，並引高注作「皆古之得道善御也」。○于大成云：事類賦注二十一引「御」字下亦有「也」字。又：御覽七百四十六、八百九十六、事類賦注並引注云：「鉗且、大丙，太一之御」，與今高注前一説同而文小異。當是許君義也。選注引高誘注：「二人，太一之御也。」即今本注前一義。列子釋文引高注，即今本注後一義。然則今注二説，皆高注也，高注中自有作兩説者。

〔九〕【箋釋】劉文典云：「除轡銜」三字爲句，「去鞭棄策」四字爲句，文不一律。御覽三百五十九引，作「除轡舍銜，去鞭棄策」，多一「舍」字，是也。八百九十六引，作「除轡銜，去鞴靮」，疑後人妄改，以就已誤之上句也。○王叔岷云：劉說非也。此本作「除轡銜，去鞭策」。御覽八九六引作「除轡銜，去鞴靮」，「鞴靮」二字雖異，而無「棄」則同。列子注引作「除轡銜，棄鞭策」，是其塙證。御覽七四六引作「除轡銜，棄箠策」，「箠」字雖異，而「去」作「棄」則同。其作「除轡舍銜，去鞭棄策」者，蓋由淺人不知下句「棄」字爲衍文，乃於上句妄加「舍」字與之相對耳。

〔一〇〕【高注】但以車馬爲主耳，神氣扶之也。

【版本】莊本、集解本注「耳」作「爾」。

【用韻】「舉、走」魚侯合韻。

〔一一〕【箋釋】陶鴻慶云：句中當有「而」字，日行而月動，與下「星燿而玄運，電奔而鬼騰」三句排比，皆爲形況之詞。

〔一二〕【高注】燿，明也。玄，天也。運，行也。

【版本】藏本及各本注「明」作「有」，蔣刊道藏輯要本作「明」，今據改。

【箋釋】吴承仕云：「燿」不得訓「有」，疑「有」當爲「明」。草書「明、有」二文，形頗近似，故致譌。以明訓燿，本書之常詁。

〔一三〕【高注】朕，兆朕也。垠，形狀也。

【版本】藏本及諸本「神」作「電」，今據銀雀山漢簡及兵略篇改。藏本正文及注「朕」作「眹」，景宋本、王溥本、王鎣本（無注）、朱本、茅本（無注）、汪本（無注）、張本（無注）、吴本（無注）、黄本（無注）、莊本、集解本作「朕」，今據改，葉本同藏本。

【箋釋】雙棣按：電奔而鬼騰，當作「神奔而鬼騰」，電、鬼不相類。古「電、申」同字，均作「[illegible]」，或加雨而爲「電」，或加示而爲「神」。銀雀山漢墓出土唐勒賦殘簡與此文相近，作「月行而日逭，星躍而玄愪，子神賁而鬼走」，字正作「神」。本書兵略篇云：「善者之動也，神出而鬼行，星耀而玄逐，進退詘伸，不見朕埑。」義與此相近，亦以「神、鬼」對言。原道篇「鬼出電入」，「神」亦誤作「電」。

【用韻】「動、騰」東蒸合韻，「伸、垠」真文合韻。

〔一四〕【箋釋】楊棟云：「咄叱」當作「叱咄」，銀雀山漢簡唐勒：「不叱啫，不撓（招）指。」戰國策燕策一：「若恣睢奮擊，呴籍叱咄，則徒隸之人至矣。」據此，兩字傳寫互易，當乙正。○雙棣按：「咄叱、叱咄」語義同爲呵叱，文獻皆有用例，論衡論死：「病困之時，仇在其旁，不能咄叱。」當各依本書。淮南此處不當乙作「叱咄」，「不招指，不咄叱」，「指、叱」韻，爲脂質對轉，若作「叱咄」則失其韻。

〔一五〕【高注】言其御疾，到自息止，乃使北歸於碣石之山而中之鴈得之過去也。過讀責過之過。

【版本】莊本注無「言其」二字，餘本同藏本。

【箋釋】馬宗霍云：高注不甚可解，疑有錯亂。碣石，北方山名。北歸之鴈指碣石以爲鄉，其飛尤速，張華所謂矯翼而增逝也。説文「過」與「越」同訓「度」，則「過」猶「越」也。此言善御者，其行之疾，超越歸飛之鴈之北鄉碣石也。下句「軼鶤鷄於姑餘」意同。兩句皆泛喻御疾，本不必以某方某地實之。高氏於下句注云：「言自碣石過歸鴈，便復東南軼過鶤鷄於姑餘山也。」亦失之固。

〔一六〕【高注】自後過前曰軼也。姑餘，山名，在吴也。鶤鷄，鳳凰之別名也。言其御疾，自碣石過歸鴈，便復東南，軼過鶤鷄於姑餘山也。

【版本】王溥本、朱本注「吴」下「也」作「地」。莊本、集解本注「凰」作「皇」。

【箋釋】蔣超伯云：鶤鷄凡三説，一鷄之高三尺者。爾雅：「三尺爲鶤。」郭注：「陽溝巨鶤，古之名鷄。」（郝疏：「郭云『陽溝巨鶤』者，莊子逸篇云：『羊溝之雞，三歲爲株，相者視之，則非良雞也。然數以勝人者，以貍膏塗其頭。』注云：『羊溝，鬬雞處。株，魁帥也。』」）一鴻鵠之類。管子輕重甲篇：「非十鈞之弩，不能中鵾雞鵠鴇。」公孫乘月賦：「鵾雞舞于蘭渚，蟋蟀鳴於西堂。」與此注鳳皇之別名，共三説。○劉文典云：鶤，文選魏都賦注引作「鵾」，御覽八百九十六引作「昆」。○于省吾云：姑餘，即姑蘇。越絶書外傳紀地傳作「姑胥」。「餘、蘇、胥」古音同隸魚部，故相通借。史記越世家：「越遂復棲吴王於姑蘇之山。」是注以姑蘇爲山名之證。○于大成云：事類賦二十一引亦作「昆」。穆天子傳「鶤雞飛八百里」，郭璞注曰「即鵾雞」。「昆」又

「鴟」之省耳。「昆、軍」並古韻諄部字。呂氏春秋本味篇高注引淮南記仍作「鶤」。

【用韻】「指、叱」脂質通韻，「石、餘」鐸魚通韻。

〔一七〕【高注】縱，履也。足疾及箭矢。躡，蹈也。一説：矢在後，不能及，故言縱。其行疾，能及矢，言躡。追猋及之。猋，光中有影者，忽然便歸。皆極言疾也。

【版本】藏本正文「矢」作「失」，除葉本同藏本外，餘本均作「矢」，今據改。藏本「歸」下無「忽」字，景宋本、茅本、張本、黄本、莊本、集解本有，今據補，餘本同藏本。王溥本注「縱」作「蹤」。藏本注「極」作「及此」，莊本、集解本作「極」，今據改，茅本、汪本注作「及」，景宋本、王溥本、朱本、葉本同藏本。

【箋釋】王念孫云：高謂猋爲光中有影者，於古無據。又言忽然便歸，亦失之。猋、忽，皆謂疾風也。爾雅「扶摇謂之猋」，郭璞曰：「暴風從下上也。」説文：「飆，扶摇風也。」「颮，疾風也。」「飆颮」通作「猋忽」。張衡思玄賦曰「乘猋忽兮馳虚無」是也。追猋歸忽，即承上躡風而申言之。歸忽猶言歸風。説林篇曰「以兔之走，使大如馬，則逮日歸風」是也。縱矢躡風，追猋歸忽，二句相對爲文，若以「歸忽」爲「忽然便歸」，則與上文不類矣。○楊樹達云：高蓋讀縱爲蹤跡之蹤，故訓爲履。○馬宗霍云：説文糸部云：「縱，緩也。一曰舍也。」「舍」與「捨」通。高注所稱一説「矢在後不能及」，與説文縱之第二義正合。言行之疾者捨矢而前也。高訓「縱」爲「履」，則字當從足不從糸。然説文足部無蹤字。劉熙釋名釋言語云：「蹤，從也，人形從之也。」古即假「從」爲之。從从辵，从辵猶从足也。詩召南羔羊篇「委蛇委蛇」，毛傳云：「委蛇，行可從跡也。」陸德明釋文云：「從字亦作蹤。」漢書淮南王安傳「從迹連王」，張湯傳「上問變事從迹安起」，顔師古注云：「從讀曰蹤。」皆其證。「縱」从從聲，故亦通作「蹤」。漢哀良碑「王尊發縱于平陽」，石門頌「君其繼縱」，夏承碑「紹縱先軌」，魯峻碑「比縱豹産」，外黄碑「莫與比縱」，趙圉令碑「羡其縱高」，郭仲奇碑「有山甫之縱」，此並以「縱」爲「蹤」，疑蹤蓋漢末俗字，雖見於釋名，刻石猶不用之，故淮南本文亦作「縱」矣。考蹤跡本字當作「偅」。説文彳部：「偅，相迹也。」謂後迹與前迹相繼也。亦通作「踵」。説文足部云：「踵，追也。」今則「蹤」行而「偅」廢。知「縱」可通「蹤」者更鮮矣。

〔一八〕【高注】榑桑，日所出也。落棠，山名，日所入也。

【版本】茅本、汪本、張本、黄本此注爲「榑桑即扶桑神木也落棠山名」。

【箋釋】陳昌齊云：「日入」據文疑當作「夕入」。○王念孫云：「日入」當爲「入日」。今本作「日入」，蓋涉高注「日所入」三字而誤。不知高注自謂落棠山爲日所入，非正釋「入日」二字也。入日者，及日於將入也。朝發榑桑，謂與日俱出；入日落棠，謂與日俱入。上言追猋，此言入日，皆狀其行之疾也。若云日入落棠，則非其指矣。上文云鳳皇「徑躡都廣，入日抑節」，正與此「入日落棠」同意。海外北經「夸父與日逐走，入日」，郭璞注：「言及日於將入也。」意亦與此同。○于鬯云：「日」字疑「暮」之壞文，否則「夕」字之誤。○何寧云：日本刻改正淮南鴻烈解正作「暮入」，與「朝發」對文。

【用韻】「絶、忽」月物合韻，「桑、棠」陽部。

〔一九〕【高注】弗用，無爲。

〔二〇〕【高注】言藏嗜欲之形於胷臆之中。諭，和也。以弗御御之，以道術御也。

【版本】莊本注「諭」作「喻」，集解本作「踰」，餘本同藏本。

【箋釋】陳昌齊云：「踰」當爲「喻」，字之誤也。喻，曉也。言馬曉人意也。太平御覽獸部八引此，正作「喻」。○吴承仕云：陳説非也。疑高注本自作「調」，故訓爲和。主術篇：「馬體調於車，御心和於馬。」氾論篇：「緩急調乎手，御心調乎馬。」文義正與此同，是其明證。如此文爲「喻」，安得訓爲和邪？「調」形近作「諭」，故又轉作「喻」耳。又案：主術篇：「古聖王至精形於內，而好憎忘於外。」注云：「形，見也。」立文與此同例，此注亦當訓「形」爲「見」。而注言藏嗜欲之形於胸臆之中，違失文意。疑高注説義失之，非關傳寫之譌。

【用韻】「馬、者」魚部。

昔者，黄帝治天下，而力牧、太山稽輔之〔一〕，以治日月之行，律〔二〕治陰陽之氣，節四時之度〔三〕，正律歷之數〔四〕，別男女，異雌雄，明上下，等貴賤，使强不掩弱，衆不暴寡〔五〕，人民保命而不夭〔六〕，歲時熟而不凶〔七〕，百官正而無私〔八〕，上下調而無尤〔九〕，法令明而不闇，輔佐公而不阿〔一〇〕，田者不侵畔，漁者不爭隈〔一一〕，道不拾遺，市不豫賈，城郭不關〔一二〕，邑無盜賊，鄙旅之人相讓以財〔一三〕，狗彘吐菽粟於路而無忿爭之心。於是日月精明，星辰不失其行〔一四〕，風雨時節，五穀登熟，虎狼不妄噬，鷙鳥不妄搏，鳳凰翔於庭〔一五〕，麒麟游於郊〔一六〕，青龍進駕，飛黄伏皁〔一七〕，諸北、儋耳之國莫不獻其貢職〔一八〕。然猶未及虙戲氏之道也。

往古之時，四極廢，九州裂〔一九〕，天不兼覆，地不周載，火爁炎而不滅，水浩洋而不息〔二〇〕，猛獸食顓民〔二一〕，鷙鳥攫老弱〔二二〕。於是女媧鍊五色石以補蒼天〔二三〕，斷鼇足以立四極〔二四〕，殺黑龍以濟冀州〔二五〕，積蘆灰以止淫水〔二六〕。蒼天補，四極正，淫水涸，冀州平，狡蟲死，顓民生〔二七〕。背方州，抱圓天〔二八〕，和春陽夏，殺秋約冬〔二九〕，枕方寢繩〔三〇〕。陰陽之所壅沈不通者，竅理之〔三一〕；逆氣戾物傷民厚積者，絶止之〔三二〕。當此之時，臥倨倨，興眄眄〔三三〕，一自以爲馬，一自以爲牛〔三四〕，其行蹎蹎，其視瞑瞑〔三五〕，侗然皆得其和，莫知所由生〔三六〕，浮游不知所求，魍魎不知所往〔三七〕。當此之時，禽獸蝮蛇，無不匿其爪牙，藏其螫毒〔三八〕，無有攫噬之心。考其功烈，上際九天，下契黄壚〔三九〕，名聲被後世，光輝重萬物〔四〇〕，乘雷車〔四一〕，服（駕）應龍，驂青虬〔四二〕，援絶瑞，席蘿圖〔四三〕，黄雲絡，前白螭，後奔蛇〔四四〕，浮游消摇，道鬼神，登九天〔四五〕，朝帝於靈門〔四六〕，宓穆休于太祖之下〔四七〕。然而不彰其功，不揚其聲〔四八〕，隱真人之道，以從天地之固然〔四九〕。何則？道德上通而智故消滅也〔五〇〕。

校釋

〔一〕【高注】力牧、太山稽，黄帝師。孟子曰：王者師臣也。

【箋釋】吴承仕云：吕氏春秋當染篇「湯染於伊尹、仲虺」，注：「孟子曰：王者師臣也。」畢沅曰：「當出外書，或約與景、丑語。」案：荀子堯問篇：「諸侯自爲得師者王，得友者霸。」白虎通引韓詩内傳云：「師臣者帝，友臣者王。」趙岐孟子注云：「王者師臣，霸者友臣。」是蓋古有其語，畢説出於外書者，近之。或高注别有所本，傳寫誤作孟子，亦未可定。○何寧云：漢書古今人表亦云「太山稽，黄帝師」。○雙棣按：馬王堆帛書「力牧」均作「力黑」。

【用韻】「下、輔」魚部。

〔二〕【高注】律，度也。

【箋釋】劉績云：文子作「調日月之行」。

〔三〕【箋釋】陳昌齊云：「律」下本無「治」字，律陰陽之氣，與上下相對爲文，讀者誤以「律」字上屬爲句，則「陰陽之氣」四字，文不成義，故又加「治」字耳。高注「律度也」三字，本在「律陰陽之氣」下，傳寫誤在「律」字之下、「陰陽」之上，隔斷上下文義，遂致讀者之惑。○王念孫云：文子精誠篇作「調日月之行，治陰陽之氣」，此用淮南而改其文也。後人不知「律」字之下屬爲句，故依文子加「治」字耳。○劉文典云：北堂書鈔四引，作「理日月之行，治陰陽之氣」。○王叔岷云：

陳説是也。天中記六引，「律」下正無「治」字。○鄭良樹云：玉海九引「律」下亦無「治」字，可證陳説。○于大成云：此文許、高二本有别。許作「律日月之行，治陰陽之氣」，高作「理日月之行，治陰陽之氣」。御覽七十九自「黄帝治天下」以下所引全是高本，此文引作「理日月星辰之行，治陰陽之氣」，其上句有譌誤，當從書鈔作「理日月之行」，是高本作「理日月之行」也。軒轅本紀亦作「理日月之行，調陰陽之氣」。其今本作「治日月之行」者，乃唐高宗既遷祧廟，後人妄改之耳。許本當作「律日月之行」，其「律，度也」之注，或亦許義。校者以許本「律」字並注寫於高本「治日月之行」旁，不慎誤錯於下句「治陰陽之氣」上，「律」下又有「律，度也」之注，後人遂讀爲「以治日月之行律，治陰陽之氣」矣。正與上下不對，遂滋讀者之惑。王應麟、陳耀文竟以意删下句「治」字，以與上句相對，不知下句「治」字非衍文，書鈔、御覽、文子並有，許、高二本亦無異也。宋本文子上句亦作「理日月之行」，乃後人據高本淮南改之，轉非其舊也。

【用韻】「行、度」陽鐸通韻。

〔四〕【版本】莊本、集解本「歷」作「曆」，餘本同藏本。

〔五〕【箋釋】劉文典云：北堂書鈔四、藝文類聚十一引，並作「使强不得掩弱，衆不得暴寡」。○雙棣按：方言六：「掩，取也。自關而東曰掩。」此爲强取、掠取之意。暴謂暴虐、欺侮之意。天文篇高注、後漢書崔琦傳注並云：「暴，虐也。」商君書畫策：「神農既没，以强勝弱，以衆暴寡。」意與此同。

【用韻】「女、下、寡」魚部。

〔六〕【高注】安其性命，不夭折也。

【箋釋】劉家立云：「人」字乃衍文。民保命而不夭，歲時熟而不凶，皆六字爲句，下文「百官正而無私」四句亦同。此蓋由唐人避諱改「民」爲「人」，後之校書者記「民」字於旁，而寫者遂誤入正文也。文子精誠篇作「民保命而不夭」，無「人」字。

〔七〕【高注】不凶，無災害也。

【版本】莊本、集解本「熟」作「孰」。

〔八〕【高注】皆在公也。

〔九〕【高注】君臣調和，無尤過也。

【用韻】「私、尤」脂之合韻。

〔一〇〕【高注】卿士公正，不立私曲從也。

【箋釋】劉文典云：藝文類聚十一引，「輔佐」作「輔弼」。○吴承仕云：注「立私曲從」，御覽七十九引作「阿意曲從」，文義較順。○馬宗霍云：説文𨸏部云：「阿，大陵也。一曰曲𨸏也。」由曲𨸏之義引申之，凡曲皆得稱阿。淮南本文之「阿」與孟子公孫丑上「汙不至阿其所好」之「阿」同。高氏以私曲釋之，亦與趙岐孟子注釋「阿」爲「私」同。即「阿」之引申義也。

〔一一〕【高注】隈，曲深處，魚所聚也。

【箋釋】馬宗霍云：説文𨸏部云：「隈，水曲隩也。」「隩，水隈厓也。」爾雅釋丘云：「隩，隈。」郭璞注引「淮南子曰：『漁者不争隈。』」所引正是此文。邢昺云：「引之以證隈即厓内深隩之處也。」可與高注相參。○于大成云：文選傅長虞贈何劭王濟詩注、張景陽七命注引「隈」作「坻」，軒轅本紀用此文，字亦作「坻」，或是許注。

〔一二〕【高注】關，閉也。

【箋釋】雙棣按：説文：「關，以木横持門户也。」即今所謂門栓也。吕氏春秋慎大篇：「孔子之勁，舉國門之關，而不肯以力聞。」引申之爲關閉，方言十二：「關，閉也。」然先秦文獻未見此義，此義蓋漢初新義，而此文恐爲首例。

〔一三〕【高注】言所有餘。

【版本】藏本注「餘」作「余」，景宋本、王溥本、莊本、集解本作「餘」，（蔣刊道藏輯要本亦作「餘」。）今據改，葉本同藏本。王溥本注「所」下有「在」字。

【用韻】「賊、財」職之通韻。

〔一四〕【箋釋】劉家立云：「精明」二字疑是衍文，此言黄帝治天下，日月星辰俱不失其行度，故風雨時節，五穀登熟也。若作「日月精明」，則「星辰」二字當屬下讀，文義俱不可通。文子精誠篇正作「日月星辰不失其行」。○楊樹達云：説文夕部云：「姓，雨而夜除星見也。從夕，生聲。」精蓋「姓」之假字。○何寧云：本經篇云：「日月淑清而揚光，五星循軌而不失其行。」義與此同。此

「星辰」蓋指五星也。漢書天文志云：「五星贏縮，必有天應見杓。」故别於日月言之。劉氏何謂義不可通也？藝文類聚十一、太平御覽七十九皆引作「日月精明」，文子襲此文，不可爲據。

【用韻】「明、行」陽部。

〔一五〕【高注】翔猶止也。

【版本】莊本、集解本「熟」作「孰」，「凰」作「皇」。

【箋釋】王叔岷云：藝文類聚十一引「狼」作「豹」。○于大成云：御覽七十九引「狼」亦作「豹」，通鑑外紀一黄帝紀亦作「虎豹不妄噬」，外紀上下皆用此文，知劉恕所見淮南正作「豹」字也。○雙棣按：上文高注：「翼不摇曰翔。」時則篇注：「翔者，六翮不動也。」原道篇注：「大飛不動曰翔。」此處「翔於庭」與下文「游於郊」對文，翔與游，皆爲動態，亦當爲盤旋之義。

〔一六〕【高注】游，行也。郊，邑外也。

〔一七〕【高注】飛黄，乘黄也，出西方，狀如狐，背上有角，壽千歲。皁，櫪也。

【版本】藏本正文及注「皁」作「皂」，景宋本、朱本、茅本、葉本、汪本、張本、吴本（無注）、黄本、莊本、集解本作「皁」，今據改，王溥本、王鎣本（無注）同藏本。

【箋釋】陶方琦云：占經一百十五引許注：「飛黄出西方，狀如狐，背乘之，壽三千歲，伏皁櫪而食焉。」按：占經引皆許注，雖高注多同，或即羼入之義也。符瑞圖（御覽引）：「騰黄，神馬也。一名乘黄，亦曰飛黄，或曰紫黄。狀如狐，背上有兩角。」海外西經：「白民國有乘黄，其狀如狐，背上有角。」漢書禮樂志作訾黄，即符瑞圖之紫黄，故應劭注「訾黄即乘黄」。○劉文典云：高注「壽千歲」，「千」上脱「三」字。文選赭白馬賦注引，正作「乘之，壽三千歲」也。藝文類聚十一引此，作「乘之，壽一千歲」，文雖小異，然足考其脱誤之跡。○楊樹達云：「皁」乃後起字，本當作「槽」。説文木部云：「槽，獸之食器。」詩大雅云：「乃造其曹。」字省作「曹」。○于省吾云：召卣：「白懋父賜召白馬，妦黄髯散。」妦字當係從女丰聲，「妦、飛」音近，疑「飛黄」古作「妦黄」。○何寧云：方言：「櫪，梁宋齊楚北燕之間或謂之皁。」此高注所本。郭璞注：「養馬器也。」史記鄒陽傳「牛驥同皁」，集解引漢書音義曰：「食牛馬器，以木作如槽也。」○于大成云：當從選注、玉海所引，占經百十六、周書王會篇補注引此文，皆作「乘之壽三千歲」。今本固奪「三」字，「乘之」二字亦當有。

【用韻】「節、熟、噬、搏」質覺月鐸合韻，「郊、皁」宵幽合韻。

〔一八〕【高注】皆北極夷國也。

【用韻】「國、職」職部。

〔一九〕【高注】廢，頓也。裂，分也。

【版本】藏本注「廢頓也」與「裂分也」相倒，今據葉本、莊本、集解本正，景宋本、王溥本同藏本。

【用韻】「廢、裂」月部。

〔二〇〕【高注】息，消。

【箋釋】王念孫云：「炎」當爲「焱」，字之誤也。説文：「焱，火華也。」玉篇七贍切。廣韻：「爁，力驗切。爁焱，火延也。」太平御覽皇王部三引此，作「爁焱」，與廣韻合。「洋」當爲「溔」，亦字之誤也。玉篇：「溔，弋沼切。」司馬相如上林賦「灝溔潢漾」，郭璞曰：「皆水無涯際貌也。」左思魏都賦「河汾浩涆而皓溔」，李善注引廣雅曰：「皓溔，大也。」「灝、皓」並與「浩」通。御覽地部二十四引此作「浩溔」，皇王部三引此作「皓溔」。「爁焱、浩溔」皆疊韻，「浩洋」則非疊韻。蓋後人多見「炎、洋」，少見「焱、溔」，故「焱」誤爲「炎」，「溔」誤爲「洋」矣。○劉文典云：浩洋，初學記地部中引作「浩瀚」，藝文類聚八作「浩漾」，白帖三作「浩蕩」，是唐代已自數本各異。

【用韻】「載、息」之職通韻。

〔二一〕【高注】顓，善。

【箋釋】劉文典云：藝文類聚十一引此文及下文「狡蟲死，顓民生」，「顓」並作「精」，又引注云：「精，善也。」○楊樹達云：説文頁部云：「顓，頭顓顓謹皃。」○于大成云：通鑑外紀一包犧氏紀全引此文，此處與下「顓民生」二「顓」字並作「精」，御覽引此文見卷七十八，明標「高誘注曰」，則高本塙作「精」也。○雙棣按：説文：「顓，頭顓顓謹皃。」「叀，小謹也。」顓與叀音義皆同，義爲拘謹之貌。引申之，或爲童蒙無知貌。漢書楊雄傳「天降生民，倥侗顓蒙」，師古曰：「鄭氏曰：『童蒙無所知也。』」或爲敦厚善良之意，故此高注「顓，善」。

〔二二〕【高注】攫，撮。

〔二三〕【高注】女媧，陰帝，佐虙戲治者也。三皇時，天不足西北，故補之。師説如此。

【版本】莊本、集解本注「此」作「是」，景宋本、王溥本、朱本、葉本同藏本。

【箋釋】王叔岷云：海録碎事一、天中記一引「女媧」下並有「氏」字。○于大成云：初學記一引亦有「氏」字。然「氏」字恐是臆增。北堂書鈔百四十九，藝文類聚六、八、十一，後漢書和帝紀注，初學記六、九，御覽五十九、七十八、八百七十一，事類賦注七，廣韻灰韻灰字注，徐狀元蒙求注，路史後紀二共工氏注，韻府羣玉灰字注，廣博物志九，天中記九、十一引此文，並無「氏」字。

〔二四〕【高注】鼇，大龜。天廢頓，以鼇足柱之。楚詞曰「鼇載山下，其何以安之」是也。

【箋釋】劉文典云：初學記天部上引注，「頓」作「傾」。○邵瑞彭云：天問云：「鼇戴山抃。」注文省作「卞」，故譌爲「下」，應據楚詞正之。

〔二五〕【高注】黑龍，水精也。力牧、太稽殺之以止雨也。濟，朝也。冀，九州中，謂今四海之内。

【箋釋】吴承仕云：御覽七十八引此注，「太稽」作「太山稽」，「朝」作「乾」。案：御覽引注是也。雨止則水乾，故亦訓濟爲乾。本經篇「鴻水漏，九州乾。」吕氏春秋愛類篇：「禹疏河決江，乾東土。」文並相應。形誤作「朝」，則義不可説。○楊樹達云：濟訓乾，别無所見，疑非是。「濟」蓋假爲「霽」。説文雨部云：「霽，雨止也。」謂使冀州晴霽。○于大成云：御覽七十八引注「冀」下有「州」字，與正文相應。

〔二六〕【高注】蘆，葦也，生於水，故積聚其灰以止淫水。平地出水爲淫水。

【箋釋】于大成云：初學記六、九引「淫水」作「滔水」，然藝文類聚八，後漢書和帝紀注，御覽五十九、七十八、八百七十一，事類賦注七，廣韻灰韻灰字注，徐狀元蒙求注，路史後紀二注，廣博物志九，天中記一引並與今本同，則高本自作「淫水」，疑作「滔水」者，是許注。

〔二七〕【高注】蟲，狩。

【版本】茅本、汪本、莊本、集解本此注在上文「狡蟲死」下，景宋本、王溥本同藏本。王溥本注「狩」作「獸」。

【箋釋】于省吾云：「狩、獸」古字通。甲骨文「狩」字作「獸」，即古「獸」字。詩車攻：「搏獸于敖。」後漢書安帝紀注作「搏狩於敖」，是其證也。禮記儒行「鷙蟲攫搏」疏，蟲是鳥獸通名。上云：「猛獸食顓民。」此言「狡蟲死，顓民生」，注以蟲爲就猛獸言，故云「蟲，獸也」。

【用韻】「正、平、生」耕部。

〔二八〕【高注】方州，地也。

〔二九〕【箋釋】馬宗霍云：「陽夏」與「和春」相對，疑「陽」當作「煬」。説文火部云：「煬，炙燥也。」方言十三云：「煬，炙也。」郭璞方言注「今江東呼火熾猛爲煬」。禮記月令「立夏盛德在火」。火性燥，故曰煬夏。本書俶真篇、精神篇並有「抱德煬和」之語。「煬和」連文，又本文「煬」與「和」對之旁證也。今作「陽夏」，蓋涉下文陰陽之陽而誤。

〔三〇〕【高注】方，桀四寸也。寢繩，直身而臥也。

【版本】藏本「枕」作「杭」，王溥本、朱本、莊本、集解本作「杭」，今據改，景宋本、茅本同藏本。藏本注「直」作「真」，景宋本、王溥本、朱本、汪本、張本、黄本、莊本、集解本作「直」，（蔣刊道藏輯要本亦作「直」。）今據改，茅本、葉本同藏本。

【箋釋】楊樹達云：寢繩謂織繩爲牀，人寢其上，高説非。

【用韻】「冬、繩」冬蒸合韻。

〔三一〕【箋釋】王念孫云：陰陽之所壅沈不通者，當依文子精誠篇作「陰陽所擁，（「擁、壅」古字通。）沈滯不通者」。今本「所」上衍「之」字，「沈」下脱「滯」字，則句法參差，且與下文不對。（若以「壅沈」二字連讀，則文不成義。）○楊樹達云：古書「所」字恒表見被之義。「陰陽之所壅沈不通者竅理之」，謂陰陽之被壅沈不通者則竅理之也。壅沈即壅滯之意，文自可通。本篇云：「衆雄而無雌，又何化之所能造乎！」説林篇云：「嗜慾在外，則明所蔽矣。」脩務篇云：「無本業所脩，方術所務，焉得無有睥睨掩鼻之容哉！」皆用所爲見字之義。○馬宗霍云：王校未必是。文子用本書多所改竄，亦未可盡據。余謂本文「所」字爲語助，在句中不爲義。「沈」猶「滯」也，「壅沈」即「壅滯」之意。「竅」猶「通」也，言陰陽之壅滯不通者則通理之也。國語周語「以揚沈伏」，韋昭注云：「沈，滯也。」是「沈」得訓「滯」之證。本書俶真篇「竅理天地」，高氏彼注云：「竅，通也。」是「竅」得訓「通」之證。○雙棣按：馬説是。「所」爲特殊代詞，本身無見被之義，楊引例中動詞之被動義，乃上下文語境所生，非「所」字表見被之義。

〔三二〕【高注】逆氣，亂氣也。傷害民物之積財，故絶止也。

【版本】茅本、汪本、莊本、集解本注末「也」字作「之」，景宋本、王溥本、朱本、葉本同藏本。

【用韻】「理、止」之部。

〔三三〕【高注】倨倨，臥無思慮也。倨，讀虛白之虛也。眄眄然視，無智巧貌也。

【版本】景宋本、張本、莊本、集解本正文及注「眄眄」作「眄眄」（景宋本注作「眄眄」），餘本同藏本。藏本注「白」作「曰」，蔣刊道藏輯要本作「白」，今據改，景宋本、王溥本、葉本、莊本、集解本作「田」。

【箋釋】王念孫云：「眄眄」當爲「盱盱」，「盱」字本作「盱」，形與「眄」相近，故誤爲「眄」。（脩務篇「以身解於陽盱之河」，今本「盱」誤作「眄」。晉書陸機傳豪士賦序「偃仰瞪盱」，文選盱作眄。）莊子應帝王篇「其臥徐徐，其覺于于」，司馬彪曰：「于于，無所知貌。」正與高注「無智巧」之意相合。盜跖篇曰：「臥居居，起于于。」于與盱聲近而義同也。説文：「盱，張目也。」俶真篇曰：「萬民睢睢盱盱然，莫不竦身而載聽視。」魯靈光殿賦「鴻荒朴略，厥狀睢盱」，張載曰：「睢盱，質朴之形。」劇秦美新曰：「天地未袪，睢睢盱盱。」故高注云「盱盱然視，無智巧貌也」。若眄爲邪視，則與無智巧之意不合矣。且莊子以徐、于爲韻，居、于爲韻，此以倨、盱爲韻。若作眄，則失其韻矣。○洪頤煊與王説同。○何寧云：高注田當作白，形近而誤。莊子人間世：「虛室生白。」故曰「讀虚白之虚」也。道藏本正作「虚白」。○雙棣按：何謂道藏本當爲蔣刊道藏輯要本。

〔三四〕【箋釋】馬宗霍云：一猶或也。言或自以爲馬，或自以爲牛也。

【用韻】「倨、盱、牛」魚之合韻。

〔三五〕【高注】蹎，讀填寘之填。

【版本】景宋本、朱本、莊本、集解本注「寘」作「寘」，王溥本同藏本。

【箋釋】雙棣按：莊子馬蹄云：「故至德之世，其行填填，其視顛顛。」釋文引崔云：「填填，重遲也。顛顛，專一也。」荀子非十二子楊注：「瞑瞑，視不審之貌。」

〔三六〕【箋釋】馬宗霍云：説文人部云：「侗，大皃。從人，同聲。」段玉裁謂：「此義未見其證。然同義近大，則侗得爲大皃矣。論語『侗而不愿』，孔注曰：『侗，未成器之人。』按此大義之引申，猶言渾沌未鑿也。」今案段引論語及孔注見泰伯篇。皇侃疏云：「侗謂籠侗。」「籠侗」猶今語之「籠統」。籠統者，無所分别之意。與渾沌未鑿亦近。本文「侗然」承上文「其行蹎蹎，其視瞑瞑」而言，正當取此爲義。又莊子山木篇「侗乎其無識」，郭象注云：「任其純朴而已。」陸德明釋文：「侗乎，無知貌。」此之「侗然」猶彼之「侗乎」，亦可互證也。

【用韻】「蹎、瞑、生」真耕合韻。

〔三七〕【箋釋】劉文典云：「求」當爲「來」，字之誤也。北堂書鈔十五引，正作「浮游不知所來」，是其證也。不知所來，不知所往，相對爲文，且承上句「莫知所由生」而言。若作「求」，則文既不相對，又與上句之義不相應矣。○楊樹達云：「求」字不誤。此文以「游、求」爲韻，「魍、往」爲韻。本書一句中爲韻者恒見。主術篇云：「譬猶狸之不可使搏牛，虎之不可使搏鼠也。」「狸、牛」爲韻，「虎、鼠」爲韻。說林篇云：「槁竹有火，弗鑽不爇；土中有水，弗掘不出。」（不出，從王校。）「鑽、爇」爲韻，「掘、出」爲韻。泰族篇云：「其生物也，莫見其所養而物長；其殺物也，莫見其所喪而物亡。」「養、長」爲韻，「喪、亡」爲韻。皆其例也。莊子在宥篇云：「浮游不知所求，倡狂不知所往。」爲此文所本，「求」字不當作「來」明矣。○王叔岷、向承周、蔣禮鴻、何寧與楊說同。

【用韻】「游、求」幽部，「魍、往」陽部。

〔三八〕【箋釋】王念孫云：「蝮蛇」本作「蟲蛇」，此後人妄改之也。禽獸蟲蛇，相對爲文，所包者甚廣，改「蟲蛇」爲「蝮蛇」，則舉一漏百，且與「禽獸」二字不類矣。文子精誠篇正作「禽獸蟲蛇」。韓子五蠹篇亦云「人民不勝禽獸蟲蛇」。○馬宗霍云：王氏謂「蝮」爲改字，是也。謂本作「蟲蛇」，似尚未確。「蟲蛇」連文乃常語。若本作「蟲蛇」，無緣改「蟲」爲「蝮」。此當是本作「虫蛇」。說文：「虫一名蝮，博三寸，首大如臂指。象其臥形。物之微細，或行，或毛，或蠃，或介，或鱗，以虫爲象。」則虫有兩義，其一名蝮者乃蛇之一種，即爾雅釋魚之「蝮虺」也。其一物之微細云云，實蟲類之總名，蓋即蟲之初文。禮記月令：「春，其蟲鱗。夏，其蟲羽。中央，其蟲倮。秋，其蟲毛。冬，其蟲介。」大戴禮記易本命篇亦有羽蟲、毛蟲、甲蟲、鱗蟲、倮蟲之目。皆與說文釋

「虫」之第二義合。是古「虫蟲」不分之證。故以「蟲」諧聲之字多省作「虫」。廣韻七尾云：「虫，許偉切，鱗介總名。」龍龕手鑑云：「虫，許偉反，鱗介總名也。」又近代音直中反。」案許偉切乃虫之本音。直中反，即蟲字之音。如融赨等字皆蟲省聲也。然則淮南本文之「虫蛇」即是「蟲蛇」。後人不知物之微細者皆以虫爲象，因虫一名蝮，多見蝮，少見虫，遂改虫蛇爲蝮蛇，而不悟失其義矣。

〔三九〕【高注】上與九天交接，下契至黄壚。黄泉下有壚土也。壚讀繩纑之纑。

【版本】王溥本、葉本注「交」作「相」。張本、黄本、莊本、集解本注無「有」字，餘本同藏本。

【箋釋】劉文典云：注「黄泉下壚土也」，文選曹子建責躬詩注引，作「泉下有壚山」。○楊樹達云：説文土部云：「壚，剛土也。」

〔四〇〕【高注】使萬物有光輝也。

【版本】景宋本、茅本、汪本、張本、黄本、莊本、集解本「輝」作「暉」，餘本同藏本。景宋本、莊本注「輝」作「暉」，集解本作「煇」，王溥本、朱本、葉本同藏本。莊本注「光」作「交」。集解本「光輝」作「煇光」。

【箋釋】王念孫云：「重」字義不可通。爾雅釋魚疏引此作「光輝熏萬物」是也。熏猶熏炙也。謂光煇熏炙萬物。（韓詩外傳曰：「名聲足以薰炙之。」薰與熏同。）故高注曰「使萬物有煇光」也。

【用韻】「世、物」月物合韻。

〔四一〕【箋釋】陶方琦云：御覽九百三十引正文作「乘雲車」，引許注作「雲雷之車」。○于大成云：與原道篇「乘雲車」，「雲車」當作「雷車」，王氏念孫已辯之矣。此文御覽引作「雲車」，「雲」亦「雷」字之誤。爾雅釋魚疏引許本仍作「雷車」。然則此文許、高二本無異文。路史後紀注引山海經亦云「女媧乘雷車」。

〔四二〕【高注】駕應德之龍。在中爲服，在旁爲驂，有角爲龍，無角爲虯。一説：應龍，有翼之龍也。

【版本】藏本「服」下有「駕」字，依王念孫校删，各本同藏本。

【箋釋】王念孫云：服應龍，驂青虯，相對爲文，故高注曰「在中爲服，在旁爲驂」。「服」下不當有「駕」字。此後人據高注旁記「駕」字，因誤入正文也。不知高注駕應德之龍，是解「服應龍」三字，非正文内有「駕」字也。一切經音義、太平御覽鱗介部二及爾雅疏引此，俱無「駕」字。○陶方琦云：御覽九百三十引許注：「服，轅中也。應龍，有翼之龍。青虯，青龍。」按：高注所云「一説」多爲許注，與御覽引正合。説文：「服，一曰車右騎。」衛策「拊驂無答服」，韋注：「轅中曰服。」蓋與許注淮南同。廣雅：「有翼曰應龍。」大荒東經「應龍處南極」，郭注：「應龍，龍有翼者也。」説文：「虯，龍子有角者。」高作無角，説亦異。○王叔岷云：王説是也。海録碎事十上引此，亦無「駕」字。○于大成云：稽瑞、路史後紀二女皇氏紀注引此，亦無「駕」字。○雙棣按：王説是，服、駕同義，古無複言者。高誘「服」有注，「駕」當爲衍文，今删。

〔四三〕【高注】殊絶之瑞應，援而致之也。羅列圖籍，以爲席蓐。一説：蘿圖，車上席也。

【版本】藏本注「殊」作「珠」，景宋本、王溥本、朱本、茅本、汪本、莊本、集解本作「殊」，（蔣刊道藏輯要本亦作「殊」。）今據改，葉本同藏本。藏本注「蘿」作「羅」，景宋本、葉本、集解本作「蘿」，今據改，王溥本、朱本、茅本、汪本、莊本同藏本。

【箋釋】王念孫云：「援絶瑞」本作「援絶應」，此亦涉注文而誤也。案正文作「絶應」，故注釋之曰「殊絶之瑞應」，若正文本作「絶瑞」，則無庸加「應」字以釋之矣。爾雅疏引此作「絶瑞」，則所見本已誤，御覽引此正作「絶應」。○陶方琦云：御覽九百三十引淮南作「蓆蘿圖」，引許注：「蘿圖，車上席也。」按：高注一説，即許義也。與上同。蘿圖爲車上席，未詳。或疑「席」是「飾」字之誤。○于省吾云：王説非是。增字以釋正文，注之常例，御覽不可爲據。且應有吉凶，於文義不符。「蘿」應讀「籙」，二字同聲，並來母字。「籙」亦作「録」、作「緑」。人間篇「秦皇挾録圖」，注：「挾，鋪也。秦博士盧生使入海還，奏圖録書於始皇帝。」墨子非攻下「河出緑圖」，文選張平子東京賦「高祖膺籙受圖」注「膺籙謂當五勝之籙，受圖，卯金刀之語」，文選王元長永明十一年策秀才文「朕秉籙御天」，注：「尚書旋璣鈐曰：『河圖，命紀也。圖天地帝王終始存亡之期。録代之矩。』籙與録同也。」此謂援致絶瑞，席藉籙圖也。○王叔岷云：御覽引作「屬絶瑞」，「援」之作「屬」，乃高許之異，而「瑞」字則同。王氏失檢，其説自不足據矣。○于大成云：海録碎事十上，路史後紀二注、廣博物志九、天中記十一引此文，俱是「瑞」字，從無一書引「瑞」作

「應」者。路史後紀曰：「爰絶瑞，席蘿圖。」（注曰：「許氏云：『殊絶之瑞。』」）又贊曰：「爰瑞席圖。」皆用淮南文也。（路史注引注作許慎，蓋以今本淮南卷首有「許慎記上」字樣，故誤高爲許。）

〔四四〕【高注】絡，讀道路之路也，謂車之垂絡也。黄雲之氣絡其車。白螭導在於前。奔蛇，騰蛇也，從在於後。皆瑞應也。

【箋釋】俞樾云：「黄雲絡」當作「絡黄雲」，方與上下文句法一律。高注曰「黄雲之氣絡其車」，正説「絡黄雲」之義，猶下注曰「白螭導在於前」，是説正文「前白螭」之義，「奔蛇，騰蛇也，從在於後」，是説正文「後奔蛇」之義，非正文作「白螭前，奔蛇後」也。後人因注文「絡」字在「黄雲」之下，輒改正文作「黄雲絡」以合之，謬矣。○陶方琦云：御覽九百三十引淮南作「雲黄路」，引許注：「雲黄，所乘路車。」按：二注文義並異。爾雅疏引作「雲黄璐」，璐即路字。「乘」字疑作「垂」，謂所垂路車上也。續博物志引作「震黄路」，皆與高本異。又御覽九百三十引許注：「白螭先道。」又：御覽引「後奔蛇」作「後賁蛇」。按：賁與奔同，許注本作「賁」也。（詩衛風鶉之奔奔，禮表記作「賁賁」。説文：「奔，走也。從夭，賁省聲。」與走同意，一切經音義引古作「𩣡」，今作「奔」。）爾雅釋蟲疏引許注：「奔蛇，馳蛇也。」按：二注文略異，許以馳字釋「奔」。

【用韻】「圖、絡」魚鐸通韻，「螭、蛇」歌部。

〔四五〕【高注】九天，八方中央。

【箋釋】馬宗霍云：「道」與「導」同。此言以鬼神爲導引而登九天也。楚辭離騷「來吾道夫先路」，文選作「導夫先路」，是「道」通作「導」之證。

〔四六〕【高注】在朝於上帝靈門也。

【箋釋】吴承仕云：注文「在」字疑衍。○楊樹達云：「在」乃「往」字形近之誤。劉家立集證删「在」字，非是。○何寧云：注「在」乃「言」字之譌。○雙棣按：據正文，注「於」字當在「上帝」下。

【用韻】「神、天、門」真文合韻。

〔四七〕【高注】宓，寧也。穆，和也。休，息也。太祖，道之大宗也。

〔四八〕【高注】彰、揚皆明。

【用韻】「功、聲」東耕合韻。

〔四九〕【高注】隱，藏也。真人，真德之人。固然，自然也。

【版本】藏本注「固」下無「然」字，王溥本、集解本有，今據補，景宋本、朱本、茅本、葉本、汪本、莊本同藏本。

【箋釋】陳季臯云：「隱」當爲「㥯」之借。説文「有所依也」。言依隱真人之道，以從天地之自然也。高注訓隱藏，未愜。○何寧云：陳説是也。孟子公孫丑下「隱几而卧」，趙注：「隱依其几而卧也。」即此「隱」字之義。○雙棣按：「真人」一語，淮南十一見，精神篇云：「所謂真人者，性合于道也。」詮言篇云：「能反其所生，若未有形，謂之真人。真人者，未始分於太一者也。」所謂「真人」即與道合同者也。素問六微旨大論亦云：「與道合同者，惟真人也。」

〔五〇〕【高注】智故，巧詐。

【版本】藏本注「故」作「固」，景宋本、朱本、莊本、集解本作「故」，今據改。

【用韻】「然、滅」元月通韻。

逮至夏桀之時〔一〕，主闇晦而不明，道瀾漫而不修〔二〕，棄捐五帝之恩刑，推蹶三王之法籍〔三〕。是以至德滅而不揚，帝道揜而不興〔四〕，舉事戾蒼天，發號逆四時〔五〕，春秋縮其和，天地除其德〔六〕，仁君處位而不安，大夫隱道而不言〔七〕，群臣準上意而懷當〔八〕，疏骨肉而自容，邪人參耦比周而陰謀〔九〕，居君臣父子之間而競載〔一〇〕，驕主而像其意〔一一〕，亂人以成其事〔一二〕。是故君臣乖而不親，骨肉疏而不附，植社槁而⿰土雩裂〔一三〕，容臺振而掩覆〔一四〕，犬群嘷而入淵〔一五〕，豕銜蓐而席澳〔一六〕，美人挐首墨面而不容〔一七〕，曼聲吞炭内閉而不歌〔一八〕，喪不盡其哀，獵不聽其樂〔一九〕，西老折勝，黄神嘯吟〔二〇〕，飛鳥鎩翼，走獸廢腳〔二一〕，山無峻榦，澤無注水〔二二〕，狐狸首穴，馬牛放失，田無立禾，路無莎薠〔二三〕，金積折廉，璧襲無理〔二四〕，磬龜無腹〔二五〕，蓍策日施〔二六〕。

晚世之時，七國異族，諸侯制法，各殊習俗〔二七〕，從横間之，舉兵而相角〔二八〕，攻城濫殺，覆高危安〔二九〕，掘墳墓，揚人骸，大衝車，高重京〔三〇〕，除戰道，便死路〔三一〕，犯嚴敵，殘不義，百往一反，名聲苟盛也〔三二〕。是故質壯輕足者爲甲卒〔三三〕千里之外〔三四〕，家老羸弱悽愴於内，廝徒馬圉軵車奉饟〔三五〕，道路遼遠，霜雪亟集，短褐不完〔三六〕，人羸車弊，泥塗至膝，相攜於道，奮首於路〔三七〕，身枕格而死〔三八〕。所謂兼國有地者，伏尸數十萬，破車以千百數，傷弓弩矛戟矢石之創者扶舉於路〔三九〕，故世至於枕人頭，食人肉，葅人肝，飲人血，甘之於芻豢〔四〇〕。

故自三代以後者，天下未嘗得安其情性而樂其習俗，保其脩命（天）而不夭於人虐也〔四一〕。所以然者何也？諸侯力征，天下［不］合而爲一家〔四二〕。

校釋

〔一〕【箋釋】劉文典云：北堂書鈔百五十八引，「夏桀」作「桀紂」。○楊樹達云：書鈔誤也。此節文本尸子，見太平御覽八十二引文作「夏桀」，與此同。下文「飛鳥鎩翼」注：「言桀無道，田獵煩數。」又高本作「桀」之明證也。○于大成云：楊説是也。通鑑外紀二夏紀「桀」下云「是時主闇晦而不明」云云，以下全引淮南此文，知劉恕所見本是「夏桀之時」也。通志三上亦有此文，亦作「桀之時」。書鈔四十一、四十二，占經百十三、百十九，路史後紀十三下，爾雅翼十六，玉海百六十二，廣博物志十引並作「夏桀之時」。書鈔百五十八孤證，無足據也。

〔二〕【高注】仁義之道不復修設，故曰瀾漫。

【版本】藏本注「道」上無「之」字，王溥本有，今據補，景宋本、茅本、葉本、汪本、莊本、集解本同藏本。莊本、集解本注「設」作「飾之」，景宋本、王溥本、茅本、葉本、汪本同藏本。

【箋釋】蔣超伯云：瀾漫，字當倒作「漫瀾」，齊俗訓：「貞信漫瀾，人失其情性。」漫瀾即孟浪也。莊子齊物論：「瞿鵲子曰：『夫子以爲孟浪之言，而我以爲妙道之行也。』」向秀注：「孟浪音漫瀾，無所趣舍之謂。」○雙棣按：「瀾漫」爲元部疊韻聯緜字，字或作「爛熳、爛漫、爛曼、汗漫、衍曼」等，亦可作「漫瀾、漫衍」等。聯緜字以音表義，與字形及字序無關。蔣謂字當倒作「漫瀾」，失之。此處瀾漫爲雜亂貌，莊子在宥篇：「大德不同，而性命爛漫矣。」成疏：「爛漫，散亂也。」漢書司馬相如傳「爛漫遠遷」，顏師古注「雜亂移徙也」，亦以雜亂釋爛漫。楚辭哀時命「忽爛漫而無成」，王逸注「猶消散也」。

〔三〕【箋釋】劉文典云：北堂書鈔四十引，無「捐」字，「推蹶」作「壞」。○于大成云：路史後紀十三下引亦無「捐」字，「推蹶」止作「蹶」，無「推」字。

【用韻】「明、刑」陽耕合韻。

〔四〕【高注】興，舉也。

【版本】王溥本、王鎣本、吴本「揜」作「掩」。

【用韻】「揚、興」陽蒸合韻。

〔五〕【高注】戾，反也。

【箋釋】劉文典云：北堂書鈔二十一引，「蒼」作「倉」。

〔六〕【高注】縮，藏也，言和氣不復行也。言其所施日惡，不自知也，故曰「除其德」也。

【用韻】「時、德」之職通韻。

〔七〕【高注】不爲民所安。隱仁義之道，不正諫直言也。論語曰「國無道，危行言遜」也。

【版本】王溥本、王鎣本、朱本、葉本、吴本「仁」作「人」，景宋本、茅本、汪本、張本、黄本、莊本、集解本同藏本。

【箋釋】于鬯云：此承上「夏桀之時」言，則此「仁君」當指夏諸侯之仁者，或即指湯。桀囚湯於夏臺，則湯信有處位不安之事矣。高注謂不爲民所安，非也。○馬宗霍與于説同。○王叔岷云：「仁」讀爲「人」，「仁君」即「人君」。文子上禮篇正作「人君」。○雙棣按：注引論語，見憲問。今本「國」作「邦」，「遜」作「孫」。

【用韻】「安、言」元部。

〔八〕【高注】準，望也。懷，思也。當，合也。取合主意，不復以道正諫也。

【箋釋】劉績云：文子作「推上意而壞常」，此乃字之誤也。○俞樾云：「懷當」二字，甚爲不辭，高注亦曲説耳。「懷當」乃「壞常」之誤，言羣臣皆準上意而敗壞其典常也。文子上禮篇作「羣臣推上意而壞常」，是其明證。○楊樹達云：詮言篇云：「無以塞之，則妄發而邀當。」「懷當」與邀當義近，字不誤。文子作「壞常」，或是誤字，或僞撰文子者妄改淮南之文，俞氏欲據以改字，殊爲淺陋。○于省吾云：注説是，俞説非。「懷當」二字非不辭也。「當」讀今字去聲，「懷當」正與「準意」相應。○王叔岷云：「懷當」非誤字，俞説非也。高注云云，最得其解。文子乃後出僞書，其作「壞常」，必淺人妄改，不可從。○于大成云：通鑑外紀、路史注、廣博物志引此文，並與今本同，字作「懷當」。不可據文子以改淮南。

〔九〕【高注】陰謀，私謀也。

【箋釋】吕傳元云：「容」當讀如後漢書鄭玄傳「爲父母昆弟所容」之「容」。

【用韻】「當、容」陽東合韻。

〔一〇〕【箋釋】楊樹達云：競載謂争乘車。○于省吾云：「載、哉」古字通。詩文王「陳錫載周」，左傳、國語並引作「陳錫哉周」。書洛誥「丕視功載」，即「丕視功哉」。禮記中庸注「文王初載之載」，釋文：「載，本或作哉。」金文「哉」字多假「才」爲之，隸古定尚書亦然。競才謂以才能相競争，故下云「驕主而像其意」也。○馬宗霍云：「競載」之「載」猶「事」也，又猶「生」也。此謂邪人居君臣父子之間而競相生事也。競相生事，即争構是非之意。下文「是故君臣乖而不親，骨肉疏而不附」，即承此文爲言。乖與疏皆邪人争構之所致也。訓「載」爲「事」，見周禮地官序官載師鄭玄注。「載」之訓「生」，詳本書原道篇「嗜欲不載」條。楊樹達淮南子證聞云「競載謂争乘車」，失之。○向承周云：「載」字絶句，爾雅釋詁：「載，僞也。」○何寧云：上言居君臣父子之間，故

「載」字義當於下文「乖」、「疏」二字求之，向、馬説是也。

〔一一〕【高注】像，猶隨也。

【版本】藏本「驕」作「橋」，各本（除葉本同藏本外）均作「驕」，（蔣刊道藏輯要本亦作「驕」。）今據改。

〔一二〕【用韻】「謀、載、意、事」之職通韻。

〔一三〕【高注】言不禋於神也。

【箋釋】王念孫云：説文、玉篇、廣韻、集韻，皆無「⿰土雩」字，「⿰土雩」當爲「㙤」，隸書之誤也。（隸書「虖」字或作「雽」，「雩」字或作「⿱雨亏」，二形相近，故「虖」誤爲「雩」。漢書王子侯表虖葭康侯澤，史記作雩殷；又匈奴傳郎中係虖淺，史記作係雩淺。説文：「⿰木虖，木也。」今作⿰木雩。玉篇：「嫭，胡故切，好兒。或作嫮。」皆其例也。）説文：「鏬，裂也。」又曰：「㙤，坼也。」「㙤、鏬」古字通。賈子耳痺篇作「置社槁而分裂」。〇楊樹達云：禮記祭法云：「大夫以下成羣立社曰置社。」孔疏云：「爲之特置，故曰置社。」植社與置社同。賈子新書耳痺篇有此數語，正作「置社」。太平御覽八百八十引紀年云：「夏桀末年，社坼裂。」〇于大成云：王説是也。通鑑外紀二正作「㙤」。

〔一四〕【高注】容臺，行禮容之臺。言不能行禮，故天文振動而敗之。

【版本】茅本、汪本、莊本、集解本注末「之」字作「也」，景宋本、王溥本、朱本、葉本同藏本。

【箋釋】楊樹達云：注「文」字，御覽八十二引作「大」，是也。注末「之」字，集解本誤作「也」。〇呂傳元云：「掩覆」當作「掩敗」，高注「故天文振動而敗也」，是正文本作「敗」。賈子耳痺篇正作「容臺振而掩敗」，是其證。○于大成云：淮南此文亦見尸子，尸子作「覆」，與淮南同。通鑑外紀、通志、路史注、玉海百六十二、廣博物志引並作「覆」。覆，敗也。見經籍纂詁引禮記、左傳、國語、漢書、太玄經、文選注。淮南作「覆」，賈子作「敗」，其義一也。高注「敗」字，正釋正文「掩覆」二字，呂說非也。

〔一五〕【高注】言將滅壞，犬失其主，故嘷而入淵也。一說：言犬禍也。

【版本】藏本注「禍」上「犬」字作「大」，景宋本、王溥本、朱本、茅本、汪本、莊本、集解本作「犬」，（蔣刊道藏輯要本亦作「犬」。）今據改，葉本同藏本。

〔一六〕【高注】豕銜其蓐席入之澳，言豕禍。一說：銜蓐自藏處也。

【版本】藏本注「一」作「之」，王溥本、朱本、茅本、汪本、莊本、集解本作「一」，今據改，景宋本、葉本同藏本。茅本、汪本、莊本、集解本注無「處也」二字，景宋本、王溥本、朱本、葉本同藏本。

【箋釋】吴承仕云：御覽八十二引注「入之澳」，作「入人隩內」。（御覽引本文同作「隩」。）案：注文當作：「豕銜其蓐（讀），席人之澳（句）。席，藉也。」豕席澳，與犬入淵對文，各本誤「人」爲「入」，御覽又誤衍「入」字，並不可通。○楊樹達云：說文蓐部云：「蓐，陳艸復生也。」此蓐謂艸，「澳」當讀爲「奥」。說文宀部云：「奥，宛也，室之西南隅。」○呂傳元云：「席」當作「適」，「豕銜蓐而適澳」與「犬群嘷而入淵」對言，作「席」者蓋涉注文而訛也。賈子耳痺篇正作「彘銜菹（菹當爲蓐之訛）而適奧」，是其證。○雙棣按：此注與上注正説與一説相互交錯，上注以言犬禍爲一説，此以豕禍爲正説；此注以豕銜蓐自藏處爲一説，上注則以犬失其主嘷而入淵爲正説。據此亦可知所謂一説者，乃當時之另一説法，高誘並存之，非如陶方琦氏所謂一説必乃許慎注也。

【用韻】「覆、澳」覺部。

〔一七〕【高注】挐首，亂頭也。草與髮并編爲挐首。不修容飾也。

【版本】藏本注缺上「挐」，各本皆不缺，今補。藏本注「飾」作「餝」，景宋本、葉本、莊本、集解本作「飾」，（蔣刊道藏輯要本亦作「飾」。）今據改，王溥本、朱本同藏本，茅本、汪本、張本、黄本作「餝」。

【箋釋】雙棣按：藏本注之「餝」字，未見於字書。漢語大字典收有此字，謂「餝」之俗字。玉篇有「餝」字，爲「飾」之異體，或注之「餝」乃「餝」之誤字？今據景宋本等改作「飾」。「餝」則與「飾」通。

〔一八〕【高注】曼聲，善歌也。見世亂衰將滅，故吞炭自敗音聲，閉氣不復動也。

【版本】藏本注「衰」作「衺」，茅本、汪本、莊本、集解本作「衰」，（蔣刊道藏輯要本亦作「衰」。）今據改，景宋本、王溥本、朱本、葉本同藏本。

【箋釋】于鬯云：此毁容毁音，爲避亂之計也。然則雖當夏桀之世，而美人頗尚節操。○楊樹達云：戰國策云：「豫讓吞炭爲啞。」注「亂哀」，御覽八十二引作「哀亂」，是也。「閉氣不復動」，彼作「閉氣而不歌」。此「動」字誤，當從彼作「歌」。○雙棣按：氾論篇云：「侯同、曼聲之歌。」高注：「二人善歌。」此文「曼聲」與「美人」相對，注「曼聲，善歌也。見世亂哀」云云，亦謂曼聲爲人名。于將毀容毀音皆歸之美人，不妥。美人毀容，曼聲毀音。（列子湯問「韓娥因曼聲哀哭」，注：「曼聲猶引長也。」釋文云：「曼聲，引聲也。」劉勰文心雕龍樂府：「延年以曼聲協律。」爲此詞之本義。）

〔一九〕【高注】言時亂禮壞，不盡其哀。樂崩，故不復聽田獵之樂。

【版本】藏本注「其」字作「在」，王溥本、朱本作「其」，今據改，景宋本、茅本、汪本、莊本、集解本同藏本。

【箋釋】俞樾云：高注曰「樂崩，故不復聽田獵之樂」，是此樂字是喜樂字，而非音樂字，乃言不聽，於義未安。聽疑德字之誤。家語本命篇「効匹夫之聽」，王注曰：「聽宜爲德。」是其例也。「德」與「得」通，不德其樂，即不得其樂，言雖田獵而不得其樂也，正與上句「喪不盡其哀」文義一律。後人不知「德」爲「得」之叚字，遂臆改爲「聽」耳。○吳承仕云：朱本注「在」作「其」。案：注言不盡其哀，即複述本文也。作「在」無義。○楊樹達云：高云「樂崩，故不復聽田獵之樂」，是高讀樂爲音樂字，非以爲喜樂字也。俞說誤解高義。惟此文以哀樂對言，樂當爲喜樂字。高以文有「聽」字，故以爲音樂字，實是誤解。俞氏欲解「聽」爲「德」，無據改字，亦不可從。

愚疑「聽」字當讀爲「逞」。文選思玄賦注引字林云：「逞，盡也。」又西京賦云：「逞欲畋魰。」薛綜注云：「逞，極也。」「獵不聽其樂」，謂獵不盡其樂，與「喪不盡其哀」語意正同。説文聽从壬聲，逞从呈聲，呈从壬聲，故「聽」得假爲「逞」矣。○于省吾云：俞以「聽」爲聽聞，故不得其義而意改爲「德」。周語「民是以聽」，注：「聽，從也。」廣雅釋詁：「聽，從也。」此言雖田獵而不從其所樂也。

〔二〇〕【高注】西王母折其頭上所載勝，爲時無法度。黄帝之神，傷道之衰，故嘯吟而長嘆也。

【版本】王溥本、王鎣本、朱本、汪本、張本、吴本、黄本「老」作「姥」，景宋本、葉本、茅本、莊本、集解本同藏本。景宋本、茅本、汪本、張本、黄本、莊本、集解本注「載」作「戴」，王溥本、朱本、葉本同藏本。

【箋釋】陶方琦云：占經七十四引許注：「鬼神失其臨。」按：臨者，或即鑑臨之意。○孫詒讓云：「老」當作「姥」。廣韻十姥云：「姥，老母。」古書多以「姥」爲「母」，故西王母亦稱西姥。郭璞山海經圖讚不死樹讚云：「請藥西姥，烏得如羿。」與此正同。○蔣超伯云：郭景純昆侖贊云：「昆侖月精，西老之宇，號曰天柱。」西老二字本此。類聚作「羌」，固非，郝氏謂當作「姥」，亦非也。○于省吾云：書鈔不得「勝」字之義而改爲「膝」。漢書司馬相如傳「覩，西王母暠然白首戴勝而穴處兮」，注：「勝，婦人首飾也。漢代謂之華勝。」釋名釋首飾：「華勝，華象草木華也；勝言人形容正等，一人著之則勝也，蔽髮前爲飾也。」續漢書輿服志后夫人服：「簪以瑇瑁爲擿，長一尺，端爲華勝，上爲鳳皇爵，以翡翠爲毛羽，下有白珠，垂黄金鑷。左右一横簪之，以安薗結。」惠棟云：「山海經曰：『西王母戴勝。』郭璞云：『勝，玉勝也。』按：簪端華勝或以玉爲，故郭云玉勝也。」○于大成云：御覽七十九引歸藏曰「昔黄神與炎帝争鬬涿鹿之野」，則「黄帝」亦可稱「黄神」也，豈即高注所本與！○雙棣按：「載」與「戴」通，藏本注「載勝」用借字，景宋本等「戴勝」用本字。

【用韻】「勝、吟」蒸侵合韻。

〔二二〕【高注】鎩翼，縱翼也。廢腳，跛蹇也。言桀無道，田獵煩數，鳥獸悉被創夷，故鎩翼、廢腳也。

【版本】藏本注無「故」字，王溥本有，今據補，景宋本、朱本、葉本同藏本。茅本、汪本、莊本、集解本注末無「鎩翼廢腳」四字，景宋本、朱本、葉本同藏本。王溥本作「鎩翼而廢腳。」

【箋釋】劉文典云：北堂書鈔百五十八引，「廢腳」作「廢足」。○楊樹達云：廢無跛蹇之義，疑「廢」當讀爲「癶」。説文癶部云：「癶，足剌癶也。从止，从少。讀若撥。」足剌癶者，行步不正。剌癶或倒云撥剌。脩務篇云：「琴或撥剌枉橈。」注云「撥剌，不正」是也，故高以跛蹇言之。蓋廢从發聲，發从癶聲，故得通假耳。又按：注「縱翼」，集證本作「殘翼」，是也。御覽八十二引注作「殘翼」。又注鎩翼廢腳，「鎩翼」御覽作「殘翼」，亦御覽是，當據正。或謂一切經音義引字林云：「鎩，張翼也。」縱翼與張翼義同，則縱翼義可通。不悟此文乃就鳥獸之被創夷言之，言縱翼則非其旨，故知縱爲誤字也。○雙棣按：俶真篇：「飛鳥鎩翼，走獸擠腳。」高注以折翼、毀腳釋鎩翼、擠腳。選注引許注以殘釋鎩，與高義近。此以縱釋鎩，如楊説「縱」當是誤字。參俶真篇三五二頁注〔一四〕。又按：注「故」下當有「曰」字。

【用韻】「翼、腳」職鐸合韻。

〔二二〕【高注】峻幹，美材也。洼水，渟水。言山澤不以時故也。

【箋釋】吴承仕云：御覽八十二引注「山澤」上有「入」字。案：入山澤不以時，蓋約孟子對梁惠王語。今本誤奪「入」字，文句不完，應據御覽補。○楊樹達云：説文水部洼，訓深池，洼水蓋謂深水。然注文「渟水」，御覽八十二引作「清水」，與説文窪字訓清水相合，然則高注乃讀「洼」爲「窪」也。○向承周與吴説同。○雙棣按：渟水謂停積之水，澤無停積之水，正爲不以時入澤捕魚鼈所致，不宜改「渟水」爲「清水」。

〔二三〕【高注】蘋，讀猿猴蹯蹂之蹯。狀如葴，葴如葭也。莎，草名也。

【版本】藏本注「蘋」上有「莎」字，王溥本無，今據刪，景宋本、朱本、葉本、莊本、集解本同藏本。藏本注「蹂」作「噪」，莊本作「蹂」，今據改，景宋本、王溥本、朱本、集解本同藏本，葉本作「躁」。王溥本注「葭」上「如」字作「始」。王溥本、莊本、集解本注「莎，草名也」四字在注首，景宋本、朱本、葉本同藏本。

【箋釋】王念孫云：爾雅曰：「貍狐貒貈醜，其足蹯，其跡内。」内與蹂同。故曰猿猴蹯蹂。各本「蹂」誤作「噪」。○王引之云：「莎蘋」本作「蘋莎」，故高注先釋蘋，後釋莎。道藏本誤作「莎蘋」，（洪興祖楚辭九歌補注引此已誤。）注内「蘋」上又衍一「莎」字，劉績不能是正，反移「莎」字注於前，以就已誤之正文，斯爲謬矣。（莊本同。）「莎」與「禾、蠃、施」爲韻，（各本「蠃」作「理」，乃後人所改，辯見下。施字，古讀若婆娑之娑，説見唐韻正。）若作「莎蘋」，則失其韻矣。○于大成云：王校綦是。文子上禮篇作「路無綏步」。「綏步」涉「蘋莎」形近而誤。若作「莎蘋」，則無繇誤爲「綏步」也。○雙棣按：蘋、莎皆草名，蘋似莎而大。説文：「蘋，青蘋，似莎者。」文選張衡南都賦李善注引郭璞山海經注：「蘋，青蘋，似莎而大。」

【用韻】「穴、失」質部，「禾、蘋」歌元通韻。

〔二四〕【高注】金氣積聚，折其鋒廉也。璧，文。襲，重。言用之煩數，皆鈍，無復文理也。璧，讀辟也。

【箋釋】王引之云：文子上禮篇「無理」作「無蠃」。「蠃」當作「蠃」。淮南原文當亦是「蠃」字，非「理」字。本經篇「冠無觚蠃之理」，高彼注云：「蠃讀指端蠃文之蠃。」（今本「蠃」字皆誤爲「蠃」，莊本改爲「蠃」，是也。晏子春秋諫篇「觚蠃」作「觚蠃」，「蠃」字古亦讀若「蠃」，故與「蠃」通也。本經篇又曰：「蠃鏤雕琢，詭文回波。」蠃鏤亦謂轉刻如蠃文也。故彼注云：「蠃鏤，文章鏤。」今本「蠃」字亦誤爲「蠃」。）指端蠃文，今人猶有此語，謂其文之旋轉如蠃也。璧形圓，故謂其文曰蠃。久而漫滅，故曰無蠃。此注「璧文」上當有「蠃」字，「蠃，璧文」，是釋蠃字之義。「襲，重」是釋襲字之義。「言用之煩數，皆鈍，無復文理也」，是統釋「璧襲無蠃」四字之義。文子作「無蠃」，而此注言無文理，故知其字之本作「蠃」也。後人不解蠃字之義，又見注内有無文理之語，遂改「羸」爲「理」，而不知注内「璧文」二字正釋羸字也。且「羸」與「禾、莎、施」爲韻，改「羸」爲「理」，則失其韻矣。○張文虎云：疑「理」字本作「蠡」，蠡有力底、力戈二音，此文與「禾、莎、施」爲韻，當讀力戈反。後人誤讀力底反，音近誤爲「理」。然文子自作「羸」，故誤作「羸」。若非文子則無從悟此文「理」字爲「蠡」之誤矣。（蠡即羸也。）○孫詒讓云：王充論衡量知篇云：「銅未鑄鑠曰積石。」是「積」爲礦樸之名。金積，即金樸也。高釋爲「金氣積聚」，望文生訓，與「折廉」之文不相貫矣。○馬宗霍云：高釋「金積」爲「金氣積聚」，孫詒讓譏其望文生訓，是也。但孫氏據王充論衡量知篇「銅未鑄鑠曰積石」，因謂「積爲礦樸之名，金積即金樸也」，其説亦非。余疑「金」謂金器，與下句「璧」爲玉器相對。爾雅釋器：「黄金謂之璗，其美者謂之鏐。白金謂之銀，其美者謂之鐐。」書禹貢「厥貢惟金三品」，僞孔傳云：「金銀銅也。」據此，則凡金銀銅所製之器皆可以金目之。金性堅，以金爲器，必有廉隅。玉篇广部云：「廉，棱也。」「積」謂積久。金器積久則生衣而剥蝕，剥蝕則其廉棱必損折，故曰金積折廉也。璧者瑞玉圜也。襲，猶積也。「理」從玉，説文訓治玉，徐鍇曰：「物之脈理惟玉最密，故從玉。」治玉必循其脈理，脈理即文理也，因之玉文亦謂之理。玉器積久則塵封垢蔽，文理漫漶，故曰璧襲無理也。高注「璧文」之「璧」，疑當作「理」，蓋以「文」字釋「理」字之義。其釋「襲」爲重，重與積義亦相近。惟又以「用之煩數」一語申之，則似未允。金之折廉，璧之無理，正緣積久不用耳。王引之據文子上禮篇「無理」作「無羸」，謂「羸當作羸，淮南原文當亦是羸字，非理字」。雖持之有故，殊爲迂曲。

又謂「此注言用之煩數皆鈍無復文理也，是統釋璧襲無贏四字之義」，此亦微誤。注文「鈍」字，乃釋上句「金積折廉」。「無文理」，則釋下句。兼兩句而釋之，故曰皆。非專釋下句也。又案：上文「田無立禾，路無莎薠」，王氏謂「莎薠本作薠莎，贏與禾莎施爲韻，改贏爲理，則失其韻矣」。其實淮南之文，不必處處有韻。就如王説，以韻求之，則古音理在之部，禾莎施在歌部，「之」與「歌」亦得通轉。「之」入「歌」類，如「而」聲之「陾」，或作「[illegible]」是。「歌」入「之」類，如「𪎭」讀若泯水之「泯」是。準此爲例，「理」亦可讀爲「羅」，斯與「禾莎施」相叶矣。○何寧云：竊謂此蓋以「金氣積聚，折其鋒廉也」釋「金積折廉」，「璧文襲重，言用之煩數，皆鈍無復文理也」釋「璧襲無理」，文理甚明，無庸增字改字。

〔二五〕【高注】磬，空也。象磬數鑽以卜，故空盡無腹也。言桀爲無道，不修仁德，但數占龜，莫得吉兆也。詩云「握粟出卜，自何能穀」，又曰「我龜既猒，不我告猶」，是也。

【版本】藏本注「吉」作「古」，除葉本同藏外，各本均作「吉」，（蔣刊道藏輯要本亦作「吉」。）今據改。莊本、集解本注「云」作「曰」，景宋本、王溥本、朱本、葉本同藏本。

【箋釋】劉績云：文子「磬」作「殼」。○蔣超伯云：説文引詩作「瓶之罄矣」，罄，空也。此磬龜亦當作「罄」字矣。○雙棣按：注引詩，上見小雅小宛篇，下見小雅小旻篇。説文：「磬，石樂也。」「罄，器中空也。」爾雅釋詁及毛傳皆曰：「罄，盡也。」磬當爲罄之借字。段玉裁云：「古書罄磬多互相假借。」

〔二六〕【高注】易曰「再三瀆，瀆則不告」也。

【箋釋】雙棣按：注引易見蒙卦。

〔二七〕【高注】晚世，春秋之後，戰國之末。七國：齊、楚、燕、趙、韓、魏、秦也。齊姓田，楚姓芈，燕姓姚，趙姓趙，韓姓韓，魏姓魏，秦姓嬴，故異族也。

【版本】藏本注「嬴」作「羸」，茅本、莊本、集解本作「嬴」，（蔣刊道藏輯要本亦作「嬴」。）今據改，王溥本、朱本、葉本同藏本，景宋本作「羸」。

【箋釋】于鬯云：注云燕姓姚，與史記燕世家與周同姓姓姬氏之説不合。豈高别有所本，抑刊誤與？當俟檢核。至齊在戰國以田爲氏，趙、韓、魏春秋時各以氏著以爲姓，固不必誅論也。○雙棣按：注「故」下依文例似當有「曰」字。

〔二八〕【高注】蘇秦約從，張儀連横。南與北合爲從，西與東合爲横。故曰「從成則楚王，横成則秦帝」也。

【版本】汪本、張本、黄本、莊本、集解本正文及注「從」作「縱」（汪本注作「從」），餘本同藏本。藏本注無「成則楚王」四字，莊本、集解本有，今據補，景宋本、王溥本、朱本、葉本同藏本。茅本、汪本、張本、黄本無「故曰」下注文。

【箋釋】雙棣按：藏本等注文「從横成則秦帝」，文不成義，故依莊本等補「成則楚王」四字。然依文例「故曰」下當是高注複述正文之字，今正文無此句，觀正文之意，注似無必要有此句。

〔二九〕【用韻】「族、俗、角」屋部。

【版本】藏本「濫」作「檻」，王溥本、王鎣本、朱本、汪本、張本、吴本、黄本、莊本、集解本作「濫」，今據改，景宋本、茅本、葉本同藏本。

〔三〇〕【用韻】「殺、安」月元通韻。

【高注】衝車，大鐵著其轅端，馬被甲，車被兵，所以衝於敵城也。古者伐不敬，取其鯨鯢，收其骸尸，聚土而瘞之，以爲京觀，故曰「高重壘」，京觀也。

【箋釋】王念孫云：高重京，「京」當爲「壘」。注云「故曰『高重壘』」，即其證也。注「京觀也」上，當更有一「壘」字，「壘，京觀也」四字即承上注言之，今本正文壘作京，涉注文京觀而誤，注内又脱一壘字。文子上禮篇作「高重壘」，是其明證矣。高以上文言濫殺，故重壘爲京觀。今案：衝車所以攻，重壘所以守，此二句爲一義。「高重壘」即所謂深溝高壘，非京觀之謂也。○向承周云：高注誠誤，然其據本是「京」字，故以京觀解之。若正文作壘，高亦無緣致誤矣。注文「壘」字，乃纍土之意，「故曰高重壘京觀也」八字連讀，乃釋正文「高重京」之意，非「京」上更有「壘」字也。作文子者，知京觀義與上句不符，故改作「壘」，不知京亦壘也。爾雅「絶高爲之京」，説文「京，人所爲絶高丘也」，故凡人力所築，皆得京名。公孫瓚以易京自保，即其類也。

〔三一〕【用韻】「墓、車、京、路」鐸魚陽通韻。

〔三二〕【高注】言百人行戰皆死，一人得還反也。一説：百人行伐，一反得勝耳。

【版本】莊本、集解本注「耳」作「爾」。

【箋釋】劉文典云：注「百人行伐，一反得勝爾」，「人」當作「往」，涉上「百人」而誤也。蓋前説以人數言之，後説以往反之次數言之也。若作百人，則非其指矣。

【用韻】「義、反」歌元通韻。

〔三三〕【高注】甲，鎧也。在車曰士，步曰卒。

【版本】藏本「鎧」作「錯」，景宋本、茅本、汪本、莊本、集解本作「鎧」，今據改，王溥本、朱本作「鋌」。

〔三四〕【箋釋】楊樹達云：「是故質壯輕足者爲甲卒千里之外」十四字爲一句，當連讀，謂質壯輕足者爲甲卒於千里之外也。高於「甲卒」下設注，集證本於「卒」字斷句，皆非是。

〔三五〕【高注】厮，役。徒，衆也。牛曰牧，馬曰圉。軵，推也。饟，資糧也。軵，讀楫拊之拊也。

【版本】藏本注「牧」作「放」，王溥本、朱本、茅本、汪本、張本、黄本、莊本、集解本作「牧」，（蔣刊道藏輯要本亦作「牧」。）今據改，景宋本、葉本同藏本。

【箋釋】桂馥云：今注楫拊之拊，當云讀若揖付之揖。説文：「揖，推擣也。」「軵，反推車，令有所付也。讀若茸。」○陶方琦云：唐本玉篇車部引許注：「軵，推也。」按：此亦許注羼入高注中。○陶鴻慶云：高注云「牛曰牧，馬曰圉」，據此正文「馬圉」當作「牧圉」。○吴承仕云：氾論訓「相戲以刃者太祖軵其肘」，注：「軵，擠也，讀近茸，急察言之。」説林訓「倚者易軵也」，注：「軵，讀軵濟之軵。」説文云：「軵，反推車令有所付也。從車付，（應補云「付亦聲」。）讀若茸。」段玉裁曰：「氾論訓高注『讀近茸』，與説文同。覽冥訓『讀楫拊之拊』，説林訓『讀軵濟之軵』，皆有譌字不可讀，然大約以『付』爲聲，是高時固有兩讀也。」按：「軵」從「付」聲，本屬侯部，對轉東部則音「茸」，高讀皆是也。尋説文：「揖，攘也。」（攘，推也。）「擠，排也。」（推，排也。）「拊，揗也。」義訓大同。高注「讀楫拊之拊」者，「楫」應作「揖」，「讀軵濟之軵」者，「濟」應作「擠」，作音兼釋義也。今本作「楫」、作「濟」，皆形近之譌。段以爲不可讀，失之。○黃侃云：「揖拊」不成語。「揖」當爲「搑」。説文「讀若茸」，此文當云「讀搑付之搑」，與氾論注及説文符合。集韻「符遇切」下有「軵」字，即緣高注而誤，廣韻「符遇切」下猶無此字也。如淳漢書注引淮南子曰「內郡軵車而餉」，即此之「軵車奉饟」也，音而隴切，與高注同。

〔三六〕【高注】短褐，處器物之人也。短或作裋字。褐，毛布，如今之馬衣也。不完，言民窮也。

【版本】藏本「路」作「馬」，景宋本、王溥本、王鎣本、朱本、吴本、莊本、集解本作「路」，今據改，餘本同藏本。藏本注「裋」作「短」，王溥本、朱本作「裋」，今據改，景宋本、葉本同藏本，茅本、汪本、莊本、集解本注無「短或作裋字」五字。

【箋釋】陶方琦云：後漢書王望傳注引「短」作「裋」。後漢書注、列子釋文引許注「楚人謂袍曰裋」。按：高注所云「或作」，即許義也。與原道訓「夷或作遲」，「丙或作白」同。説文：「裋，豎使布長襦也。从衣，豆聲。」徐廣曰：「裋，一作短，小襦也。」廣雅：「袍，長襦也。」説文以「襦」爲短衣，兹曰長襦，乃稍長於襦，因別言之。袍與裋皆長於襦，故漢書貢禹傳注：「裋者，謂僮豎所著布長襦也。」與説文「裋」訓長襦同。又：大藏音義九十九引許注：「楚人謂袍爲裋褐。」○易順鼎云：一切經音義引許注「褐」字涉正文而衍。○劉文典云：「裋」本字，「短」叚字也。史記孟嘗君列傳「而士不得短褐」，索隱：「短音豎，豎褐，謂褐衣而豎裁之，以其省而便事也。」文選王命篇「思有短褐之襲」，漢書「短」作「裋」。蓋「短、裋」皆從豆得聲，故得通用也。○劉盼遂云：説文衣部：「裋，豎使布長襦。」凡從豆之字多含短意。此「長」字疑「短」之譌。故淮南王書「裋褐」亦作「短褐」。史記秦始皇本紀「裋襦」，徐廣云：「別作短襦。」皆其證也。方言四：「襜褕，江淮南楚之間謂之𧝓裕，自關而西謂之襜褕，其短者謂之裋褕，以布而無緣敝而紩之謂之襤褸，（下文「楚謂無緣之衣曰襤褸」。）自關而西謂之䘪𧝞，其敝者謂之緻。」今按此段以江淮南楚爲主，猶云江淮南楚謂襜褕爲𧝓裕，其短者謂之短褕，以布而無緣敝而紩之謂之襤褸，其敝者謂之紩。自關而西謂𧝓裕爲襜褕，謂襤褸爲䘪𧝞也。不然則重出「自關而西」四字，果何謂乎？（錢氏箋疏説此段殊不了了。）許君此注「楚人名褐爲裋」，蓋據方言文也。○何寧云：注「人」字當作「衣」，蜀藏本不誤。○雙棣按：齊俗篇許注：「楚人謂袍爲短褐大布。」據此則大藏音義所引許注「褐」字並非衍文。

【用韻】「遠、完」元部。

〔三七〕【高注】攜，引也。奮首，民疲於役，頓仆於路，僅能摇頭耳。言疲困也，故曰「奮首」。

【版本】張本、黄本、莊本、集解本「弊」作「獘」，餘本同藏本。藏本注「仆」作「化」，除葉本同藏本外，各本均作「仆」，今據改。

【箋釋】俞樾云：高説極爲迂曲。原文本作「奮於首路」，首猶嚮也。漢書司馬遷傳「北首争死敵」，師古曰：「首，嚮也。」是其義也。「相攜於道，奮於首路」，言不得已，自奮勉而嚮路也。兵略篇曰：「百姓之隨逮肆刑，挽輅首路死者，一旦不知千萬之數。」正以「首路」連文，可證此篇之誤。○于省吾云：俞氏訓首爲嚮，是也。改爲「奮於首路」則非。奮首於路，謂奮勉以嚮於路。注云「故曰奮首」，則正文本作「奮首於路」明矣。如俞説，既與注不符，且與上句「相攜於道」非對文矣。○馬宗霍云：高釋「奮首」爲摇頭，非也。俞説「本作奮於首路，首猶嚮也」，亦非也。余謂「相攜於道，奮首於路」兩語承「人羸車弊」之下。相攜於道，言徒步之人。奮首於路，言輓車之人。徒步者則手相攜持牽引，輓車者則奮首前嚮。説文奞部云：「奮，翬也。從奞在田上。」「奞，鳥張毛羽自奮也。」引申之，則奮有仰舉之義。凡輓車曳重，行必曲躬蹻足，蹻足則首必仰，此勢之自然。「奮首」猶仰首也。○何寧云：曲禮「奮衣由右上」，鄭注：「奮，振去塵也。」是奮有振義。輓車者頭必應力振動，故曰「奮首」也。○許建平云：「奮」當爲「僨」之借字。奮、僨古同音。漢書晁錯傳：「戍者死於邊，輸者僨於道。」服虔曰：「僨，仆也。」如淳曰：「僨，音奮。」「奮首於路」者，仆首於路也。挽重車者，人必往前傾，頭向下俯，幾至於地。（馬氏謂挽車曳重，首必仰，謬甚。）前云「泥塗至膝」，則首極易至地。人疲極，首仆地，則身體必擱於輅上也。王念孫云：「奮首於路，身枕格而死，皆承上『人羸車弊』而言」，是也。

〔三八〕【高注】格，榜牀也。言收民役賦不畢者，榜之於格上，不得下，故曰「枕格而死」也。

【版本】藏本注「牀」作「淋」，景宋本、王溥本、朱本、莊本、集解本作「牀」，今據改，茅本、葉本、汪本作「林」，張本、黄本作「楚」。茅本、葉本、汪本、張本、黄本、莊本、集解本注「榜」作「搒」，景宋本、王溥本、朱本同藏本。茅本、汪本、張本、黄本、莊本注無「故曰」二字及「死」下「也」字。

【箋釋】王念孫云：高説「枕格」之義非也。格，音胡格反，與輅同，謂挽車之横木也。晏子春秋外篇曰：「擁轅執輅。」漢書婁敬傳「敬脱輓輅」，應劭曰：「輅謂以木當胸以輓輦也。」（見文選西京賦注。）孟康音胡格反。身枕格而死，謂困極而仆，身枕輓車之木而死也。兵略篇曰：「百姓之挽輅首路死者，一旦不知千萬之數。」高彼注曰：「輅，輓輦横木也。」挽輅首路而死，即此所謂「奮首於路，身枕格而死」也。人間篇又曰：「羸弱服格於道，病者不得養，死者不得葬。」兵略篇作「輅」，此及人間篇作「格」，字異而義同也。奮首於路，身枕格而死，皆承上「人羸車弊」而言。若以「身枕格」句爲死搒掠，則與上文全不相屬矣。

〔三九〕【箋釋】王叔岷云：「舉」當爲「轝」，字之誤也。「轝」與「輿」同。吕氏春秋期賢篇「扶傷輿死」，新序雜事五「輿」誤「舉」，正同此例。「扶轝於路」，即謂扶傷轝死於路也。本書兵略篇、管子輕重甲篇亦並云「輿死扶傷」。○于大成云：御覽三百三十九引此文「舉」正作「輿」。唯「舉」是正字。説文「舉，對舉也。一曰輿也」。此「輿」即「舁」字，「舁，共舉也」。舉即今抗舉字，或叚

「輿」爲之。禮曾子問「下殤土周葬于園，遂輿機而往」，疏云「遂輿機而往者，輿，猶抗也」。兵略篇之「輿死扶傷」，謂死者則舉之，傷者則扶之耳。此「扶舉於路」者，謂扶傷者，舉死者於路上也。此文今本用正字，御覽用借字，兵略篇及管子、吕氏春秋亦並用借字也。

〔四〇〕【高注】甘，猶嗜也。

【版本】莊本、集解本「芻」上「於」作「于」。

【箋釋】雙棣按：「甘之於芻豢」，「於」當讀爲「如」，詳經傳釋詞。

【用韻】「肝、豢」元部。

〔四一〕【高注】虐，害。

【版本】藏本「命」下衍「天」字，今據王念孫校删，各本同藏本。

【箋釋】王念孫云：「天」字與上下文義不相屬，此因上文「天下」而誤衍也。太平御覽兵部七十引此，無「天」字。○蔣禮鴻云：天而不夭於人虐，天謂全其天性也。原道篇曰：「牛岐蹏而戴角，馬被髦而全足者，天也。絡馬之口，穿牛之鼻者，人也。」又曰：「故聖人不以人滑天。」天而不夭於人虐，即不以人滑天。絡馬口，穿牛鼻，亦人虐矣。「天、人」二字正相對待，不可謂衍「天」字。○雙棣按：王説是，蔣説强辭。「保其脩命而不夭於人虐」作一句讀，與上句「安其情性而樂其習俗」正相應，句中插入一「天」字，則不成義。如蔣説天謂全其天性，於此亦爲贅，上已言保其脩命，尚言全其天性何用，且與下「不夭於人虐」不連貫矣。王謂「天」爲衍文甚是。

【用韻】「俗、虐」屋藥合韻。

〔四二〕【版本】藏本「合」上脱「不」字，今據王念孫校補，各本同藏本。

【箋釋】王念孫云：「合」上脱「不」字，太平御覽引此有「不」字。文子上禮篇同。○于大成云：王説是也。此下盛稱漢世之美，曰：「天下混而爲一。」正與此相對。又案：御覽引「家」下尚有「也」字，於文爲順。

【用韻】「何、家」歌魚合韻。

逮至當今之時，天子在上位〔一〕，持以道德，輔以仁義，近者獻其智，遠者懷其德，拱揖指麾而四海賓服，春秋冬夏皆獻其貢職，天下混而爲一〔二〕，子孫相代，此五帝之所以迎天德也〔三〕。

夫聖人者，不能生時，時至而弗失也〔四〕。輔佐有能，黜讒佞之端，息巧辯之説，除刻削之法，去煩苛之事，屏流言之迹，塞朋黨之門，消知能〔五〕，修太常，隳枝體，絀聰明〔六〕，大通混冥，解意釋神，漠然若無魂魄，使萬物各復歸其根，則是所修伏犧氏之迹而反五帝之道也〔七〕。

夫鉗且、大丙不施轡銜而以善御聞於天下，伏戲、女媧不設法度而以至德遺於後世〔八〕。何則？至虛無純一而不嚶喋苛事也〔九〕。周書曰：「掩雉不得，更順其風〔一〇〕。」今若夫申、韓、商鞅之爲治也〔一一〕，掙拔其根，蕪棄其本，而不窮究其所由生〔一二〕。何以至此也？鑿五刑，爲刻削，乃背道德之本，而争於錐刀之末〔一三〕，斬艾百姓，殫盡太半〔一四〕，而忻忻然常自以爲治〔一五〕，是猶抱薪而救火，鑿竇而出水〔一六〕。夫井植生梓而不容甕，溝植生條而不容舟，不過三月必死〔一七〕。所以然者何也？皆狂生而無其本者也〔一八〕。河九折注於海而流不絶者，崑崙之輸也〔一九〕。潦水不泄，瀇瀁極望，旬月不雨則涸而枯澤，受瀷而無源者〔二〇〕。譬若羿請不死之藥於西王母，恒娥竊以奔月〔二一〕，悵然有喪，無以續之〔二二〕。何則？不知不死之藥所由生也〔二三〕。是故乞火不若取燧，寄汲不若鑿井〔二四〕。

校釋

〔一〕【高注】天子，漢孝武皇帝。

【版本】藏本注「漢」誤作「嘆」，除葉本同藏本外，各本均作「漢」。（蔣刊道藏輯要亦作「漢」。）今據改。

〔二〕【高注】混，同。

〔三〕【用韻】「德、服、職、代、德」職部。

〔四〕【箋釋】馬宗霍云：「不能生時」者，「時」謂時運。「生」猶「造」也。言聖人應時運而出，非能造時運。「時至而弗失也」者，言聖人既應運而出，即乘運而行，得時則駕也。易象上傳「天造草昧」，李鼎祚集解引虞翻注云：「造，造生也。」又引荀爽注云：「謂陽動在下，造生萬物於冥昧之中也。」是「生」有「造」義之證。

〔五〕【高注】消除知巧之能。

【箋釋】雙棣按：知即智字。

〔六〕【高注】去其小聰明，并大利欲者也。

【版本】景宋本、王溥本、吴本、莊本、集解本「修」作「脩」，朱本、茅本同藏本。茅本、汪本、張本、黄本、莊本、集解本「枝」作「肢」，景宋本、王溥本、王鎣本、朱本、葉本、吴本同藏本。景宋本注無「并」、「者」二字。

【箋釋】劉家立云：文子上禮篇作「循太常」，「脩」乃「循」字之誤。○王叔岷與劉説同。○雙棣按：此處「屏、塞、消、隳、絀」，皆禁止、消除、毁壞之義，「脩」若作「循」，則語義與之不合，「脩」字不誤。説文：「脩，脯也。」脩即乾肉，因有乾枯之義。吕覽辯土：「寒則雕，熱則脩。」脩即乾枯之義。脩或作蓨，詩中谷有蓷：「歎其脩矣。」釋文：「脩，一本或作蓨。」集韻：「蓨，乾也。」「太常」本爲王者之旗名，引申爲禮儀之代稱，脩太常，即毁棄禮儀之義。「絀」與「黜」通用，毁棄之義。

〔七〕【高注】反，復。

【用韻】「常、明」陽部，「神、根」真文合韻。

〔八〕【用韻】「丙、下」陽魚通韻，「媧、世」歌月通韻。

〔九〕【高注】嚶喋，猶深算也。言不采取煩苛之事。

【箋釋】于省吾云：嚶喋既訓爲深算，則不采取煩苛之事，應作不深算煩苛之事。但嚶喋本無深算之義，則「深算」二字必有誤也。此本作「嚶喋，采算也」。「采」字譌作「宷」，又與「算」字相連，後人因增水旁爲「深」耳。「算、選」古字通，詩柏舟「不可選也」，三家詩「選」作「算」。漢書公孫賀等傳贊「斗筲之徒，何足選也」，論語子路「選」作「算」，是其證。廣雅釋詁：「選，擇也。」俶真篇「而錯擇名利」，注：「擇，取也。」是采選即採取。又嚶喋即唼喋。漢書司馬相如傳「唼喋青藻」，注：「唼喋，銜食也。」唼同啑，玄應一切經音義八引字林：「啑，喋也。」文選上林賦注引通俗文：「水鳥食謂之啑。」鳥之啄食，擇而取之，故引申有採取之義。○馬宗霍云：「嚶喋」二字不見於説文，篇、韻諸書亦有喋無嚶。玉篇口部云：「喋，便語也。」廣韻三十帖云：「喋，徒協切，便語。」集韻三十帖云：「喋，達協切，一曰多言。」又案：史記匈奴傳「嗟土室之人，顧無多辭令喋喋而佔佔」，裴駰集解云：「喋喋，利口也。」司馬貞索隱引服虔曰：「口舌爲喋。」便語，多言，利口，口舌，義皆相近。「嚶」字疑爲「唼」之異體。集韻三十三狎以「唼」爲「啑」之重文，音同翣。二十九葉又收啑字，音同接，訓曰多言。則與「喋」義同。然則「嚶喋」連文，蓋爲多言之貌。本文當亦取此爲義。「不嚶喋苛事」者，言以虛無純一爲治，不須煩其教令以苛察爲事也。

高訓「嘍喋」爲「深算」，未知何據。吴任臣字彙補收「嘍」字，從納切，音雜。其義訓即全採高氏此注。○于大成云：「虚無純一」四字連文，上著「至」字，於義無取。路史後紀二用此文，「至」作「惟」，當是也。○雙棣按：以高注觀之，于省吾説爲是。

〔一〇〕【高注】言掩雉雖不得，當更從其上風，順其道理也。言可行與不，猶當以道德爲本，諭申、商之法失之矣。

【版本】藏本注「諭」作「論」，景宋本、茅本、汪本作「諭」，今據改，王溥本、朱本、葉本同藏本，莊本、集解本作「喻」。莊本、集解本注「商」作「韓」，景宋本、王溥本、朱本、茅本、葉本、汪本同藏本。

〔一一〕【高注】申，申不害也。韓，韓非也。商鞅，公孫鞅。三子之術，皆爲削刻之法也。

【版本】藏本注「韓」不重，景宋本、王溥本、莊本、集解本重，今據補，朱本、葉本同藏本。莊本、集解本注「削刻」作「刻削」，景宋本、王溥本、朱本、葉本、茅本、汪本同藏本。

〔一二〕【箋釋】楊樹達云：捽拔其根，「捽」當讀爲「勃」。説文力部云：「勃，排也。」○雙棣按：廣雅釋詁三云：「捽，拔也。」王念孫疏證云：「捽者，淮南子俶真訓『疾風教木而不能拔毛髮』，高誘注云：『教，亦拔也。』覽冥訓云：『捽拔其根。』捽，與教通。」王説是也。楊謂「捽」讀作「勃」，「勃，排也」，然排爲推，由内向外用力謂之排，而拔捽乃自下向上用力之謂，楊説恐非是。

【用韻】「根、本」文部。

〔一三〕【高注】錐刀之末，諭小利。言盡争之也。

【版本】莊本、集解本注「諭」作「謂」，王溥本、朱本、茅本、葉本、汪本同藏本，景宋本誤作「論」。

【箋釋】吴承仕云：謂小利，景宋本「謂」作「論」，朱本作「諭」。案：朱本是也。此文出左氏昭公六年傳，杜注云：「錐刀末，諭小利。」文與此同。

〔一四〕【高注】斬艾百姓，以草木諭也。不養之也。殫，病也。太半，過半也。

【箋釋】莊逵吉云：凡數三分有二爲太半，有一爲少半，韋昭説也。○于大成云：「殫」字不當訓「病」，説文「殫，極盡也」，謂窮極而盡之也（段注説），是其誼也。説山篇「宋君亡其珠，池中魚爲之殫」，高注云「殫，盡也」，説林篇「秋風下霜，一夕而殫」，高注云「殫，盡也」。字亦通作「單」，天文篇「單閼之歲」，高注云「單，盡」。高於彼皆知訓爲「盡」，獨於此文乃訓爲「病」，殊不可解。文子上禮篇此句作「盡其太半」，更可證「殫、盡」二字同誼。○雙棣按：艾，通刈。説文作「乂」，云「芟草也」。廣雅釋詁一：「刈，殺也。」朱駿聲説文通訓定聲：「艾，又假借爲刈。」吕氏春秋仲夏紀「令民無刈藍以染」，字作「刈」，淮南時則同。禮記月令作「艾」，用借字。

〔一五〕【高注】忻忻，猶自喜得意之貌也。

【箋釋】陶鴻慶云：「常」讀爲「尚」，古通用。

〔一六〕【箋釋】王念孫云：「出」當爲「止」，字之誤也。欲止水而鑿竇，則水從竇入，而愈不可止。若鑿竇而出水，則固其宜耳。文子精誠篇「鑿渠而止水，抱薪而救火」，即用淮南之文。又説林篇

「若被蓑而救火，毀瀆而止水」，毀當爲鑿。（太平御覽火部一引此已誤。）俗書「鑿」字或作「鑿」，因誤而爲「毀」。（顏氏家訓書證篇説俗字云：「鼓外設皮，鑿頭生毀。」）瀆與竇同。意林引此，正作「被蓑救火，鑿瀆止水」。今據説林之「止水」，以正「出」字之誤，並據此篇之「鑿竇」，以正説林「毀」字之誤。○楊樹達云：漢初文景二帝皆喜刑名家言，治尚刻深，安父厲王以之不終，吴楚七國以之謀叛。安之此語，蓋有爲而發也。

【用韻】「削、末、半」月元通韻，「火、水」微部。

〔一七〕【高注】植謂材也。椽杙於溝邊，因生爲條木也。以諭申、韓、商鞅之所爲法，比於梓條也。

【箋釋】王念孫云：「梓」當爲「𣏞」。「𣏞」，古「櫱」字也。説文：「𣡌，伐木餘也。商書曰：『若顛木之有甹𣡌。』或作櫱，古文作𣏞。」（𣏞字從木，𢆉聲，説文：「羍，小羊也。從羊，大聲。或省作𢆉。」）爾雅：「枿，餘也。」李巡曰：「枿，槁木之餘也。」釋文：「枿，本或作𣏞。」盤庚「若顛木之有由櫱」，釋文：「櫱，本又作枿。馬云：顛木而肄生曰枿。」魯語「山不槎櫱」，韋注曰：「以株生曰櫱。」「櫱、枿、𣡌」並與「𣏞」同。是𣏞爲伐木更生之名，故本經篇高注曰：「𣏞，滋生也。」又説文：「甹，木生條也。商書曰：『若顛木之有甹枿。』」是條與𣏞義相近，故此篇云「井植生𣏞」，「溝植生條」。俶真篇「百事之莖葉條𣏞」，高注：「𣏞，讀詩頌『苞有三櫱』同。」是其明證矣。又俶真篇「十人養之，一人拔之，（今本十誤作一，一誤作十，辯見俶真。）則必無餘𣏞」，高注亦讀「𣏞」爲「櫱」。「𣏞」字篆文作「[篆文]」，隸變作「𣔳」，形與「梓」相似，因誤爲「梓」矣。○吴承仕云：

「椽杙」當作「椓杙」，字之誤也。詩兔罝：「椓之丁丁。」傳云：「丁丁，椓杙聲。」楊雄傳：「椓截嶭而爲弋。」是椓杙之義。（梓當爲榫，王念孫已具説。）○楊樹達云：説文「植」訓户植，謂門兩旁豎木，實則凡直立之木皆可謂之植，此云「井植，溝植」是也。井植生榫而汲甕撞之，溝植生條而行舟折之。「不容」與史記屈原傳「故至死而不容」之「不容」義同，謂不見容於甕與舟，故不過三月必死也。古書動字施受二義不分，甕字、舟字上又省去於字，初學易於誤解，故特明之。又按：「三月」疑作「三日」。

〔一八〕【箋釋】楊樹達云：荀子君道篇云「狂生者不胥時而落」，及此「狂」字皆假爲「㞷」。説文：「㞷，艸木妄生也。」狂字從㞷聲，故假「狂」爲「㞷」也。

〔一九〕【高注】折，曲。

【版本】莊本、集解本「崑崙」作「昆侖」。

【箋釋】王念孫云：藝文類聚水部上、初學記地部中、太平御覽地部二十六及文選海賦注引此，並云「河水九折，注海而流不絶者，有崑崙之輸也」，較今本爲長。○劉文典云：白帖六引，「河」下亦有「水」字。○鄭良樹云：記纂淵海七、錦繡萬花谷五引此，「河」下並有「水」字。○于大成云：事類賦注六引，「崑崙」上亦有「有」字。但水經河水注引，與今本同。選注「崑崙」上亦無「有」字，兩者亦無所謂短長。

〔二〇〕【高注】瀷，雨瀆疾流者，故曰無源。瀷，讀燕人强春言「勑」同也。

【箋釋】莊逵吉云：「强春」疑當作「强秦」。○俞樾云：「者」當作「也」，澤字絶句。「如、而」古通用，「涸而枯澤」者，涸如枯澤也。此言潦水雖瀇瀁極望，然旬月不雨，則涸如枯澤矣。所以然者，以其受瀷而無源也。與上文「河九折注於海而流不絶者，昆侖之輸也」，正相對成義。句末「也」字誤作「者」，則文義轉似不了矣。○陶方琦云：文選郭璞江賦注引許注：「瀷，湊漏之流也。」管子宙合「泉踰瀷而不盡」，注：「瀷，湊漏之流也。」江賦「磴之以瀿瀷」，皆同許義。又：唐本玉篇水部引許注：「瀵，湊漏之流也。」按：「瀵」當作「瀷」。○何寧云：瀷，諸家均未詳。管子及文選江賦注均誤。唐本玉篇引作「瀵」，並引許注「瀵，湊漏之流也」。（源乃流字之誤。）爾雅釋水：「瀵，大出尾下。」説文：「瀵，水漫也，从水，糞聲。」玉篇引郭璞曰：「汾陰有水，口如車輪，濆沸涌出。」以「濆」釋「瀵」，與此注合。「濆」同「噴」。列子湯問篇「神瀵」，張注：「山頂之泉曰瀵。」故曰「無源者」。説文「瀷」乃「潩」之異體，後人收入，無瀵義，知此「瀷」字固當作「瀵」也。管子宙合篇「薄承瀵而不滿」，（今本誤作「瀷」。）亦即此文之義。又注莊氏謂「春」當爲「秦」，是也。説山篇高注「荷讀如燕人强秦言胡同也」，可爲莊氏之證。「勑」字未校，當是「粉」字形近而誤。「瀵」、「粉」同韻，皆讀方問切，故高注曰「瀵讀燕人强秦言粉同也」。本經篇「消游瀷減」，注「瀷讀燕人强春言勑之勑」，誤與此同。○雙棣按：瀇瀁，陽部疊韻聯緜字，水廣闊無崖貌。字又作「廣瀁」，陳琳止欲賦：「河廣瀁而無梁。」又作「滉瀁」，抱朴子博喻：「滄海滉瀁，不以含垢累其無涯之廣。」又作「滉漾」，曹植節遊賦：「望洪池之滉漾。」又作「潢漾」，漢書司馬相如傳上林賦：「灝溔潢漾。」又作「潢洋」，宋玉九辯：「然潢洋而不可帶。」實即今之「汪洋」。

〔三二〕【高注】恒娥，羿妻。羿請不死之藥於西王母，未及服之，恒娥盜食之，得仙奔入月中，爲月精也。奔月或作坌肉。藥坌肉以爲死畜之肉復可生也。

【版本】王鎣本（無注）、葉本、莊本、集解本正文及注「恒」作「姮」，餘本同藏本。莊本注「復」上「肉」字作「藥」。

【箋釋】莊逵吉云：姮娥，諸本皆作「恒」，唯意林作「姮」，文選注引此作「常」。淮南王當諱「恒」，不應作「恒」，疑意林是也。○洪頤煊云：歸藏云：「昔常娥以不死之藥服之，遂奔，爲月精。」「恒」改爲「常」，是漢人避諱字。張衡靈憲作「姮娥」。説文無「姮」字，後人所造。○陶方琦云：文選郭璞遊仙詩注、初學記引許注「常娥，羿妻也。逃月中，蓋上虚夫人是也。」初學記引淮南正文尚有「託身於月，是謂蟾蜍，而爲月精」十二字，許、高異本也。許作「常」，常與恒義同。（爾雅：「恒，常也。」）淮南王當諱「恒」字，許本是也。後漢書天文志「常娥竊羿不死藥，奔月，及之，爲蟾蜍」，字作嫦，與意林引淮南作「姮」，（今莊本亦改爲「姮」。）皆後人加字也。文選月賦注引淮南注曰：「常娥，羿妻也。」亦是許注。又引歸藏曰：「昔常娥以不死之藥奔月。」（李淳風乙巳占引連山易云：「有馮羿者，得不死之藥于西王母，常娥竊之以奔月。」蓋古説也。）皆作「常娥」。（張衡靈憲作「恒娥」，宋本初學記引亦作恒。）釋湛然輔行記引説文云：「月名常娥，亦名恒娥，月初月末，恒常如娥。」其解又異。（大洞經：「月一名結璘，奔月之仙。」）然其作恒，作常，字均不誤。初學記、文選注（補亡詩）、御覽皆引淮南注有「月一名夜光，月御曰望舒，亦曰纖阿」，疑即此處許氏注文。○劉家立云：常娥本作常儀。元人白珽湛淵静語云：淮南子載常娥事，許慎注：「常娥，羿妻也，羿請不死之藥于西王母，常娥竊之奔月。」後漢張衡遂引爲證。且云「常娥託身於月，是爲蟾蜍」，尤可笑也。余舊讀漢志，見謂黄帝使羲和占日，常儀占月，車區占星。疑常娥即常儀之誤，然不敢臆決也。及讀周官注云「儀、義二字，古皆音俄」，而洪丞相适嘗引詩「實維我儀」，協「在彼中河」，「樂且有儀」，亦協「中阿」。楊雄太玄亦以「各遵其儀」，協「不偏不頗」，而漢碑「蓼莪」，皆書作「蓼儀」，然後自信常娥即常儀明矣。後人因其職占月，故啟此恍惚怪誕之論。○王叔岷云：錦繡萬花谷前集一引作「羿得不死之藥於西王母，其妻嫦娥竊之奔月，遂托身月中仙」。引注亦作嫦娥，蓋許本也。天中記一亦引許注云：「嫦娥，羿妻也。逃月中，蓋上虚夫人是也。」

〔二二〕【高注】言羿悵然失志，若有所喪亡，不能復得不死藥以續之也。

〔二三〕【高注】羿不知不死之藥所由生也。申、韓、商鞅之等不得治之根本，如乞藥矣。一説：羿謂命在藥，不知命自在天也。故或欲得知不死藥之所由出生也。

【版本】景宋本注上「由」字作「出」。莊本注「不得治之根本」，「得」作「知」。王溥本注末「也」字上有「者」字。

【箋釋】于大成云：注「藥之」二字當倒，「出」字衍。上注「羿不知不死之藥所由生也」，「之藥」二字與正文相應，其「由」字景宋本誤爲「出」，此「出」字即涉彼而誤也。

〔二四〕【用韻】「生、井」耕部。

淮南子校釋卷第七

精神訓〔一〕

古未有天地之時，惟像無形〔二〕，窈窈冥冥，芒芠漠閔，澒濛鴻洞，莫知其門〔三〕。有二神混生，經天營地〔四〕，孔乎莫知其所終極〔五〕，滔乎莫知其所止息〔六〕。於是乃别爲陰陽，離爲八極，剛柔相成，萬物乃形〔七〕，煩氣爲蟲〔八〕，精氣爲人〔九〕。

是故精神者，天之有也〔一〇〕；而骨骸者，地之有也。精神入其門，而骨骸反其根〔一一〕，我尚何存〔一二〕？是故聖人法天順情，不拘於俗，不誘於人〔一三〕，以天爲父，以地爲母，陰陽爲綱，四時爲紀〔一四〕。天静以清，地定以寧，萬物失之者死，法之者生〔一五〕。夫静漠者，神明之宅也〔一六〕；虚無者，道之所居也〔一七〕。是故或求之於外者，失之於内；有守之於内者，失之於外〔一八〕。譬猶本與末也，從本引之，千枝萬葉，莫得不隨也〔一九〕。

校釋

〔一〕【高注】精者，人之氣；神者，人之守也。本其原，説其意，故曰精神，因以題篇。

〔二〕【高注】惟，思也。念天地未成形之時，無有形生有形，故天地成焉。

【箋釋】俞樾云：「惟」乃「惘」字之誤。隸書「罔」字或作「罡」，故「惘」與「惟」相似而誤也。「惘象」即「罔象」也。文選思玄賦：「偭汩飄淚，沛以罔象兮。」亦作「象罔」。莊子天地篇「乃使象罔，象罔得之」是也。罔象乃疊韻字，與下文「澒濛鴻洞」一律，皆無形之象，故曰「罔象無形」。今作「惟象無形」，義不可通。乃高注訓惟爲思，則其誤久矣。○吴承仕云：「無有形生有形」，上「有」字衍。説山篇注云：「未有天地生天地，故無形生有形也。」文義與此同。○楊樹達云：此謂惟有像而無形。高訓惟爲思，誤。楚辭天問云：「遂古之初，誰傳道之？上下未形，何由考之？馮翼惟象，何以識之？」爲淮南此文所本。俞不詳考，憑肊改字，殊爲疏謬。○向承周云：俞説非是。楚辭天問「馮翼惟象」，即淮南此文所本。御覽一、三百六十引皆同。○吕傳元與楊、向説同。○何寧云：惟讀孟子「惟天爲大」之「惟」，非思惟字也。高注失之。

〔三〕【高注】皆未成形之氣也。芒，讀王莽之莽也。芠，讀抆滅之抆。閔，閔子騫之閔。澒，讀項羽之項。鴻，讀子贛之贛。洞，讀同游之同也。皆無形之象。故曰「莫知其門」也。

【版本】藏本注「子騫」上無「閔」字，莊本、集解本有「閔」字，今據補，景宋本、王溥本、朱本、葉本同藏本。藏本注「項」上「讀」字作「言」，景宋本、王溥本、朱本、葉本、莊本、集解本作「讀」，今據改。

〔四〕【箋釋】劉文典云：御覽一引，作「幽幽冥冥，茫茫昧昧，幕幕閔閔」，三百六十引，與今本合。蓋許、高本各異也。○于大成云：御覽一、事類賦注一、海録碎事九下、蔡箋杜詩六引此文，皆作「鴻濛澒洞」。古文苑賈誼旱雲賦「運清濁之澒洞兮」，杜甫自京赴奉先詠懷詩「澒洞不可掇」，韓愈南山詩「蒸嵐相澒洞」，柳宗元非國語周語三川震「以澒洞轇轕乎其中」，皆「澒洞」連文，即用淮南文也。御覽一下引明標高誘注，則高本作「鴻濛澒洞」。上文御覽引作「幽幽冥冥，茫茫昧昧，幕幕閔閔」，亦高本如此也。御覽三百六十、楚辭天問補注、蔡箋杜詩二十七、三十七、韓愈南山詩方崧卿注等引與今本同者，反是許本。

【用韻】「形、冥」耕部，「閔、門」文部。

〔五〕【高注】二神，陰陽之神也。混生，俱生也。

【箋釋】楊樹達云：方言云：「掍，同也。」「混」與「掍」通。○于大成云：御覽一引高誘注曰：「二神，經天營地之神。」又三百六十引與今本同，則今本當是許注，與高注自不同。○何寧與于説同。○雙棣按：覽冥篇云：「天下混而爲一。」高注：「混，同。」

〔六〕【高注】孔，深貌也。

【版本】茅本、汪本、張本、黄本、莊本、集解本此注在下文「止息」下，景宋本、王溥本、朱本、葉本同藏本。

〔六〕【高注】滔，大貌也。

【版本】藏本正文及注「滔」作「滔」，景宋本、王溥本、朱本、茅本、吴本（無注）、莊本、集解本作「滔」，今據改。

【用韻】「極、息」職部。

〔七〕【高注】離，散也。八極，八方之極。剛柔，陰陽也。

〔八〕【高注】煩，亂。

〔九〕【箋釋】雙棣按：時則篇五蟲爲「鱗、羽、蠃、毛、介」，高注：「蠃蟲，麒麟爲之長。毛蟲，虎爲之長。」大戴禮易本命篇謂「倮蟲，聖人爲之長。毛蟲，麒麟爲之長」，則蟲亦含人在内。此蟲、人對文，不從易本命而從時則，五蟲不含人。

【用韻】「成、形、人」耕真合韻。

〔一〇〕【版本】藏本「精神」下缺「者」字，王鎣本有，今據補，餘本同藏本。

【箋釋】王叔岷云：「精神」下當有「者」字，「精神者，天之有也」與下文「骨骸者，地之有也」句法一律。五行大義三引此正有「者」字；列子天瑞篇、説苑反質篇並同。○于大成説同。

〔一一〕【高注】精神無形，故能入天門。骨骸有形，故反其根歸土也。

【版本】茅本、汪本、張本、黄本、莊本此注在下文「我尚何存」下。

〔一二〕【箋釋】何寧云：「其門」，疑當作「天門」，注可證。「其」字古作「亓」，故誤爲「天」。

【高注】言人死各有所歸，我何猶尚存。

【版本】藏本注「尚」作「常」，王溥本、朱本、莊本注作「尚」，今據改，餘本同藏本（張本、黄本無注）。王溥本注「猶」作「由」。

【箋釋】劉績云：言人生憑骨骸、精神，若二者既散，則亦無有也。○吴承仕云：注「我何猶尚存」，文不成義。疑當作「我猶尚何存」，蓋以猶釋尚也。天文「猶未足爲也」，注云：「猶，尚也。」猶、尚互訓，是其證。景宋本作「何猶常存」。「常存」之義，本文所無，「常」即「尚」之譌字耳。

【用韻】「骸、有」之部，「門、根、存」文部。

〔一三〕【高注】誘，猶惑也。

【箋釋】雙棣按：「法天順情」，「情」似當作「地」，此上下文均天地對言，上文言「精神者，天之有也；而骨骸者，地之有也」，下文言「以天爲父，以地爲母」，「天静以清，地定以寧，萬物失之者死，法之者生」。文子九守篇正作「法天順地」。

〔一四〕【用韻】「情、人」耕真合韻，「母、紀」之部。

〔一五〕【用韻】「清、寧、生」耕部。

〔一六〕【版本】莊本「宅」誤作「定」，各本均同藏本。

【用韻】「漠、宅」鐸部。

〔一七〕【用韻】「無、居」魚部。

〔一八〕【箋釋】陶鴻慶云：此有脱誤，原文當云：「是故求之於外者，或失之於内；守之於内者，無失之於外。」下文云「譬猶本與末也，從本引之，千枝萬葉，莫不隨也」，即申明此義。○王叔岷云：「失」當爲「得」，此涉上文「失之於内」而誤也。下文「從本引之」，所謂「守之於内」也。「千枝萬葉，莫不隨也」，所謂「得之於外」也。「得」誤爲「失」，則不可通矣。○向承周與王説同。【用韻】「外、内」月物合韻，「内、外」物月合韻。

〔一九〕【版本】藏本「莫」下脱「得」字，景宋本、茅本有「得」字，今據補，餘本同藏本。【箋釋】王引之云：繆稱篇「辟若伐樹而引其本，千枝萬葉，則莫得弗從也」，與此同義，當有「得」字。

夫精神者，所受於天也；而形體者，所稟於地也〔一〕。故曰一生二，二生三，三生萬物〔二〕。萬物背陰而抱陽，沖氣以爲和〔三〕。故曰一月而膏〔四〕，二月而胅，三月而胎，四月而肌〔五〕，五月而筋，六月而骨，七月而成，八月而動，九月而躁，十月而生。形體以成，五藏乃形〔六〕。是故肺主目〔七〕，腎主鼻〔八〕，膽主口〔九〕，肝主耳〔一〇〕。外爲表而内爲裏，開閉張歙，各有經紀〔一一〕。

故頭之圓也象天，足之方也象地。天有四時、五行、九解〔一二〕、三百六十六日，人亦有四支、五藏、九竅、三百六十六節〔一三〕。天有風、雨、寒、暑，人亦有取、與、喜、怒〔一四〕。故膽爲雲〔一五〕，肺爲氣〔一六〕，肝爲風〔一七〕，腎爲雨〔一八〕，脾爲雷〔一九〕，以與天地相參也，而心爲之主〔二〇〕。是故耳目者，日月也；血氣者，風雨也。日中有踆烏〔二一〕，而月中有蟾蜍〔二二〕。日月失其行，薄蝕無光〔二三〕；風雨非其時，毀折生災；五星失其行，州國受殃〔二四〕。夫天地之道，至紘以大，尚猶節其章光〔二五〕，愛其神明，人之耳目曷能久熏勞而不息乎〔二六〕？精神何能久馳騁而不既乎〔二七〕？

校釋

〔一〕【箋釋】雙棣按：所受於天，所稟於地，稟亦受也。

【用韻】「神、天」真部，「體、地」脂歌合韻。

〔二〕【高注】一謂道也。二曰神明也。三曰和氣也。或説：一者，元氣也。生二者，乾坤也。二生三，三生萬物。天地設位，陰陽通流，萬物乃生。

【版本】藏本注「三生萬物」「三」作「二」，（似脱中横所致。）各本均作「三」，（蔣刊道藏輯要本亦作「三」。）今改正。

【箋釋】劉績云：文子有「道生一」三字。○雙棣按：老子四十二章云：「道生一，一生二，二生三，三生萬物，萬物負陰而抱陽，沖氣以爲和。」文子九守篇與老子全同，淮南本之老子，而有重大改造。淮南無「道生一」三字，非淮南傳寫脱去，高注「一謂道」，可見淮南無「道生一」之語，倘有，高不得有此注。吕氏春秋大樂篇云：「道也者，至精也，不可爲形，不可爲名，彊爲之謂之太一。」道即是太一，亦即是一。淮南與吕覽思想有一脈相承之勢，此其一斑。

〔三〕【高注】萬物以背爲陰，以腹爲陽，身中空虚，和氣所行。爲陰，故腎雙；爲陽，故心特。陰陽與和，共生物形；君臣以和，致太平也。

【箋釋】馬宗霍云：注文腎雙、心特，以「特」與「雙」對，則「特」猶「獨」也。謂腎藏有兩，心藏爲一也。「特」訓爲獨，見廣雅釋詁三。○雙棣按：高注「君臣以和，致太平也」於此文無謂，實乃贅餘。

〔四〕【高注】始育如膏也。

【箋釋】劉文典云：御覽三百六十三引，「膏」作「氣」。

〔五〕【箋釋】王念孫云：文子九守篇作「一月而膏，二月而脈，三月而胚，四月而胎」，廣雅釋親作「一月而膏，二月而脂，三月而胎，四月而胞」，與此或同或異。又爾雅釋詁釋文及文選江賦注引此，並作「三月胚」，亦與今本異。○劉文典云：御覽「肌」作「胞」。○楊樹達云：説文：「胎，婦孕三月也。」説蓋本淮南。知諸書作「三月而胚」者誤也。○于省吾云：「脈」乃「肤」之譌。爾雅釋畜犦牛注：「領上肉犦肤起，高二尺許。」廣雅釋詁：「肤，腫也。」慧琳一切經音義七三引通俗文：「肉肤曰瘤。」説文：「瘤，腫也。」然則肤即肉瘤也。

〔六〕【用韻】「生、成、形」耕部。

〔七〕【高注】肺象朱雀。朱雀，火也。火外景，故主目也。

〔八〕【高注】腎象龜。龜，水也。水所以通溝也，鼻所以通氣也，故主鼻也。

〔九〕【高注】膽，勇者決所以處，故主口也。

〔一〇〕【高注】肝，金也。金内景，故主耳也。

【版本】王溥本此下有正文「脾主舌」三字（朱本此三字爲挖補小字）。

【箋釋】王念孫云：文子作「肝主目，腎主耳，脾主舌，肺主鼻，膽主口」，説肝腎肺之所主，與此互異，而多「脾主舌」一句。案：此言五藏之主五官，不當獨缺脾與舌，下文膽爲雲，肺爲氣，脾爲風，腎爲雨，肝爲雷，即承此文言之，則此當有「脾主舌」一句，但未知次於何句之下耳。白虎通義亦曰「脾繫於舌」。○鄭良樹云：劉本、王鎣本、朱本「肝主耳」句下並有「脾主舌」三字，可證王説。白虎通義情性篇亦曰：「肝繫於目，肺繫於鼻，心繫於口，脾繫於舌，腎繫於耳。」○于大成云：王、鄭之説皆誤也。此文當作「肺主目，腎主鼻，脾主口，膽主耳」。高注以肺爲火，腎爲水，與時則篇注一説合，其「肝主耳」下注云：「肝，金也。」固亦與彼注一説合。然「膽主口」下不注五行所屬，可疑一也。考説文肉部云：「膽，連肝之府也。」段注引白虎通曰：「膽者，肝之府也。」今檢王叔和脈經卷三肝膽部亦曰：「肝與膽合爲一府。」是肝與膽，止是一府，既言「肝主耳」，即不得復言「膽主口」；如言「膽主口」，即不得復言「肝主耳」，今乃兩者並舉，可疑二也。

又下云「膽爲雲，肺爲氣，脾爲風，（今本脾誤肝，詳下。）腎爲雨」（今本此下尚有「脾爲雷」一句，乃誤衍，詳下。）云云，即承此文肺腎脾膽而言，設如今本，則與下文不合，可疑三也。至今本高於「膽主口，肝主耳」二句之注，當亦後人依誤本妄改，或高所見本已誤，則莫敢定之矣。又案：五藏之主五官，自來説法不一。白虎通情性篇引元命苞曰：「目者，肝之使；鼻者，肺之使；耳者，心之候；陰者，腎之寫；口者，脾之門户。」史記扁鵲倉公列傳正義曰：「肺氣通於鼻，肝氣通於目，脾氣通於口，心氣通於舌，腎氣通於耳。」管子水地篇曰：「脾發爲鼻，肝發爲目，腎發爲耳，肺發爲竅，心發爲舌。」子華子北宮意問篇：「心通於舌，肝通於目，肺通於鼻，腎通於耳，脾通於口。」長短經察相篇自注曰：「肝主目，心主舌，肺主鼻，腎主耳，脾主脣。」素問五常政大論曰：「肝主目，心主舌，脾主口，肺主鼻，腎主二陰。」靈樞經五閲五使篇曰：「鼻者，肺之官也；目者，肝之官也；口脣者，脾之官也；舌者，心之官也；耳者，腎之官也。」難經藏府配像篇曰：「肺氣通於鼻，肝氣通於目，脾氣通於口，心氣通於舌，腎氣通於耳。」脈經卷三肝膽部云：「肝，其候目；心，其候舌；脾，其候口；肺，其候鼻；腎，其候耳。」白虎通情性篇曰：「口者，心之候；耳者，腎之候。」列子湯問篇曰：「廢其心則口不能言，廢其肝則目不能視，廢其腎則足不能步。」自醫家之書，彼此不異外，其餘並莫能相一：蓋醫家之説，得之經驗，不容稍有差池；緯書、子書各以想像爲之耳。淮南説自與諸家異，未可執彼例此。

〔一一〕【高注】歙，讀脅也。

【用韻】「裏、紀」之部。

〔二〕【高注】四時，春夏秋冬也。五行，金木水火土也。九解，謂九十爲一解也。一説：九解，六一之所解合也。一説：八方中央，故曰九解也。

【版本】藏本「有」上無「天」字，王溥本、王鎣本、茅本、汪本、張本、吴本、黄本、莊本、集解本有，今據補，景宋本、葉本同藏本。

【箋釋】俞樾云：高注九解有三説，當以「八方中央」之義爲塙。天文篇「天有九野，中央曰鈞天，東方曰蒼天，東北曰變天，北方曰玄天，西北方曰幽天，西方曰顥天，西南方曰朱天，南方曰炎天，東南方曰陽天」，即此九解矣。解者，分也。謂分周天三百六十五度四分度之一而爲九也。○劉文典云：御覽三百六十引注云：「九解者，八方、中央也。」與高注第三説正同，即許君注也。

〔三〕【箋釋】王念孫云：「三百六十六日」、「三百六十六節」，本作「三百六十日」、「三百六十節」。後人以堯典言「朞三百有六旬有六日」，故於上句加「六」字，因併下句而加之也。不知三百六十日，但舉大數言之。繫辭傳曰「乾坤之策，凡三百有六十，當期之日」是也。若人之骨節，則諸書皆言三百六十。吕氏春秋本生篇曰：「則三百六十節皆通利矣。」達鬱篇曰：「三百六十節，九竅五藏六府。」太平御覽人事部一引公孫尼子曰：「人有三百六十節，當天之數也。」皆其證矣。春秋繁露人副天數篇曰：「天以終歲之數成人之身，故小節三百六十分，（今本分作六，亦是後人所改。上文云「人有三百六十節，偶天之數也」，即其證。今依上文改。）副日數也。大節十二分，副月數也。」淮南天文篇亦曰：「天有十二月，以制三百六十日；人亦有十二肢，以使三百六十節。」此皆以十二統三百六十，猶十二律之統三百六十音也。（見天文篇。）不得言三百六十六明矣。太平御覽引此已誤。文子九守篇正作「三百六十日」，「三百六十節」。○楊樹達云：王校是也。韓非解老篇云：「人之身三百六十節、四肢、九竅，其大具也。」亦作「三百六十節」。○于大成云：子華子執中篇亦云：「周天之日，爲數三百有六十，天地之大數不過乎此。一人之身爲骨凡三百有六十。」上下俱作「六十」。

〔一四〕【用韻】「日、節」質部。

〔一五〕【用韻】「暑、怒」魚部。

〔一六〕【高注】膽，金也。金石，雲之所出，故爲雲。

〔一七〕【高注】肺，火也，故爲氣。

〔一八〕【高注】肝，木也。木爲風生，故爲風。

〔一九〕【高注】腎，水也。因水故雨。雨或作電。腎，水也，水爲光，故爲電。

〔二〇〕【箋釋】王念孫云：「肝爲風」本作「脾爲風」，注「肝，木也」本作「脾，木也」，「脾爲雷」本作「肝爲雷」，皆後人改之也。上注曰「肝，金也」，是高不以肝爲木也。時則篇「春祭先脾」，注引一説曰：「脾屬木，自用其藏也。」是脾爲木也。（説詳經義述聞月令）脾屬木而木爲風生，故曰脾爲風。脾爲風，則肝爲雷矣。（上四句皆有注，而肝爲雷下獨無注者，後人改肝爲脾，則與注不合，故删去之耳。）五行大義論人配五行篇及御覽人事部一引此，並作「脾爲風，肝爲雷」，文子九守篇同。○于大成云：王説此文「肝爲風」，「肝」字是誤文，當改爲「脾」，（注同。）是也。謂「脾爲雷」，「脾」當爲「肝」，則謬矣。「脾爲雷」三字乃是衍文。何以明之？上文云「肺主目，腎主鼻，脾主口，膽主耳。」（今本有誤，見上。）此文「膽爲雲，肺爲氣，脾爲風，腎爲雨」，即承上文言之。上文即不言肝，則此處不當有「肝爲雷」一句，一也。「心爲之主」下高注云：「心，土也，故爲四行之主也。」五藏心爲之主，既見於此，則上文止合有四藏，其膽、肺、脾、（今誤肝。）腎爲五藏也。而今本「脾爲雷」下無高注，知此處不當有此一句，二也。蓋後人習聞心肝脾肺腎下，高氏分注云：「膽，金也。」「肺，火也。」「脾（今誤肝），木也。」「腎，水也。」是膽、肺、脾、腎合心爲五藏之説，其「脾爲風」，脾字既誤爲肝，迺於「腎爲雨」下，妄增「脾爲雷」三字。不知肝、膽其爲一府，言膽即不必言肝，淮南自以心膽肺脾腎爲五藏也。高氏所據本既無「脾爲雷」一句，奚繇爲其作注乎？王氏謂後人以其不合删之，亦非也。王應麟不知今本之誤，妄改高注「四行之主」爲「五行之主」，（小學紺珠三人事類。）謬。劉家立不知王校之未盡是，從其説以肝、脾二字互易，亦謬。至五行大義、御覽所引，自是誤本。廣博物志二十五引與之同誤也。又案：高於「腎爲雨」下注云：「雨或作雹。」檢御覽十三，又三百六十三，雲笈七籤九十一引文子「雨」亦作「雹」，是許本作「雹」可知。高引或本者，即許本也。今本文子與今淮南同，疑後人據淮南改之。

〔二〇〕【高注】心，土也。故爲四行之主也。

【箋釋】雙棣按：「與天地相參」，參當釋爲比並，文子九守篇作「類」，「類」亦「比」之義也。

〔二一〕【高注】踆，猶蹲也，謂三足烏。踆，讀踆魏之踆。

【版本】藏本「踆」作「蹲」，王溥本、王鎣本、朱本、茅本、汪本、張本、吴本、黄本、莊本、集解本作「踆」，今據改，景宋本、葉本同藏本。葉本注「踆猶蹲也」作「蹲猶踆也」。莊本、集解本注「魏」作「巍」，景宋本、朱本、葉本同藏本。

【箋釋】易順鼎云：一切經音義卷八十九引許注：「蹲即踞也。」按：此篇乃高注，故與許異。説文有「蹲」有「竣」而無「踆」。足部：「蹲，踞也。」正與此注相同。立部：「竣，偓竣也。」「偓」乃「踞」之誤文，「竣」則「踆」之本字。○劉文典云：藝文類聚天部一、事類賦天部一並引注云：「踆，趾也，謂三足烏也。」北堂書鈔百四十九引「趾」作「止」。廣韻十八諄：「竣，止也。」「踆」與「竣」同，「止、趾」古亦通用。○吴承仕云：御覽九百二十引此注云：「踆，獨蹲，止不行，謂三足也。」（此引作獨者，即「猶」字之誤。「不行」二字，疑後人坿益之。謂三足，當作「謂三足烏」，蓋傳寫誤奪。）以類書所引，互爲比勘，疑此文當云：「踆，猶蹲，止也。」説文：「蹲，居也。」居亦訓止。蹲踆字，聲義並同。文言有烏蹲踞日中，故注謂踆即蹲字，義則爲止。莊子外物篇「帥弟子而踆於窾水」，疏云：「與弟子踆踞水旁。」是也。劉氏謂踆訓趾，當爲許義，不知踆爲動詞，趾爲名詞，訓詁無相通之理，且於本文踆烏之義，更無所施也。〇何寧云：踆巍之踆，當作「陵巍之陵」。説文：「陵，陗高也。巍，高也。」故以「陵巍」連文作音讀也。〇雙棣按：藏本正文作「蹲」，注則作「踆猶蹲也」，正文與注文不合，今依王溥本等改正文爲「踆」。踆，即古蹲字。山海經南山經：「又東三百五十里曰箕尾之山，其尾踆於東海。」郭璞注：「踆，古蹲字，言臨海上。音存。」莊子外物釋文引字林云：「踆，古蹲字。」

〔二二〕【高注】蟾蜍，蝦蟆。

【用韻】「烏、蜍」魚部。

〔二三〕【高注】薄者，迫也。薄，讀厚薄之薄也。

【版本】藏本注「厚」作「享」，景宋本作「厚」，（蔣刊道藏輯要本亦作「厚」。）今據改，朱本、葉本、莊本、集解本同藏本，王溥本作「亨」。

【箋釋】莊逵吉云：享薄，御覽作「厚薄」。古字「厚」與「享」形近而誤。〇劉文典云：傳寫宋本「享」正作「厚」。〇楊樹達云：説文云：「普，日無色也。」太炎先生謂是薄蝕薄之本字，是也。〇于大成云：呂氏春秋明理篇高注曰：「薄，迫也。日月激會相掩，名曰薄蝕。」薄蝕之説，凡有數家，大體不甚相遠。開元占經九引洪範傳曰「日蝕必以朔，非朔爲薄蝕」，又引京房易傳曰「蝕皆於晦朔，有不於晦朔者名曰薄」，又「日月不交而蝕曰薄」，又引河圖帝覽嬉曰「日月赤黄無光命曰薄，破毀傷命曰蝕」，又引孟康曰「日月無光曰薄」，又引韋昭曰「月氣往迫之爲薄」。

〔二四〕【高注】五星，熒惑、太白、歲星、辰星、鎮星也。今熒犯角、亢，則州國受其殃也。餘準此也。

【版本】藏本注「殃」下「也」字作「他」，景宋本、莊本、集解本作「也」，今據改，王溥本、朱本、茅本、汪本同藏本。

【箋釋】劉家立云：譚氏復堂校此注文，州國「州」字，乃「鄭」之誤。天文篇「角亢，鄭」。今熒惑角亢，則鄭國受其殃也。○于大成云：注「今熒」下奪「惑」字。

【用韻】「行、光」陽部，「時、災」之部，「行、殃」陽部。

〔二五〕【箋釋】楊樹達云：説文云：「宏，屋深響也。」「泓，下深貌。」此紘與宏泓義近，謂深也。○馬宗霍云：「章光」連文，「章」猶「明」也。本書原道篇「紘宇宙而章三光」，高氏彼注云：「章，明也。」是其證。

〔二六〕【高注】息，止。

【箋釋】俞樾云：「熏」當爲「勳」。「勳勞」二字連文，古人常語。主乎勳而言之，則勞亦勳也。禮記明堂位篇「成王以周公爲有勳勞於天下」，言有勳於天下也。主乎勞而言之，則勳亦勞也。此文曰「曷能久熏勞而不息乎」，言不能久勞而不息也。文子九守篇作「何能久燻而不息」，蓋由後人不達古語而改之。○孫詒讓云：「熏勞」無義。「熏」當作「勤」，「勤」挩其半爲「堇」，又譌作「熏」。（篆文「堇」作「[illegible]」，「熏」作「[illegible]」，二形相似而譌。）遂不可通。文子九守篇襲此文，作「何能久燻而不息」，亦非。御覽三百六十三引文子作「人之耳目何能久勤而不愛」，文亦有譌，而「勤」字可正文子及淮南此文之誤。〇馬宗霍云：説文中部云：「熏，火煙上出也，從中，從黑。中，黑熏象也。」引申之有焚灼之義。詩大雅雲漢篇「憂心如熏」。毛傳云：「熏，灼也。」孔穎達疏云：「憂在於心，如爲火所熏灼於己。」是熏所以形容憂之甚。然則熏勞者，亦謂勞之甚耳。文子作「久燻」，燻即熏之俗。御覽引文子作「久勤」，又由「燻」譌作「勳」，「勳、勤」形近，故又轉作「勤」耳。俞、孫之説皆未是。「熏」非誤字也。〇雙棣按：諸説皆非。熏即詩豳風七月「穹窒熏鼠」之熏，謂以火煙燻之，此於耳目實乃痛苦之事。此文「熏勞」即「熏之勞之」之義，熏勞皆痛苦之事，故當止息。熏勞、馳騁皆同類並列爲文。

〔二七〕【高注】既，盡。

【用韻】「光、明」陽部，「息、既」職物合韻。

是故血氣者，人之華也〔一〕；而五藏者，人之精也。夫血氣能專于五藏〔二〕而不外越，則胷腹充而嗜慾省矣〔三〕。胷腹充而嗜慾省，則耳目清、聽視達矣〔四〕。耳目清、聽視達，謂之明。五藏能屬於心而無乖，則教志勝而行不僻矣〔五〕。教志勝而行不僻，則精神盛而氣不散矣〔六〕。精神盛而氣不散則理，理則均，均則通，通則神〔七〕，神則以視無不見，以聽無不聞也，以爲無不成也。是故憂患不能入也，而邪氣不能襲〔八〕。故事有求之於四海之外而不能遇〔九〕，或守之於形骸之内〔一〇〕而不見也〔一一〕。故所求多者所得少，所見大者所知小〔一二〕。

夫孔竅者，精神之户牖也；而氣志者，五藏之使候也〔一三〕。耳目淫於聲色之樂，則五藏摇動而不定矣〔一四〕。五藏摇動而不定，則血氣滔蕩而不休矣。血氣滔蕩而不休，則精神馳騁於外而不守矣〔一五〕。精神馳騁於外而不守，則禍福之至，雖如丘山，無由識之矣〔一六〕。使耳目精明玄達而無誘慕，氣志虚静恬愉而省嗜慾，五藏定寧充盈而不泄，精神内守形骸而不外越，則望於往世之前，而視於來事之後，猶未足爲也〔一七〕，豈直禍福之間哉〔一八〕！故曰：「其出彌遠者，其知彌少〔一九〕。」以言夫精神之不可使外淫也〔二〇〕。

是故五色亂目，使目不明〔二一〕；五聲譁耳，使耳不聰〔二二〕；五味亂口，使口爽傷〔二三〕；趣舍滑心，使行飛揚〔二四〕。此四者，天下之所養性也〔二五〕，然皆人累也。故曰：嗜慾者，使人之氣越〔二六〕；而好憎者，使人之心勞〔二七〕。弗疾去，則志氣日耗〔二八〕。夫人之所以不能終其壽命而中道夭於刑戮者，何也？以其生生之厚〔二九〕。夫惟能無以生爲者，則所以脩得生也〔三〇〕。

校釋

〔一〕【版本】藏本「血」誤作「面」，王溥本、王鎣本、朱本、茅本、汪本、張本、吴本、黄本、莊本、集解本作「血」，今據改，景宋本、葉本同藏本。下文「夫血氣能專于五藏」，「血」藏本亦誤作「面」，今亦改。

〔二〕【高注】專，一。

【版本】王溥本、王鎣本、茅本、葉本、吴本、黄本、莊本、集解本「于」作「於」，餘本同藏本。

【箋釋】劉績云：文子作「專乎内」，是，此誤字也。

〔三〕【用韻】「精、省」耕部。

〔四〕【用韻】「越、達」月部。

〔五〕【高注】教志勝，言己之教志去也。僻，邪也。勝或作遯。言教志遯去，故行正而不邪也。

【版本】藏本注「己之教志」下無「去」字，王溥本有，今據補，景宋本、朱本、茅本、葉本、汪本、莊本、集解本同藏本。藏本注「教志遯去」，「志」作「或」，王溥本作「志」，今據改，景宋本、朱本、葉本同藏本。茅本、汪本、張本、黄本、莊本、集解本注無「言教志遯去故行正而不邪也」十三字，此朱本作「言教志一去故行正不邪」，景宋本、王溥本、葉本同藏本。

【箋釋】李哲明云：教志，注未分曉。説文：「誖，亂也。或作悖。」玉篇：「憝，迷亂也。」此教亦當訓爲亂，與誖悖憝並同，言惛亂之志勝，而行自不邪僻矣。勝，勝之也，猶言克己也。○吴承仕云：教志勝者，謂克治己之教志而勝之。注云「言己之教志也」，句有奪文，無可據補。又案：「勝或作遯」下，朱本有「言教志一去，則行正不邪」十字。○馬宗霍云：「教」字不見説文。玄應一切經音義十八辟支佛因緣論上卷教逆條云：「教，古文誖憝二形同。」説文有「誖」無「憝」。言部云：「誖，亂也。或從心作悖。」是「教、憝」與「悖」皆「誖」之別體。廣雅釋詁三云：

「憝，亂也。」方言十云：「憝，惛也。楚揚或謂之憝。」郭璞注：「憝音教，惛謂迷昏也。」然則淮南本文之「教」，義亦當爲惛亂。「勝」者，説文訓「任也」，引申之義則爲「克」。爾雅釋詁云：「勝，克也。」「教志勝而行不僻」者，言五藏能隸屬於心而不乖戾，則惛亂之志自可克去，而無邪僻之行矣。高注於教、勝二字皆無釋，但云「教志勝言己之教志也」，意殊未顯。又云「勝或作遯」，案廣雅釋詁二云：「遯，去也。」蓋亦謂教志去耳。○雙棣按：注「教志勝，言己之教志也」，語意不完，當有譌奪，王溥本「志」下有「去」字，作「言己之教志去也」，義始完備。勝，克也，此用表被動，教志勝，即教志被戰勝，教志被戰勝亦即教志去矣。故依王溥本補「去」字。

〔六〕【版本】藏本「行」下有「之」字，王溥本、王鎣本、朱本、吴本無，今據删，餘本同藏本。

〔七〕【用韻】「均、神」真部。

〔八〕【高注】襲，猶因也，亦入。

【箋釋】于大成云：「入」下「也」字當衍。此文本之莊子刻意篇，莊子云「則憂患不能入，邪氣不能襲」，文子九守篇之「患禍無由入，邪氣不能襲」，則又本之淮南也。莊、文並無「也」字。

【用韻】「入、襲」緝部。

〔九〕【高注】遇，得。

〔一〇〕【高注】心無欲也。

〔一一〕【箋釋】俞樾云：「守」當作「得」。言求之於四海之外而不能遇者，或得之於形骸之内也。「求」

與「得」文義相應。下文曰「故所求多者所得少」，正承此而言。今作「守之」，失其義矣。一切經音義一引衛宏古文官書曰：「㝵、得二字同體。」「㝵」與「守」相似，故誤爲「守」耳。○陶鴻慶云：俞氏云「守當爲得，求與得文義相應」，然上文亦以「求之於外，守之於內」對言，則此文「守」非誤字。「見」當作「㝵」，「不」字上又奪「無」字，元文本云：故事有求之於四海之外而不能遇，或守之於形骸之內而無不㝵也。「無不㝵」，承上「以視無不見，以聽無不聞，以爲無不成」而言。○于省吾云：仍應作「守」爲是，俞說未允。既云得則必待於求。此言本在形骸之內，不待求而得，故言守。下云「故所求多者所得少，所見大者所知小」，乃承「求之於四海之外而不能遇」爲言，所求多，所見大，即「求之於四海之外」之謂也。或言「不能遇」，或言「所得少」、「所知小」，與「或守之於形骸之內而不見」，反正爲義也。○馬宗霍云：「守」字不誤，俞說非是。下文云「精神馳騁於外而不守」，又云「精神內守形骸而不外越」，字皆作「守」，與本文「守之」前後互照。若作「得之」，則不貫矣。且高氏於本文注云：「心無欲也。」於下文「精神馳騁於外而不守矣」注云：「多情欲，故神不內守。」亦前後互照。若作「得之」，則注與正文又不相貫矣。向承周與陶說同。

〔二二〕【用韻】「少、小」宵部。

〔二三〕【箋釋】王念孫云：氣可言五藏之使候，志不可言五藏之使候。「氣志」當爲「血氣」，此涉下文「氣志」而誤也。上文曰：「血氣能專於五藏而不外越，則胷腹充而嗜欲省矣。」下文曰：「五藏摇動而不定，則血氣滔蕩而不休矣。」故曰：「血氣者，五藏之使候。」文子九守篇正作「血氣」。

【用韻】「牖、候」幽侯合韻。

〔一四〕【箋釋】莊逵吉云：不定，本亦作「不寧」，下同。

〔一五〕【高注】多情欲，故神不内守。

【用韻】「休、守」幽部。

〔一六〕【高注】丘山諭大。識，知也。

【箋釋】于大成云：韓子喻老篇曰：「空竅者，神明之户牖也。耳目竭於聲色，精神竭於外貌，故中無主。中無主，則禍福雖如丘山，無從識之。」淮南文義本此。

〔一七〕【高注】猶，尚也。爲，治也。

【箋釋】陳昌齊云：「來事」疑作「來世」。○楊樹達與陳説同。

〔一八〕【用韻】「慕、慾」鐸屋合韻，「泄、越」月部，「前、爲、閒」元歌通韻。

〔一九〕【高注】言難以道，故少。

【版本】藏本注「難以」作「雖知」，景宋本、集解本作「難以」，今據改，朱本、葉本、莊本同藏本。集解本注「少」作「也」，景宋本、王溥本、朱本、葉本、莊本同藏本。

【箋釋】雙棣按：此語出老子四十七章。

〔二〇〕【箋釋】雙棣按：以，猶此也。詳吴昌瑩經詞衍釋。

〔二一〕【高注】不明，視而昏也。

〔二二〕【高注】不聽，聽無聞也。

〔二三〕【高注】爽，病。病傷滋味也。

【箋釋】王念孫云：「使口爽傷」本作「使口厲爽」，注本作「厲爽，病傷滋味也。」大雅思齊箋云：「厲，病也。」逸周書謚法篇曰：「爽，傷也。」（廣雅同。）故曰：「厲爽，病傷滋味也。」後人以韻書「爽」在上聲，與「明、聽、揚」三字音不相協，故改「厲爽」爲「爽傷」。不知「爽」字古讀若「霜」，正與「明、聽、揚」爲韻。（衛風氓篇「女也不爽」，與「湯、裳、行」爲韻。小雅蓼蕭篇「其德不爽」，與「瀼、光、忘」爲韻。楚辭招魂「厲而不爽」，與「方、粱、芳、羹、漿、鶬、餭、觴、涼、妨」爲韻。案：「爽」字古皆讀若「霜」，毛詩、楚辭而外，不煩覼縷。）故老子「五味令人口爽」，亦與「盲、聾、狂、妨」爲韻。而莊子天地篇「五色亂目，使目不明；五聲亂耳，使耳不聽；五味濁口，使口厲爽，趣舍滑心，使性飛揚」，即淮南所本也。且爽即是傷，若云「使口爽傷」，則是使口傷傷矣。（文子九守篇作「使口生創」，亦是後人所改。）乃既改正文之厲爽爲爽傷，又改注文之「厲爽」爲「爽病」，甚矣其謬也。（諸書無訓爽爲病者，又高注「不明，視而昏也」，「不聽，聽無聞也」，「厲爽，病傷滋味也」，「飛揚，不從軌度也」，皆先列正文而後釋其義，今改「厲爽」爲「爽病」，則與上下注文不類矣。）○向承周云：吕氏本生篇高注引老子曰：「五聲亂耳，使耳不聽；五色亂目，使目不明；五味實口，使口爽傷。」此所引與今本老子異，而與莊子、淮南、文子句例略同，足徵古本老子皆八字爲句，與今本異。而「使口爽傷」二句，本生篇注兩引皆同，正與淮南合，則非後人妄改明矣。莊子自作「厲爽」，文子自作「生創」，淮南自作「爽傷」，義俱通，韻俱協，不必據彼輕此也。○王叔岷云：王校是也。雲笈七籤九一引九守篇亦作「使口厲爽」。○于大成云：朱弁本、日本寶曆本文子正作「使口厲爽」，知淮南古本塙作「使口厲爽」，如王校也。○雙棣按：向謂吕覽高注兩引老子作「爽傷」，據此謂古本老子如是，則未也。帛书本老子甲、乙本均不如吕覽高注所引，而與今本大同。竊疑高所引老子，乃莊子或淮南之誤，若此，則今本淮南作「爽傷」亦無不可也。

〔二四〕【高注】滑，亂也。飛揚，不從軌度也。

【箋釋】王叔岷云：莊子天地篇、雲笈七籤引文子「行」並作「性」。

〔二五〕【用韻】「明、聰、傷、揚」陽東合韻。

【高注】性，生也。

〔二六〕【高注】越，失。

【版本】藏本注「失」譌作「夫」，景宋本、王溥本、茅本、汪本、張本、黄本、莊本、集解本作「失」，（蔣刊道藏輯要本亦作「失」。）今據改，葉本同藏本。茅本、汪本、張本、黄本、莊本、集解本此注在下文「日耗」下。

〔二七〕【高注】勞，病。

【版本】茅本、汪本、莊本、集解本此注在下文「日秏」下，景宋本、王溥本、葉本同藏本。

〔二八〕【高注】秏，猶亂也。

【箋釋】于鬯云：謂當疾去其嗜欲好憎也。○雙棣按：「志氣」似當承上文作「心氣」。上文云「故曰嗜慾者使人之氣越，而好憎者使人之心勞」，此正承上而言，「疾去」者謂去嗜欲好憎，則「日秏」者當爲「心氣」可知也。

【用韻】「勞、秏」宵部。

〔二九〕【高注】言生生之厚者何？心極嗜慾，淫濫無厭，以傷耳目情性，故不終其壽命，中道夭殞於刑辟之戮也。

【版本】葉本、莊本、集解本注「心」作「必」，景宋本、王溥本、朱本、茅本、汪本同藏本。莊本、集解本注「於」作「以」。茅本、汪本、莊本、集解本此注在下文「脩得生也」下。

【箋釋】馬宗霍云：「生生」連文，高注未釋。莊子大宗師篇云：「生生者不生。」陸德明釋文引李頤云：「矜生者不生也。」又引崔譔云：「常營其生爲生生。」李、崔二説似異而相成，並可移釋本文之義。○于大成云：朱弁本、寶曆本文子句末有「也」字，七籤引文子亦有「也」字。

〔三〇〕【高注】無以生爲者，輕利害之鄉，除情性之欲，則長得生矣。

【箋釋】俞樾云：「脩得生」本作「得脩生」。得脩生者，得長生也。淮南以父諱「長」，故變「長」言「脩」耳。文子九守篇正作「得長生」，是其證。今作「脩得生」，則文不成義矣。高注「長得生」

亦當作「得長生」，後人依既倒之正文而改之耳。○楊樹達云：「脩得生」不誤。高注：「則長得生」，即其證。俞氏習熟後世長生之語，欲校乙本文，殊爲淺陋。

夫天地運而相通，萬物總而爲一〔一〕。能知一，則無一之不知也〔二〕；不能知一，則無一之能知也〔三〕。譬吾處於天下也，亦爲一物矣。不識天下之以我備其物與〔四〕？且惟無我而物無不備者乎〔五〕？然則我亦物也，物亦物也，物之與物也，有何以相物也〔六〕？雖然，其生我也，將以何益〔七〕？其殺我也，將以何損〔八〕？夫造化者既以我爲坯矣，將無所違之矣〔九〕。吾安知夫刺灸而欲生者之非或也？又安知夫絞經而求死者之非福也〔一〇〕？或者生乃徭役也，而死乃休息也〔一一〕？天下茫茫，孰知〔一二〕。其生我也，不彊求已〔一三〕；其殺我也，不彊求止〔一四〕。欲生而不事〔一五〕，憎死而不辭〔一六〕，賤之而弗憎，貴之而弗喜〔一七〕，隨其天資而安之不極〔一八〕。吾生也有七尺之形，吾死也有一棺之土〔一九〕。吾生之比於有形之類，猶吾死之淪於無形之中也〔二〇〕。然則吾生也物不以益衆，吾死也土不以加厚，吾又安知所喜憎利害其間者乎〔二一〕！夫造化者之攫援物也〔二二〕，譬猶陶人之埏埴也，其取之地而已爲盆盎也，與其未離於地也無以異，其已成器而破碎漫瀾而復歸其故也〔二三〕，與其爲盆盎亦無以異矣〔二四〕。夫臨江之鄉，居人汲水以浸其園，江水弗憎也〔二五〕；苦洿之家，決洿而注之江，洿水弗樂也。是故其在江也，無以異其浸園也；其在洿也，亦無以異其在江也〔二六〕。是故聖人因時以安其位，當世而樂其業〔二七〕。

校釋

〔一〕【高注】總，合也。一，同也。萬物合同，統於一道。

〔二〕【高注】上一，道也。下一，物也。

【版本】莊本、集解本此注在下文「無一之能知也」下，景宋本、王溥本、朱本、葉本同藏本。

〔三〕【用韻】「知、知」支部。

〔四〕【高注】與，邪，詞也。

【版本】藏本注「詞」作「辭」，莊本、集解本作「詞」，今據改，景宋本、王溥本同藏本。

【箋釋】雙棣按：辭多謂文辭，詞則謂今之虚詞，故依莊本等改作「詞」。「邪」與「耶」同。

〔五〕【箋釋】陳昌齊云：石臞：「惟疑作雖。」○陶鴻慶云：「惟」當作「唯」。讀爲「雖」。

〔六〕【高注】物亦物也，何相名爲物也。

【版本】黄本、莊本、集解本「有」作「又」，餘本同藏本。

【箋釋】楊樹達云：莊子人間世云：「且也若與予也皆物也，奈何哉其相物也？」此淮南文所本。○馬宗霍云：成玄英莊子疏云：「汝之與我皆造化之一物也，與物豈能相知。奈何哉，假問之辭。」案高以「相名」釋「相物」之「相」字，成以「相知」釋「相物」之「相」字，兩解不同，可以互參。

〔七〕【高注】言生我，自然之道，亦當以何益乎？

〔八〕【高注】損，減。

〔九〕【高注】言既以我爲人，無所離之。謂不求亦不避也。

【版本】藏本注「謂」作「諭」，蔣刊道藏輯要本作「謂」，今據改，各本均作「諭」（或「喻」）。

【箋釋】吴承仕云：作「謂」近之。本譌作「諭」，又轉寫作「喻」。○楊樹達云：説文云：「坏，瓦未燒也。從土，不聲。」「坯」與「坏」同。

〔一〇〕【用韻】「坯、之」之部。

〔一一〕【版本】王溥本、王鎣本、朱本、茅本、汪本、張本、吴本、黄本、莊本、集解本「或」作「惑」，（蔣刊道藏輯要本亦作「惑」。）景宋本同藏本。

【箋釋】馬宗霍云：刺謂鍼刺，灸謂灸灼，二者皆治病之術。刺灸分壯，具見醫經，故曰刺灸欲生。説文交部云：「絞，縊也。」糸部云：「縊，經也。」是「絞」與「經」義同爲「縊」。劉熙釋名釋喪制云：「縣繩曰縊。縊，阨也，阨其頸也。」又云：「屈頸閉氣曰雉經，如雉之爲也。」故曰絞經求死。○向承周云：莊子齊物論：「予惡乎知説生之非惑邪？予惡乎知惡死之非弱喪而不知歸者邪？」列子天瑞篇：「吾又安知營營而求生非惑乎？亦又安知吾今之死，不愈昔之生乎？」

〔一二〕【箋釋】何寧云：俶真篇「逸我以老，休我以死」，高注引莊子曰：「生乃徭役，死乃休息也。」蓋二句莊子佚文。

【用韻】「惑、福、息」職部。

〔一二〕【版本】王溥本、王鎣本、朱本（挖補）、茅本、汪本、張本、吴本、黄本、莊本、集解本「孰知」下有「之哉」二字，景宋本同藏本。

【箋釋】王念孫云：「孰知」下有脱文。劉本作「孰知之哉」，此以意補，不可從。

〔一三〕【高注】已，止也。言不惡生也。

【版本】藏本「彊」作「疆」，景宋本、茅本、汪本、張本、吴本、黄本、莊本、集解本作「彊」，（蔣刊道藏輯要本亦作「彊」。）今據改，王溥本、王鎣本、朱本同藏本。下句「不彊求止」，「彊」與此同。

〔一四〕【高注】言不畏死。

【用韻】「已、止」之部。

〔一五〕【高注】事，治。

〔一六〕【高注】唯義所在，故不辭也。

【箋釋】雙棣按：高注以義爲説，不合此文之旨，此文意在生死於我澹然無所縈繫，全在自然之化，故下文云「隨其天資而安之不極」。

〔一七〕【高注】人有惡賤己者，己不憎也；人有尊己者，己不喜也。

【箋釋】劉績云：生命貴賤皆自命言。〇于鬯云：此二句當即承上而進之。上文云「欲生而不事，憎死而不辭」，此則並言不憎不欲，喜即欲也。故曰「賤之而弗憎，貴之而弗喜」，謂賤死而不憎死，貴生而不喜生也。兩「之」字仍指死生。高注以兩「之」字指己，而賤之貴之在人，殆非義。文子十守篇連上文二句皆有「可」字，云：「欲生不可事也，憎死不可辭也，賤之不可憎也，貴之不可喜也。」如以高義説彼，更不可通，明高義之不然也。

〔一八〕【高注】資，時也。一曰：性也。極，急也。論道人不急求生也。

【箋釋】于鬯云：「極」字之義與「隨」字相反對，廣雅釋詁云：「極，已也。」此訓爲近。蓋隨者，不已之也。然則「隨其天資而安之不極」，即上文「不彊求已」、「不彊求止」之謂矣。高注訓極爲急，殆未的。文子十守篇作「因其資而甯之，弗敢極也」，著一敢字，猶上條著四可字，語似較淺，而義更明。○馬宗霍云：天資猶言天所賦予，即受之於天者也。高訓極爲急，蓋讀「極」爲「亟」。詩邶風北風篇「既亟只且」毛傳、豳風七月篇「亟其乘屋」鄭箋並云：「亟，急也。」易説卦「爲亟心」，陸德明釋文云：「亟，荀爽本作極。」書微子篇「亟行暴虐」，釋文云：「亟，本作極。」是「極」、「亟」相通之證也。又案上文云：「其生我也不彊求已，其殺我也不彊求止。欲生而不事，憎死而不辭。」本文總承上文，則「安之不極」當兼生死言之。高氏謂「不急求生」，專就生言，似失之偏。○于大成云：「賤之」二句高注固誤，于氏之解亦未爲得。此文云「其生我也，不彊求已；其殺我也，不彊求止。欲生而不事，憎死而不辭。賤之而弗憎，貴之而弗喜」，皆上下兩句相對，上句説生，下句説死也。其意謂不彊求生，亦不彊求死；欲生而不求生，憎死而不辭死；

賤生而弗憎生，貴死而不喜死，故曰隨其自然而安之，不汲汲於求生或死也。此即莊子養生主所謂「適來，夫子時也；適去，夫子順也。安時而處順，哀樂不能入也」之意。「天資」高注云「資，時也」，正得此意。「極」即「㥛」字，列子力命篇「讓極」，釋文本、世德堂本「極」作「㥛」。說文「㥛，疾也」朱駿聲云「與急字誼同音別」，陶方琦謂今高本作「極」是誤文，非也；朱駿聲謂「極」段爲「㥛」，是也。此文謂不急於求生，亦不急於求死耳。高注專指「不急求生」，猶未達也。于氏謂當訓止，又差一間矣。

【用韻】「事、辭、憎、喜、極」之蒸職通韻。

〔一九〕【箋釋】于鬯云：一棺之土無義，疑「棺」本是「𠂤」字，𠂤誤加宀爲官，（官即從𠂤，但不爲聲，故不得假借。）後人以「官」字無義，妄從死字生義，復加木旁爲「棺」。殊不省土在棺之外，豈可云一棺之土乎？「𠂤」即「堆」字，一𠂤之土者，即一堆之土也。○劉文典云：北堂書鈔九十二引，「棺」作「槨」。意林引，作「生有七尺之形，死爲一棺之土」。○于大成云：書鈔引「棺」作「槨」，乃是誤字。文選張夢陽七哀詩注、陸士衡挽歌詩注、又弔魏武帝文注、初學記十四、御覽五百五十一、類林雜説十三及意林、萬華谷並作「棺」。意林引「死有一棺之土」，「有」字與今本同。未嘗作「爲」，劉氏失檢。上引諸書所引，亦皆是「有」字。

【用韻】「生、形」耕部，「死、土」脂魚合韻。

〔二〇〕【高注】淪，入也。

【版本】藏本「吾」下無「生」字，「比於」作「於比」，王鎣本、朱本、茅本、汪本、張本、吴本、黄本、莊本、集解本有「生」字，作「比於」，今據補乙，景宋本、王溥本同藏本。茅本、汪本、張本、黄本、莊本、集解本無此注，景宋本、王溥本同藏本。

〔二一〕【高注】不知喜生之利，不知憎死之害，守其正性也。

【版本】藏本注「正」譌作「止」，景宋本、王溥本、朱本、茅本、汪本、莊本、集解本作「正」，（蔣刊道藏輯要本亦作「正」。）今據改。

〔二二〕【高注】攫，撮也。援，引也。

〔二三〕【高注】陶人，作瓦器之官也。頓泥坯取之於地以爲器。明人不當惡死，死復歸其未生之故耳。譬猶瓦器之破而復反於土也。

【版本】藏本注「之官」之「之」作「治」，莊本、集解本作「之」，今據改，景宋本、王溥本、朱本、葉本同藏本。莊本、集解本注「以爲器」下有「無以異於土也」六字。

【箋釋】陶方琦云：文選馬融長笛賦引淮南作「陶人之克埏埴」，引許注「挻，抒也」，「抒」當是「揉」之壞文。揉者造作之謂。説文作「煣」，云：「屈申木也。」易説卦「爲矯揉」，宋忠注：「使直者曲，曲者直爲揉。」陶人挻埴義正相似，抒非其義。「揉」之本字即「柔」，説文：「柔，木曲直也。」衆經音義引字林：「挻，柔也。」聲類：「挻，柔也。」（漢書敘傳注埏謂柔埏，老子釋文：「埏，一曰柔挻。」）柔乃調和其土而爲之，故老子河上注：「挻，和也。」和義即柔。蕭該漢書音義（見臧氏述録。）引許君淮南注作「挻，抑也」，「抑」亦「揉」之譌。説山訓「譬猶陶人之爲器，揲挻其土而不益厚」，揲挻亦揉挻也。挻諸本皆從土作埏，非。説文：「挻，長也。」從手從延，會意。字林亦曰：「挻，長也。」（荀子性惡「陶人挺埴而爲器」，「挺」即「挻」之誤，然從手不誤也。）延義爲長，亦即申也。屈申之謂柔長之義，同申正包屈申之義。凡柔和之物，申之使長，屈之使短，可析可摶，可方可圓，謂之挻。陶人爲埴，其一端也。埴之訓土，説文：「埴，黏土也。」老子河上注：「埴，土也。」又老子釋文引杜弼曰：「埴，黏土也。」司馬曰：「埴土可以爲器。」字林：「埴，土也，黏土爲埴。」兵略訓「陶人之化埴」，許注：「陶人復變爲埴土，不能化埴土也。」亦以土釋埴。（釋名：「土黄而細密曰埴。埴，職也。」）文選注引許注作「埴土爲也」，恐即「黏土爲埴」之敓文。又大藏音義三十引淮南作「陶人之挻埴也」，引許注：「挻，抑也。埴，土也。」八十五引許注作「挻，押也」，「押」乃「抑」之誤。此引許君注作「挻，抑也」，當别爲一解，與蕭該漢書音義引許君注正同，齊俗訓「若璽之抑埴」，抑埴即挻埴，是亦「挻、抑」通用之證。○易順鼎云：文選長笛賦注引作「挻，抒也」，「抒」乃「抑」之誤，陶氏輯本直斷爲「揉」字之誤，非是。「挻、抑」音相近。説文「挻」下云「長也」，此云抑土爲器，亦謂抑之使長，義正可通，作「押」則因與「抑」形相似而誤。○何寧與陶説同。

〔二四〕【高注】無以異於土也。

【版本】茅本、汪本、張本、黄本、莊本、集解本無此注，景宋本、王溥本、朱本、葉本同藏本。

【用韻】「墳、異、異」職部。

〔二五〕【箋釋】劉文典云：藝文類聚六十五引，「浸」作「溉」，「憎」作「減」。○于大成云：御覽八百二十四、萬卷菁華五引「浸」亦作「溉」，「憎」亦作「減」，並與類聚同。又類聚、御覽、萬卷菁華引「居」作「其」，「居」、「其」古通。○雙棣按：類聚引「減」字當誤，此言水之主觀意志，非言水客觀之多少，「憎」與下文「樂」相對爲文，作「減」非是。

〔二六〕【高注】道尚空虛，貴無形。江水大，去不可消就易消也，故不憎也。窊水小，去易消就不消，故不樂也。洿水，猶澮水也。苦猶疾也。一說：言各自安其處也。及其轉易，亦無憎樂也。

【版本】藏本注「就易」下無「消也」二字，王溥本有，今據補；藏本注「去易消」之「消」上有「小」字，王溥本無，今據删；景宋本、朱本、葉本、茅本、汪本、莊本、集解本同藏本。

【箋釋】劉績云：江乃水所居，洿非其常所，以情論之，宜乎樂江而憎洿也。然臨江者汲以灌園，水離江而弗憎；苦洿者決以注江，水復江而弗樂者，蓋以水隨處皆不異，故相安耳。洿，汙下濁水不流也。○陶方琦云：御覽三百七十一引許注：「洿，澮也。」按：此高承許說，或即羼入之許注。說文：「洿，濁水不流也。一曰：窳下也。」廣雅：「洿，深也。」與「洼」同字，或作「窪」。說文：「洼，深池也。」又：「窪，一曰窊也。」與洿之訓窊同。澮水之訓，「澮」乃「窪」之誤字。「澮」或作「漇」，與「窪」相似。方言：「洿，洼也。」大戴禮少間篇「洿池土察」注：「洿，窪。」老子釋文顧注：「窪，洿也。」並作「窪」，御覽所引亦據誤本。○蔣超伯云：高注「窊水」，廣韻：「窊，凹也。」引説文曰：「汙，衺下也。」今江淮以北悉呼下隰積潦處爲窊云。○吴承仕云：注言道以虚無爲宗，大水不可消，不如小水之易消，汲江灌園，園水易消，易消者，道所貴。決洿注江，江水不可消，不可消者，道所賤。道應篇「以光爲無形之子，水爲無形之孫」，與此同意。今本注文「江水大」以下二十七字，譌亂不可讀。今正之曰：「江水大，去不可消就易消，故不憎也。窊水小，去易消就不消，故不樂也。」（邵説略同。）又案：洿水猶濬水也，「濬」當讀爲「潤」。方言：「潤，洿也。」「濬、潤」聲近。○雙棣按：吴改注文是，吴改與王溥本同，今已據王溥本正之。又按：注先以「窊水」釋「洿水」，後不必重言「洿水猶濬水也」，恐如陶説是許注羼入者。又按：據下文「是故聖人因時以安其位，當世而樂其業」，此注恐以「一説」爲長。

〔二七〕【高注】業，事也。

夫悲樂者，德之邪也；而喜怒者，道之過也；好憎者，心之暴也〔一〕。故曰「其生也天行〔二〕，其死也物化〔三〕，静則與陰俱閉，動則與陽俱開」〔四〕。精神澹然無極〔五〕，不與物散而天下自服〔六〕。故心者，形之主也；而神者，心之寶也〔七〕。形勞而不休則蹶〔八〕，精用而不已則竭〔九〕，是故聖人貴而尊之，不敢越也〔一〇〕。夫有夏后氏之璜者，匣匱而藏之，寶之至也〔一一〕。夫精神之可寶也，非直夏后氏之璜也〔一二〕。是故聖人以無應有，必究其理；以虚受實，必窮其節；恬愉虚静，以終其命〔一三〕。是故無所甚疏而無所甚親，抱德煬和，以順于天〔一四〕。與道爲際，與德爲隣〔一五〕，不爲福始，不爲禍先〔一六〕。魂魄處其宅，而精神守其根，死生無變於己，故曰至神〔一七〕。

校釋

〔一一〕【箋釋】劉績云：文子「暴」作「累」。○王念孫云：暴，當依文子九守篇作「累」，字之誤也。上文曰「好憎者使人之心勞」，故曰「好憎者心之累也」。作「暴」則非其指矣。原道篇曰：「喜怒者，道之邪也；憂悲者，德之失也；好憎者，心之過也；嗜欲者，性之累也。」語意略與此同。○楊樹達云：莊子刻意篇云：「故曰：悲樂者德之邪，喜怒者道之過，好惡者心之失。」

〔一二〕【高注】似天氣也。

【箋釋】何寧云：莊子天道篇：「其生也天行。」又云：「夫尊卑先後，天地之行也。」郭注：「皆在至理中來，非聖人之所作也。」是天行者，謂順乎自然而運行。高注不明。

〔一三〕【高注】如物之變化也。

〔一四〕【箋釋】王念孫云：「與陰俱閉」，「與陽俱開」，本作「與陰合德」，「與陽同波」，後人以原道篇云「與陰俱閉，與陽俱開」，故據彼以改此也。不知「波」與「化」爲韻，（自「其生也天行」至「不敢越也」，皆隔句用韻。）若如後人所改，則失其韻矣。文子九守篇「静即與陰合德，動即與陽同波」，即用淮南之文。莊子天道篇「其生也天行，其死也物化。静而與陰同德，動而與陽同波」，（刻意篇同。）又淮南所本也。

〔五〕【高注】極，盡。

【版本】茅本、汪本、張本、黄本、莊本、集解本此注在下文「自服」下。

〔六〕【高注】散，雜亂貌。自服，服於德也。

【箋釋】王引之云：「散」當爲「殽」。（參原道篇一四四頁注〔二一〕。）

【用韻】「極、服」職部。

〔七〕【用韻】「主、寶」侯幽合韻。

〔八〕【高注】蹶，顛。

〔九〕【箋釋】楊樹達云：莊子刻意篇云：「故曰：形勞而不休則弊，精用而不已則勞，勞則竭。」此淮南文所出。

〔一〇〕【用韻】「蹶、竭、越」月部。

〔一一〕【高注】半璧曰璜，珍玉也。

【箋釋】于省吾云：莊子刻意：「夫有干越之劍者，柙而藏之，不敢用也，寶之至也。」列子湯問：「柙而藏之。」釋文：「柙與匣同。」説文：「匣，匱也。」此文不應匣匱並言，「匱」字疑涉旁注而誤入正文。

【用韻】「璜、藏」陽部。

〔一二〕【高注】直，猶但也。

〔一三〕【用韻】「有、理」之部，「實、節」質部，「静、命」耕部。

〔一四〕【高注】煬，炙也。向火中炙和氣，以順天道也。煬，讀供養之養。

【版本】王溥本、王鎣本、吴本無「而」字，餘本同藏本。

【箋釋】于大成云：此文自「是故聖人以無應有」下，並以四字爲句，則此「而」字疑不當有。諸子類語三引此無「而」字，文子九守守虚亦無「而」字。○何寧云：莊子徐无鬼篇：「故無所甚親，無所甚疏，抱德煬和，以順天下，此謂真人。」此淮南文所本。○雙棣按：「煬和」即「養和」，養其中和之氣也。參俶真篇二一三八頁注〔四〕。

【用韻】「親、天」真部。

〔一五〕【高注】際，合也。隣，比也。

〔一六〕【箋釋】楊樹達云：莊子刻意篇云：「不爲福先，不爲禍始。」

〔一七〕【高注】變，動。

【用韻】「隣、先、根、神」真文合韻。

所謂真人者，性合于道也〔一〕。故有而若無，實而若虚，處其一不知其二，治其内不識其外〔二〕，明白太素，無爲復樸，體本抱神〔三〕，以游于天地之樊〔四〕，芒然仿佯于塵垢之外〔五〕，而消揺于無事之業〔六〕，浩浩蕩蕩乎，機械知巧弗載於心〔七〕。是故死生亦大矣，而不爲變〔八〕；雖天地覆育，亦不與之抮抱矣〔九〕。審乎無瑕而不與物糅〔一〇〕，見事之亂而能守其宗〔一一〕。若然者，正肝膽，遺耳目〔一二〕，心志專于内，通達耦于一〔一三〕；居不知所爲，行不知所之〔一四〕，渾然而往，逯然而來〔一五〕；形若槁木，心若死灰〔一六〕，忘其五藏，損其形骸〔一七〕；不學而知，不視而見，不爲而成，不治而辯〔一八〕；感而應，迫而動〔一九〕，不得已而往，如光之燿，如景之放〔二〇〕；以道爲紃，有待而然〔二一〕。抱其太清之本而無所容與〔二二〕，而物無能營〔二三〕，廓惝而虚，清靖而無思慮〔二四〕，大澤焚而不能熱，河漢涸而不能寒也，大雷毀山而不能驚也，大風晦日而不能傷也〔二五〕。是故視珍寶珠玉猶石礫也，視至尊窮寵猶行客也〔二六〕，視毛嬙西施猶頬醜也〔二七〕。以死生爲一化，以萬物爲一方〔二八〕，同精於太清之本，而游於忽區之旁〔二九〕，有精而不使，有神而不行〔三〇〕，契大渾之樸而立至清之中〔三一〕。是故其寢不夢，其智不萌〔三二〕，其魄不抑，其魂不騰〔三三〕，反復終始，不知其端緒。甘瞑于太宵之宅〔三四〕，而覺視于昭昭之宇；休息于無委曲之隅，而游敖于無形埒之野〔三五〕。居而無容，處而無所〔三六〕；其動無形，其靜無體〔三七〕；存而若亡，生而若死〔三八〕；出入無間，役使鬼神〔三九〕，淪於不測，入於無間，以不同形相嬗也〔四〇〕。終始若環，莫得其倫〔四一〕，此精神之所以能登假于道也〔四二〕，是故真人之所游〔四三〕。

若吹呴呼吸〔四四〕，吐故内新，熊經鳥伸，鳧浴蝯躩，鴟視虎顧，是養形之人也，不以滑心〔四五〕。使神滔蕩而不失其充〔四六〕，日夜無傷而與物爲春〔四七〕，則是合而生時于心也〔四八〕。且人有戒形而無損於心〔四九〕，有綴宅而無耗精〔五〇〕。夫癩者趨不變，狂者形不虧，神將有所遠徙，孰暇知其所爲〔五一〕？故形有摩而神未嘗化者〔五二〕，以不化應化，千變萬掺而未始有極〔五三〕。化者復歸於無形也，不化者與天地俱生也〔五四〕。夫木之死也，青青去之也。夫使木生者豈木也〔五五〕？猶充形者之非形也〔五六〕。故生生者未嘗死也，其所生則死矣〔五七〕。化物者未嘗化也〔五八〕，其所化則化矣〔五九〕。

校釋

〔一〕【高注】真人者，虙戲、黄帝、老聃是也。
【版本】王溥本、朱本、莊本、集解本注「虙戲」作「伏羲」，景宋本、葉本同藏本。
【箋釋】雙棣按：所謂真人者，當是道家與道合一之人，非實有其人，高注明指其人，似未妥。參覽冥篇九三〇頁注〔四九〕。又「合於道」下當有「者」字。

〔二〕【高注】治其内，守精神也。不識其外，不好憎也。
【版本】王溥本、王鎣本、吴本「内」下有「而」字，餘本同藏本。藏本注「識」上無「不」字，茅本、汪本、張本、黄本、莊本、集解本有，今據補，景宋本、王溥本、葉本同藏本。藏本注「外」字重，王溥本、葉本、茅本、汪本、張本、黄本、莊本、集解本不重，今删其一，景宋本同藏本。

【用韻】「無、虛」魚部，「一、二」質脂通韻，「内、外」物月合韻。

〔三〕【箋釋】楊樹達云：莊子天地篇：「識其一不知其二，治其内而不治其外。夫明白入素，无爲復朴，體性抱神，以遊世俗之間者，汝將固驚邪？」此淮南文所本。〇王叔岷云：「太」本作「入」，後人妄改之也。莊子天地篇、文子守樸篇並作「入」，當據改。

〔四〕【高注】樊，崖也。樊，讀麥飯之飯也。

【箋釋】楊樹達云：「樊」假爲「棥」。説文㸚部：「棥，藩也。從㸚、林。」後世通言棥籬。高訓崖，乃讀「崖」爲「涯」，意雖可通，而失之迂矣。

〔五〕【高注】芒，讀王莽之莽。

【用韻】「樊、外」元月通韻。

〔六〕【箋釋】楊樹達云：語出莊子大宗師、達生二篇。〇馬宗霍云：上文云「當世而樂其業」，高氏彼注云：「業，事也。」本文「無事之業」義同，言消摇於無事之事也，亦即無所事事之意。又案莊子大宗師篇、達生篇並有此文，蓋即淮南所本。惟大宗師「無事之業」作「无爲之業」，爲小異。郭象達生篇注云：「凡非真性，皆塵垢也。凡自爲者，皆無事之業也。」成玄英疏云：「芒然無心之貌，彷徨是縱放之名，消遥是任適之稱。」並可補高注所未及。

〔七〕【版本】藏本「知」作「之」，景宋本、集解本作「知」，今據改，餘本同藏本。

〔八〕【高注】不爲變者，同死生也。

〔九〕【高注】抮抱，猶持著也。言不以天地養育萬物，故强與持著，守其純熟也。

【用韻】「大、變」月元通韻。

【版本】藏本注「著」下「也」字作「者」，景宋本、茅本、汪本、莊本、集解本作「也」，今據改，王溥本、朱本、葉本同藏本。

【箋釋】吴汝綸云：覆育，當依莊子作「覆墜」。抮、抱皆轉變也。「抮」通作「紾」，後文「千變萬抮」，又曰「千變萬紾」，注云：「紾，轉也。」本經訓「菱杼紾抱」，與此抮抱同。注云：「抱，轉也。」也。○楊樹達云：「天地覆育」三句與上文意不相承，高説亦牽强不合。今按「育」當作「墜」，字之誤也。莊子德充符云：「死生亦大矣，而不得與之變；雖天地覆墜，亦將不與之遺。審乎無假而不與物遷，命物之化而守其宗也。」爲淮南此文所本。高注云「天地養育萬物」，則其所據本已誤矣。抮抱高訓爲持著，非是。今按：本經篇云：「菱杼紾抱。」高注云：「紾，戾也。抱，轉也。」抮抱與紾抱同，亦當訓爲戾轉。言雖天地覆墜，亦不爲之轉移也。如此乃與上文相貫。○于大成云：廣雅釋言云「遂，育也」，莊子在宥黄帝問廣成子「吾又欲官陰陽，以遂群生，爲之奈何」，是「遂、育」二字同誼通用。遂又借爲隊，説文「隊，從高隕也」，「隊」即今墜落字。此文「覆育」即莊子之「覆墜」矣，「育」字不誤。特高氏不達假借而誤訓爲「養育」耳。又注文「抮抱，猶持著者」，「者」字當作「也」字。

〔一〇〕【高注】瑕，猶釁也，其見利欲之來也，能審順之，故不與物相雜粈。

【版本】藏本注「其」作「忤」，「來」作「貌」，茅本、汪本、莊本、集解本注作「其」，作「來」，今據改，景宋本、王溥本、朱本、葉本同藏本。茅本、汪本、莊本、集解本注「粈」作「糅」。

【箋釋】劉績云：莊子「審乎無假，而不與物遷」，則「瑕」乃「假」之誤。○王叔岷云：高注非也。「瑕」通作「假」，「無假」謂無所假借也。無所假借，故不與物相雜糅。莊子德充符篇、天道篇、文子並作「無假」。○雙棣按：郭慶藩謂德充符之「無假」當是「無瑕」之誤云：「謂審乎己之無可瑕疵，斯任物自遷而無役於物也。淮南精神篇正作『審乎無瑕』。瑕假皆從叚聲，致易互誤。」此字當以淮南爲正，「假」或視爲借字。

〔一一〕【高注】見事亂者止之，亂不能眩惑，故能守其宗。宗，本也。

【版本】藏本注「事」下「亂」字作「有」，王溥本、朱本、莊本、集解本作「亂」，今據改，景宋本、茅本、葉本同藏本。

【箋釋】吴承仕云：注「見事亂者止之」，「止」當爲「正」。吕氏春秋順民篇注云：「正，治也。」正之謂治其亂也。今本形近誤作「止」。○于大成與吴説同。

【用韻】「糅、宗」幽冬通韻。

〔一二〕【高注】言精神内守也。

【箋釋】王念孫云：「正」當爲「亡」，字之誤也。「亡」與「忘」同。（邶風緑衣箋：「亡之言忘也。」

荀子勸學篇：「怠慢忘身。」大戴禮作「亡」。吕氏春秋權勳篇：「是忘荊國之社稷而不恤吾衆也。」韓子十過篇作「亡」。又韓子難二：「晉文公慕於齊女而亡歸。」齊策：「老婦已亡矣。」趙策：「秦之欲伐韓梁，東闚於周室甚，惟寐亡之。」並與「忘」同。）「忘肝膽，遺耳目」，遺亦忘也。若云「正肝膽」，則義與下句不類矣。莊子大宗師篇「忘其肝膽，遺其耳目」，即淮南所本。俶真篇又云：「忘肝膽，遺耳目。」○王叔岷云：王説是也。莊子達生篇亦云：「忘其肝膽，遺其耳目。」

〔一三〕【高注】一者，道也。

【箋釋】雙棣按：「耦于一」，合於道也。漢書杜欽傳「小臣不敢廢道而求從，違忠而耦意」，師古曰：「耦，合也。」字亦作「偶」，爾雅釋詁：「偶，合也。」

【用韻】「内、一」物質合韻。

〔一四〕【高注】言志意無所繫。

【箋釋】楊樹達云：語出莊子馬蹏篇。

〔一五〕【高注】渾，轉行貌。逯，謂無所爲，忽然往來也。逯，讀詩緑衣之緑也。渾，讀大珠揮揮之揮也。

【版本】藏本注「詩」作「謂」，莊本、集解本作「詩」，今據改，景宋本、王溥本、朱本、葉本同藏本。莊本、集解本注「緑」下無「也」字。景宋本、集解本注「揮」作「渾」，王溥本、朱本、葉本、莊本同藏本。

【箋釋】莊逵吉云：説文解字：「逯，行謹逯逯也。」與此義近。別本或誤作「逮」，非是。

〔一六〕【高注】槁木無氣，死灰無熱，諭無爲也。

【版本】集解本注「槁」誤作「稿」，餘本同藏本。

【箋釋】楊樹達云：莊子齊物論云：「形固可使如槁木，而心固可使如死灰乎？」知北遊云：「形若槁骸，心若死灰。」庚桑楚云：「身若槁木之枝，而心若死灰。」此淮南所本。

〔一七〕【箋釋】王念孫云：「損」當作「捐」，「捐」與「忘」意相近，即莊子所謂「外其形骸」也。作「損」則義不可通。

【用韻】「之、來、灰、骸」之部。

〔一八〕【箋釋】雙棣按：「治」與「辭」通。不治而辯，即不用言辭而能辯議。管子宙合篇：「是以古之士，有意而未可陽也，故愁其治。」郭沫若等集校曰：「治讀爲辭。下文察於一治、博爲之治、本乎無妄之治，均以治爲言辭之辭。」立政篇「孤寡無隱治」，于省吾新證曰：「金文治字均作𤔲，與𤔲同用。此言孤寡無恃者，猶得盡其辭，故云孤寡無隱辭。」

【用韻】「見、辯」元部。

〔一九〕【高注】迫切不得不動，然後乃動也。

【用韻】「應、動」蒸東合韻。

〔二〇〕【版本】王溥本、王鎣本、吴本「放」作「効」，餘本（除朱本誤作「故」外）同藏本。

【箋釋】王念孫云：劉績依文子九守篇改「放」爲「效」。案：劉改是也。如景之效，謂如景之效形也。「效」與「燿」爲韻，若作「放」，則失其韻矣。○王紹蘭云：「放」當爲「敫」字之壞也。説文放部：「敫，光景流也。從白，從放。讀若龠。」敫從白，故爲光景，從放，故爲流。然則淮南本作「如景之敫」，謂如景之流。許解敫爲光景流，正取此文爲義也。文子九守篇亦本作「敫」，傳寫者多見「效」，寡見「敫」，又以「效」與「燿」韻，因誤「敫」爲「效」。不知「敫」讀若「龠」，正與「燿」爲韻。邶風簡兮篇「左手執籥，右手秉翟」，即其明證矣。是知劉本「放」爲「效」，「放」固失之，而「效」亦未爲得也。○楊樹達云：「放」字不誤。二王皆欲改字，説並非也。敫字從白從放，即此放字之義。今語猶言放光，是古之遺語也。「放」與上「往」字爲韻，不與「燿」爲韻。王念孫云「作放失韻」，尤非是。○于大成云：二王各欲改「放」爲「效、敫」，非也。楊氏謂「放」字不誤，是也。此文「放」字，當假爲「仿」，説文人部：「仿，相似也。」凡經傳倣效字皆以放爲之。故廣雅釋詁三云：「放，效也。」放、效同誼，故中山經中次七經「放臯之山」，「放」或作「效」。説文子部：「孝，效也。」宋本「效」作「放」，固緐形近易溷，亦緐誼得相通。「如景之放」者，謂如景之效形也。王念孫校文非而義是，楊樹達以放光説之，文是而義非。王紹蘭謂字當作「敫」，從説文訓爲「光景流」，則文義兩非是也。

【用韻】「往、放」陽部。

〔二一〕【高注】紃者，法也。以道待萬物，故曰有待而然。然，如是。

【版本】藏本注「法」作「決」，各本均作「法」，今據改。藏本注二「然」字作「默」，茅本作「然」，今據改，餘本同藏本。

【箋釋】吴承仕云：注文當作「故曰有待而然。然，如是」。凡注文言「故曰」者，皆重述本文，其例甚明。此注述本文意，又以「如是」釋「然」字也。主術篇：「治國則不然。」注云：「然，如是。」（邵説同。）〇于省吾云：「紃」應讀作「循」。荀子非十二子「及紃察之」注：「紃與循同。」然則「以道爲紃」，即以道爲循也。〇馬宗霍云：説文糸部云：「紃，圜采也。」段玉裁謂「圜采以采線辮之，其體圜也。」然則由本義引申之，蓋有規范之意。高注訓紃爲法，又規范之引申也。〇雙棣按：文子九守篇作「以道爲循」。

【用韻】「紃、然」文元合韻。

〔二二〕【高注】無所容與於情欲也。

〔二三〕【高注】營，惑也。一曰亂。

〔二四〕【高注】不勞精神。

【箋釋】劉績云：文子作「廓然而虚，清静而無」。〇陳季皐云：「思慮」二字，疑本在注文「精神」之下，傳寫誤入正文。「惝」讀「敞」，誼與「廓」近。「靖」讀爲「静」，誼與「清」近。廓敞而虚，清靖而無，文義已足，不當更綴二字。文子九守篇「廓然而虚，清靖而無」，即其明證。

【用韻】「與、虚、慮」魚部。

〔二五〕【高注】言體道之人，閉情守虚，雖此四者之大，不能感也。

【版本】藏本注「閉」作「閔」，各本皆作「閉」，今據改。王溥本注「大」下有「而」字。汪本、集解本注「感」作「惑」，景宋本、王溥本、朱本、茅本、葉本、莊本同藏本。

【箋釋】楊樹達云：「涸」訓乾，與不能寒義不相承。余謂字蓋假爲「沍」，凍也。莊子齊物論云：「大澤焚而不能熱，河漢沍而不能寒，疾雷破山風振海而不能驚。」爲淮南此文所本，字正作「沍」，其明證也。○于大成云：「沍」字不見説文，蓋「涸」是本字。時則篇仲秋「水始涸」，高注云「涸，凝竭」，凝竭即凍也，故史記封禪書「秋涸凍」，以「涸凍」二字連文，而索隱訓爲「凝也」，楊氏訓爲「凍」，是也，謂假爲「沍」，失之。

【用韻】「熱、寒」月元通韻，「驚、傷」耕陽合韻。

〔二六〕【高注】至尊，謂帝王也，故曰窮寵也。行客，猶行路過客。

【版本】茅本、汪本、莊本、集解本此注在下文「醜也」下。

【箋釋】王引之云：「石礫」本作「礫石」。説文「礫，小石也。」逸周書文傳篇云：「礫石不可穀。」楚辭惜誓「相與貴夫礫石」，王注云：「相與貴重小石也。」韓詩外傳云：「太山不讓礫石，江海不辭小流。」皆其證也。「石」與「客、魄」爲韻，若作「石礫」，則失其韻矣。（古韻石在鐸部，礫在藥部，兩部絶不相通。此非精於三代秦漢之音者不能辯也。）○雙棣按：至尊、窮寵當爲並列，猶上下文之珍寶、珠玉，毛嬙、西施也。注「至尊，謂帝王也，故曰窮寵」，以「窮寵」與「至尊」相承，非也。至尊指君，窮寵謂臣也。

〔二七〕【高注】毛嬙、西施，皆古之美人。䫏，䫏頭也。方相氏黄金四目，衣赭，稀世之䫏貌，非生人也。但其像耳目䫏醜，言極醜也。

【版本】藏本注「䫏䫏頭」，「䫏」字不重，王溥本、集解本重，今據補，餘本同藏本。王溥本注「稀」作「猶」。

【箋釋】莊逵吉云：「䫏頭」見周禮。説文解字有「䫏」，云「醜也」，又有娸，杜林亦以爲醜。○王引之云：「䫏醜」本作「倛魄」。此「魄」誤爲「醜」，（醜與魄草書相似。）後人又改「倛」爲「䫏」耳。後人以荀子非相篇「面如蒙倛」，楊倞曰「倛，方相也」，周官方相氏注云「如今魌頭」，遂誤以「倛」爲倛頭之「倛」，又以説文倛頭字作「䫏」，故改「倛」爲「䫏」。不知「倛醜」本作「倛魄」，乃請雨之土人，非逐疫之䫏頭也。「倛魄」一作「欺魄」，又作「欺顀」，列子仲尼篇「若欺魄焉而不可與接」，張湛曰：「欺魄，土人也。」釋文曰：「魄，片各反，字書作欺顀。」文選應璩與岑文瑜書注曰：「淮南子曰：『視西施、毛嬙猶倛魄也。』高誘曰：『倛魄，請雨土人也。』」皆其明證矣。視毛嬙、西施如倛魄者，謂視如土偶，非謂視如䫏頭也。且「魄」與「石、客」爲韻，若作「䫏醜」，則失其韻矣。集韻「倛」字注云：「淮南祈雨土偶人曰倛。」但言倛而不言倛魄，似所見本「魄」字已誤作「醜」，然「倛」字尚未改作「䫏」。且高氏「請雨土人」之注，亦未嘗改也。今則正文既改，而高注亦非其舊也。○雙棣按：王引文選注「倛魄」作「倛醜」，王失檢。

〔二八〕【高注】方，類也。

【箋釋】俞樾云：文子九守篇作「以千生爲一化」，當從之。言生之數雖有千，而以爲一也。以千生爲一化，以萬物爲一方，兩文相儷，而意亦相準。若作「死生」，則不類矣。且以死生爲一化，義亦未安。當據文子訂正。○于省吾云：俞説非是。一死生，齊萬物，乃道家要指。俞氏以爲「千生」與「萬物」相儷，拘文牽義矣。下云：「細萬物則心不惑矣，齊死生則志不懾矣。」亦以「萬物」與「死生」對文，是其證也。莊子德充符：「胡不直使彼以死生爲一條。」知北遊：「死生有待邪皆有所一體。」庚桑楚：「孰知有無死生之一守者。」此言一化，與一條、一體、一守義均相仿。○蔣禮鴻云：下文有云「終則反本未生之時，而與化爲一體。死之與生，一體也」，即此文之義。莊子德充符篇稱「以死生爲一條」，亦與此義同，何云義亦未安也。「死生」不誤。俞説非是。又案：雲笈七籤九十一所載九守篇亦作「以死生爲一化」，不作「千生」，是文子作「千生」之本亦轉寫之誤耳。○王叔岷云：上文「死生無變於己」，（本莊子齊物論。）「是故死生亦大矣，而不爲變」，（本莊子德充符。）下文「死之與生，一體也」，皆可證「以死生爲一化」之義。文子作「千生」者，乃淺人妄改。俞説非是。

〔二九〕【高注】忽區，忽恍無形之區旁也。

【箋釋】王引之云：「區」字當作「芒」。參原道篇一一三頁注〔五八〕。○何寧云：注「旁」字涉正文而衍。

〔三〇〕【高注】言不濁其精，不勞其神，此之謂也。

【版本】藏本「使」下有「者」字，王溥本、王鎣本、茅本、汪本、張本、黄本、莊本、集解本無，今據删，景宋本、朱本、葉本同藏本。王溥本、王鎣本、朱本、吴本「行」作「用」，餘本同藏本。汪本、張本、黄本、莊本、集解本注無「言」字，餘本同藏本。

〔三一〕【高注】樸，猶質也。渾，不散之貌也。渾，讀揮章之揮。

【箋釋】吴承仕云：注文「渾」上，疑奪一「大」字。

【用韻】「方、旁、行、中」陽冬合韻。

〔三二〕【高注】其寢不夢，神内守也。其智不萌，無思念也。

【版本】茅本、汪本、張本、黄本、莊本、集解本此注在下文「其魂不騰」下。

【箋釋】楊樹達云：「其寢不夢，其智不萌」，二句誤倒，當乙。本文上下皆韻，此四句以「夢、騰」爲韻，（古登部。）誤倒則失其韻矣。此緣後世讀夢爲亡貢切，萌爲武庚切，淺人不知古音，疑「夢」與「騰」不叶，而武庚切之音與「騰」音較近，故妄乙之耳。不知「萌」古音在唐部，與「騰」在登部者決不叶。高注先釋「其寢不夢」，後釋「其智不萌」，或高作注時已誤，或緣後人既乙正文，又乙高注耳。○馬宗霍云：「其寢不夢」一語，見莊子大宗師篇，郭象彼注云：「無意想也。」與高釋「其智不萌」爲「無思念也」義正相偶。

〔三三〕【高注】魄，陰神。魂，陽神。陰不沈抑，陽不飛騰，各守其宅。

【用韻】「夢、萌、騰」蒸陽合韻。

〔三四〕【高注】太宵，長夜之中也。言其甘瞑於大道之處，冥視昭昭矣。

【版本】景宋本、莊本、集解本「復」作「覆」，餘本同藏本。藏本正文及注「瞑」作「暝」，景宋本、黄本、集解本作「瞑」，今據改，王溥本、王鎣本、朱本、葉本、吴本同藏本，茅本、汪本、莊本正文作「瞑」，注作「暝」。藏本「甘瞑」下無「于」字，王溥本、朱本有，今據補，餘本同藏本。藏本注「甘」作「直」，王溥本作「甘」，今據改，餘本同藏本。茅本、汪本、莊本、集解本此注在下文「形埒之野」下。

【箋釋】劉文典云：文選陸士衡答張士然詩、嵇叔夜養生論李注：「瞑，古眠字。」「甘瞑」，猶酣眠也。高注「言其直瞑於大道之處，冥視昭昭矣」，未得其誼。本書俶真篇「甘瞑於溷澖之域」同。又案「甘瞑」下當有「於」字。文選辛丑歲七月赴假還江陵夜行塗口詩注引作「甘瞑於大霄之宅」可證。俶真篇「甘瞑於溷澖之域」，「甘瞑」下亦有「於」字。○于大成云：劉訓「甘瞑」爲酣眠，是也。（今本「暝」當從景宋本作「瞑」。）唯劉本注文「直瞑」作「甘瞑」，則未必高氏不得其誼。

〔三五〕【高注】無委曲之隅，無形埒之野，冥冥無形像之貌也。

【版本】莊本、集解本注「像」作「象」。

【用韻】「緒、宇、野」魚部。

〔三六〕【高注】言其人居無形容可得見也。處無常所。

〔三七〕【高注】無形無體，道之容也。

〔三八〕【用韻】「容、形、亡」東耕陽合韻，「體、死」脂部。

〔三九〕【高注】言能化也。人不與鬼同形而能使之者，道也。天神曰神，人神曰鬼也。

【版本】莊本、集解本注兩「能」字作「耐」，餘本同藏本。

【箋釋】于大成云：正文「鬼神」並舉，注文「鬼」下疑奪「神」字。

〔四〇〕【高注】嬗，傳也。萬物之形不同，道以相傳生也。

【箋釋】王叔岷云：「入於無間」，與上文「出入無間」義複，「無間」疑本作「無有」，涉上文而誤也。莊子應帝王篇「立乎不測，而遊於無有者也」可證。

【用韻】「間、神、間、嬗」元真合韻。

〔四一〕【高注】倫，理也，道也。人莫能得焉。

〔四二〕【高注】假，至也。上至於道也。或作蝦蟇雲氣。

【版本】葉本、莊本、集解本「于」作「於」。

【箋釋】何寧云：説文段注云「蝦，古或借爲霞字」。史記天官書「雷電蝦虹」，即「雷電霞虹」也。「蟇」乃「暮」字之誤。説文新附「霞，赤雲氣也」。後人不知「蝦」乃「霞」之借字，因「蝦」从虫，故改「暮」爲「蟇」也。

〔四三〕【高注】游，行。

【版本】王溥本、王鎣本、朱本（挖補）、吴本「所」下有「以」字，餘本同藏本。茅本、汪本、莊本、集解本此注在下文「滑心」下，景宋本、王溥本、葉本同藏本。

【箋釋】俞樾云：「是故真人之所游」，本作「是真人之游也」，乃結上之辭。文子九守篇亦有此文，大略相同，結之曰「此真人之游也」，乃其明證也。下文曰：「若吹呴呼吸，吐故納新，熊經鳥伸，鳧浴蝯躩，是養形之人也，不以滑心。」高注曰：「是非真人之道也。」若如今本作「是故真人之所游」，則下文云云，皆爲真人之道矣。其謬殊甚，不可不正。〇于省吾云：「故」猶「固」也，詳經傳釋詞，固者本然之辭，是固真人之所游，正係結上，俞説非是。

【用韻】「環、倫」元文合韻，「道、游」幽部。

〔四四〕【箋釋】楊樹達云：説文欠部云：「欨，吹也。從欠，句聲。」「呴」蓋「欨」之或字。〇雙棣按：疑「若」下有「夫」字。此前講真人，此下講養形之人，故爲另起一端，脱「夫」字則文不成義矣。

〔四五〕【高注】經，動摇也。伸，頻伸也。若此養形之人，導引其神，屈伸跳踉，是非真人之道也。滑，亂也。言此養形者耳，不足以亂真人之心也。

【版本】藏本注上「真人」下有「爲」字，茅本、汪本、張本、黄本、莊本、集解本注無「爲」字，今據删，景宋本、王溥本、朱本、葉本同藏本。

【箋釋】陳昌齊云：「虎顧」，文選長笛賦引作「狼顧」。○楊樹達云：後漢書華佗傳云：「熊經鴟顧。」李注云：「熊經，若熊之攀枝自懸也。」說較高注爲長。又：莊子刻意篇云：「吹呴呼吸，吐故納新，熊經鳥申，爲壽而已矣。此道引之士，養形之人，彭祖壽考者之所好也。」淮南此節本之。○王叔岷云：「不」下當有「足」字。注「不足以亂真人之心也」可證。莊子德充符篇「不足以滑和」，庚桑楚篇「不足以滑成」，本書俶真篇「不足以滑其和」，皆與此句法同。○于大成云：文選長笛賦、爾雅翼十九引「虎顧」並作「狼顧」，是也。長笛賦「熊經鳥申，鴟眎狼顧」，即用淮南文，字作「狼顧」。賈誼新書「失時不雨，民且狼顧」，鹽鐵論險固篇「則中國無狗吠之警，而邊境無鹿駭狼顧之憂矣」，陳孔璋檄吴將校部曲文「鶚視狼顧」，陸佐公石闕銘「息此狼顧」，字並作「狼顧」。又「是非真人爲之道也」，「爲」字當衍。莊本删之，是也。○雙棣按：注「導引其神」，「神」疑爲「形」字之誤。

【用韻】「新、伸」真部，「躩、顧」鐸魚通韻，「人、心」真侵合韻。

〔四六〕【高注】充，實。

【版本】茅本、汪本、莊本、集解本此注在下文「爲春」下。

【箋釋】于大成云：此文本之莊子德充符，彼文云「使之和豫通而不失於充」，（今本「充」作「兑」，從王先生〔叔岷〕說改。）文子九守守樸又襲此文云「使精神暢達而不失於充」。（今本「充」作「元」，王先生據雲笈七籤校改。）「和豫」、「暢達」義同。「滔蕩」爲摇蕩之義，義正相反。上文云「耳目淫於聲色之樂，則五藏搖蕩而不定矣；五藏搖蕩而不定，則血氣滔蕩而不休矣；血氣滔蕩而不休，則精神馳騁於外而不守矣；精神馳騁於外而不守，則禍福之至，雖如丘山，無由識之矣」，是滔蕩之極，至於不識禍福。真人之道，既可日夜無傷而與物爲春，生四時之化于心，則神不滔蕩可知。疑此「滔蕩」當假爲「條暢」，呂氏春秋有始覽「東方曰滔風」，本書地形篇作「條風」，是「滔、條」古聲同也，（二字並幽部。）「蕩、暢」並从昜聲。條暢猶暢達也。條暢故能不失其充。

〔四七〕【高注】體道人同日夜。諭賊害也。無傷，無所賊害也。與物爲春，言養物也。

【箋釋】于大成云：注文「諭」上當奪「傷」字，作「傷，諭賊害也」，方合。

〔四八〕【高注】若是者合於道，生四時化其心也。言不干時害物也。

【版本】藏本「于」作「干」，景宋本、莊本作「于」，今據改，餘本同藏本。

【箋釋】劉績云：文子作「使精神暢達而不失於元，日夜無隙而與物爲春，即是合而生時于心者也」，莊子云「日夜無却而與物爲春，是接而生時於心者也」，則「干」乃「于」字之誤。○王念孫云：高注「生四時化其心也」，當作「生四時之化于其心也」。此是釋「生時于心」之義，生時于心而與物爲春，則是順時以養物，故注又云「言不干時害物也」。今本正文「于」字作「干」，即涉注文「干時」而誤。○劉文典云：劉、王說是也，宋本「干」正作「于」。

【用韻】「春、心」文侵合韻。

〔四九〕【高注】戒，備也。人形體備具。戒或作革，革，改也。言人形骸有改更而作化也。心論神，神不損傷也。

【箋釋】王念孫云：「無損於心」，「於」，衍字也。「戒形」與「損心」，「綴宅」與「耗精」，皆相對爲文，則「損」下不當有「於」字。莊子大宗師篇「且彼有駭形而無損心，有旦宅而無情死」，即淮南所本。○楊樹達云：作「革」者本字，「戒」同音借字。下文云：「形有摩而神未嘗化」，與此句義同。

〔五〇〕【高注】綴。宅，身也。精神居其宅則生，離其宅則死。言人雖死，精神終不耗滅，故曰無耗精也。

【版本】莊本、集解本正文及注「耗」均作「秏」，注「滅」作「減」，餘本同藏本（張本、黄本無注）。

【箋釋】吴承仕云：「戒形」、「損心」，「綴宅」、「耗精」，皆對文成義。此注以「身」訓「宅」，「綴」字別有訓釋之詞，而今本奪之。○楊樹達云：「綴」讀爲「輟」。爾雅釋詁云：「輟，已也。」人死則精神離其宅，故云「有輟宅」也。禮記樂記云：「禮者所以綴淫也。」鄭注云：「綴猶止也。」荀子成相篇云：「春申道綴基畢輸。」楊注云：「綴，止也。」「止」與「已」義同，皆假「綴」爲「輟」，與淮南同。○于省吾云：「戒」應作「駭」。「駭」之作「戒」，猶「駭」之作「駴」矣。「綴宅」應讀作「怛度」，「怛度」即「憂度」，詳莊子新證。「憂度」與「駭形」對文，度亦形也。（莊子新證：大宗師「有旦宅而無情死」，郭注「似形骸之變爲旦宅之日新耳，其情不以爲死」，按注説至爲迂妄。釋文

「李本作怛⿰忄乇」。詩匪風「中心怛兮」，傳「怛，傷也」，廣雅釋詁「怛，憂也」。「宅」應讀爲「度」。西清古鑑著録有「作册宅彝」，即書顧命之「作册度」也。書堯典「宅西曰昧谷」，周禮注「宅」作「度」。「五流有宅」、「五宅三居」，史記「宅」並作「度」。立政「惟克厥宅心」，漢石經「宅」作「度」。此例不勝繁舉。情、精古字通，古籍習見。「死」字本應在「精」字上。淮南子精神作「有綴宅而無耗精」，「耗」與「死」義相因，尤其明證矣。且「有怛度而無死精」，與上文「有駭形而無損心」，正相對爲文，「度」謂「儀度」，言有憂傷之儀度而死精也。老子六章「谷神不死」，即「欲神不死」，詳老子新證。神與精義相因，此言「而無死精」，猶老子言「欲神不死」也。淮南子精神作「綴宅」者，「綴」、「怛」古韻隸脂部，「綴」、「惙」字通。説文「惙，憂也」，與「怛」同義。）

【用韻】「心、精」侵耕合韻。

〔五二〕【高注】言病癩者形生神在，故趨不變也。或作介。介，被甲者。禮，介者不拜而能趨於步，故曰不變也。狂體具存，故曰不虧，但精神散越耳，故曰神有所遠徙也。

【箋釋】莊逵吉云：錢別駕云：「癩」或作「介」者，介即「兀」字。莊子「有兀者王駘」，或作介，是也。雖於高注之外闢一解，與本文義更覺切近。○蔣超伯云：養生主：「公文軒見右師而驚曰：『是何人也？惡乎介也？』」郭注：「介，偏刖之名。」廣韻：「尬，行不正也。」尬即介也。介爲偏刖，郭氏亦顯言之，錢置養生主而引王駘，失之眉睫矣。○吴承仕云：注「狂體具存」，當作「狂者體具存」。上文病癩者，被甲者，皆有「者」字，文例宜爾。○楊樹達云：趨讀志趣、趣向之趣，非謂趨步也。説山篇云：「行合趨同，千里相從；行不合，趨不同，對門不通。」「趨」字亦當讀爲「趣」。○馬宗霍云：「癩」字説文作「癘」，訓「惡疾也」。禮記月令「孟冬行春令，民多疥癘」。然則此文「癩或作介」者，「介」蓋「疥」之省借字。廣雅釋詁一云：「疥，創也。」「創」俗作「瘡」。故廣韻十六怪云：「疥，瘡疥。」患瘡疥之疾者急於搔，故説文以搔訓之。「搔」俗作「瘙」，故廣雅疥瘙同訓。高氏釋介爲被甲者，近於望文。錢氏謂「介」即「兀」字，亦未必是。○雙棣按：吴、馬説是。高注「介，被甲者」云云，純屬望文。

【用韻】「虧、爲」歌部。

〔五二〕【高注】摩，滅，猶死也。神變歸於無形也，故曰未嘗化也。化猶死也。

【版本】茅本、汪本、張本、黄本、莊本、集解本此注在下文「有極」下，餘本同藏本。

【箋釋】劉績云：「摩」當依文子作「靡」。○吕傳元云：「摩」當作「靡」，原道訓「忽去之，則骨肉無倫矣」，注「言骨肉靡滅無倫匹也」。高彼注「靡滅」蓋即本諸此。文子九守篇作「故形有靡而神未嘗化」，作「靡」字不誤。

〔五三〕【高注】不化者，精神；化者，形骸。死者形爲灰土，爲日化也。

【版本】藏本注「不化」下無「者」字，「精神」下有「也」字，茅本、汪本、張本、黄本、莊本、集解本注「不化」下有「者」字，「精神」下無「也」字，今據補、删，餘本同藏本。

【箋釋】劉績云：抮音軫，轉也。文子作「摶」。○吴承仕云：「爲日化也」四字，義不可通。疑當作「故曰化也」。神變歸於無形，故曰未嘗化。形骸變爲灰土，故曰化。〇于省吾云：「爲」字無由譌作「故」，吴説非是。「爲」猶謂也，古籍習見。亦詳經傳釋詞。爲日化也，即謂日化也。〇何寧與吴説同。

〔五四〕【用韻】「形、生」耕部。

〔五五〕【高注】使木生者天也，故曰豈木哉。【版本】莊本、集解本注「天」下「也」字作「地」，景宋本、王溥本、朱本、茅本、葉本、汪本同藏本。【箋釋】吕傳元云：注末作「哉」，則正文「也」當讀若「邪」，也猶邪也，見王氏引之經傳釋詞。茅本、汪本、莊本、集解本注末「哉」作「也」，景宋本、王溥本同藏本。

〔五六〕【高注】充形者，氣也。故曰非形也。

〔五七〕【高注】生生者道，諭道之人若天氣，未嘗死也。下「所生」者，萬物也。【版本】藏本注末「也」字作「矣」，王溥本作「也」，今據改，餘本（張本、黄本無注）同藏本。【箋釋】何寧云：注「下所生」，「下」字疑「其」字之誤。「其」古作「亓」，與「下」形似。生生者與「其所生」皆複舉正文。

〔五八〕【高注】化物者，道也。道不化，故未嘗化也。【版本】茅本、汪本、莊本、集解本此注在下文「化矣」下，景宋本、王溥本、朱本、葉本同藏本。

〔五九〕【高注】所化者，萬物也。萬物有變，故曰則化。

【用韻】「死、死、化、化」脂歌合韻。

輕天下則神無累矣〔一〕，細萬物則心不惑矣〔二〕，齊死生則志不懾矣〔三〕，同變化則明不眩矣〔四〕。衆人以爲虚言，吾將舉類而實之〔五〕。

人之所以樂爲人主者，以其窮耳目之欲，而適躬體之便也〔六〕。今高臺層榭，人之所麗也〔七〕，而堯樸桷不斵，素題不枅〔八〕。珍怪奇味，人之所美也〔九〕，而堯糲粢之飯，藜藿之羹〔一〇〕。文繡狐白，人之所好也，而堯布衣揜形，鹿裘御寒〔一一〕。養性之具不加厚，而增之以任重之憂〔一二〕，故舉天下而傳之于舜〔一三〕，若解重負然〔一四〕。非直辭讓，誠無以爲也。此輕天下之具也。

禹南省，方濟于江〔一五〕，黃龍負舟。舟中之人，五色無主。禹乃熙笑而稱曰〔一六〕：「我受命於天，竭力而勞萬民〔一七〕。生，寄也；死，歸也。何足以滑和〔一八〕！」視龍猶蝘蜓〔一九〕，顔色不變。龍乃弭耳掉尾而逃〔二〇〕。禹之視物亦細矣。

鄭之神巫相壺子林，見其徵〔二一〕，告列子。列子行泣報壺子〔二二〕。壺子持以天壤〔二三〕，名實不入，機發於踵〔二四〕。壺子之視死生亦齊矣〔二五〕。

子求行年五十有四而病傴僂，脊管高于頂，腸下迫頤，兩髀在上〔二六〕，燭營指天〔二七〕，匍甯自闚於井曰〔二八〕：「偉哉造化者！其以我爲此拘拘邪〔二九〕？」此其視變化亦同矣。故覩堯之道，乃知天下之輕也〔三〇〕；觀禹之志，乃知天下之細也〔三一〕；原壺子之論，乃知死生之齊也〔三二〕；見子求之行，乃知變化之同也〔三三〕。

校釋

〔一〕【高注】輕薄天下寵勢之權者，許由是也，故其精神無留累於物也。

〔二〕【高注】以萬物爲小事而弗欲，故心不惑物也。

〔三〕【高注】齊，等也。不畏義死，不樂不義生，其志意無所懾懼，故曰等也。【箋釋】雙棣按：注「故曰等也」，依文例「等」似當爲「齊」。

〔四〕【高注】眩，惑。

〔五〕【高注】實，明。

【用韻】「眩、實」真質通韻。

〔六〕【箋釋】劉文典云：藝文類聚十一引，「人主」作「天子」。○于大成云：御覽八十引「人主」亦作「天子」。觀下文注與今本高注自異，則作「天子」者乃許注也。

【用韻】「主、欲」侯屋通韻。

〔七〕【高注】四方高曰臺，加木曰榭。麗，美也。

【版本】莊本、集解本注「方」下有「而」字，景宋本、王溥本、朱本、葉本同藏本。

【箋釋】于大成云：時則篇仲夏「處臺榭」，高注云「積土四方而高曰臺也」，（吕覽注同。）則此注「高」上疑亦合有「而」字，莊本有，當是也。爾雅釋言「四方而高曰臺」，高所本也。○雙棣按：此「今高臺層榭，人之所麗也」，高注：「麗，美也。」與下文「珍怪奇味，人之所美也」義異。「麗」多謂宫室、服飾、容貌之類，「美」可謂美食，「麗」一般不可謂美食。此處「麗、美」不可互换。

【高注】樸，采也。桷，椽也。不斲削，加密石之。素題者，不加采飾。不枅者，不施欂櫨，俱交架也。枅讀雞，枅或作刮也。

〔八〕【版本】王溥本注「宓」作「密」。藏本注「素題」下「者」字作「也」，茅本、汪本、張本、黄本、莊本、集解本作「者」，今據改，餘本同藏本。藏本注「采飾」下有「故曰」二字，茅本、汪本、張本、黄本、莊本、集解本無，今據删，景宋本、王溥本、葉本同藏本，朱本有「曰」字無「故」字。王溥本、朱本注「不枅者」上有「不斲」二字。茅本、汪本、張本、黄本、莊本、集解本注無「俱交架也」四字，餘本同藏本。

【箋釋】王念孫云：如高注，則「樸」爲「樣」之誤也。隸書「樸」或作「樸」，「樣」或作「樣」，二形相近，故「樣」誤爲「樸」。「樣」即今橡栗字也。説文曰：「樣，栩實。」又曰：「栩，柔也，其實草。（今借用「早」字，俗作「皁」。）一曰樣。」又曰：「草斗，櫟實。一曰樣斗。」高注吕氏春秋恃君篇曰：「橡，早斗也，其狀似栗。」應劭注漢書司馬相如傳曰：「櫟，采木也。」韓子五蠹篇曰：「堯之王天下也，茅茨不翦，采椽不斲。」史記太史公自序索隱引韋昭漢書注曰：「采椽，櫟榱也。」合觀諸説，櫟一名栩，一名柔，一名采，其實謂之早，亦謂之樣，是樣爲采實，而非采也。然司馬彪注莊子齊物論篇云：「芧，橡子也。」（芧與柔同。）則采亦謂之樣矣。故韓子言「采椽不斲」，此言「樣桷不斲」，而高注亦訓樣爲采也。又案：説文「樣」字，今書傳皆作「橡」，蓋後人所改也。此「樣」字若不誤爲「樸」，則後人亦必改爲「橡」矣。○陶方琦云：大藏音義六十二、御覽八十引淮南作「采椽不斲，庰題不枅」，引許注作「枅，櫨也」。按：御覽引舊注「言梁柱相斥距，不著枅櫨也」。觀大藏音義引，知御覽亦是許注無疑。説文：「枅，屋櫨也。」正合。○易順鼎與陶説同。○吳承仕云：尚書大傳：「其桷，天子斲其材而礱之，加密石焉。」注義即本之書傳，謂不斲削，又不以宓古礲之也。今注文有誤奪，無可據改。又：類聚十一引，作「斥題不枅」，並引注云：「言梁柱相斥距（原誤作⿰足乍，今正之），不著枅櫨。」御覽八十引注文同。案：此許、高異義也。類聚引注，蓋訓斥爲距，訓題爲湊，謂梁柱相湊之處，不著欂櫨也。素斥聲近而字異，故説義亦殊。不枅之説，則二家所同也。又朱本「不施欂櫨」下，有「俱交架也」四字，與不枅之義相成，莊本誤奪。○金其源云：説文：「樸，木素。」「采，捋取也。」史記李斯傳：「采椽不斲。」集解徐廣曰：「采，一名櫟，一作柞。」索隱：「采，木名，即今之櫟木也。」注之訓樸爲采，以爲木名乎？則櫟柞之外，未聞采又名樸者，以爲捋取乎？則論衡量知云：「雖謂無刀斧之斷者謂之樸，不得謂不用刀斧而取木也。」當是。周禮職方氏「采服」注云：「采者，事也。」書梓材「既勤樸斲」傳：「已勞力樸治斲削。」儀禮士喪禮「獻素獻成」注：「形法定爲素，飾治畢爲成。有事於物定形法之素爲樸，治畢飾治於成爲斲削。」樸椽不斲者，謂但定形法之樸治，不加飾治之斲削，樸之訓采，謂以樸治爲事也。○于大成云：藝文類聚十一引亦作「采椽不斲」，亦許本也。今本高注云云，即本許本爲説。韓非子五蠹篇、史記李斯列傳及本書主術篇亦並作「采椽不斲」。○雙棣按：高注「素題者，不加采飾」，未釋「題」字。本經篇「橑檐榱題」高注：「題，頭也。」即椽頭也。

〔九〕【版本】藏本「味」作「異」，景宋本、茅本、汪本、張本、吴本、黄本作「味」，今據改，餘本同藏本。

【箋釋】莊逵吉云：奇異，本皆作「奇味」，唯藏本作「異」。○王念孫云：作「味」者是也。上文「高臺層榭」，指宫室言之，與「樣桷素題」相對。下文「文繡狐白」，指衣服言之，與「布衣鹿裘」相對，此文「珍怪奇味」，指飲食言之，與「糲粢藜藿」相對。若云「珍怪奇異」，則不專指飲食，失其指矣。藝文類聚帝王部一，太平御覽皇王部五、百穀部六，文選劉琨答盧諶詩注引此，並作「奇味」。○劉文典云：王説是也。北堂書鈔百四十二引，作「怪味，人之所美」，文雖小異，而作「味」則同也。○雙棣按：文選劉琨答盧諶詩注引淮南作「珍其味，人之所美也」，文雖小異，然作「味」則是。

〔一〇〕【高注】糲，粗也。粢，稷也。糲，讀賴恃之賴。粢，讀齊衰之齊。

【版本】集解本注「衰」作「縗」，景宋本、王溥本、朱本、葉本、莊本同藏本。

【箋釋】王紹蘭云：「粢」當爲「粢」。説文米部無粢字，禾部：「穧，稷也。從禾，齊聲。粢，穧或從次。」是「粢」即「穧」之或字，於穀爲稷，故高注「粢，稷也」。古者以稷食爲疏食，故「粢」與粗糲之「糲」對文。説文：「糲，粟重一秳爲十六斗大半斗，舂爲米一斛，曰糲。從米，萬聲。」作糲者，今字也。經典齍盛之齍通作「粢」，其字從米，非糲粢之義。此文粢字，據注訓稷，知高誘所據舊本原作從禾之「粢」，後人多見「粢」，寡見「粢」，遂併注文皆改從米耳。注中「褎」亦「衰」之誤也。○雙棣按：各本注均作「衰」，浙局莊本亦作「衰」，集解本以莊本爲底本，不依浙局莊本，而依誤刻莊本，疎矣。且所引王紹蘭説已明言「褎」爲「衰」之譌，尤令人不解。

〔二〕【箋釋】于大成云：藝文類聚十一、御覽八十引「繡」作「錦」，當是許本。○雙棣按：文選曹植雜詩注引「揜」作「掩」，「御」作「禦」。

【用韻】「麗、美、好」歌脂幽合韻，「枅、羹、寒」元陽合韻。

〔三〕【高注】任，讀任俠之任。

【版本】藏本注「任俠」作「在俠」，景宋本、王溥本、葉本、莊本、集解本作「任俠」，（蔣刊道藏輯要本亦作「任俠」。）今據改。

【箋釋】于大成云：藝文類聚、御覽引「性」作「生」，是許本作「生」，而高本作「性」也。此「性」字即假爲「生」。又「而增之以任重之憂」，御覽引作「而增之以大任，重之以憂」，藝文類聚同御覽，唯「憂」上無「以」字。知此文許、高句讀有別。

〔一三〕【高注】傳，禪。

【版本】茅本、葉本、汪本、張本、黄本、莊本、集解本「于」作「於」，餘本同藏本。

〔一四〕【箋釋】劉文典云：藝文類聚十一引，「若解重負然」作「若釋負然」。

【用韻】「便、寒、然」元部。

〔一五〕【高注】巡狩爲省，省視四方也。濟，渡也。

【版本】莊本注「狩」作「守」，

〔一六〕【箋釋】楊樹達云：「熙」乃「娭」之假字。説文云：「娭，戲也。」

〔一七〕【高注】勞，憂也。

【版本】莊本、集解本「於」作「于」。

〔一八〕【高注】人壽蓋不過百年，故曰「生寄也」。死滅没化不見，故曰「歸也」。滑，亂也。和，適也。

【版本】茅本、汪本、莊本、集解本此注在下文「蝘蜓」下，且無「生」字及「寄」下、「歸」下「也」字，景宋本、王溥本、朱本、葉本同藏本。

【箋釋】于大成云：正文二句出莊子，見吕氏春秋節喪篇注引，今本莊子佚。又注「故曰生寄也」之「生」也」，「生」字當衍，下「故曰歸也」之注與之一例，可證。○雙棣按：于謂注「故曰生寄也」之「生」字衍，恐非。注「死滅没化不見，故曰歸也」，上已有「死」字，故不必更言「死」也。而前注「人壽蓋不過百年」，未言「生」，故下言當有「生」字。

【用韻】「天、民」真部，「寄、歸、和」歌微合韻。

〔一九〕【高注】蝘蜓，蜥蜴也，或曰守宫也。東方朔射覆，對武帝曰「謂爲龍，無有角；謂爲蛇，而有足。騣騣脉脉，喜緣壁，非守宫，當蜥蜴」是也。

【版本】莊本、集解本注「當」作「即」，景宋本、王溥本、朱本、葉本同藏本。

【箋釋】雙棣按：説文：「在壁曰蝘蜓，在艸曰蜥蜴。」説文析言，此渾言也。

〔二〇〕【高注】逃，去。

【箋釋】雙棣按：吕氏春秋知分篇曰：「禹南省，方濟乎江，黄龍負舟。舟中之人，五色無主。禹仰視天而歎曰：『吾受命於天，竭力以養人。生，性也；死，命也。余何憂於龍焉？』龍俛耳低尾而逝。」此淮南文所本。又按：「弭耳」，弭猶低也。史記司馬相如傳「楚王乃弭節裴回」，索隱引司馬彪云：「弭猶低也。」漢書集注引郭璞曰：「弭猶低也。」

〔二一〕【高注】神在男曰覡，在女曰巫。巫能占骨法吉凶之氣，故見其兆徵。徵，應也。

【版本】茅本、汪本、張本、黄本注「應」作「兆」。

【箋釋】于鬯云：此本莊子，應帝王篇云：「鄭有神巫曰季咸。」故云鄭之神巫。而列子黄帝篇云：「有神巫自齊來處於鄭，命曰季咸。」則是本齊人，非鄭人。○何寧云：御覽七百三十五引注無「神」字，此涉正文而衍也。國語楚語「在男曰覡，在女曰巫」，漢書郊祀志同。此高注所本。周禮春官神仕疏亦云：「外傳云：在男曰覡，在女曰巫。」皆無「神」字。

〔二二〕【高注】列子，鄭之隱士壺子弟子也。報，白也。

〔二三〕【高注】言精神天之有也，形骸地之有也，死自歸其本，故曰持天壤矣。

〔二四〕【高注】名，爵號之名也。實，幣帛貨財之實。不入者，心不恤也。機，諭疾也。謂命危殆，不旋踵而至，猶不恐懼。

【版本】藏本「機」作「幾」，景宋本、茅本、汪本、張本、黄本、吴本、莊本、集解本作「機」，今據改，餘本同藏本。

【箋釋】劉績云：機發於踵，所謂「真人之息以踵」是也。○陶方琦云：列子釋文引許注：「機發不旋踵。」按：所引非全文。説文：「主發謂之機，從木，幾聲。」○雙棣按：莊子應帝王篇述季咸相壺子事甚詳，此節其事而義亦與之殊。藏本正文作「幾」，注文作「機」，今依景宋本等改「幾」爲「機」，應帝王篇亦作「機」。

〔二五〕【高注】齊，等。

【版本】藏本「齊」下無「矣」字，朱本（挖補）、茅本、汪本、張本、吴本、黄本、莊本、集解本有，今據補，餘本同藏本。

〔二六〕【高注】子求，楚人也。僂，脊管下竅也。高於頂，出頭上也。腸，肝胷也。迫，薄，至於頤也。兩脾下在上，軀正員也。脇，讀精神歇越無之歇也。

【版本】茅本、汪本、莊本、集解本此注在下文「指天」下，景宋本、王溥本、葉本同藏本。藏本注

「越」上「歇」字作「腸」，莊本、集解本作「歇」，（蔣刊道藏輯要本亦作「歇」。）今據改，景宋本、王溥本、朱本、葉本同藏本。

【箋釋】顧廣圻云：「求」疑當作「永」。莊子大宗師釋文載崔譔引此作「子永」，是其證矣。抱朴子外篇博喻云：「子永歎天倫之偉。」亦作「永」字。○俞樾云：子求當作子來，字之誤也。子來事見莊子大宗師篇，其文曰：「子祀、子輿、子黎、子來四人相與友。」又曰：「俄而子輿有病，子祀往問之。曰：『偉哉！夫造物者將以予爲此拘拘也！』曲僂發背，上有五管，頤隱於齊，肩高於頂，句贅指天。」又曰：「俄而子來有病，喘喘然將死。」淮南所見莊子，其「子輿有病」、「子來有病」兩文，蓋與今本互易，故以傴僂之病屬之子來也。莊子釋文引崔譔云：「淮南作子永。」抱朴子博喻篇亦云：「子永歎天倫之偉。」顧氏千里以作「永」爲是。誠知其當爲子來，則「求」與「永」並屬形似之誤，「求」固非，而「永」亦未是也。說互詳莊子。○孫詒讓云：注「腸，肝胷也」，古無此訓。「腸肝」當爲「䯏骬」。廣雅釋親云：「䯏骬，肎也。」靈樞經骨度篇云：「結喉以下至缺盆長四寸，缺盆以下至䯏骬長九寸。」是䯏骬正當胷間，故高云「䯏骬，胷也」。但據靈樞，則缺盆、䯏骬並雙字爲名，不當單舉䯏言之。且頤在䯏骬上，而云「下迫」，於義亦乖。竊疑正文本作「腸肝迫頤」，注「腸肝」即述正文也。「肝」或挩肉形作「干」，又譌爲「下」，遂不可通耳。○于鬯云：顧廣圻校，謂「求」疑當作「永」，俞平議又云子求當作子來，字之誤也。鬯謂此當依本文。○吴承仕云：說文：「歇，息也。一曰氣越泄。」七發曰：「精神越渫。」俶真訓「必形繫而神泄」，高注云：「身形疾而精神越泄。」歇越、越泄意義大同。此注讀腸爲精神歇越之歇，則「無」字爲衍文灼然可知。又按：廣雅、廣韻並作「䯧」，曹憲曰火伐反，類篇、集韻並有許竭一切，與歇同音。○楊樹達云：「腸」疑當爲「齃」之或字。説文云：「頞，鼻莖也。或作齃。」鼻莖本在「頤」之上，而子求鼻莖與頤相接，故云「下迫頤」也。○向承周云：莊子人間世「兩髀爲脅」，釋文「髀，本又作脾」。「脾」假借字，「髀」正字。此作「脾」，蓋淮南所據莊子與釋文一本同也。○雙棣按：孫説似是，腸肝迫頤，蓋今之所謂雞胸也。

〔二七〕【高注】燭，陰華也。營，其竅也。上指天也。燭營，讀曰括撮也。

【版本】藏本注「天」誤作「六」，各本（張本、黄本無注）均作「天」，（蔣刊道藏輯要本亦作「天」。）今據改。

【箋釋】劉績云：莊子大宗師云「句贅指天」，「燭營」疑「句贅」之誤。○吴承仕云：莊子人間世「會撮指天」，釋文引崔譔云：「會撮，項椎也。」明與燭營異物，即聲類亦殊。注既釋燭營爲陰竅，更不得讀爲會撮明矣。（括、會聲近義同，高作括者，疑是莊子異文。）疑注文「讀曰括撮」以下當是許、高二注錯雜之文。讀曰疑即讀爲，若鄭箋之改字矣。○陳季皋云：「燭營」與「括撮」聲不相近，如注則本當作「管燭」，即莊子人間世之「會撮」，大宗師之「句贅」，字異而聲義不殊。司馬彪云：「會撮，髻也。古者髻在項，脊曲頭低，故髻指天也。」蓋緣上文誤衍「管」字，改以避之，而又誤倒。（上文「脊管高于頂」，注「脊管下竅也」。既云「下竅」，又云「出頭上」，兩語相連，於義不通，疑正文本作「脊高於頂」，注「管，下竅也」，即涉下「管其竅也」而衍。）○楊樹達云：廣雅釋親、玉篇、廣韻皆有「豚」字。廣雅訓臀，玉篇訓尻，廣韻訓尾下竅，此文「燭」即「豚」字也。說文「斀」訓「去陰之刑」，義亦相關。說詳余釋屬篇。○于省吾云：莊子大宗師「句贅指天」，成疏：「項句曲大挻如贅。」釋文引李奇云：「句贅，項椎也。其形似贅，言其上向也。」括撮與句贅音近。注云燭營讀曰括撮，陳詩庭謂當作營燭，詳讀書證疑。○向承周云：此文「燭營指天」，莊子人間世云「會撮指天」，大宗師云「句贅指天」，明是一物。高注讀爲「括撮」，尤與「會撮」相近。陳謂「營」當爲「管」之誤，塙不可易。莊子釋文引李說於「會撮」、「句贅」之訓，與上文「脊管」義複，司馬以爲髻，髻之指天，亦不足異，似俱未得其旨。高注既讀爲「括撮」，即用莊子之文，其所訓亦必本莊子舊說。

〔二八〕【高注】臨井水自觀照。

【版本】茅本、汪本、張本、黄本、莊本、集解本無此注，餘本同藏本。

【用韻】「頂、上、井」陽耕合韻。

〔二九〕【高注】偉哉，猶美哉也。造化，謂天也。拘拘，好貌。

【版本】茅本、汪本此注作「拘拘言體拘攣也」。

【箋釋】楊樹達云：高訓拘拘爲好貌，蓋讀「拘」爲「竘」。說文立部云：「竘，健也。一曰匠也。」○馬宗霍云：陸德明莊子釋文「偉哉」下引向秀云「美也」，與高注合。拘拘下引司馬彪云「體拘攣也」，王叔之云「不申也」，並與高注異。高訓「拘拘」爲好貌，蓋讀拘爲竘，方言七云：「竘，貌治也。吴越飾貌爲竘，或謂之巧。」是其義也。説文立部云：「竘，健也，一曰匠也。」以方言證之，匠即飾貌之匠，匠有巧心，故或謂之巧耳。又案本書人間篇云：「其始成竘然善也。」許注云：「竘，高壯貌。」則與説文訓「健」又近。本文「偉哉」之爲美，正壯健之美也。惟人間篇本以竘然狀匠人爲室之善，此則借「拘」爲「竘」，以之狀人耳。

〔三〇〕【高注】以其禪舜。

〔三一〕【高注】以其視龍猶蝘蜓也。

【箋釋】王念孫云：「天下之細」，「天下」當爲「萬物」，此涉上「天下之輕」而誤也。上文云：「輕天下則神無累矣，細萬物則心不惑矣。」又云：「堯舉天下而傳之於舜，若解重負然。此輕天下之具也。禹視龍猶蝘蜓，龍乃弭耳掉尾而逃。禹之視物亦細矣。」此文「知天下之輕」承上堯輕天下而言，「知萬物之細」則承上禹細萬物而言。今本萬物作天下，則與上文不合。

〔三二〕【高注】論，持以天壤也。

〔三三〕【高注】行匍匐闚於井，此之謂也。

【用韻】「細、齊」脂部，「輕、同」耕東合韻。

夫至人倚不拔之柱，行不關之塗〔一〕，稟不竭之府，學不死之師〔二〕，無往而不遂〔三〕，無至而不通〔四〕。生不足以挂志，死不足以幽神〔五〕，屈伸俛仰，抱命而婉轉〔六〕。禍福利害，千變萬紾〔七〕，孰足以患心〔八〕！若此人者，抱素守精，蟬蜕蛇解，游於太清，輕舉獨往，忽然入冥〔九〕，鳳凰不能與之儷〔一〇〕，而況斥鷃乎〔一一〕！勢位爵禄，何足以槩志也〔一二〕！

晏子與崔杼盟，臨死地而不易其義〔一三〕。殖、華將戰而死，莒君厚賂而止之，不改其行〔一四〕。故晏子可迫以仁，不可劫以兵〔一五〕；殖、華可止以義，而不可縣以利〔一六〕。君子義死，而不可以富貴留也；義爲，而不可以死亡恐也〔一七〕。彼則直爲義耳，而尚猶不拘於物，又況無爲者矣〔一八〕！

堯不以有天下爲貴，故授舜；公子札不以有國爲尊，故讓位〔一九〕；子罕不以玉爲富，故不受寶〔二〇〕；務光不以生害義，故自投於淵〔二一〕。由此觀之，至貴不待爵〔二二〕，至富不待財〔二三〕。天下至大矣，而以與佗人〔二四〕；身至親矣，而棄之淵〔二五〕。外此，其餘無足利矣〔二六〕。此之謂無累之人。無累之人，不以天下爲貴矣〔二七〕。

校　釋

〔一〕【高注】倚於不可拔摇之柱，行於不可關閉之塗，言無不通。

【版本】莊本、集解本注兩「於」字作「于」。

〔二〕【箋釋】雙棣按：高注以「不可關閉」釋「不關」，誤。此處「關」字作關口、關卡解，本爲名詞，此用爲動詞，「不關」即不設關口之義。「不可關閉之塗」文不成義。

〔三〕【用韻】「柱、府」侯部，「塗、師」魚脂合韻。

〔四〕【高注】往而遂也。

〔五〕【高注】至而通也。

〔六〕【箋釋】馬宗霍云：爾雅釋言云：「瘞，幽也。」郭璞注：「幽亦薶也。」説文艸部云：「薶，瘞也。」郭蓋本説文以釋雅。薶、滅雙聲，故幽引申之義以得爲滅。本文死不足以幽神，蓋謂至人學不死之師，雖死不足以滅其神也。亦即形死神存之意。神既不滅，則死猶不死矣。

〔七〕【高注】抱天命而婉轉，不離違也。

〔八〕【高注】紾，轉。

〔九〕【用韻】「神、轉」真元合韻，「紾、心」文侵合韻。

〔一〇〕【版本】藏本「往」作「住」，景宋本作「往」，今據改，餘本同藏本。

〔一一〕【箋釋】王念孫云：「住」當爲「往」，謂輕舉而獨行也。若作「住」，則與「忽然入冥」句義不相屬矣。隸書從彳、從亻，從㞢、從主之字多相亂，故「往」誤爲「住」。（莊子養生主篇郭注「不在理上往」，釋文：「往，一本作住。」）○鄭良樹云：諸子本、漢文大成本亦並作「往」。○于大成云：明藏本亦是「往」字，特左半微有闕壞，致成「住」字爾。觀其左半特下，知本從彳，非從亻也。明已下諸本從闕壞道藏，致多誤「住」。喻林百十三引作「往」。○何寧云：王說是也。文選江淹裸體詩注引淮南王莊子要略曰：「江海之士，山谷之人，輕天下，細萬物，而獨往者也。」司馬彪曰：「獨往，任自然，不復顧世。」

【用韻】「精、清、冥」耕部。

〔一〇〕【高注】儷，偕。

【版本】茅本、汪本、張本、黄本、莊本、集解本此注在下文「鷃乎」下，景宋本、王溥本、葉本同藏本。

〔一一〕【高注】斥澤之鷃雀，飛不能出於頃畮，諭弱也。

【版本】張本、黄本、莊本、集解本注無「能」字、「於」字，餘本同藏本。

【箋釋】陶方琦云：文選曹植七啟注引淮南「斥」作「尺」，引許注：「鷃雀飛不過一尺，言其劣弱也。」按：説文：「鴳，雀也，從鳥，安聲。」許注飛不過一尺，正釋「尺」之義，與高本作「斥」異。文選宋玉對楚王問「尺澤之鯢」注：「尺澤，言小也。」夏侯湛抵疑「尺鷃不能陵桑榆」，亦作「尺」。然「尺、斥」古字通。莊子釋文「斥鷃笑之」司馬注：「小澤也。本亦作尺。」一切經音義二十二「尺鷃」下云：「鷃長惟尺，即以名焉。一作斥，小澤也。」○于省吾云：高以斥指斥澤，許以爲飛不過一尺，二説並誤。尺鷃謂鷃長僅及一尺，周尺核今尺六寸左右，古人言物之小者，每以尺喻，如赤子即尺子，尺澤即小澤。尺以度言，但言尺則無澤訓。○何寧云：廣雅釋地：「斥，池也。」斥鷃蓋謂池澤之鷃。尺乃斥之借，非以度言也。

〔一二〕【高注】不足以槩至人之志。

【箋釋】雙棣按：槩當訓爲感、動。莊子至樂「我獨何能無槩然」，釋文引司馬注：「槩，感貌。」正訓爲感，感亦動也。此謂勢位爵禄不足以動至人之志也。

〔一三〕【高注】晏子，名嬰，字平仲，齊大夫也。崔杼殺齊莊公，盟諸大夫曰：「不唯崔、慶是從者，如此盟。」晏子曰：「嬰所不唯忠於君而利社稷者是從，亦如之。」故曰「臨死地而不易其義」者也。

【版本】藏本注「大夫」作「侯」，朱本作「大夫」，今據改，餘本同藏本。藏本注「之」上多「而利」二字，王溥本、茅本、汪本、張本、黄本、莊本、集解本無，今據删，景宋本、葉本同藏本，朱本「之」作「此盟」。

【箋釋】楊樹達云：事見襄公二十五年左傳、晏子春秋雜篇上、吕氏春秋知分篇。〇雙棣按：左傳云：「盟國人於大宫。」晏子春秋云：「劫諸將軍大夫及顯士庶人于太宫之坎上，令無得不盟者。」崔杼劫而盟之者皆國人、將軍、大夫之類，非盟諸侯。此云「盟諸侯」誤，今據朱本正。

【用韻】「地、義」歌部。

〔一四〕【高注】殖，杞梁也。華，華周。皆齊士也。爲君伐莒，之隊，莒人圍之，壯其勇力，厚賂而止之，不可，遂戰而死。故曰不改其行也。

【版本】茅本、汪本、張本、黄本、莊本、集解本注無「之隊」二字，餘本同藏本。

【箋釋】吴承仕云：記檀弓曰：「齊莊公襲莒于奪，杞梁死焉。」鄭注云：「春秋傳曰『杞殖、華還載甲夜入且于之隧』。隧、奪聲相近。」此蓋約注左氏之文，「隊」即「隧」也。「之隊」之上，或有脱文，淺人不貫，遂併「之隊」二字而妄删之。此藏本未失。○楊樹達云：事見襄公二十三年左傳。

【用韻】「死、止」脂之合韻。

〔一五〕【高注】晏子不從崔杼之盟，將見殺，晏子曰：「句戟何不句，直矛何不摧，不撓不義。」故曰不可劫以兵也。

【版本】茅本、汪本、張本、黄本、吴本、莊本、集解本「不」上有「而」字，餘本同藏本。藏本注「直」作「夜」，景宋本、王溥本、朱本、葉本、莊本、集解本作「直」，今據改。藏本注「矛」下「何」字作「可」，景宋本、王溥本、朱本、莊本、集解本作「何」，今據改，葉本同藏本。

【箋釋】鄭良樹云：「不可」上當有「而」字，乃與下句一律。○于大成云：鄭説是也。文子九守無用此文，正有「而」字。

〔一六〕【高注】縣，視也。言不爲利動也。

【箋釋】吴承仕云：「縣，視」之訓，於古無徵。疑當作「縣，眩也」。釋名：「眩，縣也。」縣眩音同，此注蓋讀「縣」爲「眩」，亦古人聲訓之例也。隸書「眡」或作「眂」，與「眩」相近，傳寫者認「眩」爲「眡」，又改作「視」，遂不可通。下文「知養生之和，則不可縣以天下」，注云：「以修正道不惑，故不可示以天下之窮勢而移也。」「示」亦當作「眩」，其輾轉傳譌之跡，正與此同。下文又云：「兩者心戰，故臞。先王之道勝，故肥。」注云：「道勝，不惑縣於富貴。」惑縣即惑眩也。此注文假「縣」爲「眩」之證。○楊樹達與吴説同。

〔一七〕【版本】藏本「死」下缺「而不可以富貴留也義爲」十字，各本均有此十字（除葉本同藏本外），今據補。

〔一八〕【箋釋】馬宗霍云：此「矣」字與上文「耳」字相應，「矣」猶「乎」也。

〔一九〕【高注】札，吴壽夢之少子，延州來季子也。讓位不受兄國，春秋賢之。諸侯之子稱公子也。

【版本】藏本正文及注「札」作「扎」，王溥本、王鎣本、茅本、張本、汪本、吴本、莊本、集解本作「札」，今據改，景宋本、朱本同藏本。

【用韻】「舜、尊」文部，「貴、位」物部。

〔二〇〕【高注】子罕，宋戴公六世之孫，西鄉士之子司成樂喜也。宋人或得玉，以獻子罕。子罕不受。獻玉者曰：「以示玉人，玉人以爲寶，故敢獻之。」子罕曰：「我以不貪爲寶，子以玉爲寶，若予我，是皆喪寶也。不如人有其寶。」稽首告曰：「小人懷璧，不可以越鄉。納此以請死。」子罕置諸其里，使玉人爲之攻之，富而後使復其所。故曰不受寶也。

【版本】景宋本、王溥本、莊本、集解本注「鄉」作「卿」，葉本同藏本。汪本、張本、黄本、莊本、集解本注「成」作「城」，餘本同藏本。藏本注「予」作「子」，景宋本、王溥本、茅本、汪本作「予」，今據改,葉本同藏本,張本、黄本、莊本、集解本作「與」。茅本、汪本、張本、黄本、莊本、集解本注「璧」作「寶」,餘本同藏本。茅本、汪本、張本、黄本、莊本注無「故曰不受寶也」六字,餘本同藏本。

【箋釋】吴承仕云:西卿士,當作「西鄉士」,形近而誤。記檀弓正義引世本曰:「戴公生樂甫術,術生石甫願繹,繹生夷甫傾,傾生東鄉克,克生西鄉士曹,曹生子罕喜。」注言戴公六世孫,亦與世本相應。○于大成云:吴説「西卿士」當作「西鄉士」,是。又「司成」當作「司城」。「司城」,宋之司空也。左桓六年傳「宋以武公廢司空」,杜注曰「武公名司空,廢爲司城」,(亦見吕氏春秋召類篇高注。)是也。禮檀弓下「陽門之介夫死,司城子罕入而哭之哀」。(亦見家語曲禮子貢問。)左傳襄公九年「樂喜爲司城以爲政」,又十五年「司城子罕以堵女父,尉翩,司齊與之」,韓詩外傳七、史記李斯列傳、説苑君道篇、「司城子罕相宋」,本書道應篇同。尸子勸學篇「司城子罕遇乘封人而下」,韓子外儲説右下「司城子罕謂宋君曰」,又説疑篇「司城子罕取宋」,吕氏春秋異寶篇「宋之野人耕而得玉,獻之司城子罕」,又召類篇「士尹池爲荆使於宋,司城子罕觴之」,新序節士篇「宋人有得玉者,獻諸司城子罕」,字並作「司城」。此「司成」即「司城」之壞。又不以玉爲寶之司城子罕,與劫宋君之司城子罕異人,後世每混而一之,沈欽韓、梁玉繩並有説。

〔三一〕【高注】務光,湯時隱士也。湯伐桀,讓天下於務光,人謂務光曰:「湯殺其君,將歸不義之名於子。」務光因抱石自投於深淵而死。

【箋釋】何寧云：事見莊子讓王篇、呂氏春秋離俗篇。

〔二二〕【高注】以至德見貴，許由、務光是也。故曰不待爵也。

〔二三〕【高注】以至德見富，若楚狂接輿是也。王聞其賢，使使者齎金百鎰聘之，欲以爲相，而不受，故曰至富不待財也。

【版本】莊本注無「若」字，景宋本、王溥本、朱本、葉本、集解本同藏本。景宋本、集解本注「鎰」作「溢」，王溥本、朱本、葉本、莊本同藏本。

〔二四〕【高注】堯是也。

【版本】藏本「人」下有「也」字，除葉本同藏本外，各本皆無，今據刪。藏本注「是」下無「也」字，王溥本、莊本、集解本有，今據補，景宋本、朱本、葉本同藏本。

〔二五〕【高注】務光是也。

【用韻】「人、親、淵」真部。

〔二六〕【高注】外，猶除也。利，猶貪。利或作私。私，獨受也。

【版本】藏本注「貪」作「食」，王溥本、莊本、集解本作「貪」，今據改，景宋本同藏本。

〔二七〕【用韻】「利、貴」質物合韻。

上觀至人之論，深原道德之意，以下考世俗之行，乃足羞也〔一〕。故通許由之意，金縢、豹韜廢矣〔二〕；延陵季子不受吴國，而訟閒田者慙矣〔三〕；子罕不利寶玉，而争券契者媿矣；務光不汙於世，而貪利偷生者悶矣〔四〕。故不觀大義者，不知生之不足貪也〔五〕；不聞大言者，不知天下之不足利也〔六〕。

今夫窮鄙之社也，叩盆拊瓴，相和而歌，自以爲樂矣〔七〕。嘗試爲之擊建鼓，撞巨鐘，乃始仍仍然知其盆瓴之足羞也〔八〕。藏詩、書，脩文學，而不知至論之旨，則拊盆叩瓴之徒也。夫以天下爲者，學之建鼓矣〔九〕。

尊勢厚利，人之所貪也〔一〇〕。使之左據天下圖，而右手刎其喉，愚夫不爲〔一一〕。由此觀之，生尊于天下也〔一二〕。聖人食足以接氣，衣足以蓋形，適情不求餘〔一三〕，無天下不虧其性，有天下不羨其和〔一四〕。有天下無天下，一實也〔一五〕。今贛人敖倉，予人河水〔一六〕，飢而餐之，渴而飲之，其入腹者不過簞食瓢漿〔一七〕，則身飽而敖倉不爲之減也〔一八〕，腹滿而河水不爲之竭也〔一九〕。有之不加飽，無之不爲之飢，與守其篅笔、有其井，一實也〔二〇〕。

校釋

〔一〕【高注】考，觀也。

〔二〕【高注】金縢、豹韜，周公、太公陰謀圖王之書也。許由輕天下不受，焉用此書爲？故曰廢矣。

【版本】莊本注「此書」下無「爲」字，景宋本、王溥本、朱本、葉本、集解本同藏本。

〔三〕【高注】訟閒田者，虞、芮及暴桓公、蘇信公是也。

〔四〕【箋釋】馬宗霍云：說文心部云：「悶，懣也。」「懣，煩也。」是悶猶煩也。詩周南葛覃篇「薄汙我私」，毛傳云：「汙，煩也。」毛以煩訓汙。悶既爲煩，故引申之亦有汙義。本文「悶矣」之「悶」，與上文「務光不汙於世」之「汙」爲對，則訓悶爲汙，意正相聯。又案周禮秋官司隸「則役其煩辱之事」，「煩辱」連文，故煩又爲辱。本書俶真篇「以物煩其性命乎」，高氏彼注云：「煩，辱也。」即其證。然則本文「悶矣」以「辱矣」釋之，亦通。

〔五〕【高注】大義，死君親之難也。

【版本】茅本、汪本、張本、黄本、莊本、集解本此注在下文「利也」下，景宋本、王溥本、葉本同藏本。

〔六〕【高注】大言，體道無欲之言。

〔七〕【高注】窮鄙之社，窮巷之小社也。盆、瓴，瓦器，叩之有音聲。故曰自以爲樂也。

【版本】藏本注無「瓦」字，景宋本、集解本有，今據補，朱本、葉本、莊本同藏本，王溥本作「皆」。

（蔣刊道藏輯要本注「聲」作「者」。）

【箋釋】劉文典云：「窮鄙」，北堂書鈔八十七、一百十一，藝文類聚三十九，御覽五百三十二、五百八十四引，並作「窮鄉」。唯四百八十六、七百五十八引，作「窮鄙」，與今本合。疑古本作「窮鄉」，後人據已誤之本改御覽而未能遍耳。○王叔岷云：高注既云「窮鄙之社」，是所見本已作「窮鄙」，則書鈔、類聚、御覽之所引「窮鄉」，必後人所改，御覽之一引作「窮鄙」，乃存古之舊，此至爲明白。○楊樹達云：社謂行社祭。○向承周云：瓴盆未聞可拊，「瓴」乃「缻」之譌。風俗通音聲篇謂「缶，瓦器，秦人鼓之以節歌」。史記藺相如傳、李斯傳，漢書楊惲傳皆有拊缶之文，「缻」與「缶」同。書鈔八十七引作「缻」，百十一引作「缶」，類聚三十九及御覽四百八十六、五百三十二引皆作「缻」，竝可證。○于大成云：「鄉」之與「鄙」，乃許、高二家之異，非出後人所改。御覽四百八十六引注與今本合，知高本塙作「窮鄙」，則作「窮鄉」者許本也。觀類聚、御覽連引下文，凡作「窮鄉」者，必與今本相異，可知原有二本，非出後人所改也。又御覽五三二、五八四引「叩」作「扣」，「盆」作「瓮」，「瓴」作「缾」，藝文類聚三十九「盆」作「甕」。是此文許本作「扣瓮拊缾」，與高異也。說文「瓮，罌也」，是缶之大口者，經傳皆以「罋」爲之，故藝文類聚作「甕」。又說文「缾，罋也」，則許本爲扣擊缶、罋耳。又說文「瓴，罋也，似缾者」，高本作「叩盆拊瓴」，意謂扣繫盆、罋耳。二本文異而意無别。

〔八〕【高注】仍仍，不得志之貌。仍仍或作聆聆，猶聞也。

【版本】藏本「始」作「性」，張本、黃本作「始」，今據改，餘本同藏本。

【箋釋】莊逵吉云：「乃性仍仍然」，「性」本皆作「始」。○王念孫云：「性」字義不可通，「性」當爲

「始」，古人多以「乃始」二字連文。（俶真篇曰：「乃始昧昧楙楙，皆欲離其童蒙之心，而覺視於天地之間。」又曰：「儒墨乃始列道而議，分徒而訟。」管子版法篇曰：「外之有徒，禍乃始牙。」莊子馬蹄篇曰：「民乃始踶跂好知，争歸於利。」在宥篇曰：「之八者，乃始臠卷傖囊而亂天下也，而天下乃始尊之惜之。」荀子儒效篇曰：「狂惑戇陋之人，乃始率其羣徒，辯其談説，明其辟稱。」韓子外儲説右篇曰：「王自聽之，亂乃始生。」吕氏春秋禁塞篇曰：「雖欲幸而勝，禍乃始長。」）乃始猶然後也。藝文類聚禮部中、太平御覽人事部一百二十七、禮儀部十一、樂部二十二、器物部三引此，並作「乃始」。○鄭良樹云：漢魏本、漢文大成本「性」並作「始」，可證王説。○于大成云：王説是也。諸子類語四十一引此亦作「乃始」。

〔九〕

【用韻】「鼓、羞」魚幽合韻。

【高注】建鼓，樂之大者。

【箋釋】王念孫云：「夫以天下爲者」，「以」上當有「無」字。無以天下爲者，承上文許由而言，（莊子逍遥遊篇：「許由曰：『予無所用天下爲。』」讓王篇曰：「唯無以天下爲者，可以託天下。」）學之建鼓，對拊盆叩瓴而言，言無以天下爲者，其於世俗之學者，猶建鼓之於盆瓴也。今本「以天下」上脱「無」字，則義不可通。文子九守篇正作「無以天下爲者」。○于大成云：「拊、叩」二字當互易，乃與上文相應。諸子類語引正如此，是也。○何寧云：王念孫據文子謂「以」上當有「無」字，是也。然猶有未善。此文前以「叩盆拊瓴」與「擊建鼓、撞巨鐘」正反相對舉；繼以「藏詩書，修文學，而不知至論之旨」喻「叩盆拊瓴」，以「無以天下爲」喻「建鼓」，亦正反相對舉。並列爲文，於句間不得更有「夫」字。「夫」字即「無」字之誤也。文作「无」，與「夫」形近。文子九守篇但言「夫無以天下爲者，學之建鼓矣」，以總述上文，非對舉並列爲文，故句首有「夫」字，不得以例淮南。

【用韻】「書、徒、鼓」魚部。

〔一〇〕【高注】尊勢，窮位。厚利，重禄。

【箋釋】雙棣按：注「窮」疑爲「寵」字之誤。

〔一一〕【用韻】「圖、喉、爲」魚侯歌合韻。

〔一二〕【高注】天下至大，非手所據，故不言手也。使得據天下之圖籍，行其權勢，而刎喉殺身，雖愚者不肯爲也，故曰生貴於天下矣。

【版本】藏本「左」誤作「尤」，各本均作「左」，（蔣刊道藏輯要本亦作「左」。）今據改。茅本、汪本、張本、黄本「圖」下有注「圖國籍也」四字。葉本、集解本「于」作「於」，餘本同藏本。

【箋釋】王念孫云：「尊」本作「貴」，此涉上文「尊勢厚利」而誤也。此言生貴而天下賤，非言生尊而天下卑。高注「故曰生貴於天下」，即其證。吕氏春秋知分篇注引此亦作「貴」。泰族篇亦云「身貴於天下」。○陳昌齊與王説同。○劉文典云：泰族篇：「使人左據天下之圖而右刎喉，愚者不爲也。」「左」下亦無「手」字。惟吕氏春秋不侵篇高注引此文，知分篇高注引泰族篇文，

「左」下並有「手」字。文子上義篇、後漢書仲長統傳昌言法誡篇、馬融傳，三國志彭羕傳，世説新語文學篇注亦並作「左手據天下之圖」。所據者，指天下之圖言之，非謂據天下也。高所見本敚「手」字，故曲爲之説耳。○王叔岷云：王校是也。文子上義篇、後漢書馬融傳「尊」亦並作「貴」。○于大成云：世説新語文學篇注亦作「貴」。○雙棣按：古𠂇爲左手，㕛爲右手，後以左代𠂇，以右代㕛，（同時以佐爲左，以佑爲右。）左右則指左手、右手，無須復言手，後「左、右」表方向，始於「左」、「右」下加「手」字言左手、右手矣。此文本應從泰族篇文「左」、「右」下並無「手」字，高説非是，劉説高所見本敚「手」字亦不妥。

〔一三〕【高注】接，續也。蓋，覆也。餘，饒也。

【箋釋】何寧云：墨子辭過篇：「其爲食也，足以增氣充虚。」又節用中篇：「聖王制爲飲食之法曰，足以充虚繼氣。」此淮南所本。

〔一四〕【高注】虧，損也。羨，過也。和，適也。

【箋釋】吴承仕云：羨過之訓，古所未聞，疑「過」當作「延」，字之誤也。衛世家：「共伯入釐侯羨道自殺。」索隱：「音延。」羨延衍一聲之轉，其義皆爲饒多。有天下不羨其和者，猶云得天下不爲泰也。誤「延」爲「過」，於義遠矣。○于省吾云：不延其和，於本義殊乖，吴説非是。注訓羨爲過，乃讀「羨」爲「愆」也。詩板：「及爾游羨。」釋文：「羨本作衍。」左昭二十一年傳「豐愆」，釋文：「愆本或作衍。」是其證也。詩氓「匪我愆期」傳：「愆，過也。」説文：「愆，過也。」左昭二十六年傳「用愆厥位」注：「愆，失也。」失過同義。故太玄擬易大過爲失。此言有天下不失其和，與上句無天下不虧其性，文正相對。○何寧云：唐本玉篇引淮南「夫羨者止於度」，又引許注「羨，過也」，此可從，「過」字不誤。

〔一五〕【高注】實，等。

【用韻】「形、性」耕部，「餘、和」魚歌合韻。

【箋釋】雙棣按：「實」無「等」訓，所謂「一實」者猶今言「實際上一樣」，同、等之義由一表示，而非實訓等。

〔一六〕【高注】贛，賜也。敖，地名。倉者，以之常滿倉也，在今滎陽縣北。

【版本】莊本注「之」作「立」。茅本、汪本、張本、黄本注「以之常滿倉也在今滎陽縣北」十二字作「穀藏也」。

【箋釋】于省吾云：爾雅釋詁：「貢，賜也。」釋文：「貢或作贛。」○雙棣按：敖倉爲秦所建於滎陽西北敖山上之糧倉也。

〔一七〕【高注】箪，笥。

【版本】茅本、汪本、張本、黄本、莊本、集解本無此注，景宋本、朱本同藏本。

〔一八〕【高注】減，少。

【用韻】「飲、減」侵部。

〔一九〕【高注】竭，盡。

〔二〇〕【高注】篅，笹，受穀器也。井，家人之井水也。篅，讀顓孫之顓也。

【版本】藏本「實」下無「也」字，王溥本、王鎣本、朱本、茅本、汪本、張本、黄本、吴本、莊本、集解本有，今據補，景宋本、葉本同藏本。王溥本注「家人」作「人家」，餘本同藏本。莊本注「孫」作「頊」，景宋本、王溥本、朱本、葉本、集解本同藏本。

【箋釋】莊逵吉云：説文解字：「笹，篅也。」「篅，以判竹圜以盛穀也。」急就篇所云「笹篅箯筥𥳑篿篅」是也，與注義合。○易順鼎云：一切經音義卷十四、六十二、六十八、七十二引許注：「篅，笹也。」按：今注即許注或高用許義。廣雅釋詁笹謂篅。據此注以笹釋篅，似正文本無笹字，守其篅、有其井，句法相同也。○雙棣按：易説似是，注文似當作「篅，笹，受穀器也」，亦以笹釋篅，並申説之爲受穀器。正文之笹蓋涉注文而衍。高注但言篅之音讀，亦可爲證。

【用韻】「飢、實」脂質通韻。

人大怒破陰，大喜墜陽〔一〕，大憂内崩，大怖生狂，除穢去累，漠若未始出其宗，乃爲大通〔二〕。清目而不以視〔三〕，静耳而不以聽，鉗口而不以言，委心而不以慮，棄聰明而反太素，休精神而棄知故，覺而若昧，以生而若死〔四〕，終則反本，未生之時，而與化爲一體〔五〕。死之與生，一體也〔六〕。

今夫繇者，揭钁臿，負籠土〔七〕，鹽汗交流，喘息薄喉〔八〕。當此之時，得茠越下則脱然而喜矣〔九〕。巖穴之間，非直越下之休也。病疵瘕者，捧心抑腹，膝上叩頭〔一〇〕，踡跼而諦〔一一〕，通夕不寐〔一二〕。當此之時，噲然得臥，則親戚兄弟歡然而喜。夫脩夜之寧，非直一噲之樂也〔一三〕。

故知宇宙之大，則不可劫以死生〔一四〕；知養生之和，則不可縣以天下〔一五〕；知未生之樂，則不可畏以死〔一六〕；知許由之貴于舜，則不貪物〔一七〕。牆之立，不若其偃也，又況不爲牆乎？冰之凝，不若其釋也，又況不爲冰乎〔一八〕？自無蹠有，自有蹠無〔一九〕，終始無端，莫知其所萌。非通于外内，孰能無好憎〔二〇〕？無外之外，至大也〔二一〕；無内之内，至貴也〔二二〕。能知大貴，何往而不遂〔二三〕！

校釋

〔一〕【高注】已説在原道也。

【版本】茅本、汪本、莊本、集解本注「也」作「訓」，景宋本、朱本、葉本同藏本，王溥本無「也」字。

【箋釋】吳承仕云：篇題「訓」字，疑後人所加。許、高作注，未有稱「訓」者。朱本、景宋本並作「已説在原道也」。莊本「也」字作「訓」，蓋淺人妄爲之。〇雙棣按：要略言及篇名者，皆無有

「訓」字，可證「訓」非淮南之舊。

〔二〕【版本】「漠」，除景宋本同藏本外，各本皆作「莫」。

【用韻】「陽、狂」陽部，「宗、通」冬東合韻。

〔三〕【高注】清，明。

〔四〕【高注】眛，暗也，猒也。楚人謂猒爲眛，諭無知也。

【版本】集解本「眛」作「昧」，餘本同藏本。

【箋釋】王引之云：眛與厭義不相近。「眛」皆當爲「眯」，字之誤也。（道藏本作「眛」，尚存「眯」字左畔，别本作「昧」，尤非。）注中「暗也」二字，乃後人所加。説文：「𥨊，寐而厭也。」字通作「眯」。西山經「鵸鵌，服之使人不眯」，（按王引眯字誤，當作厭。）郭璞曰：「不厭夢也。」引周書王會篇云：「服者不眯。」莊子天運篇「彼不得夢，必且數眯焉」，司馬彪曰：「眯，厭也。」是眯與厭同義。故高注亦云：「眯，厭也。楚人謂厭爲眯。」後人不知「眛」爲「眯」之譌，而誤讀爲暗昧之昧，遂於内加「暗也」二字，何其謬也。且「眯」與「死、體」爲韻，若作「眛」，則失其韻矣。又：「生」上「以」字衍。○雙棣按：王説甚是。所引説文乃段注本，非大徐本。（大徐本作「寐而未厭也」，「未」乃「米」字之誤，「米」又「寐」字之譌。）段玉裁「𥨊」字注曰：「廣雅曰：『𥨊、𥨎，厭也。』按：厭、魘正俗字。倉頡篇曰：『伏合人心曰厭。』字苑曰：『厭，眠内不祥也。』廣韻二十九葉『厭』注『惡夢』。西山經：『翼望之山，鳥名鵸鵌，服之使人不厭。』此用厭字之最古者。𥨊古多假借眯爲之。郭注山海經引周書『服之不眯』，爲『不厭』之證。莊子天運『彼不得夢，必且數眯焉』，司馬彪曰：『眯，厭也。』」王説蓋即本之段説。山海經中「眯，厭」之解，再舉數例。西山經：「英鞮之山，是多冉遺之魚，魚身蛇首六足，其目如馬耳，食之使人不眯，可以禦凶。」中山經：「脱扈之山，有草焉，其狀如葵葉而赤華，莢實，實如椶莢，名曰植楮，可以已癙，食之不眯。」又：「庬山，其中有鳥焉，名曰鴒鷃，其鳴自呼，服之不眯。」「眯」亦有誤爲「眛」者，與淮南之誤同。如中山經：「泰寶之山，有草焉，其名曰蓋草，服之不眛。」又按藏本字亦作「眛」，不作「眯」，王氏失檢。王氏謂「以」字爲衍文，是，當删。

〔五〕【高注】言人之未生時，欲同死生也，故曰與化爲一體也。

〔六〕【箋釋】于鬯云：「體」當作「實」，上文可例。作「體」者涉上句「一體」而誤。

【用韻】「慮、素、故」魚部，「眯、死、體、體」脂部。

〔七〕【高注】繇，役也。今河東謂治道爲繇道。揭，舉也。钁，斫也。臿，鏵也。青州謂之鏵，有刃也。三輔謂之⿰金爲也。籠，受土籠也。

【版本】藏本「負」作「魚」，王溥本、王鎣本、朱本、汪本、張本、黄本、吴本、莊本、集解本作「負」，今據改，景宋本、葉本同藏本。

【箋釋】莊逵吉云：鏵，説文解字作「⿵几戾」。「⿰金爲」即「鑼」字。解字又曰：「鑼，相屬，讀若嬀。」蓋因讀「鑼」爲「嬀」，因之誤爲「⿰金爲」。○易順鼎云：一切經音義卷九十四引許注：「钁，劚也。」按：

今注乃許注或高用許義。説文斤部：「斸，斫也。」劚本從斤作斸。又按：齊俗篇「修干戚而笑钁臿」，注云：「钁，斫屬。」兵略篇「奮儋钁」，注云：「钁，斫也。」其義並同。齊俗注云「斫屬」，疑即因劚字而誤。○劉文典云：御覽三百八十七引，「钁」作「錢」。説文：「錢，銚也。古田器。」詩周頌「庤乃錢鎛」，傳：「錢，銚也。」○于大成云：御覽所引，仍是「钁」字，且其所引注，與今高注全同。高注既出「钁」字，則正文不當作「錢」字也。北堂書鈔百五十八、喻林三十一、天中記二十三引並同。劉氏所據御覽，當是誤本。

〔八〕【高注】白汗鹹如鹽，故曰鹽汗也。薄，迫也，氣衝喉也。

【用韻】「土、喉」魚侯合韻。

〔九〕【高注】茠，陰也。三輔人謂休華樹下爲茠也。楚人樹上大本小如車蓋狀爲越，言多蔭也。脱，舒也。言繇人之得小休息，則氣得舒，故喜也。越，讀經無重越之越也。

【版本】藏本「茠」上無「得」字，除葉本同藏本外，各本均有，今據補。王鎣本「茠」作「休」。茅本、汪本、張本、黄本、莊本、集解本注「陰」作「蔭」，餘本同藏本。

【箋釋】劉文典云：北堂書鈔百五十八引許注云：「楚謂兩樹交會，其陰曰越。」玉篇「楚謂兩木交陰之下曰樾」即用此注也。「越、樾」古今字。○馬宗霍云：説文艸部「茠」爲「薅」之重文。「薅」下云：「拔去田艸也。」呼毛切。音義皆與本文之茠異。爾雅釋言「庥，廕也」，郭璞注云：「今俗語呼樹蔭爲庥。」郭稱俗語，與高舉三輔方言同。説文木部「庥」爲「休」之重文。休下云：「息止也。」許尤切。高亦以休釋庥，是則本文之「庥」，蓋「庥」之借字也。又案：說文走部云：「越，度也。」亦非本文「越下」之義。集韻十月「樾」下引字林云：「樹陰也。」廣韻「樾」下訓與字林合。則樹陰正字當從木。本書人間篇「武王蔭暍人於樾下」，彼注云：「樾下，衆樹之虚也。」字亦作「樾」可證。知本文之「越」，又「樾」之借字也。然說文木部無「樾」字，古即以「越」爲之。「樾」蓋後起之專字耳。○雙棣按：陰與蔭，越與樾，休與庥皆古今字。陰本爲山北背陽處，引申爲背陽之處，草木之陰亦謂之陰，後造蔭字爲草木之陰。休爲止息，於樹蔭下休息亦謂之休，後造庥字爲於樹蔭下休息之專字。高注「庥，陰也」，陰即蔭，此用作動詞，義爲蔽於樹蔭下。呂氏春秋先己：「松柏成而塗之人已蔭矣。」即此義。本書人間篇「武王蔭暍人於樾下」亦此義，亦即此文「庥」之義。

【用韻】「下、喜」魚之合韻。

〔一〇〕【高注】抑，按也。叩或作跔，跔讀車軥之軥也。

【箋釋】孫詒讓云：疵與病義複，疑是「疝」字之誤。急就篇云：「疝瘕顛疾狂失響。」（詮言訓云：「豈若憂瘕疵之與痤疽之發而豫備之哉。」「疵」亦「疝」之譌。）○楊樹達云：孫説非也。此云「疵瘕」，猶詮言云「瘕疵」，「疵」非誤字明矣。○于大成云：文選馬季長長笛賦注引此作「疵」，與今本同，知唐時本亦作「疵」，「疵」字自是。○雙棣按：孫説是。說文：「疝，腹痛也。」徐灝注箋云：「小腹急痛，因上連於心，故又謂心痛曰疝。」下文云「捧心抑腹」，證候正與之同。

瘕亦腹中病。故詮言篇以瘕疝並舉，且與痤疽對言，痤疽亦同類病。

〔二一〕【箋釋】于鬯云：「諦」疑即「啼」字，從口、從言義本甚近，故如詅之與吟，詠之與咏，謨之與暮，譛之與噆，皆同字也。此與諦審之諦同形，而實異字。後人嫌其相溷，故易以口作「啼」，依説文作「嗁」。口部云：「嗁，號也。」則讀「諦」爲「嗁」，固無不可，然竊謂此並非假借也。荀子禮論篇「哭泣諦號」，（楊倞注引管子曰：「豕人立而諦。」今大匡篇作「啼」，必經後人改。）春秋繁露執贄篇「羊殺之不諦」，皆用「諦」字。○李哲明與于説同。

〔二二〕【箋釋】陳昌齊云：文選長笛賦注，「通夕」作「通旦」。

【用韻】「腹、諦、寐」覺錫物合韻。

〔二三〕【高注】謂得安臥極夜者，樂於一噲之樂，然不得比長夜之樂也。

【箋釋】于鬯云：一噲猶今人言一寤，言因病苦故得倐夜之寤，不但是尋常一寤之樂，高注謂不得比長夜之樂，非也。○李哲明云：噲即快字，詩小雅「噲噲其正」，鄭箋：「噲噲猶快快也。」「噲」與「快」同音相通。○馬宗霍云：高注不解「噲」字。説文口部云：「噲，咽也。讀若快。」「噲」與「快」通。玄應一切經音義五八陽神呪經內噲條引三蒼云：「噲亦快字也。」公羊昭公二十七年經「邾婁快來拜」，陸德明釋文云：「快，本又作噲。」皆「噲、快」相通之證。是則本文「噲然得臥」，即快然得臥也。一噲之樂，即一快之樂也。又説文訓噲爲咽，就本義詁之，一噲猶一咽，一咽猶言一瞬，亦喻其時之暫也。○王叔岷云：「夫」當作「矣」。上文「當此之時，得休越下，則脱然而喜矣」，與此句法同。「矣」誤爲「夫」，舊遂誤以「夫」字屬下讀矣。莊子山木篇「此木以不材得終其天年夫」，「夫」亦本作「矣」，「矣」誤爲「夫」，舊亦以「夫」字屬下讀，與此同例。

【用韻】「臥、喜」歌之合韻。

〔一四〕【高注】劫，迫。

〔一五〕【高注】養生之和，謂正道也。已脩正道不惑，故不可示以天下之窮勢而移也。

【箋釋】馬宗霍云：周書謚法篇云：「和，會也。」周禮天官小宰「聽出入以要會」，鄭司農注：「月計曰要，歲計曰會。」則「會」猶「要」也。和可訓會，故引申之義亦通於要。本文「知養生之和」，猶言知養生之要道也。（淮南本篇「和」字數見，上文「有天下不羡其和」，和猶樂也。下文「鉗陰陽之和」，和謂和氣也。「養以和持以適」，和猶平也。「不以滑和」，「迫性拂情而不得其和」，和謂中和也。「甘易牙之和」，和，調也。當隨文解之。）説文県部云「縣，繫也。」知養生之要道者，重生而輕天下。天下不足以繫其心，故曰「則不可縣以天下」也，亦即「予無所用天下爲」之意。此與上文「無累之人不以天下爲貴」、「生貴於天下」相應。累猶繫也。無累猶無繫也。莊子養生主篇「古者謂是帝之縣解」，郭象注云：「以有係者爲縣，則無係者縣解也。縣解而性命之情得矣，此養生之要也。」可移釋淮南本文之義。高注似未能了，其增「窮勢而移」四字於「天下」之下，尤失原文之恉。或謂縣之言眩。眩，惑也。「不可縣以天下」，言不可以天下眩惑之也，説亦可通。

〔一六〕【高注】樂其未生之時，雖懼之以死，不能使之畏死，言不畏死。

【版本】藏本注「未」作「不」，景宋本、集解本作「未」，今據改，王溥本、朱本、葉本、莊本同藏本。藏本注「能」作「知」，朱本、莊本、集解本作「能」，今據改，景宋本、王溥本、葉本同藏本。

【箋釋】馬宗霍云：廣雅釋言云：「畏，威也。」本文「則不可畏以死」，謂不可以死威之也。書皋陶謨「天明畏」，陸德明釋文云：「畏，馬本作威。」又吕刑篇「德威惟畏」，墨子尚賢下篇作「德威惟威」，考工記弓人「恒當弓之畏」，鄭玄注云：「故書畏作威。」又「畏」與「威」通之證也。○雙棣按：高注甚明，不可畏以死即不可以死使之畏也。

〔一七〕【高注】言不貪利欲之物也。

【版本】王溥本、王鎣本、茅本、葉本、汪本、張本、吴本、莊本、集解本「于」作「於」，景宋本、朱本同藏本。

【用韻】「舜、物」文物通韻。

〔一八〕【高注】不如未爲牆、冰之時，偃、凝能變也。

【箋釋】雙棣按：注「凝」字疑「釋」字誤，「牆之立不若其偃」、「冰之凝不若其釋」，立與凝相對，偃與釋相對，偃與凝非一類，不能並言。

〔一九〕【高注】自無蹠有，從無形至有形也。自有蹠無，從有形至無形也。至無形謂死生變化也。

【版本】藏本注兩「蹠」字作「跡」，茅本、汪本、莊本、集解本作「蹠」，今據改，景宋本、王溥本、朱本、葉本同藏本。

【箋釋】吴承仕云：注「謂死生變化」上，「至無形」三字，義不可通，蓋涉上文而衍，應删。

〔二〇〕【高注】好憎，情欲。

【版本】王溥本、葉本、集解本「于」作「於」。

【用韻】「牆、冰、萌、憎」陽蒸合韻。

〔二一〕【用韻】「外、大」月部。

〔二二〕【高注】言天無有垠外，而能爲之外，諭極大也。無內，言其小，小無內，而能爲之內。道尚微妙，故曰至貴也。

【版本】王溥本注「言天」二字作「無外言其大大」六字。莊本注「尚」作「當」。

〔二三〕【高注】大貴，謂無内之内也。言道至微，能出入於無間，故曰何往而不遂。遂，通也。

【箋釋】陶鴻慶云：此有脱句。元文本作「能知大，何至而不通；能知貴，何往而不遂」。能知大、能知貴，承上「無外之外，至大也；無内之内，至貴也」而言，「無往而不遂，無至而不通」，亦見本篇上文。故知此爲複舉也。如今本，則文義不完矣。猶賴「大貴」二字相連，可推見脱誤之跡。高注云「大貴謂無内之内也」，「大」字乃後人據誤本增之。本作「貴謂無内之内也」，正對「大謂無外之外」而言，蓋脱去之正文亦必有注，而傳寫並奪之矣。○何寧云：能知大貴，何往而不遂。總上文「無外之外至大也，無内之内至貴也」言之。至大、至貴，故曰大貴。能知大貴，即言能「通於外内」，非猶就「無内之内」言之也。高注失之。

【用韻】「内、貴、貴、遂」物部。

衰世湊學，不知原心反本〔一〕，直雕琢其性，矯拂其情，以與世交〔二〕。故目雖欲之，禁之以度；心雖樂之，節之以禮。趨翔周旋，詘節卑拜；肉凝而不食，酒澄而不飲；外束其形，内總其德〔三〕；鉗陰陽之和，而迫性命之情，故終身爲悲人〔四〕。達至道者則不然，理情性，治心術，養以和，持以適；樂道而忘賤，安德而忘貧。性有不欲，無欲而不得〔五〕；心有不樂，無樂而弗爲〔六〕。無益於情者，不以累德；不便於性者，不以滑和〔七〕。故縱體肆意而度制，可以爲天下儀〔八〕。

今夫儒者，不本其所以欲而禁其所欲〔九〕，不原其所以樂而閉其所樂，是猶決江河之源而障之以手也〔一〇〕。夫牧民者〔一一〕，猶畜禽獸也，不塞其囿垣，使有野心，系絆其足，以禁其動，而欲脩生壽終，豈可得乎！夫顔回、季路、子夏、冉伯牛，孔子之通學也〔一二〕。然顔淵夭死，季路葅於衛〔一三〕，子夏失明，冉伯牛爲厲〔一四〕。此皆迫性拂情而不得其和也〔一五〕。故子夏見曾子，一臞一肥，曾子問其故，曰：「出見富貴之樂而欲之，入見先王之道又説之，兩者心戰，故臞。先王之道勝，故肥〔一六〕。」推此志，非能貪富貴之位，不便侈靡之樂〔一七〕，直宜迫性閉欲，以義自防也〔一八〕。雖情心鬱殪，形性屈竭，猶不得已自强也。故莫能終其天年〔一九〕。若夫至人，量腹而食，度形而衣，容身而游，適情而行，餘天下而不貪，委萬物而不利〔二〇〕，處大廓之宇，游無極之野〔二一〕，登太皇，馮太一，玩天地于掌握之中〔二二〕，夫豈爲貧富肥臞哉！

故儒者非能使人弗欲也，欲而能止之〔二三〕；非能使人勿樂也，樂而能禁之〔二四〕。夫使天下畏刑而不敢盜，豈若能使無有盜心哉！越人得髯蛇，以爲上肴，中國得而棄之無用〔二五〕。故知其無所用，貪者能辭之；不知其無所用，廉者不能讓也〔二六〕。

夫人主之所以殘亡其國家，捐棄其社稷，身死於人手，爲天下笑，未嘗非爲非欲也〔二七〕。夫仇由貪大鍾之賂而亡其國〔二八〕，虞君利垂棘之璧而擒其身〔二九〕，獻公豔驪姬之美而亂四世〔三〇〕，桓公甘易牙之和而不以時葬〔三一〕，胡王淫女樂之娱而亡上地〔三二〕。使此五君者，適情辭餘，以己爲度，不隨物而動，豈有此大患哉〔三三〕！故射者非矢不中也，學射者不治矢也〔三四〕；御者非轡不行也，學御者不爲轡也〔三五〕。知冬日之箑，夏日之裘，無用於己，則萬物之變爲塵埃矣。故以湯止沸，沸乃不止，誠知其本，則去火而已矣〔三六〕。

校　釋

〔一〕【高注】湊，趨也。趨其末，不脩稽古之典，苟邀名號耳，故曰「不知原心反本」也。

【版本】莊本、集解本注「邀」作「徼」，景宋本、王溥本、朱本、茅本、葉本、汪本同藏本。

【箋釋】馬宗霍云：說文水部云：「湊，水上人所會也。」高訓「湊」爲「趨」，蓋引申之義。湊從奏聲。說文夲部云：「奏，奏進也。從夲，從廾，從屮。屮，上進之義。」故與「趨」通。

〔二〕【高注】直猶但也。雕琢其天性，拂戾其本情，以合流俗，與世人交接也。

【箋釋】楊樹達云：「拂」假爲「弗」。說文弗部云：「弗，矯也。」弗矯同義，故以矯拂連文。

【用韻】「性、情」耕部。

〔三〕【箋釋】王念孫云：「總」字義不可通。「總」當爲「愁」，「愁」與「揫」同。（鄉飲酒義「秋之爲言愁也」，鄭注：「愁讀爲揫，揫，斂也。」）說文：「揫，束也。」外束其形，内揫其德，其義一也。俶真篇「内愁五藏，外勞耳目」，義與此同。俗書「總」字或作「捴」，又作「揔」，與「愁」相似，「愁」誤爲「揔」，後人因改爲「總」耳。文子上禮篇正作「外束其形，内愁其德」。○馬宗霍云：本文「總」字不誤。說文糸部云：「總，聚束也。」儀禮喪服篇「斬衰布總」，鄭玄注云：「總，束髮也。」禮記檀弓篇上「而總八寸」，鄭注云：「總，束髮垂爲飾。」管子弟子職篇「錯總之法横于坐所」，尹知章注云：「總，設燭之束也。」據此，是「總」之義本爲「束」。王氏必依文子作「愁」，轉爲「揫」而以「束」訓之，已爲好異，且謂「總字義不可通」，尤爲失檢。劉家立淮南集證又從王說，逕改本文「總」爲「愁」，彌失之矣。○王叔岷與馬說同，謂「總」字不誤。○雙棣按：禮記聘義：「酒清人渴而不敢飲也，肉乾人飢而不敢食。」

〔四〕【高注】悲，哀也。謂哀世之學。

【版本】景宋本「鉗」作「錯」，餘本同藏本。

〔五〕【高注】言其守虚，執持不欲之情性，則無有所欲而不得也。

〔六〕【高注】言其志正，不樂邪淫之樂，則無有正樂而不爲樂。言皆爲之樂也。

【版本】汪本、張本、黄本、莊本、集解本「弗」作「不」，餘本同藏本。王溥本、葉本注「志」作「至」。

【箋釋】劉績云：言不欲不樂，若有所樂，樂無不得，無不爲而順其自然也。

【用韻】「欲、樂」屋藥合韻。

〔七〕【高注】滑，亂。

【版本】藏本「益」下無「於」字，王溥本、王鎣本、朱本（挖補）、汪本、張本、黄本、吴本有，今據補，餘本同藏本。藏本「便」上「不」字作「而」，王溥本、王鎣本、汪本、張本、黄本、吴本作「不」，今據改，餘本同藏本。莊本、集解本「便」下無「於」字，餘本同藏本。藏本「滑」下無「和」字，王溥本、王鎣本、朱本（挖補）、茅本、汪本、張本、黄本、莊本、集解本有，今據補，景宋本、葉本同藏本。

【箋釋】莊逵吉云：諸本作「無益於情者不以累德，不便於性者不以滑和」。〇王念孫云：「便於性」二句，義不可通，且與上文不對。劉績依文子九守篇改爲「無益於情者不以累德，不便於性者不以滑和」，當是也。

【用韻】「得、德」職部，「情、性」耕部，「爲、和」歌部。

〔八〕【高注】縱，放也。肆，緩也。儀，法。

【版本】茅本「可」作「無」，餘本同藏本。

【用韻】「制、儀」月歌通韻。

〔九〕【高注】本所以欲，謂正性恬漠也。所欲，謂情欲驕奢權勢也。

〔一〇〕【高注】障，蔽也。言不能揜也。

【版本】汪本、張本、黄本、莊本、集解本注「揜」作「掩」，景宋本、王溥本、葉本同藏本。

【用韻】「欲、樂」屋藥合韻。

〔一一〕【版本】藏本「夫」作「天」，各本均作「夫」，（蔣刊道藏輯要本亦作「夫」。）今據改。

〔一二〕【箋釋】雙棣按：「顏回」當作「顏淵」。此云孔子弟子四人，餘三人季路、子夏、冉伯牛皆稱字，獨顏回稱名，不合也。且下文「顏淵夭死」，亦稱字，高注「顏淵十八而卒」，亦稱顏淵，故知此「回」字當是「淵」字之誤，劉績不知此誤，而改下文「淵」字爲「回」，謬矣。

〔一三〕【高注】顏淵十八而卒，孔子曰：「回不幸短命死矣。」故曰夭也。季路仕於衛，衛君父子争國，季路死，孔子曰：「若由不得其死然。」言不得以壽命終也，故曰然。衛人醢之以爲醬，故曰葅。

【版本】王溥本、王鎣本、吴本「淵」作「回」，餘本同藏本。朱本注「故曰然」之「然」作「夭」。

【箋釋】于鬯云：高注云「顏淵十八而卒」，此高氏當别有本，後漢書郎顗傳則謂顏淵十八天下歸仁，不言其卒年也。○劉家立云：列子力命篇：「顏淵之材不出衆人之下，而壽十八。」此即高注所本。又抱朴子逸民篇：「昔顏回死，魯定公將躬弔焉，使人問仲尼。」抱朴子亦以顏淵年十八，故卒當魯定公時也。○吴承仕云：注「衛人醢之」上「故曰然」三字，朱本作「故曰夭」，皆衍文也。文言顏淵夭，季路葅，注述夭、葅之事，皆以「故曰」結之，文例顯白，中間不得復有「故曰」，明爲後人傳寫之譌。○于省吾云：吴説非是。「言不得以壽命終也，故曰然」，係申述「若由不得其死然」一語。上文「有待而然」注：「然，如是。」此謂言不得以壽命終也，故孔子言之如是也。○何寧云：注「十八」當作「四八」，蓋「四」、「十」音近而誤。列子力命篇：「顏淵之才，不出衆人之下，而壽四八。」論語雍也正義「顏回二十九髮盡白，三十二而卒」，正符四八之數，是其證。○雙棣按：吴説是，依高注文例，凡「故曰」下皆爲正文之辭，此「故曰然」獨結注語「不得其死然」，於文例不合。然吴説猶有未盡，疑「言不得以壽命終也」，亦當是衍文。有此句則前後文不暢。此注上文「孔子曰回不幸短命死矣」，高誘未再釋孔子之言，此亦不當有「言不得以壽命終也，故曰然」十一字。顏回之壽，古來其説不一。然似不當僅十八，何説似是。然何謂「十、四」音近而誤則非。廣韻「十」在緝韻，是執切；「四」在至韻，息利切；聲韻皆不相近，北宋尚存入聲，更無由誤「四」爲「十」。（劉引列子據北宋本，何引則爲道藏本，故所記不一。）

〔一四〕【高注】子夏學於西河，哭其子而失明。曾子哭之。伯牛有疾，孔子自牖執其手曰：「斯人也，而有斯疾也。」

【版本】莊本、集解本注「哭其子」作「喪其子」，景宋本、王溥本、朱本、葉本同藏本。

【箋釋】馬宗霍云：高注所稱見論語雍也篇。何晏論語集解引包氏曰：「牛有惡疾，不欲見人，故孔子從牖執其手也。」據此，則本文「厲」當讀爲「癘」。説文厂部云：「厲，旱石也。」非其義。疒部云：「癘，惡疾也。」是其義也。古蓋假「厲」爲「癘」。邢昺論語疏申包注云：「惡疾，疾之惡者也。淮南子云伯牛癩。」案説文、玉篇皆無「癩」字。廣韻十四泰云：「癩，疾也。説文作癘，惡疾也。今爲疫癘字。」是「癩」與「癘」同。疑後人以「癘」爲疫癘專字，故别製「癩」字以當惡疾耳。此之惡疾即惡瘡，故冉子不欲見人。然則邢氏所引淮南，蓋以今字易古字，非淮南有作「癩」之本也。

〔一五〕【箋釋】陳昌齊云：文選反招隱詩注引此作「皆迫性命之情而不得天和者也」。

【用韻】「衛、厲、和」月歌通韻。

〔一六〕【高注】道勝，不惑縣於富貴，精神内守無思慮，故肥也。

【版本】藏本注「惑」作「感」，景宋本、王溥本、朱本、莊本、集解本作「惑」，今據改，葉本同藏本。

【箋釋】楊樹達云：此文本韓非子喻老篇，作子夏、曾子事。御覽三百七十八引尸子及韓詩外傳卷二則以爲閔子騫及子貢事。原道篇云「子夏心戰而臞，得道而肥」，與此文同。

〔一七〕【高注】此志，子夏之志。

【版本】汪本、張本、黄本、莊本「此」作「其」，餘本同藏本。

〔一八〕【高注】直，猶但也。

【版本】藏本注「直」作「宜」，朱本、莊本、集解本作「直」，今據改，景宋本、王溥本、葉本同藏本。

【箋釋】王念孫云：「貪」上當有「不」字，「直」下不當有「宜」字，「宜」即「直」字之誤而衍者也。高注「宜」字亦當爲「直」。直之言特也。言子夏非能不貪富貴，不樂侈靡，特以義自強耳。「特、但」一聲之轉，故云「直猶但也」。

〔一九〕【高注】義以自防，故情心鬱殪不通，形性屈竭也。以不得止而自勉強，故無能終其天年之命。

【版本】藏本注「殪」作「壹」，王溥本、朱本、茅本、葉本、汪本、莊本、集解本作「殪」，（蔣刊道藏輯要本亦作「殪」。）今據改，景宋本同藏本。

【用韻】「防、强」陽部。

〔二〇〕【高注】委，棄也，不以萬物爲利矣。

【箋釋】馬宗霍云：本文以「委」與「餘」對。高訓「委」爲棄，則「餘」猶遺也。遺亦棄也。餘天下而不貪，即視天下如敝蹝之意。禮記樂記篇「有遺音者矣」，鄭玄注云：「遺猶餘也。」楚辭離騷「願依彭咸之遺則」，王逸注云：「遺，餘也。」遺可訓餘，故餘亦得爲遺。列子説符篇「得人遺契者」，張湛注云：「遺，棄也。」是餘又有棄義之證也。○何寧云：「餘天下」，謂以天下爲餘物也。「餘天下而不貪，委萬物而不利」，相對成文，其義則一。上文云「適情不求餘」，下文云「適情辭餘」，氾論篇亦云「適情辭餘，無所誘惑」，皆此文而約言之。

〔二一〕【高注】廓，虚也。極，盡也。

【用韻】「宇、野」魚部。

〔二二〕【高注】太皇，天也。馮，依也。太一，天之形神也。玩，弄也。

【版本】茅本、葉本、汪本、張本、黄本、莊本、集解本「于」作「於」。藏本注「弄」作「畀」，景宋本、王溥本、汪本、張本、黄本、莊本、集解本作「弄」，今據改，餘本同藏本。

【箋釋】吴承仕云：本經篇「帝者體太一」，注云：「太一，天之刑神也。」此注形讀爲刑，義與彼同。晉語：「蓐收，天之刑神也。」韋解云：「刑殺之神。」

〔二三〕【高注】言不能使人無情欲也。己雖欲之，能以義自止也。

【版本】藏本「欲」下無「也欲」二字，景宋本有，今據補，餘本同藏本。莊本、集解本注「止」作「已」，景宋本、王溥本、茅本、葉本、汪本同藏本。

〔二四〕【高注】言不能使人無樂富貴，能以禮自禁制之。論語曰：「不義而富且貴，於我如浮雲也。」

【版本】藏本「樂」下無「也樂」二字，景宋本有，今據補，餘本同藏本。茅本、汪本、莊本、集解本注「制」作「止」，景宋本、王溥本、葉本同藏本。

【用韻】「欲、樂」屋藥合韻，「止、禁」之侵合韻。

〔二五〕【高注】䍐蛇，大蛇也。其長數丈，厚以爲上肴。

【版本】莊本、集解本「䍐」作「髯」，餘本同藏本。茅本、汪本、張本、黄本、莊本、集解本注「厚」作「俗」，餘本同藏本。

【箋釋】劉文典云：御覽九百三十三引，「髯」作「蚺」，注同。○胡懷琛云：越與粵通，此處所謂越，指漢時南粵。今廣東有食蛇之俗，唐人段公路北户録，劉恂表録異皆言蚺蛇，北户録謂其肪腴甚肥美。又兩書同謂取其膽爲藥云。○吴承仕云：注文當作「享以爲上肴」。水經葉榆水注引南裔異物志曰：「蚺爲大蛇，既洪且長，賓享嘉宴，是豆是觴。」蓋南州視同珍異，故以供享獻之禮，此字當作「享」之明證也。「厚」正作「𣆪」，與「享」形近。上文「薄蝕無光」，注云「薄讀享薄之薄」，景宋本及御覽引並作「厚薄之薄」，是也。彼誤「厚」爲「享」，此誤「享」爲「厚」，其比正同。本作「俗」者，蓋校者以「厚」字不可通，遂臆改之，故臆改之本，遠不如誤本之可貴也。○楊樹達云：説文虫部云：「蚺，大蛇，可食。從虫，冉聲。」許所據淮南作「蚺」，故説文本之，説文多用淮南義也。御覽引作「蚺」者，正是許本。又按廣東人今以蛇爲美食，據淮南此文，知其爲俗已久矣。

〔二六〕【用韻】「用、用、讓」東陽合韻。

〔二七〕【版本】藏本「捐」作「損」，王鎣本作「捐」，今據改，餘本同藏本。

【箋釋】王念孫云：社稷可言棄，不可言損，「損」當爲「捐」字之誤。○陶鴻慶云：「損」爲「捐」字之誤，捐亦棄也。「未嘗非爲非欲也」，當作「未嘗非爲樂，非爲欲也」，兩「爲」字皆去聲。上文云：「故目雖欲之，禁之以度；心雖樂之，節之以禮。」又云：「性有不欲，無欲而不得；心有不樂，無樂而不爲。」又云：「今夫儒者，不本其所以欲，而禁其所欲，不原其所以樂，而閉其所樂。」

又云：「故儒者非能使人弗欲而能止之，非能使人勿樂而能禁之。」皆以「樂、欲」對舉，並其證也。今本「爲」下脱「樂」字，「欲」上脱「爲」字，則文不成義。○楊樹達云：下「非」字衍。○馬宗霍云：「非欲」猶言不當欲而欲。下文所舉仇由、虞公、晉獻、齊桓、胡王五者，皆因欲所不當欲而不知止，以取大患者也。或以「非欲」之「非」爲衍字，殊誤。○王叔岷云：「未嘗非爲非欲也」，「爲」當作「樂」，涉上「爲天下笑」而誤也。上文累以「樂、欲」對舉，此亦同例。「樂」誤爲「爲」，則義不可通矣。○于大成云：王説是也。王鎣本「損」正作「捐」。劉家立從王校改「損」爲「捐」，是也。○何寧與楊説同。

〔二八〕【高注】仇由，近晉之狄國也。晉智襄子欲伐之，先賂以大鍾，仇由之君貪，開道來受鍾，爲和親。智伯因是以兵滅取其國也。仇，讀仇餘之仇也。

【版本】藏本注「伐」上無「欲」字，茅本、汪本、張本、黄本、莊本、集解本有，今據補，餘本同藏本。

【箋釋】陶方琦云：史記集解七十一引淮南仇由作仇猶，引許注：「仇猶，夷狄之國。」按：説文厹字下云：「臨淮有厹猶縣。」字亦作「猶」，與此注作「猶」正合。國策作「厹由」，高誘注曰：「厹由，狄國。」亦同作「由」。吕覽權勳作内繇，注云：「或作仇酋。」「酋」即「猶」字，故高注云「或作」也。○何寧云：仇餘，即山海經東山經之犰狳。郭注：「仇餘二音。」

〔二九〕【高注】晉大夫荀息謀於獻公，以屈産之馬、垂棘之璧假道於虞以伐虢。虞公貪璧馬，假晉道。既滅虢，還，館於虞，遂襲虞，滅之。君死位曰滅，故曰擒其身也。

【版本】莊本正文及注「擒」作「禽」，景宋本、王溥本、朱本、葉本、集解本同藏本。

〔三〇〕【高注】晉獻公伐驪戎得驪姬及其娣。好色曰美，好體曰豔。獻公嬖之生奚齊，其娣生卓子。遂爲殺太子申生而立奚齊。殺適立庶，故曰亂。四世者，奚齊、卓子、惠公夷吾、懷公圉也。

【版本】茅本、汪本、張本注「嬖之」上有「豔其色而」四字，黄本、莊本、集解本注「嬖之」上無「獻公」二字，有「豔其色而」四字，景宋本、王溥本、朱本、葉本同藏本。茅本、汪本、莊本注「適」作「嫡」，景宋本、王溥本、朱本、葉本、集解本同藏本。

〔三一〕【高注】齊桓好味，易牙蒸其首子而進之，遂見信用，專任國政，亂嫡庶。桓公卒，五公子争立，六十日而殯，蟲流出户，五月不葬，故曰不以時葬也。

【版本】王溥本注「嫡」作「適」。

【箋釋】楊樹達云：説文皿部云：「盉，調味也。」此「和」假爲「盉」。○何寧云：注「五月不葬」，當作「九月不葬」，字之誤也。左傳僖公十七年：「十月乙亥，齊桓公卒，十二月乙亥赴，辛巳夜殯。（杜注：六十七日乃殯。）十八年秋八月丁亥，葬齊桓公。（杜注：十一月而葬，亂故。）」史記齊世家與左傳同。此云「六十日而殯」舉成數也。自死至葬，歷十一月，自殯日計之，則九月也。管子戒篇作「七日不斂（當作六十七日不斂，脱「六十」二字。）九月不葬」，又其證。○雙棣按：韓非子二柄篇：「桓公好味，易牙蒸其首子而進之。」此高注所本。主術篇「昔者齊桓公好味，而易牙烹其首子而餌之」，亦本之韓子，參彼注。

〔三二〕【高注】胡，蓋西戎之君也。秦穆公欲伐之，先遣女樂以淫其志。其臣由余諫，不從，去戎來適秦。秦伐，得其上地。上地，美地也。

【版本】張本、黄本、莊本、集解本注「西」上無「蓋」字，「秦伐」下有「戎」字，餘本同藏本。

【箋釋】雙棣按：此正文及注蓋本之韓非子十過、吕氏春秋壅塞、不苟。又：注「胡蓋西戎之君也」，文不成義，當爲「胡王蓋西戎之君也」，脱「王」字。

〔三三〕【高注】五君，仇由、虞公、晉獻、齊桓、胡王也。適，猶節也。動，猶惑也。

【版本】藏本「五」譌作「王」，各本均作「五」，（蔣刊道藏輯要本亦作「五」。）今據正。

〔三四〕【高注】不治矢，言不爲而得用之。然則爲者不得用之。

〔三五〕【版本】藏本「不行」下無「也」字，王鎣本有，今據補，餘本同藏本。

【用韻】「中、行」東陽合韻，「矢、轡」脂質通韻。

〔三六〕【高注】箑，扇也。楚人謂扇爲箑。已，止也。

【版本】藏本正文及注「箑」作「篷」，景宋本、汪本、張本、黄本、莊本、集解本作「箑」，今據改，王溥本、王鎣本、吴本作「篓」，朱本、茅本、葉本同藏本。茅本、汪本、張本、黄本、莊本、集解本注「箑扇」至「爲箑」在上文「埃矣」下，餘本同藏本。

【箋釋】于大成云：吕氏春秋盡數篇曰「夫以湯止沸，沸愈不止，去其火則止矣」，爲此文所本。

淮南子校釋卷第八

本經訓〔一〕

太清之治也，和順以寂漠〔二〕，質真而素樸，閑静而不躁，推移而無故〔三〕；在内而合乎道，出外而調于義〔四〕，發動而成于文，行快而便于物〔五〕；其言略而循理，其行侻而順情〔六〕，其心愉而不僞，其事素而不飾〔七〕。是以不擇時日，不占卦兆〔八〕，不謀所始，不議所終；安則止〔九〕，激則行；通體于天地，同精于陰陽，一和于四時〔一〇〕，明照于日月，與造化者相雌雄〔一一〕。是以天覆以德，地載以樂〔一二〕，四時不失其敘，風雨不降其虐，日月淑清而揚光〔一三〕，五星循軌而不失其行〔一四〕。當此之時，玄元至碭而運照〔一五〕，鳳麟至，蓍龜兆〔一六〕，甘露下，竹實滿，流黄出，朱草生〔一七〕，機械詐僞，莫藏于心〔一八〕。

逮至衰世，鐫山石〔一九〕，鍥金玉〔二〇〕，擿蚌蜃〔二一〕，消銅鐵，而萬物不滋〔二二〕；刳胎殺夭，麒麟不游〔二三〕，覆巢毁卵，鳳凰不翔〔二四〕；鑽燧取火，構木爲臺，焚林而田，竭澤而漁〔二五〕，人械不足，畜藏有餘〔二六〕；而萬物不繁兆、萌牙、卵胎而不成者，處之太半矣〔二七〕。積壤而丘處，糞田而種穀，掘地而井飲，疏川而爲利〔二八〕，築城而爲固，拘獸以爲畜，則陰陽繆戾，四時失敘，雷霆毀折，雹霰降虐〔二九〕，氛霧雪霜不霽〔三〇〕，而萬物燋夭〔三一〕。菑榛穢，聚埒畝〔三二〕，芟野菼，長苗秀〔三三〕，草木之句萌、銜華、戴實而死者不可勝數〔三四〕。

乃至夏屋宮駕，縣聯房植〔三五〕，橑檐榱題〔三六〕，雕琢刻鏤，喬枝菱阿，芙蓉芰荷〔三七〕，五采争勝，流漫陸離〔三八〕，脩掞曲校，夭矯曾橈〔三九〕，芒繁紛挐〔四〇〕，以相交持，公輸、王爾無所錯其剞劂削鋸〔四一〕，然猶未能贍人主之欲也〔四二〕。是以松柏箘露夏槁〔四三〕，江河三川，絶而不流〔四四〕，夷羊在牧〔四五〕，飛蛩滿野〔四六〕，天旱地坼〔四七〕，鳳凰不下〔四八〕，句爪、居牙、戴角、出距之獸，於是鷙矣〔四九〕。民之專室蓬廬，無所歸宿〔五〇〕，凍餓飢寒，死者相枕席也〔五一〕。

及至分山川谿谷，使有壤界；計人多少衆寡，使有分數〔五二〕；築城掘池，設機械險阻以爲備；飾職事，制服等〔五三〕，異貴賤，差賢不肖，經誹譽，行賞罰〔五四〕，則兵革興而分争生〔五五〕。民之滅抑夭隱，虐殺不辜而刑誅無罪，於是生矣〔五六〕。

校釋

〔一〕【高注】本，始也。經，常也。天經造化出於道，治亂之由，得失有常，故曰「本經」，因以題篇也。

【版本】茅本、莊本、集解本注「天」作「本」，景宋本、王溥本、朱本同藏本。

〔二〕【高注】清，静也。太清，無爲之始者，謂三皇之時。和順，不逆天暴物也。寂漠，不擾民。

【版本】藏本「治」作「始」，景宋本作「治」，今據改，餘本同藏本。

【箋釋】王念孫云：「太清之始」，「始」當爲「治」，字之誤也。自「和順以寂漠」以下二十三句，皆言太清之治如此也。高注當云「太清（句），無爲之治也（句）」，今本作「太清，無爲之始者」，文不成義，後人所改也。文選東都賦注、後漢書班固傳注引此並作「太清之化」，又引高注曰：「太清，無爲之化也。」「治」字作「化」，避高宗諱也。則其字之本作「治」，明矣。太平御覽天部十五引，作「太清之始」，亦後人依誤本改之。其竹部一引，正作「太清之治」。文子下德篇作「清静之治者，和順以寂寞，質真而素樸」，是其明證矣。○劉文典云：王説是。宋本「始」正作「治」。○鄭良樹云：「太清之始也」，疑作「太清之世也」。自「和順以寂漠」以下二十三句，皆言太清之世如此也。猶下文「逮至衰世」，自「鐫山石」以下五十二句，皆言衰敗之世如此也。上下文義相對。此文下節云：「當此之時，（高注聖德之世。）無慶賀之利，刑罰之威，禮義廉恥不設，毁譽仁鄙不立，而民莫相侵欺暴虐，猶在於混冥之中。逮至衰世，人衆而財寡，（「而」字據王叔岷師校補。）事力勞而養不足。」彼以「當此之時」，「逮至衰世」對舉，猶此以「太清之世」，「逮至衰世」對舉，則作「世」字是也。高注云「謂三皇之時」，正以「時」釋「世」也。大唐開元占經一一二、記纂淵海四引「太清之始」，並作「太清之世」，是其明證。「世」之作「始」，蓋避太宗諱耳。高注「太清，無爲之始也」，亦疑當作「太清，無爲之世也」。以無爲之世，釋正文「太清」，再以謂三皇之時，釋無爲之世，高氏注例屢屢如此也。○于大成云：王説「始」當爲「治」，是也。李白廬山謠寄廬侍御虛舟詩楊齊賢注（分類補注二十五）引，亦作「治」，與景宋本同。藝文類聚五十二李白設辭邪伎鼓吹雉子班曲辭楊注（分類補注四）引作「始」，軒轅本紀用淮南文，字亦作「始」，並與今本同誤。「始」之與「治」，形似易譌。鶡冠子泰録篇「精微者，天地之始也」，「始」或作「治」，其比也。文子作「治」，與御覽竹部一引淮南同，可證淮南本是「治」字矣。正以唐人避高宗諱，故選注、後漢注並改「治」作「化」，猶後漢王符傳「治國之日舒以長」，章懷改「治」作「化」也。若本是「世」字，則必改爲「代」字，無由改爲「化」字也。占經、記纂淵海作「世」，御覽八百七十三同，迺以意改，不足據。稽瑞引作「太昔清之始世也」，「太昔」二字當到，正以「治」誤爲「始」，文義不通，故加「世」字耳。若本是「世」字，亦無由沾一「始」字矣。以此知王説是而鄭説非也。案此文自「和順以寂漠」以下二十三句，皆言太清之治如此也，故下文承之云「當此之時，玄元至碭而運照」云云，與下「逮至衰世，鐫山石」云云相對。下文「古之人同氣于天地，與一世而優游」，下承之云：「當此之時，無慶賞之利」云云，以與下文「逮至衰世，人衆財寡」云云相對。鄭君於此節下文「當此之時」四字，忽而不見，誤以此文與下「逮至衰世」云云相對，可謂明察秋毫而不見輿薪者矣。高注「無爲之治」，義有未明，故又接云「謂三皇之時」，非以「時」釋「世」字也。鄭説非是。○雙棣按：王、劉、于説是。「和順以寂漠」，以猶而也，與下句「質真而素樸，閑静而不躁，推移而無故」之「而」用法同，均爲連詞。

〔三〕【高注】質，性也。真，不變也。素樸，精不散也。閑静，言無欲也。躁，擾。故，常也。

【版本】藏本「推」下無「移」字，景宋本、集解本有，今據補，餘本同藏本。藏本注「躁」上有「不」字，據吴承仕校删，各本同藏本。

【箋釋】吴承仕云：注以擾訓躁，「不」字涉本文而衍。○雙棣按：「和順以寂漠，質真而素樸」相對文，高注「和順，不逆天暴物也。寂漠，不擾民。素樸，精不散也」，皆複音爲訓，惟「質、真」單字爲訓：「質，性也；真，不變也。」疑注當作「質真，性不變也」，與「素樸，精不散也」一律。且「質真」、「素樸」皆同義連文，不得單訓「質」爲「性」。如「素樸」訓「精不散也」，「質真」亦訓「性不變也」。又文選東都賦注、後漢書班固傳注引淮南作「質直以素樸」，似「質直」義長。原道篇「所謂天者，純粹樸素，質直皓白，未始有與雜糅者也」，正與此相合。又吴説是。躁訓擾爲常訓，廣雅釋詁三：「躁，擾也。」一切經音義十四引國語賈注：「躁，擾也。」

【用韻】「漠、樸」鐸屋合韻，「躁、故」宵魚合韻。

〔四〕【高注】在内者，志在心，平欲，故能合於道。出於外者，身所履行也。行不越規矩，故能調義。義或作德也。

【版本】王溥本、王鎣本、吴本「于」作「於」。

〔五〕【高注】發，作也。動，行也。文，文章也。便，利也。物，事也。

【版本】茅本、葉本、汪本、吴本、張本、黄本、莊本、集解本兩「于」字均作「於」。

【箋釋】俞樾云：「快」當爲「決」。周易文言傳鄭注謂古書傳作立心，與水相近。「決、快」相亂，正由此矣。説文水部：「決，行流也。」是決有行義。上句「發動而成於文」，發亦動也。此云「行決而便於物」，決亦行也。○馬宗霍云：高注未解「快」字。俞説非是。説文心部云：「快，喜也。」引申之義爲疾速。方言二云：「逞，快也。」又云：「速、逞，疾也。」即其證。本文「行快」猶言行之速者，高注「便」爲「利」，「速」與「利」正相成。若如俞説作「決」，「行決」爲行行，於詞爲累矣。劉家立淮南集證從俞改本文之「快」爲「決」，殊謬。

【用韻】「道、義」幽歌合韻，「文、物」文物通韻。

〔六〕【高注】略，約要也。侻，簡易也。侻，讀射侻取不覺之侻也。

【箋釋】莊逵吉云：「侻取不覺」義當是「敚」字。敚，今之「奪」字也。○朱駿聲云：娧，字亦作「侻」，假借爲「捝」，淮南本經「其行侻而順情」。按：脱略疏闊之意。○雙棣按：文子下德篇「侻」作「説」，朱駿聲曰：「捝，解捝也。經傳皆以説以税以脱爲之。」「説」亦「捝」之假字。朱釋爲「脱略疏闊」，與高注「簡易也」義同，並是。

〔七〕【高注】愉，和也。僞，虚詐也。素，樸也。飾，巧也。

〔八〕【高注】擇，選也。卦，八卦也。兆，契龜之兆也，世所以占吉凶也。

【版本】茅本注「凶」下有「者」字。

〔九〕【用韻】「始、止」之部。

〔一〇〕【高注】一，同也。

【版本】葉本三「于」字均作「於」，莊本精下「于」字作「於」，集解本「體」下、「精」下「于」字作「於」。

〔一一〕【高注】造化，天地也。雌雄，猶和適也。

【版本】集解本「于」作「於」。

【用韻】「終、行、陽、雄」冬陽合韻。

〔一二〕【高注】樂，生也。

〔一三〕【高注】光，明也。

【箋釋】雙棣按：説文：「淑，清湛也。」此淑清以水清喻日月之明朗也。

〔一四〕【高注】五星，熒惑、太白、鎮、辰、歲星也。軌，道也。循，順也。

【版本】莊本注「鎮」作「填」，景宋本、王溥本、朱本、集解本同藏本。

【箋釋】于大成云：注文當先訓「循」，次訓「軌」，方與正文相應。○何寧云：晏子春秋問上篇：「四時不失序，風雨不降虐。」又諫上篇：「是故天地四時和而不失，星辰日月順而不亂。」此淮南所本。

【用韻】「樂、虐」藥部，「光、行」陽部。

〔一五〕【高注】玄，天也。元，氣也。碭，大也。言盛德之君，恩仁廣大，徧照四海也。

【版本】莊本「元」作「玄」，餘本同藏本。

【箋釋】王紹蘭云：説文石部：「碭，文石也。」無大誼。口部：「唐，大言也。喝，古文唐，從口昜。」是淮南假「碭」爲「喝」也。○俞樾云：高注曰：「元，天也。元，氣也。」分兩字爲兩義，殊不可通。疑正文及注均誤。正文本曰「玄光至碭而運照」，注文本曰「玄，天也。光，氣也」。俶真篇曰：「弊其玄光而求知之於耳目。」此「玄光」二字見於本書者。高彼注曰：「玄光，内明也。一曰：玄，天也。」然則此曰「玄，天也」，正與彼注同。疑彼亦有「光，氣也」三字，而今脱之也。○劉文典云：各本並作「玄元」，注並作「玄，天也。元，氣也。」俞氏蓋據清代刊本立説，而不知上「元」字爲避諱所改也。○雙棣按：書大禹謨「帝德廣運」傳：「運謂所及者遠。」國語越語「廣運百里」注：「南北爲運。」此高氏以徧注之，是也。

〔一六〕【高注】鳳麟聖德之世至於門庭。蓍，四十九策。兆，信也。善言否臧也。

【版本】莊本、集解本注「否臧」作「臧否」。

【用韻】「照、兆」宵部。

〔一七〕【高注】滿，成也。流黄，玉也。朱草生於庭，皆瑞應也。

【版本】藏本「朱草」上有「而」字，王溥本、王鎣本、吴本無，今據删，餘本同藏本。

【箋釋】顧廣圻云：「朱草」上「而」字疑衍。○于鬯云：「石流黄」見張華博物志，則是石也。高注云：「流黃，玉也。」美其名耳。然竊謂此之「流黃」，當是醴泉之別名，並不當以玉石訓。○吳承仕云：天文篇：「夏至而流黃澤。」注云：「流黃，土之精也。」天文、本經皆高注本，則説義不得互異。疑今本既奪「精」字，又譌「土」爲「玉」耳。但流黃訓玉，舊無此義，其非許、高異説，灼然可知。又案：御覽九百六十二引注云：「竹實，鳳皇食。」亦舊注之佚文也。○于大成云：御覽引此文，「至」作「降」，「滿」作「盈」，並與今本不同，而「竹實」之注，又不見於今高本，竊疑御覽引文乃是許本，引注亦是許注也。「滿」之訓成，又見呂氏春秋審時、貴信篇注。此注既云「成」，即正文自當作「滿」字，則今本是高無疑。今本是高，則御覽所引爲許矣。又此文「滿」字，實當作「盈」，此段皆入韻，「盈、生」叶清部，若作「滿」，則失其韻矣。或以爲孝惠諱「盈」，故易「盈」爲「滿」以避之與？藝文類聚五十二引作「至」、「滿」，與今本同，是今本固無誤字，御覽引文不同，斯許、高二家之異也。又「朱草」上無「而」字是也。藝文類聚五十二、開元占經百十二、諸子類語三引此正無「而」字。此文自「鳳麟至」以下至此，俱以三字爲句，此處着一「而」字，即與上文不一律。集證本删去「而」字，是也。○雙棣按：説文云：「莀，艸也，可以染留黃。」段玉裁曰：「留黃，辭賦家多作流黃。」皇侃禮記義疏作騮黃，土尅水，故中央騮黃，色黃黑也。」流黃爲黑黃色。高誘天文、本經二注並無異義，所謂「土之精」，由流黃爲土而生，玉石乃土之極堅硬者，與土之精亦合。不必如吳説謂此有譌奪也。又按，于謂流黃爲醴泉之別名，亦非是。此四句爲並列，非甘露下而竹實乃成，流黃出而朱草乃生。于以流黃比甘露，故謂爲醴泉也。

〔一八〕【高注】莫，無也。

【版本】茅本、葉本、汪本、張本、黄本、莊本、集解本「于」作「於」。

【箋釋】于大成云：此二句錯簡，當並注文移在上「與造化者相雌雄」句下。上文自「和順以寂漠」以下，至「與造化者相雌雄，機械詐僞，莫藏于心」，是説太清之始如此也，下承之云「是以天覆以德」云云，至「朱草生」，是説斯世天地之瑞應。若如今本，則此二句失其倫。文子下德篇此二句正在上，則其所據者，尚爲未誤之淮南舊本也，當據正。藝文類聚引此文，自「天覆以德」以下，至「朱草生」，即承之以「逮至衰世」云云，中間無此二句，亦可證所據本此處無此二句也。

〔一九〕【高注】鐫，猶鑿也，求金玉也。

〔二〇〕【箋釋】于省吾云：注謂鐫山石爲求金玉非是。「鐫山石，鐸金玉」二句平列，鐫山石謂鐫刻山石以爲文物也，非謂鑿山求金玉，再鐸刻金玉也。鐸與鍥古同字，荀子勸學「鍥而不捨」注：「鍥，刻也。」

〔二一〕【高注】鐸，刻金玉以爲器也。擿，猶開也，開以求珠也。

【箋釋】桂馥云：「擿」當爲「摘」。説文摘有拓義。增韻：「拓，廓開也。」楊雄甘泉賦：「拓迹開統。」「拓」亦借字，當爲「袥」。字書：「袥，張衣令大也。」太玄：「天地開闢，宇宙袥袓。」〇楊樹達云：桂讀「擿」爲「摘」，是也。而訓爲拓開之義，則非是。説文云：「摘，拓果樹實也。」「拓，拾也。」此但謂摘取耳。○馬宗霍云：説文手部云：「擿，搔也，一曰投也。」義不爲開。周禮秋官「硩蔟氏掌覆夭鳥之巢」，鄭司農云：「硩讀爲擿。」鄭玄謂「硩，古字，從石，折聲。」賈公彦疏云：「先鄭意以爲杖擿破之，故從擿。後鄭意以投擲毀之，故古字從石，以折爲聲。」據此，是「硩」與「擿」蓋爲古今字。説文石部云：「硩，上擿山巖空青珊瑚墮之，（此從文選吴都賦李善注引，今大小徐本「擿」並作「摘」，段玉裁説文注亦訂正作「擿」。）從石，折聲。周禮有硩蔟氏。」案許君以「擿」釋「硩」，與先鄭讀「硩」爲「擿」合。其引周禮證「硩」，又與後鄭以「硩」爲古字合。然則淮南本文之「擿」猶「硩」也。擿蚌蜃以求珠，與硩鳥巢以去鳥，其事正同。高氏訓「擿」爲「開」，亦猶賈疏申二鄭之義爲「破之」、「毀之」也。凡物必先破毀而後開，要皆自擿之第二義訓「投」引申而來。桂馥謂本文「擿當爲摘。説文摘有拓義」，非也。

〔二二〕【高注】不滋長也。言盡物類也。

〔二三〕【高注】胎，獸胎也。夭，麋子也。爲類見害，故不來游。

【箋釋】鄭良樹云：注文「爲類」疑當爲「物類」。物類謂上文「山石」、「金玉」、「蚌蜃」、「銅鐵」也。上文「萬物不滋」，高注曰「言盡物類也」，字亦作「物類」，是其證。○于大成云：大戴禮易本命篇「故帝王好壞巢破卵，則鳳凰不翔焉；好竭水搏魚，則蛟龍不出焉；好刳胎殺夭，則麒麟不來焉；好填谿塞谷，則神龜不出焉」，史記孔子世家「刳胎殺夭，則麒麟不至郊；竭澤涸魚，則蛟龍不合陰陽；覆巢毁卵，則鳳不翔；何則？君子諱傷其類也」，孔子家語困誓篇「刳胎殺夭，則麒麟不至其郊；竭澤而漁，則蛟龍不處其淵；覆巢破卵，則鳳凰不翔其邑。何則？君子諱傷其類者也」，説苑權謀篇「刳胎焚夭，則麒麟不至；乾澤而漁，蛟龍不游；覆巢毁卵，則鳳凰不翔。丘聞之，君子重傷其類者也」，國策趙策四「覆巢毁卵，而鳳皇不翔；刳胎焚夭，而麒麟不至」，亦見文子上禮篇，文意並相近。史記、家語、説苑並以爲孔子語。由史記、家語、説苑「傷其類」觀之，則高注是，而鄭説非。「爲類見害」，類謂胎、夭，不謂「山石」之等。「爲」字今讀去聲。

〔二四〕【高注】鳥未鷇曰卵也。

〔二五〕【高注】田，獵也。竭澤，漏池也。

【版本】藏本「焚」誤作「楚」，各本均作「焚」，今據改。王鎣本、葉本「漁」作「魚」。

〔二六〕【高注】械，器用也。畜藏餘，府庫實也。

【版本】藏本注「畜」下有「積」字，張本、黄本、莊本、集解本無，今據删。餘本同藏本。

【用韻】「臺、漁、餘」之魚合韻。

〔二七〕【版本】葉本「牙」作「芽」。

【箋釋】顧廣圻云：上「不」字疑當作「之」，與下文「草木句萌銜華戴實而死者」一例。○馬宗霍云：「處之太半」，「處」猶「居」也，「之」猶「其」也。此言萬物之所以不繁，由於萌牙卵胎之不成者居其大半也，即過半數之意。説文几部云：「凥，處也。」「凥」即「居」之本字，今通作「居」。

故「處」得訓「居」。「之」訓爲「其」，常語也。○雙棣按：呂氏春秋孟冬高注云：「兆，大數也。」此文繁兆爲同義連文，即盛茂、繁盛之義。

〔二八〕【高注】疏，通。

〔二九〕【版本】藏本「雹」作「電」，莊本、集解本作「雹」，今據改，餘本同藏本。

【箋釋】王念孫云：電、霰不同類，且電亦不得言降虐，「電」當爲「雹」，草書之誤也。雷霆爲一類，雹霰爲一類。呂氏春秋仲夏云「雹霰傷穀」，故言降虐也。文子上禮篇作「雹霜爲害」，是其證。

〔三〇〕【高注】霽，止也。

【版本】藏本「氛」作「氣」，王溥本、王鎣本、朱本、汪本、吳本、張本、黄本、莊本、集解本作「氛」，今據改，景宋本、茅本同藏本，葉本作「風」。汪本、張本、黄本、莊本、集解本「雪霜」作「霜雪」。

〔三一〕【高注】霜雪之害不止，則萬物燋夭不繁茂也。

【箋釋】于省吾云：氾論篇「燋而不謳」注「燋，悴也」。玄應一切經音義六引三蒼「燋悴」作「顦顇」，然則此文言燋謂燋悴也。

【用韻】「處、固、敘」魚部，「虐、夭」藥宵通韻。

〔三二〕【高注】茂草曰菑。木聚曰榛。積之於疆畝。

【版本】藏本注「茂草曰菑」作「菑草曰茂」，朱本、張本、黄本、莊本、集解本作「茂草曰菑」，今據改，餘本同藏本。藏本注「疆」作「壃」，景宋本、莊本、集解本作「疆」，今據改，王溥本、朱本、張本、汪本作「壃」。

【箋釋】俞樾云：高此注殊失其義。菑者，殺草之名。爾雅釋地「田一歲曰菑」，孫炎曰：「菑，始災殺其草木也。」榛、穢連文，其義相同。漢書楊雄傳注曰：「榛榛，梗穢貌。」是也。「菑榛穢，聚埒畝」，皆三字句，言榛穢之區，皆災殺之，而集成埒畝也。下「芟野茭，長苗秀」，是此四句皆言治田之事，菑榛穢故芟野茭，聚埒畝故長苗秀也。下文曰「草木之句萌、銜華、戴實而死者不可勝數」，正見殺草之多。若從高注，則與下文不貫矣。○吴承仕云：吕氏春秋達鬱篇：「草鬱則爲蕢。」續郡國志劉昭注引「草鬱即爲菑」，此訓茂草爲菑，用吕氏説也。又案：聚木爲榛，爲本書常詁，亦與茂草對文。此云木聚者，傳寫譌倒，應據正。

〔三三〕【高注】芟，殺也。茭，草也。苗，稼也。不榮而實曰秀也。

【箋釋】王引之云：野草多矣，不應獨言茭。「茭」當爲「莽」。隸書「莽」字作「苵」，與「茭」極相似，故誤爲「茭」。説文作「茻」，「衆艸也」，故野草謂之野莽。下文「野莽白素」，楚辭九歎「遵壄莽以呼風」是也。（壄與野同。）注「茭，草也」亦當作「莽，草也」。泰族篇注「莽，草也」正與此同。

〔三四〕【箋釋】雙棣按：禮月令季春之月云：「句者畢出，萌者盡達。」鄭玄注：「句，屈生者。芒而直曰萌。」本書時則篇「以通句萌」，高注：「草木不句萌者以通達也。」此句萌謂草木幼芽出土時之屈者與直者。

〔三五〕【高注】夏屋，大屋也。縣聯，聯受雀頭著桷者。一曰：辟帶也。房，室也。植，户植也。

【箋釋】莊逵吉云：縣聯，「縣」即「櫋」字。辟帶之義，見楚辭九歌。○王念孫云：「縣」皆當爲「緜」，字之誤也。（隸書緜、縣二字相似，説見原道「旋縣」一條下。）説文：「櫋，屋櫋聯也。」又曰：「楣，秦名屋櫋聯也。齊謂之檐，楚謂之梠。」方言：「屋梠謂之櫺。」郭璞曰：「即屋檐也，亦呼爲連緜。」（連緜猶緜聯，語之轉耳。）釋名：「梠，旅也。連旅旅也。或謂之櫋。櫋，緜也。緜連榱頭，使齊平也。上入曰爵頭，形似爵頭也。」皆足與高注相證。櫋與緜，聯與連，並字異而義同。太平御覽人事部一百三十四引此，正作緜聯。○孫詒讓云：「駕」當爲「架」之誤。後文云：「大搆駕，興宫室。」注云：「駕，材木相乘駕也。」文選鮑照蕪城賦李注引彼文「駕」作「架」，此宫駕字誤與彼同。○馬宗霍云：説文木部無「架」字，别有「枷」字。從木在左不在下，訓曰「柫也」。柫訓「擊禾連枷也」。又非構架之義。架構之字，古蓋假「駕」爲之。説文馬部云：「駕，馬在軛中也。」軛爲轅前横木，横於馬之頸上。駕之言加，謂以車加於馬也。引申之，凡以物相交加者皆得曰駕。下文高注「乘駕」連文，以「乘」字足「駕」，是高氏所據本自作「駕」不作「架」。本文與下文「駕」皆非誤字也。「架」乃後起之構架專字。文選李注引「駕」作「架」，蓋以專字易假借字，未必所見淮南古本如是。孫據李引以校本文則可，其謂本文「駕」爲「架」之誤字則非也。下文又云：「大廈曾加」，「曾加」猶「層架」。彼又省借作「加」，亦不作「架」也。○吕傳元云：「宫駕」之「宫」，當讀若爾雅「大山宫小山霍」之「宫」，郭注：「宫謂圍繞之。」此猶言夏屋圍繞而架也。○雙棣按：説文云「植，户植也。」高注與説文同。段玉裁云：「邵氏晉涵曰：『墨子「争門關，決植」，淮南云「縣聯房植」，高注：「植，户植也。」植當爲植立之木，徐鍇以爲横鍵，非也。』按，今豎直木而以鐵了鳥關之，可以加鎖，故曰持鎖植。」

〔三六〕【高注】橑，椽橑也。櫓，屋垂也。榱，桷也。題，當也。

【版本】藏本注「椽」作「櫓」，景宋本、茅本、汪本、張本、黄本、莊本、集解本作「椽」，今據改，餘本同藏本。茅本、汪本、張本、黄本注「椽」下無「橑」字。藏本注「桷」作「楝」，茅本、汪本、莊本、集解本作「桷」，今據改，景宋本、王溥本、朱本同藏本。茅本、汪本、莊本、集解本注「當」作「頭」，景宋本、王溥本、朱本同藏本。

【箋釋】雙棣按：説文云：「橑，椽也。」段玉裁注曰：「西都賦『列棼橑以布翼』，下文云『裁金璧以飾當』。西京賦『結棼橑以相接』，下又云『飾華榱以璧當』。魏都賦『棼橑複結』，下又云『朱桷森布而支離』。橑必與棼連言，而别於榱桷，則榱桷屋椽，橑爲複屋之椽可知。」説文云：「榱，椽也。秦名屋椽也。周謂之椽，齊魯謂之桷。」此以方言别之。説文又云：「桷，榱也。椽方曰桷。」段玉裁曰：「椽方曰桷，則知桷圜曰椽矣。」此以形狀别之。渾言則不别。故説文以榱注桷，高氏以桷注榱。高注「題，當也」，當即榱頭。後漢書班彪傳上云：「璫，榱頭也。」漢書司馬相如傳上顔師古注曰：「璧璫，以玉爲椽頭，當即所謂璇題、玉題者也。一曰以玉飾瓦之當也。」説文無「璫」字，古皆作「當」。故段玉裁説文注引西都賦、西京賦「璫」均作「當」。

〔三七〕【高注】阿，曲屋也。芙蓉，藕華也。芰，菱角交菂也。荷，芙蕖也。

【版本】莊本、集解本正文及注「芙蓉」作「夫容」，餘本同藏本。莊本、集解本注「藕」作「蕅」，「芙蕖」作「夫渠」。藏本注「菱」上無「芰」字，莊本、集解本有，今據補，景宋本、朱本、茅本同藏本。王溥本無「菱」字，「菂」作「菱」。

【箋釋】朱駿聲云：菱，假借爲「棱」，淮南本經「喬枝菱阿」，又「菱杼紾抱」。按：柧棱也。○俞樾云：高注曰「阿，曲屋」，不説「菱」字之義，疑高氏所據本「菱」字作「淩」，言橑檐榱題之上雕刻榭木，故其喬枝上淩於曲阿也。「淩」字之義易明，故不煩訓釋。後人因下句言芰荷，遂改「淩」作「菱」以配之，則義不可通矣。○于省吾云：俞從注説，以阿爲曲阿，於義未允。「喬枝菱阿」，於上下文句例不相比類，且「橑檐榱題」，亦均就高處言之，豈高處之上更有曲屋乎？此句詞義均有不符。「菱」應讀作「陵」，釋名釋山：「陵，隆也，體隆高也。」按載籍訓陵爲越爲升爲上爲乘，均有高義。「阿」應讀作「柯」，二字古通，春秋襄十九年：「諸侯盟于祝柯。」公羊作「祝阿」，是其證。詩湛露箋「使物柯葉低垂」疏：「柯謂枝也。」是陵亦喬，柯亦枝也。散文則通，對文則殊耳。○雙棣按：俞説前後句式不一，于説與喬枝義複，均未可取。疑「菱」當作「陵」，陵阿爲一類。説文：「陵，大阜也。」「阿，大陵也。」即山陵也。喬枝陵阿爲陸，芙蓉芰荷爲水，皆雕琢刻鏤之物也。

〔三八〕【高注】流漫，采色相參和。陸離，美好貌。

【版本】藏本注「漫」作「服」，各本均作「漫」，今據改。

【用韻】「阿、荷、離」歌部。

〔三九〕【版本】王鎣本、吴本「掞」作「棪」。張本、黄本、莊本、集解本「校」作「挍」，餘本同藏本。

【用韻】「校、橈」宵部。

〔四〇〕【高注】皆屋飾也。芒讀麥芒之芒。挐讀上谷茹縣之茹。

【版本】藏本注上「芒」字作「其」，王溥本、莊本、集解本作「芒」，今據改，景宋本缺，朱本、葉本同藏本。

【箋釋】錢大昕云：説文手部無「挍」字，漢碑木旁字多作手旁，此隸體之變，非别有「挍」字。○陶方琦云：文選吴都賦注引許注：「挐，亂也。」按：説文：「挐，牽引也。」牽引即有亂義。

〔四一〕【高注】公輸，巧者。一曰：魯班之號也。王爾，古之巧匠也。剞，巧刺畫盡頭黑邊箋也。剧，鋸尺。削，兩刃句刀也。剞讀技尺之技也。剧讀詩「蹶角」之蹶。削讀綃頭之綃也。

【版本】王溥本注「號」上有「名」字。藏本注兩「剞」字均作「剖」，景宋本、王溥本、莊本、集解本作「剞」，今據改，朱本上作「剞」下作「剖」，茅本上作「剖」，無音讀，葉本同藏本。藏本注二「技」字作「枝」，莊本、集解本作「技」，今據改，王溥本、朱本同藏本，景宋本上作「枝」，下作「技」。

【箋釋】莊逵吉云：原道訓注云：「剞，巧工鉤刀也。剧者，規度刺畫墨邊箋也，所以刻鏤之具也。」與此注異。錢别駕云：剞剧二字，古無定解。説文解字以剞剧爲曲刀。應劭曰：「剞，曲刀。劚，曲鑿。」又與許君不同。淮南書高、許二家注本相溷，故多前後互異歟？○呂傳元云：莊誤俶真爲原道。此注「剞、劚」有脱誤，當如俶真注。○雙棣按：文選魏都賦注引許注曰：「剞劂，曲刀也。」與説文合。楚辭哀時命王逸注：「剞劂，刻鏤刀也。」義與許近。蔣超伯謂應劭之解較確。又按：呂氏春秋愛類篇高誘注曰：「公輸，魯般之號也。」與此注一曰正合。

【用韻】「挐、持、鋸」魚之合韻。

〔四二〕【版本】莊本、集解本「贍」作「澹」。

〔四三〕【高注】松柏根茂，箘露竹筦，皆冬生難殺之木，當是時，夏槁死也。刺君作事不時，陰陽失序。箘讀似綸。露讀南陽人言道路之路。

【版本】藏本正文及注「箘」作「菌」，王鎣本、莊本、集解本作「箘」，今據改，餘本同藏本。王鎣本、朱本「露」作「簬」。王溥本注「序」作「敘」。

【箋釋】莊逵吉云：「箘露」之「露」當作「簬」。○王念孫云：藝文類聚治政部上引此，夏槁上有「宛而」二字。案：「松柏箘露，宛而夏槁；江河三川，絶而不流」，四句相對爲文，則有「宛而」二字者是也。宛與苑同。俶真篇「形傷於寒暑燥溼之虐者，形苑而神壯」，高注曰：「苑，枯病也。苑讀南陽宛之宛。」莊子天地篇釋文云：「苑，本亦作宛。」是「苑、宛」古字通。素問四氣調神大論「惡氣不發，風雨不節，白露不下，則菀槁不榮」，菀亦與苑同。唐風山有樞篇「宛其死矣」，毛傳曰：「宛，死貌。」義與此宛字亦相近。○雙棣按：説文云：「箘，箘簬，竹也。」（依段注本。）又云：「簵，古文簬。」段玉裁曰：「箘簬二字一竹名。古者絫呼曰『箘簬』，戰國策『箘簬之勁不能過』是也。單呼曰『箘』，呂氏春秋『越駱之箘』是也。書正義及戴凱之説箘簬爲二竹，繆矣。」朱駿聲謂「露」爲「簬」之假借字。是則藏本等用假借字，而王鎣本、朱本改用本字。

〔四四〕【高注】三川，涇、渭、汧也，出於岐山。絶，竭也，故曰不流。國語曰「河竭而商亡」也。

【箋釋】雙棣按：高注引國語見周語上。

〔四五〕【高注】夷羊，土神。殷之將亡，見於商郊牧野之地。

【箋釋】朱亦棟云：周語：「商之興也，檮杌次于丕山。其亡也，夷羊在牧。」韋注：「夷羊，神獸。」史記周本紀作「麋鹿在牧」。徐廣曰：「此事出周書及隨巢子，云『夷羊在牧』。牧，郊也。夷羊，怪物也。」莊子達生篇：「西北方之下者，則泆陽處之。」莊子音義：「泆音逸。司馬云：泆陽，豹頭馬尾，一作狗頭。一云：神名也。」按：夷乃泆之平聲，泆乃夷之入聲，則夷羊即泆陽也。易説卦兑爲羊，鄭作陽，則「羊」與「陽」通也。○陶方琦云：占經一百十九引許注：「夷羊，大羊也。時在商牧野。」按：説文：「夷，平也。從大，從弓。」夷之訓大，從形而得義。○楊樹達云：爾雅釋地云：「郊外謂之牧。」此「牧」與下句「野」爲對文。

〔四六〕【高注】蛩，蟬，蠛蠓之屬也。一曰蝗也。兖州謂之螣。螣，讀近殆，緩氣言之。蛩讀詩受小拱之拱。

【版本】藏本注下「螣」字作「勝」，景宋本、王溥本、朱本、莊本、集解本作「螣」，今據改。景宋本注上「拱」作「共」，王溥本、朱本同藏本，莊本、集解本上下皆作「珙」。莊本、集解本注無「小」上「受」字。

【箋釋】陶方琦云：御覽九百四十五引，「蛩」作「蟲」。御覽及占經又引許注：「飛蟲，蠛蠓。」按：高注「蛩蟬」下「蠛蠓之屬」四字乃許注羼入。爾雅釋蟲「蠓，蠛蠓」，孫炎注：「蠛蠓細小于蚉。」説文：「蠓，蠛蠓也。」史記周紀「飛鴻滿野」，索隱又引高注：「蜚鴻，蠛蠓也。言飛蟲盈田蔽野，故爲災。」此即許注，誤爲高本也。唐宗聖觀碑作「飛蛬滿野」，亦因「蛩」而誤。○雙棣按：陶謂史記索隱引高注爲許注，過於武斷。索隱引與今本正合，是高注無疑。許高二家注同者非此一處，不得謂許高必異。今本高注「蟬」字恐爲衍文，蟬、蠛蠓非一類，不可並而言之。説文：「蛩，一曰秦謂蟬蛻曰蛩。」疑後人旁注之字而羼入注中。陶引史記索隱有誤，高注實僅「蜚鴻，蠛蠓也」五字，下爲司馬貞語，今史記索隱作「言飛蟲蔽田滿野，故爲災，非是鴻雁也」。又按：注「蛩讀詩受小拱之拱」。今詩商頌長發作「受小共」。景宋本上作「共」下作「拱」，莊本、集解本改作「珙」字，説文無「珙」字，以義改之。陳奂毛詩傳疏云：「高誘注淮南子本經篇『蛩讀詩受小拱之拱』，則詩共字古本或作拱。」

〔四七〕【高注】坼，燥裂也。

〔四八〕【版本】景宋本、莊本、集解本「凰」作「皇」。

【用韻】「牧、坼」職鐸合韻，「野、下」魚部。

〔四九〕【高注】句爪，鷹鸇之屬也。居牙，熊虎之屬也。距，讀拒守之拒。

【箋釋】于鬯云：姚藝諳廣文云：「居當爲倨之省文。爾雅釋畜云：『駮如馬，倨牙，食虎豹。』郭注引山海經云：『有獸名駮，如白馬，黑尾，倨牙。』邢疏云：『其牙倨曲而食虎豹也。』」鬯謂説文以「居」爲即「踞」字，見尸部，而人部又出「倨」字。其實「居、踞」未必同字，而「倨、踞」當同字。倨踞並諧居聲，假借固無不通，字亦作「鋸」，亦諧居聲。神異經云：「窮奇鋸牙鉤爪。」然則鋸之爲居，即猶鉤之爲句。○劉文典云：居牙，文選吴都賦注、七命注引，並作鋸牙。鷙並作摯。○馬宗霍云：説文足部云：「距，雞距也。」漢書五行志中之上「而不鳴不將無距」，顔師古注云：「距，雞附足骨。鬬時所用刺之。」是距猶爪也。故本文以距與爪牙角爲類。凡鷙鳥之足皆有距，即以距爲利器。高氏本注「距讀拒守之拒」，蓋亦兼取拒守之義也。又案本書原道篇「雖有鉤箴芒距」，高氏彼注云：「距，爪也。讀距守之距也。」與本注可互照。説文手部無「拒」字。故彼注讀如本字。古「距」「拒」通，「距守」猶「拒守」也。

〔五〇〕【高注】專，特，小室也。蓬廬，籧篨覆也。言小有賓客歸之，無所庇宿也。

【版本】莊本注無「庇宿也」三字。

【箋釋】蔣超伯云：專即團字，專室即團焦。李百藥北齊書神武紀：「蒼鷹母數見團焦赤氣，赫然屬天。」○馬宗霍云：説文寸部云：「專，六寸簿也。從寸，叀聲。一曰專，紡專。」詩小雅斯干篇「載弄之瓦」，毛傳云：「瓦，紡塼也。」陸德明釋文云：「塼，本又作專。」據此，是專有二義。許君紡專之訓，本之毛傳。毛公以紡專訓瓦。説文瓦部云：「瓦，土器已燒之總名。」然則本文之專室即瓦室。以瓦蓋室，以蓬覆廬，義正相對。高氏訓專爲特，又以小室申之，似未允。其曰小有賓客歸之，尤爲牽强。○蔣禮鴻云：此處文意了戾，當作「民無專室蓬盧所以歸宿」云云。主術篇云「民無掘穴狹室所以託身者」，（道藏本如此。）句法正同。○雙棣按：上句「句爪、居牙、戴角、出距之獸，於是鷙矣」，言猛獸鷙禽兇猛爲害。「民之專室蓬廬，無所歸宿」，言民之專室蓬廬陋小，不足以避禦鷙禽猛獸侵害而無所歸宿。故下文云「凍餓飢寒，死者相枕席也」。高注「小有賓客」云云非是。又按：高氏以專室爲小室，蔣超伯謂即所謂團焦。朱芹云：「團焦者，野人所結之圜舍也。」蓋皆不失本義。馬氏以爲瓦室，恐失之。

〔五一〕【高注】言其衆也。

【版本】茅本、吴本、張本、黄本「飢」作「饑」。

〔五二〕【箋釋】楊樹達云：枕席猶枕藉，「席、藉」音義並近。漢書賈捐之傳云「民衆久困，連年流離，枕席於道路」，亦謂枕藉於道路也。

【箋釋】何寧云：「多少」與「衆寡」義複，衍「多少」二字。蓋上句言「山川谿谷」，故後人於「衆寡」上加「多少」二字與之相對耳。文子上禮篇「計人衆寡」是其證。

〔五三〕【高注】等，差也。

〔五四〕【高注】經，書也。誹惡譽善，賞可賞，罰可罰也。

【箋釋】王念孫云：「差賢不」下本無「肖」字。「不」與「否」同。貴賤、賢不、誹譽、賞罰皆相對爲文。後人不知「不」爲「否」之借字，故又加「肖」字耳。○吴承仕云：「經」無「書」訓，「書」當爲「畫」，形近之誤也。經，介也。介，畫也。訓經爲畫，猶訓經爲理，皆别異之稱。吕氏春秋察傳篇「是非之經，不可不分」，注云：「經，理也。」泰族篇「明好惡以示之，經誹譽以道之」，與此同意。此文經誹譽，亦與上文異貴賤、差賢不肖句一例。誤「畫」爲「書」，義不可通。○于省吾云：注訓「經」爲「書」，非是。莊子漁父「而經子之所以」，釋文引司馬云：「經，理也。」吕氏春秋察傳「是非之經」注：「經，理也。」詩小旻：「匪先民是程，匪大猶是經。」經與程互文耳。經亦程也。廣雅釋詁：「程，量也。」量與理義相因。「經誹譽」，謂分理其誹譽、程量其誹譽也。○馬宗霍云：廣雅釋詁云：「程、見、經，示也。」是經有示義。本文之「經」，亦當訓「示」。「經誹譽」者，謂以誹譽明示之而善惡自見也。○蔣禮鴻亦謂「書」當作「畫」，畫者，界畫。經如孟子所言經界。經誹譽爲分别誹譽也。

〔五五〕【箋釋】陶鴻慶云：分當爲忿，「忿争」屢見下文。○楊樹達、吕傳元、王叔岷、何寧與陶説同。

〔五六〕【高注】抑，没也。言民有滅没夭折之痛。

【箋釋】馬宗霍云：高注「痛」字所以釋「隱」也。詩邶風柏舟篇「如有隱憂」，毛傳云：「隱，痛也。」爲高所本。○何寧云：此處文意不順。疑「民之滅抑夭隱」六字當在「刑誅無罪」下，與「於是生矣」四字作一句讀。兵革興而忿争生，則殺虐不辜而刑誅無罪，殺虐不辜而刑誅無罪，故民生滅抑夭隱之痛；非殺虐不辜而刑誅無罪生於民之滅抑夭隱也。文子上禮篇無六字，則「殺虐不辜而刑誅無罪」緊承「兵革興而忿争生」甚明，不得於其間插入六字，令文義了戾矣。

天地之合和，陰陽之陶化萬物，皆乘一氣者也〔一〕。是故上下離心，氣乃上蒸〔二〕；君臣不和，五穀不爲〔三〕。距日冬至四十六日，天含和而未降，地懷氣而未揚〔四〕，陰陽儲與，呼吸浸潭，包裹風俗〔五〕，斟酌萬殊，旁薄衆宜〔六〕，以相嘔咐醖釀，而成育群生〔七〕。是故春肅秋榮，冬雷夏霜，皆賊氣之所生〔八〕。由此觀之，天地宇宙，一人之身也〔九〕；六合之内，一人之制也〔一〇〕。是故明於性者，天地不能脅也〔一一〕；審於符者，怪物不能惑也〔一二〕。故聖人者，由近知遠，而萬殊爲一〔一三〕。古之人，同氣于天地，與一世而優游〔一四〕。當此之時，無慶（賀）〔賞〕之利、刑罰之威〔一五〕，禮義廉恥不設，毁譽仁鄙不立，而萬民莫相侵欺暴虐，猶在于混冥之中〔一六〕。逮至衰世，人衆財寡，事力勞而養不足，於是忿争生，是以貴仁。仁鄙不齊，比周朋黨，設詐諝，懷機械巧故之心，而性失矣〔一七〕，是以貴義。陰陽之情，莫不有血氣之感，男女群居雜處而無别，是以貴禮〔一八〕。性命之情，淫而相脅〔一九〕，以不得已，則不和，是以貴樂〔二〇〕。

是故仁義禮樂者，可以救敗而非通治之至也。夫仁者所以救争也，義者所以救失也，禮者所以救淫也，樂者所以救憂也。神明定於天下而心反其初，心反其初而民性善〔二一〕，民性善而天地陰陽從而包之，則財足而人贍矣，貪鄙忿争不得生焉〔二二〕。由此觀之，則仁義不用矣。道德定於天下而民純樸，則目不營於色〔二三〕，耳不淫於聲，坐俳而歌謠，被髮而浮游〔二四〕。雖有毛嬙、西施之色，不知悦也〔二五〕；掉羽、武象，不知樂也〔二六〕。淫泆無别，不得生焉。由此觀之，禮樂不用也。

是故德衰然後仁生，行沮然後義立〔二七〕，和失然後聲調〔二八〕，禮淫然後容飾。是故知神明然後知道德之不足爲也，知道德然後知仁義之不足行也〔二九〕，知仁義然後知禮樂之不足脩也〔三〇〕。今背其本而求其末，釋其要而索之于詳，未可與言至也〔三一〕。

校釋

〔一〕【高注】天地合和其氣，故生陰陽，陶化萬物。

【版本】藏本「一」作「人」，王溥本、王鎣本、朱本、汪本、吴本、張本、黄本作「一」，今據改，餘本同藏本。

【箋釋】莊逵吉云：「乘人氣」本作「乘一氣」，唯藏本作「人」。○吴汝綸云：「人」本作「一」，是。○馬宗霍云：文子下德篇云：「陰陽陶冶萬物，皆乘一氣而生。」以彼證此，則本文似以作「乘一氣」爲長，藏本未必是。○雙棣按：吴、馬説是。「一氣」即所謂太一、精氣。吕氏春秋大樂篇云：「太一出兩儀，兩儀出陰陽。陰陽變化，一上一下，合而成章。」又云：「萬物所出，造於太一，化於陰陽。」高誘注云：「兩儀，天地也。出，生也。太一，道也。陰陽，化成萬物者也。」論人篇云：「凡彼萬形，得一後成。」高誘注云：「一，道也。天道生萬物，萬物得一乃後成也。」盡數篇云：「精氣之集也，必有入也。集於羽鳥與爲飛揚，集於走獸與爲流行，集於珠玉與爲精朗，集於樹木與爲茂長，集於聖人與爲敻明。」精氣即太一、一，亦即本文之一氣，乃萬物所生之本源，萬物組成之基本物。本書亦屢言太一、一，氣之精者，即本之吕氏書。本文藏本等作「人」，乃因下文「天地宇宙一人之身也」而誤。

【用韻】「物、氣」物部。

〔二〕【高注】離者，不和也。

【箋釋】馬宗霍云：説文艸部云：「蒸，折麻中榦也。」非「上蒸」之義。本文「蒸」蓋「烝」之借字。説文火部云：「烝，火氣上行也。」是其義也。蒸從烝聲，故二字古通用。文選張華鷦鷯賦：「陰陽陶蒸。」李善注云：「蒸，氣出貌。」又嵇康琴賦：「蒸靈液以播雲。」李注云：「蒸，氣上貌。」並借「蒸」爲「烝」之例也。

【用韻】「心、蒸」侵蒸合韻。

〔三〕【高注】不爲五穀。

【版本】茅本、汪本、莊本、集解本注作「不爲不成也」，王溥本、朱本、葉本同藏本，景宋本缺。

【箋釋】雙棣按：「五穀不爲」句式，本書多有出現。天文篇：「介蟲不爲。」高注：「不成爲介蟲也。」又：「魚不爲。」高注：「不成爲魚。」又禾不爲、菽麥不爲、麥不爲等，均無注。觀天文篇高注，藏本等作「不爲五穀」，（「爲」上似應有「成」字。）當是高注之舊。廣雅釋詁三：「爲，成也。」國語晉語四「黍不爲黍」韋昭注：「爲，成也。」

【用韻】「和、爲」歌部。

〔四〕【高注】自立冬到冬至皆未動也。

【版本】藏本「地」作「也」，王溥本、王鎣本、朱本、葉本、汪本、吴本、張本、黄本、莊本、集解本作「地」，今據改，餘本同藏本。

【用韻】「降、揚」冬陽合韻。

〔五〕【高注】儲與，猶尚羊，無所主之貌也。一曰褒大貌也。浸潭，廣衍。故曰包裹風俗也。

【版本】藏本注「主」作「生」，景宋本、茅本、汪本、張本、黄本、莊本、集解本作「主」，今據改，王溥本、朱本同藏本。

【箋釋】于省吾云：「潭」應讀作「尋」。原道「故雖游於江潯海裔」注：「潯讀葛覃之覃也。」説山「瓠巴鼓瑟，而淫魚出聽」，説文作「伯牙鼓瑟，鱏魚出聽」。爾雅釋言釋文：「覃本又作𢒞。」是其證也。史記孝武本紀：「侵尋於泰山矣。」索隱：「侵尋即侵淫也。」尋淫聲相近。文選魏都賦：「緑枝泛濤而浸潭。」注：「浸潭，漸漬也。」漸漬與浸淫義相仿。原道「浸潭苽蔣」注：「浸潭之潤，以生茂蔣。」既言浸潭之潤，亦謂浸淫也。〇楊樹達云：「浸潭」猶言「侵尋」。天文篇云：「火上蕁。」高注云：「蕁讀葛覃之覃。」是「覃、尋」聲通之證。〇馬宗霍云：本書要略篇「合三王之風以儲與扈治」，許慎注云：「儲與猶攝業也。」楚辭嚴忌哀時命篇：「衣攝葉以儲與兮。」王逸注云：「攝葉、儲與，不舒展貌。」案「攝業」即「攝葉」之異。義既與儲與同，故王叔師合釋之曰「不舒展貌」。本文高注以「尚羊」「褒大」釋「儲與」，「不舒展」與此兩義適相反。但上文云「天含和而未降，地懷氣而未揚」。「未降」「未揚」正與不舒展之義近。就本文言，似依王説爲勝。然則「陰陽儲與」者，猶言陰陽二氣在絪緼之中耳。易繫辭曰：「天地絪緼，萬物化醇。」「絪緼」一作「氤氲」。説文作「壹壺」，是其本字。壹壺二字皆從壺，言氣在壺中不得泄也。氣不得泄，亦即不舒展之意。故下文又云「以相嘔咐醖釀而成育群生」，醖釀正絪緼化醇之謂矣。又案：説文人部云：「儲，偫也。」引申之義則爲積。舁部云：「與，黨與也。」引申之義則爲聚。「儲與」疊韻連緜字，猶言積聚之貌。楚辭以攝葉共文者，莊子胠篋篇「則必攝緘縢」，陸德明釋文引崔注「攝，收也」，李注「攝，結也」。方言三云：「葉，聚也。」是攝葉亦積聚之意。積聚與不舒展義亦相成。易繫辭又云「精氣爲物」，韓康伯注云：「精氣氤氲，聚而成物。」孔穎達疏申之云：「精氣爲物者，謂陰陽精靈之氣氤氲積聚而爲萬物也。」案孔氏以「積聚」申「絪緼」，又「絪緼」與「儲與」得通之一證也。〇雙棣按：高釋「儲與」爲「尚羊」，儲尚、與羊爲雙聲，且又陰陽對轉，於音理亦合。漢書楊雄傳上河東賦「儲與虖大溥」，服虔曰：「儲與，相羊也。」相羊即尚羊。此文

「儲與」當取高注「尚羊」，義爲相隨不定，高補注「無所主之貌」，不甚準确。高注「一曰褒大貌也」，與俶真篇注同，可見「一曰」並非必許注也。

〔六〕【高注】旁，並也。薄，近也。衆物宜適也。

【箋釋】吴承仕云：薄，近也。近當爲迫，字之誤也。旁並、薄迫，皆以聲訓。此爲經籍常詁，亦屢見於本書，不煩舉證。

〔七〕【高注】呴讀符命之符。醞釀，猶和調也。

【版本】茅本、汪本、莊本、集解本注無「呴讀符命之符」六字。

〔八〕【箋釋】陶鴻慶云：此節文義隔絶，蓋傳寫失其次也。自「距日冬至四十六日」至「成育群生」五十一字，當在「皆乘人氣者也」句下，乃承天地陰陽乘人氣之文而申説之。「是故上下離心」以下四句，當移在「成育群生」之後，與「是故春肅秋榮」云云相接。文子下德篇正如此。無「距日冬至」以下五十一字，而文義較順。此蓋校者據他本補入，而易其本處耳。〇蔣禮鴻云：陶氏謂此節傳寫失次，是也。至所移則不确。「距日冬至」以下五十一字當移在「天地之合和」句上。「天地之合和，陰陽之陶化萬物，皆乘人氣者也。是故上下離心，氣乃上蒸，君臣不和，五穀不爲」當與「是故春肅秋榮，冬雷夏霜，皆賊氣之所生」相緊接。氣乃上蒸，賊氣之所生，正承「皆乘人氣者也」句而申言之，不當間以他文甚明。

【用韻】「釀、生、榮、霜、生」陽耕合韻。

〔九〕【高注】以身諭也。

【版本】茅本、汪本、張本、黄本、莊本、集解本無此注。景宋本、王溥本、朱本、葉本同藏本。

〔一〇〕【高注】六合，四方上下也。

【版本】茅本、汪本、張本、黄本、莊本、集解本無此注。景宋本、王溥本、朱本、葉本同藏本。

【箋釋】王念孫云：「制」字義不可通，「制」當爲「刑」，字之誤也。刑與形同。「一人之形」即承「一人之身」言之。文子下德篇正作「一人之形」。又主術篇「乘衆人之制」，「制」亦當爲「刑」，刑與形同。文子自然篇作「乘衆人之勢」，勢亦形也。劉績依文子改「制」爲「勢」，義則是而文則非矣。○雙棣按：此文本之吕氏春秋有始篇「天地萬物，一人之身也，此之謂大同」。

〔一一〕【高注】脅，恐也。

〔一二〕【高注】審，明也。符，驗也。怪物非常，人所疑惑也。

【用韻】「脅、惑」盍職合韻。

〔一三〕【高注】殊，異也。一，同也。

〔一四〕【高注】優游，猶委從也。

【版本】王溥本、王鎣本、葉本、吴本「于」作「於」。

【箋釋】俞樾云：「古之人」三字，衍文也。四句一氣相屬，皆蒙「故聖人者」爲文。若有「古之人」三字，則文義不貫。此文本云：「故聖人者，由近而知遠，以萬殊爲一同，氣蒸於天地，與一世而優游。」今本「而」字脱去，校者誤補於「遠」字之下，遂誤删「以」字。「一同」與「萬殊」本相對爲文，今衍「古之人」三字，遂以「同」字下屬，而誤删「蒸」字，皆非其舊。文子下德篇作「聖人由近以知遠，以萬異爲一同，炁蒸乎天地」，宜據以訂正。彼云「由近以知遠」，即「由近而知遠」也，「以萬異爲一同」，即「以萬殊爲一同」也。彼云「炁蒸乎天地」，故知此脱「蒸」字矣。上文云「氣乃上蒸」，即此「蒸」字之義也。○雙棣按：文選詣建平王上書、逸民傳論注引此，亦有「古之人」三字，不得謂衍也。

〔一五〕【版本】藏本「賞」作「賀」，今據陳昌齊校改，各本同藏本。藏本「威」誤作「感」，各本均作「威」，今據改。

【箋釋】陳昌齊云：「慶賀」，據文當作「慶賞」。○雙棣按：陳説是，先秦無「慶賀」連文者，而「慶賞」連文多見。莊子一見，達生：「齊三日而不敢懷慶賞爵禄。」荀子十一見，如議兵：「慶賞刑罰欲必以信。」大略：「慶賞刑罰，通類而後應。」韓非子八見，如二柄：「爲人臣者畏誅罰而利慶賞。」難勢：「無慶賞之勸，刑罰之威。」本書除此例亦無「慶賀」而只有「慶賞」，如時則篇：「行慶賞，省徭賦。」兵略篇：「慶賞信而刑罰必。」「慶賞」多與「刑罰」相對爲文，本文亦如是。「賀」字爲「賞」字傳寫之誤，無疑矣。

〔一六〕【高注】混，大也。大冥之中，謂道也。

【版本】景宋本「毀」作「誹」。王溥本、王鎣本、吴本「于」作「於」。

〔一七〕【高注】謂，謀也。性失，失其純樸之性也。

【版本】王鎣本、朱本「仁鄙」之「仁」作「人」。

〔一八〕【高注】禮以別也。

【箋釋】吴承仕云：注「也」當作「之」。下文「是以貴樂」注云：「樂以和之。」文例正同。

〔一九〕【高注】脅，迫。

〔二〇〕【高注】以樂和之。

【版本】莊本、集解本注「以樂」作「樂以」，景宋本、王溥本、葉本同藏本。

【箋釋】劉家立云：貴仁、貴義、貴禮、貴樂四句，今本惟禮、樂有注，仁、義無注，文子下德篇「貴仁」句注云：「仁以安之。」「貴義」句注云：「義以斷之。」計淮南原本亦必有注，疑由傳寫而脱也。○雙棣按：文子下德篇「貴仁」等四句有注，然「貴禮」、「貴樂」句注與淮南不同。「貴仁」、「貴義」句注與劉氏所引亦不同。文子「貴仁」句注作：「方假兼受以治人。」「貴義」句注作：「義者，裁斷合宜，然可物正其實。」

〔二一〕【高注】初者，始也。未有情也。未有情欲，故性善也。

【版本】藏本注無上「未」字，王溥本、茅本、葉本、汪本、莊本、集解本有，今據補，景宋本同藏本。

〔二二〕【版本】景宋本、王溥本、王鎣本、吴本重「財足」二字。莊本、集解本「贍」作「澹」。王溥本、王鎣本、吴本「不」作「弗」。

〔二三〕【高注】營，惑。

〔二四〕【版本】藏本「游」作「淫」，景宋本、王溥本、王鎣本、茅本、汪本、張本、黄本、莊本、集解本作「游」，今據改，餘本同藏本。

【箋釋】雙棣按：「坐俳」之義，各家無説。説文云：「俳，戲也。」謂古之雜戲。然非淮南「坐俳」之義。淮南此文講民之純樸，目不營於色，耳不淫於聲，坐俳而歌謡，被髮而浮游。「坐俳」與「被髮」對文，皆民之行爲，而皆純樸之行爲，故解爲「雜戲」不妥。此處「坐俳」當解爲「行止」。康熙字典「俳」解爲「俳佪」，當是。所謂「俳佪」即來回走動之義，與「坐」皆爲最純樸之行爲。楚辭已有「俳佪」一詞。聯綿字單用，詩經已有之。

〔二五〕【高注】言尚德也。

【版本】莊本、集解本「悦」作「説」。

〔二六〕【高注】掉羽，羽舞也。武象，周武王樂也。

【版本】葉本注「舞」作「武」。王溥本注「象」上「武」字作「舞」，無「周」字，「王」下有「之」字。

【箋釋】雙棣按：疑「武象」下脱「之樂」二字。此句與上句爲對文，上句「毛嬙、西施」下有「之色」二字，此句「掉羽、武象」下亦當有「之樂」二字。原道篇「目觀掉羽、武象之樂」即有「之樂」二字。

〔二七〕【高注】沮，敗也。

〔二八〕【箋釋】馬宗霍云：本文上下皆仁義禮樂並舉，則本文「和失」之「和」猶「樂」也。論語學而篇「禮之用和爲貴」，皇侃疏曰：「禮之用和爲貴，和即樂也，變樂言和，見樂功也。」邢昺疏曰：「禮之用和爲貴者，和謂樂也，樂主和同，故謂樂爲和。」然則本文易「樂」爲「和」，皇、邢二疏足釋其義。

〔二九〕【高注】道德本，仁義末。

〔三〇〕【高注】仁義大也，禮樂小也。

〔三一〕【高注】至，至德之道也。【版本】景宋本「求其末」作「求于末」，餘本同藏本。葉本、莊本、集解本「于」作「於」。王溥本注無「之道」二字。

天地之大，可以矩表識也〔一〕；星月之行，可以歷推得也〔二〕；雷霆之聲，可以鼓鍾寫也〔三〕；風雨之變，可以音律知也〔四〕。是故大可覩者，可得而量也〔五〕；明可見者，可得而蔽也〔六〕；聲可聞者，可得而調也；色可察者，可得而別也〔七〕。夫至大，天地弗能含也；至微，神明弗能領也〔八〕。及至建律歷，別五色，異清濁〔九〕，味甘苦〔一〇〕，則樸散而爲器矣〔一一〕。立仁義，脩禮樂，則德遷而爲僞矣〔一二〕。及僞之生也，飾智以驚愚，設詐以巧上〔一三〕。天下有能持之者、有能治之者也〔一四〕？昔者蒼頡作書而天雨粟，鬼夜哭〔一五〕；伯益作井而龍登玄雲，神棲崑崙〔一六〕；能愈多而德愈薄矣〔一七〕。故周鼎著倕使銜其指，以明大巧之不可爲也〔一八〕。

故至人之治也，心與神處，形與性調，靜而體德，動而理通〔一九〕，隨自然之性而緣不得已之化，洞然無爲而天下自和〔二〇〕，憺然無欲而民自樸〔二一〕，無機祥而民不夭，不忿争而養足，兼苞海内，澤及後世，不知爲之者誰何〔二二〕？是故生無號，死無謚，實不聚而名不立〔二三〕，施者不德，受者不讓〔二四〕，德交歸焉而莫之充忍也〔二五〕。故德之所總，道弗能害也〔二六〕；智之所不知，辯弗能解也〔二七〕。不言之辯，不道之道，若或通焉，謂之天府〔二八〕。取焉而不損〔二九〕，酌焉而不竭〔三〇〕，莫知其所由出，是謂瑶光。瑶光者，資糧萬物者也〔三一〕。振困窮，補不足，則名生〔三二〕；興利除害，伐亂禁暴，則功成〔三三〕。世無災害，雖神無所施其德〔三四〕；上下和輯，雖賢無所立其功。昔容成氏之時，道路鴈行列處〔三五〕，託嬰兒於巢上，置餘糧於畮首〔三六〕，虎豹可尾，虺蛇可蹍，而不知其所由然〔三七〕。

校釋

〔一〕【高注】矩，度也。表，影表。識，知也。

〔二〕【高注】歷，術也。推，求也。

【版本】莊本、集解本正文「歷」作「曆」。

【箋釋】劉文典云：意林引，作「天地雖大，可以矩表知之；星月之形，可以律歷知之」。〇于大成云：意林所引，皆是許本，然此文亦有改竄，恐非盡許君之舊。高本此文「歷推得」當作「律歷推」。下文云「雷霆之聲，可以鍾鼓寫也；風雨之變，可以音律知也」，四句並列，矩表、律歷、鍾鼓、音律皆名詞，識、推、寫、知皆動詞，若如今本「律歷」作「歷推」，則失倫矣。意林所引，雖是許本，而「律歷」二字，許、高皆同，可以正今本之誤也。蓋今本此句「律」字誤奪，後人遂於「推」下臆加「得」字以足句，而不知其非是也。又「星月之行」，劉引作「形」，誤。律歷但以推星月之行耳，不得推其形也。〇雙棣按：此上下四句句法一律，「以」下賓語爲一雙音詞語，然後作下一單音動詞之狀語。惟此句有異，「以」下賓語爲單音詞「歷」，而動詞「推」下復有「得」字補語。竊疑此「得」字爲「律」字形近之誤，因誤爲「得」，故由「歷」上而移至於「推」下矣。意林引正作「律歷」，是其證。

【用韻】「識、得」職部。

〔三〕【高注】寫猶放斆也。

【版本】藏本「霆」作「震」，黄本作「霆」，今據改，餘本同藏本。景宋本、集解本「鍾」作「鐘」。

【箋釋】王念孫云：「雷震」當爲「雷霆」，字之誤也。天地、星月、雷霆、風雨相對爲文。太平御覽天部十三引此，正作「雷霆」，文子下德篇同。〇王叔岷云：王説是也。漢魏叢書本正作「雷霆」。○于大成云：喻林十一、諸子類語四引此亦並作「雷霆」。又「鼓鍾」當作「鍾鼓」，「鍾鼓」本書習見，原道篇「夫建鍾鼓，列管弦」，又「是猶無耳目而欲調鍾鼓」，本篇下文「故鍾鼓管簫干戚羽旄，所以飾喜也」，主術篇「乃始縣鍾鼓，陳干戚」，齊俗篇「古者非不能陳鍾鼓，盛筦簫，揚干戚，奮羽旄」，又「鍾鼓筦簫絲竹金石以淫其耳」，道應篇「相女童，擊鍾鼓」，氾論篇「懸鍾鼓磬鐸，置鞀，以待四方之士」，詮言篇「鍾鼓不解於縣」，泰族篇「有喜樂之性，故有鍾鼓管弦之音」，並作「鍾鼓」，今本誤到。御覽引此文正作「鍾鼓」，文子上禮篇同。劉子心隱篇「雷霆之聲，可以鍾鼓傳也」，即本此文，可證「雷震」當作「雷霆」，「鼓鍾」當作「鍾鼓」也。

〔四〕【高注】律知陰陽。

【箋釋】雙棣按：御覽天部十三引淮南作「風雨之變，可以音律和也」。文子下禮篇與今本同，作「知」。依高注，此當作「知」。

【用韻】「寫、知」魚支合韻。

〔五〕【用韻】「覩、量」魚陽通韻。

〔六〕【高注】蔽或作察。

【箋釋】于省吾云：作「蔽」者是。晉語「及蔽獄之」注：「蔽，決也。」左昭十四年傳「叔魚蔽罪邢侯」注：「蔽，斷也。」決斷義相同。可得而蔽也，與上文可得而量也，詞例相仿。察雖有分別之義，但下文「色可察者」，作「察」則複。

〔七〕【用韻】「見、蔽」元月通韻。

【用韻】「察、别」月部。

〔八〕【高注】領，理也。

【用韻】「含、領」侵耕合韻。

〔九〕【高注】清，商。濁，宫。

【版本】莊本、集解本「歷」作「曆」。

〔一〇〕【箋釋】楊樹達云：「味」字義不可通，蓋「殊」字形近之誤。「殊」與上文别、異二字義同。○雙棣按：「味」字不誤，此爲動詞體味義，體味即有分辨義，不必謂「殊」之誤。

〔一一〕【箋釋】雙棣按：論語爲政「君子不器」，皇疏：「器者，給用之物也。」易繫辭上傳：「形乃謂之器。」器即有形可用之物。「樸散爲器」，謂失道本矣。

【用韻】「歷、色、濁、器」錫職屋質合韻。

〔一二〕【高注】脩，設也。遷，移也。

【用韻】「義、僞」歌部。

〔一三〕【高注】巧，欺也。

【版本】藏本注「欺」下有「上」字，茅本、汪本、張本、黄本無，今據删，餘本同藏本。

【箋釋】馬宗霍云：注文當作「巧，欺也」。「上」字疑傳寫者涉正文而衍。○雙棣按：吕氏春秋論人、下賢高誘注：「巧故，僞詐也。」僞詐亦即欺之意，無「上」字明矣。馬説是。文子下德篇「巧上」作「攻上」。

〔一四〕【高注】有能持之者，桀、紂之民。有能治之者，湯、武之君也。

【箋釋】王念孫云：「有能治之者也」當作「未有能治之者也」。言詐僞並起，天下有能以法持之者，未有能以道治之者也。其能治之者，必待至人，下文「至人之治也」云云是也。文子下德篇作「天下有能持之，而未能有治之者也」，是其證。高所見本，蓋脱「未」字。○于省吾云：高注上句就民言，下句就君言，引桀紂湯武以增成其義，殊爲望文生訓。然高所見本，本無「未」字，至明顯也。文子不達其意而增「未」字，王反據以改本書，疏矣。且王謂天下有能以法持之者，未有能以道治之者也。夫以法持之猶不得謂之非治也。是王氏望文演訓，與高注同。「也、邪」古字通，詳經傳釋詞。覽冥篇：「其失之非乃得之也？」「也」讀「邪」。正言之，其失之乃得之也。此言天下有能持之者、有能治之者邪？係反詰之詞，正言之，天下未有能持之者，未有能治之者也。讀「也」如字，則失古人之語妙矣。

【用韻】「持、治」之部。

〔一五〕【高注】蒼頡始視鳥迹之文，造書契，則詐僞萌生。詐僞萌生則去本趨末，棄耕作之業而務錐刀之利。天知其將餓，故爲雨粟。鬼恐爲書文所劾，故夜哭也。鬼或作兔，兔恐見取毫作筆，害及其軀，故夜哭。

【版本】藏本注「契」上有「有」字，茅本、張本、黄本、莊本、集解本無，今據刪，餘本同藏本。藏本注「劾」作「効」，王溥本、莊本、集解本作「劾」，今據改，朱本、茅本、汪本、張本、黄本同藏本，景宋本作「刻」。

【箋釋】陶方琦云：意林引許注：「倉頡，黄帝史臣也。造文字則詐僞生，故鬼哭也。」按，説文敘云「黄帝之史倉頡」，與注淮南説同。意林引許本作「倉」，今高本作「蒼」，亦異。○王叔岷云：「昔者蒼頡作書」，意林引作「倉頡作字」。○于大成云：此文許、高二本有別，許作「倉頡作字」，故其注云「造文字也」；高作「蒼頡作書」，故其注云「視鳥迹之文造書」也。論衡異虚篇、感虚篇、藝文類聚七十四書下、又八十五留存事始書條、太平御覽七百四十七書下等引並作「書」，韻府羣玉「哭」字注有此文，字亦作「書」，與今本合，知高本的是「書」字也。又「作」字許、高同，自論衡汔于北宋初所引皆然，唯事始引作「造」字，而後出諸書皆从之，乃臆改，或涉注文而誤也，不當據校。

【用韻】「粟、哭」屋部。

〔一六〕【高注】伯益佐舜，初作井，鑿地而求水，龍知將決川谷，漉陂池，恐見害，故登雲而去，棲其神於崑崙之山也。

【版本】莊本、集解本正文及注「崑崙」作「昆侖」。

【箋釋】劉文典云：高注「故登雲而去，棲其神于昆侖之山」，是誤以神爲龍之神也。論衡感虚篇：「傳書又言：『伯益作井，龍登玄雲，神棲崑崙。』言作井有害，故龍神爲變也。夫言龍登玄雲，實也；言神棲崑崙，又言爲作井之故，龍登神去，虚也。」又曰：「所謂神者，何神也？百神皆是。百神何故惡人爲井？」可證高注之非。○吴承仕云：御覽九百二十九引此注云：「伯夷，（御覽引文作伯益，而注文作夷，疑是誤字。）夏禹之佐也。初鑿井泄地氣，以後必漉池而漁，故龍登玄雲，神棲崑崙。一曰：龍在黄泉下，恐害及，故去之。」案：御覽引注，蓋有二義，既與今本不同，而文句亦異。疑今本注文，雜采二説而聯綴之。至御覽所引，雖根依舊本，而稍有删節，故互不相應也。又案：地理志：「化益，堯臣。」御覽引注作夏禹之佐，今注本作舜佐，三説皆可通。而御覽所引，分列二義，最爲近古。則以伯益爲禹佐者，疑是舊義。○于大成云：吴氏所引御覽，注文實亦作「伯益」，吴氏所見，殆是誤本。然文選班固幽通賦「嬴取威於伯夷兮」，伯夷即此伯益，則作「夷」亦可。御覽八引作「龍在黄泉下，恐害及，故去」之注，是古確有此注。事類賦注八引此注「龍恐害，故登雲去，棲其神於崑崙也」，是北宋初年所見之本，亦有與今本合者。吕氏春秋勿躬篇「伯夷作井」，淮南所本也。彼文高氏無注，無以考見今本高注之是非。○雙棣按：吕氏春秋當染篇云：「禹染於臯陶、伯益。」求人篇云：「得陶、化益、真窺、横革、之交五人佐禹，故功績銘乎金石，著於盤盂。」顔師古漢書律曆志注曰：「化益即伯益。」此亦謂伯益爲禹佐者。吕氏春秋勿躬篇亦云：「伯益作井。」高誘當染篇注「伯益，臯陶之子也」，梁玉繩已糾其誤。

【用韻】「雲、崙」文部。

〔一七〕【高注】愈，益也。

【箋釋】王念孫云：太平御覽鱗介部一引此，「能愈多」作「智愈多」。案：當作「智能愈多」。智能二字總承上文言之，今本脱「智」字，御覽脱「能」字。文子下德篇作「智能彌多而德滋衰」，是其證。

〔一八〕【高注】倕，堯之巧工也。及周鑄鼎，著倕像於鼎，使銜其指。假令倕在見之，伎巧不能復踰，但當銜齧其指，故曰以明巧之不可爲也。一説：周人鑄鼎畫像，鏤倕身於鼎，使自銜其指，以戒後世，明不當大巧爲也。

【版本】莊本、集解本注無「及」字。王溥本注「一説」作「一曰」。

【箋釋】于省吾云：吕氏春秋離謂：「周鼎著倕而齕其指，先王有以見大巧之不可爲也。」與此文略同，注後説是也。○楊樹達云：文本吕氏春秋離謂篇。本書道應篇亦記此事。○雙棣按：高注後説與吕氏春秋離謂篇注前説同，蓋高氏先注淮南，後注吕覽，注吕覽時意已有變。此説是也。此注前説不允，且注文有誤。吕覽後注云：「周鑄鼎象百物，技巧絶殊，假令倕見之，則自銜齧其指，不能復爲，故言大巧之不可爲也。」吕覽注較順。此注「周鑄鼎，著倕像於鼎，使銜其指」，與後説重複，且於本説亦不暢，下云：「假令倕在見之，伎巧不能復踰，但當銜齧其指。」鼎著倕銜其指，此假令亦倕銜其指，甚無謂。恐涉正文或後説而誤。

【用韻】「指、爲」脂歌合韻。

〔一九〕【版本】藏本「與性」誤爲注文，各本均爲正文，今據正。

【箋釋】陶鴻慶云：「德」讀爲「得」。體得與理通對文。

【用韻】「調、通」幽東合韻。

〔二〇〕【用韻】「爲、和」歌部。

〔二一〕【版本】景宋本、茅本、汪本、張本、黄本、莊本、集解本「澹」作「憺」，王溥本、王鎣本、朱本、葉本、吴本同藏本。

【箋釋】馬宗霍云：廣韻一送云：「洞，空也。」本文「洞然」義同。説文心部云：「憺，安也。」本文「憺然」義同。○雙棣按：説文：「憺，安也。」「澹，水摇也。」段玉裁注曰：「憺怕，俗用澹泊字，假借也。」朱駿聲曰：「澹假借爲憺。廣雅釋詁一：『澹，安也。』四：『澹，静也。』漢書禮樂志『澹容與』注：『安也。』司馬相如傳『灑沈澹災』注：『安也。』楊雄傳『澹泊爲德』注：『安静也。』」藏本用「澹」爲假借字，景宋本等用「憺」爲本字。

【用韻】「欲、樸」屋部。

〔二二〕【高注】道無姓名，自當然也。故曰不知誰何也。

【版本】王鎣本、朱本、茅本、葉本、汪本、吴本、張本、黄本、莊本、集解本「苞」作「包」，景宋本、王溥本同藏本。

【箋釋】雙棣按：説文：「勹，裹也。」此文包裹義，當以「勹」爲本字，「包、苞」均假借字也。又按：「誰何」，誰人，何人也。先秦古籍僅莊子應帝王一見：「吾與之虚而委蛇，不知其誰何。」漢代此語漸多。亦可顛倒，成玄英應帝王疏曰：「故不知的是何誰也。」

〔二三〕【高注】實，財也。道不名，故名不立。

【版本】莊本、集解本「謚」作「諡」，餘本同藏本。

【箋釋】馬宗霍云：「實不聚」，承上文「至人之治兼包海内，澤及後世，不知爲之者誰何」言。「名不立」，承上文「生無號，死無謚」言。實以生名，名從實起。至人之治既無實可指，故亦不可得而名也。高氏以財斥實，以名斥道，泥矣。

〔二四〕【高注】施者不以爲恩德，振不足而已。受者不讓之，則受之，不飾辭讓也。

【箋釋】于大成云：老子六十章「夫兩不相傷故德交歸焉」，即此文所本。

〔二五〕【高注】忍，不忍也。

【箋釋】王念孫云：高蓋誤讀「忍也」二字爲句，訓忍爲不忍，於正文無當也。今案：「充忍」二字當連讀，「忍」讀爲「牣」。大雅靈臺篇「於牣魚躍」，毛傳曰：「牣，滿也。」德交歸焉而莫之充滿，所謂「大盈若虚」也。鄭風將仲子、大雅抑及周官山虞釋文忍字並音刃，忍有刃音，故又與牣通。史記殷本紀「充仞宫室」，後漢書章八王傳「充仞其第」，「牣、仞、忍」並同聲而通用。（「牣、仞」之通作「忍」，猶「忍」之通作「仞」，墨子節葬篇「冬不仞寒，夏不仞暑」，仞即忍字。）○吴汝綸云：充忍即充牣。○馬宗霍云：王氏訂高注是也。其釋充忍爲充滿，亦似失之牽强。余謂「交歸」與「充忍」相對爲義。説文儿部云：「充，長也，高也。」引申之義則爲「勝」。心部云：「忍，能也。」能之言耐，引申之義則爲容。莫之充忍猶言莫之勝容也。蓋惟德交歸之，故莫之勝容。質言之，即德如不勝之意。亦即老子所謂「廣德若不足」也。

〔二六〕【高注】總，一也。

【箋釋】俞樾云：「總」字無義，乃「利」字之誤。「利」古文作「𥝢」，「總」俗作「惣」，其上半相似，因而致誤。周書大匡篇「及其利害」，今本「利」亦誤作「總」，是其證也。德之所利，道弗能害。利與害義相應。○陶鴻慶云：俞氏以「總」爲「利」字之誤，然本篇下文云：「晚世學者，不知道之所一體，德之所總要。」又云：「德與天地參，明與日月並，精與鬼神總。」則此文「總」非誤字。「害」當讀爲「割」。釋名釋天：「害，割也。」書堯典：「湯湯洪水方割。」湯誓：「率割夏邑。」大誥：「天降割於我家。」皆假割爲害。故「害」亦假爲「割」。總，合也。割，分也。（國策秦策：「必割地以交於王矣。」注：「割猶分也。」）言德之所合，道不能分也。老子道德經云：「大制不割。」即此義。○劉文典云：下文「晚世學者，不知道之所一體，德之所總要」，高注：「總，凡也。」與此文及注誼皆相類，則「總」非誤字，明矣。高注：「總，一也。」是所見本字已作「總」。若如俞説，則是「利」之譌「總」，漢代已然。俗書之「惣」，造於唐代，宋丁度集韻始其字，安得言古文「𥝢」與俗書之「惣」以上半相似而致誤乎？俞説甚鑿，不可從也。○向承周云：俞説大謬。

德與道非可以利害言者。如其言則德之所不利，道遂能害之矣。道之爲害，未之聞也。竊以此「道德」二字當互易，「害」當爲「周」，形近而譌。此本作「道之所總，德弗能周」也。（老子曰「失道而後德」，道家之説，德不及道，故云然。）莊子徐无鬼篇：「道之所一者，德不能周也，知之所不能知者，辯不能舉也。」即淮南所本。○雙棣按：「總」字不誤，陶、劉説是。

〔二七〕【高注】有智謀者尚不能知，但口辯者何能解也。

【版本】藏本注下「能」作「不」，景宋本、茅本、汪本、莊本、集解本作「能」，今據改，王溥本、朱本、葉本同藏本。

【用韻】「知、解」支部。

〔二八〕【高注】或，有也。有能通不言之辯，不道之道者，入天之府藏。

【版本】王溥本、王鎣本、吴本「辯」作「辨」，王溥本注亦作「辨」。

【用韻】「道、府」幽侯合韻。

〔二九〕【高注】損，減也。

〔三〇〕【高注】酌，猶予。竭，盡也。

【版本】王溥本、王鎣本「竭」上有「能」字，王溥本注「予」作「與」。

【箋釋】雙棣按：莊子天地篇：「注焉而不滿，酌焉而不竭。」釋文：「酌本作取。」此作「取焉而不損，酌焉而不竭」，上句「取焉」，故高氏釋下句「酌」爲「予」，以與「取」對文。然依高注，則主體及物件不一，予焉不竭，言予者不盡；取焉不損，言被取者不損。此不合本文之意。此二句語義相類，酌，猶取也。吕氏春秋情欲：「尊，酌者衆則速盡。」此「酌」即爲取義。又：「非徒萬物酌之也。」高氏注：「酌，取之也。」禮記坊記：「上酌民言。」鄭注：「酌，猶取也。」易損卦：「酌損之。」虞翻注：「酌，取也。」酌，古無訓予者。高氏此注實爲望文生訓。

〔三一〕【高注】瑶光，謂北斗杓第七星也，居中而運，歷指十二辰，擿起陰陽，以殺生萬物也。一説：瑶光，和氣之見者也。

【箋釋】雙棣按：説文：「資，貨也。」引申爲供給，資助。莊子大宗師：「堯何以資汝？」郭注：「資者，給濟之謂也。」釋文：「資，給也。」説文：「糧，穀食也。」穀食爲人生養之物。故此「資糧」乃助養之義也。

〔三二〕【高注】名，仁名也。

〔三三〕【高注】功，武功也。

【版本】藏本「功成」作「成功」，景宋本、王溥本、王鎣本、汪本、張本、吴本、黄本、莊本、集解本作「功成」，今據乙改，餘本同藏本。

【用韻】「生、成」耕部。

〔三四〕【箋釋】于大成云：文子精誠篇「神」作「聖」，朱弁注文子曰「向使天下各得，則聖人之德何所施爲也」，「聖」字義勝。

〔三五〕【高注】容成，黄帝時造曆術者。鴈行，長幼有差也。

【版本】藏本注「者」作「也」，王溥本、張本、黄本、莊本、集解本作「者」，今據改，餘本同藏本。

【箋釋】陳昌齊云：文選魏都賦注、晉紀論注「容成」並無「氏」字。◎雙棣按：吕氏春秋勿躬篇：「容成作歷。」亦無氏字。高氏此注亦無「氏」字，無「氏」字是。又按：容成乃黄帝時造歷術者，非一世之君主，不當言「容成氏之時」，恐有誤。

〔三六〕【用韻】「處、首」魚幽合韻。

〔三七〕【高注】虎豹擾人，無害人之心，故可牽尾。虺蛇不螫毒，故可蹍履也。時人謂自當然耳，故曰不知其所由然。

【箋釋】莊逵吉云：擾人之擾，當作「犪」，古「柔」字也。◎雙棣按：莊説是，朱駿聲云：「擾，假借爲犪。」又云：「犪，經傳皆以擾爲之。」説文：「犪，牛柔謹也。」故有柔義。廣雅釋詁四：「犪，柔也。」王念孫疏證：「犪，擾並通。」（擾隸變譌作擾。）段玉裁云：「凡馴擾字當作此，隸作擾。」周禮天官太宰「以擾萬民」鄭玄注：「擾，猶馴也。」賈公彦疏：「擾則馴順之義也。」本書脩務篇「及至圉人擾之」，高誘注：「擾，順也。」

逮至堯之時，十日並出，焦禾稼，殺草木，而民無所食。猰貐、鑿齒、九嬰、大風、封豨、脩蛇皆爲民害〔一〕。堯乃使羿誅鑿齒於疇華之野〔二〕，殺九嬰於凶水之上〔三〕，繳大風於青丘之澤〔四〕，上射十日而下殺猰貐〔五〕，斷脩蛇於洞庭，擒封豨於桑林〔六〕。萬民皆喜，置堯以爲天子〔七〕。於是天下廣陜、險易、遠近始有道里〔八〕。舜之時，共工振滔洪水，以薄空桑〔九〕，龍門未開，吕梁未發，江淮通流，四海溟涬，民皆上丘陵，赴樹木〔一〇〕。舜乃使禹疏三江、五湖，闢伊闕，導瀍、澗〔一一〕，平通溝陸，流注東海。鴻水漏〔一二〕，九州乾，萬民皆寧其性〔一三〕。是以稱堯舜以爲聖〔一四〕。

晚世之時，帝有桀紂，爲琁室、瑶臺、象廊、玉牀〔一五〕，紂爲肉圃、酒池〔一六〕，燎焚天下之財〔一七〕，罷苦萬民之力〔一八〕，刳諫者，剔孕婦〔一九〕，攘天下，虐百姓。於是湯乃以革車三百乘，伐桀于南巢，放之夏臺〔二〇〕。武王甲卒三千，破紂牧野，殺之于宣室〔二一〕。天下寧定，百姓和集，是以稱湯武之賢〔二二〕。由此觀之，有賢聖之名者，必遭亂世之患也〔二三〕。

今至人生亂世之中，含德懷道，拘無窮之智，鉗口寢説，遂不言而死者，衆矣〔二四〕。然天下莫知貴其不言也〔二五〕。故道可道，非常道〔二六〕；名可名，非常名〔二七〕。著於竹帛，鏤於金石〔二八〕，可傳於人者，其粗也。五帝三王，殊事而同指，異路而同歸〔二九〕。晚世學者，不知道之所一體，德之所總要〔三〇〕，取成之迹，相與危坐而説之〔三一〕，鼓歌而舞之，故博學多聞而不免於惑〔三二〕。詩云：「不敢暴虎，不敢馮河。人知其一，莫知其他。」此之謂也〔三三〕。

校釋

〔一〕【高注】猰讀車軏履人之軏，貐讀疾除瘉之瘉也。

【版本】茅本、汪本、張本、黄本、莊本、集解本下文「猰貐」等六者之注均聚列於此。景宋本、王溥本、朱本、葉本同藏本。

【箋釋】王念孫云：漢書楊雄傳應劭注，文選辯命論注，太平御覽皇王部五、兵部三十六引此，「鑿齒」皆在「封豨」下，各本誤在「猰貐」下。又案：道藏本、劉本、朱本「猰貐」以下六者之注文，本分見於下文六句之下，（文選王融曲水詩序注、辯命論注，太平御覽皇王部五、兵部三十六、羽族部十四，所引皆如是。）故「鑿齒，獸名」云云，本在下文「誅鑿齒於疇華之澤」之下，自茅本始移六者之注於此文下，而次「鑿齒」之注於「猰貐」之下，「九嬰」之上，則是以已誤之正文，改不誤之注文也。莊本從之，謬矣。〇汪文臺云：文選長楊賦注引應劭注云：「窫窳，類貙，虎爪，食人。」窫窳即猰貐。應注實本爾雅。海内南經云：「窫窳，龍首。」此高注所本。「大風，鷙鳥也。」見漢書楊雄傳注，文選辯命論注，御覽皇王部五、兵部三十六。兵部作「羿窫窳、九嬰、大風、封豕、鑿齒、修虵」。〇王叔岷云：俶真篇高注「猰貐」作「窫窳」，文選揚子雲長楊賦注引應劭注引此「猰貐」亦作「窫窳」，「封豨」作「封豕」，「鑿齒」在「封豕」下，亦可證今本「鑿齒」之誤在「猰貐」之下也。〇鄭良樹云：分類補注李太白詩五北上行楊注引此文，「鑿齒」亦在「封豨」

下。○于大成云：古文苑宋玉大言賦注引，「鑿齒」亦在「封豨」下，可證王説。又「猰貐」，説文豸部「貐，猰貐，似貙，虎爪，食人，迅走」，（小徐本如此。）大徐作「猰」，則今本作「猰貐」者，乃後人以許本改高本也，然高本必作「窫窳」。御覽八十、三百五、古文苑注、爾雅翼二十一、萬卷精華十七引皆作「窫窳」。○雙棣按：文選辯命論注引此，「鑿齒」在「猰貐」下，同今本。

〔二〕【高注】鑿齒，獸名，齒長三尺，其狀如鑿，下徹頷下，而持戈盾。羿善射，堯使羿射殺之。疇華，南方澤名也。

【版本】茅本、汪本、張本、黄本、莊本、集解本注「鑿齒」至「戈盾」移前「爲民害」下。王溥本注「堯」下有「乃」字。

【箋釋】洪亮吉云：當即國語「依疇、歷華」二地。

〔三〕【高注】九嬰，水火之怪，爲人害。北狄之地有凶水。

【版本】茅本、汪本、張本、黄本、莊本、集解本注「九嬰」至「爲人害」移前「爲民害」下。

〔四〕【高注】大風，風伯也。能壞人屋舍。羿於青丘之澤繳遮，使不爲害也。一曰：以繳繫矢射殺之。青丘，東方之澤名也。

【版本】茅本、汪本、張本、黄本、莊本、集解本注「大風」至「屋舍」移前「爲民害」之下。王溥本注下「澤」上有「水」字。

【箋釋】王念孫云：疇華之野，「野」本作「澤」，故高注云南方澤名。青丘之澤，「澤」本作「野」，時則篇云「東至青丘樹木之野」是也。高注本作「青丘，東方丘名也」。今本正文「澤、野」二字互誤，高注「東方丘名」，「丘」字又誤作「澤」。文選王融三月三日曲水詩序注引此，作「青丘之澤」，亦後人依誤本改之。辯命論注引此正作疇華之澤，青丘之野。又北堂書鈔地部一，太平御覽地部十八、皇王部五、兵部三十六、資産部十二引此，並作「疇華之澤」、「青丘之野」。又皇王部五、資産部十二引高注並作「青丘，東方丘」。論衡感類篇亦云：「堯繳大風於青丘之野。」

○俞樾云：高注曰「大風，風伯也，能壞人屋舍」，此下當有「一曰鷙鳥」四字，而今脱之。文選劉孝標辯命論注引高誘曰：「大風，鷙鳥。」是其證也。注「繳遮」之説，以風言之也。「繳射」之説，以鳥言也。又云：王氏念孫謂「疇華之野」「野」本作「澤」，「青丘之澤」「澤」本作「野」，引北堂書鈔、太平御覽爲證。然劉孝標辯命論曰「鑿齒奮於華野」，華野者，疇華之野也。若本作「疇華之澤」，何不曰「華澤」而曰「華野」乎？然則古本自作「疇華之野」、「青丘之澤」，類書所引，殆不足據。

【用韻】「野、上、澤」魚陽鐸通韻。

〔五〕【高注】十日並出，羿射去九。猰貐，獸名也。狀若龍首。或曰似貍，善走而食人，在西方也。

【版本】茅本、汪本、張本、黄本、莊本、集解本注「猰貐」至「方也」移前「爲民害」下。（茅本、汪本、張本、黄本無「在西方也」四字。）

【箋釋】汪文臺云：御覽兵部三十六「下」字下有「其九日」三字，工藝部二作「仰射十日，中其九焉」，無下句。○劉文典云：北堂書鈔百四十九引，作「命羿射十日，中九，烏皆死，墮羽翼」。藝文類聚一所引略同。○王叔岷云：楚辭天問注、天中記一並引作「仰射十日，中其九日，日中九烏皆死，墮其羽翼」。○雙棣按：山海經海外東經郭璞注引，作「堯乃令羿射十日，中其九日，日中烏盡死」。又按：論衡對作篇、説日篇引淮南書並作「堯上射十日」。

〔六〕【高注】脩蛇，大蛇也。吞象三年而出其骨之類。洞庭，南方澤名。封狶，大豕也。楚人謂豕爲狶也。桑林，湯所禱旱桑山之林。

【版本】景宋本、莊本、集解本「擒」作「禽」。茅本、汪本、張本、黄本、莊本、集解本注「脩蛇」至「之類」，「封狶」至「爲狶也」移前「爲民害」下。

【箋釋】鄭良樹云：天中記五引此，「斷」作「斬」。○于大成云：御覽百七十一引「斷」亦作「斬」。然文選辯命論注引高本仍作「斷」，書鈔十三，御覽四十六、又八十、三百五，通鑑外紀一，通志二引並作「斷」，是高本自作「斷」也。其作「斬」者，或是許本。又文選辯命論注，御覽八十、三百五引高注並作「封豕，大彘也，（選注無「也」字。）桑林，湯禱旱地」。（引正文「狶」作「豕」。）

〔七〕【版本】王溥本、王鎣本、吴本無「以」字。

〔八〕【箋釋】楊樹達云：説文：「陜，隘也。」今字作狹。

【用韻】「喜、子、里」之部。

〔九〕【高注】共工，水官名也，栢有之後。振，動也。滔，蕩也。欲壅防百川，滔高堙庳，以害天下者。

薄，迫也。空桑，地名，在魯也。

【箋釋】顧廣圻云：「柏有」當作「伯九有」。國語：「共工氏之伯九有也。」○劉文典云：御覽八十一引許注云：「滔，漫之。共工，炎帝之後。隨高堙下，壅百川以爲民害。」今本注「柏有」二字當爲炎帝。○吴承仕云：注稱柏有之後，語不可通。「柏有」當作「伯者」，蓋謂舜時居共工官者，即古伯者之後也。原道篇：「共工力觸不周之山。」注云：「共工以水霸於伏羲、神農間者也。」秦策：「禹伐共工。」注云：「共工，官名也，霸於水火之間，任智刑之後子孫也。」（案：「水火」當作「木火」，木謂伏羲，火謂神農。此注與原道注正相應。）三注皆高誘說。此言伯者之後，與秦策注義適相應。堯典：「都共工方鳩僝功。」鄭玄曰：「其人名氏未聞，先祖居此官，故以官氏也。」（書正義引）通志云：「共工氏，當始於伏羲之後，子孫承傳，以至堯舜之世，皆謂之共工氏。」鄭樵所述，亦據舊義而敷衍之耳。又案：御覽八十一引此注云：「共工，炎帝之後。」與國語賈注同，當是許義。

〔一〇〕【高注】龍門，河之隘也，在左馮翊夏陽北，禹所鑿也。吕梁，在彭城吕縣，石生水中，禹決而通之，民所由得度也，故曰吕梁也。未發之時，水道不通，江淮合流，四海溟涬，無岸畔也。

【箋釋】莊逵吉云：吕梁有兩説，一説在西河，司馬彪曰「吕梁在離石縣西」是也。水經注云：「河水左合一水，出善無縣故城西南八十里，其水西流，歷于吕梁之山而爲吕梁洪。昔吕梁未闢，河出孟門之山，蓋大禹所闢以通河也。今離石縣西，歷山尋河，並無過峘，至是乃爲巨險，即吕梁矣，在離石北以東百有餘里。」道元雖駁正郡國志，然亦主西河之説矣。一説在彭城，即注是也。云「石在水中」者，説文解字：「砅，履石渡水也。」考詩「在彼淇梁」、「在彼淇厲」，以例推之，厲亦即砅字。梁砅俱置石水中以渡行旅之義。段國沙州記云：「吐谷渾於河上作橋，謂之河砅。」亦其事矣。毛、鄭注詩，恐未得其解。○俞正燮云：列子湯問篇記孔子觀吕梁事，説符篇云：「孔子自衛反魯，息駕河梁而觀焉。」實是一事。莊子達生篇「孔子觀於吕梁」，釋文引司馬彪云：「河水有石絶處也。今西河離石西有此縣絶，世謂之黄梁。」吕氏春秋愛類篇「吕梁未發」，淮南本經訓「吕梁未發」，注並云「在彭城」。按四書所説，是兩吕梁。莊、列之文合在彭城，吕氏、淮南「吕梁」確在離石，古注乃互錯。水經注於泗水引孔子事，河水引吕文及司馬説，真爲通矣。○雙棣按：吕氏春秋愛類篇「吕梁未發」，高注云：「發，通也。」

〔一二〕【高注】伊闕，山名也。禹所開以通伊水，故曰闕伊闕。在雒陽西南九十里。瀍、澗，兩水名也。瀍讀裹纏之纏也。

【版本】茅本、汪本、張本、黄本、莊本、集解本正文及注「瀍」作「廛」。王溥本、莊本、集解本注「雒」作「洛」。

【箋釋】劉文典云：御覽八十一引，「闕」作「決」。○雙棣按：劉績改注「雒」作「洛」，非是。地形篇曰：「洛出獵山。雒出熊耳。」高誘注云：「獵山在北地西北夷中，洛東南流入渭。熊耳山在京師上雒之西北也。」説文曰：「洛水出左馮翊歸德北夷畍中，東南入渭。」「禹貢雒水出弘農郡上雒冢領山，東北至鞏入河。」段玉裁曰：「雍州洛水，豫州雒水，其字分别，自古不紊。」「凡云伊水入雒，穀水入雒，澗水入雒，瀍水入雒；凡云上雒縣、雒陽縣，字皆不作洛也。伊雒瀍澗既入於河，道雒自熊耳。古本必皆作雒，斷不作洛也。」「後人書豫水作洛，其誤起於魏。裴松之引魏略曰：黄初元年，詔以漢火行也，火忌水，故洛去水而加隹，魏於行次爲土，土，水之牡也，水得土而乃流，土得水而柔，故除隹加水，變雒爲洛。此丕改雒爲洛，而又妄言漢變洛爲雒，以揜己紛更之咎，且自詭於復古，自魏至今，皆受其欺。」段氏説是，參見説文注洛字、澗字條注。

〔一二〕【箋釋】陶方琦云：大藏音義五十三引許注：「漏，失也。」按：失讀爲泆。説文：「水所蕩泆也。」○何寧云：大藏音義十八、四十七引許注：「漏，穿也。」六十六引許注：「漏，穿也，孔，失也。」○雙棣按：吕氏春秋愛類篇「鴻水」高注：「鴻，大也。」又：爾雅釋詁云：「盝、涸，竭也。」方言十二云：「湿，涸也。」禮月令「無漉陂池」釋文：「漉，竭也。」本書主術篇「不涸澤而漁」高注：「涸澤，漉池也。」本篇「竭澤而漁」高注：「竭澤，漏池也。」錢繹曰：「盝、漉並與湿同，漏漉一聲之轉，漏池猶言漉池耳。」是則漏亦竭盡之義也。

〔一三〕【箋釋】楊樹達云：吕氏春秋愛類篇云：「昔上古，龍門未開，吕梁未發，河出孟門。大溢逆流，無有邱陵、沃衍、平原、高阜，盡皆滅之，名曰鴻水。禹於是疏江決河，爲彭蠡之障，乾東土，所活者千八百國。」淮南文略本此。

〔一四〕【用韻】「性、聖」耕部。

〔一五〕【高注】璇、瑶，石之似玉，以飾室臺也。用象牙飾廊殿，以玉爲牀，言淫役也。璇或作旋，瑶或作摇。言室施機關，可轉旋也。臺可摇動，極土木之巧也。

【版本】景宋本、茅本、汪本、張本、黄本、莊本、集解本正文及注「璇」作「琁」。

【箋釋】劉績云：前説是。〇王念孫云：「爲琁室」上脱「桀」字。大戴禮少閒篇注、北堂書鈔帝王部二十、太平御覽皇王部七引此，「爲」上皆有「桀」字。〇陶方琦云：文選班固西都賦注引許注：「廊，屋也。」後漢申屠剛傳注：「廊，殿下屋也。」漢書司馬相如傳「高廊四注」注：「堂下四周屋也。」史記龜策傳「教爲象郎」，集解引許君注「象牙郎」，當亦是此處注文。又按：大藏音義六十三引許注：「廊，屋下也。」此引多一「下」字。〇于大成云：王説是也。唐卷子本玉篇广部「廊」字下注引此，「爲」上亦有「桀」字。又注「石之似玉」，御覽八十二引作「石之次玉」，考山海經中山經郭注云「琁玉，石次玉者也」，楚辭離騷王注云「石次玉名曰瑶」，又「瑶，石」王注「瑶，石之次玉者也」，並與御覽引高注合。説文「璿，美玉也。琁，璿或从璇省」，又「瑶，石之美者」，並與此異。知御覽所引即高注，則此高注當據彼正。〇雙棣按：王説是。「爲璇室」上當有「桀」字。下文湯武並言，此處無桀，只有紂，湯伐桀則無着落。晏子春秋諫下：「及夏之衰也，其王桀背棄德行，爲璇室、玉門。」漢書揚雄傳下服虔注：「桀作璇室，紂作傾宮。」三國志魏書楊阜傳：「桀作璇室、象廊，紂爲傾宫、鹿臺。」「作璇室」前皆有「桀」字。當補。又按，此注與地形篇注同，吕氏春秋過理篇注只用前説。

〔一六〕【高注】紂積肉以爲園圃，積酒以爲淵池。今河内朝歌，紂所都也，城西有糟丘酒池處是也。【版本】藏本注「淵池」之「池」誤作「也」，景宋本、王溥本、茅本、葉本、汪本、莊本、集解本作「池」，今據改，朱本同藏本。

〔一七〕【箋釋】俞樾云：「天下之財」不當言燎焚，「燎焚」當作「撩聚」。古人書「聚」字或作「㝡」，漢書古今人表㝡子，師古注曰：「㝡，聚字也。」俗書「焚」字作「棥」，兩形相似而誤。「聚」誤爲「焚」，自然改「撩」爲「燎」矣。廣雅釋詁：「撩，取也。」聚與取古字通。周易萃象傳「聚以正也」，釋文曰：「聚，荀作取。」漢書五行志「内取茲爲禽」，師古曰：「取，讀如禮記聚麀之聚。」並其證也。撩聚即撩取，謂撩取天下之財也。◯劉文典云：燎焚天下之財，與下句「罷苦萬民之力」，即韓非子亡徵篇「罷露百姓，煎靡貨財」之義，承上文「琁室、瑶臺、象廊、玉牀」、「肉圃、酒池」而言，謂桀紂之奢侈無度，非謂其聚斂也。俞欲改字釋之，其失也迂而鑿矣。（韓非子外儲説左上亦云：「罷苦百姓，煎靡財貨。」「燎焚」即「煎靡」矣。）

〔一八〕【用韻】「財、力」之職通韻。

〔一九〕【高注】王子比干，紂之諸父也。數諫紂之不道，紂剖其心而觀之，故曰刳諫者。孕婦，姙身將就草之婦也。紂解刳觀其胞裹，故曰刳孕婦也。【版本】景宋本、茅本、莊本、集解本注「不道」作「無道」。藏本注「孕」字重，景宋本、王溥本、茅本、汪本、莊本、集解本不重，今據删其一，朱本、葉本同藏本。藏本注「身」上無「姙」字，景宋本、茅本、汪本、莊本、集解本有，今據補，王溥本、朱本、葉本同藏本。

【箋釋】雙棣按：呂氏春秋過理篇曰：「剖孕婦以觀其化，殺比干而視其心。」蓋爲淮南此語所出。

〔二〇〕【高注】革車，兵車也。南巢，今盧江巢縣是也。夏臺，大臺，故作宫也。

【版本】莊本、集解本「于」作「於」。

【箋釋】顧廣圻云：「故作宫也」當有誤。○吴承仕云：御覽八十二引注云：「南巢，盧江居巢。」案：居巢是也。地理志：「居巢屬盧江郡。」續郡國志：「居巢爲侯國，至唐時，始改稱巢耳。」脩務篇注云：「南巢，今盧江居巢。」此注誤奪「居」字，失之遠矣。○蔣禮鴻云：注「故」字當作「或」，言「臺」字一本作「宫」也。○于大成云：「故作宫也」當作「臺或作宫也」，御覽八十二引此文，「夏臺」正作「夏宫」，氾論篇「故桀囚於焦門，而不能自非其所行，而悔不殺湯於夏臺」，高注云「臺或作宫」，可證也。

【用韻】「乘、臺」蒸之通韻。

〔二一〕【高注】武王，周文王之子發也。在車曰士，步曰卒。牧野，南郊地名，在朝歌城外。宣室，殷宫名。一曰：宣室，獄也。

【版本】葉本、莊本、集解本「于」作「於」。

【用韻】「千、室」真質通韻。

〔二二〕【箋釋】于大成云：御覽八十二引作「和輯」，上文「上下和輯」，兵略篇「百姓和輯」，字並作「和輯」。集、輯音義並同，集亦和也。

〔二三〕【用韻】「定、賢」耕真合韻。

【用韻】「觀、患」元部。

〔二四〕【高注】至人，至德之人。

【版本】王溥本、王鎣本、吴本「拘」作「抱」，餘本同藏本。

【箋釋】王念孫云：「拘」字義不可通。劉本作「抱」是也，含、懷、抱三字同義。○雙棣按：吕氏春秋慎人篇：「今丘也拘仁義之道。」畢沅云：「拘，莊子讓王篇、風俗通並作抱。」

〔二五〕【高注】無有貴鉗口不言而死也。

〔二六〕【高注】至道無名，不可道，故曰可道者非常道也。

【用韻】「道、道」幽部。

〔二七〕【高注】真人之名不可得名也。

【版本】王溥本注「得」下有「而」字。

【箋釋】雙棣按：此本老子第一章。

【用韻】「名、名」耕部。

〔二八〕【用韻】「帛、石」鐸部。

〔二九〕【高注】五帝，黄帝、顓頊、帝嚳、帝堯、帝舜。三王，夏禹、殷湯、周文王。同歸，同歸修仁義也。

【版本】王溥本注「修仁義」下有「行王道」三字。

【用韻】「指、歸」脂微合韻。

〔三〇〕【高注】總，凡也。要，約也。

【箋釋】陶方琦云：文選殷仲文桓公九井詩注、盧諶贈劉琨詩注、潘嶽河陽詩注引許注：「猥，凡也。」當附此處。許本必作「德之所總猥」。廣雅：「猥，衆也。」漢書溝洫志「水猥盛」注：「猥，多也。」董仲舒傳「勿猥勿并」注：「猥，積也。」是猥又通委，委亦衆多義。凡，説文：「冣括也。」三倉：「凡，數之總名也。」最括亦總其緐多之謂。凡義亦與緐近。小爾雅：「凡，多也。」廣雅：「緐，衆也。」人物志效難篇「相與分亂于總猥之中」，是總與猥正連訓。又大藏音義九十、九十六、一百引許注：「猥總，凡也。」此引亦多一「總」字，與文選盧諶詩注引同。○何寧云：「一體」當作「體一」。體，法也。道貴於一，故曰體一，與「總要」相對爲文。人間篇「執一而應萬，握要而治詳」，是其義也。涉書中多言「一體」而誤。文子精誠篇正作「道之所體一」。

〔三一〕【箋釋】陳昌齊云：取成之迹，文子「成」下有「事」字。

〔三二〕【箋釋】楊樹達云：「鼓歌而舞之」，景宋本同，然文不成義。「歌、舞」二字蓋互譌。集證本作「鼓舞而歌之」是也。○雙棣按：楊説非是。莊子在宥：「跪坐以進之，鼓歌以儛之。」「鼓歌以儛之」即此文之「鼓歌而舞之」，成玄英疏：「鼓九韶之歌，舞大章之曲。」如何謂之文不成義？各本皆如是，劉家立集證妄改，而楊氏却以非爲是，惑矣。

〔三〕【高注】無兵搏虎曰暴虎。無舟檝而渡曰馮河。言小人而爲政，不可不敬。不敬則危，猶暴虎馮河之必死。人皆知暴虎馮河立至害也，故曰「知其一」；而不知當畏慎小人危亡也，故曰「莫知其他」。此不免於惑，故曰「此之謂也」。

【版本】藏本注「不敬」不重，王溥本、莊本、集解本重，今據補，景宋本、朱本、葉本同藏本。藏本注「皆」下無「知」字，莊本、集解本有，今據補，餘本同藏本。莊本、集解本正文及注「他」作「佗」，注「於」作「于」。藏本注「此之謂也」上無「故曰」二字，王溥本有，今據補，餘本同藏本。

【箋釋】吳承仕云：呂氏春秋安死篇引詩同，注云：「喻小人爲政，不可以不敬，不敬之則危，猶暴虎馮河之必死也。人知其一，莫知其他。一，非也，人皆知小人之爲非，不知不敬小人之危殆。」毛傳云：「一，非也。他，不敬小人之危殆也。」鄭箋云：「人皆知暴虎馮河立至之害，而無知畏慎小人當危殆也。」高注與詩毛鄭説及荀子臣道篇義同。此文「立至害也」，當作「立至之害也」。而不知當畏慎小人危亡也，「危亡」上亦奪一「之」字，當據補。○裘錫圭云：㦸方鼎銘文㦸字，從衣從戲，從古書和古文字資料來看，戲應該是虣字的古體。古代稱搏虎爲暴。㦸字顯然是從衣虣聲的形聲字，應該就是古書裏的襮字的異體。甲骨卜辭裏也有一個從戈從虎的字，這個字所從的戈旁倒寫在虎旁之上，以戈頭對準虎頭，顯然是表示以戈搏虎的意思，無疑也應該釋作虣。甲骨文裏還有一個象以手執杖搏虎的字，這很可能也是虣的異體。根據甲骨、金文裏虤字的字形，還可以糾正古人訓詁上的一個錯誤。詩鄭風大叔于田毛傳「暴虎，空手以搏之」，吕氏春秋安死及淮南子本經高誘注也都以「無兵搏虎」解釋「暴虎」。從古文字字形看，暴虎可以使用兵杖。認爲只能「空手」、「無兵」而搏虎才叫暴虎，是不正確的。古書裏又常常把暴虎解釋成「徒搏」。（見爾雅釋訓、詩小雅小旻毛傳、論語述而集解引孔注。）這大概是比較早的古訓。很可能最初説徒搏是指不乘田車徒步搏虎，漢代人錯誤地理解爲徒手搏虎了。

【用韻】「河、他」歌部。

帝者體太一〔一〕，王者法陰陽，霸者則四時，君者用六律。秉太一者，牢籠天地，彈壓山川〔二〕，含吐陰陽，伸曳四時〔三〕，紀綱八極，經緯六合，覆露照導，普氾無私〔四〕，蠉飛蠕動，莫不仰德而生〔五〕。陽陰者，承天地之和，形萬殊之體〔六〕，含氣化物，以成埒類〔七〕，贏縮卷舒，淪於不測〔八〕，終始虚滿，轉於無原〔九〕。四時者，春生夏長，秋收冬藏〔一〇〕，取予有節，出入有時〔一一〕，開闔張歙，不失其敘〔一二〕，喜怒剛柔，不離其理〔一三〕。六律者，生之與殺也，賞之與罰也，予之與奪也〔一四〕，非此無道也〔一五〕。故謹於權衡準繩，審乎輕重，足以治其境内矣〔一六〕。

是故體太一者，明於天地之情，通於道德之倫，聰明燿於日月，精神通於萬物〔一七〕，動静調於陰陽，喜怒和于四時，德澤施于方外〔一八〕，名聲傳于後世〔一九〕。法陰陽者，德與天地參〔二〇〕，明與日月並〔二一〕，精與鬼神總〔二二〕，戴圓履方，抱表懷繩〔二三〕，内能治身，外能得人〔二四〕，發號施令，天下莫不從風〔二五〕。則四時者，柔而不脆，剛而不鞼〔二六〕，寬而不肆〔二七〕，肅而不悖〔二八〕，優柔委從，以養群類〔二九〕，其德含愚而容不肖，無所私愛〔三〇〕。用六律者，伐亂禁暴，進賢而廢不肖〔三一〕，扶撥以爲正〔三二〕，壞險以爲平〔三三〕，矯枉以爲直〔三四〕，明於禁舍開閉之道，乘時因勢以服役人心也〔三五〕。帝者體陰陽則侵〔三六〕，王者法四時則削〔三七〕，霸者節六律則辱〔三八〕，君者失準繩則廢〔三九〕。故小而行大則滔窕而不親〔四〇〕，大而行小則陿隘而不容〔四一〕，貴賤不失其體而天下治矣〔四二〕。

校釋

〔一〕【高注】體，法也。太一，天之刑神也。

【箋釋】雙棣按：吕氏春秋大樂篇云：「道也者，至精也，不可爲形，不可爲名，彊爲之，謂之太一。」又云：「萬物所出，造於太一。」本書詮言篇亦云：「洞同天地，渾沌爲樸，未造而成物，謂之太一。」此太一即道，即渾沌未分之原始物質，萬物構成之基礎。高誘大樂篇注亦云：「太一，道也。」然而此注及詮言注「太一，元神」，未得本旨。

〔二〕【高注】牢讀屋霤，楚人謂牢爲霤。彈山川，令出雲雨，復能壓止之。

【版本】藏本注「復」作「後」，景宋本、王溥本、朱本、茅本、汪本、莊本、集解本作「復」，今據改。

【箋釋】王念孫云：「秉太一者」，「秉」字後人所加。下文「體太一者」云云，是釋上文「體太一」之義，此文「太一者」云云，是專釋「太一」二字之義，「太一者」之上不當有秉字也。且下文「陰陽者」、「四時者」、「六律者」皆與此文同一例，加一「秉」字，則與下文不合矣。藝文類聚帝王部一引此作「體太一者」，亦與下文相複。文選魏都賦、文賦注引此，皆作「太一者」，無「秉」字，亦無「體」字。○何寧云：王念孫以爲「秉」字乃後人所加，非也。「秉」當作「體」。下文「陰陽者」上脱「法」字，「四時者」上脱「則」字，「六律者」上脱「用」字。細味「牢籠天地」云云，乃釋「體太一」而非釋「太一」；「承天地之和」云云，亦釋「法陰陽」而非釋「陰陽」；「春生夏長」云云，釋「則四時」而非釋「四時」；「生之與殺也」云云，釋「用六律」而非釋「六律」。至下文又曰「體太一者」、「法陰陽者」、「則四時者」、「用六律者」，乃更申言四義，前者重在事而後者重在人，非「太一」與「體太一」之别也。此其一。文子下德篇云：「體太一者，明于天地之情，通于道德之倫，聰明照于日月，精神通于萬物，動静調乎陰陽，喜怒和乎四時。覆露皆道，溥洽而無私。蜎飛蠕動，莫不仰德而生。德流方外，名聲傳乎後世。」文子合淮南文前後「體太一者」以爲一。「法陰陽者」、「則四時者」、「用六律者」亦如是。若淮南前釋太一、陰陽、四時、六律，則文子不得合二爲一也。此其二。「六律者」至「非此無道也」下，高注云：「則四時、用六律之君非用此上事，其餘無他道也。」據高注，「四時者」上本有「則」字，「六律者」上本有「用」字。是「陰陽者」上脱「法」

字，「太一者」上「秉」字非衍文而乃「體」字之誤明矣。此其三。太平御覽七十七「秉」正作「體」，「陰陽者」上有「法」字，「四時者」上有「則」字，「六律者」上有「用」字。○雙棣按：何説是。

〔三〕【高注】伸曳，猶押引，和調之。

【版本】景宋本注「押」作「狎」，莊本、集解本作「伸」，餘本同藏本。

【箋釋】李哲明云：「伸曳」當作「臾曳」。説文「臾」下云：「束縛捽抴爲臾。」周禮臾弓，「往體多，來體寡」。往多者殆即牽引之意。又「曳」下云：「臾曳也。」臾曳連文，蓋古有此語。伸曳當由注文而譌。○劉文典云：藝文類聚十一引，「伸曳」作「申洩」。○雙棣按：李説是。伸類聚作「申」，蓋「臾」之形近之誤。段注本「臾」字下云：「束縛捽抴爲臾曳。」補曳字。與「曳」下一致。臾曳即牽引之義。李引周禮見考工記弓人。

〔四〕【高注】普，大也。氾，衆也。無私愛憎，言皆公也。

【版本】張本、黄本、莊本、集解本注「大」作「太」。黄本注「衆」作「聚」。

【箋釋】劉文典云：文選王元長三月三日曲水詩序注引，「照導」作「昭道」。又按：藝文類聚十一引，「普氾」下有「而」字。○王叔岷云：文子下德篇作「溥洽而無私」，亦有「而」字。○于大成云：文選王元長三月三日曲水詩序注、初學記九、御覽七十七引此，亦並有「而」字。

〔五〕【箋釋】劉文典云：藝文類聚十一引，「蠉飛」作「翾飛」。集韻：「蠉，蟲行皃。」爾雅釋蟲「蜎蠉」注：「井中小赤蟲也。」皆與飛字義不相屬。説文：「翾，小飛也。」當以作翾者爲是。即原道篇

「蠉飛蝡動」，字亦當作翾。○于大成云：御覽七十七引亦作「翾飛」。然「翾、蠉」並从「睘」聲，自可通假爲之。俶真篇「蠉飛蝡動，蚑行噲息」，字亦作「蠉」，與此文及原道篇並同。廣韻準韻「蝡」字注引淮南子曰「蠉飛蝡動」，亦與今本同。類聚、御覽用本字，此用借字也。文子下德篇此文作「蜎飛」，史記樗里子甘茂列傳「楚王問於范蜎」，集解引徐廣曰「蜎一作蠉」，正可爲爾雅釋蟲作注脚也。

〔六〕【箋釋】陳昌齊云：類聚、御覽及王融曲水詩序注「萬殊」並作「萬類」。

【用韻】「和、體」歌脂合韻。

〔七〕【高注】埒，形也。

【用韻】「物、類」物部。

〔八〕【高注】贏，長也。縮，短也。卷，屈也。舒，散也。淪，入也。測，深也。入於不可測盡之深。

【版本】景宋本正文及注「贏」作「羸」。莊本、集解本「於」作「于」。

【箋釋】何寧云：「贏」御覽七十七引作「盈」，俶真篇作「盈縮卷舒」，古通用。又注「測，深也」，深當爲盡，涉下「深」字而誤也。原道篇、主術篇、吕氏春秋下賢篇高注皆云：「測，盡也。」下句「入於不可測盡之深」，正以盡字釋測。

〔九〕【高注】轉化歸於無窮之源本也。

【版本】景宋本、張本、黄本、莊本、集解本注「源」作「原」。

【箋釋】王念孫云：正文言「無原」，不言無窮之原，高說非也。原，道也，量也。言陰陽之化轉於無量也。廣雅：「量、諒，度也。」「諒」與「原」通。宋玉神女賦「志未可乎得原」，韓非子主道篇「掩其跡，匿其端，下不能原」，皆謂不可量度也。漢書王莽傳「功亡原者賞不限」，言有無量之功則有不限之賞也。（顏師古注：「無原，謂不可測其本原。」失之。）是古謂無量爲無原。淪於不測，轉於無原，其義一也。○楊樹達云：「虛滿」本當云「虛盈」，淮南爲惠帝諱改耳。○雙棣按：「滿」不當作「盈」，此文「滿、原」爲韻，作「盈」反不叶。淮南書中多有作「盈」者，下文「莫死莫生，莫虛莫盈」，（生、盈爲韻。）即用「盈」字，可知「滿」字非爲避惠帝諱而改也。

【用韻】「滿、原」元部。

〔一〇〕【用韻】「長、藏」陽部。

〔一一〕【版本】藏本「予」作「于」，各本均作「予」，今據改。

【箋釋】王念孫云：「有時」本作「有量」，此涉上文「四時」而誤也。取予有節，出入有量，量與節義相近。若作「時」，則非其指矣。且「量」與「長、藏」爲韻，若作「時」，則失其韻矣。文子正作「出入有量」。

〔一二〕【高注】歙讀曰脅。敘，次也。

【箋釋】劉文典云：御覽十九引注，作「歙讀曰翕」。

〔一三〕【高注】理，道也。

【用韻】「時、敘、理」之魚合韻。

〔一四〕【高注】予，布施也。奪，取收也。

【用韻】「殺、罰、奪」月部。

〔一五〕【高注】則四時、用六律之君，非用此上事，其餘無他道也。

【箋釋】馬宗霍云：上文分帝王霸君爲四等，而謂「霸者則四時，君者用六律」，則本文「非此無道也」一語，即緊承六律之下，蓋專指用六律之君而言。「非此無道」之「此」，即謂生殺賞罰予奪六事，言除此以外無他道也。下文「謹於權衡準繩，審乎輕重」，亦謂就此六事而謹之審之也。高注乃兼「則四時」爲言，是涉及霸者矣。疑注文「則四時」三字爲傳寫誤衍。

〔一六〕【高注】權衡，平也。準，法也。繩，直也。

【箋釋】雙棣按：説文云：「準，平也。」段注：「水平謂之準，因之製平物之器亦謂之準。」吕氏春秋自知篇曰：「欲知平直，則必準繩；欲知方圓，則必規矩。」本書繆稱篇曰：「平乎準，直乎繩，圓乎規，方乎矩。」準繩規矩均爲匠人之器，準爲取平之器，繩爲取直之器。此文準字亦此義。自知篇高注「準，平」，而吕氏春秋君守篇「有准不以平」高注「准，法」，亦訓爲法，君守之「准」與此義亦同，爲取平之器，訓法則失之太泛。又按：吕氏春秋仲春紀高誘注「稱錘曰權」。國語周語韋昭注：「衡，稱上衡，衡有斤兩之數。」本書説林篇高注：「衡，稱也。」素問至真要大論注：「權衡，秤也。」吕氏春秋仲秋紀高注：「權衡，秤也。」（原誤作「權，秤衡也」。）疑此注亦當作

「權衡，秤也」（或「稱也」）。而「平」爲「準」字之注而錯上者。

〔一七〕【用韻】「月、物」月物合韻。

〔一八〕【高注】施，延。延於遠方之外。

【版本】王溥本、王鎣本、葉本、汪本、吴本、張本、莊本、集解本「和」下、「施」下「于」字作「於」。王溥本注下「延」字作「及」。

〔一九〕【高注】後世傳聞之也。

【版本】王溥本、葉本、汪本、吴本、張本「于」作「於」。

【用韻】「外、世」月部。

〔二〇〕【高注】參，並。

【版本】藏本注「並」作「明」，王溥本作「並」，今據改，景宋本同藏本。餘本均無注。

【箋釋】雙棣按：參，三也。禮記孔子閒居：「三王之德參於天地。」鄭玄注：「參天地者，其德與天地爲三也。」本文正是此意。

〔二一〕【高注】並，併也。

〔二二〕【高注】總，合也。

【用韻】「並、總」陽東合韻。

〔二三〕【高注】圓，天也。方，地也。表，正也。繩，直也。

【用韻】「方、繩」陽蒸合韻。

〔二四〕【高注】能得人之歡心。

【箋釋】王念孫云：「外能得人」本作「外得人心」，高注「能得人之歡心」正釋「得人心」三字。今本作「外能得人」，即涉注内「能得人」而誤。此文以「繩、心、風」爲韻。（蒸侵二部，古或相通。秦風小戎篇以「膺、弓、縢、興、音」爲韻，大雅大明篇以「林、興、心」爲韻，生民篇以「登、升、歆、今」爲韻，魯頌閟宫篇以「乘、縢、弓、綅、增、膺、懲、承」爲韻，管子小匡篇「子大夫受政，寡人勝任；子大夫不受政，寡人恐崩」，心術篇「專於意，一於心，耳目端，知遠之證」，淮南本經篇「上下離心，氣乃上蒸」，説山篇「欲學歌謳者，必先徵羽樂風；欲美和者，始於陽阿、采菱」，皆其證也。古音風字在侵部，弓字在蒸部，説見唐韻正。）若作「外能得人」，則失其韻矣。文子正作「内能治身，外得人心」。○馬宗霍云：本文内與外相對，身與人相對。内則身，外則人。高意得人者得其心也，故以得人之歡心申之。王氏因文子下德篇作「外得人心」，遂據以爲校。其實文子本依託老子而雜采他書。惟爲雜采，故多所改竄，不必全用原文。本文「治身」、「得人」，語本成儷。若作「人心」，反爲失調。王氏又證以古韻。今案古音「繩」在蒸部，「人」在真部，「風」在侵部。侵轉真者，説文痽從隹，瘖省聲，或從人聲作雁，是也。明乎此，則知「人」與「繩、風」亦可爲叶，不得謂之失韻矣。

【用韻】「身、人」真部。

〔二五〕【高注】風，化也。

〔二六〕【高注】轒，折也。

【箋釋】雙棣按：原道篇高注：「轒，折也。」參見一四六頁注〔一七〕。

〔二七〕【高注】肆，緩。雖寬不緩，過齊非也。

【箋釋】雙棣按：管子内業：「節適之齊。」注：「齊，中也。」左傳文公十八年孔疏：「齊者中也。」高注之齊亦當訓「中」。

〔二八〕【高注】肅，急也。雖急不促悖。

〔二九〕【高注】類，物類也。

【箋釋】楊樹達云：「從」讀爲「縱」。○雙棣按：「優柔」爲疊韻連緜字，此爲和柔寬舒之義。禮記儒行疏云：「優柔者和柔也。」左氏春秋序疏：「優柔，寬舒之意也。」字亦作「優游、優繇」，漢書敘傳下注：「優繇謂寬舒也。」後漢書朱浮傳注：「優游謂優柔也。」

〔三〇〕【高注】私，邪也。

【用韻】「脆、轒、肆、悖、類、愛」歌物質合韻。

〔三一〕【版本】王溥本、王鎣本、汪本、吴本、張本、黄本、莊本、集解本「廢」作「退」，景宋本、朱本、茅本、葉本同藏本。

【用韻】「暴、肖」沃宵通韻。

〔三二〕【高注】撥，任也。扶，治也。

【版本】王溥本注「任」作「正」，朱本作「亂」。

【箋釋】吴汝綸云：撥，不正也。史記：「弓撥矢鉤。」○陶鴻慶云：「撥」爲「癶」之借字。說文：「癶，足剌癶也。從止𣥂。」脩務篇云：「琴或撥剌枉橈。」孫卿正論篇云：「不能以撥弓曲矢中。」皆假「撥」爲「癶」。高於脩務注云：「撥剌，不正。」即其義矣。「扶撥以爲正」，與「壞險以爲平、矯枉以爲直」語意一律。○吴闓生云：高注「撥，任也」，「任」疑「枉」誤。○吴承仕云：扶撥以爲正，壞險以爲平，矯枉以爲直，文正相對。險爲不平，枉爲不直，則撥爲不正，明矣。脩務篇：「琴或撥剌。」注：「撥剌，不正也。」重言曰撥剌，單言則曰撥。荀子正論篇「不能以撥弓曲矢中」，楊倞注云「撥弓，不正之弓」是也。此注當云：「扶，治也。撥，枉也。」「枉」形近譌爲「任」。又先言撥，後言扶，傳寫失其次，遂不可通。○于省吾云：主術篇：「扶撥枉橈。」扶謂扶持，撥謂撥正。言枉橈者扶持而撥正之也，亦即此「扶撥以爲正」之義也。○楊樹達云：撥，說文訓治，無枉義。「撥」蓋假爲「癶」。說文癶部云：「癶，足剌癶也。讀若撥。」又犬部云：「犮，犬走貌。從犬而曳之，曳其足則剌犮也。」剌癶、剌犮同，並行步不正之貌，引申爲一切枉曲不正之稱。淮南假「撥」爲「癶」，故許君知癶讀如撥也。○馬宗霍云：高氏先釋撥，後釋扶，疑正文本作「撥扶」。說文：「扶，左也。」漢書天文志：「晷奢爲扶。」顔師古注引晉灼曰：「扶，附也。」本書人間篇：「去高木而巢扶枝。」許注云：「扶，旁也。」曰「左」，曰「附」，曰「旁」，引申之皆有不正之意。撥者，説文訓「治也」。不正者治之使正，故曰撥扶以爲正。高氏訓撥爲任，訓扶爲治，皆非本義。疑注文「治也」原在撥字下，「任也」之「任」即「左」字形近之譌，原在「扶」字下，與説文合。傳寫亂之，致正文與注文參差，而義亦不可通矣。又案：如吴（承仕）説，則正文扶撥非誤倒，「扶撥」猶言「治枉」，似亦可備一解。然下文已有「矯枉」，上文又爲「治枉」，於義爲複矣。○何寧云：吴説是也。管子宙合篇：「繩，扶撥以爲正；準，壞險以爲平；鉤，入枉而出直。」此淮南所本。馬氏以高注先釋撥後釋扶，謂正文本作「撥扶」，欲以傳寫失次之注文改正文之不誤，蓋未讀管子耳。

〔三三〕【箋釋】馬宗霍云：壞險者，高氏未釋。壞險連文，於詞不馴。「壞」字疑當作「攘」，亦形近之誤。説文「攘，推也」。楚辭離騷「忍尤而攘詬」，王逸注云：「攘，除也。」險者，説文訓「阻難也」。險阻不平，推之除之使之平，故曰「攘險以爲平」。文子下德篇亦作「攘險」，又其證也。○何寧云：管子亦作「壞險」，房注云：「準，必壞舊高峻而後以爲平也。」險阻非必高峻，故五侯歌則云：「壞決高都。」馬氏必謂「壞險連文，於詞不馴」，欲據文子改「壞」爲「攘」，亦非。

〔三四〕【高注】矯，正也。枉，曲也。

【用韻】「正、平」耕部。

〔三五〕【高注】役，使也。

〔三六〕【高注】爲諸夏所侵陵。

「淩」。

【版本】王溥本、朱本(挖補)、吴本「體」上有「不」字。茅本、汪本注「爲」上有「侵」字,「陵」作

【箋釋】劉績云:舊本無「不」字,下皆然,非。○雙棣按:劉補「不」字非,上文言「帝者體太一,王者法陰陽」。此言「帝者體陰陽則侵」。是帝者本應體太一,不體太一而體陰陽,爲非其所爲,故侵。加一「不」字反失其旨矣。下「法」上、「節」上「不」字同。

〔三七〕【高注】爲諸夏所侵削。傳曰:「諸侯侵犯王略也。」

【版本】王溥本、朱本(挖補)、吴本「法」上有「不」字。茅本、汪本注「爲」上有「削」字。

【箋釋】雙棣按:注引「傳曰」不見今本,今左傳成公二年有「兄弟甥舅侵敗王略」語。

〔三八〕【高注】爲鄰國所侮辱。

【版本】王溥本、朱本(挖補)、吴本「節」上有「不」字。茅本、汪本注「爲」上有「辱」字。

〔三九〕【高注】爲臣所廢絀,更立賢。

【版本】茅本、汪本注「爲」上有「廢」字。集解本注無「絀」字。茅本、汪本、莊本、集解本注「賢」下有「君」字,景宋本、王溥本、葉本同藏本。

【用韻】「削、辱、廢」藥屋月合韻。

〔四〇〕【高注】滔窕,不滿密也。不爲臣下所親附也。

【版本】茅本、汪本、張本、黄本注「密也」下有「不親」二字。張本、黄本、莊本、集解本注無

「臣」字。

〔四一〕【高注】行小則正陋隘，而不容包臣下。

【版本】王溥本、朱本注「正」作「上」，茅本、汪本、莊本、集解本作「政」，景宋本同藏本。

【箋釋】雙棣按：「正、政」通，荀子非相：「起于上所以道于下，正令是也。」楊注：「正或爲政。」周禮都司馬：「以國法掌其正學。」釋文：「正本作政。」書湯誓「舍我穡事而割正夏」，史記殷本紀作「舍我嗇事而割政」。

〔四二〕【高注】不失其體，大行大，小行小也。

【版本】王溥本注「也」上有「是」字。

天愛其精，地愛其平〔一〕，人愛其情〔二〕。天之精，日月星辰雷電風雨也。地之平，水火金木土也。人之情，思慮聰明喜怒也〔三〕。故閉四關、止五遁，則與道淪〔四〕。是故神明藏於無形，精神反於至真〔五〕，則目明而不以視，耳聰而不以聽，口當而不以言〔六〕，心條達而不以思慮，委而弗爲，和而弗矜〔七〕，真性命之情，而智故不得雜焉〔八〕。精泄於目則其視明〔九〕，在於耳則其聽聰，留於口則其言當〔一〇〕，集於心則其慮通〔一一〕。故閉四關則身無患，百節莫苑〔一二〕。莫死莫生，莫虛莫盈，是謂真人〔一三〕。

凡亂之所由生者，皆在流遁。流遁之所生者五〔一四〕：大構駕，興宮室〔一五〕，延樓棧道，雞棲井榦〔一六〕，標株欂櫨〔一七〕，以相支持，木巧之飾〔一八〕，盤紆刻儼〔一九〕，嬴鏤雕琢，詭文回波〔二〇〕，淌游瀷淢，菱杼紾抱〔二一〕，芒繁亂澤，巧僞紛挐，以相摧錯，此遁於木也〔二二〕。　鑿汙池之深，肆畛崖之遠〔二三〕，來谿谷之流，飾曲岸之際，積牒旋石，以純脩碕〔二四〕，抑淢怒瀨，以揚激波〔二五〕，曲拂邅回，以像湡浯〔二六〕，益樹蓮菱，以食鼈魚〔二七〕，鴻鵠鷫鷞，稻粱饒餘〔二八〕，龍舟鷁首，浮吹以娱，此遁於水也〔二九〕。　高築城郭，設樹險阻〔三〇〕，崇臺榭之隆〔三一〕，侈苑囿之大，以窮要妙之望〔三二〕，魏闕之高，上際青雲，大廈曾加，擬於崑崙〔三三〕，脩爲牆垣，甬道相連〔三四〕，殘高增下，積土爲山〔三五〕，接徑歷遠，直道夷險〔三六〕，終日馳騖，而無蹟蹈之患〔三七〕，此遁於土也。　大鍾鼎，美重器〔三八〕，華蟲疏鏤，以相繆紾〔三九〕，寢兕伏虎，蟠龍連組〔四〇〕，焜昱錯眩，照燿煇煌〔四一〕，偃蹇蓼糾，曲成文章，雕琢之飾，鍛錫文鏡，乍晦乍明〔四二〕，抑微滅瑕，霜文沈居，若簟籧蒢〔四三〕，纏錦經冗，以數而疏〔四四〕，此遁於金也。　煎熬焚炙〔四五〕，調齊和之適，以窮荊吳甘酸之變〔四六〕，焚林而獵，燒燎大木，鼓橐吹埵，以銷銅鐵〔四七〕，靡流堅鍛，無猒足日〔四八〕，山無峻幹，林無柘梓〔四九〕，燎木以爲炭〔五〇〕，燔草而爲灰，野莽白素，不得其時〔五一〕，上掩天光，下殄地財，此遁於火也〔五二〕。　此五者，一足以亡天下矣〔五三〕。

是故古者明堂之制，下之潤溼弗能及，上之霧露弗能入，四方之風弗能襲〔五四〕；土事不文〔五五〕，木工不斲〔五六〕，金器不鏤〔五七〕；衣無隅差之削〔五八〕，冠無觚贏之理〔五九〕；堂大足以周旋、理文〔六〇〕，静潔足以饗上帝、禮鬼神，以示民知儉節〔六一〕。夫聲色五味，遠國珍怪，瓌異奇物，足以變易心志〔六二〕，摇蕩精神，感動血氣者，不可勝計也。夫天地之生財也，本不過五〔六三〕，聖人節五行，則治不荒〔六四〕。

校釋

〔一〕【高注】精，光明也。平，正也。

【箋釋】俞樾云：詩黍苗篇「原隰既平」，毛傳曰：「土治曰平。」此平字之義也。高注曰「平，正也」，未得其旨。○楊樹達云：精神篇云：「夫天地之道，至紘以大，尚猶節其章光，愛其神明。」所謂「天愛其精」也。○馬宗霍云：俞説非是。下文云：「地之平，水火金木土也。」水火金木土爲五行，五行爲五正，故高氏以正訓之。俞氏不顧下文，反議高注之失，疏矣。○雙棣按：平謂下文「水火金木土」，非謂「土治」也，馬説是。

〔二〕【高注】情，性也。

【用韻】「精、平、情」耕部。

〔三〕【用韻】「精、平、情」耕部，「雨、土、怒」魚部。

〔四〕【高注】四關，耳目心口。遁，逸也。淪，入也。

【箋釋】雙棣按：吕氏春秋貴生篇曰：「在四官者不欲。」高誘注：「四官，耳目鼻口也。」荀子正名「五官薄之而不知」，楊倞注：「五官，耳目鼻口心也。」孟子告子上「耳目之官不思」，「心之官則思」，莊子養生主「官知止而神欲行」，字作「官」。淮南則多作「關」，主術篇云：「夫三關者，不可不慎也」。三關指目耳口。「關」與「官」相通。

【用韻】「遁、淪」文部。

〔五〕【高注】真，身也。

【箋釋】王念孫云：精神與神明意相複，「神」字即涉上句而誤，「精神」當爲「精氣」。淮南一書多以「神」與「氣」對文也。文子下德篇正作「精氣反於至真」。

【用韻】「形、真」耕真合韻。

〔六〕【版本】藏本無「口當而不以言」六字，王溥本、王鎣本、朱本（挖補）、吴本有，今據補，餘本同藏本。

【箋釋】馬宗霍云：上文云：「故閉四關，止五遁，則與道淪。」高注云：「四關，耳目心口。」下文亦耳目心口四關並舉。本文祇言耳目心，而不及口，則與上下文不貫。文子下德篇「耳聰而不以聽」下有「口當而不以言」一句，與下文「留於口則其言當」正相應，似可據補。王念孫亦依文子下德篇以校本節，獨未及此，蓋偶失之。○王叔岷、何寧與馬説同。○雙棣按：馬、王、何説是，王溥等本亦有此句，今據補。

〔七〕【高注】矜，自大也。

【箋釋】何寧云：「和而弗矜」，義不可通。「和」乃「知」字形近之誤。文子下德篇正作「知而不矜」。

〔八〕【高注】雜，糅也。

【版本】張本、黄本、莊本、集解本「真」作「冥」，景宋本、王溥本、王鎣本、朱本、茅本、葉本、吴本同藏本。

【箋釋】雙棣按：真性命之情，即使性命之情真。莊子漁父云：「真在内者，神動於外，是所以貴真也。」又云：「真者所以受於天也，自然不可易也，故聖人法天貴真。」天下篇云：「不離於真，謂之至人。」此「真」字正用莊子意。文子下德篇作「直」，「直」亦當是「真」字之誤。

〔九〕【高注】泄猶通也。

【箋釋】蔣禮鴻云：「泄」爲宣泄義，與「在、留、集」不侔。此文本言閉四關，謂精不可出於目耳口心，則「泄」當作「紲」。紲、泄偏旁相同，故「紲」誤爲「泄」耳。高注非是。○雙棣按：此精即精氣，吕氏春秋盡數篇曰：「精氣之集也，必有入也。集於羽鳥與爲飛揚，集於走獸與爲流行，集於珠玉與爲精朗，集於樹木與爲茂長，集於聖人與爲敻明。」精氣使鳥飛揚，使獸奔走，使珠玉生輝，使草木茂盛，使聖人叡智。其集於人體，在目則明，在耳則聰，在口則言當，在心則慮通。又按：蔣説「泄」爲「紲」之誤，當是。説文：「紲，系也。」

〔一〇〕【高注】當，合也。

〔一一〕【高注】集，止也。

【版本】茅本、汪本、張本、黄本、莊本、集解本無此注。景宋本、王溥本、朱本等同藏本。

【用韻】「明、聰、當、通」陽東合韻。

〔一二〕【高注】苑，病也。苑讀南陽之宛也。

【箋釋】王念孫云：「身無患」當依文子下德篇作「終身無患」。終身無患，百節莫苑，相對爲文。下二句亦相對爲文。脱去「終」字，則句法參差不協矣。

【用韻】「患、苑」元部。

〔一三〕【高注】言守其常。

【用韻】「生、盈、人」耕真合韻。

〔一四〕【高注】流，放也。遁，逸也。

〔一五〕【高注】構，連也。駕，材木相乘駕也。

【箋釋】陶方琦云：文選蕪城賦注引，「駕」作「架」。○劉文典云：初學記居處部引，「駕」亦作「架」。○雙棣按：文選謝朓銅雀臺詩注引，「駕」亦作「架」。構駕之駕乃駕之引申義，架爲後起區别字。參本篇一〇九三頁注〔三五〕馬宗霍説。

〔一六〕【高注】延樓，高樓也。棧道，飛閣複道相通。雞棲井榦，複屋熒井也，刻花置其中也。

【版本】王溥本、茅本、葉本、汪本、張本、黄本注兩「複」字均作「復」，莊本、集解本注「屋」上「複」

字作「復」。

【箋釋】陶方琦云：蕪城賦注及謝朓銅雀臺詩注並引許注云：「皆屋構飾也。」飾、飭古通，故文選引許注下云：「飭一作飾。」○楊樹達云：後漢書班彪傳注云：「井榦，樓名也。」按：「榦」本當作「韓」。說文韋部云：「韓，井垣也。從韋，取其帀也，倝聲。」井部井下云：「象構韓形。」此文井榦固指宮室，然以井榦連文，實取譬井垣，字當作「韓」，「榦」以音同通假耳。○鄭良樹云：天中記十四引，「樓」作「閣」。○于大成云：文選左太沖蜀都賦「結陽城之延閣」，善注引淮南子亦作「延閣」。唯魏都賦善注、初學記二十四、營造法式一、書敘指南九、諸子類語四引仍作「延樓」。高注云「延樓，高樓也」，是高本自作「延樓」，疑作「延閣」者是許本。

〔一七〕【版本】莊本、集解本「欂」作「標」。茅本、汪本、張本、黃本、莊本、集解本此下有注曰：「標株，柱類。欂，枅也。櫨，柱上拊，即梁上短柱也。」

【箋釋】雙棣按：茅本等注蓋後人依字書所加。廣雅曰：「欂謂之枅。」爲本注「欂，枅也」所本。大徐本說文：「欂，欂櫨，柱上拊也。」此注將「柱上拊」置於「櫨」字下。段玉裁云：「魏都賦、靈光殿賦、景福殿賦、長門賦李注皆引說文：『欂櫨，柱上枅也。』王莽傳『爲銅欂櫨』，師古曰：『柱上枅也。』亦本說文。枅今本作柎，誤。」段謂古本說文當作枅，今作柎爲誤。此注正依今本說文爲訓，是則非高注可知。

〔一八〕【高注】飾，巧。

【版本】茅本、汪本、張本、黄本、莊本、集解本無此注。

〔一九〕【高注】盤，盤龍也。紆，曲屈。刻儼，浮首虎頭之屬。皆屋飾也。儼讀儼然之儼也。

〔二〇〕【高注】贏鏤，文章鏤。雕，畫也。玉曰琢。皆巧飾也。詭文，奇異之文也。回波，若水波也。

【版本】王溥本、王鎣本、葉本、吴本「贏」作「羸」。藏本注「巧飾」作「飾巧」，莊本、集解本作「巧飾」，今據改，景宋本、王溥本、朱本、茅本同藏本。

【箋釋】王念孫云：「贏」當作「羸」，羸鏤謂轉刻如羸文。如下句即云「詭文回波」也。下文「冠無觚羸之理」，高注云：「羸讀指端羸文之羸。」即其證。○于省吾云：「贏」乃「羸」之譌。易説卦傳「爲羸」，釋文：「京作螺，姚作蠡。」本草：「蛞蝓一名陵蠡。」古今注作「陵螺」。文選東征賦「諒不登櫟而椓蠡兮」注：「蠡與羸古字通。」漢書東方朔傳「以蠡測海」，假蠡爲羸。方言六：「蠡，分也。楚曰蠡。」字亦作劙。廣雅釋詁：「劙，解也。」荀子彊國「劙盤盂」注：「劙，割也。」然則此文羸鏤即劙鏤矣。劙鏤謂分解刻鏤也。○何寧云：鏤、雕、琢皆動字，則羸字當是動字，不當釋爲羸文。于説近之。

〔二一〕【高注】淌游瀷淢，皆文畫，擬像水勢之貌也。菱，芰。杼，采實。紾，戾也。抱，轉也。皆壯采相銜持貌也。淌讀平敞之敞，瀷讀燕人强春言敕之敕，淢讀郁乎文哉之郁，杼讀楚言杼，紾讀紾結之紾，抱讀歧嶷之嶷。

【版本】藏本注「畫」作「盡」，張本、黄本、莊本、集解本作「畫」，今據改，景宋本、王溥本、朱本、茅本同藏本。藏本注「瀷」下無「讀」字，莊本、集解本有，今據補，景宋本、王溥本、朱本同藏本。藏本注「讀」上「杼」字作「美」，王溥本、朱本、莊本、集解本作「杼」，今據改。

【箋釋】王引之云：菱、杼皆水草也。「杼」讀爲「芧」，字亦作「茡」。漢書司馬相如傳上林賦「蔣芧青薠」，張揖曰：「芧，三棱也。」文選「芧」作「茡」。張衡南都賦曰：「其草則藨茡薠莞，蔣蒲蒹葭，藻茆菱芡，芙蓉含華。」是芧爲水草也。作「茡」者或字，作「杼」者借字耳。（莊子山木篇「食杼栗」，徐無鬼篇作「芧栗」，是芧與杼通。）畫爲菱杼在水波之中，故曰「淌游瀷淢，菱杼紾抱」也。高以「杼」爲采實，采實，即橡栗，與「菱」爲不類矣。○何寧云：「瀷」乃「潠」之誤字。說在覽冥篇。又王謂「杼」乃「芧」之借字，是也。說文木部：「柔，栩也。」段注：「此與機杼字以下形上聲、左形右聲分別。」蓋从艸者三棱，从木者橡子。此借杼爲柔，莊子山木篇借杼爲柔，徐无鬼篇借芧爲柔。又注「紾，戾也；抱，轉也」，「戾」、「轉」二字當互易。文選七發、策秀才文注引許注，大藏音義十八、七十三引許注，皆作「紾，轉也」。原道篇高注亦云「紾，轉也」。玉篇：「軳，戾也。」

〔三〕【高注】皆采色形像文章貌。挐讀人性紛挐不解之挐。

【用韻】「澤、錯」鐸部。

〔三〕【高注】肆，極也。崖，垠也。

【箋釋】于大成云：晏子春秋内篇諫下十四章「極汙池之深而不止」，即淮南文所本。下文多本晏子。

〔二四〕【高注】飾，治也。㵎，累。純，緣也。以玉石致之水邊，爲脩碕。或作旋石，旋石切以㵎累流水邊，爲脩碕。脩碕，曲岸水所當處也。

【版本】藏本注「或作旋石」之「石」誤作「祏」，景宋本、朱本、葉本、莊本、集解本作「石」，今據改。藏本注「岸」作「中」，王溥本、朱本作「岸」，今據改，餘本同藏本。藏本注「當」作「棠」，王溥本、朱本、莊本、集解本作「當」，今據改，餘本同藏本。王溥本、朱本注「切」作「砌」。

【箋釋】陶方琦云：文選吴都賦注、江賦注引許注：「碕，長邊也。」按：碕即埼。漢書司馬相如傳：「激堆埼。」又通隑。相如傳「臨曲江之隑州」，注引張揖曰：「隑，長也。」與許注長邊義同。蓋碕從奇，奇羨、奇贏皆有長義。説文「垂」下云：「遠邊也。」「崖」下云：「高邊也。」碕爲長邊，訓義相類。○劉文典云：「積㵎旋石」，文選吴都賦注引作「積疊琁玉」。○蔣禮鴻云：玉篇零卷碕字注亦引許叔重曰：「長邊。」○雙棣按：「積㵎旋石」，㵎，説文「札也」，廣雅釋器「版也」，無「累」義，「㵎」借爲「疊」，文選注引正作「疊」。「旋石」，依高注「石」當爲「玉」。高注曰「以玉石致之水邊」，玉可稱玉石，石不可稱玉石，又高注曰「或作旋石」，若本作「旋石」，何必有此語？文選注引正作「琁玉」。高注「切」爲「砌」之借字，文選張衡西京賦：「刊層平堂，設切厓隒。」注：「切與砌，古字通。」

〔二五〕【高注】抑，止也。淢，怒水也。瀨，急流也。而抑止之，故激揚之波起也。

【版本】莊本、集解本注「止」下無「之」字。

【箋釋】俞樾云：高注曰「減，怒水也」，減既愠怒水，何以又云怒瀨乎？高説非也。減者，逆也。言抑而逆之，以揚其波也。莊子天下篇「其風窢然」，郭注曰：「逆風所動之聲。」水逆謂之減，猶風逆謂之窢。○吴承仕云：抑減與怒瀨對文。説文：「減，疾流也。」減瀨義同。則抑怒二文，訓釋亦宜比近。注作「減，怒水也」，文不成義，疑有譌奪。又案：「而抑止」下，朱本、景宋本並有「之」字，是也。莊本傳寫失之。○楊樹達云：俞氏疑高怒水之訓，不考之説文，釋減爲逆，肊説顯然。且郭釋窢爲「逆風所動之聲」，非釋窢爲風逆。俞云「風逆謂之窢」，尤爲牽附。吴以抑減與怒瀨爲對文，是矣。而置疑高説，則與俞同。愚謂減爲疾流，高釋爲怒水，亦即疾流之義。文謂抑止怒水，激怒急湍，使之揚起波濤耳。○雙棣按：楊説是。「怒水」之「怒」與「怒瀨」之「怒」用法不同。前者爲形容詞作定語，後者爲動詞帶賓語。俞氏以爲二者相同，誤。

【用韻】「遠、際、碕、波」元月歌通韻。

〔二六〕【高注】拂，戾也。邅迴，轉流也。湡，番隅；浯，蒼梧。之二國多水，江湖環之，故多象渠池以自邅迴，法而像之也。湡讀愚戇之愚也。

【版本】景宋本、莊本、集解本「回」作「迴」。張本、黄本、莊本、集解本注「法」上有「故」字。王溥本、莊本、集解本注「像」作「象」。

【箋釋】莊逵吉云：錢別駕云：浯，靈門水名；湡，邢國水名。亦通。○劉文典云：文選王元長三月三日曲水詩序注引，「渪浯」作「偶語」。又引高注，作「拂，戾。邅迴，水流也」。○雙棣按：錢坫説本之説文，説文水部曰：「渪，渪水，出趙國襄國之西山，東北入湡。」「浯，浯水，出琅邪靈門壺山，東北入濰。」

〔二七〕【高注】樹，種也。蓮，藕實也；菱，芰也；皆可以養魚鼈。蓮讀蓮羊魚之蓮也。

【版本】王溥本、朱本注「蓮羊魚」之「魚」作「羔」。

【箋釋】李哲明云：注「蓮羊魚」三字不可曉，釋草有「連異翹」之文，疑當作「連異翹之連」。此涉上注「魚鼈」句而誤也。○何寧云：注「蓮讀蓮羊魚之蓮」，當作「蓮讀陵羊之陵」，「魚」涉上而衍。羊、陽古通。陵羊地名，漢置，晉改廣陽。又西山經「涴水出焉，又北注於陵羊之澤」。可以證此。

〔二八〕【高注】鸕鷀，鴈類也。一曰鳳之别類也。

【版本】藏本「粱」作「梁」，王鎣本、葉本、莊本、集解本作「粱」，今據改。莊本、集解本注「鴈」作「雁」，餘本同藏本。莊本、集解本此注在下文「遁於水也」下。

【箋釋】雙棣按：説文：「鴈，鵝也。」「雁，鳥也。」段玉裁「鴈」字注：「許意隹部雁爲鴻雁，鳥部鴈爲鵝。……今字雁、鴈不分久矣。」爾雅釋鳥：「舒鴈，鵝。」李注：「野曰鴈，家曰鵝。」可見鴈、雁相混已久。

〔二九〕【高注】龍舟，大舟也。刻爲龍文，以爲飾也。鷁，大鳥也。畫其象著船頭，故曰鷁首也。於舟中吹籟與竽以爲樂，故曰浮吹以娛。

【版本】張本、莊本注無「以爲飾也」四字。王溥本注「船」作「航」。茅本、汪本、莊本注「舟中」上無「於」字。

【箋釋】劉文典云：北堂書鈔百三十七、藝文類聚七十一、文選西都賦注、江文通雜體詩注、顔延年三月三日曲水詩序注引，「娛」並作「虞」。○鄭良樹云：事文類聚續集二十七引注文「船頭」作「船首」。○于大成云：後漢班固傳注、張衡傳注、御覽七百六十九引「娛」並作「虞」。古字「娛」、「虞」同。書鈔、初學記二十五、事類賦注十六引注「船頭」亦並倣「船首」，方言九「船首或謂之艗艏」，郭注曰「今江東貴人船前作青雀，是其像也」，「艗艏」即此「鷁首」也。爾雅翼十五「鷁善高飛，能風能水。古者天子舟首象鷁，所以厭水神」。

【用韻】「浯、魚、餘、娛」魚部。

〔三〇〕【用韻】「郭、阻」鐸魚通韻。

〔三一〕【高注】設，施也。樹，立也。一説：種樹木以爲險阻，令難攻易守也。積土高丈曰臺，加木曰榭也。

【箋釋】雙棣按：吕氏春秋重己篇高注曰：「築土方而高曰臺，有屋曰榭。」仲夏篇高注曰：「積土四方而高曰臺。」無「高丈」二字，本書精神篇、時則篇注亦無「高丈」二字，高此注與其他注小異。

〔三一〕【高注】侈，廣也。有牆曰苑，無牆曰囿。所以畜禽獸也。盡極要之觀望也。

【箋釋】吴承仕云：（注）文當作「極盡要妙之觀望也」。注以盡極釋窮，以觀望釋望。句中奪一「妙」字，則文義不具。○于省吾云：注以「要」爲「極要」，非是。要、幽古字通，要妙即幽妙。詳老子新證。○雙棣按：吴説是，注脱「妙」字，于謂注以「極要」注「要」，非高意。又按：吕氏春秋重己篇高注曰：「畜禽獸所，大曰苑，小曰囿。」慎小篇注：「畜禽獸大曰苑，小曰囿。」與此注不同。説文曰：「苑，所以養禽獸也。」又曰：「囿，苑有垣也。」段玉裁注：「高注淮南曰：『有牆曰苑，無牆曰囿。』與許互異，蓋有無互譌耳。」段謂高注有無互譌，恐非。一切經音義十九引字林曰：「有垣曰苑，無垣曰囿。」與高此注同，而與許説異。詩騶驤序疏曰：「有牆曰囿。」漢書高帝紀上注曰：「苑有垣曰囿。」又與許意同，而與高此注異。蓋漢代以後已有異義。至高注自異，蓋就不同角度而言，戰國策西周策高注曰：「園有林池曰囿。」亦就不同角度而言。然周禮地官序官囿人鄭玄注：「囿，今之苑。」孔疏：「古謂之囿，漢家謂之苑。」鄭、孔從歷史發展言之，得苑囿區别之根本。考先秦古籍，吕覽之前無有用苑爲苑囿義者，苑之苑囿義始見於吕覽，蓋戰國末新産生之詞。鄭、孔已看出此種情勢。

〔三二〕【高注】門闕高崇巍巍然，故曰魏闕也。際，接也，上接青雲。周禮所謂象魏也。大廈，大屋也。曾，重。架，材木相乘架也。其高與崑崙山相像也。

【版本】茅本、汪本、張本、黄本、莊本、集解本注「巍巍」作「嵬嵬」，餘本同藏本。藏本注無「際接也上接青雲周禮所謂象魏也」十四字，景宋本、茅本、汪本有，今據補，王溥本、朱本、葉本、莊本、集解本同藏本。茅本、莊本、集解本注下「相」下有「擬」字。

【箋釋】王叔岷云：「加」本作「架」，注文可證。○何寧云：「加」當爲「架」之誤，故高注曰：「架，材木相乘架也。」氾論訓「築土構木」，高注：「構，架也。」謂材木相乘架也。又上文「大構駕」，高注亦云：「駕，材木相乘駕也。」上文「夏屋宫駕」，孫詒讓云：「與『大構駕』之『駕』皆當作『架』。」據文選蕪城賦注引「大構駕」作「大構架」，是皆以「材木相乘架」釋「架」，是其證。○雙棣按：吕氏春秋仲冬紀高注：「闕，門闕也，於周禮爲象魏。」審爲篇高注曰：「一説：魏闕，象魏也。魏魏高大，故曰魏闕。」本書俶真篇注曰：「魏闕，王者門外闕也。巍巍高大，故曰魏闕。」均與此注相合。又按，「加」字不誤，「架」爲「加」之借。參本篇一〇九三頁注〔三〕馬宗霍説。

〔三四〕【用韻】「雲、崙」文部。

【高注】甬道，飛閣複道也。甬，讀踊躍之踊。道讀道布之道也。

【版本】茅本、汪本、張本、黄本注「複」作「復」。

〔三五〕【高注】殘，墮也。增，益也。

【箋釋】于鬯云：積土爲山，則何以殘高增下？竊疑「高、下」二字當互易，惟殘下增高，故曰積土爲山。○何寧云：于説非也。曰「殘高增下，積土爲山」云云，蓋謂不當爲山而爲山，此其所以遁於土也。若作殘下增高，則説山篇所謂「因高而爲臺，就下而爲池，各就其勢，不敢更爲」，非遁於土之義矣。

〔三六〕【高注】接，疾也。徑，行也。道之阨者正直之。夷，平也。

【版本】王溥本、王鎣本、吴本「徑」作「經」。

【箋釋】王念孫云：「接徑歷遠」當在「直道夷險」之下。此以「垣、連、山、遠、患」爲韻，若移「直道夷險」於下，則失其韻矣。高注「接，疾也；徑，行也」，亦當在「夷，平也」之下。蓋正文爲寫者誤倒，後人又改注以從之耳。文選謝惠連秋懷詩注引此已作「接徑歷遠，直道夷險」，則其誤久矣。○吴汝綸云：「接」讀爲「捷」。○楊樹達云：「接」讀爲「疌」。説文云：「疌，疾也。」竹部箑或作篓，知疌聲、妾聲字可通用矣。○向承周云：「直道」乃「直迆」之譌，迆，邪也。直迆夷險，謂迆者直之，險者夷之也。高注「道之阨者」正釋「迆」字之義。若正文是「道」字，安知其爲道之阨者乎？要略篇「接徑直施」即此文之「接徑直迆」也。「迆」與「施」通。○雙棣按：説文：「疌，疾也。」段注曰：「凡便捷之字當用此，捷，獵也。非其義。」然古籍多用捷而不用疌，以音同替代。吕氏春秋貴卒篇「可謂捷矣」，高注：「捷，疾也。」本書説山篇「力貴齊，智貴捷」，高注：「齊、捷，皆疾也。」捷、接亦音近相通。荀子大略篇：「先事慮事謂之接。」楊注：「接讀爲捷，速也。」公羊傳僖公三十二年鄭文公接，左傳、穀梁傳「接」皆作「捷」。本文接讀爲捷，實即疌也。

〔三七〕【箋釋】王念孫云：「蹟蹈」當爲「蹪陷」，字之誤也。（俗書「陷」字作「陌」，又因「蹪」字而誤從足。）蹪與隤同。高注原道、説山、説林、脩務並云：「蹪，躓也。楚人謂躓爲蹪。」玉篇：「陷，隤也。」原道篇曰：「先者隤陷，則後者以謀。」又曰：「蹪陷（今本陷字亦誤作蹈。）於汙壑穽陷之中。」皆其證也。○楊樹達云：「無」當作「亡」，「亡」與「忘」同。

〔三八〕【用韻】「垣、連、山、遠、險、患」元談合韻。

【高注】鍾，音之君也。重器，大器，蓋鍾鼎也。

【版本】莊本、集解本正文及注「鍾」作「鐘」。

〔三九〕【高注】書曰：「山龍華蟲，藻火粉米。」繆紾，相纏結也。

【箋釋】于省吾云：禮記明堂位「疏屏」疏：「疏，刻也。」莊子盜跖：「内周樓疏。」章炳麟云：疏正作𤺌。說文：「𤺌，門户青疏窗也。」釋名釋宫室：「樓謂牖户之間有射孔慺慺然也。」是疏與鏤義相同，刻鏤使其透孔，故謂之疏鏤。○雙棣按：于謂疏爲刻鏤，是。段玉裁云：「鄭注月令明堂位、薛解西京賦、張注靈光殿賦，皆訓疏爲刻鏤。古𤺌、疏、𤺌三字通用。」文選東京賦注引蔡邕月令章句亦云：「疏，鏤也。」後漢書馬融傳注：「疏鏤謂雕鏤也。」又按：注引書見益稷篇。

〔四〇〕【高注】兕，獸名。寢伏各有形也。蟠龍詰屈，相連文錯，如織組文也。

【箋釋】蔣超伯云：高誘注不甚詳。按：荀子禮論篇「龍旗九斿，所以養信也；寢兕持虎，蛟韅絲末彌龍，所以養威也」，盧文弨曰：「持乃特字之誤。寢兕特虎，謂畫輪爲飾也。劉昭注輿服志引古今注武帝天漢四年，令諸侯王大國朱輪，特虎居前，左兕右麋。小國朱輪，畫特熊居前，寢麋居左右。」寢兕伏虎，係指車輪之飾，楊倞荀子注「彌龍」，「謂金飾衡軛之末爲龍首」，即蟠龍連組也。兕虎龍悉金飾，故云遁於金。○吴承仕云：注「相連文錯」，「文」當作「交」，形近而誤。注以「相連交錯，如織組文」釋「連組」，義甚顯白。○雙棣按：吴說是。

【用韻】「虎、組」魚部。

〔四一〕【高注】錯，雜也。眩，惑也。照燿煇煌，焜光澤色貌也。

【版本】景宋本、莊本「燿」作「耀」。莊本「煇」作「輝」。

【箋釋】楊樹達云：說文火部云：「煜，燿也。」「昱」爲省借字。

〔四二〕【高注】雕，畫也。緣錯錫鐃文，如脂膩不可刷，如連珠不可掇，故曰乍晦乍明也。

【版本】莊本、集解本「蓼」作「寥」。景宋本、王溥本、王鎣本、吴本、黄本「鐃」作「鐃」。藏本注無「鐃文如脂膩不」六字，景宋本（缺「鐃」字）、茅本、莊本、集解本有，今據補，王溥本、朱本、葉本、汪本同藏本。王溥本注「掇」作「綴」。

【箋釋】莊逵吉云：鐃，說文解字作「鐃，鐵文也」。○陳昌齊云：說文繫傳引，作「鍛鐊文鐃」。○李哲明云：錫鐃字，注未分明。疑鐃字本義不類。說文：「鐃，鐵文也。」段氏注「鐵之理也」。「鐃」蓋「鐃」之省文。周禮司服「錫衰」鄭注：「錫麻之滑易者。」儀禮喪服注：「謂之錫者，治其布，使之滑易也。」滑易之說與此注「如脂膩」合。是鍛錫文鏡者，謂鍛鍊滑澤，使文理精緻之鐵，光滑不可逼視也。故曰乍晦乍明。○何寧云：李以滑易釋錫，言雖有據，義實未安。韓非子顯學篇：「視鍛錫而察青黄，區冶不能以必劍。」此「鍛錫」二字所本。又抱朴子内黄白篇：

「金樓先生所從青林子受作黃金法，先鍛錫。」是「鍛錫」固冶鍊家常語。鍛錫云者，考工記輈人：「金有六齊，六分其金而錫居一，謂之鐘鼎之齊；五分其金而錫居一，謂之斧斤之齊；四分其金而錫居一，謂之戈戟之齊；參分其金而錫居一，謂之大刃之齊；五分其金而錫居二，謂之削殺矢之齊；金錫半，謂之鑒燧之齊。」鄭注：「凡金多錫，則忍白且明也。」蓋視錫之品數以爲上下。錫之品數不同，則劍色青黄有别。此言雕琢之飾，曰鍛錫文鏡，謂鍛錫而鏡文遂生，即言鐵之含錫量不同而雕飾之色彩淺深自異。故曰「乍晦乍明」也。注云「緣錯錫鐃」，則錫非形頌字可知，而李云鍛鍊滑澤，失之矣。

【用韻】「煌、章、明」陽部。

〔四三〕【高注】言劍理之美，没滅其瑕，文鐃如霜，皆没身中，故曰沈居。簟，竹䈽。蘧蒢，葦䈽。取其邪文次敘，劍鐃若此也。

【版本】藏本正文及注「簟」作「簞」，各本皆作「簟」今據改。景宋本、莊本、集解本正文及注「蘧蒢」作「籧篨」，茅本、汪本、張本、黄本作「籧蒢」，王溥本、王鎣本、朱本、葉本同藏本。王溥本、景宋本注「文鐃」之「鐃」作「鏡」。黄本注兩「鐃」字均作「鏡」。

【箋釋】孫詒讓云：「抑微」無注，以義審之，疑「微」當讀爲「釁」，聲近字通。周禮鬯人鄭司農注云：「釁讀爲徽。」此借微爲釁，與禮注讀釁爲徽正同。國語晉語韋注云：「釁，隙也。」抑微亦即抑杜其釁隙，與滅瑕文相對也。○陶方琦云：大藏音義八十、八十二引許注：「籧篨，草席也。」

按：二注文異。説文：「籧篨，粗竹席也。」此「草席」亦是「竹席」之誤。古草作「艸」，與「竹」易亂。○易順鼎與陶説同。○于省吾云：「沈、湛」古字通，載籍習見。荀子性惡「闔閭之干將莫邪鉅闕辟閭」注：「或曰：辟閭即湛盧。湛盧言湛然如水而黑也。」居，語詞，詳經傳釋詞。湛居猶湛然，言其清澈也。○雙棣按：詩齊風載驅篇「簟笰朱鞹」毛傳云：「簟，方文席也。」小雅斯干篇「下莞上簟」鄭箋：「竹葦曰簟。」是則簟爲竹或葦編成之方文之席。方言五曰：「簟，宋魏之間謂之笙，或謂之籧苗。自關而西或謂之簟，或謂之䈂，其粗者謂之籧篨。」郭璞注曰：「江東呼籧篨爲𥳯。」方言「筕篖」郭注曰：「似籧篨，直文而粗。」此文高注：「取其邪文次敘。」可知籧篨爲簟之斜文而粗者，簟或爲竹，或爲葦，則籧篨亦自可或爲竹，或爲葦。説文：「籧，籧篨，粗竹席。」謂以竹爲之，高此爲葦席，謂以葦爲之。籧篨又曰𥳯，玉篇作䈜，「籧篨也」。漢祝睦後碑「蔽以葭䈜」作䈜。廣雅作蕟，云「席也」。錢繹曰：「𥳯、䈜、蕟，字異聲義並同，今人猶謂蘆席爲蘆𥳯矣。」淮南書及高注蘧蒢與籧篨同，爾雅釋訓：「籧篨，口柔也。」漢書敘傳下「舅氏蘧蒢」，師古曰：「蘧蒢，口柔。」此用蘧蒢，不必改爲籧篨也。

〔四四〕【高注】劍文相句，連纏如綺，經冗如錦，似數如疏，文鐃美眩人目。

【版本】王溥本、王鎣本、吳本「冗」作「穴」，景宋本、莊本、集解本作「穴」，餘本同藏本。景宋本、張本、黄本、莊本、集解本「以」作「似」。黄本正文「錦」作「綿」，注文作「錦」。

【箋釋】楊樹達云：「錦」疑當作「綿」。○雙棣按：朱駿聲謂「以」假借爲「似」。易明夷「文王以之」，荀諝、向秀本作「似」。詩邶風旄丘「必有以也」，儀禮特牲饋食禮注作「似」。此淮南正文作「以」，高注作「似」，「以」即「似」也。景宋本此頁爲後補。

【用韻】「瑕、居、蒢、疏」魚部。

〔四五〕【箋釋】劉文典云：北堂書鈔百四十二引，「焚」作「燔」。○雙棣按：方言七云：「凡以火而乾五穀之類，自山而東，齊楚以往謂之熬。凡有汁而乾謂之煎。」

〔四六〕【高注】荊，楚。言二國善酸鹹之和而窮盡之。

〔四七〕【高注】鼓，擊也。槖，冶鑪排槖也。埵，銅槖口鐵筒，埵入火中吹火也。故曰吹埵。銷，鑠。

【版本】藏本注「擊」作「繫」，「冶」作「治」，景宋本、王溥本、茅本、汪本、張本、黄本、莊本、集解本作「擊」，作「冶」，今據改。藏本注「筒」作「筩」，景宋本（後補）、張本、黄本、莊本、集解本作「筒」，今據改，朱本、茅本、葉本作「筩」，王溥本同藏本。

〔四八〕【版本】茅本、張本、莊本、集解本「日」作「目」，景宋本、王溥本、王鏊本、朱本、葉本、吴本、黄本同藏本。

【箋釋】莊逵吉云：盧詹事云：「無猒足目，別本作足日。」○楊樹達云：日字是也。文以鐵、日爲韻。○吕傳元云：上文所言者皆流遯無厭足之事，此猶言無厭足之一日也。若作「目」，則無解矣。

【用韻】「鐵、日」質部。

〔四九〕【高注】峻幹，長枝也。柘，桑。梓，滋生也。

【版本】景宋本「林」作「水」，餘本同藏本。

【箋釋】孫詒讓云：王云：「梓」當爲「梓」。梓，古蘖字也。案：王説是也。惟柘梓與峻幹文不相對，「柘」疑當爲「碩」之叚字，（柘、碩聲類同。）碩梓謂萌蘖之大者。○何寧云：作「水」是也。上已言山，下又言林，於義爲複。焚林而獵，燒燎大木，故山無峻幹，靡流堅鍛，無猒足日，故水無碩蘖。「碩蘖」誤爲「柘梓」，故後人改「水」爲「林」，又於注文加「柘桑」二字，以就其誤，而不知與靡流文不相承矣。覽冥篇「山無峻幹，澤無洼水」，亦以山水對舉，是其比。○雙棣按：王念孫説見覽冥篇九六〇頁注〔一七〕。

〔五〇〕【箋釋】于大成云：御覽八百七十一引「燎木」作「伐薪」。

【用韻】「鍛、幹、炭」元部。

〔五一〕【高注】莽，草。白，素。

【版本】藏本注「莽」作「槁」，茅本、汪本、莊本、集解本作「莽」，今據改，朱本同藏本。

〔五二〕【高注】殄，盡也。殄讀曰典也。

【用韻】「灰、時、財」之部。

〔五三〕【高注】五者之中，有一則足以滅亡也。

【箋釋】楊樹達云：一者皆也，高注與文義不合。○雙棣按：高注甚是，楊説非。

【用韻】「五、下」魚部。

〔五四〕【高注】明堂，王者布政之堂。上圓下方，堂四出，各有左右房，謂之个，凡十二所。王者月居其房，告朔朝歷，頒宣其令，謂之明堂。其中可以敘昭穆，謂之太廟。其上可以望氛祥，書雲物，謂之靈臺。其外圓，似辟雍。諸侯之制半天子，謂之泮宮，詩云「矯矯虎臣，在泮獻馘」是也。

【版本】景宋本、茅本、汪本、莊本、集解本注「敘」作「序」。藏本注「氛」作「氣」，景宋本、朱本、茅本、汪本、莊本、集解本作「氛」，今據改，王溥本、葉本同藏本。藏本注「宮」上無「泮」字，景宋本、王溥本、集解本有，今據補，朱本、茅本、葉本、汪本、莊本同藏本。藏本注「虎臣」作「魯侯」，「馘」作「公」，「公」下無「是」字，景宋本、王溥本、集解本作「虎臣」、作「馘」，有「是」字，今據改補，朱本、葉本同藏本。茅本、汪本、張本、黃本、莊本注無「詩云」十二字。

【箋釋】于大成云：詩靈臺正義引潁子容春秋釋例云「占雲物，望氣祥，謂之靈臺」，則此注「書雲物」，「書」字合是「占」字之誤。高注本於盧植，盧植禮記注云「天子太廟，上可以望氣，故謂之靈臺」。然此「氣祥」字當作「氛祥」，國語楚語上「臺不過望氛祥」，韋注「凶氣爲氛，吉氣爲祥」。又「其外圓，似辟雍」，當有奪文，盧植禮記注云「圓之以水，似璧，故謂之辟廱」，蔡邕月令論云「取其周水圓如璧，則曰辟廱」。（亦見詩靈臺正義引。）疑此注當作「其外圓之以水，似璧，謂之辟廱」。

【用韻】「及、入、襲」緝部。

〔五五〕【高注】質也。

【版本】莊本注「質」上衍「文」字。

〔五六〕【高注】樸而已，斲或作琢，不雕畫也。

【版本】藏本注「不」作「而」，景宋本、茅本、汪本、張本、黄本、莊本、集解本作「不」，今據改，餘本同藏本。

【箋釋】于大成云：此注當作「樸而已，不雕畫也。斲或作琢」。

〔五七〕【高注】不錯鏤設文飾也。鏤讀婁之婁。

【版本】莊本注「設」作「舒」。

【箋釋】莊逵吉云：婁之者，字從毌中女，即婁處子義也。此讀從之。孔户部繼涵疑句有脱字，恐未必然。○孫星衍云：淮南本經訓「土事不文，木工不斲，金器不鏤」，用此文（指晏子春秋諫下）而增「金器不鏤」，謬也。明堂之上尚質，安有金器，以此知晏子書之是。○于省吾云：孫説非是。淮南書所謂金器，非金銀之金，即古彝器以銅爲之，而通稱之曰金。古彝器銘文，擇其吉金，以爲某器之語習見。金器不鏤，與尚質之不悖。○吕傳元云：俶真篇高注：「鏤讀婁數之婁。」知此「婁」下脱「數」字。莊説非也。

【用韻】「斲、鏤」屋侯通韻。

〔五八〕【高注】隅，角也。差，邪也。古者質，皆全幅爲衣裳，無有邪角。削，殺也。

【版本】藏本注「邪角」二字重，黄本不重，今據删其一，餘本同藏本。

【箋釋】吴承仕云：注當作「無有邪角。削，殺也。」上句統釋隅差，下句以殺釋削。各本並誤衍「邪角」二字，應删。○雙棣按：吴説是，今據黄本删。

〔五九〕【高注】觚蠃之理，謂若馬目籠相連干也。言無者，冠文取平直而已也。蠃讀指端贏文之贏也。

【版本】藏本正文及注「蠃」作「羸」，注「贏」亦作「羸」，景宋本、莊本、集解本作「蠃」、作「贏」，今據改，王溥本、朱本、茅本、葉本、汪本同藏本。

【箋釋】王念孫云：今本「蠃」字皆誤作「羸」，莊本改爲「蠃」是也。晏子春秋諫篇觚蠃作觚贏，蠃字古亦讀若贏，故與贏通也。本文又曰：「蠃鏤雕琢，詭文回波。」蠃鏤亦謂轉刻如蠃文也。注「指端贏文」，今人猶有此語，謂其文之旋轉如蠃也。○雙棣按：王説是。蠃即螺字，作「羸」則無義。觚蠃，謂象觚、象蠃之有棱角紋理也。

〔六〇〕【高注】堂，明堂。所以升降揖讓修禮容，故曰周旋。理文，理政事文書也。

〔六一〕【高注】孝經曰「宗祀文王於明堂，以配上帝」也。

【版本】茅本、汪本、張本、黄本、莊本、集解本「饗」作「享」。莊本、集解本注「於」作「于」。

【箋釋】劉文典云：藝文類聚三十八、初學記禮部上引並作「示人知節也」。○鄭良樹云：天中記四二引此文亦作「示民知節也」。○于大成云：晏子作「示民知節也」，知此文本亦當爾。唐人避太宗諱，改「民」爲「人」，天中記引亦是「人」字，鄭君失檢。○雙棣按：注引孝經，見聖治章。今本孝經亦作「於」。

〔六二〕【用韻】「文、神」文真合韻。

【版本】藏本「變易心志」作「變心易志」，景宋本作「變易心志」，今據改。

【箋釋】雙棣按：景宋本是。下文「摇盪精神，感動血氣」，皆爲雙音動詞帶雙音賓語，此處亦當一律作「變易心志」。

【用韻】「味、物」物部，「怪、志」之部。

〔六三〕【高注】不過五行之數。

〔六四〕【高注】五行，金木水火土也。水屬陰行，火爲陽行，木爲燠行，金爲寒行，土爲風行。五氣常行，故曰五行。

【箋釋】吴承仕云：洪範：「庶徵，曰雨，曰暘，曰燠，曰寒，曰風。」此注本之。以五行與五氣相配，則「陰行」當爲「雨行」，「陽行」當爲「暘行」。蓋「暘、陽」舊多通借，注文本亦作「陽」，淺人不憭，乃妄改「雨」爲「陰」，以與「陽」對文，不知洪範自無陰氣也。又案：洪範五行傳説「雨屬木，暘屬金，燠屬火，寒屬水，風屬土」，以校此注，唯土風相應，餘四行率錯互。此則注家説義自殊，非由傳寫之失。○雙棣按：説文：「荒，蕪也。」引申則爲荒廢、荒亂。詩還序「刺荒也」鄭箋：「荒謂政事廢亂。」是其義。

【用韻】「行、荒」陽部。

凡人之性，心和欲得則樂〔一〕，樂斯動，動斯蹈，蹈斯蕩，蕩斯歌，歌斯舞，歌舞節則禽獸跳矣〔二〕。人之性，心有憂喪則悲，悲則哀〔三〕，哀斯憤，憤斯怒，怒斯動，動則手足不静矣〔四〕。人之性，有侵犯則怒，怒則血充〔五〕，血充則氣激，氣激則發怒，發怒則有所釋憾矣〔六〕。故鍾鼓管簫，干鏚羽旄，所以飾喜也〔七〕。衰絰苴杖〔八〕，哭踊有節，所以飾哀也〔九〕。兵革羽旄，金鼓斧鉞，所以飾怒也〔一〇〕。必有其質，乃爲之文。

古者聖王在上〔一一〕，政教平，仁愛洽，上下同心，君臣輯睦，衣食有餘，家給人足〔一二〕，父慈〔一三〕、子孝、兄良、弟順，生者不怨，死者不恨〔一四〕，天下和洽，人得其願〔一五〕。夫人相樂，無所發貺，故聖人爲之作樂以和節之〔一六〕。末世之政，田漁重税，關市急征，澤梁畢禁，網罟無所布，耒耜無所設，民力竭於徭役，財用殫於會賦〔一七〕，居者無食，行者無糧，老者不養，死者不葬〔一八〕，贅妻鬻子，以給上求，猶弗能贍〔一九〕，愚夫惷婦皆有流連之心，悽愴之志〔二〇〕，乃〔使〕始爲之撞大鍾，擊鳴鼓，吹竽笙，彈琴瑟，失樂之本矣〔二一〕。

古者上求薄而民用給〔二二〕，君施其德，臣盡其忠，父行其慈，子竭其孝〔二三〕，各致其愛而無憾恨其間〔二四〕。夫三年之喪，非强而致之〔二五〕，聽樂不樂，食旨不甘，思慕之心未能絶也〔二六〕。晚世風流俗敗，嗜慾多，禮義廢，君臣相欺，父子相疑，怨尤充胷，思心盡亡〔二七〕，被衰戴絰，戲笑其中，雖致之三年，失喪之本也〔二八〕。

古者天子一畿，諸侯一同〔二九〕，各守其分，不得相侵〔三〇〕。有不行王道者，暴虐萬民，争地侵壤，亂政犯禁〔三一〕，召之不至，令之不行〔三二〕，禁之不止，誨之不變〔三三〕，乃舉兵而伐之，戮其君，易其黨，封其墓，類其社〔三四〕，卜其子孫以代之〔三五〕。晚世務廣地侵壤，并兼無已，舉不義之兵，伐無罪之國〔三六〕，殺不辜之民，絶先聖之後〔三七〕，大國出攻，小國城守〔三八〕，驅人之牛馬，傒人之子女〔三九〕，毁人之宗廟，遷人之重寶，血流千里，暴骸滿野〔四〇〕，以贍貪主之欲，非兵之所爲生也〔四一〕。

故兵者，所以討暴，非所以爲暴也〔四二〕。樂者，所以致和，非所以爲淫也〔四三〕。喪者，所以盡哀，非所以爲僞也〔四四〕。故事親有道矣，而愛爲務〔四五〕；朝廷有容矣，而敬爲上〔四六〕；處喪有禮矣，而哀爲主〔四七〕；用兵有術矣，而義爲本〔四八〕。本立而道行，本傷而道廢〔四九〕。

校釋

〔一〕【高注】心和，不喜不怒。欲得，無違耳。

【箋釋】劉文典云：羣書治要引，「心和」作「心平」。

〔二〕【箋釋】王念孫云：「歌舞節」當作「歌舞無節」。○俞樾云：此本作「舞則禽獸跳矣」，與下文「動則手足不静」，「發怒則有所釋憾矣」文義一律，歌字、節字皆衍文也。下文曰：「故鐘鼓管簫，干鉞羽旄，所以飾喜也。」是此時所謂舞者，尚未有干鉞羽旄之飾，不過手之舞之，足之蹈之而已，其去禽獸跳踉無幾也。今衍歌字、節字，義不可通。王氏謂作「歌舞無節」，不知節與不節，尚非所論於此也。○楊樹達云：禽獸跳謂如禽獸之跳。漢書嚴助傳載淮南王安諫誅閩越疏云：「今以兵入其地，此必震恐，以有司爲欲屠滅之也，必雉兔逃入山林險阻。」此以禽獸二字爲狀字，彼文以雉兔二字爲狀字，文例正同，信乎其爲一人之文也。

〔三〕【高注】有憂，艱難也。喪，亡也。亡失所離愛則悲，悲則傷。

【版本】藏本注「喪」下「亡」字作「事」，景宋本、茅本、汪本、莊本、集解本作「亡」，今據改，王溥本、朱本同藏本。

【箋釋】吳承仕云：注文當作「憂，艱難也」，「有」字涉本文而衍。又「離愛」疑當作「親愛」。○于大成云：上文云「凡人之性，心和欲得則樂，樂斯動」，此文「悲則哀」句，「則」亦當作「斯」，與上一例。諸子類語二引此文「則」正作「斯」。

【用韻】「悲、哀」微部。

〔四〕【高注】静，寧也。擗踊哭泣，哀以送之也。

【版本】藏本「静」下無「矣」字，王溥本、王鎣本、吳本有，今據補，餘本同藏本。

【箋釋】雙棣按：上下文「跳矣」、「釋憾矣」，均有「矣」字，此文例同，亦當有「矣」字。

【用韻】「動、静」東耕合韻。

〔五〕【高注】人欲有侵犯則怒盛，血氣充盈，以成其勢。

【版本】茅本、汪本、莊本、集解本注「欲」作「性」，景宋本、王溥本、朱本同藏本。汪本、張本、黄本、莊本、集解本注「血氣」作「氣血」。

【箋釋】劉文典云：羣書治要引，「侵犯」上有「所」字。

〔六〕【高注】釋，解也。憾，恨也。

〔七〕【版本】景宋本、王鎣本、莊本、集解本「鍾」作「鐘」。

【箋釋】雙棣按：廣雅釋詁三：「飾，著也。」禮記三年問「所以爲至痛飾也」注：「飾，情之章表也。」此及下文飾字亦「情之章表」之義。

【用韻】「簫、旄」宵幽合韻。

〔八〕【高注】苴，麻之有實者。衰，讀曰崔杼之崔也。

【箋釋】陶方琦云：羣書治要引許注：「苴，艸。」按：説文：「苴，履中艸。」説正同。◯雙棣按：苴杖，舊均訓竹，儀禮喪服傳：「苴杖，竹也。」禮記喪服小記：「苴杖，竹也。」荀子禮論楊注：「苴杖，謂以苴惡色竹爲之杖。」哀公注：「苴杖，竹也。苴謂蒼白色自死之竹也。」至此苴有三解。許謂草，高謂有實之麻，楊謂蒼白色自死之竹。左傳襄公十七年「晏嬰麤縗斬，苴絰帶杖」，杜注：「苴，麻之有子者，取其粗也。杖，竹杖。」孔疏：「此傳經帶杖三者皆在苴下，言其色皆苴也。經帶用麻，杖用竹，麻竹雖異，而其苴則同，故三者共蒙苴也。」儀禮喪服「苴絰杖絞帶，冠繩纓」，賈疏：「云苴絰杖絞帶者，以一苴目此三事，謂苴麻爲首絰、要絰，又以苴竹爲杖，又以苴麻爲絞帶，知此三物皆同苴者，以其冠繩纓不得用苴，明此三者皆用苴。」孔、賈皆謂苴統下三物，然二物爲麻，一物爲竹，於理難通。故孔謂「言其色皆苴也」。孔左傳疏云：「苴者黯也。」賈亦謂取其粗惡言之。朱駿聲説文通訓定聲一謂麻之有子者，一謂假借爲粗。一言其質，一言其性，亦難成立。左傳、喪服，苴統三物，三物皆應苴也。觀高此注苴杖之苴亦麻也，於理爲順。且左傳釋文云「以苴麻爲絰帶杖」，（或以杖下屬，誤。）與高此注合。

〔九〕【高注】爲哀所容，故曰飾也。

〔一〇〕【箋釋】楊樹達云：意林二引公孫尸子云：「樂者，先王所以飾喜也；軍旅者，先王所以飾怒也。」淮南此節文意本之。

〔一一〕【版本】汪本、張本、黄本、莊本、集解本「王」作「人」，餘本同藏本。

【箋釋】劉文典云：羣書治要引「聖人」作「聖王」。宋本同。

〔一二〕【箋釋】劉文典云：羣書治要引，作「家足人給」。◯楊樹達云：治要誤。文以「睦、足」爲韻，如所引，則失其韻矣。

〔一三〕【高注】慈，哀也。

【版本】藏本注「哀」作「柔」，景宋本作「哀」，今據改，王溥本、葉本、莊本、集解本同藏本。

【箋釋】吴承仕云：景宋本注「柔」作「哀」。案：經典相承皆以愛釋慈，無言柔者。本作哀，哀即愛也。疑「柔」字誤。○雙棣按：吴説是。「哀」與「愛」通，吕氏春秋報更：「人主胡可以不務哀士？」高誘注：「哀，愛也。」本書説林篇：「鳥飛返鄉，兔走歸窟，狐死首丘，寒將翔水，各哀其所生。」高注：「哀，猶愛也。」

〔一四〕【高注】有道之世，人得其志，故生者不怨也。皆終其天命，故死者不恨。

【用韻】「順、恨」文部。

〔一五〕【用韻】「怨、願」元部。

〔一六〕【高注】夫人，衆人也。但中心相樂，無以發其恩賜也。故聖人爲之作樂以節之，猶通制也。

【版本】王溥本注「衆」上有「猶」字。藏本注「無」作「所」，王溥本、莊本、集解本作「無」，今據改，景宋本、朱本、葉本同藏本。

【箋釋】于鬯云：「貺」疑「祝」字之誤。後漢書賈逵傳李賢注云：「祝，詛也。」書無逸篇云「否則厥口詛祝」，正與此無所發祝義相反對。高注云：「無以發其恩賜也。」以恩賜訓貺，則其本已誤。然如漢縣祝其，見漢石刻，作況其。蓋金石有形近假借一例。儻以例此，則「貺」亦可爲「祝」之借字矣。○吴承仕云：「猶通制也」，文不成義。「通」疑當作「適」，形近之誤也。和，適也。節，適也，制也。此爲經傳雅詁。吕氏春秋及淮南注，亦多用之。此注或當作「和，猶適。節，制也。」然亦未能輒定。○于省吾云：注讀貺如字，訓爲恩賜，殊失本旨。「貺、皇」古字通。書大誥「若兄考」，兄考即皇考。無逸「無皇曰今日耽樂，則皇自敬德」，漢石經皇均作兄。秦誓

「我皇多有之」，公羊皇作況。書大傳甫刑「皇於聽獄乎」，注：「皇猶況也。」詩棠棣「況也永歎」，釋文：「況或作兄。」左僖十五年傳「亦無貺也」，釋文：「貺本亦作況。」禮記聘義「北面拜況」，釋文：「況本亦作貺。」均其證也。然則「發貺」即「發皇」。文選枚叔七發「發皇耳目」，是其左驗。發謂開發，皇謂張大，發皇即發張之義。○楊樹達與于說同。

〔一七〕【高注】會，計。計人口數，責其稅斂也。

【版本】景宋本「耜」作「耨」。莊本「設」上「所」作「以」。藏本無「用」字，王溥本、王鎣本、朱本（挖補）、茅本、汪本、吳本、張本、黄本、莊本、集解本有，今據補，餘本同藏本。景宋本、莊本、集解本注「歛」作「斂」，餘本同藏本。

【箋釋】陶方琦云：羣書治要引許注：「會，計。」按：説文：「計，會也。」説正同。○楊樹達云：會者，頭會之類。頭會，漢世所謂口錢。今他國有名人頭稅者，即頭會也。

〔一八〕【用韻】「糧、養、葬」陽部。

〔一九〕【高注】贅，從嫁也。或作賃妻。

【版本】莊本、集解本「贍」作「澹」，餘本同藏本。

【箋釋】易順鼎云：一切經音義八十引許注：「贅者，賣子與人作奴婢也。」按：今注乃高注，故與許異。淮南本文當作「鬻妻贅子」。漢書嚴助傳：「賣爵贅子，以接衣食。」如淳注：「淮南俗賣子與人作奴婢名曰贅子。三年不能贖，遂爲奴婢。」可與此互證。○陶方琦與易説同。○劉文典云：羣書治要引，作「猶不能贍其用」。「澹、贍」古通用。○楊樹達云：説文貝部云：「贅，以物質錢也。從敖貝。」敖貝猶放貝，當復取之。漢書嚴助傳載淮南王安諫誅閩越疏云：「間者數年歲比不登，民待賣爵贅子以接衣食。」如淳曰：「淮南俗：賣子與人作奴婢，名爲贅子。三年不能贖，遂爲奴婢。」此贅妻與彼文贅子義同。高云從嫁，似非其義。兩文皆出劉安，故如淳知爲淮南俗矣。○王叔岷云：各本「澹」皆作「贍」，莊本改今從古，非也。淮南書「贍」字，莊本皆妄改爲「澹」，不可從。

〔二〇〕【高注】流連，猶爛漫，失其職業也。悽愴，傷悼之貌。惷讀近貯益之肚戇，籠口言之也。

【版本】王溥本、朱本、葉本「爛」作「蘭」，茅本、汪本、張本、黄本、莊本、集解本作「瀾」，景宋本同藏本。

【箋釋】汪文臺云：「惷」作「惷」。○劉文典云：羣書治要引，「志」作「意」。○楊樹達云：贅妻鬻子，則骨肉生離，故有流連之心，流連即今語之留戀，謂不能決舍也。高注云爛漫，謬以千里也。○何寧云：注「肚」當作「貯」。○雙棣按：汪説是。本書「惷」多誤作「惷」。

〔二一〕【版本】藏本「乃」下有「使」字，今據王念孫校刪，各本同藏本。

【箋釋】王念孫云：「乃始」二字之間，不當有「使」字，此因始使聲相亂而誤衍也。主術篇曰：「故民至於焦脣沸肝，有今無儲，而乃始撞大鐘，擊鳴鼓，吹竽笙，彈琴瑟，失樂之所由生矣。」是其證。○劉文典云：羣書治要引，無「使」字，是也。○雙棣按：王説是。刪「使」字。

〔二二〕【高注】給，足。

〔二三〕【高注】竭，盡也。善事父母曰孝也。

【用韻】「德、慈」職之通韻。

〔二四〕【高注】無憾恨，各得其願也。

【版本】莊本「憾」作「感」，浙局本改作「憾」，各本同藏本。

【箋釋】李慈銘云：「感」，魏徵治要作「憾」，「而」下有「矣」字。○王叔岷云：治要引「間」下有「矣」字。

〔二五〕【高注】非强行致孝子之情也，情自發於中。

【箋釋】王念孫云：「非强而致之」，「强」下當有「引」字。高注當作「非强引致孝子之情」，今本正文脱「引」字，注内「引」字又誤作「行」。羣書治要引此，正作「非强引而致之」。○于省吾云：「非强而致之」，義本可通，王依治要於「强」下增「引」字，又改注文「行」字爲「引」，殊不可據。○馬宗霍云：下文云：「雖致之三年，失喪之本也。」則上文「强」下不必有「引」字，若如王説，是下文「致」上亦當有「引」字矣。又案説文刃部云：「⿰至刃，送詣也。從刃，從至。」引申爲召致之致，又爲引致之致。漢書公孫弘傳「致利除害」，顔師古注：「致謂引而至也。」則「致」本有「引」義。言「致」不當贅言「引」矣。高注「行」字自爲正文「强」字助成其意。史記吴太伯世家「因吴太宰嚭而行成」，裴駰集解引服虔曰：「行成，求成也。」是「行」又有「求」義。然則高注之「强行」猶言「强求」。「行」非「引」字之誤也。且「强引致」三字連文，語亦近拙。余謂「引」與「行」之艸書相近，羣書治要所引，疑緣高注「强行」之「行」傳寫作「引」，因又竄入正文耳。王説未可從。

〔二六〕【高注】三年之思，思慕之心未能自絶於哀戚也。

【箋釋】于大成云：注文「三年之思」，「思」當爲「喪」，涉下文「思慕」字而誤也。

〔二七〕【高注】盡喪其忠孝思慕之心也。

【版本】藏本無「疑」上「相」字，王鎣本（挖補）、朱本（挖補）、茅本、汪本、張本、黄本、莊本、集解本有，今據補，餘本同藏本。

〔二八〕【高注】本在哀戚。

【版本】王鎣本、朱本「被」作「披」。

【箋釋】劉文典云：羣書治要引，「也」作「矣」，當從之。○王叔岷云：「也」猶「矣」也，故治要引「也」作「矣」。也、矣同義，經傳釋詞例證甚多。

【用韻】「敗、多、廢」月歌通韻，「欺、疑」之部，「爭、亡、中」東陽冬合韻，「年、本」真文合韻。

〔二九〕【高注】方千里爲畿，方百里爲同。

【箋釋】陶方琦云：羣書治要引許注：「畿，千里地。同，百里也。」按：説文：「畿，天子千里地。」與注淮南訓合。○于大成云：左傳襄公二十五年云「且昔天子之地一圻，列國一同，自是以衰。今大國多數圻矣，若無侵小，何以至焉」，淮南文本之。

〔三〇〕【高注】分，猶界也。

【用韻】「分、侵」文侵合韻。

〔三一〕【用韻】「民、禁」真侵合韻。

〔三二〕【高注】言不行上令者。行，讀行馬之行。

〔三三〕【高注】誨，教也。變，更也。

〔三四〕【高注】有賢者受惡君之誅，則封殖其墓，若武王伐紂，封比干之墓是也。祭社曰類，以事類祭之也。詩云「是類是禡」也。

【箋釋】雙棣按：注引詩見大雅皇矣。

【用韻】「黨、墓、社」陽鐸魚通韻。

〔三五〕【高注】卜，擇。立其子孫之賢也。天子不滅國，諸侯不滅姓，古之政也。

【版本】王溥本、張本、黄本注「賢」下「也」字作「者」。

【箋釋】陶方琦云：羣書治要引許注：「天子不滅同姓，諸侯不滅國，自古之正也。」按：此許注羼入高注中者。古之政，蓋古禮也。論語「興滅國」，天子事也。公羊「衛侯燬，何以名？絶，曷爲絶之？爲滅同姓也」，諸侯事也。許注當乙轉。○雙棣按：吕氏春秋舉難篇高誘注云：「卜，擇也。」與此注同。

〔三六〕【用韻】「壤、兵」陽部，「已、國」職之通韻。

〔三七〕【高注】辜，罪也。民皆帝王之後，故曰絶先聖之後。

【版本】藏本「辜」誤作「辠」，景宋本、王鎣本、朱本、茅本、汪本、吴本、張本、黄本、莊本、集解本作「辜」，今據改，餘本同藏本。

〔三八〕【用韻】「後、守」侯幽合韻。

〔三九〕【高注】傒，繫囚之繫，讀曰「雞」。

【版本】莊本注「曰」作「若」。

【箋釋】楊樹達云：説文女部云：「嫨，女隸也。」傒蓋嫨之異文。○于大成云：治要引許本作「繫」，「繫」借爲「係」，「傒」又「係」之異文。○何寧云：孟子梁惠王下篇：「若殺其父兄，係累其子弟，毁其宗廟，遷其重器，如之何其可也？」此淮南文所本。「係」與「繫」通。

【用韻】「馬、女」魚部。

〔四〇〕【箋釋】王念孫云：「血流」當爲「流血」。「流血」與「暴骸」相對爲文。羣書治要引此，正作「流血」。兵略篇亦云「流血千里，暴骸盈場」。○王叔岷云：治要引「遷」作「徙」。

【用韻】「廟、寶」宵幽合韻，「里、野」之魚合韻。

〔四一〕【高注】言兵爲禁暴整亂設，不爲作亂生也。

【版本】莊本、集解本「贍」作「澹」。

【箋釋】馬宗霍云：説文生部云：「生，進也。象艸木生出土上。」引申之義則爲「出」。本文「生」

猶「出」也，與上文「舉不義之兵」相應。不義之兵，所不當舉者也，故曰非兵之所爲出。○雙棣按：馬釋「生」爲「出」，義與舉同，非是。此生即産生之義。此謂晚世亂用兵民受其害，非兵産生之目的也。高注是。

〔四二〕【高注】言兵討人之暴亂，非所以自爲暴亂也。

〔四三〕【高注】樂蕩人之邪志，存人之正性，致其中和而已，非所爲自淫過也。【箋釋】于大成云：葉本注文「所」下有「以」字，是也。「所以」承上文「所以」字，「爲自」二字當到，上「兵者所以討暴，非所以爲暴也」，注云「非所以自爲暴亂也」。

〔四四〕【高注】喪踊哭泣，所以盡孝子之哀情也，非所以爲詐僞、佯哀戚而已也。

〔四五〕【高注】道，孝道。務在愛敬其親。【版本】王溥本、王鎣本「愛」作「哀」。【用韻】「道、務」幽侯合韻。

〔四六〕【高注】朝廷之容濟濟也。父子主愛，君臣主敬，故以敬爲上也。【用韻】「容、上」東陽合韻。

〔四七〕【高注】處，居也。喪禮，三年之禮也。論語曰「喪與其易也，寧戚」，故曰「以哀爲主」也。【箋釋】雙棣按：注引論語見八佾篇。【用韻】「禮、主」脂侯合韻。

〔四八〕【高注】術，數也。陰陽天生虚實之數也。傳曰「天生五材，民並用之，廢一不可。誰能去兵？兵之所由來久矣，聖人以興，亂人以亡，廢興存亡，昏明之術」也，故曰以義爲本。

【版本】王溥本注「由」作「以」，莊本無「由」字。

【箋釋】雙棣按：注「生」字疑爲「地」字之誤。又注引傳見左傳襄公二十七年。今本左傳「所由來」三字作「設」字，與高引不同。

【用韻】「術、本」物文通韻。

〔四九〕【高注】本立，義立也。本傷，義喪也。故曰道廢。

【箋釋】陶鴻慶云：「本」承上「敬、哀、義」三者言之。本經之題篇，以此也。高注云「本立，義立也。本傷，義喪也」，但承「用兵有術」言，非是。○劉文典云：羣書治要引「廢」下有「矣」字。○于大成云：高注誠非是，但此文「本」字，實承上「愛、敬、哀、義」四者言之，陶氏謂承「敬、哀、義」三者，亦疏。